Sebastian Dullien, Eckhard Hein, Achim Truger (Hg. | eds.)
Makroökonomik, Entwicklung und Wirtschaftspolitik
Macroeconomics, Development and Economic Policies

Series of the Research Network Macroeconomics and Macroeconomic Policies

edited by Eckhard Hein, Torsten Niechoj and Engelbert Stockhammer

Volume 16

1   Renaissance der Makroökonomik, edited by Arne Heise, 1998, ISBN 3-89518-190-0

2   Makropolitik zwischen Nationalstaat und Europäischer Union, edited by Arne Heise, 1999, ISBN 3-89518-246-X

3   Neue Weltwährungsarchitektur, edited by Arne Heise, 2001, ISBN 3-89518-296-6

4   USA – Modellfall der New Economy?, edited by Arne Heise, 2001, ISBN 3-89518-353-9

5   Neues Geld – alte Geldpolitik? Die EZB im makroökonomischen Interaktionsraum, edited by Arne Heise, 2002, ISBN 3-89518-381-4

6   Neu-Keynesianismus – der neue wirtschaftspolitische Mainstream?, edited by Eckhard Hein, Arne Heise and Achim Truger, 2003, second edition 2005, ISBN 3-89518-422-5

7   Finanzpolitik in der Kontroverse, edited by Eckhard Hein, Arne Heise and Achim Truger, 2004, ISBN 3-89518-481-0

8   Löhne, Beschäftigung, Verteilung und Wachstum. Makroökonomische Analysen, edited by Eckhard Hein, Arne Heise and Achim Truger, 2005, ISBN 3-89518-512-4

9   European Economic Policies. Alternatives to Orthodox Analysis and Policy Concepts, edited by Eckhard Hein, Arne Heise and Achim Truger, 2006, ISBN 3-89518-560-4

10   European Integration in Crisis, edited by Eckhard Hein, Jan Priewe and Achim Truger, 2007, ISBN 978-3-89518-610-3

11   Finance-led Capitalism? Macroeconomic Effects of Changes in the Financial Sector, edited by Eckhard Hein, Torsten Niechoj, Peter Spahn and Achim Truger, 2008, second edition 2009, ISBN 978-3-89518-764-3

12   Macroeconomic Policies on Shaky Foundations – Whither Mainstream Economics?, edited by Eckhard Hein, Torsten Niechoj and Engelbert Stockhammer, 2009, ISBN 978-3-89518-757-6

13   The World Economy in Crisis – the Return of Keynesianism?, edited by Sebastian Dullien, Eckhard Hein, Achim Truger and Till van Treeck, 2010, ISBN 978-3-89518-806-0

14   Stabilising an unequal economy? Public debt, financial regulation, and income distribution, edited by Torsten Niechoj, Özlem Onaran, Engelbert Stockhammer, Achim Truger and Till van Treeck, 2011, ISBN 978-3-89518-878-7

15   From crisis to growth? The challenge of debt and imbalances, edited by Hansjörg Herr, Torsten Niechoj, Claus Thomasberger, Achim Truger and Till van Treeck, 2012, ISBN 978-3-89518-942-5

Sebastian Dullien, Eckhard Hein,
Achim Truger (Hg. | eds.)

Makroökonomik, Entwicklung und Wirtschaftspolitik

Macroeconomics, Development and Economic Policies

Festschrift für | for Jan Priewe

Metropolis-Verlag
Marburg 2014

Bibliografische Information der Deutschen Bibliothek
Die Deutsche Bibliothek verzeichnet diese Publikation in der Deutschen
Nationalbibliografie; detaillierte bibliografische Daten sind im Internet über
<http://dnb.ddb.de> abrufbar.

Metropolis-Verlag für Ökonomie, Gesellschaft und Politik GmbH
http://www.metropolis-verlag.de
Copyright: Metropolis-Verlag, Marburg 2014
Alle Rechte vorbehalten
ISBN 978-3-7316-1099-1

Foto: Andreas Amman

Vorwort

Diese Festschrift erscheint anlässlich des 65. Geburtstags von Jan Priewe, mit dem er auch zum Ende des Sommersemesters 2014 aus seiner Tätigkeit als Professor für Volkswirtschaftslehre an der Hochschule für Technik und Wirtschaft Berlin ausgeschieden ist. In der vorliegenden Festschrift sind Beiträge von Kolleginnen und Kollegen, akademischen Weggefährtinnen und Weggefährten und von ehemaligen Studierenden versammelt. Mit diesen Beiträgen und der Festschrift ehren wir einen hervorragenden Volkswirt und Makroökonomen, einen politisch engagierten Wissenschaftler – und einen Freund.

Geboren im hohen Norden, im holsteinischen Itzehohe, entschied sich Jan für ein Studium der Volkswirtschaftslehre, zunächst im äußersten Süden der Republik, in Konstanz, und dann in Marburg. Nach einer dreijährigen Tätigkeit für ein Beratungsunternehmen im Ruhrgebiet und einem kurzen Gastspiel am Hamburgischen Weltwirtschaftsarchiv – Institut für Wirtschaftsforschung (HWWA) arbeitete er drei Jahre als Assistent an der Fakultät für Soziologie der Universität Bielefeld. Er promovierte 1982 an der Universität Bremen mit einer auch heute noch sehr lesenswerten Arbeit: *Zur Kritik konkurrierender Arbeitsmarkt- und Beschäftigungstheorien und ihrer beschäftigungspolitischen Implikationen – Ansatzpunkte für eine Neuorientierung einer Theorie der Arbeitslosigkeit* (1984), in der er in der ihm eigenen Weise das Problem der Arbeitslosigkeit von allen theoretischen Seiten ausführlich und kenntnisreich beleuchtet, um dann klare Schlussfolgerungen für die Beschäftigungstheorie und -politik zu ziehen.

Gerade einmal etwas über 30 Jahre alt, wurde er dann auf eine Professur für Volkswirtschaftslehre an die Fachhochschule Darmstadt berufen. Diese hatte er für zehn Jahre inne, bevor es ihn 1993 nach Berlin zog, wo er eine Professur für Volkswirtschaftslehre an der damaligen Fachhochschule, jetzt Hochschule, für Technik und Wirtschaft übernahm. Hier engagierte er sich aktiv inhaltlich und in der akademischen Selbstverwaltung am Aufbau der jungen Hochschule und des neuen Fachbereiches und übte die mit seiner Professur verbundenen Verpflichtungen bis zu seiner Pensionierung aus. Dies ist die Zeit, in der wir, die Herausgeber dieser Festschrift, Jan kennenlernten, zunächst als junge Wissenschaftler, für die Jan stets ein großes Vorbild war und ist, und dann als Kollegen an der Hochschule bzw. im Rahmen des von Jan Mitte der 1990er Jahre mitgegründeten und von uns allen dann mitgestalteten und koordinierten Forschungsnetzwerks Makroökonomie und Makropolitik (FMM).

Wie auch das Publikationsverzeichnis am Ende dieser Festschrift verdeutlicht, ist Jans Werk von beeindruckender thematischer Breite und inhaltlicher Tiefe. Es reicht von Arbeiten zur Theorie der Arbeitslosigkeit und zur Beschäftigungspolitik, zu Krisen- und Stagnationstheorien, zu Fragen der Makroökonomie und der makroökonomischen Politik und hier insbesondere der Finanzpolitik, über Arbeiten zu den ökonomischen Problemen der deutschen Einheit und der europäischen Integration, zur Entwicklungsökonomie und zum internationalen Währungssystem, zur wirtschaftlichen Entwicklung und Wirtschaftspolitik in China, zur tiefen Finanz- und Wirtschaftskrise 2007-09 und zur Eurokrise, bis hin zu Arbeiten zu den ökologischen Grenzen des Wachstums im Allgemeinen und zur Öko-Steuerdebatte im Besonderen. Hierbei ist die Themenwahl stets problemorientiert – theoretische Glasperlenspiele sind Jans Sache nicht. Die Herangehensweise ist jeweils umfassend in dem Sinne, dass die Probleme zunächst kenntnisreich von einer breiten theoretischen Grundlage beleuchtet, institutionelle Faktoren und empirische Entwicklungen eingehend analysiert werden, um dann in der Regel zu klaren und politikorientierten Schlussfolgerungen zu kommen. Obwohl Jan jeweils von einer breiten Theoriediskussion ausgeht, sind die theoretischen Grundlagen seiner Arbeiten nicht beliebig – aber auch das Gegenteil von dogmatisch. In der oben genannten Dissertationsschrift zu den Arbeitsmarkt- und Beschäftigungstheorien beschränkt er sich auf die Diskussion „bürgerlicher Theorien" und schließt marxistische Ansätze bereits in der Einleitung wegen fundamental differierender Annahmen aus. In seinem Buch zu *Krisenzyklen und Stagnationstendenzen in der Bundesrepublik Deutschland* (1988) geht er hingegen von den verschiedenen Marxschen Ansätzen und den darauf aufbauenden marxistischen Krisentheorien aus, schaut aber auch hier über den Tellerrand hinaus und stellt Beziehungen zu post-keynesianischen Theorien her. Die Arbeiten der letzten beiden Jahrzehnte sind dann stark vom post-keynesianischen Forschungsprogramm geprägt, insbesondere Jans Beiträge zur Makroökonomie und zur makroökonomischen Politik und seine Arbeiten zur Entwicklungsökonomik und zum internationalen Währungssystem. Aber genauso, wie in denjenigen Arbeiten der 1980er Jahre, die auf Marxschen theoretischen Grundlagen stehen, keine reine Marxscholastik zu finden ist, geht es ihm in den Arbeiten seit den 1990er Jahren nicht um „what Keynes really meant, really". Im Gegenteil, Jan liebt es geradezu, vermeintliche theoretische Gewissheiten gegen den Strich zu bürsten und zu hinterfragen.

Diese Festschrift deckt nicht annähernd die thematische Breite von Jans bisherigem Werk ab. Aber wir glauben, dass doch alle Autorinnen und Autoren dem oben skizzierten „Prieweschen" Wissenschaftsverständnis verpflichtet sind. Wir haben sie eingeladen, zu den folgenden, von Jan beackerten Themengebieten beizutragen: Makroökonomie und Wirtschaftspolitik, Arbeitsmarkt und Beschäftigung, Entwicklungsökonomik, Wirtschaftspolitik in Deutschland und Europa, sowie Wirtschaftsentwicklung und -politik in China. Wir hoffen, dass das Ergebnis einen anregenden Lesestoff bietet – nicht nur für Jan. Von ihm ‚erwarten' und erhoffen wir nun, da aller Lehrverpflichtungen entledigt, weitere richtungweisende Beiträge in dem oben skizzierten Sinne, eine aktive Mitarbeit in unseren gemeinsamen Netzwerken sowie insbesondere viele produktive Diskussionen, alles mit dem gemeinsamen Ziel einer Verbesserung der Lebens-, Arbeits- und Umweltbedingungen für die Mehrheit der Bevölkerung.

Abschließend möchten wir uns bei den Autorinnen und Autoren dieser Festschrift für die Kooperation und die Bereitschaft bedanken, an diesem Veröffentlichungsprojekt mitzuwirken. Bei Jeffrey Althouse, Henriette Heinze, Matthias Poser, Barbara Schmitz, Isabell Kieser bedanken wir uns für die Unterstützung bei der Aufbereitung der Texte für den Druck, bei Hubert Hoffmann für die langjährige Veröffentlichung der Schriftenreihe des FMM in seinem Metropolis-Verlag und bei der Hans-Böckler-Stiftung für die großzügige finanzielle Förderung dieser Festschrift.

Berlin, Mai 2014
Sebastian Dullien, Eckhard Hein, Achim Truger

Preface

This Festschrift is released on the occasion of Jan Priewe's 65th birthday, which also marks the end of his activities as a Professor of Economics at the University of Applied Sciences Berlin – HTW with the summer semester 2014. This book contains contributions by some of his colleagues, academic companions, and former students. With these chapters and the Festschrift, we honour an excellent economist, a politically dedicated academic – and a friend.

Born in the far North of Itzehohe, Holstein, Jan decided to study economics, first in Konstanz, in the far South of Germany, and later in Marburg. After working for three years in a consulting firm in the Ruhr area and a brief stay at the Hamburgisches Weltwirtschaftsarchiv – Institute for International Economic Research (HWWA), he held a position as a junior lecturer in the Faculty of Sociology at the University of Bielefeld for three years. He obtained his doctoral degree at the University of Bremen in 1982 with the thesis *Zur Kritik konkurrierender Arbeitsmarkt- und Beschäftigungstheorien und ihrer beschäftigungspolitischen Implikationen – Ansatzpunkte für eine Neuorientierung einer Theorie der Arbeitslosigkeit [A Critique of Competing Labour Market and Employment Theories and Their Implications for Employment Policies – Starting Points for a Re-orientation of the Theory of Unemployment]* (1984), which has remained highly readable until today. In the thesis, Jan, in his special way, critically discusses in great detail the problems of unemployment from the perspectives of different schools of thought, in order to finally draw clear conclusions for the theory of employment and for employment policies.

By his early 30s, Jan was appointed a Professor of Economics at the University of Applied Sciences in Darmstadt. He held this position for a decade before moving to Berlin in 1993 in order to accept the position as a Professor of Economics at the University of Applied Sciences Berlin – HTW. In Berlin, he was actively involved in the development of the university and his new faculty, and here, he has fulfilled all of his obligations as a Professor until his retirement. It was during this time when we, the editors of this Festschrift, met Jan, first as young researchers, for whom Jan has always served as a role model, and later as colleagues either at the university or in the Research

Network Macroeconomics and Macroeconomic Policies (FMM), which was co-founded by Jan in the mid 1990s and to the coordination and events of which all of us have contributed since then.

As documented by the list of his publications at the end of this book, Jan's research has covered an impressive range of topics that have been analysed in great depth. It ranges from the theories of unemployment and employment policies, to theories of crises and stagnation, issues of macroeconomics and macroeconomic policies, and, in particular, fiscal policies. Additionally, his research and publications have dealt with economic problems of German reunification and European integration, development economics, the international monetary system, economic development and policies in China, the severe global financial and economic crisis 2007/09, as well as the Euro crisis, and he has analysed the limitations to growth in general and the impact of ecological taxation in particular. The choice of topics has been inspired by economic problems – theoretical modelling for the modelling sake has never been Jan's way of doing economics. His usual approach has always been comprehensive in the sense that he first explains the problem at hand, then deals with potential explanations based on broad theoretical knowledge and analyses institutional and empirical developments, in order to finally come to clear conclusions and economic policy implications. Although Jan has always included a wide ranging theoretical discussion in his research, his theoretical foundations or choices have not been arbitrary – but avoided dogmatism. In his above mentioned dissertation on labour market and employment policies, he narrowed his discussion down to ‚bourgeois theories‘ and excluded the Marxian approach in the very introduction because it is based on a set of fundamentally different assumptions. In his book *Krisenzyklen und Stagnationstendenzen in der Bundesrepublik Deutschland [Crises cycles and Tendencies of Stagnation in the Federal Republic of Germany]* (1988) he starts from different approaches toward crisis in Marx's work and the Marxian theories that have resulted from them, while also thinking outside the box and analysing the relationship between those approaches and post-Keynesian contributions. His works of the last two decades have been highly shaped by the post-Keynesian research programme, which are evidenced by Jan's contributions to macroeconomics and macroeconomic policies through his works on development economics and the international monetary system. Similar to his works of the 1980s and 1990s, which were not occupied with any Marxist ideology, his more recent post-Keynesian contributions have not been meant to discuss ‚what Keynes really meant, really‘. Rather Jan enjoys questioning alleged theoretical certainties.

This book does not nearly attempt to comprehensively touch on all the wide range of topics dealt with by Jan. However, we think that all contributing authors of this book share and respect the *Prieweian* way of doing economics, as explained above. We invited the authors to contribute to the following topics, which have been Jan's focus of analysis: macroeconomics and economic policy, labour market and employment, development economics, economic policy in Germany and Europe, as well as economic development and policy in China. We hope that the results will be of interest – not only for Jan. From him we ‚expect‘ and hope, since all teaching obligations have been fulfilled, that he will deliver more path breaking works in the spirit mentioned above, that he will remain an active member of our networks and that he will further contribute to productive discussions, all with our joint aim to enhance living, employment and environmental conditions for the majority of the population.

Finally, we would like to thank the contributing authors of this Festschrift for their cooperation and their willingness to be part of this publication project. We also thank Jeffrey Althouse, Henriette Heinze, Matthias Poser, Barbara Schmitz, Isabell Kieser for their assistance in editing the chapters and preparing them for the printing press, Hubert Hoffmann for the publication of the Series of the FMM in his publishing house Metropolis and the Hans-Böckler Foundation for the financial support of this Festschrift.

Berlin, May 2014
Sebastian Dullien, Eckhard Hein, Achim Truger

Inhalt | Contents

I. Makroökonomik und Wirtschaftspolitik
Macroeconomics and Economic Policies

State and perspectives of post-Keynesian economics –
views of a non-methodologist
Eckhard Hein 21

Der Wechselkurs in ökonomischen Paradigmen
Hansjörg Herr 43

Enriching the neo-Kaleckian growth model:
nonlinearities, political economy, and q theory
Thomas I. Palley 71

Das NiGEM-Modell: neue Argumente für Lohnmoderation?
Jürgen Kromphardt 85

Ungleichheit als Preis für Vollbeschäftigung? Einige Anmerkungen
zu den intragenerativen Verteilungswirkungen der Staatsverschuldung
Christina Anselmann und Hagen Krämer 101

Überlegungen zur Renaissance strategiefähiger Wirtschaftspolitik
Sebastian Dullien und Till van Treeck 121

II. Arbeitsmarkt und Beschäftigung
The Labour Market and Employment

Zur Kritik der Arbeitsmarkttheorie
Jochen Hartwig 141

Kleine Geschichten zu den Arbeitsmarktstatistiken.
Traue keiner Statistik, die du nicht selbst gefälscht hast
Camille Logeay 163

III. Entwicklungsökonomik
Development Economics

Development, progress and economic growth
Luiz Carlos Bresser-Pereira 181

Ideologie, Doktrin und Pragmatismus in der Entwicklungspolitik
Detlef J. Kotte 201

Beyond the new IMF institutional view on capital account management:
a broad approach on financial regulation in emerging economies
Daniela Prates and Barbara Fritz 221

IV. Wirtschaftspolitik in Europa
Economic policies in Europe

Die intellektuellen Wurzeln der Euro-Krise
Claus Thomasberger 241

Finanzierungssalden und die Krise in Europa
Florentin Glötzl, Markus Marterbauer, Miriam Rehm
und Armon Rezai 263

Problematische Exportpreisanstiege trotz sinkender Lohnstückkosten
in den Krisenländern des Euroraumes
Heike Joebges 277

Kill or cure? Current accounts within the euro area
after the austerity measures
Torsten Niechoj 291

Der Fiskalpakt – Hauptkomponente einer Systemkrise
Stephan Schulmeister 305

Wissen sie was sie tun? Über finanzpolitische Irrungen und
Wirrungen in der Eurokrise
Dieter Vesper 323

Labour market institutions and the future of the euro
Philip Arestis and Malcolm Sawyer 339

Rethinking wage policy in the Euro area –
implications of the wage-led demand regime
Engelbert Stockhammer and Özlem Onaran 353

V. Wirtschaftspolitik in Deutschland
Economic policies in Germany

German public finances under the debt brake:
unmasking the 'model pupil'
Kai Eicker-Wolf and Achim Truger 369

Demografie und kapitalgedeckte Alterssicherung:
bisherige Reformen sind keine Lösung
Katja Rietzler und Rudolf Zwiener 393

Hochschulsteuerung unter Unsicherheit. Ein Erfahrungsbericht
Michael Heine 409

VI. Wirtschaftsentwicklung und -politik in China
Economic development and policies in China

Reform of the global reserve system and China's choice
Liqing Zhang 425

Wirtschaftswachstum und Ausgaben privater Haushalte:
China im Vergleich
Jörg Mayer 437

FDI, domestic investment and CO_2 emissions in China:
a panel data analysis
Yang Laike, Lin Ji, Qian Zhiquan 457

Anhang | Appendix

Lebenslauf Jan Priewe 471

Jan Priewe's CV 473

Publikationen von | Publications by Jan Priewe 475

Autoren | Authors 491

I.

Makroökonomik und Wirtschaftspolitik

Macroeconomics and Economic Policies

State and perspectives of post-Keynesian economics – views of a non-methodologist[*]

Eckhard Hein

1. Introduction

I have known Jan Priewe since the early 1990s when I came to Berlin in order to teach at the Free University as a junior lecturer and to work on my doctoral thesis on money, effective demand and capital accumulation in Marxian and Keynesian economics (Hein 1996). Since then, Jan and I have been in a more or less continuous debate on macroeconomic issues, on economic policies and on the development of post-Keynesian economics, its coherence and its perspectives. Although Jan has published extensively in many areas of economics, and of macroeconomics and economic policies in particular, only a few publications are focused on post-Keynesianism as a school of thought in general, two of them concerned with economic policy implications (Priewe 1996, 2002a) and a small joint publication with me on the development of the *Research Network Macroeconomics and Macroeconomic Policies* (FMM) (Hein/Priewe 2009). However, both Jan and I have been very much concerned with the development of post-Keynesian economics and we have been heavily involved in establishing the FMM as a German based international network organising increasingly important conferences

[*] This chapter is based on my presentation at the launch of my co-edited book with Engelbert Stockhammer *A Modern Guide to Keynesian Macroeconomics and Economic Policies* (Hein/Stockhammer 2011a) at the Berlin School of Economics and Law in February 2012, and on a lecture on post-Keynesian economics I gave in a series organised by critical students on ‚Was ist Ökonomie? (What is economics?)‘ at Humboldt University Berlin in December 2013. I would like to thank the participants in these events, as well as Achim Truger for helpful comments and fruitful discussions.

and summer schools in Berlin. In our private and public discussions on the state and perspectives of post-Keynesian economics as a coherent paradigm or research programme, Jan has always been more sceptical and critical than I have been, and it has been my role to defend the progress which post-Keynesians have made over the last couple of decades – although I also see several dangers and problems.

In this contribution I will make an attempt to systematically present my views on the issue in order to convince Jan that there is a perspective for post-Keynesian economics – or at least to start another round of discussions. In Section 2, I will define heterodox and post-Keynesian economics as alternatives to mainstream orthodox economics. Section 3 will deal with the different strands of post-Keynesian economics, their commonalities and the general implications for post-Keynesian macroeconomics and macroeconomic policies. In Section 4, I will take a broader perspective and summarise what has been achieved regarding the establishment of post-Keynesianism as an alternative school of thought. And in the final Section 5, I will present my views on the perspectives and tasks for the future. Before I begin, a note of caution is at place: I am not a trained methodologist, and the considerations below are rather those of a post-Keynesian macroeconomist doing theoretical, applied and, hopefully, politically relevant work. My references to the methodological debates around the coherence of the post-Keynesian research programme and its relationship with orthodox or mainstream economics will therefore be highly selective and subjective and do not claim to be comprehensive at all.

2. *Heterodox and post-Keynesian economics as alternatives to mainstream orthodox economics*

In 1972, Joan Robinson (1972) declared the second crisis of economics, after the first crisis in the 1930s during the Great Depression, which had triggered Keynes's revolution in macroeconomics. It can be argued that currently, in a world economy only slowly recovering from the Great Recession 2007-09, without yet overcoming the underlying causes of this recession (Hein/Truger 2012/13), mainstream macroeconomics is facing its third crisis. By ‚mainstream macroeconomics' as a sociological concept and ‚orthodox macroeconomics' as an intellectual category (Dequech 2012), I mean neoclassical macroeconomics in its modern incarnation, which is the ‚New Neoclassical Synthesis' or the ‚New Consensus Model' (NCM) (Clarida/Gali/Gertler 1999;

Goodfriend/King 1997).[1] As is well known, this approach takes microfoundations, which means utility maximising representative agents with rational expectations in a dynamic stochastic general equilibrium (DSGE) approach, as a *conditio sine qua non* for macroeconomic modelling and for the derivation of economic policy implications. Into this approach, all sorts of frictions and imperfections, with microfoundations derived from so-called ‚New Keynesian' partial models or without (for example Calvo-pricing), have been introduced in order to push the general model results into better agreement with the observed facts.[2]

The main economic policy implications of the NCM model have been an overarching concern for price stability, and a deep-rooted trust in the self-stabilizing properties of unregulated markets, at least in the long run. Thus, financial stability has been of secondary concern and employment friendly policy has been equated with making labour markets more flexible. Arguably, this economic philosophy contributed to the blindness of the economics profession towards the build-up of the economic imbalances that erupted in the 2007-09 Great Recession (Colander et al. 2009), and its obsession with balanced public budgets and austerity policy is one of the main causes for the weak recovery of the world economy in general and the lasting euro crisis, in particular (Hein 2013/14). Although, as a response to the crisis, there have been some attempts at making orthodox macroeconomics ‚more realistic', these have left the core of the model more or less intact, an outcome which Palley (2013) has called ‚Gattopardo economics'. This conclusion is certainly true for such diverse contributions as Akerlof and Shiller (2009), Blanchard et al. (2010) and Woodford (2009, 2010), of which the former two authors can be considered as ‚orthodox dissenters' (Lavoie 2012) or ‚mainstream dissenters' (King 2012b). However, it would be difficult to apply Palley's claim to the recent work of the orthodox/mainstream dissenters Krugman (2012)

---

[1] Dequech (2012) defines ‚orthodox economics' as an intellectual category referring to the dominant school of thought, and ‚mainstream economics' as a sociological concept referring to what is taught at the most important universities, what is published in the most important journals, what receives the research funds from the most important institutions and what wins the most important awards. Lavoie (2012) then distinguishes between the ‚mainstream', referring to the dominant textbook approach, and the ‚dissenters'. The latter group is composed of ‚orthodox' and ‚heterodox' dissenters.

[2] For post-Keynesian criticisms focusing on different aspects, see, for example, Arestis (2009, 2011), Dullien (2011) and Hein and Stockhammer (2010, 2011b).

and Stiglitz (2012), But here is not the place to go into the details of such a debate.[3]

There have always been alternatives to neoclassical or orthodox approaches in macroeconomics, which have been based on the works of the classicals (Smith, Ricardo), Marx, Keynes and Kalecki. Modern versions of these ‚heterodox‘ approaches can be found in radical and Marxian economics, including the French Regulation School and the US Social Structure of Accumulation approach, in (old) institutional economics and in post-Keynesian economics, in particular.[4] Following Lavoie (2006, Chapter 1, 2011, 2014, Chapter 1), we can single out several presuppositions which unite these and other heterodox approaches against the orthodox/neoclassical mainstream and its modern macroeconomic incarnations represented in the New Keynesian, the New Classical, the Real Business Cycle models, as well as their synthesis in the NCM:

1. Regarding the epistemology and the ontology, hence the science of learning and the basic categories of the scientific systems and their relationships, heterodox economics is based on ‚realism‘. The objective of economics is to tell relevant stories and to explain the actual working of the economy in the real world starting from ‚stylised facts‘ (Kaldor). Orthodox economics, however, is founded on ‚instrumentalism‘, which means that an economic assumption is considered to be sound if it allows for the calculation of equilibrium positions and to make accurate predictions, irrespective of observed data or facts in reality.

2. With respect to the applied method, heterodox approaches follow ‚organicism‘ and ‚holism‘. They consider individuals as social beings in the context of their environment, given by class, gender, culture, institutions and history. From this perspective, all sorts of micro-macro paradoxes can arise, which means that reasonable behaviour at the micro level may not generate the intended results at the macro level, when interrelationships between individual actions are taken into account (‚paradox of thrift‘, ‚paradox of costs‘, ‚paradox of debt‘, ‚paradox of tranquility‘, and so on)[5]. The orthodox method is based on ‚methodological individualism‘ and ‚atomism‘, which means

---

[3] See for assessments for example, King (2009, 2012b) and Lavoie (2010, 2013a).

[4] See Lavoie (2006, Chapter 1, 2011, 2014, Chapter 1) and Lee (2009) for broader overviews over heterodox economics in general.

[5] The ‚paradox of saving‘ (Keynes 1936) means that higher propensities to save lead to reduced income. According to the ‚paradox of costs‘ (Rowthorn 1981), higher real wages or higher wage shares lead to a higher rate of profit. The ‚paradox of debt‘ (Steindl 1952) means that attempts to de-leverage might lead to higher leverage ratios. And the ‚paradox of tranquility‘ (Minsky 1975) says that finally stability is destabilising.

that the analysis has to start from the pre-social individual and his/her preferences. The behaviour of a representative agent as a utility and profit maximiser under constraints provides the microfoundation of macroeconomics (and of institutions). Micro-macro paradoxes are ruled out by design.

3. Regarding the concept of rationality, heterodox economics assumes ‚reasonable rationality‘ and ‚satisficing agents‘. It is acknowledged that individuals face severe limitations in their ability to acquire and process information, in particular because the latter maybe simply non-existent and there is no ‚true‘ model to process available information. Thus, expectations are based on fundamental uncertainty. Following norms, conventions, customs, rules of thumb, as well as the establishment of institutions reducing uncertainty are considered as rational or reasonable responses. Orthodox theory assumes ‚model-consistent rationality‘ and ‚optimising agents‘. Individuals possess quasi-unlimited knowledge about present and future states of the economy, and they have the ability to calculate economic outcomes applying the ‚true‘ model of the economy. In this sense they are assumed to possess ‚perfect information‘ and have ‚rational expectations‘.

4. With respect to the economic core, heterodox schools focus on ‚production‘ and ‚growth‘. Whereas the classical economists and Marx were preoccupied with the creation of scarce resources by means of accumulation of (part of) the surplus and by technical progress, Keynes rather focused on the utilisation of resources, because monetary production economies usually operate below full employment. In this context, prices in heterodox schools are considered as (re-)production prices. On the contrary, the starting point and the focus of orthodox theory are ‚exchange‘, ‚allocation‘ and ‚scarcity‘. According to this perspective, economics is about the efficient allocation of scarce resources (Robbins). Prices are assumed to reflect scarcity, exchange is the starting point of economic analysis, and production and growth are only extensions to this basic perspective.

5. Regarding the political core, heterodox schools at the minimum require ‚regulated markets‘ and continuous state intervention into the economy. It is held that unfettered markets, irrespective of price flexibility or inflexibility, generate instabilities, unacceptable inequalities and inefficiencies. The notion of free markets is considered to be a myth, because there has always been an institutional framework for the market economy. Furthermore, more or less unrestricted competition has tendencies towards oligopoly and monopoly, and thus towards undermining itself. Therefore, permanent market regulation and aggregate demand management by the state are required. This contradicts the orthodox view that ‚unfettered‘ and free markets are generally stable and

generate optimal allocation at full employment levels of activity. In this view, state interventions generate inefficiencies, and for orthodox economists these are only acceptable in the cases of externalities and monopolistic restrictions.

3. Strands of post-Keynesian economics, commonalities and implications for macroeconomics and macroeconomic policies

Based on the general presuppositions uniting heterodox economics, different strands of post-Keynesian economics can be distinguished. In an early paper Hamouda and Harcourt (1988) have mentioned three strands, American post Keynesians, neo-Ricardians and Kaleckians, but had difficulties in classifying outstanding individuals, like Kaldor, Goodwin, Pasinetti and Godley. Therefore, Lavoie (2011, 2014, Chapter 1) distinguishes five strands of post-Keynesian economics.[6]

The first strand is represented by the fundamentalist Keynesians, directly inspired by John Maynard Keynes, the older Joan Robinson, as well as Hyman Minsky, G.L.S. Shackle, and Sydney Weintraub, with fundamental uncertainty, the features of a monetary production economy, financial instability, and methodological issues as major themes. The Kaleckians are the second strand, drawing on the works of Michal Kalecki, Josef Steindl, and the younger Joan Robinson, with cost-plus pricing, class conflict, effective demand, income distribution and growth as major themes. The Sraffians or neo-Ricardians constitute the third strand, drawing on the work of Piero Sraffa and Pierangelo Garegnani, and focussing on issues like relative prices in multi-sectoral production systems, choice of techniques, capital theory, and long-run positions of the economy. The fourth strand are the Institutionalists, relying on the work of Thorstein Veblen, Gardiner Means, John Kenneth Galbraith, Abba Lerner, and Alfred Eichner, and concentrating on themes like pricing, the theory of the firm, monetary institutions, behavioural and labour economics. And finally, the fifth strand consists of the Kaldorians, basing their work on the contributions by Nicholas Kaldor, Roy Harrod, Richard Goodwin, John Cornwall, and Wynne Godley. The major themes are economic growth, productivity regimes, open economy constraints to growth, and the nexus between the economic and the financial system.

---

[6] I only mention those authors who have passed away. Lavoie (2014, Chapter 1) also presents a detailed allocation of current post-Keynesian authors to these five strands.

Starting with Eichner and Kregel (1975) several attempts have been made to single out what the different strands of post-Keynesianism have in common and what distinguishes post-Keynesian economics from orthodox economics and other strands of heterodox economics. Basically, we can distinguish Davidson's (2003/04) ,small tent' approach from the ,big tent' approach advocated by King (2002, 2012b) and Lavoie (1992, 2006, 2011, 2012, 2014), among others. Davidson (2002/03) argues that only those should be considered as ,Post Keynesians', who, following Keynes, strictly adhere to the rejection of the classical axioms: the neutrality of money axiom, the ergodic axiom, and the gross substitution axiom. Therefore, ,Post Keynesianism' so defined is restricted to the first strand mentioned above, the fundamentalist, with even Minsky expelled by Davidson (2002/03). Lavoie (2014, Chapter 1), however, presents a comprehensive ,broad tent' approach, drawing on a review of the respective literature since Eichner and Kregel (1975), and he argues that post-Keynesians adhere to the five presuppositions of heterodox economics in general, and that they can be distinguished from other heterodox economics by four characteristics. I would broadly agree with Lavoie's list but I would add a fifth feature, so that we have the following characteristics of post-Keynesian economics which can be added to the five presuppositions shared by heterodox economics in general:

1. the focus on a monetary theory of production, in which money is non-neutral in the short and the long run,

2. the dominance of the principle of effective demand in the short and long run,

3. the importance of the notion of fundamental uncertainty,

4. the insistence that economic processes take place in historical and irreversible time – and are thus largely path dependent, and

5. the importance of distributional issues and distribution conflict for economic outcomes.

With respect to macroeconomic modelling this implies that the ,hierarchy of markets' entailed in orthodox macroeconomics, and hence in the NCM, has to be reversed. Whereas in orthodox macroeconomics the labour market is at the top of the hierarchy dominating the other macroeconomic markets at least in the long run, in post-Keynesian macroeconomics it is the money, credit and financial markets which are at the top of the hierarchy, with the goods market following, and the labour market at the very bottom. In money, credit and financial markets, the central bank determines the base rate of interest in the money market and the interaction of central bank, commercial banks, firms, households and the government determines the structure of interest rates in the credit and financial markets. This structure of interest rates is exogenous for the income generating process in the goods market, whereas the volumes of money and credit are endogenous. Changes in the relevant rate of interest have cost and distribution effects, and thus have an impact on aggregate demand in the goods market, with investment demand being the driving force, which then determines the levels of output, income, and employment. Therefore, the labour market has no effect on employment and unemployment, because labour demand is determined in the goods market and labour supply can be considered to be exogenously given for short-run macroeconomics. What is determined in the labour market is the nominal wage rate and hence nominal unit labour costs, which have a major impact on the price level and inflation, and which, under certain conditions, will also affect the real wage rate and income distribution. Price and distribution effects might then feedback on aggregate demand in the goods market and on interest rate setting in the monetary/financial markets of the economy.

Based on these general considerations, post-Keynesian macroeconomic models (PKM) can be built and have recently been suggested by Arestis (2013) and Hein and Stockhammer (2010, 2011b), for example. And these models allow for deriving a consistent macroeconomic policy mix, as an alternative to the NCM, which is shown in Table 1, drawing on the economic policy implications of Hein and Stockhammer (2010, 2011b).

In the orthodox NCM approach inflation targeting monetary policies is recommended as the main stabilising economic policy tool. Central bank policies applying the interest rate tool have short-run real effects on unemployment, but in the long run only the inflation rate is affected. Fiscal policies are to support inflation targeting monetary policies by balancing the public budget over the cycle. The labour market, together with the social security system, determines equilibrium unemployment, the non-accelerating-inflation-rate-of-unemployment (NAIRU), in the long run, and the speed of adjustment towards this rate in the short run. Since, at least in the long run, there is a clear division of labour between the different areas of economic policy making, co-ordination is not required – each area of policy making would have to follow its tasks as outlined.

Table 1: Macroeconomic policy recommendations of New Consensus models
(NCM) and of post-Keynesian models (PKM) compared

	NCM	PKM
Monetary policy	Inflation targeting, which affects unemployment in the short run, but only inflation in the long run	Target low interest rates affecting distribution, and stabilise monetary, financial and real sectors
Fiscal policy	Support monetary policy in achieving price stability, balance the budget over the cycle	Real stabilisation in the short and in the long run, no deficit target, distribution of disposable income
Labour market and wage/ incomes policy	Determines the NAIRU in the long run and the speed of adjustment in the short run, focus should be on flexible nominal and real wages	Affects price level/inflation and distribution, focus should be on rigid nominal wages and steady nominal unit labour cost growth
Co-ordination	Clear assignment in the long run, co-ordination only in the short run	No clear assignment, co-ordination required in the short and the long run

The macroeconomic policy mix based on post-Keynesian models advocates co-ordination of economic policies between the different areas, both in the short and the long run, because there is no clear-cut assignment of policy makers and their instruments to economic policy targets. Generally, it is acknowledged that central bank interest rate policies have real effects, both in the short and the long run, and that central banks should target low interest rates and contribute to stabilising the monetary, financial and real sectors of the economy. The exact monetary policy strategy with respect to the interest rate, ‚activist‘ or ‚parking it‘, is a matter of debate (Rochon/Setterfield 2007). Fiscal policies have a major impact on economic activity and the distribution of disposable income, and should thus actively take care of real stabilisation of the economy in the short and the long run, using government expenditures and taxation as tools without any government deficit targets. Potential limits to government debt in this kind of approach are a matter of controversy between those sympathetic with neo-chartalism and functional finance – what is now called ‚modern money theory‘ (Wray 2012) – and the critics of such an approach (Lavoie 2013b). The relevance of government debt limits will depend, in particular, on the precise institutional circumstances regarding the relationship between the government and the central bank, the international acceptance of the currency, and so on. Finally, wage and incomes policies should focus on nominal stabilisation, which means stable unit labour cost growth at the target rate of inflation. To what extent wage policies can and should contribute to redistribution in favour of the labour income share with an aim to stimulate aggregate demand and growth, is controversial among post-Keynesians and will depend on the concrete and specific circumstances in the country or region under consideration, in particular on the degree of international competition and the nature of the demand regime (Hein 2011, 2014, Chapter 7). Compared to the broad consensus prevailing among post-Keynesians regarding basic principles of macroeconomic policies, I would consider the remaining controversies as second order and largely related to the more concrete historical and institutional circumstances of economic policy making, which are of course not unimportant and thus will require further debates.

4. What has been achieved?

The development of post-Keynesian economics since the 1930s has gone through different stages, as described by Fontana (2009, Chapter 2) and Lavoie (2014, Chapter 1), for example.[7] In the 1930s and 1940s the history of what was to become post-Keynesian economics started off with Keynes's and Kalecki's revolution in macroeconomics introducing the principle of effective demand. The focus in this period was clearly on the determination of output and employment, involuntary unemployment and the trade cycle. The 1950s and 1960s saw the extension of the principle of effective demand from the short to the long period. The first generation post-Keynesian distribution and growth models associated with the works of Kaldor and Robinson, in particular, were put forward. Furthermore, this was the period of the critique of aggregate neoclassical theory in the ‚Cambridge controversies in the theory of capital‘. In the 1970s, the ‚romantic age‘ according to Fontana (2009, Chapter 2), we had the attempts at defining the contours of a post-Keynesian paradigm in economics, which was to replace neoclassical economics. This was accompanied by the founding of the still most important journals for

---

[7] See also the more extensive books on the history of post-Keynesian economics by Harcourt (2006), King (2002) and Pasinetti (2007).

post-Keynesians, the *Cambridge Journal of Economics* (1977) and the *Journal of Post Keynesian Economics* (1978), and by important works on the theory of the firm and on pricing theory. This was followed by the ‚age of uncertainty‘ (Fontana 2009, Chapter 2) in the 1980s and 1990s, with a strong focus on methodology, the history of economic thought, and on ‚what Keynes really meant, really‘, as well as the publication of some textbook presentations of post-Keynesian economics, such as Arestis (1992), Lavoie (1992), Davidson (1994), and Palley (1996). In this period we also had the important contributions to the theory of endogenous money and the financial instability hypothesis, as well as the advancement of the second generation post-Keynesian distribution and growth models based on the works of Kalecki and Steindl. The present period, starting in the early 2000s, has been characterised by increasing relevance of applied and econometric work, macroeconomic policy analysis and the analysis of economic policy regimes, by research on ‚financialisation‘ as new stage of development of modern capitalism, on internationalisation and globalisation, on financial instability, and by the integrated analysis of money, finance, distribution conflict, effective demand, capital accumulation and growth issues in stock-flow consistent models.

I would argue that, based on the aforementioned five presuppositions of heterodox economics in general and the five characteristics of post-Keynesian economics in particular, over the last eight decades or so there has emerged a solid body of post-Keynesian theory and economic policy recommendations in the areas of macroeconomics, employment and unemployment, distribution and growth, money, credit and finance, international money and finance, financialisation, financial instability and financial crisis, European economics and economic policies, as well as development and emerging market economics. As documented by his list of publications at the end of this book, Jan Priewe has contributed to several of these areas, and I only mention a few outstanding examples here: Priewe (1984) on theories of employment and unemployment, Priewe (1988) on theories of stagnation and crises, Priewe (1996, 1999a) on the post-Keynesian macroeconomic policy mix, Priewe (2002b) on the role of fiscal policies in such a policy mix, Priewe (2006, 2007, 2012) on problems of European (monetary) integration and the ensuing euro crisis, Priewe (2010) on the global financial and economic crisis, as well as Priewe and Herr (2005), Herr and Priewe (2006) and Priewe (2008) on international money, finance and development economics.

Of course, there are still several unsettled controversies in post-Keynesian economics, for example, regarding the use of formal models and econometrics as tools of analysis, regarding the appropriate microeconomics, Marshallian

or Kaleckian, regarding the requirements of a ‚normal' rate of capacity utilisation in long-run equilibrium, regarding the exact shape of the money and
credit supply curves (the infamous horizontalists vs. structuralists debate),
and so on. However, as with the controversies related to the precise economic
policy programmes mentioned above, these are controversies within the research programme defined by the five presuppositions and the five characteristics above. These controversies as such do not undermine the coherence of
the post-Keynesian research programme. On the contrary, several of them are
necessary and useful in order to make scientific progress, and they should be
handled in an open-minded atmosphere and in a constructive and solidary
way. It is rather the style of some of the recent debates, for example between
the proponents and the critics of modern money theory, rather than the content of these controversies, which gives rise to concerns and which might
contribute to further endangering the survival of post-Keynesian economics
as an alternative school of thought in an extremely unfriendly academic and
political environment.

So far, post-Keynesian economics has survived as a contested and embattled
minority and managed to develop an academic infrastructure – as part of heterodox economics in general – which, of course, has been required for this survival:[8]

First, there are now available some updated textbooks on post-Keynesian
economics in general, as well as on macroeconomics, distribution and growth,
most of them for graduate programmes, for example Davidson (2011), Heine
and Herr (2013), Hein (2014) and Lavoie (2006, 2014). These are accompanied by several recent collections of essays guiding through post-Keynesian
economics, for example Harcourt and Kriesler (2013), Hein and Stockhammer (2011a), Holt and Pressman (2001) and King (2012a). Furthermore, the
books on the history of post-Keynesian economics by Harcourt (2006), King
(2002) and Pasinetti (2007), as well as the recent intellectual biographies by
Davidson (2007) on Keynes, by Lopez G. and Assous (2010) on Kalecki, by
Harcourt and Kerr (2009) on Joan Robinson, by King (2009) on Kaldor, and
by Roncaglia (2009) on Sraffa contribute enormously to the identity of post-
Keynesian economics as a distinctive school of thought. However, what is

---

[8] For details on the heterodox and post-Keynesian institutional academic infrastructure,
regarding journals, associations and networks, as well as undergraduate and graduate
programmes, see the *Heterodox Economics Directory* (Jo 2013), from which I have
taken some of the information presented here.

missing so far is a post-Keynesian textbook which can be widely used in undergraduate programmes.

Second, as an outlet for academic research, post-Keynesians now have a range of journals available, which are explicitly post-Keynesian or at least widely open to this approach: the *Cambridge Journal of Economics*, the *Journal of Post Keynesian Economics, Metroeconomica*, the *Review of Political Economy*, the *International Review of Applied Economics*, the *European Journal of Economics and Economic Policies: Intervention*, the *Review of Keynesian Economics,* the *Journal of Economic Issues*, the *International Journal of Political Economy*, the *Review of Radical Political Economics*, the *PSL Quarterly Review* (which is the former *Banca Nazionale del Lavoro Quarterly Review*), the *Brazilian Journal of Political Economy*, the *Bulletin of Political Economy*, the *Contributions to Political Economy*, and *Panoeconomicus*, amongst other journals with a more specific focus, like the *European Journal of the History of Economic Thought* or *Structural Change and Economic Dynamics*. Although, in the present day a broad range of heterodox journals in general and post-Keynesian journals, in particular, exist, the inappropriately low ranking of these journals in the dominant journal lists is a major problem and obstacle for the future development of post-Keynesian economics, as analysed by Dobusch and Kapeller (2012) and Lee et al. (2010).

Third, post-Keynesians have established or are part of a range of associations and networks, organising international conferences as well as summer schools for graduate students on a regular basis. In North America there is the US-network organised by the Levy Economics Institute, with annual Hyman P. Minsky conferences in New York, international Post Keynesian conferences in Kansas City, and Minsky summer seminars in Annandale-on-Hudson, NY. In South America with the largest post-Keynesian academic community in Brazil, the *Brazilian Keynes Association* has been running annual conferences for a couple of years. In Australia, post-Keynesians are main organisers of and contributors to the *Australian Society of Heterodox Economics* (ASHE) conferences. In Asia, there is the *Japanese Society for Post Keynesian Economics* organising seminars and conferences, as well as a *Keynes Society Japan* with annual conferences. And in Europe, we have the *Post-Keynesian Economics Study Group* (PKSG) in the UK with annual workshops, as well as seminar series at the University of Cambridge, Kingston University, London, Leeds University Business School and the School of Oriental and African Studies, London. In Denmark a Nordic post-Keynesian network has been organising some conferences. In France there have been several post-Keynesian conferences at the University of Dijon, partly co-organised by the French

Association pour le Developpement des Etudes Keynesiennes (ADEK). French post-Keynesians are also heavily involved in the newly founded *Association Francaise d'Economie Politique* (AFEP) and its conferences and other activities. In Spain, the University of the Basque Country in cooperation with the Cambridge Centre for Economic and Public Policy has been organising important and growing annual international conferences for more than a decade. And in Germany we have the *German Keynes Society* with small annual conferences for German speaking participants, and the FMM with large annual international conferences in Berlin for more than a decade, as well as biennial summer schools for graduate students and young researchers, also in Berlin. Furthermore, post-Keynesians are actively involved in broader associations, as for example the *Association for Heterodox Economics* (AHE), the *European Association for Evolutionary Political Economy* (EAEPE) or the newly founded *World Economics Association* (WEA).

Fourth, post-Keynesians have so far been successful in defending or newly establishing graduate programmes containing major elements of post-Keynesian economics, amongst other heterodox approaches. There are several programmes at Brazilian universities, and in the US, there are the Master and PhD programmes at the University of Massachusetts Amherst, the New School for Social Research, New York, the University of Missouri, Kansas City, and at the University of Utah, Salt Lake City. In the UK there are the programmes at Leeds University Business School, Kingston University, London, and the School of Oriental and African Studies, London. In France there is the programme at the University of Paris 13, and in Spain the programme at the University of the Basque Country, Bilbao. In Germany we have the Master programmes at the Berlin School of Economics and Law and the HTW University of Applied Sciences Berlin, although without PhD programmes for legal reasons. What is most encouraging is a newly created joint Erasmus Mundus Master Programme on *Economic Policies in the Age of Globalisation* (EPOG), funded by the European Commission, with the University Paris 13, the University Torino, the Berlin School of Economics and Law, Kingston University London, and the University of Witwatersrand as major partners, and Seoul National University, the Federal University of Rio de Janeiro and the University of Massachusetts Amherst cooperating.

5. Perspectives and tasks for the future

The perspectives and future tasks for post-Keynesian economics have been discussed intensively over the last decade, as recently reviewed by Dequech (2012), King (2012b), Lavoie (2012), and Lee (2012). Regarding the relationship with mainstream economics, some authors, like Colander (2009) and Fontana and Gerrard (2006) argue that post-Keynesians should observe the developments within orthodox/mainstream economics more closely, avoid attacking a textbook ‚strawman', use modelling methods which are acceptable to mainstream economists, engage in dialogues and cooperate with mainstream economists, in order to convince them of the relevance of post-Keynesian economics. Others, like Davidson (2009), based on his narrow definition of ‚Post Keynesian economics' mentioned above, argue that post-Keynesians should actively fight orthodox economics, with the aim of convincing mainstream economists that their approach is wrong. As Stockhammer and Ramskogler (2009) for somewhat different reasons, I consider both strategies to be misguided, because they over-estimate the potentials for constructive dialogues or controversies, given the contradicting presuppositions of orthodox and heterodox economics. And these strategies overrate the willingness of mainstream economists to enter into such dialogues or controversies, given their power and superior access to university positions, financing funds, political influence, and so on. Furthermore, I would side with King (2008, 2012b), who argues against the first strategy that the developments within mainstream macroeconomics should not be overrated, and against the second that it carries the severe risk of running into fundamental methodological debates and into ‚sectarian intolerance'.

Dismissing any strategy targeting orthodox economics in the first place does not imply that post-Keynesians should avoid dialogues or controversies with mainstream economists. To the extent that they are possible, these may be helpful to develop and sharpen the post-Keynesian research programme, which should focus on „useful explanations of ongoing socio-economic transformations", as Stockhammer and Ramskogler (2009, 228) suggest. And they are even required for post-Keynesians to have an impact on the economic policy stance dominated by orthodox recommendations and shift it towards policies, which are more favourable to full employment, a more equal distribution of income and financially and environmentally sustainable growth.[9]

---

[9] Such a strategy is also incompatible with Lee's (2012) suggestion to ignore mainstream economics when doing heterodox research. It might be compatible with what Earl and Peng (2012) call ‚strategies of stealth'. See King (2012b) for a discussion.

However, the primary target cannot be to convince and change orthodox/ mainstream economists, but to contribute to a change in attitudes and power relations in the economy and the society as a whole. I fear that only if the latter is successful, will the power relations in academics have the potential to change, as well. What are the implications of this perspective for post-Keynesian economics in the future?

First, post-Keynesians should improve their research programme in those areas which are underdeveloped, without giving up their strengths in macroeconomics. This could include a closer examination of potential links with modern experimental and behavioural economics, in order to strengthen the behavioural functions in post-Keynesian macroeconomic models.[10] It definitely should mean the integration of ecological constraints into post-Keynesian macroeconomic models.[11] And finally, it should also mean to re-focus on the political economy dimension and the social embeddedness of economic processes and economic policies, which is part of the tradition of Kalecki, Steindl and others. With regard to these areas, post-Keynesianism can certainly benefit from cooperation with other heterodox schools, like ecological economics, institutional economics, different strands of Marxian economics (French Regulation School, Social Structure of Accumulation approach), and they can contribute to the development of a more comprehensive, but open and pluralistic alternative economics, or better political economy, research programme.[12]

Second, post-Keynesians would have to focus and concentrate on defending and improving the heterodox academic infrastructure, regarding university positions, research funding, graduate programmes, journals and appropriate journal rankings, associations and networks, conferences and summer schools. As should be self-evident, cooperation in securing university positions, graduate programmes and research funding, at department, faculty, university levels and beyond, should not be restricted to other heterodox economists, but would have to include other progressive social scientists, business economists, engineers, scientists, and so on.

---

[10] See, for example, King (2013) for a balanced assessment of the potentials.

[11] See, for example, Fontana and Sawyer (2013) and Rezai, Taylor and Mechler (2013) for some conceptual considerations. Interestingly, Jan Priewe (1999b, 2001, 2002c) has some earlier publications in German which might be worthwhile to reconsider in this context.

[12] See, for example, Hein, Dodig and Budyldina (2014) for a recent comparison of the roles of social, financial and economic systems in post-Keynesian economics, the French Regulation School, and the US-based Social Structure of Accumulation approach.

Third, in order to have an impact on economic policies and to contribute to a more progressive social environment for academic research, post-Keynesians would need to maintain and to improve their cooperation with trade unions, social movements and political parties, as well as with research institutes and think tanks outside the university sector.

To finish, let me say that, for me, Jan Priewe has always been a leading example and a role model for engagement and activities in all three areas mentioned above – and I hope we will be able to continue our joint work for many years to come.

References

Akerlof, G.A., Shiller, R.J. (2009): *Animal Spirits: How Human Psychology Drives the Economy and Why It Matters for Global Capitalism,* Princeton: Princeton University Press.

Arestis, P. (1992): *The Post-Keynesian Approach to Economics: An Alternative Analysis of Economic Theory and Policy*, Aldershot: Edward Elgar.

Arestis, P. (2009): New Consensus macroeconomics and Keynesian critique, in: E. Hein, T. Niechoj and E. Stockhammer (eds.), *Macroeconomic Policies on Shaky Foundations: Whither Mainstream Economics?*, Marburg: Metropolis.

Arestis, P. (2011): Keynesian economics and the New Consensus in macroeconomics, in: E. Hein and E. Stockhammer (eds.), *A Modern Guide to Keynesian Macroeconomics and Economic Policies*, Cheltenham: Edward Elgar.

Arestis, P. (2013): Economic theory and policy: a coherent post-Keynesian approach, *European Journal of Economics and Economic Policies: Intervention*, 10(2), 243-255.

Blanchard, O., Dell'Ariccia, G., Mauro, P. (2010): Rethinking macroeconomic policy, IMF Staff Position Note, February 12, 2010, SPN/10/03, Washington, D.C.: International Monetary Fund.

Clarida, R., Gali, J., Gertler, M. (1999): The science of monetary policy: a New Keynesian perspective, *Journal of Economic Literature*, 37(4), 1661-1707.

Colander, D. (2009): How did macro theory get so far off track, and what can heterodox macroeconomists do to get it back on track?, in: E. Hein, T. Niechoj and E. Stockhammer (eds.), *Macroeconomic Policies on Shaky Foundations: Whither Mainstream Economics?,* Marburg: Metropolis.

Colander, D., Föllmer, H., Haas, A., Goldberg, M., Juselius, K., Kirman, A., Lux, T., Sloth, B. (2009): The financial crisis and the systemic failure of academic economics, Kiel Working Paper 1489, Kiel Institute for the World Economy.

Davidson, P. (1994): *Post Keynesian Macroeconomic Theory*, Aldershot: Edward Elgar.

Davidson, P. (2003/04): Setting the record straight on ‚A History of Post Keynesian Economics', *Journal of Post Keynesian Economics*, 26(2), 245-272.

Davidson, P. (2007): *John Maynard Keynes*, Basingstoke: Palgrave Macmillan.

Davidson, P. (2009): *The Keynes Solution: The Path to Global Economic Prosperity*, New York: Palgrave Macmillan.

Davidson, P. (2011): *Post Keynesian Macroeconomic Theory*, Cheltenham: Edward Elgar.

Dequech, D. (2012): Post Keynesianism, heterodoxy and mainstream economics, *Review of Political Economy*, 24(2), 353-368.

Dobusch, L., Kapeller, J. (2012): A guide to paradigmatic self-marginalization: lessons for post-Keynesian economists, *Review of Political Economy*, 24(3), 469-487.

Dullien, S. (2011): The New Consensus from a traditional Keynesian and a post-Keynesian perspective: a worthwhile foundation for research or just a waste of time?, *Économie Appliquée*, 64(1), 173-200.

Earl, P.E., Peng, T.-C. (2012): Brands of economics and the Trojan horse of pluralism, *Review of Political Economy*, 24(3), 451-467.

Eichner, A.S., Kregel, J.A. (1975): An essay on post-Keynesian theory: a new paradigm in economics, *Journal of Economic Literature*, 13(4), 1293-1311.

Fontana, G. (2009): *Money, Uncertainty and Time*, Abingdon: Routledge.

Fontana, G., Gerrard, B. (2006): The future of Post Keynesian economics, *Banca Nazionale del Lavoro Quarterly Review*, 59(236), 49-80.

Fontana, G., Sawyer, M. (2013): Post-Keynesian and Kaleckian thoughts on ecological macroeconomics, *European Journal of Economics and Economic Policies: Intervention*, 10(2), 256-267.

Goodfriend, M., King, R.G. (1997): The New Neoclassical Synthesis and the role of monetary policy, in: B.S. Bernanke and J.J. Rotemberg (eds.), *NBER Macroeconomics Annual: 1997*, Cambridge, MA: MIT Press.

Hamouda, O.F., Harcourt, G.C. (1988): Post Keynesianism: from criticism to coherence?, *Bulletin of Economic Research*, 40(1), 1-33.

Harcourt, G.C. (2006): *The Structure of Post-Keynesian Economics: The Core Contributions of the Pioneers*, Cambridge, UK: Cambridge University Press.

Harcourt, G.C., Kerr, P. (2009): *Joan Robinson*, Basingstoke: Palgrave Macmillan.

Harcourt, G.C., Kriesler, P. (2013) (eds.): *The Oxford Handbook of Post-Keynesian Economics*, 2 Volumes, Oxford: Oxford University Press.

Hein, E. (1996): *Geld, effektive Nachfrage und Kapitalakkumulation: Eine Betrachtung aus Marxscher, Keynesscher und post-keynesianischer Perspektive*, Berlin: Duncker & Humblot.

Hein, E. (2011): Redistribution, global imbalances and the financial and economic crisis – the case for a Keynesian New Deal, *International Journal of Labour Research*, 3(1), 51-73.

Hein, E. (2013/14): The crisis of finance-dominated capitalism in the euro area, deficiencies in the economic policy architecture and deflationary stagnation policies, *Journal of Post Keynesian Economics*, 36(2), 325-354.

Hein, E. (2014): *Distribution and Growth after Keynes: A Post-Keynesian Guide*, Cheltenham: Edward Elgar.

Hein, E., Dodig, N., Budyldina, N. (2014): Financial, economic and social systems: French Regulation School, Social Structures of Accumulation and Post-Keynesian approaches compared, Berlin School of Economics and Law, Institute for International Political Economy (IPE) Working Paper, 34/2014, and FESSUD Working Paper Series, No. 22, University of Leeds.

Hein, E., Priewe, J. (2009): The Research Network Macroeconomics and Macroeconomic Policies (FMM) – past, present and future, *European Journal of Economics and Economic Policies: Intervention*, 6(2), 166-173.

Hein, E., Stockhammer, E. (2010): Macroeconomic policy mix, employment and inflation in a post-Keynesian alternative to the New Consensus Model, *Review of Political Economy*, 22(3), 317-354.

Hein, E., Stockhammer, E. (2011a) (eds.): *A Modern Guide to Keynesian Macroeconomics and Economic Policies*, Cheltenham: Edward Elgar.

Hein, E., Stockhammer, E. (2011b): A post-Keynesian macroeconomic model of inflation, distribution and employment, in: E. Hein and E. Stockhammer (eds.), *A Modern Guide to Keynesian Macroeconomics and Economic Policies*, Cheltenham: Edward Elgar.

Hein, E., Truger, A. (2012/13): Finance-dominated capitalism in crisis – the case for a global Keynesian New Deal, *Journal of Post Keynesian Economics*, 35(2), 183-210.

Heine, M., Herr, H. (2013): *Volkswirtschaftslehre: Paradigmenorientierte Einführung in die Mikro- und Makroökonomie*, 4th edition, München: Oldenbourg.

Herr, H., Priewe, J. (2006): The Washington Consensus and (non-)development, in: L.R. Wray and M. Forstater (eds.), *Money, Financial Instability and Stabilization Policy*, Cheltenham: Edward Elgar.

Holt, R.P.F., Pressman, S. (2001) (eds.): *A New Guide to Post-Keynesian Economics*, London: Routledge.

Jo, T.-H. (2013): Heterodox Economics Directory: Informational Directory for Heterodox Economists, 5th edition, Heterodox Economics Newsletter, SUNY Buffalo State College (available at: http://heterodoxnews.com/hed/).

Keynes, J.M. (1936): *The General Theory of Employment, Interest, and Money*, in: *The Collected Writings of J.M. Keynes*, Vol. VII, London, Basingstoke: Macmillan, 1973.

King, J.E. (2002): *A History of Post Keynesian Economics Since 1936*, Cheltenham: Edward Elgar.

King, J.E. (2008): Heterodox macroeconomics: what, exactly, are we against?, in: L.R. Wray and M. Forstater (eds.), *Keynes and Macroeconomics after 70 Years: Critical Assessments of the General Theory*, Cheltenham: Edward Elgar.

King, J.E. (2009): *Nicholas Kaldor*, Basingstoke: Palgrave Macmillan.

King, J.E. (2012a) (ed.): *The Elgar Companion to Post Keynesian Economics*, 2nd edition, Cheltenham: Edward Elgar.

King, J.E. (2012b): Post Keynesians and others, *Review of Political Economy*, 24(2), 305-319.

King, J.E. (2013): Should post-Keynesians make a behavioural turn?, *European Journal of Economics and Economic Policies: Intervention*, 10(2), 231-242.

Krugman, P. (2012): *End this Depression Now!*, New York: W.W. Norton & Company.

Lavoie, M. (1992): *Foundations of Post-Keynesian Economic Analysis*, Cheltenham: Edward Elgar.

Lavoie, M. (2006): *Introduction to Post-Keynesian Economics*, Basingstoke: Palgrave Macmillan.

Lavoie, M. (2010): Are we all Keynesians?, *Brazilian Journal of Political Economy*, 30(2), 189-200.

Lavoie, M. (2011): History and methods of post-Keynesian economics, in: E. Hein and E. Stockhammer (eds.), *A Modern Guide to Keynesian Macroeconomics and Economic Policies*, Cheltenham: Edward Elgar.

Lavoie, M. (2012): Perspectives for post-Keynesian economics, *Review of Political Economy*, 24(2), 312-335.

Lavoie, M. (2013a): Book review of J.E. Stiglitz (2012) ,The Price of Inequality: How Today's Divided Society Endangers Our Future' and P. Krugman (2012) ,End this Depression Now!', *European Journal of Economics and Economic Policies: Intervention*, 10(1), 124-129.

Lavoie, M. (2013b): The monetary and fiscal nexus of neo-chartalism: a friendly critique, *Journal of Economic Issues*, 48(1), 1-31.

Lavoie, M. (2014): *Post-Keynesian Economics: New Foundations*, Cheltenham: Edward Elgar.

Lee, F. (2009): *A History of Heterodox Economics*, Abingdon: Routledge.

Lee, F. (2012): Heterodox economics and its critics, *Review of Political Economy*, 24(2), 337-351.

Lee, F.S., Cronin, B.C., assisted by McConnel, S., Dean, E. (2010): Research quality rankings of heterodox journal in a contested discipline, *American Journal of Economics and Sociology*, 69(5), 1409-1452.

Lopez G., J., Assous, M. (2010): *Michal Kalecki*, Basingstoke: Palgrave Macmillan.

Minsky, H. (1975): *John Maynard Keynes*, London, Basingstoke: Macmillan.

Minsky, H. (1986): *Stabilizing an Unstable Economy*, Yale University Press, 2nd edition: New York: McGraw-Hill, 2008.

Palley, T.I. (1996): *Post Keynesian Economics: Debt, Distribution and the Macro Economy*, London: Macmillan.

Palley, T.I. (2013): Gattopado economics: the crisis and the mainstream response of change that keeps things the same, *European Journal of Economics and Economic Policies: Intervention*, 10(2), 193-206.

Pasinetti, L.L. (2007): *Keynes and the Cambridge Keynesians: A ,Revolution in Economics' to be Accomplished*, Cambridge, UK: Cambridge University Press.

Priewe, J. (1984): *Zur Kritik konkurrierender Arbeitsmarkt- und Beschäftigungstheorien und ihrer beschäftigungspolitischen Implikationen – Ansatzpunkte für eine Neuorientierung einer Theorie der Arbeitslosigkeit*, Bern et al: Peter Lang.

Priewe, J. (1988): *Krisenzyklen und Stagnationstendenzen in der Bundesrepublik Deutschland – die krisentheoretische Debatte*, Köln: Pahl-Rugenstein.

Priewe, J. (1996): Möglichkeiten und Grenzen keynesianischer Geld- und Fiskalpolitik – Überlegungen zur Rehabilitation einer Steuerungskonzeption, in: K. Eicker-Wolf, R. Käpernick, T. Niechoj, S. Reiner and J. Weiß (eds.), *Wirtschaftspolitik im theoretischen Vakuum? Zur Pathologie der Politischen Ökonomie*, Marburg: Metropolis.

Priewe, J. (1999a): Makroökonomische Politik für mehr Beschäftigung: eine Skizze für eine europäische Alternative, *WSI Mitteilungen*, 52(3), 145-155, reprinted in: E. Hein and A. Truger (eds.), *Moderne Wirtschaftspolitik = Koordinierte Makropolitik*, Marburg: Metropolis, 2002.

Priewe, J. (1999b): Von Rom nach Wuppertal? Auf der Suche nach den ökologischen Grenzen des Wachstums: Ökologische Leitplanken für nachhaltige Entwicklung, in: F. Helmedag and N. Reuter (eds.), *Der Wohlstand der Nationen, Festschrift zum 60. Geburtstag von Karl Georg Zinn*, Marburg: Metropolis.

Priewe, J. (2001): Ökologische Nachhaltigkeit: mehr Arbeit und weniger Ressourcenverbrauch? Substitutionsbeziehungen zwischen Arbeit, Kapital und Naturresssourcen, *Zeitschrift für Angewandte Umweltforschung* (ZAU), 14, 166-183.

Priewe, J. (2002a): Fünf Keynesianismen: zur Kritik des Bastard-Keynesianismus, in: H. Heseler, J. Huffschmid, N. Reuter and A. Troost, A. (eds.), *Gegen die Markt-Orthodoxie: Perspektiven einer demokratischen und solidarischen Wirtschaft. Festschrift zum 60. Geburtstag von Rudolf Hickel*, Hamburg: VSA.

Priewe, J. (2002b): Fiskalpolitik in einem makroökonomischen Wachstums- und Beschäftigungskonzept, in: A. Truger and R. Welzmüller (eds.), *Chancen der Währungsunion nutzen – koordinierte Politik für Beschäftigung und moderne Infrastruktur*, Düsseldorf: Hans Boeckler Foundation.

Priewe, J. (2002c): Begrenzt ökologische Nachhaltigkeit das Wirtschaftswachstum? *Zeitschrift für Umweltpolitik und Umweltrecht*, 25(2), 153-172.

Priewe, J. (2006): Exploring the future borders of the European Union, in: E. Hein, A. Heise and A. Truger (eds.), *European Economic Policies*, Marburg: Metropolis.

Priewe, J. (2007): Economic divergence in the Euro area – why we should be concerned, in: E. Hein, J. Priewe and A. Truger (eds.), *European Integration in Crisis*, Marburg: Metropolis.

Priewe, J. (2008): Capital account management or laissez-faire of capital flows in developing countries, in: P. Arestis and L.F. de Paula (eds.), *Financial Liberalization and Economic Performance in Emerging Countries*, Basingstoke: Palgrave Macmillan.

Priewe, J. (2010): What went wrong? Alternative interpretations of the global financial crisis, in: S. Dullien, E. Hein, A. Truger and T. van Treeck (eds.), *The World Economy in Crisis – the Return of Keynesianism?*, Marburg: Metropolis.

Priewe, J. (2012): European imbalances and the crisis of the European Monetary Union, in: H. Herr, T. Niechoj, C. Thomasberger, A. Truger and T. van Treeck (eds.), *From Crisis to Growth? The Challenges of Debt and Imbalances*, Marburg: Metropolis.

Priewe, J., Herr, H. (2005): *The Macroeconomics of Development and Poverty Reduction – Strategies beyond the Washington Consensus*, Baden-Baden: NOMOS.

Rezai, A., Taylor, L., Mechler, R. (2013): Ecological macroeconomics: an application to climate change, *Ecological Economics*, 85, 69-76.

Robinson, J. (1972): The second crisis of economic theory, *The American Economic Review*, 61(1/2), 1-10.

Rochon, L.-P., Setterfield, M. (2007): Interest rates, income distribution and monetary dominance: post-Keynesians and the ‚fair rate' of interest, *Journal of Post Keynesian Economics*, 30(1), 13-42.

Roncaglia, A. (2009), *Piero Sraffa*, Basingstoke: Palgrave Macmillan

Rowthorn, R.E. (1981): Demand, real wages and economic growth, *Thames Papers in Political Economy*, Autumn, 1-39.

Steindl, J. (1952): *Maturity and Stagnation in American Capitalism*, Oxford: Blackwell, 2nd edition: New York/London: Monthly Review Press, 1976.

Stiglitz, J.E. (2012): *The Price of Inequality*, New York: W.W. Norton & Company.

Stockhammer, E., Ramskogler, P. (2009): Post-Keynesian economics – how to move forward, *European Journal of Economics and Economic Policies: Intervention*, 6(2), 227-246.

Woodford, M. (2009): Convergence in macroeconomics: elements of the new synthesis, *American Economic Journal: Macroeconomics*, 1(1), 267-279.

Woodford, M. (2010): Financial intermediation and macroeconomic analysis, *Journal of Economic Perspectives*, 24(4), 21-44.

Wray, L.R. (2012): *Modern Money Theory: A Primer on Macroeconomics for Sovereign Monetary Systems*, Basingstoke: Palgrave Macmillan.

Der Wechselkurs in ökonomischen Paradigmen[*]

Hansjörg Herr

1. Einleitung

Der Wechselkurs hat, ähnlich wie Investitionen in Produktivvermögen, einen doppelten Charakter. Er ist einerseits eine Kategorie des Vermögensmarktes, andererseits ist er eine Kategorie des Gütermarktes. Die theoretisch korrekte Analyse des Wechselkurses muss beide Dimensionen des Wechselkurses erfassen. Der Keynesianismus und die neoklassische Theorie gehen dabei unterschiedliche Wege. Sie kommen, wenig überraschend, dann auch zu unterschiedlichen Empfehlungen, wie ein Wechselkurssystem aussehen sollte. Im Keynesianismus wird der Wechselkurs bei dereguliertem Kapitalverkehr in erster Linie über Vermögensmärkte bestimmt. In der Neoklassik ist der Wechselkurs letztlich Ausdruck des Gütermarktes.

Im ersten Abschnitt dieses Beitrags wird im Rahmen des keynesianischen Paradigmas der Charakter des Wechselkurses als Kategorie des Vermögensmarktes verdeutlicht. Danach erfolgen die Analyse des Wechselkurses im neoklassischen Paradigma sowie die Kritik des sogenannten Unvereinbarkeitsdreiecks (Impossible Trinity). Im letzten Abschnitt werden Schlussfolgerungen gezogen.

2. Der Wechselkurs als Vermögensmarktpreis und was dies bedeutet

2.1 Konkurrenz der Währungen und der Währungsprämie

Mit dem Wechselkurs werden Vermögen und Schulden von einer Währung in die andere umgerechnet. Wertet die ausländische Währung gegenüber der inländischen drastisch ab und halte ich ein Grundstück oder ein Aktienpaket

[*] Für Anregungen danke ich Achim Truger und Thomas Obst.

im ausländischen Währungsgebiet, dann bin ich, wenn ich in der inländischen Währung rechne, ärmer geworden. Nun könnte die Grundrente und Rendite der Aktienhaltung im Ausland so viel höher sein als im Inland, dass dadurch der Abwertungsverlust ausgeglichen wird. Bei einer drastischen Abwertung ist dies jedoch unwahrscheinlich. Aus einer Vermögensmarktperspektive wäre es in dem beschriebenen Fall günstiger gewesen, das ausländische Grundstück oder Aktienpaket vor der Abwertung zu verkaufen und den Erlös in die inländische Währung umzutauschen. Bei internationalen Krediten, seien es Bankkredite, Depositeneinlagen oder verbriefte Kreditverträge, muss festgelegt werden, in welcher Währung der Kredit ausbezahlt und in welcher Währung der Schuldendienst geleistet werden muss. Die Wahl der Währung ist eine Vermögensmarktentscheidung.

Bei der Wahl, in welcher Währung Vermögen gehalten wird, einschließlich der Wahl der Währung bei internationalen Kreditverträgen, spielt die Vermögenssicherungsqualität einer Währung (Riese 1986, 232ff.) eine zentrale Rolle. Unterschiedliche Währungen haben unterschiedliche Vermögenssicherungsqualitäten. Zwischen den verschiedenen nationalen Währungen besteht bei freiem Kapitalverkehr ein Konkurrenzverhältnis, da sich jede nationale Währung gegen andere bezüglich der Gunst der Anleger behaupten muss. Es ergibt sich eine Hierarchie von Währungen entsprechend der Einschätzung von Wirtschaftssubjekten (Haushalten, Unternehmen, Finanzinstituten etc.). Es existieren Währungen, die nicht nur nationale Geldfunktionen übernehmen, sondern auch internationale. Sie stehen an der Spitze der Währungshierarchie. Es gibt Währungen, die alle nationalen Geldfunktionen übernehmen, jedoch keine internationalen. Schließlich gibt es Währungen, die nur partiell Geldfunktionen im Inland übernehmen. So ist der US-Dollar eine Parallelwährung in vielen lateinamerikanischen Staaten. Der Euro übernimmt diese Funktion in einer Reihe osteuropäischer Staaten und auf dem Balkan. Bei Dollarisierung oder Euroisierung halten Wirtschaftssubjekte im Inland Depositen in ausländischer Währung und nehmen Kredite im Inland in Fremdwährung auf.[1]

Bei der Kreditvergabe sind Gläubiger in einer stärkeren Stellung als die Schuldner. Aus diesem Grunde werden Gläubiger bei internationalen Kreditverträgen nur Währungen mit einer hohen Vermögenssicherungsqualität zum Wertstandard und Zahlungsmittel auswählen. Internationale Kredite werden aus diesem Grunde in überwiegendem Umfang in US-Dollar oder in Euro

---

[1] Für die Analyse der spezifischen Probleme, die durch Dollarisierung entstehen, vgl. Priewe und Herr (2005) und Herr (2008).

vergeben. Selbst relativ entwickelte Länder wie Brasilien, Südafrika oder China sind kaum in der Lage, internationale Kredite in inländischer Währung aufzunehmen. Barry Eichengreen und Ricardo Hausmann (2005) haben diesen Sachverhalt als Erbsünde bezeichnet, mit der die Währungen mit relativ geringer Vermögenssicherungsqualität leben müssen. Eine Verschuldung in Fremdwährung ist in der Tat ein großer Nachteil für diese Länder. Denn wertet die eigene Währung ab, dann erhöht sich die Realschuld der inländischen Schuldner in Fremdwährung. Starke Abwertungen führen bei hoher Auslandsverschuldung automatisch zu inländischen Finanzmarktkrisen, da Schuldner in Fremdwährung zusammenbrechen. Währungen an der Spitze der Währungshierarchie können sich dagegen international in eigener Währung verschulden und können das Währungsrisiko auf die Schuldner abschieben.

Ein wichtiger (jedoch nicht alleiniger) Bestimmungsfaktor für die Vermögenssicherungsqualität einer Währung besteht in der erwarteten internen (Preisniveau-) und externen (Wechselkurs-)Stabilität. Notwendig dafür sind der Wille sowie die politische Möglichkeit der Zentralbank, durch Geldpolitik den internen und den externen Wert der nationalen Währung zu verteidigen. Die Glaubwürdigkeit der Geldpolitik ist dabei nicht schlicht durch deren institutionelle Unabhängigkeit von der Regierung und den öffentlichen Haushalten gewährleistet, da Geldpolitik in einem gesellschaftlichen Umfeld betrieben wird. Damit gehen in die Bewertung einer Währung nicht ausschließlich enge ökonomische Faktoren ein, wie die erwartete Entwicklung des Preisniveaus, die Wachstumsrate des Sozialproduktes, der Leistungsbilanzsaldo, die Auslandverschuldung etc., sondern auch Faktoren wie die Strategien und wirtschaftspolitischen Überzeugungen der verschiedenen gesellschaftlich relevanten Gruppen, die Existenz und Funktionsfähigkeit von Institutionen beispielsweise zur Schaffung einer makroökonomisch stabilisierenden Lohnpolitik, die Kohärenz der verfolgten Wirtschaftspolitik und deren Einstellung gegenüber Vermögenden, die Einschätzung der generellen politischen Situation etc.[2]

Bei ansonsten unveränderten Bedingungen steigt der Vorteil der Vermögenshaltung mit zunehmender Größe des Währungsraumes, da es mehr Wirtschaftseinheiten gibt, die die gehaltene Währung akzeptieren. Beispiels-

---

[2] In ihrem Übersichtsartikel über die Glaubwürdigkeit von Geldpolitik fassen Blackburn/ Christensen (1989, 4) diesen Aspekt so: „In general, credibility of monetary policy will depend not just upon monetary policy alone but rather upon the perceived coherence of the overall macroeconomic program, together with the intellectual and political consensus on economic theory being used and the objectives and conduct of economic policy, all of which may be influenced by elements in all three categories." Vgl. auch Herr (1992).

weise werden in einem Land mit einer instabilen Währung Bargeldbestände in US-Dollar aufgrund der großen internationalen Bedeutung des US-Dollars denen in Schweizer Franken vorgezogen, obwohl der Schweizer Franken stabiler ist als der US-Dollar.[3] Eine Rolle für die Einschätzung einer Währung spielt das Ausmaß der Konvertibilität der Währung. Auch spielt die Stellung eines Landes innerhalb der Weltwirtschaft sowie des politischen Mächtesystems eine Rolle. So gelten die USA als „sicherer Hafen" für Vermögensanlagen bei internationalen Konflikten.

All diese Faktoren, welche die Vermögenssicherungsqualität einer Währung bestimmen, können in der *Währungsprämie* ausgedrückt werden. Sie ergibt sich aus den subjektiv bewerteten Vor- und Nachteilen der einzelnen Währungen. Die Währungsprämie knüpft an die Liquiditätsprämie von John Maynard Keynes (1936, Kapitel 17) an. Die Liquiditätsprämie ist auf die zinslose Haltung von Geld (Liquidität) bezogen, die Währungsprämie auf jegliche Vermögenshaltung in einer spezifischen Währung. Die Währungsprämie könnte in die Wechselkurserwartung integriert werden. Jedoch erscheint es analytisch günstiger, zwischen der Wechselkurserwartung und der Währungsprämie, welche die Vermögenssicherungsqualität zum Ausdruck bringt, zu trennen. Keynes (1921) hat zwischen der Wahrscheinlichkeit eines Ereignisses und dem Vertrauen, mit dem das Ereignis erwartet wird, unterschieden (vgl. auch Minsky 1975, 89ff.). Analog kann zwischen der Wechselkurserwartung und dem Vertrauen, das man in eine Währung setzt, unterschieden werden. Schließlich können Währungen auch bei absolut unveränderlichen Wechselkursen eine unterschiedliche Währungsprämie haben, beispielsweise aufgrund der Größe des Währungsraumes oder aufgrund einer unterschiedlichen ökonomischen und politischen Rolle der Länder, die die Gelder ausgeben. Modelltheoretisch sind das Niveau und der Verlauf der Währungsprämie als exogen anzusehen, ebenso wie die Erwartungen (siehe unten).

In Abbildung 1 ist der zu erwartende typische Verlauf zweier Währungsprämien angegeben. Es ist davon auszugehen, dass die marginale Währungsprämie mit steigender Vermögenshaltung in einer Währung sinkt. Denn je stärker die Vermögenshaltung in einer Währung konzentriert wird, desto größer ist das Risiko eines Verlustes des Gesamtportfolios, wenn sich eine negative Entwicklung der Währung ergibt (diese beispielsweise abwertet). In der Abbildung hat die marginale Währungsprämie der inländischen Währung (l_{lh}) für einen Vermögensbesitzer h ein höheres Niveau als das der ausländischen

---

[3] Wirtschaftssubjekte erzeugen sich gegenseitig positive externe Effekte, wenn sie die gleiche Währung halten.

Währung (l_{Ah}). In der Hierarchie der Währungen steht somit für das hier betrachtete Wirtschaftssubjekt die inländische Währung über der ausländischen. Bei der ausländischen Währung nimmt in dem Beispiel die marginale Währungsprämie bei zunehmender Vermögenshaltung in ausländischer Währung schnell negative Werte an. Dies bringt zum Ausdruck, dass das Wirtschaftssubjekt nur eine geringe Neigung hat, Vermögen in der ausländischen Währung anzulegen.

Abbildung 1: Der Verlauf von marginalen Währungsprämien von zwei Geldern für ein Wirtschaftssubjekt

Marginale Währungsprämien in Prozent

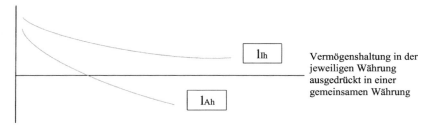

l_{Ih}

l_{Ah}

Vermögenshaltung in der
jeweiligen Währung
ausgedrückt in einer
gemeinsamen Währung

Der beschriebene Fall könnte auf einen US-Vermögenshaushalt passen, der eine Anlage in US-Dollar mit einer Anlage in Mexikanischen Pesos vergleicht. Für viele Währungen der Welt dürfte für den US-Vermögenshaushalt die Währungsprämie von der ersten Geldeinheit an negativ sein. Für einen mexikanischen Vermögensbesitzer könnte sich die Lage so darstellen, dass für eine geringe Vermögenshaltung in Pesos die marginale Währungsprämie positiv ist, da er beispielsweise eine Kasse in Pesos für tägliche Geschäfte halten will. Jedoch dürfte die marginale Währungsprämie für Pesos mit steigender Vermögenshaltung in Pesos schnell abnehmen, da die mexikanische Währung eine vergleichsweise geringe Vermögenssicherungsqualität hat und der mexikanische Vermögensbesitzer den US-Dollar als hochwertiger einschätzt. Es spricht vieles dafür, dass die marginale Währungsprämie bei einer Währung mit hoher Vermögenssicherungsqualität mit steigender Vermögenshaltung vergleichsweise langsam sinkt.[4]

---

[4] Der beschriebene Fall hat Ähnlichkeiten mit dem keynesianischen Argument der Liquiditätsfalle.

2.2 Die Bestimmung des Wechselkurses

Der Wechselkurs in einem Regime flexibler Kurse soll mit einem möglichst einfachen Modell bestimmt werden (Heine/Herr 2013). Dafür unterstellen wir, dass es nur eine Art von Vermögen gibt, das im Inland und Ausland angelegt werden kann, nämlich verzinsliches Geldvermögen.[5] Die Zinssatzparität sagt uns, dass bei deregulierten Kapitalströmen und der Existenz eines Devisenterminmarktes zwingend ein Verwertungsgleichgewicht zwischen dem In- und Ausland hergestellt wird, das durch Arbitrageprozesse realisiert wird. In der Gleichung (1) wird das Gleichgewicht mit i als inländischem und i_A als ausländischem Zinssatz und e als Kassakurs und e_T als Terminkurs dargestellt.[6]

$$\frac{1+i}{1+i_A} = \frac{e_T}{e} \tag{1}$$

Eine Abwertung der inländischen Währung muss durch einen höheren inländischen Zinssatz ausgeglichen werden, um ein Arbitragegleichgewicht zu schaffen. Werden unterschiedliche Vermögenssicherungsqualitäten von Währungen berücksichtigt, so folgt bei der Berücksichtigung von marginalen Währungsprämien als Gleichgewichtsbedingung für die individuelle Verwertung:

---

[5] Die Hinzunahme weiterer Vermögensarten wie Bargeld, Produktivkapital etc. würde an der grundsätzlichen Argumentation nichts ändern.

[6] Ist B_t eine heute angelegte Geldsumme und i der inländische Zinssatz (für einjährige Anlagen), dann hat die Geldsumme in einem Jahr den Wert $B_{t+1} = B_t (1 + i)$. Wird die gleiche Geldsumme im Ausland angelegt und ist e der aktuelle Wechselkurs vom Inland aus gesehen, dann kann heute eine Geldsumme in Höhe von $B_t = \dfrac{B_t}{e}$ im Ausland angelegt werden. Mit i_A als ausländischem Zinssatz ergibt sich nach einem Jahr die Summe $\dfrac{B_t}{e} \cdot (1 + i_A)$. Bezeichnet e_T den Wechselkurs in einem Jahr, dann ergibt sich nach dem Rückumtausch in die inländische Währung $A_{t+1} = \dfrac{B_t(1+i_A)}{e} \cdot e_T$. Im Gleichgewicht muss die Verwertung im Inland und Ausland identisch sein, also $A_{t+1} = B_{t+1}$. Es folgt $B_t (1 + i) = \dfrac{B_t(1+i_A)}{e} \cdot e_T$ bzw. $\dfrac{1+i}{1+i_A} = \dfrac{e_T}{e}$. Der Quotient $\dfrac{e_T}{e}$ gibt die Änderungsrate des Wechselkurses an. Wird erwartet, dass der Wechselkurs unverändert bleibt, dann nimmt der Quotient den Wert von Eins an. Wird eine Abwertung (Aufwertung) der inländischen Währung erwartet, steigt (sinkt) dieser Wert über (unter) Eins.

$$\frac{1+i}{1+i_A} \cdot \frac{1+l_{Ih}}{1+l_{Ah}} = \frac{e_T}{e} \tag{2}$$

Die Verwertung der Geldanlagen wird durch die nationalen Zinssätze, die marginalen Währungsprämien und den aktuellen Wechselkurs sowie den Kurs auf dem Devisenterminmarkt bestimmt. Für ein einzelnes Wirtschaftssubjekt sind die Wechselkurse sowie die Zinssätze gegeben. Es wird sein Vermögen umstrukturieren, bis die Gleichgewichtsbedingung in Gleichung (2) erfüllt ist. Es sind die marginalen Währungsprämien, die sich bei Vermögensumstrukturierungen so anpassen, dass ein Gleichgewicht erzeugt wird. Dies ist dann erreicht, wenn die Zinssatzparität erfüllt ist und die marginalen Währungsprämien die gleiche Proportion zueinander haben wie die Zinssätze. Gehen wir von einem individuellen Anlagegleichgewicht aus und unterstellen, dass ceteris paribus das Niveau der ausländischen Währungsprämie ansteigt, dann wird unser Wirtschaftssubjekt Vermögen ins Ausland umschichten. Dadurch steigt die marginale inländische Währungsprämie und die ausländische sinkt. Dies setzt sich fort, bis ein neues individuelles Gleichgewicht erreicht ist. Steigt, um ein weiteres Beispiel zu geben, der ausländische Zinssatz, dann wird Vermögen in die ausländische Währung transferiert, bis ein neues Gleichgewicht erreicht ist.

Die Gleichung (2) kann auch makroökonomisch interpretiert werden. Stehen l_I und l_A als Ausdruck für das Niveau der marginalen Währungsprämien aller Wirtschaftssubjekte, ergibt sich nach Umformung der Gleichung (2) die Bestimmung des aktuellen Wechselkurses:[7]

$$e = (1+i_A) \cdot (1+l_A) \cdot \frac{e_T}{(1+i) \cdot (1+l_I)} \tag{3}$$

Der zukünftige Wechselkurs e_T wird durch Erwartungen bestimmt. Wird von Wirtschaftssubjekten eine Abwertung erwartet, dann wird dies zu Kapitalumschichtungen ins Ausland und zu einer Abwertung der inländischen Währung auf dem Kassamarkt führen. Im umgekehrten Fall ergeben sich Kapitalimporte und eine Aufwertung der inländischen Währung. Es wird bei diesem Argument unterstellt, dass die internationalen Kapitalströme groß genug sind (ausreichend Bestände in inländischem und ausländischem Vermögen existieren), um den Devisenterminkurs immer den Erwartungen anzupassen. Dies ist keine besonders kontroverse Annahme. Alle flüssigen Vermögensmärkte funktio-

---

[7] Formal stehen hinter l_I und l_A alle individuellen marginalen Währungsprämien, die jeweils subjektiv bestimmt sind.

nieren so, dass der erwartete zukünftige Preis den gegenwärtigen bestimmt. Wird, um ein Beispiel zu geben, ein Anstieg des Aktienkurses morgen erwartet, dann erhöht sich der Aktienkurs heute. Theoretisch kann dies ohne jegliche Transaktionen auf Vermögensmärkten geschehen, sondern ausschließlich durch eine Veränderung des Preises.

Erwartungen über den zukünftigen Wechselkurs sind im Keynesianismus, wie die Währungsprämie, exogener Natur. Keynes sprach von einem Zustand des Vertrauens (Keynes 1936, Kapitel 12) oder von Konventionen (Keynes 1937), welche die Erwartungen bestimmen. Erwartungen sind historisch spezifisch bestimmt und reflektieren soziale gesellschaftliche Prozesse, die auch nichtökonomische Faktoren einschließen. Auch wenn Wechselkurserwartungen, wie alle Erwartungen, auf einer axiomatischen Ebene als exogen angesehen werden müssen, so kann auf einer konkreteren und historisch spezifischen Ebene eine Menge über Erwartungen gesagt werden. Eine Rolle spielen können bei Wechselkurserwartungen die üblichen makroökonomischen Faktoren wie unterschiedliche Wachstumsraten des Bruttoinlandsproduktes, unterschiedliche Produktivitätsentwicklungen, die Höhe und Dynamik der Leistungsbilanzsalden der Länder, Inflationsratendifferenzen etc. Aber gerade bei der Einschätzung von Wechselkursentwicklungen gehen nicht nur ökonomische Faktoren in die Erwartungsbildung ein, sondern es muss eine umfassende Ländereinschätzung vorgenommen werden. Alle Faktoren, die in die Bestimmung der Währungsprämie eingehen (siehe oben), gehen auch in die Erwartungsbildung von Wechselkursen ein.

Die Annahme generell adaptiver Erwartungen ist willkürlich und bietet keinerlei theoretische Basis.[8] Rationale Erwartungen, die unterstellen, dass das durchschnittliche Wirtschaftssubjekt die Gleichgewichtslösung des jeweiligen Modellbauers kennt und erwartet, sind als wirklichkeitsfremd abzulehnen. Hinter ihnen steckt ein physikalisches Denken, das sich nicht auf soziale Prozesse übertragen lässt (vgl. Herr 2011a). In Wechselkurserwartungen gehen mannigfaltige Faktoren ein, die sich beständig verändern und in ihrer Gewichtung verschieben. Ein allgemeines endogenes Erwartungsmodell kann es da nicht geben. Führende Ökonomen haben schon früh erkannt, dass selbst bei ökonometrischen Untersuchungen, die ja selbst noch keine theoretischen

---

[8] Wie viele Jahre soll ein Wirtschaftssubjekt in die Vergangenheit schauen und wie soll es die verschiedenen vergangenen Perioden gewichten, um zu adaptiven Erwartungen zu kommen? Warum ist ein Wirtschaftssubjekt so dumm, niemals nach vorne sehen zu wollen?

Vorstellungen zum Ausdruck bringen müssen, die Haupterklärung im Fehler-
term zu finden ist.[9]

Die Zinssätze im In- und Ausland sind wesentlich von der Geldpolitik der
Zentralbanken bestimmt. Erhöht sich der ausländische Zinssatz, dann wird dies
zu Kapitalumschichtungen vom Inland ins Ausland führen und den Kassakurs
erhöhen bzw. die inländische Währung abwerten. Der umgekehrte Effekt
ergibt sich bei einer Erhöhung des inländischen Zinssatzes. Eine Erhöhung
des ausländischen Zinsniveaus oder eine (verstärkte) Abwertungserwartung
der inländischen Währung kann durch eine Erhöhung des inländischen Zinsniveaus kompensiert werden, um eine Abwertung auf dem Kassamarkt zu
verhindern.

Eine Erhöhung des Niveaus der ausländischen Währungsprämie führt zu
Portfolioumstrukturierungen. Kapital wird ins Ausland transferiert, was zu
einem Anstieg der inländischen marginalen Währungsprämie und zu einer
Reduzierung der ausländischen marginalen Währungsprämie führt, bis wieder
ein Gleichgewicht erreicht wird. Eine erwartete Erhöhung (Senkung) des
Wechselkurses und ein sinkendes (steigendes) Niveau der Währungsprämie
sind oftmals miteinander gekoppelt. Dies führt dann zu sich verstärkenden
Kapitalströmen.

Es könnte eingewandt werden, dass der Wechselkurs nicht nur über Ver-
mögensmarktprozesse bestimmt wird, die sich in internationalen Kapitalströmen ausdrücken. In der Tat werden die Nachfrage und das Angebot einer
Währung auch vom internationalen Handel und anderen Faktoren der Leistungsbilanz beeinflusst. Allein schon die Empirie spricht aber für eine Dominanz des Vermögensmarktes. Das durchschnittliche *tägliche* Transaktions-
volumen auf den Weltdevisenmärkten nahm im Jahre 2010 die gigantische
Summe von 3980 Billionen US-Dollar an. Davon waren 1490 Billionen
Transaktionen auf dem Kassamarkt, 1765 Billionen Devisenswapgeschäfte,
475 Billionen Devisenterminkontrakte (outright forwards) und 250 Billionen
Optionen und andere Produkte (BIS 2010). Vergleichsweise vernachlässigbar
ist dagegen der Welthandel. Im Jahre 2010 nahm der Export von Gütern und
Dienstleistungen im *Jahr* einen Wert von rund 20 Billionen US-Dollar an
(WTO 2011).

---

[9] „The clear conclusion is that exchange rates are moved largely by factors other than the
obvious, observable, macroeconomic fundamentals. Econometrically, most of the
‚action' is in the error term." (Dornbusch/Frankel 1988, 157) Oder: „Economists today
still have very limited information about the relationship between equilibrium exchange
rates and macroeconomic fundamentals." (Isard 1995, 182)

Zusammenfassend ergibt die obige Analyse, dass die Wechselkurse bei global deregulierten Finanzmärkten von Vermögensmarktprozessen bestimmt werden. Im nächsten Abschnitt wird der Frage nachgegangen, was der Charakter des Wechselkurses als Vermögensmarktpreis für die Einschätzung von Wechselkursregimen bedeutet.

2.3 Der Widerspruch zwischen der Funktion des Wechselkurses als Vermögensmarktpreis und flexiblen Kursen

Die Grundthese ist, dass es einen Widerspruch gibt zwischen dem Wechselkurs als Vermögensmarktpreis und einem System flexibler Wechselkurse. An verschiedenen Punkten kann dies verdeutlicht werden.

Es ist in der ökonomischen Wissenschaft weitgehend akzeptiert, dass Deflationsprozesse nahezu unweigerlich zur Zerrüttung der Ökonomie führen, denn Deflationen erhöhen die reale Schuldenlast. Kommen ein hoher Schuldenstand und fallende Preise zusammen, dann ist ein Zusammenbruch der Ökonomie nahezu unausweichlich (Fisher 1933). Eine reale Abwertung bei einem hohen Bestand an Verschuldung in Fremdwährung hat genau den gleichen Effekt wie eine Deflation, sie erhöht die Realschuld der in Auslandswährung verschuldeten Schuldner. Dies gilt sowohl für im Ausland Verschuldete als auch im Rahmen von Dollarisierung im Inland. Flexible Wechselkurse zerstören somit die Kohärenz der internationalen Kreditmärkte. Die lange Liste an Zwillingskrisen ab Ende der 1970er Jahre, also an gleichzeitig stattfindenden Währungs- und inländischen Finanzmarktkrisen, verdeutlicht das Problem.

Es ist ebenfalls ein Gemeinplatz, dass Vermögensmarktinflationen beispielsweise auf Immobilien- und Aktienmärkten negativ für die ökonomische Entwicklung sind. Sie regen zu Herdenverhalten und Spekulation an und können zu völlig übertriebenen Vermögenspreisentwicklungen führen. Vermögensmarktdeflationen, die zwangsweise auf Vermögensmarktinflationen folgen, können wie Deflationen zu Finanzmarktkrisen und ökonomischer Stagnation führen. Eine Aufwertungsphase einer Währung kann zu gleichen Effekten führen wie eine Vermögensmarktblase. So kann eine Aufwertungsphase durch Herdenverhalten und Währungsspekulation verstärkt werden. Wechselkurse können sich dann in eine Entwicklung begeben, die langfristig nicht aufrechtzuerhalten ist. Internationale Boom-Bust-Zyklen gibt es ab den 1970er Jahren nicht nur massenhaft bei Entwicklungsländern (Williamson

2005), sondern sie können beispielsweise auch deutlich an der mittelfristigen Entwicklung des US-Dollar-Kurses beobachtet werden.

Flexible Wechselkurse führen zu potentiell schnellen und heftigen Neubewertungen von Vermögen. Wenn der US-Dollar beispielsweise massiv abwertet, schrumpft das Vermögen der ausländischen Anleger in den USA und auch von US-Dollar-Anlagen außerhalb der USA. Dies kann zu negativen Konsumeffekten führen und zu einer schrumpfenden Kreditvergabe aufgrund der im Wert fallenden Sicherheiten. Bei Aufwertungen laufen umgekehrte Prozesse ab. Solche Neubewertungen sind Störfaktoren für die Ökonomie.

Flexible Wechselkurse erhöhen das Niveau der Unsicherheit. Erwartungen über Wechselkurse sind, wie oben betont, modelltheoretisch als exogen zu bezeichnen, da es keine akzeptable endogene Theorie der Erwartungsbildung geben kann. In einem Umfeld hoher ökonomischer Unsicherheit können sich Erwartungen sprunghaft und stark ändern (Keynes 1937), denn es ist selbst bei großen theoretischen Anstrengungen von Ökonomen nicht möglich, die Fundamentalfaktoren in einer Form so zu spezifizieren, dass Wechselkurse prognostiziert werden können. Es besteht noch nicht einmal Einigkeit darüber, welche Variablen zu den Fundamentalfaktoren gehören. Wirtschaftssubjekten, die auf Devisenmärkten agieren, geht es da nicht besser. Viele der Akteure auf Devisenmärkten versuchen noch nicht einmal, sich an Fundamentalfaktoren zu orientieren, sondern spekulieren auf Grundlage eines sehr kurzfristigen Zeithorizonts, manchmal auf Basis von computerbasierten Kauf- und Verkaufsmodellen (Schulmeister 2007). Durch solche Verhaltensweisen wird die Unsicherheit weiter erhöht. Es bleibt festzuhalten, dass es bei flexiblen Wechselkursen keinen stabilen Anker für Wechselkurserwartungen gibt. Devisenmärkte sind an diesem Punkt mit allen anderen Vermögensmärkten vergleichbar.

Nach dem endgültigen Zusammenbruch des Systems von Bretton Woods im Jahre 1973 und dem Übergang zu flexiblen Wechselkursen zwischen den wichtigsten Währungen der Welt hat sich im Rahmen des marktradikalen Globalisierungsprojektes, das sich in den 1970er/1980er Jahren durchsetzte, ein Weltwährungssystem herausgebildet, das alle Dimensionen der oben aufgezeigten Instabilität und Inkohärenz aufweist. Verstärkt wird die Instabilität dadurch, dass das hegemoniale Währungssystem nach dem Zweiten Weltkrieg unter der Dominanz des US-Dollars erodiert und mehrere Währungen an der Spitze der Währungshierarchie internationale Funktionen übernehmen (Herr 1992), derzeit zumindest neben dem US-Dollar der Euro. Eine Hegemonialmacht hat ein Interesse an der Stabilität des Währungsraumes, sodass

eine gewisse Wahrscheinlichkeit besteht, dass das internationale öffentliche
Gut eines stabilen Währungssystems durch die Hegemonialmacht angestrebt
wird, ein Argument, das Charles Kindleberger (1986) immer wieder in den
Vordergrund gerückt hat. Bei einem Multiwährungsstandard ist kein Land
willens oder in der Lage, das internationale öffentliche Gut eines stabilen
Währungssystems zu schaffen. Ein Multiwährungssystem gleicht einem Oligo-
polfall, der theoretisch viele Lösungen zulässt. Theoretisch ist auch eine Kooperation zwischen den führenden Ländern bzw. Zentralbanken möglich.
Jedoch ist eine solche Option keinesfalls selbstverständlich. Das Problem des
gegenwärtigen Weltwährungssystems besteht zusätzlich darin, dass die Währungen, welche nahezu alle internationalen Funktionen übernehmen – der US-
Dollar und der Euro –, beide „schlechte" Gelder sind und ein weiteres relevan-
tes internationales Geld nicht in Sicht ist. Die USA haben eine gigantische
Auslandsschuld (allerdings in inländischer Währung) und haben in vielen
Industriebereichen ihren Vorsprung verloren, um nur zwei Beispiele zu nennen; und vor allem scheint das ohnehin instabile Entwicklungsmodell der
USA der letzten drei Jahrzehnte verbraucht (Herr/Kazandziska 2011; Palley
2009). Die ungelösten Probleme der Integration der Europäischen Währungsunion machen den Euro noch weniger zu einem vertrauenswürdigen internationalen Geld. Die Weltwirtschaft ist somit durch die Konkurrenz zweier
potentiell instabiler internationaler Gelder gekennzeichnet, was nichts Gutes
erwarten lässt. Das Weltwährungssystem ist zu einer Schockmaschine geworden, welche die weltwirtschaftliche Entwicklung belastet.

2.4 Der Wechselkurs als Scharnier zwischen
Vermögens- und Gütermarkt

Der Wechselkurs und die internationalen Kapitalströme, die ihn antreiben,
wirken auf die Nachfrage nach Produkten auf den Gütermärkten und beeinflussen darüber das Produktionsvolumen und die Beschäftigung. Überschüsse
in der Waren- und Dienstleistungsbilanz sind ein Element der aggregierten
Nachfrage. Defizite in der Handels- und Dienstleistungsbilanz können in einem
Land zu einer Nachfrageschwäche führen und Wachstum unmöglich machen.[10]
Die Summe aus Leistungsbilanzsaldo und Kapitalverkehrssaldo (einschließlich Zentralbankinterventionen) ist immer Null. Einem Leistungsbilanzdefizit

---

[10] Insbesondere für Entwicklungsländer können Leistungsbilanzdefizite ein großes Ent-
wicklungshemmnis darstellen. Vgl. dazu Herr und Priewe (2003a, 2004, 2005, 2011).

müssen immer Nettokapitalimporte und einem Leistungsbilanzüberschuss immer Nettokapitalexporte entsprechen. Der Kapitalverkehr muss als die stärkere Unterbilanz der Zahlungsbilanz angesehen werden. Denn ein Land kann beispielsweise keinen Kapitalimport erzwingen, um ein Leistungsbilanzdefizit realisieren zu können. Oftmals wird jedoch so getan, als würden die Kapitalströme passiv den Waren- und Dienstleistungsströmen folgen. Erstaunt schreibt Wolfgang Stützel (1978, 129):

> „Woher rührt es, dass das, was im Binnenverkehr selbstverständlich ist, dass nämlich Entstehen und Höhe von Leistungsbilanzsalden wesentlich von der Finanzierungsseite her determiniert sind, (...) im internationalen Verkehr mit anscheinend derselben Selbstverständlichkeit völlig außer Betracht gelassen wird?"

Nicht der Schuldner dominiert über den Gläubiger, sondern umgekehrt, der Gläubiger dominiert über den Schuldner. So ist es auch beim internationalen Leistungsverkehr. Selbstverständlich kann die Kreditnachfrage das Kreditangebot beeinflussen. Ein US-amerikanisches Unternehmen kann beispielsweise in London oder Frankfurt einen Eurokredit aufnehmen, um Produkte aus dem Euroraum zu kaufen. Der Impuls zum Kauf eines Importgutes hat hier den Kapitalimport erzeugt. Aber auch in diesem Fall hat der Gläubiger das letzte Wort, ob er nämlich den Kredit geben möchte oder nicht.

In vielen Konstellationen sind die Leistungsbilanzsalden das direkte Resultat des internationalen Kapitalverkehrs. Verdeutlichen wir dies an einem Beispiel. Die USA hatten Ende der 1970er Jahre eine nahezu ausgeglichene Leistungsbilanz. Durch eine äußerst restriktive Geldpolitik in den USA und die Wahl von Ronald Reagan, die einen positiven Vertrauensschub in die zukünftige Stärke der USA auslöste, stieg die Nachfrage nach US-Dollars weltweit an, da die USA wieder als attraktives Anlageland angesehen wurden. Dies führte zu einer Aufwertung des Dollars und zur relativen Verschlechterung der preislichen Wettbewerbsfähigkeit der US-amerikanischen Ökonomie. Dadurch begannen US-amerikanische Konsumenten und Produzenten nun billigere ausländische Produkte zu kaufen. Die ausländischen Investoren kamen so zu ihren US-Dollars und der Nettokapitalimport hat in den USA ein Leistungsbilanzdefizit erzeugt, das bis 1985 explodierte. Danach nahmen die Nettokapitalimporte in die USA ab und die USA realisierten Anfang der 1990er Jahre eine nahezu ausgeglichene Leistungsbilanz.

Das Wechselkursregime nach dem Zusammenbruch von Bretton Woods hat zu großen Fehlallokationen geführt. Mittelfristige Aufwertungsphasen von Währungen setzten Industrien einem großen Anpassungsdruck aus oder führten gar zur massiven Schrumpfung von Industrien. Folgende Abwertungen verhindern dann aufgrund von Trägheitseffekten die Wiederbelebung der Industrien. Abwertungen können zum Eintritt von Unternehmen in Exportindustrien führen, wobei bei den folgenden Aufwertungen die Unternehmen nicht überleben können (Obno 1994). Zudem dürfte die hohe Unsicherheit bei der Wechselkursentwicklung den internationalen Handel reduzieren, beispielsweise aufgrund hoher Kosten der Absicherung von Wechselkursrisiken.

Die generelle Schlussfolgerung für diesen Teil ist: Wenn internationale Kapitalströme und flexible Wechselkurse internationale Vermögensmärkte destabilisieren, dann werden dadurch auch Nachfrage, Produktion und Beschäftigung destabilisiert. Hohe mittelfristige Schwankungen von Wechselkursen und Leistungsbilanzsalden führen zu Fehlallokationen und Wohlfahrtsverlusten.

2.5 Wollen wir feste Wechselkurse?

Zusammenfassend ist festzuhalten, dass flexible Wechselkurse den Funktionsbedingungen internationaler Vermögensmärkte widersprechen, da sie die Vermögensmärkte und Gütermärkte permanent destabilisieren und mit hohen realökonomischen Kosten verbunden sind. Mit der gleichen Berechtigung wie der Forderung eines relativ stabilen Preisniveaus oder relativ stabiler Vermögenspreise müssen relativ stabile Wechselkurse gefordert werden.

In der Tat entspricht ein System absolut fester Wechselkurse den Funktionsbedingungen eines internationalen Währungssystems mit globalisierten Finanzmärkten. Ein System institutionell fixierter Wechselkurse gibt Wechselkurserwartungen einen Anker und stabilisiert dadurch die Erwartungen. Bei hoher Glaubwürdigkeit des Systems kann mit stabilisierender Spekulation gerechnet werden. Zudem sind Umbewertungen von Vermögen und vor allem von Schulden in Fremdwährung bei einem System fester Wechselkurse ausgeschlossen. Dass ein Währungssystem mit festen Wechselkursen und deregulierten internationalen Kapitalströmen möglich ist, zeigt der Goldstandard vor dem Ersten Weltkrieg, der allerdings in der Substanz ein Pfund-Sterling-Standard war (Herr 1988).

Sollte deshalb ein System fester Wechselkurse gefordert werden? Wenn es darum geht, Vermögensmärkte zu stabilisieren, dann ist die Antwort eindeutig positiv. Aber selbst vergleichsweise stabile Vermögensmärkte garantieren keine hohe Beschäftigung. Es ist vielmehr so, dass bei absolut festen Wechselkursen die inländische ökonomische Entwicklung dem Primat der externen

Stabilisierung unterworfen werden muss – zumindest im Falle eines Landes, das nicht die Leitwährungsfunktion übernimmt. Bei festen Wechselkursen obliegt es der Zentralbank, den fixierten nominellen Wechselkurs zu verteidigen. Im Rahmen deregulierter internationaler Kapitalströme ist das Hauptinstrument der Zentralbank zur Stabilisierung des Wechselkurses der Zinssatz. Mit $\bar{e}$ als institutionell fixiertem Wechselkurs folgt aus Gleichung (3):

$$i = \frac{(1 + i_A) \cdot (1 + l_A)}{(1 + l_I)} \cdot \frac{e_T}{\bar{e}} - 1 \tag{4}$$

Gleichung (4) zeigt uns die Bestimmungsfaktoren des inländischen Zinssatzes bei einem institutionell fixierten Wechselkurs. Die Zentralbank, zumindest die eines kleinen Landes, hat keinen Spielraum, einen anderen Zinssatz zu wählen, da für sie die Variablen auf der rechten Seite der Gleichung gegeben sind. Sind Länder nicht bereit oder in der Lage, den inländischen Zinssatz entsprechend den obigen Bestimmungsfaktoren festzusetzen, zerbricht ein System fixierter Wechselkurse. Durch den Aufbau von Devisenreserven bei Aufwertungstendenzen und einer internationalen Institution, die einem Land bei Abwertungstendenzen zu Hilfe kommt, kann der Anpassungsdruck zur Verteidigung des Wechselkurses gemildert werden.[11] Dies ändert jedoch nichts daran, dass die Geldpolitik strikt dem Primat der externen Stabilisierung unterworfen werden muss. Zudem besteht das Problem, dass es keine Garantie gibt, dass das Leitwährungsland oder die Gruppe der Länder an der Spitze der Währungshierarchie eine für die Weltwirtschaft stabilisierende Politik betreiben (Kindleberger 1981).

3. Der gütermarktdominierte Wechselkurs in der Neoklassik

Bei flexiblen Wechselkursen stellt die Kaufkraftparitätentheorie den Kern neoklassischer Wechselkursvorstellungen dar. Sie wurde schon von David Ricardo (1821) vertreten, dann jedoch vor allem von Gustav Cassel (1921) bekannt gemacht. Sie basiert auf der neoklassischen Quantitätstheorie des Geldes. Das Geldangebot ($M_A = M$) mit M als Geldmenge und M_A als Geldangebot wird bei der Quantitätstheorie von der Zentralbank exogen gesetzt. Die Geldnachfrage (M_N) des Publikums ergibt sich in der einfachsten Form durch $M_N = \kappa \cdot P \cdot Y_r$, mit κ als verhaltenstheoretisch bestimmtem Kassenhal-

---

[11] Beim Goldstandard vor dem Ersten Weltkrieg hat die englische Hochfinanz (das Oligopol der führenden Banken in London) diese Stabilisierungsfunktion übernommen.

tungskoeffizienten, Y_r als realem Produktionsvolumen bzw. Realeinkommen
– beides bestimmt in der „Realsphäre" des neoklassischen Paradigmas – und P
als Preisindex. Das Gleichgewicht auf dem Geldmarkt ist durch $M = \kappa \cdot P \cdot Y_r$
gegeben, wobei sich als Preisniveau

$$P = \frac{M}{\kappa \cdot Y_r} \tag{5}$$

ergibt. Da der Kassenhaltungskoeffizient als stabil angesehen wird und das
Realeinkommen sich durch die ökonomischen Bedingungen in der Realsphäre
ergibt, verändert sich das Preisniveau proportional zu den Veränderungen der
von der Zentralbank gesetzten Geldmenge.

Der reale Wechselkurs (e_r) hängt von Faktoren der Realsphäre wie der Relation des Produktivitätsniveaus zwischen Ländern, den Präferenzen der Konsumenten, der Anfangsausstattung der Länder an Ressourcen etc. ab. Er ist durch
$e_r = e \cdot \dfrac{P_A}{P}$ mit P_A als ausländischem Preisniveau definiert. Daraus folgt:

$$e = e_r \cdot \frac{P}{P_A} \tag{6}$$

Wird die neoklassische Gleichgewichtsbedingung des Geldmarktes der Gleichung (5) für das Inland und Ausland in Gleichung (6) eingesetzt und
$\tilde{e} = e_r \cdot \dfrac{\kappa_A \cdot Y_{rA}}{\kappa \cdot Y_r}$ definiert, dann resultiert:[12]

$$e = \tilde{e} \cdot \frac{M}{M_A} \tag{7}$$

Diese Gleichung bringt den Kern der Kaufkraftparitätentheorie zum Ausdruck. Da die Nachfragefunktionen nach Geld im In- und Ausland als stabil
eingeschätzt werden und der reale Wechselkurs durch die Realsphäre gegeben
ist, wird bei gegebenen Realeinkommen der nominelle Wechselkurs durch
das Verhältnis der Geldmengen zwischen In- und Ausland gesteuert. Steigt
ceteris paribus die inländische Geldmenge stärker als die ausländische, kommt

---

[12] Es ergibt sich: $e = e_r \cdot \dfrac{\dfrac{M}{\kappa \cdot Y_r}}{\dfrac{M_A}{\kappa_A \cdot Y_{rA}}}$ bzw. $e = e_r \cdot \dfrac{\kappa_A \cdot Y_{rA}}{\kappa \cdot Y_r} \cdot \dfrac{M}{M_A}$.

es zur Abwertung der inländischen Währung. Im umgekehrten Fall wertet die inländische Währung auf.

Die Kaufkraftparitätentheorie bringt auf internationaler Ebene die Neutralität des Geldes zum Ausdruck, denn entsprechend ihren Annahmen sind bei gegebener Realsphäre Wechselkursbewegungen letztlich ausschließlich Ausdruck unterschiedlicher nationaler Geldpolitiken. Es handelt sich bei diesem Ansatz um den kompletten Gegenentwurf zum keynesianischen Ansatz, da der Wechselkurs ausschließlich durch die Interaktion der Gütermärkte, genauer der Preisniveaus, im In- und Ausland bestimmt wird. Diese Annahme ist legitim, wenn es keinen internationalen Kapitalverkehr gibt und Angebot und Nachfrage auf dem Devisenmarkt ausschließlich von Leistungsbilanztransaktionen abhängen. Ricardo war in diesem Zusammenhang konsequent, da er die Immobilität von Kapital unterstellte.

Die Abwesenheit von internationalen Kapitalströmen ist jedoch für die Analyse des gegenwärtigen Wirtschaftsmodells nicht akzeptabel. Das neoklassische Paradigma hat aus diesem Grunde internationale Kapitalströme in sein Modell integriert. Zunächst gibt es in der Neoklassik internationale Kapitalströme, die durch die Realsphäre bestimmt werden. Im Zentrum stehen unterschiedliche Grenzproduktivitäten des Kapitals im In- und Ausland. Wenn, was als typischer Fall gilt, ein Entwicklungsland aufgrund eines relativ geringen Kapitalstocks eine hohe Grenzproduktivität des Kapitals und damit eine hohe Verwertungsrate gegenüber einem Industrieland mit einem relativ hohen Kapitalstock und einer relativ geringen Grenzproduktivität aufweist, dann wird Kapital vom Industrieland zum Entwicklungsland fließen. Der reale Wechselkurs reflektiert diese Kapitalströme.[13]

Ist der reale Wechselkurs gegeben, dann gelten die Gesetze der Kaufkraftparitätentheorie auch bei Kapitalströmen, die sich nicht aus der Realsphäre ergeben. Rüdiger Dornbusch (1976) hat ein solches Modell skizziert. Unter der Annahme neoklassischer rationaler Erwartungen muss unterstellt werden, dass das durchschnittliche Wirtschaftssubjekt bei einem gegebenen realen Wechselkurs den nominellen Wechselkurs entsprechend der Kaufkraftparitätentheorie erwartet. Verdoppelt sich beispielsweise die inländische Geldmenge, dann erwarten rationale Wirtschaftssubjekte eine Verdoppelung des inländischen Preisniveaus und gleichzeitig eine Verdoppelung des nominellen

---

[13] Der gesamte Ansatz der Grenzproduktivitäten ist mehr als fragwürdig. Das Problem ist, dass der Wert des Kapitalstocks von der funktionalen Verteilung abhängt, jedoch der Kapitalstock bekannt sein muss, um die Grenzproduktivität und die Verteilung zu bestimmen (vgl. dazu Heine/Herr 2013).

Wechselkurses. Die Ökonomie springt dann unmittelbar in das neue Gleichgewicht, ohne den realen Wechselkurs zu verändern. Der Ansatz rationaler Erwartungen subsummiert internationale Kapitalströme vollständig unter die Logik des Gütermarktes, da der Gütermarkt die Wechselkurserwartungen endogen bestimmt. Rationale Erwartungen sind jedoch keine akzeptable Annahme zur Erklärung ökonomischer Prozesse (vgl. oben).[14]

Der Umstand, dass bei flexiblen Wechselkursen jedes Land seine eigene Geldpolitik vollständig autonom betreiben und damit auch das inländische Preisniveau steuern kann, ist für Vertreter der monetären Neoklassik ein starkes Argument, ein System flexibler Wechselkurse einem System institutionell fixierter Wechselkurse vorzuziehen (vgl. als einflussreiche Befürworter flexibler Wechselkurs Friedman1953 und Johnson 1969).[15]

Die Kaufkraftparitätentheorie kann kurz- und mittelfristige Wechselkursentwicklungen zwischen den führenden Währungen der Welt nicht erklären. So können beispielsweise die mittelfristigen, in der Regel zweistelligen Wechselkursschwankungen zwischen dem US-Dollar und der D-Mark bzw. ab 1999 dem Euro nicht durch die Kaufkraftparitätentheorie erklärt werden. Die Differenzen in den Inflationsraten sind zu gering, um die empirischen starken Wechselkursschwankungen erklären zu können (vgl. zur Diskussion dazu Herr/Hübner 2005, Kapitel 2.2).[16] Verwunderlich ist dies angesichts der theoretischen Schwächen des Modells nicht. Denn internationale Kapitalströme können nicht befriedigend in die Kaufkraftparitätentheorie integriert werden. Auch ist die Quantitätstheorie des Geldes schwerlich aufrechtzuerhalten. Es gelingt angesichts der weitreichenden Verbriefung von Kredit-

[14] Berühmt wurde Dornbusch (1976) durch die Ableitung überschießender Wechselkurse. Ein solcher Fall tritt ein, wenn Wirtschaftssubjekte auf der Basis rationaler neoklassischer Erwartungen einen langfristigen Wechselkurs entsprechend der Kaufkraftparität erwarten, die Gütermärkte sich jedoch langsamer anpassen als die Vermögensmärkte. Dann bewirkt kurzfristig die Zinssatzparität eine Abweichung vom langfristigen Wechselkurs. Denn erhöht das Inland die Geldmenge und sinkt aus diesem Grund der Zinssatz im Inland unter sein langfristiges Gleichgewicht und erwarten Wirtschaftssubjekte einen langfristigen Wechselkurs entsprechend der Kaufkraftparität, dann bewirkt die Zinssatzparität, dass die inländische Währung kurzfristig stärker abwertet als langfristig.

[15] Bei festen Wechselkursen verliert ein (kleines) Land im neoklassischen Modell die Kontrolle über die Geldmenge und muss sich der Weltinflationsrate zwingend anpassen. Auch in diesem Fall bleibt der reale Wechselkurs von der monetären Sphäre ungestört.

[16] Auch das Modell überschießender Wechselkurse hilft nicht weiter, da die tatsächlichen Schwankungen weit höher sind, als selbst mit dem Modell überschießender Wechselkurse erklärt werden könnte.

verträgen nicht, ein Liquiditätsaggregat als Geldangebot sinnvoll zu definieren; von einer Stabilität der Geldnachfrage ist nicht auszugehen; und die Geldmenge muss als endogen angesehen werden, da Zentralbanken nur den Zinssatz fixieren können, aber nicht das Refinanzierungsvolumen der Banken.

4. Das Unvereinbarkeitsdreieck

Flexible Wechselkurse, deregulierter Kapitalverkehr und autonome Geldpolitik scheinen für die Neoklassik eine wünschenswerte Kombination. Dies führt uns zum Unvereinbarkeitsdreieck. Der theoretische Hintergrund für den Ansatz des Unvereinbarkeitsdreiecks wurde von Robert Mundell (1968) in den 1960er Jahren formuliert. Da auch Marcus Fleming (1962) zu dem Ansatz beitrug, ging das Modell unter dem Namen Mundell-Fleming-Modell in die Theoriegeschichte ein. Der Grundgedanke des Modells besteht darin, dass bei den drei als jeweils positiv erachteten Zielen – (a) freier internationaler Kapitalverkehr,(b) feste Wechselkurse, (c) eigenständige nationale Geldpolitik – immer nur zwei der Ziele realisiert werden können (vgl. Abbildung 2).

Abbildung 2: Das Unvereinbarkeitsdreieck

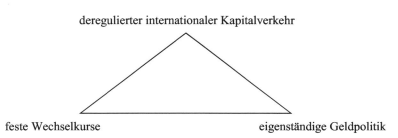

deregulierter internationaler Kapitalverkehr

feste Wechselkurse   eigenständige Geldpolitik

Feste Wechselkurse, deregulierter Kapitalverkehr und Verlust der geldpolitischen Autonomie
Diese Konstellation wurde oben schon diskutiert. Ein Land, das kein Leitwährungsland ist, verliert bei festen Wechselkursen seine geldpolitische Autonomie und muss sich vollständig globalen Vermögensmärkten unterwerfen.[17]

---

[17] Mundell und Fleming haben argumentiert, dass Fiskalpolitik die inländische Ökonomie auch bei Verlust autonomer Geldpolitik zu Vollbeschäftigung führen kann. Dass dies eine langfristige Option ist, muss bezweifelt werden.

*Flexible Wechselkurse, deregulierter Kapitalverkehr und eigenständige Geld-
politik*

Die Kombination von flexiblen Wechselkursen, dereguliertem internationalem Kapitalverkehr und eigenständiger Geldpolitik ist für die Masse der Länder eine Illusion. Wechselkursanpassungen sind äußerst schwierig bis hin zu
zerstörerisch. Das gilt in ganz besonderer Weise für Abwertungen. Folgend
werden die Hauptprobleme diskutiert, welche mit Abwertungen verbunden
sind.

Erstens führen Abwertungen zwingend zu einer Erhöhung der Importpreise.
Je höher der Anteil der Importe am BIP eines Landes ist, desto stärker ist der
Preisniveauschub als Resultat einer Abwertung. Der Preisniveauschub bleibt
begrenzt, wenn sich keine Lohn-Preis-Spirale ergibt. Die Interaktion zwischen Abwertungen und Nominallohnveränderungen ist jedoch offen. Denn
wird die Reallohnsenkung einer Abwertung nicht hingenommen und über
eine Erhöhung der Nominallöhne zu kompensieren versucht, so gesellt sich
zum Importpreisschub ein Lohnpreisschub, der die Inflationsrate weiter erhöht und zu einer Abwertungs-Inflations-Spirale führt (Bilson 1979). In Ländern mit hoher Dollarisierung bzw. Euroisierung des nationalen Geldes ist
die Gefahr von Abwertungs-Inflations-Spiralen besonders hoch, da in diesen
Ländern der Wertstandard auch von Preisen häufig auf eine ausländische
Währung übergegangen ist. Bei jeder Abwertung wird dann der Preis in inländischer Währung sofort und vollständig so angepasst, dass er dem Preis in
ausländischer Währung entspricht.

Zweitens reduzieren Abwertungen das inländische Vermögen im Vergleich zum ausländischen. Vermögensverluste werden von Vermögenden ge-
hasst wie der Weihrauch vom Teufel. Bei Abwertungen, insbesondere in
Kombination mit inflationären Prozessen, kann das Vertrauen in eine Währung schlagartig zusammenbrechen. Abwertungs- und Inflationsprozesse sind
somit keine linearen Prozesse. Ein moderater Abwertungsprozess kann selbst
durch unwichtige Ereignisse außer Kontrolle geraten und zu eskalierender
Kapitalflucht führen. Letztere erzeugt dann eine kumulative Abwertung, die
den Inflationsprozess im Inland eskalieren lässt (Robinson 1938; Fischer/
Sahay/Végh 2002). Interessant an diesem Punkt ist, dass sich die Kausalität
der Kaufkraftparitätentheorie umdreht, da nun der Wechselkurs das Preisniveau bestimmt und nicht umgekehrt.

Drittens wird bei einer realen Abwertung und hoher Verschuldung in Auslandswährung das Land in eine Zwillingskrise gestoßen (siehe oben).

Viertens wird bei einer realen Abwertung normalerweise mit einem Anstieg der Leistungsexporte und einer Reduzierung der Leistungsimporte und

somit einer Verbesserung der Leistungsbilanz gerechnet. Bei ungenügender Reaktion der Leistungsströme kann eine reale Abwertung zu einer perversen Reaktion führen und z.b. ein Leistungsbilanzdefizit bei einer Abwertung erhöhen.[18] Da Kapitalströme den Warenströmen nicht passiv folgen, kann es dann zu extremen Reaktionen der Wechselkurse kommen.

Fünftens kann eine reale Abwertung zu einer so starken Reduzierung des inländischen Realeinkommens führen, dass sie nicht politisch durchzusetzen ist und zu politischer Destabilisierung führt. Insbesondere in Entwicklungsländern kann der negative Wohlfahrtseffekt einer Abwertung so groß sein, dass sich das Armutsproblem deutlich verschärft und ein größerer Prozentsatz der Bevölkerung unter die Armutsgrenze fällt.

Angesichts der großen potentiellen Schwierigkeiten von Wechselkursveränderungen ist die Kombination flexibler Wechselkurse, deregulierter internationaler Kapitalströme und eigenständiger Geldpolitik keine allgemein verfügbare Option. Die dritte Option des Unvereinbarkeitsdreiecks gilt somit für die meisten Länder der Welt nicht. Insbesondere gilt sie nicht für Entwicklungsländer, die ein Geld mit geringer Vermögenssicherungsqualität haben und unter hoher Verschuldung in fremder Währung leiden.

Feste Wechselkurse, eigenständige Geldpolitik und regulierter Kapitalverkehr
Bei dieser Variante koppelt sich ein Land von den internationalen Vermögensmärkten durch Kapitalverkehrskontrollen ab. Feste Wechselkurse können in diesem Fall mit einer eigenständigen Geldpolitik verbunden werden. In diesem Fall entzieht sich ein Land der Dominanz globaler Finanzmärkte. Allerdings ist dies nur möglich, wenn die institutionellen Bedingungen existieren, den internationalen Kapitalverkehr hinreichend zu regulieren.[19]

---

[18] Die sogenannte Marshall-Lerner-Bedingung besagt, dass es zu perversen Reaktionen kommt, wenn der absolute Wert der Export- und Importelastizitäten bei realen Wechselkursänderungen kleiner als Eins ist.

[19] China ist ein Land, das nach 1994 trotz der Anbindung seines Wechselkurses an den US-Dollar aufgrund von Kapitalverkehrsregulierungen eine autonome Geldpolitik verfolgen konnte (Herr/Priewe 2003b).

5. *Schlussfolgerungen*

Es können zumindest drei Grundformen von globalen Währungssystemen unterschieden werden.

Das erste System ist ein System mit festen Wechselkursen und dereguliertem internationalem Kapitalverkehr. Dies ist ein System, das die globalen Vermögensmärkte stabilisiert, jedoch für die meisten Länder der Welt keinen Spielraum für nationale Politik erlaubt. Es ist ein System, das nationale Ökonomien strikt den Interessen der Vermögenden unterwirft. Es garantiert in keiner Weise eine hohe Beschäftigung.

Das zweite System ist das derzeit existierende. Es verbindet flexible Wechselkurse mit freiem Kapitalverkehr. Ein solches System trägt den tiefen Widerspruch in sich, dass flexible Wechselkurse ein globales Finanzsystem destabilisieren. Das Währungssystem wird durch diesen Widerspruch zu einer beständigen Schockmaschine für die Weltwirtschaft und belastet die ökonomische Entwicklung. Es unterwirft die Ökonomie letztlich ebenfalls den Interessen der Vermögenden, die zumindest teilweise von dem System trotz seiner Instabilität profitieren. Globalisierte Finanzmärkte im Rahmen flexibler Wechselkurse sind das Herzstück des marktradikalen Globalisierungsprojektes ab den 1970er Jahren und sind aus diesem Grunde ideologisch stark belegt. Es spricht vieles dafür, dass das existierende Währungssystem das schlechteste aller Welten darstellt.

Das dritte System ist ein reguliertes internationales Währungssystem im Rahmen einer regulierten Globalisierung. Es bricht die Dominanz globalisierter Finanzmärkte, ohne den internationalen Kapitalverkehr gänzlich zu unterbinden oder Freihandel, da wo er wohlfahrtsfördernd ist, zu behindern. Die meisten Vorschläge in diese Richtung knüpfen an Vorstellungen von Keynes (1969) an, die im Rahmen der Verhandlungen über die Weltwährungsordnung nach dem Zweiten Weltkrieg in Bretton Woods diskutiert wurden (vgl. auch Herr/Priewe 2008; Herr 2011b). Er schlug einen „Bancor" als internationales Reservemedium vor, das von einer internationalen Institution ausgegeben und für Zentralbanken als Währungsreserve benutzt werden sollte. Die Schöpfung des Bancor durch eine internationale Institution sollte den Liquiditätsbedürfnissen der Weltwirtschaft angepasst werden. Devisenreserven sowie Zahlungen zwischen Zentralbanken sollten, so das Ziel, nicht mehr in international führenden nationalen Währungen gehalten bzw. durchgeführt werden, sondern in Bancor.[20]

---

[20] Triffin (1960) hat später den Vorschlag von Keynes aufgegriffen und Sonderziehungsrechte, die vom Internationalen Währungsfonds ausgegeben werden sollten, gefordert. In

Das Kernelement eines regulierten Währungssystems sind grundsätzlich feste Wechselkurse, die nur in besonderen Situationen und politisch kontrolliert verändert werden können. Keynes empfahl bei Leistungsbilanzungleichgewichten als Anpassungsmechanismus eine wirtschaftspolitische Stimulierung im Land mit Leistungsbilanzüberschüssen und eine wirtschaftspolitische Drosselung im Land mit Leistungsbilanzdefiziten. Er schlug also einen *symmetrischen* Anpassungsprozess bei Leistungsbilanzungleichgewichten vor. Bei sich aufbauenden Leistungsbilanzungleichgewichten, die durch einen symmetrischen Anpassungsprozess nicht in den Griff zu bekommen sind, beispielsweise bei einem ökonomischen Schock, der nur ein Land trifft, sah der Vorschlag von Keynes diskretionäre Wechselkursanpassungen vor. Um einen symmetrischen Anpassungsprozess zu fördern oder gar zu erzwingen, plädierte Keynes für die Einführung von Strafsteuern sowohl für das Land mit den Defiziten als auch Überschüssen in der Leistungsbilanz.

Ein neues Bretton-Woods-System entsprechend den obigen Vorstellungen würde zwar zur Stabilisierung der internationalen Kapitalströme beitragen, jedoch gäbe es auch in einem solchen System keine Garantie, dass Kapitalströme das System nicht ernsthaft stören oder gar zerstören. Aus diesem Grunde sollten alle Zentralbanken des Systems, was für Festkurssysteme selbstverständlich ist, auf den Devisenmärkten massiv intervenieren, um destabilisierende Kapitalströme zu kompensieren. Gleichzeitig bedarf ein solches System einer starken internationalen Institution zur Unterstützung von Zentralbanken, die aufgrund von Kapitalabflüssen unter Druck geraten sind. Zudem sind internationale Kapitalverkehrskontrollen ein wichtiges Element, um das vorgeschlagene System stabil zu halten. Devisenumsatzsteuern (vgl. Tobin 1978) sind zwar zu begrüßen, sie sind jedoch zu schwach, um Kapitalströme zu regulieren. Eine Reihe von Regulierungen des internationalen Kapitalverkehrs kann über eine strenge Finanzmarktaufsicht eingeführt werden, beispielsweise die Beschränkung von offenen Währungspositionen oder die Beschränkung globaler Geschäfte von kleinen Banken oder Versicherungen. Für die Schaffung stabiler Rahmenbedingungen für den Globalisierungsprozess sind alte supranationale Institutionen zu reformieren und neue Institutionen zu schaffen. Insgesamt sind existierende Organisationen zu demokratisieren, die bisher von den Industrieländern unangemessen dominiert werden (vgl. Dullien et al. 2011).

der Tat wurde der Keynes-Triffin-Vorschlag umgesetzt, jedoch in einem sehr begrenzten Umfang (vgl. dazu auch Stiglitz 2006).

Eine globale Lösung ist zwar wünschenswert, jedoch politisch nicht einfach zu erreichen. Es gibt jedoch Reformoptionen, die auf der Ebene von Währungsgebieten möglich sind und die zur Stabilität der Weltwirtschaft beitragen. Zentralbanken können eine Geld- und Wechselkurspolitik verfolgen, welche das eigene Währungsgebiet von außenwirtschaftlichen Destabilisierungen abschottet. Ein zentrales Element einer solchen Strategie wäre eine Zwischenlösung beim Wechselkursregime, die als Managed Floating Plus bezeichnet werden kann. Der Wechselkurs sollte dabei möglichst stabil gehalten werden, da scharfe Abwertungen und Aufwertungen destabilisierend auf Ökonomien wirken. Jedoch sollte der Wechselkurs so angepasst werden, dass Leistungsbilanzsalden in der Tendenz mittelfristig ausgeglichen werden (vgl. dazu Vorschläge von UNCTAD 2009). Kapitalverkehrsregulierungen sind bei einem solchen Modell ein notwendiges Element, um destabilisierende Kapitalströme und Wechselkursturbulenzen zu verhindern. Sie sollten als ein normales Mittel im Instrumentenkasten von Zentralbanken angesehen werden. Durch eine Kombination von Kapitalverkehrskontrollen, Devisenmarktinterventionen und nationaler Zinspolitik kann die Integration eines Landes in internationale Finanzmärkte reguliert werden.

Eine Neuordnung des Weltwährungssystems ist notwendig. Das existierende System ist gefährlich für die Stabilität der Weltwirtschaft. Ein Festkurssystem, wie es vor dem Ersten Weltkrieg existiert hat, ist nicht wünschenswert. Als wünschenswerte Lösung verbleibt ein reguliertes Weltwährungssystem mit möglichst stabilen Wechselkursen als Zentrum einer regulierten Globalisierung.

Literatur

Bilson, J.F.D. (1979): The ‚Vicious Circle' Hypothesis, *International Monetary Fund Staff Papers*, 26, 1-27.

BIS (Bank for International Settlement) (2010): *Triennial Central Bank Survey of Foreign Exchange and Derivatives Market Activity in 2010*, Basel.

Blackburn, K., Christensen, M. (1989): Monetary Policy and Policy Credibility, Theory and Evidence, *Journal of Economic Literature*, 27, 1-45.

Cassel, G. (1921): *Theoretische Sozialökonomie*, 2. Auflage, Leipzig.

Dornbusch, R. (1976): Exchange Rate Expectations and Monetary Policy, *Journal of International Economics*, 6, 231-244.

Dornbusch, R., Frankel, J. (1988): The Flexible Exchange Rate System. Experience and Alternatives, in: S. Borner (ed.), *International Finance and Trade in a Polycentric World*, London.

Dullien, S., Herr, H., Kellermann, C. (2011): *Decent Capitalism*, London.

Eichengreen, B., Hausmann, R. (eds.) (2005): *Other People's Money: Debt Denomination and Financial Instability in Emerging Market Economies*, Chicago.

Fisher, I. (1933): The Debt Deflation Theory of Great Depressions, *Econometrica*, 1, 337-357.

Fischer, S., Sahay, R., Végh, C.A. (2002): Modern Hyper Inflations, *Journal of Economic Literature*, 15, 837-880.

Fleming, J.M. (1962): Domestic Financial Policies under Fixed and Floating Exchange Rates, *International Monetary Fund Staff Papers*, 9, 369-379.

Friedman, M. (1953): The Case for Flexible Exchange Rates, in: M. Friedman, *Essays in Positive Economics*, Chicago.

Heine, M., Herr, H. (2013): *Volkswirtschaftslehre. Paradigmenorientierte Einführung in die Mikro- und Makroökonomie*, 4. Auflage, München/Wien.

Herr, H. (1988): Der Goldstandard und die währungspolitische Diskussion der Klassik, *Konjunkturpolitik*, 34, 37-55.

Herr, H. (1992): *Geld, Währungswettbewerb und Währungssysteme*, Frankfurt a.M. u.a.

Herr, H. (2008): Financial Systems in Developing Countries and Economic Development, in: E. Hein, T. Niechoj, P. Spahn and A. Truger (eds.), *Finance-led Capitalism. Macroeconomic Effects of Changes in the Financial Sector*, Marburg.

Herr, H. (2011a): Money, Expectations, Physics and Financial Markets – Paradigmatic Approaches in Economic Thinking, in: H. Ganßmann (ed.), *New Approaches to Monetary Theory. Interdisciplinary Perspectives*, Abingdon.

Herr, H. (2011b): International Monetary and Financial Architecture, in: E. Hein and E. Stockhammer (eds.), *A Modern Guide To Keynesian Macroeconomics And Economic Policies*, Cheltenham.

Herr, H., Hübner, K. (2005): *Währung und Unsicherheit in der globalen Ökonomie. Eine geldwirtschaftliche Theorie der Globalisierung*, Berlin.

Herr, H., Kazandziska, M. (2011): *Macroeconomic Policy Regimes in Western Industrial Countries*, London.

Herr, H., Priewe, J. (2003a): The Macroeconomic Framework of Poverty Reduction – An Assessment of the IMF/World Bank Strategy – A Critical Review of the PRSP Sourcebook Chapter 6 from September 21, 2000. Working Papers No. 17 des Business Institute Berlin an der Hochschule für Wirtschaft und Recht Berlin, http://www.mba-berlin.de/fileadmin/doc/Working_Paper/working_paper_17.pdf

Herr, H., Priewe, J. (2003b): Why China Should Not Liberalise the Capital Account, in: H. Herr and J. Priewe (eds.), Current Issues of China's Economic Policies and Related International Experiences – The Wuhan Conference 2002. Working Papers No. 16 des Business Institute Berlin an der Hochschule für Wirtschaft und Recht Berlin, http://www.mba-berlin.de/fileadmin/doc/Working_Paper/working_paper_16_part2.pdf

Herr, H., Priewe, J. (2004): Macroeconomic Aspects of Pro-Poor Growth, in: M. Krakowsky (ed.), *Attacking Poverty: What Makes Growth Pro-Poor?*, Baden-Baden.

Herr, H., Priewe, J. (2005): Development Strategies Beyond the Washington Consensus, *Internationale Politik und Gesellschaft*, 2, 72-97.

Herr, H., Priewe, J. (2008): The Washington Consensus and (Mon-)Development, in: L.R. Wray and M. Forstater (eds.), *Money, Financial Instability and Stabilization Policy*, Cheltenham.

Herr, H., Priewe, J. (2011): Macroeconomic ‚Regimes' for Growth and Stagnation in Developing Countries, in: A. Heise (ed.), *Market Constellation Research. A Modern Governance Approach to Macroeconomic Policy*, Frankfurt a.M.

Isard, P. (1995): *Exchange Rate Economics*, Cambridge.

Johnson, H. (1969): The Case for Flexible Exchange Rates, 1969, *Federal Reserve Bank of St. Louis Review*, June, 12-24.

Keynes, J.M. (1921): *A Treatise on Probability*, London.

Keynes, J.M. (1936): *Allgemeine Theorie der Beschäftigung, des Zinses und des Geldes*, Berlin.

Keynes, J.M. (1937): The General Theory of Employment, *Quarterly Journal of Economics*, 51, 209-223.

Keynes, J.M. (1969): Proposals for an International Clearing Union, in: J.K. Horsfield (ed.), *The International Monetary Fund 1946-1965*, Vol. III, Documents, IMF, Washington D.C.

Kindleberger, C.P. (1981): Dominance and Leadership in the International Economy, *International Studies Quarterly*, 24, 242-54.

Kindleberger, C.P. (1986): International Public Goods without International Government, *American Economic Review*, 76, 1-13.

Mundell, R.A. (1968): *International Economics*, New York.

Minsky, H. (1975): *John Maynard Keynes*, New York.

Obno, K. (1994): The Case for a New System, in: Bretton Woods: Looking to the Future. Commission Report, Staff Review. Washington DC: Bretton Woods Commission.

Palley, T.I. (2009): America's Exhausted Paradigm: Macroeconomic Causes of the Financial Crisis and great Recession. Working Paper No. 2, Berlin: IPE (Institute for International Political Economy).

Priewe, J., Herr, H. (2005): *The Macroeconomics of Development and Poverty Reduction*, Baden-Baden.

Ricardo, D. (1821): *Principles of Political Economy and Taxation*, 3rd edition. Deutsch: Grundsätze der Politischen Ökonomie und Besteuerung, Frankfurt 1980.

Riese, H. (1986): *Theorie der Inflation*, Tübingen.

Robinson, J. (1938): The Economics of Inflation, *The Economic Journal*, 48, 507-513.

Schulmeister, S. (2007): Die manisch-depressiven Preisschwankungen auf den Finanz-märkten – Wie macht das die „unsichtbare Hand"?, *WSI Mitteilungen*, Hans-Böckler-Stiftung, 12/2007, 657-663.

Stiglitz, J.E. (2006): *Making Globalisation Work*, New York.

Stützel, W. (1978): *Volkswirtschaftliche Saldenmechanik*, 2. Auflage, Tübingen.

Tobin, J. (1978): A Proposal for International Monetary Reform, *Eastern Economic Journal*, 4, 153-159.

Triffin, R. (1960): *Gold and the Dollar Crisis: The Future of Convertibility*, New Haven.

UNCTAD, (2009): *The Global Economic Crisis: Systemic Failure and Multinational Remedies*, New York, Geneva.

Williamson, J. (2005): *Curbing the Boom-Bust Cycle: Stabilizing Capital Flows to Emerging Markets*, Washington D.C.: Institute for International Economics.

WTO (World Trade Organization) (2011): *World Trade Report 2011*, Geneva.

Enriching the neo-Kaleckian growth model: nonlinearities, political economy, and q theory[*]

Thomas I. Palley

1. Introduction

The neo-Kaleckian growth model, pioneered by Rowthorn (1982), Taylor (1983, 1991), Dutt (1984), Bhaduri and Marglin (1990), and Lavoie (1995), has become a workhorse of post-Keynesian growth theory. A key feature of the model, principally attributable to Taylor (1983, 1991) and Bhaduri and Marglin (1990), is the distinction between wage-led and profit-led growth. This distinction gives the model both real world richness and policy relevance.

In wage-led economies, increases in the wage share of income (i.e. decreases in the profit share) raise capacity utilization and growth. In profit-led economies, the reverse holds. Additionally, there is a third category of conflictive economies, in which increases in the wage share raise capacity utilization but lower growth.

The wage- vs. profit-led growth distinction has clear and significant policy implications, and it has sparked a growing empirical literature aimed at identifying the character of economies (Hein/Tassarow 2010; Stockhammer 2011; Onaran/Galanis 2012). Moreover, from a policy perspective, this empirical literature has become even more important given current conditions of slowed growth, high unemployment, and significant change in the distribution of income in favor of profits.

[*] This chapter was originally presented at the meeting of the Eastern Economic Association held in New York City, NY on May 9-11, 2013.

The current chapter expands the neo-Kaleckian model to incorporate non-linearities, political economy effects, and financial factors. These expansions enrich the model's interest and ability to explain economic outcomes and political conflict over macroeconomic policy. They also have important implications for the growing empirical literature that tends to frame the issue dichotomously (i.e. are economies wage- or profit-led?). In fact, economies can be both wage- and profit-led depending on cyclical circumstance.

2. The wage- vs. profit-led model revisited

By way of preliminaries, this section provides a brief restatement of the neo-Kaleckian model which is described by the following five equations

$$I/K = I(u, \sigma) \qquad\qquad I_u > 0, I_\sigma > 0 \qquad\qquad (1)$$

$$S/K = S(u, \sigma, \Sigma) \qquad\quad S_u > 0, S_\sigma > 0, S_\Sigma > 0 \qquad (2)$$

$$\sigma = \sigma(\psi) \qquad\qquad\qquad \sigma_\psi > 0 \qquad\qquad\qquad\qquad (3)$$

$$I/K = S/K \qquad\qquad\qquad\qquad\qquad\qquad\qquad\qquad (4)$$

$$g = I/K \qquad\qquad\qquad\qquad\qquad\qquad\qquad\qquad\qquad (5)$$

I = investment, K = capital stock, S = saving, u = capacity utilization rate, σ = profit share, Σ = propensity to save, ψ = bargaining power or other variable positively impacting the profit share, and g = growth rate.

Substituting equations (1) and (2) into (4) yields a dynamic investment – saving (IS) balance equilibrium condition. The slope of the IS condition in [u, σ] space is

$$d\sigma/du|_{IS} = [S_u - I_u]/[I_\sigma - S_\sigma]$$

The sign of the slope is theoretically ambiguous. The numerator is positive if the Keynesian expenditure multiplier condition holds, which is the maintained assumption. In that case, the sign depends on the sign of the denominator representing the relative sensitivity of the investment and saving rates to changes in the profit share.

An economy is profit-led if an exogenous increase in the profit share raises capacity utilization which means it raises investment by more than saving $(I_\sigma - S_\sigma > 0)$, rendering the IS positively slope. An economy is wage-led if an exogenous increase in the profit share lowers capacity utilization, which means it raises investment by less than saving ($I_\sigma - S_\sigma < 0$), rendering the IS negatively sloped. Conflictive economies are a sub-set of wage-led economies. A higher profit share lowers capacity utilization so that the IS schedule is also negatively sloped ($I_\sigma - S_\sigma < 0$). However, investment is highly sensitive to the profit share so that the rate of accumulation and growth increases despite lower capacity utilization.

Table 1 describes the analytical characteristics of profit-led, wage-led, and conflictive economies. Figure 1 provides a graphical analogue of the model given by equations (1)-(5) for the case of a wage-led economy. The PP line corresponds to equation (3). The IS schedule corresponds to equation (4). An increase in the profit share shifts the PP line up and reduces capacity utilization. That in turn reduces the growth rate despite the higher profit share.

Table 1: Conditions describing profit-led, wage-led
and conflictive regimes

	Capacity utilization	Investment-Saving response	Growth rate
Profit-led	$u_\sigma > 0$	$I_\sigma - S_\sigma > 0$	$I_u u_\sigma + I_\sigma > 0$
Wage-led	$u_\sigma < 0$	$I_\sigma - S_\sigma < 0$	$I_u u_\sigma + I_\sigma < 0$
Conflictive	$u_\sigma < 0$	$I_\sigma - S_\sigma < 0$	$I_u u_\sigma + I_\sigma > 0$

Conflictive economies can be interpreted as occupying a middle ground between wage-led and profit-led economies. Like the wage-led case, in a conflictive regime the IS curve is negatively sloped but its slope is larger in absolute value. This reflects the fact that investment is more sensitive to the profit share: I_σ is larger but $I_\sigma - S_\sigma < 0$ is still negative. I_σ increases as investment becomes more sensitive to the profit share causing the IS to steepen. The slope of the IS turns positive when $I_\sigma - S_\sigma > 0$, at which stage the economy becomes profit-led. A vertical IS therefore corresponds to the border case between the conflictive and profit-led regimes.

3. Nonlinearities

Figure 1 is drawn under the assumption that both the IS schedule and PP function are linear. In reality, it is likely that both the IS schedule and profit share function are nonlinear. Figure 2 shows the profit share as a concave function of capacity utilization. The area to the left of the peak can be labeled the wage share squeeze zone, while the area to the right can be labeled the profit share squeeze zone. The economic logic is that at low capacity utilization increased demand gives firms a little extra market power to raise profit margins, which squeezes the wage share. However, as capacity utilization increases, labor markets tighten and workers are able to claim a larger share of output.

Figure 1: The wage-led neo-Kaleckian growth ($\sigma_1 > \sigma_0$)

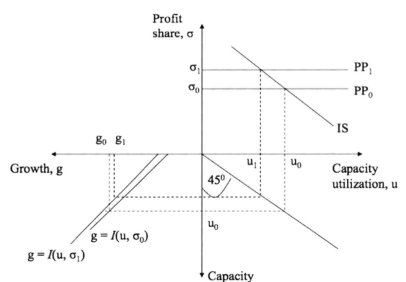

Figure 2: A nonlinear profit share function

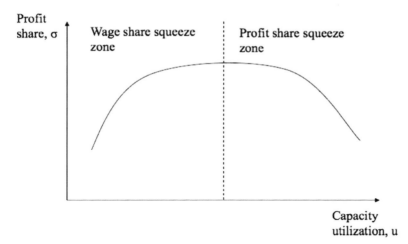

As shown below, a non-linear profit function has three important implications. First, it can confuse as to whether aggregate demand is wage-led or profit-led. Second, it helps explain class conflict over macroeconomic policy. Third, it contributes to explaining why q theory (Brainard/Tobin 1977) does a poor econometric job of explaining investment spending.

The IS schedule can also be nonlinear as shown in Figure 3 in which it is backward bending. There are two reasons for the backward bend. The first is conventional neoclassical capital stock adjustment costs. As the profit share and profit rate increase, the investment rate increases. However, rising marginal costs of capital stock adjustment limit the rate at which new capital can be added and absorbed into organizations. The second reason is that a rising profit share increases the income of very top tier income households at the expense of workers and middle class households, and this gives rise to a rising saving rate. Together, the two arguments explain why the IS schedule may bend backward as the profit share increases. As shown in Figure 3, there will then be three regions. The bottom portion of the IS is the profit-led zone. The middle portion, beginning when the IS becomes vertical from below, is the conflictive zone. The top portion is the wage-led zone.[1]

---

[1] The idea of a non-linear IS has some parallels with Kaldor's (1940) non-linear model of the business cycle.

Figure 3: A non-linear IS schedule

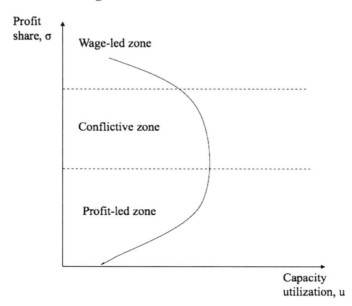

Combining Figures 2 and 3 then means there are potentially six distinct economic zones: profit-led/wage squeeze; profit-led/profit squeeze; conflictive/
wage squeeze; conflictive/profit squeeze; wage-led/wage squeeze; wage-led/
profit squeeze.

As shown in Figure 4, the coexistence of a nonlinear IS and profit function
means an economy may move through different zones over the course of a
business cycle. For instance, Figure 4 shows a series of rightward shifting IS
schedules. These shifts can be interpreted as the result of a mix of short- and
medium-run shifts. Short run shifts are associated with changes within a
business cycle. Medium run shifts are associated with changes across business cycles. Figure 4 depicts an economy that starts in the profit-led/wage
squeeze zone, moves into the conflictive zone, and then moves to the profit-
led/profit squeeze zone.

*Figure 4: Cyclical regime profile in neo-Kaleckian model with
a nonlinear IS schedule and profit share function*

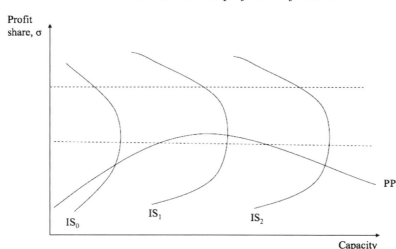

Finally, there is the need to consider structural change effects impacting the PP function. It is now widely recognized that there has been significant changes in the functional distribution of income over the past forty years (see Mishel et al. 2009), with the profit share benefitting at the expense of the wage share. That has shifted up the PP function.

Figure 5 provides a stylized depiction of recent U.S. economic history. In 1969 the U.S. was characterized as a profit-led economy operating with high-capacity utilization in the profit squeeze zone. The great oil shock of the 1970s was analogous to an externally imposed tax that shifted the IS left, so that by 1979 the economy was characterized as conflictive and in the wage-squeeze zone. The great oil shock was followed by the near-thirty year long great moderation. The PP function shifted up as unions lost bargaining power to corporations. The IS shifted right due to large budget deficits in the 1980s and 2000s, combined with the onset of financialization (Palley 2008) that resulted in debt-led and asset price inflation-led growth. Thus, by 2007 the economy was characterized as wage-led and in the profit-squeeze zone. The great stagnation, inaugurated by the financial crisis of 2008, shifted the IS left so that in 2013 the economy is characterized as wage-led and in the wage-squeeze zone.

Figure 5: A stylized depiction of the U.S. economy
from the 1960s to 2013

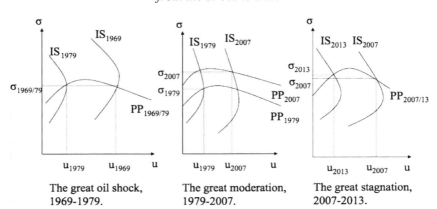

The great oil shock,   The great moderation,   The great stagnation,
1969-1979.   1979-2007.   2007-2013.

The above non-linear model has several important analytical implications. First, if the U.S. economy (and perhaps other economies too) is now in a regime similar to that denoted by the intersection of IS_{2013} and $PP_{2007/13}$ in Figure 5, economic expansion will produce a rising profit share that reduces the expansionary impulse. That is because the economy is in the wage-squeeze zone. However, lowering the profit share by shifting down the PP function could move the economy into a conflictive regime where there is a trade-off between growth and capacity utilization. This points to a three-fold challenge: to shift the IS schedule right, flatten the PP schedule, and shift the PP schedule down. Shifting the IS involves macroeconomic policy. Changing the location and shape of the PP function involves policy that changes the economy's structure.

Second, Figure 5 illustrates how the U.S. economy may have passed through several structural regimes owing to the changes associated with the great oil shock, the great moderation, and the great stagnation. These changes have important econometric implications, and linear time series econometrics that does not take account of the economy's nonlinearities will miss these features. Consequently, they may provide a misleading guide to the economy's structural character.

Figure 6 illustrates how a non-linear profit function complicates the econometric task of identifying whether an economy is wage-led or profit-led. Consider the situation with IS_0 and IS_1. The economy is wage-led and operating in the wage-squeeze zone. However, a rightward shift of the IS increases capacity utilization and the profit share, potentially giving the impression the economy is profit-led. Now consider the situation with IS$_2$ and IS$_3$ where the economy is profit-led and operating in the profit-squeeze zone. However, a rightward shift of the IS lowers the profit share and increases capacity utilization, potentially giving the impression the economy is wage-led.

Figure 6: The identification problem in wage-led and profit-led economies

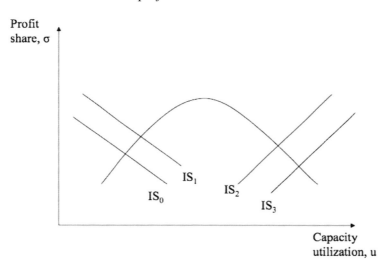

4. *Political economy and the neo-Kaleckian model*

A non-linear profit share function also provides the basis for interesting insights into the political economy of growth and macroeconomic policy. Business can be thought of as aiming to maximize profits. That implies choosing a capacity utilization rate that solves

$$\text{Max } \pi = \sigma(u)u \tag{6}$$

This yields the following first order condition:

$$d\pi/du = \sigma_u u + \sigma = 0$$

Rearranging implies the following condition:

$$E_{\sigma,u} = \sigma_u u/\sigma = -1$$

This condition says that profit maximizing business will seek to lobby macro-economic policymakers to aim for a utilization rate at which the elasticity of the profit share with respect to capacity utilization ($E_{\sigma,u}$) is unity. Note, this point is unambiguously to the right of the peak of the profit share function because business seeks to maximize profits and not the profit share.

Now, suppose the accumulation function is linearly approximated by

$$g = \alpha_0 + \alpha_1 \sigma u + \alpha_2 u \qquad\qquad \alpha_0, \alpha_1, \alpha_2 > 0 \qquad (7)$$

The growth maximizing rate of capacity utilization is then obtained by solving

$$dg/du = \alpha_1[\sigma_u u + \sigma] + \alpha_2 = 0.$$

This yields the condition $E_{\sigma,u} = -[1 + \alpha_2/\alpha_1]$. Growth maximization requires a utilization rate at which the elasticity of the profit share with respect to capacity utilization ($E_{\sigma,u}$) is greater than unity. As shown in Figure 7, this point is even further to the right of the peak of the profit share function than the point of profit maximization. The politically interesting implication is that the point of growth maximization is deeper in the region of profit share squeeze and will be resisted by business.

Figure 7: The relation between capacity utilization that maximizes the profit share, profit, and growth

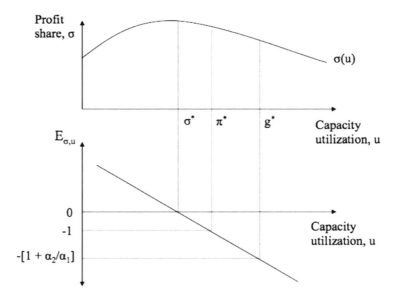

5. *q theory and the neo-Kaleckian model*

This last section introduces the stock market and shows how the neo-Kaleckian model can explain why q theory (Brainard/Tobin 1977) constitutes an inadequate theory of investment. q theory holds that the stock market valuation (q) and the rate of capital accumulation (g) should move in the same direction. The neo-Kaleckian model shows that if the economy is wage-led they may not. It also shows that if the profit share function is non-linear, q and g may move in opposite directions in response to changes in the propensity to save if the economy is in the wage-squeeze zone and capacity utilization is above the growth maximizing rate of capacity utilization.

The first step is the addition of equations explaining the value of the stock market which are given by

$$q = e\pi \tag{8}$$

$$\pi = \sigma u \tag{9}$$

$$e = 1/\delta \tag{10}$$

$$\delta = \lambda + r \tag{11}$$

q = value of the stock market relative to the capital stock, e = stock market profit valuation multiple, δ = investors' discount rate, λ = equity risk premium, and r = real interest rate on bonds. The modified accumulation function is given by

$$g = \alpha_0 + \alpha_1 \sigma u/\delta + \alpha_2 u \qquad\qquad \alpha_0, \alpha_1, \alpha_2 > 0 \tag{12}$$

The rate of investment now depends on the discounted profit share rather than the gross profit share. Substituting equation (11) into equation (10) yields

$$g = \alpha_0 + \alpha_1 \sigma u/[\lambda + r] + \alpha_2 u \tag{13}$$

Equation (13) provides a point of entry for interest rates and the rate of accumulation is now a negative function of the real interest rate.

Using equations (8), (9), and (10), equation (12) can also be restated in terms of q as follows

$$g = \alpha_0 + \alpha_1 q + \alpha_2 u \tag{14}$$

According to equation (14), the rate of accumulation appears to be a positive function of q. However, this is misleading because q is an endogenous variable that depends on u and the sign of its partial derivative is ambiguous ($q_u \gtreqless 0$). The reason for the ambiguity is that the sign depends on whether the economy is wage- or profit-led, and it also depends on where the economy is relative to the profit maximizing rate of capacity utilization. As shown below, this is why q performs poorly in econometric models.[2]

Table 2 provides comparative statics with regard to the rate of accumulation (g) and the stock market valuation (q). g and q move in the same direction with regard to the bond rate (r) and the equity risk premium (λ). If the economy is profit-led or conflictive, they co-move in the same direction with regard to the bargaining power variable (ψ). However, they move in opposite directions if the economy is wage-led. The logic is that increased firm bargaining power increases firms' profits, which raises q but also has a sufficiently depressing effect on u that g falls. In a wage-led economy, changes in firm-worker bargaining power that change the profit share produce a negative relation between q and the rate of investment (g), contrary to the predictions of q theory.

Table 2: Comparative statics for accumulation (g) and stock market valuation (q)

	dg	dq
dr	-	-
dλ	-	-
Wage-led: dψ	-	+
Profit-led: dψ	+	+
Conflictive: dψ	+	+
$u < \pi^* : d\Sigma$	-	-
$\pi^* < u < g^* : d\Sigma$	-	+
$u > g^* : d\Sigma$	+	+

---

[2] Equation (14) model also shows that q should not be added as a separate variable in investment equations, but is instead embedded in the discounted profit share variable.

Finally, changes in the propensity to save (Σ) cause g and q to co-move positively if capacity utilization is below the profit maximizing utilization rate (π^*), or if capacity utilization is above the growth maximizing utilization rate (g^*). However, g and q co-move negatively if capacity utilization lies between π^* and g^*. Below π^*, increases in u raise both the profit rate and the rate of accumulation. Above g^*, increases in u lower both the profit and the rate of accumulation. In between, increases in u lower the profit rate but increase the rate of accumulation.

In sum, the neo-Kaleckian model provides an explanation of why the stock market and the rate of investment can move in opposite directions if the economy is configured in a particular way. Such a pattern is contrary to the predictions of q theory, and it helps to explain why q performs so poorly in econometric analyses of investment.[3]

6. Conclusion

This chapter has expanded the neo-Kaleckian growth model to include nonlinearities, political economy factors, and interest rate and stock market effects. The expansions enrich the model and enhance its capacity to analyze and explain developments within contemporary capitalist economies. The inclusion of nonlinearities means an economy can be both wage- and profit-led, and which regime prevails will depend on current economic conditions. That poses an econometric challenge, and econometric estimates that fail to account for nonlinearities may provide a misleading understanding of an economy's structural characteristics.

---

[3] This is a macroeconomic critique of q theory. It is separate and distinct from the microeconomic critique of q theory provided by Crotty (1990) and Palley (2001) who focus on the implications of distinguishing between managers and owners. Managers determine investment, whereas owners determine stock market valuations. Managers' profitability expectations therefore matter for investment while shareholder profitability expectations matter for the stock market, and the two can be very different.

References

Bhaduri, A., Marglin, S.A. (1990): Unemployment and the real wage: the economic basis for contesting political ideologies, *Cambridge Journal of Economics*, 14, 375-393.

Brainard, W., Tobin, J. (1977): Asset markets and the cost of capital, in: B. Belassa and R. Nelson (eds.), *Economic Progress, Private Values, and Public Policy: Essays in Honor of William Fellner*, New York: North Holland Publishing Co.

Crotty, J.R. (1990): Owner-manager conflict and financial theories of investment instability: a critical assessment of Keynes, Tobin, and Minsky, *Journal of Post Keynesian Economics*, 12, 519-542.

Dutt, A.K. (1984): Stagnation, income distribution and monopoly power, *Cambridge Journal of Economics*, 8, 25-40.

Hein E., Tarassow, A. (2010): Distribution, aggregate demand and productivity growth: theory and empirical results for six OECD countries based on a post-Kaleckian model, *Cambridge Journal of Economics*, 34, 727-754.

Kaldor, N. (1940): A Model of the Trade Cycle, *Economic Journal,* 50, 78-92,

Lavoie, M. (1995): The Kaleckian model of growth and distribution and its neo-Ricardian and neo-Marxist critiques, *Cambridge Journal of Economics*, 19, 789-818.

Mishel, L., Bernstein, J., Shierholz, H. (2009): *The State of Working America 2008/ 2009*, Ithaca/NY: Cornell University Press.

Onaran, O., Galanis, G. (2012): Is aggregate demand wage-led or profit-led? National and global effects, ILO Working Papers Conditions of Work and Employment Series, No. 36, Geneva.

Palley, T.I. (2001): The stock market and investment: another look at the micro foundations of q theory, *Cambridge Journal of Economics*, 25, 657-667.

Palley, T.I. (2008): Financialization: what it is and why it matters, in: E. Hein, T. Niechoj, P. Spahn and E. Truger (eds.), *Finance-led Capitalism? Macroeconomic Effects of Changes in the Financial Sector*, Marburg: Metropolis.

Rowthorn, R. (1982): Demand, real wages and growth, *Studi Economici*, 19, 3-54.

Stockhammer, E. (2011). Wage-led growth: an introduction, *International Journal of Labor Research*, 3(2), 167-188.

Taylor, L. (1983): *Structuralist Macroeconomics*, New York: Basic Books.

Taylor, L. (1991): *Income Distribution, Inflation, and Growth*, Cambridge, MA: MIT Press.

Das NiGEM-Modell:
neue Argumente für Lohnmoderation?

Jürgen Kromphardt

1. Einleitung

Jan Priewe hat sich mehrfach zu der Frage geäußert, welche Wirkungen auf Produktion und Beschäftigung von einer Senkung des allgemeinen Lohnniveaus ausgehen. Dabei hat er sich im Sinne von Keynes gegen die neoklassische Argumentation gewandt, der zufolge Lohnsenkungen die Beschäftigung erhöhen und daher ein Weg seien, um die Beschäftigungssituation zu verbessern. Bekanntlich lässt sich diese Argumentation nicht halten, sobald man die Kreislaufwirkungen dieser Politikmaßnahmen einbezieht. Keynes (1936/2009) hat die gegenläufigen Kreislaufeffekte einer kombinierten Nominallohn-, Reallohn- und Preisniveausenkung und ihren unvorhersehbaren Saldo sorgsam herausgearbeitet.[1] Dennoch erweist sich dieser Topos als „Evergreen" der ökonomischen Diskussion, wie Kalmbach (1985) so treffend formuliert hat. Daher muss auch immer wieder erneut gegen die genannte wirtschaftspolitische Forderung argumentiert werden.

Seit Pigous (1943) Wiederentdeckung des Geldvermögenseffektes (er wird von Keynes 1936/2009 nur im Kapitel über die Konsumfunktion angesprochen, nicht im 19. Kapitel) bestand die Strategie der neoklassischen Synthese darin, diesen Effekt und den Zinseffekt herauszugreifen, die für sich genommen einen positiven Beschäftigungseffekt erwarten lassen. Da rasch erkennbar ist, dass dem positiven Geldvermögenseffekt ein negativer Geldschuldeneffekt gegenübersteht und dem Zinseffekt ein Geldmengeneffekt, wurden alsbald beide Effekte zum weniger direkt durchschaubaren „Realkassen-Effekt" zusammengefasst, der angeblich eine positive Wirkung der Lohnsen-

---

[1] Siehe zu ihnen im Einzelnen z.B. Hagemann (1988) und Kromphardt (2012).

kung auf die Beschäftigung garantiert. Welche Annahmen zu dieser Einschätzung nötig sind, bleibt dann meistens unerwähnt und im Dunkeln.

Inzwischen hat die Verdunklung der Zusammenhänge eine höhere Stufe
erreicht, indem man sich zur Stützung der neoklassischen Position auf öko-
nometrisch geschätzte Mehrgleichungsmodelle beruft, aus denen das entsprechende Resultat – angeblich empirisch fundiert – abgeleitet werden kann. Da
zu den niedrigeren Stufen alles Notwendige bereits gesagt ist (s. die genannte
Literatur), möchte ich mich in diesem Beitrag auf diese „höhere Stufe" beschränken.

2. Das NiGEM-Modell

2.1 Grundausrichtung

Das Modell, das sich neuerdings großer Beliebtheit erfreut und gerne zu Be-
weiszwecken herangezogen wird, ist das NiGEM-Modell des „National Institute of Economic and Social Research (NIESR)" in London. Es handelt sich
dabei um ein sehr umfangreiches „Weltmodell", das nicht nur die einzelnen
Volkswirtschaften detailliert beschreibt, sondern auch die wirtschaftlichen
Beziehungen zwischen ca. 60 Staaten umfasst. Es enthält ca. 3000 Gleichungen (Boss et al. 2004, 40), weshalb nicht leicht nachzuvollziehen ist, was
innerhalb des Modells geschieht.

Barrell und seine Mitarbeiter im NIESR, die dieses Modell entwickelt
haben und/oder betreuen, geben in zwei Texten aus den Jahren 2001 und 2003
viele, aber keine erschöpfenden Hinweise zu seiner Wirkungsweise. Es werden folgende wichtige Informationen gegeben: Bei NiGEM handelt es sich
um ein „rational expectation model with strong New Keynesian influence"
(Barrel et al. 2001, 1). Gemeint sind damit rationalen Erwartungen – genauer
gesagt – modellkonsistente Erwartungen. Die Akteure erwarten auf Dauer die
Ergebnisse des Modells. Deshalb bewegt es sich durch Fehlerkorrekturmecha-
nismen langsam in Richtung seiner langfristigen Gleichgewichtslösung. Barrell et al. (2003, 8) erheben den Anspruch, das Modell sei „firmly grounded
in economic theory". Die Eigenschaften der langfristigen Gleichgewichtslösung des Modells werden ausführlich im Anhang von Barrell et al. (2007)
beschrieben. Zu prüfen bleibt, wie gut diese Theorie die Wirklichkeit erklärt.

In Modellen auf der Grundlage der „New Keynesian Economics" (NKE)
wird die Entwicklung in der kurzen Frist auch durch die Nachfrageaggregate
bestimmt. Dabei sind – wie in Abschnitt 2.3 gezeigt wird – die Bestim-
mungsgleichungen für diese Aggregate so gewählt, dass ein langfristiges ge-

samtwirtschaftliches Gleichgewicht mit der natürlichen oder NAIRU-Arbeits-
losenquote erreicht wird. Bevor die Nachfragekomponenten erläutert werden
können, ist die Angebotsseite des Modells zu betrachten, weil die Investitionen im Modell durch das Zusammenspiel von Angebot- und Nachfrageaspek-
ten erklärt werden und die Angebotsseite (einschließlich Arbeitsmarkt) die
Modellergebnisse dominiert.

2.2 Die Angebotsseite

Zentraler Baustein ist hier eine CES-Produktionsfunktion mit konstanten
Skalenerträgen. Aus ihr werden erstens die Stückkosten abgeleitet sowie die
Preise – durch die Annahme eines Zuschlags auf die Stückkosten. Zweitens
wird aus der CES-Funktion das Grenzprodukt der Arbeit ermittelt. Die Nachfrage nach Arbeit ist dadurch negativ abhängig vom Reallohn. Gewinnmaximierende Unternehmen stellen so lange Arbeitskräfte ein, bis das Grenzprodukt der Arbeit gleich dem Reallohn ist.

Für die Bestimmung des Reallohns und der Beschäftigung greifen Barrell
et al. (2003, 9) auf das Arbeitsmarktmodell von Layard et al. (1991) sowie von
Carlin und Soskice (1990) zurück.

Dieses Modell berücksichtigt, dass in modernen Industriegesellschaften
die (Tarif-)Löhne überwiegend durch kollektive Lohnverhandlungen bestimmt
werden. Es besteht vor allem aus zwei Gleichungen:

a) Die Lohnsetzungskurve gibt an, welchen Reallohn die Arbeitnehmer und
ihre Gewerkschaften bei alternativem Beschäftigungsniveau anstreben.
Diese Kurve hat einen steigenden Verlauf, weil die Machtposition der Arbeitnehmer mit steigendem Beschäftigungsgrad ansteigt.

b) Eine zweite, wegen des abnehmenden Wertgrenzprodukts fallende Kurve
gibt laut Layard et al. (1991, 13) sowohl den Reallohn an, den die Unternehmen mittels ihrer Zuschlags-Preissetzung (markup-pricing) anstreben,
als auch den Reallohn, den sie maximal zu zahlen bereit sind. Obwohl es
sich um eine Kurve für den Reallohn handelt, bezeichnen Layard et al. sie
als Preissetzungskurve. Die Lage beider Kurven hängt von der durchschnittlichen Arbeitsproduktivität ab (s. auch Barrell et al. 2001, 11).

Dieses Modell wird von Franz (1996, 5) als das Referenz-Modell der Arbeitsmarkttheorie bezeichnet und in Abbildung 1 graphisch dargestellt. Franz betont,
dass in diesem Modell die Summe der individuellen Angebotsmengen (AA)
vom Reallohn unabhängig ist. Substitutions- und Einkommenseffekt gleichen

sich aus (Franz 1996, 6).[2] Wie Abbildung 1 verdeutlicht, gibt es in diesem Modell nur einen Beschäftigungsgrad, dort mit A* gekennzeichnet, bei dem die von beiden Seiten angestrebten Reallohnniveaus übereinstimmen. Liegt der tatsächliche Beschäftigungsgrad höher, kommt es zu Inflation, weil die Unternehmen den „zu hohen" Reallohn über steigende Preise wieder herab- drücken, worauf die Arbeitnehmer mit steigenden Nominallohnforderungen reagieren. Im entgegengesetzten Fall (A < A*) fallen die Inflationsraten laut Layard et al. (1991, 14). Offenbar halten sich die Unternehmen mit Preis- erhöhungen zurück, weil die Arbeitnehmer ihre Lohnforderungen zurück- schrauben (müssen). A* stellt mithin die NAIRU dar.

Abbildung 1: Das arbeitsmarkttheoretische Referenz-Modell

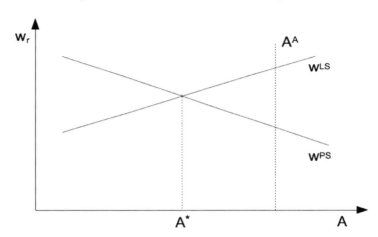

Quelle: Franz (1996, 5).

In Abbildung 1 ist auch zu erkennen, dass die Gleichsetzung des von den Unternehmen angestrebten mit dem maximal tolerierten Reallohn zwar für den Teil der Preissetzungskurve möglich ist, der unterhalb der Lohnsetzungs- kurve verläuft (also rechts von A*), nicht jedoch für den Teil links von A*. Dort streben die Unternehmen an, dass der Reallohn den (bescheidenen) Lohnforderungen der Arbeitnehmer entspricht, der aber weit unterhalb ihrer maximalen Zahlungsbereitschaft liegt. Andernfalls könnte es wohl zu fallen- den Inflationsraten kommen.

[2] Siehe im Detail auch Kromphardt und Schneider (2007).

Zu klären bleibt, welcher Beschäftigungsgrad und welcher Reallohn sich auf dem so modellierten Arbeitsmarkt einstellen wird. Das Referenz-Modell suggeriert, dass sich Reallohn und Beschäftigung aus dem Schnittpunkt der w^{LS}-Kurve und der w^{PS}-Kurve ergeben. Dafür wird die Preissetzungskurve für alternative Beschäftigungsniveaus uminterpretiert in die Nachfragekurve nach Arbeit bei alternativen Reallohnniveaus (Franz 1996, 5) – die Wirkungsrichtung wird also umgedreht. Dies ist auch die Interpretation im NiGEM-Modell. Dort wird die Nachfrage nach Arbeit vom Grenzprodukt der Arbeit bestimmt. Daher ergeben sich der realisierte Reallohn und die Beschäftigung durch den Schnittpunkt von Lohnsetzungskurve und Arbeitsnachfragekurve. Daraus folgt die eindeutige These:

> „If unions become stronger, real wages rise and employment falls." (Barrell et al. 2001, 5)

Das Referenz-Modell lässt jedoch auch eine andere Interpretation zu, wie sie von Carlin und Soskice (1990) vertreten wird: In dieser keynesianischen Interpretation gibt der Schnittpunkt die maximal mögliche Beschäftigung bei den gegebenen Lohn- und Preissetzungsfunktionen an. Die tatsächliche Beschäftigung dagegen wird davon bestimmt, welcher Arbeitseinsatz von den Unternehmen für erforderlich gehalten wird, um Güter in Höhe der erwarteten Nachfrage zu produzieren:

> „In the imperfect competition model, output, y, is fixed by the *demand* for *output*. The level of output in the economy depends on the level of aggregate demand in the IS/LM diagram, and this, via the short-run production function, determines the level of employment." (Carlin/Soskice 1990, 159)

Der für dieses Produktionsvolumen erforderliche Arbeitseinsatz wird jedoch häufig niedriger als der maximal mögliche Arbeitseinsatz sein. Die Abbildung 1 wäre daher um eine vom geplanten Output abhängige Arbeitsnachfragekurve zu ergänzen, die bis zur Höhe von w^{PS} senkrecht links von A* verläuft. Ob in dieser Situation die Inflation zurückgeht, ist offen. Die Erfahrungen mit der langjährigen Lohnmoderation deuten darauf hin, dass die Unternehmen diese Situation gerne ausnutzen, um die Verteilung zu ihren Gunsten zu ändern, indem sie an den Preisen nichts ändern.

Die beschäftigungspolitische Konsequenz aus den beiden Interpretationen ist völlig gegensätzlich: Bei neoklassischen Interpretationen reicht es, für mehr Beschäftigung die Reallöhne zu senken. Bei der keynesianischen Interpretation muss zuvörderst die Güternachfrage gesteigert werden. Der Reallohn kommt dann erst ins Spiel, wenn A* überschritten wird. Beharren dann beide Tarifparteien auf ihren Zielvorstellungen, entsteht Inflation. Wird diese von der Zentralbank durch restriktive Politik bekämpft, wird die Beschäftigung auf A* zurückgedrängt.

2.3 Die Bestimmung der Nachfrageaggregate

Die Änderungen des privaten Konsums hängen im NiGEM-Modell vom laufenden verfügbaren Einkommen, vom Realwert des Finanzvermögens und vom Zinssatz ab. Dabei können die privaten Haushalte sowohl Vergangenheitswerte als auch künftige Werte heranziehen. Im zweiten Fall benutzen die Akteure die Finanzmärkte, um die Zukunft zu bewerten. Dabei handelt es sich aber nicht um die real existierenden Finanzmärkte, sondern um perfekte Finanzmärkte, die keine Finanzkrisen kennen. Andernfalls wäre die Stabilität des Modells sehr gefährdet; denn bei einer heftigen Finanzkrise würden die Konsumausgaben in den Keller sausen.

Die Exporte hängen von der Nachfrageentwicklung in den Zielländern und von der preislichen Wettbewerbsfähigkeit ab. Dasselbe gilt mutatis mutandis für die Importe.

Die Investitionsgüternachfrage steht schließlich im NiGEM an der Schnittstelle von Angebots- und Nachfrageseite. Sie ist als eine Faktornachfragefunktion modelliert; die Investitionen hängen daher von der erwarteten Rendite und vom Zinssatz ab, außerdem von der Kapazitätsauslastung und von der eingesetzten Arbeitsmenge (letztere wird auf dem Arbeitsmarkt!! bestimmt); denn im NiGEM sind Arbeit und Kapital komplementär: Zusätzliche Arbeitskräfte benötigen zusätzliche Arbeitsplätze, freie Kapazitäten gibt es offenbar nicht.

2.4 Wirkungen einer Lohnmoderation

Sinken die Löhne, so steigt ceteris paribus die Beschäftigung und damit nehmen auch die Investitionen zu, weil zusätzliche Arbeitsplätze geschaffen werden müssen.

Barrell et al. (2003, 8) behaupten zwar, die Nachfrage nach Arbeit sei auch eine Funktion des Produktionsvolumens, aber in ihrer „Conclusion" schreiben sie:

> „wage moderation will reduce inflation, increase employment and hence output" (Barrell et al. 2003, 17).

D.h. Beschäftigung und Output stehen im engen Zusammenhang, aber die Wirkungsrichtung ist neoklassisch – der Output wird vom Arbeitsmarkt bestimmt.

3. Die Diskussion in Deutschland

3.1 Die Kieler Studie

Leitende Mitarbeiter des Kieler Instituts für Weltwirtschaft griffen als Erste in Deutschland das NiGEM-Modell auf, um im Rahmen eines Forschungsprojektes u.a. die Probleme der Lohnpolitik zu analysieren. In der daraus resultierenden Studie über „Mehr Wirtschaftswachstum in Europa durch eine Koordination der Wirtschaftspolitik" (Boss et al. 2004) stellen die Autoren das von ihnen für Simulationen verwendete NiGEM-Modell kurz vor. Ihre Darstellung bestätigt meine Darstellung in Abschnitt 2.4; denn sie kommentieren die Arbeitsmarktnachfragefunktion des Modells so:

> „Die gesamtwirtschaftliche Arbeitsmarktnachfrage ist demnach eine negative Funktion des Reallohns und der Rate des arbeitsparenden Fortschritts." (Boss et al. 2004, 43)

Um die Wirkungen einer Lohnmoderation abzuleiten, wird diese für die Modellsimulation als eine Politik der Tarifparteien modelliert, durch die

> „der maximale Stundenlohn (Arbeitsentgelt pro Stunde) über einen Zeitraum von 5 Jahren um einen Prozentpunkt langsamer zunimmt, als es normalerweise der Fall wäre" (Boss et al. 2004, 45).

Damit nicht nur die Nominal-(Tarif-)Löhne zurückbleiben, sondern auch die Reallöhne, wird angenommen, dass die Preise nicht sofort fallen (trotz Zuschlagskalkulation), sondern nur verzögert (vgl. Boss et al. 2004, 45, Abb. 2).

Die Begrenzung der Simulation auf 5 Jahre wird vorgenommen, um auszuschließen, dass durch eine permanente Tariflohnmoderation die Situation der Vollbeschäftigung erreicht wird, bei der die Effektivlöhne sich von den (moderaten) Tariflöhnen entkoppeln würden.

Damit ist klar, dass in den Simulationen der Kieler Studie eine Lohnmoderation die Beschäftigung erhöht. Diese Reaktion der Unternehmen, mehr Arbeitnehmer einzustellen, erfolgt auf dem Arbeitsmarkt unmittelbar: Wie in einer Art Pawlow'schem Reflex stellen die Unternehmen mehr Leute ein, sobald der Reallohn niedriger ausfällt: Sie warten nicht etwa ab, bis sich auf den Gütermärkten eine verstärkte Güternachfrage zeigt, sondern erwarten modellkonsistent, diese werden schon kommen. Woher sie in ihrer Modell-version kommt, schildern Boss et al. (2004, 47) auf Basis der Lag-Strukturen des NiGEM, die man dafür im Detail kennen muss, so:

> „Der primäre Impuls der Lohnmoderation auf das Bruttoinlandsprodukt wirkt im NiGEM zu Beginn dieser Simulation ausschließlich über den Außenbeitrag: Die preisliche Wettbewerbsfähigkeit inländischer Produkte hängt direkt, d.h. ohne Umweg über die Konsumentenpreise, von der Ent-wicklung der Lohnstückkosten im Vergleich zum Ausland ab. Die geringere Zunahme der Löhne führt somit zu einer Verbesserung des Außenbeitrags und zu einem Anstieg des Bruttoinlandsprodukts [...] . Durch den Anstieg des Bruttoinlandsprodukts nimmt die Kapazitätsauslastung zu Beginn der Simulation zu, während sich der geringere Anstieg der Lohnstückkosten erst mit etwas Verzögerung in den Konsumentenpreisen niederschlägt. Die Folge ist, dass die Inflationsrate zu Beginn der Simulation sogar leicht gegen-über dem Basisszenario steigt."

Es ist wenig überzeugend, dass die preisliche Wettbewerbsfähigkeit direkt von den Lohnstückkosten abhängt, obwohl z.b. in der Industrie diese häufig nur ein Fünftel der gesamten Stückkosten ausmachen, sodass der Schluss von den Lohnstückkosten auf die Preise sehr waghalsig ist. Diese Modellspezifi-kation hat vor allem den gewünschten Effekt, dass auf dem Arbeitsmarkt die Reallöhne sinken (wofür die Preise relativ starr sein müssen) und dennoch unverzögert die Exporte steigen. Zur langfristigen Entwicklung erläutern Boss et al. (2004, 49):

> „Der Beschäftigungsaufbau beschleunigt sich aufgrund des Zurückbleibens des Reallohnanstiegs hinter der Basislösung sofort nach Beginn der Politik auf reichliche 0,3 Prozentpunkte gegenüber der Basislösung. Er hält diesen Wert dann bei wieder steigendem Reallohn bis zum Ende der Lohnmodera-tionsperiode. Danach kehren die Zuwächse auf das Niveau der Basislösung zurück. Sie sinken jedoch nicht darunter, d.h. die realisierten Beschäfti-gungsgewinne bleiben erhalten."

Boss et al. (2004, 49) stellen anschließend zufrieden fest:

> Durch die Lohnmoderation werden „dauerhaft etwa 750.000 Arbeitsplätze geschaffen. Allerdings dauert es 7 Jahre, bis das volle Ausmaß der Beschäf-tigungsgewinne erreicht wird".

Bei der hier behandelten Simulation für Deutschland reagiert die Europäische Zentralbank (EZB) nicht auf die Lohnmoderation und rationale Erwartungen werden nur für die Wechselkurse angenommen. In weiteren Simulationen wird angenommen, dass die EZB wegen der zu erwartenden geringeren Preissteigerung ihre Geldpolitik lockert. Das dürfte den expansiven Prozess etwas beschleunigen.

3.2 Die Studie der Deutschen Bundesbank

Einige Jahre später nutzte dann die Deutsche Bundesbank das NiGEM-Modell, um ihre schon lange nicht verhohlene Präferenz für Lohnmoderation empirisch zu untermauern. Diese entspricht nicht nur ihrer Mainstream-Orientierung, sondern erleichtert ihr die Aufgabe, Inflation zu verhindern.

In einem Kapitel ihres Monatsberichts vom Juli 2010 befasst sich die Deutsche Bundesbank (2010) mit der „Problematik makroökonomischer Ungleichgewichte im Euro-Raum" und erläutert:

> „[Diese] manifestieren sich vor allem in hohen Leistungsbilanzdefiziten … in einigen Peripherieländern [… Ursache dafür] sei eine […] zu kräftig expandierende Binnennachfrage sowie eine damit einhergehende verstärkende Lohnentwicklung." (Deutsche Bundesbank 2010, 18)

In Deutschland dagegen habe sich die preisliche Wettbewerbssituation deutlich verbessert, vor allem als „Reflex der moderaten Lohnpolitik" (Deutsche Bundesbank 2010, 25).

Statt aber einzuräumen, dass die Lohnmoderation die Leistungsbilanzungleichgewichte verschärft hat, behauptet sie, die Lohnentwicklung beeinflusse primär die Binnennachfrage, während die Effekte auf die außenwirtschaftlichen Salden quantitativ zweitrangig und ihr Vorzeichen ex ante nicht eindeutig sei (Deutsche Bundesbank 2010, 29). Dies zeigten auch „Simulationen im Rahmen üblicher makroökonomischer Modelle" im Anhang.

Es werden zwei Modelle im Anhang „zu den makroökonomischen Effekten einer Lohnmoderation" präsentiert. Eins davon ist das NiGEM-Modell, auf dessen theoretischen Hintergrund die Bundesbank nicht eingeht. Die knappen Erläuterungen zum Aufbau des Modells liegen im Wesentlichen auf der Linie der bisher behandelten Studien.

So bestätigt die Bundesbank die neoklassische Ausrichtung von NiGEM, indem sie mitteilt, dass eine Reallohnsenkung „in erster Linie die Arbeitsnachfrage der Unternehmen (steigert), sodass die Beschäftigung ausgeweitet wird" (Deutsche Bundesbank 2010, 36). Hervorgehoben wird auch die komplementäre Beziehung zwischen Arbeit und Kapital, mit der Folge, dass im Zuge des Beschäftigungsaufbaus der Kapitalstock der Unternehmen ausgebaut wird, um die neu geschaffenen Arbeitsplätze mit Kapitalanlagen auszustatten (Deutsche Bundesbank 2010, 36). Der mögliche Substitutionseffekt bleibt unerwähnt.

Zu dem erstaunlichen Ergebnis, wonach die Investitionen und in ihrer Folge die gesamte Binnennachfrage stärker steigen als die Ausfuhren, trägt bei, dass die Bundesbank – im Gegensatz zur Kieler Studie – die im NiGEM-Modell unterstellten „vorausschauenden Eigenschaften der Finanzmärkte" beibehält mit der Folge, dass „der Langfristzinssatz unmittelbar deutlich zurückgeht" (Deutsche Bundesbank 2010, 32). Diese durch die Finanzkrise noch fragwürdiger gewordene Annahme teilt die Bundesbank allerdings nur versteckt in einem Kasten zur fiskalischen Konsolidierung mit.

Im Gegensatz zu ihrer einleitenden Feststellung, die Ungleichgewichte in den Leistungsbilanzen hätten mit der unterschiedlichen Lohnentwicklung zu tun, kommt sie im Anhang zu dem Schluss, dass durch Lohnmoderation in Deutschland sich unser Leistungsbilanzsaldo sogar verschlechtern könne.

Im Februar 2013 hat die Deutsche Bundesbank (2013) noch einmal nachgelegt und verdeutlicht, der von vielen geforderte „verstärkte Lohnauftrieb" in Deutschland könne im NiGEM-Modell sogar den deutschen Leistungsbilanzüberschuss noch erhöhen. Diese einseitige Stellungnahme zu einer aktuell umstrittenen wirtschaftspolitischen Frage ist sogar in der Börsenzeitung auf Kritik gestoßen. Dort schreibt Lorz (2013):

> „Gleichwohl hätte es der Bundesbank als nur der Geldwertstabilität verpflichteten Institution, die politisch neutral agieren sollte, gut angestanden, wenn sie ihre Aussage im aktuellen Monatsbericht nicht nur auf eine Modellrechnung gestützt hätte, sondern auch zu anderen Ergebnissen kommende Modelle zumindest vorgestellt hätte. Sie hätte sie miteinander vergleichen, Unterschiede der Herangehensweise herausstellen und in einer abschließenden Wertung dann klar Stellung beziehen können. So aber ist alles auf den erhofften Abschreckungseffekt gezielt, was indes Zweifel an der Glaubwürdigkeit der Darstellung laut werden lässt."

Dieser Kritik kann man nur zustimmen.

3.3 Die Analyse des Sachverständigenrates (SVR)

In seiner „Expertise 2009" verwendet der Sachverständigenrat (2009) erstmals das NiGEM-Modell, um die „Widerstandsfähigkeit Deutschlands" im internationalen Vergleich gegen verschiedene Schocks (Nachfrageeinbruch in den USA, Aufwertung des Euro, Anstieg des Ölpreises, Anstieg der Kapitalkosten) zu ermitteln. In Textziffer 212 (2009, 158) wird das NiGEM-Modell charakterisiert als „ein neu-keynesianisches Simulationsmodell", das für alle Individuen rationale Erwartungen (im Sinne modellkonsistenter Erwartungen – J.K.) unterstellt und in dem nominale Rigiditäten nach dem Eintreten eines Schocks die Rückkehr in das langfristige Gleichgewicht verzögern.

Im Jahresgutachten 2010 nutzt die Mehrheit des Rates dann dieses Modell, um ihre im Kern neoklassischen Positionen zur Wirkungsweise von Lohnerhöhungen auf empirischer Basis zu untermauern. Die Mehrheit skizziert ihr Vorgehen so (SVR 2010, Tz 195):

> „Um die Auswirkung einer Nominallohnerhöhung in Deutschland auf die Nachfrage in den Defizitländern zu untersuchen, wird in NiGEM das Niveau der Nominallöhne in Deutschland für die Dauer von fünf Jahren einmalig um 1 vH gegenüber dem Basisszenario angehoben. Für die EZB wird eine akkomodierende Politik unterstellt. Das heißt, der Leitzins bleibt während der Schockperiode unverändert […]. Zu beachten ist, dass in NiGEM die Entwicklung der Reallöhne von der Arbeitslosigkeit und der Produktivität abhängt. Bei einer gegebenen Arbeitslosenquote steigt der Reallohn langfristig in gleichem Maße wie die Produktivität (Barell et al., 2001). Die Produktivität wird in der Simulation jedoch nicht gegenüber dem Basisszenario verändert. Anhand des hier betrachteten Schocks lassen sich daher die Auswirkungen einer Nominallohnänderung bei gegebenem Produktivitätsfortschritt identifizieren."

Die Wirkung einer Nominallohn- und Reallohnerhöhung auf die deutsche Binnennachfrage ist laut Jahresgutachten 2010 eindeutig negativ (SVR 2010, Tz 207):

> „Da die Preise nur zeitverzögert auf die Anhebung der Nominallöhne reagieren, führen die Lohnerhöhungen zu einem Anstieg des Reallohns, der sich in einem Rückgang der Beschäftigung niederschlägt. In der Simulation sinkt die Anzahl der Beschäftigten um bis zu 237000 Personen. Der Rückgang der Beschäftigung führt zudem dazu, dass die Unternehmen ihren Kapitalstock anpassen, um zu einem für sie optimalen Verhältnis der eingesetzten Produktionsfaktoren Arbeit und Kapital zurückzukehren. Folglich sinken in der Simulation die Investitionen. Durch den Rückgang der Beschäftigung und des Kapitalstocks geht auch das Bruttoinlandsprodukt gegenüber dem Status quo zurück. Das geringere Investitionsniveau bewirkt zudem einen Rückgang der inländischen Nachfrage."

Da in der öffentlichen Diskussion auch gefordert wird, Lohnerhöhungen zu unterstützen, um den deutschen Leistungsbilanzüberschuss zu verringern,

geht die Mehrheit auch auf diese Problematik ein und verwirft diese Forderung; denn der Rückgang des BIP in Deutschland senke auch die hiesigen
Importe. Dieser Einkommenseffekt

> „dominiert den gegenläufigen Preiseffekt, der für einen Rückgang der deut-
> schen Exporte verantwortlich ist. Der Gesamteffekt auf die Leistungsbilanz
> in Deutschland ist daher positiv" (SVR 2010, Tz 207).

Die Mehrheit des SVR will zwar die „Simulationen in quantitativer Hinsicht
nicht überinterpretieren" (SVR 2010, Tz 208), spricht aber anschließend von
einer „durchaus ernstzunehmenden Gefahr von Arbeitsplatzverlusten und einem
damit einhergehenden Rückgang der Summe der inländischen Nachfragekomponenten" und schließt mit folgender Einschätzung (SVR 2010, Tz 209):

> „Selbst bei einer vorsichtigen Interpretation zeigen die Simulationsergeb-
> nisse, dass der Leistungsbilanzüberschuss Deutschlands ohne die Lohn-
> zurückhaltung und die Arbeitsmarktreformen der vergangenen Jahre ver-
> mutlich noch höher ausgefallen wäre."

Gegen diese überraschende und waghalsige, auf die neoklassisch inspirierte
Konstruktion des NiGEM zurückzuführende These wendet sich energisch Peter
Bofinger (Bofinger 2010, Tz 218ff.) in seinem Minderheitsvotum (Bofinger
2010, Tz 219):

> „Dieses Ergebnis ist auf die spezifischen Effekte einer Lohnmoderation im
> Rahmen von NiGEM zurückzuführen, dessen Modelleigenschaften man
> sehr gut anhand von Simulationen der Deutschen Bundesbank nachvollzie-
> hen kann [...]. Bei diesen Simulationen führt eine Lohnsenkung zunächst
> zu einer Ausweitung der Beschäftigung und dann zu einem Ausbau des
> Kapitalstocks [...]. Die Zunahme des realen Exports bleibt hinter der Aus-
> weitung des Bruttoinlandsprodukts und vor allem hinter der Expansion der
> privaten Investitionstätigkeit zurück."

Bofinger verweist an dieser Stelle auf die Schlussfolgerung der Bundesbank
aus ihren Simulationen:

> „Folglich sei der Außenhandel keineswegs der Motor der makroökonomi-
> schen Effekte einer Lohnmoderation, wie oftmals behauptet wird." (Deut-
> sche Bundesbank 2010)

Bofinger konfrontiert die vom Modell postulierten Wirkungen einer Lohnmoderation in Deutschland mit der tatsächlichen Entwicklung und konsta-
tiert: „Die Divergenz zwischen Modell und Realität könnte kaum größer sein"

(Bofinger 2010, Tz 220). Die von ihm im dortigen Schaubild 32 illustrierte Entwicklung lässt sich pointiert so präsentieren:

Tabelle 1: Wirkungen der Lohnmoderation in Deutschland
von 2000 bis 2008

Modell	Entgegengesetzte Realität
Exporte steigen weniger als das BIP	Exporte: ca. +70% / BIP: +20%
Investitionen steigen mehr als das BIP	Investitionen: +14% / BIP: +20%
Beschäftigung steigt stark an	Geleistete Arbeitsstunden: ±0

Gleichzeitig war die expansive Lohnpolitik in den drei Peripheriestaaten Spanien, Irland und Griechenland mit Entwicklungen verbunden, die das NiGEM für Lohnmoderation prognostiziert. So stiegen in Spanien in diesen Jahren mit expansiver Lohnentwicklung die Investitionen am stärksten (> 40%), die Exporte etwas weniger, und die geleisteten Arbeitsstunden erhöhen sich um 20%. Auch in Irland stiegen die Exporte (≈ +45%) und die geleisteten Arbeitsstunden erhöhten sich wie in Spanien um 20%. Die Entwicklung in Griechenland passt ebenfalls nicht zur NiGEM-Analyse.

Offensichtlich liefert das NiGEM falsche Prognosen über die Wirkung von moderater oder expansiver Lohnentwicklung. Das spricht sehr dafür, dass die keynesianische Vorstellung, wonach die Güternachfrage die wirtschaftliche Entwicklung und damit auch die Veränderungen auf dem Arbeitsmarkt bestimmt, besser der Realität entspricht. Gerade in den Boomjahren vor der Finanzkrise trieben die Investitionen (in Spanien vor allem im Wohnungsbau) die Entwicklung voran, um dann anschließend umso heftiger zusammenzubrechen. Erst wenn Vollbeschäftigung erreicht ist, begrenzen die vorhandenen Bestände an Arbeit und Sachkapital das Niveau der Güterproduktion.

4. Schlussfolgerung

Die genauere Betrachtung des NiGEM-Modells zeigt erneut, in welchem geringen Ausmaß die „Neue keynesianische Ökonomie" das Prädikat „keynesianisch" verdient: Wie in der neoklassischen Synthese werden zwar die Kreislauf-Aggregate behandelt, aber sie werden Annahmen unterworfen, die bewirken, dass sie die Entwicklung nicht bestimmen. Stattdessen dominiert der neoklassisch gestaltete Arbeitsmarkt.

Literatur

Barrell, R., Dury, K., Holland, D. (2001): Macro-models and the medium term, The NIESR Experience with NiGEM, National Institute of Economic and Social Research (NIESR) Discussion Paper, London.

Barrell, R., Becker, B., Gottschalk, S. (2003): Wage moderation policy in Germany, NIESR Discussion Paper No. 224, London.

Barrell, R., Holland, D., Hurst, I. (2007): Correcting US Imbalances. Annex. NIESR-Discussion Paper No. 290, London.

Bean, C. (1994): European unemployment: a survey, *Journal of Economic Literature*, 32, 573-619.

Bofinger, P. (2010): Der Einfluss der Lohnentwicklung auf die Ungleichgewichte im Euro-Raum, Minderheitsvotum im Jahresgutachten 2010, Textziffern 219-233, in: *Jahresgutachten 2010/11 des SVR*, Wiesbaden.

Boss, A., Gern, K-J., Meier, C-P., Scheide, J. (2004): *Mehr Wachstum in Europa durch eine Koordination makroökonomischer Politik? Zur Kombination von Geld- und Lohnpolitik sowie zur Steuerharmonisierung in der EU*, Kieler Studien 330. Berlin/Heidelberg: Springer.

Carlin, W., Soskice, D. (1990): *Macroeconomics and the Wage Bargain. A Modern Approach to Employment, Inflation and the Exchange Rate*, Oxford: Oxford University Press.

Deutsche Bundesbank (2010): Zur Problematik makroökonomischer Ungleichgewichte im Euroraum, Monatsbericht Juli, 17-40.

Deutsche Bundesbank (2013): Zu den makroökonomischen Effekten einer Anhebung des Lohnniveaus in NiGEM-Simulationen, Monatsbericht Februar, 9-22.

Franz, W. (1996): Theoretische Ansätze zur Erklärung der Arbeitslosigkeit, Wo stehen wir 1995?, in: B. Gahlen, H. Hesse und H.J. Ramser (Hrsg.), *Arbeitslosigkeit und Möglichkeiten ihrer Überwindung*, Tübingen: Mohr (Paul Siebeck).

Hagemann, H. (1988): Lohnhöhe und Beschäftigung in Keynes'scher Sicht, in: H. Hagemann und O. Steiger (Hrsg.), *Keynes' General Theory nach fünfzig Jahren*, Berlin: Duncker & Humblot.

Kalmbach, P. (1985): Lohnhöhe und Beschäftigung, Ein Evergreen der wirtschaftspolitischen Debatte, *Wirtschaftsdienst*, 65, 370-376.

Keynes, J.M. (1936/2009): *The General Theory of Employment, Interest and Money*, London, 1936. Wieder abgedruckt als Vol. VII der „Collected Writings of John Maynard Keynes" London et al., Deutsch: Allgemeine Theorie der Beschäftigung, des Zinses und des Geldes, 11., korrigierte und überarbeitete Auflage, Berlin, 2009.

Kromphardt, J. (2012): Lohnhöhe und Beschäftigung 75 Jahre nach der „General Theory", in: G. Chaloupek und M. Marterbauer (Hrsg.), *75 Jahre General Theory of Employment, Interest and Money*, Wien: LexisNexis ARD ORAC.

Kromphardt, J., Schneider, S. (2007): Verknüpfung des Arbeitsmarktes mit dem Güter- und Geldmarkt, *WISU – Das Wirtschaftsstudium*, 36, 575-581.

Layard, R., Jackman, R., Nickell, S. (1991): *Unemployment. Macroeconomic Performance and the Labour Market*, Oxford: Oxford University Press.

Lorz, S. (2013): Die Angst vor dem Lohnschock, *Börsenzeitung*, Nr. 34 (19.2.2013), 7.

Pigou, A. (1943): The classical stationary state, *The Economical Journal*, 53, 343-351.

Sachverständigenrat (SVR) (2009): Widerstandsfähigkeit in einem Makrosimulationsmodell, in: *Deutschland in internationalen Konjunkturzusammenhang, Expertise 2009 des Sachverständigenrat*, Wiesbaden: SVR.

Sachverständigenrat (SVR) (2010): Auswirkungen einer expansiven Lohn- und Fiskalpolitik in NiGEM, in: *Jahresgutachten 2010/11 des Sachverständigenrats*, Tz. 195-211, Wiesbaden: SVR.

Ungleichheit als Preis für Vollbeschäftigung?

Einige Anmerkungen zu den intragenerativen Verteilungswirkungen der Staatsverschuldung

Christina Anselmann und Hagen Krämer

1. Einleitung

Mit dem Problem der Arbeitslosigkeit und den daraus abzuleitenden beschäftigungspolitischen Implikationen hat sich Jan Priewe von Anbeginn seiner wissenschaftlichen Karriere immer wieder ausführlich befasst (vgl. z.B. Priewe 1984). Dass in einer Unterbeschäftigungssituation ein fiskal-, geld- und lohnpolitisches Gegensteuern notwendig sein kann, hat John Maynard Keynes' (1936) wirtschaftstheoretische Analyse gezeigt, wonach in marktwirtschaftlich-kapitalistischen Systemen ein inhärentes Gleichgewicht bei Unterbeschäftigung auftreten kann. Daneben sorgte sich Keynes noch um ein weiteres Problem dieser Wirtschaftsordnung. Für ihn waren die

> „hervorstechenden Fehler der Wirtschaftsgesellschaft, in der wir leben, [...] ihr Versagen, für Vollbeschäftigung Vorkehrung zu treffen, und ihre willkürliche und unbillige Verteilung des Reichtums und der Einkommen" (Keynes 1936, 314).

Die beiden Ziele – Vollbeschäftigung sowie eine gleichmäßigere Einkommens- und Vermögensverteilung – hängen auf verschiedene Arten zusammen. Auf der einen Seite können sie sich wechselseitig positiv verstärken. So weist Keynes darauf hin, dass eine gleichmäßigere Verteilung der Einkommen die Konsumneigung erhöhen könne, was die Kapitalakkumulation und damit Wachstum und Beschäftigung positiv beeinflusst (vgl. Keynes 1936, 314). Eine Verringerung der Arbeitslosigkeit wird wiederum die Einkommen vor allem der ärmeren Haushalte erhöhen und damit zu einer gleichmäßigeren

Einkommensverteilung beitragen. Auf der anderen Seite können die beiden Ziele auch im Konflikt miteinander stehen. Dies ist möglich, wenn kreditfinanzierte Staatsausgabenprogramme in einer Unterbeschäftigungssituation zur Erreichung von Vollbeschäftigung aufgelegt werden und die wachsende Staatsverschuldung die Einkommens- und Vermögensverteilung ungleicher macht. Ein solcher Effekt auf die Verteilung könne deshalb entstehen, so wird häufig argumentiert, weil die Käufer von Staatsanleihen in der Regel den wohlhabenderen Schichten angehören und diese durch die Zinseinnahmen einseitig begünstigt werden. Im Unterschied dazu stammten die Steuern, aus denen die Zinsen finanziert werden, auch von den ärmeren Schichten.

Ein solcher möglicher Zielkonflikt zwischen Vollbeschäftigung und Einkommensverteilung trieb bereits die Keynesianer der ersten Generation um, unter ihnen insbesondere Hansen (1941) und Lerner (1948). Die Möglichkeit, dass eine wachsende Ungleichheit der Preis für die Erlangung von Vollbeschäftigung sein kann, ist nach Ansicht von Hansen (1941, 5)

> „the most fundamental objection that can be raised against financing mainly by borrowing".

Hinzu kommt die Problematik, die sich aus der ungleicheren Einkommensverteilung wiederum für das Erreichen des Beschäftigungsziels ergibt, da Bezieher hoher Einkommen eine geringere Konsumneigung aufweisen, wodurch der Multiplikatoreffekt der erhöhten Staatsausgaben abgeschwächt wird (vgl. Hager 2013, 5).

Die Frage, ob eine zunehmende Staatsverschuldung tatsächlich zu einer größeren Ungleichheit in der Einkommens- und Vermögensverteilung führt, wie dies Hansen, Lerner und andere – auch außerhalb des keynesianischen Spektrums befindliche – Ökonomen annehmen, ist nicht leicht zu beantworten. Lange Zeit war die negative Verteilungswirkung der Staatsverschuldung aus folgendem Zusammenhang abgeleitet worden: Da staatliche Wertpapiere normalerweise progressiver verteilt sind als Steuern, kommt es durch Staatsverschuldung zu einer Umverteilung von unten nach oben. Dies ist die These von den „unsozialen Verteilungswirkungen öffentlicher Schulden" (Andel 1969), die Gandenberger (1970, 6) später als *Transferansatz* bezeichnete, weil hier davon ausgegangen wird, dass Einkommen von Steuerzahlern zu Zinsempfängern transferiert werden.

Dieser Beitrag geht der Frage nach, ob und unter welchen Voraussetzungen die Staatsverschuldung die Einkommens- und Vermögensverteilung beeinflusst. Gemeint ist damit nicht die in Politik und Öffentlichkeit vorherrschende Auffassung von der Umverteilung, die die Staatsschuld angeblich *zwischen* den Generationen hervorruft. Es geht vielmehr um die *intra*generativen oder *inter*personellen Verteilungswirkungen – also die Wirkungen auf die personelle Einkommensverteilung innerhalb einer Generation, die sich ergeben, wenn der Staat zur Finanzierung seiner Ausgaben Kredite aufnimmt, auf die er Zinsen zahlen muss.[1]

Wir beginnen im folgenden Abschnitt mit einem kurzen Überblick über einige empirische Studien zu den interpersonellen Verteilungseffekten der Staatsverschuldung in den USA und in Deutschland. Im dritten Abschnitt werden Entstehung und Kritik des Transferansatzes behandelt. Der Beitrag schließt mit einer Einordnung der Ergebnisse sowie einem kurzen Ausblick ab.

2. Verteilungswirkungen der Staatsverschuldung: *Ergebnisse empirischer Studien*

Empirische Untersuchungen zu den Verteilungswirkungen der Staatsverschuldung liegen nur für wenige Länder und ausgewählte Zeitpunkte vor. Im Folgenden beschränken wir uns auf einige uns bekannte Untersuchungen für die USA und Deutschland, die die intragenerativen Verteilungswirkungen auf Basis der im Transferansatz beschriebenen Funktionszusammenhänge analysieren.[2]

2.1 Empirische Studien für die USA

Zu den intragenerativen Verteilungswirkungen der Staatsverschuldung gibt Hager (2013) für die USA einen Überblick über verschiedene, zwischen 1887 und 1991 entstandene empirische Studien. Es ergibt sich ein sehr heterogenes Bild, was neben unterschiedlichen Datenquellen und Methoden auch daran liegt, dass sich die Analysen auf verschiedene Jahre beziehen. Die von Hager (2013) vorgestellten Studien analysieren keine Entwicklung im Zeitverlauf, sondern stellen empirische Ergebnisse eines ausgewählten Jahres dar und können daher nur als jeweilige Momentaufnahme aufgefasst werden.

Bereits Ende des 19. Jahrhunderts motivierte die Frage nach den Verteilungswirkungen der Staatsverschuldung in den USA eine Untersuchung von

---

[1] Zur Vereinfachung wird in den folgenden Betrachtungen davon ausgegangen, dass die staatlichen Wertpapiere vollständig im Besitz inländischer Haushalte sind, also eine ausschließlich interne Verschuldung vorliegt.

[2] Vgl. auch für Österreich Mosslechner (1987) und für Italien Fehr, Ruocco und Wiegard (1999).

Adams (1887). Dieser kommt auf Basis von US-Census-Daten für das Jahr 1880 zu dem Resultat, dass ca. 1,4 Prozent aller privaten Staatsgläubiger jeweils Staatsschuldtitel im Wert von mehr als 50.000 US-Dollar besaßen. Diese 1,4 Prozent der Privatbevölkerung hielten zusammen rund 47,8 Prozent aller privat gehaltenen Staatsschuldtitel (vgl. Adams 1887, 46). Adams stellt somit für das Jahr 1880 eine sehr stark konzentrierte Besitzverteilung von Staatsschuldpapieren fest, allerdings macht er keine Angaben zur Steuerlastverteilung, was eine Anwendung des Transferansatzes nicht zulässt.

Laut einer Studie von Miller (1950) erhielten im Jahr 1945 die Steuerzahler der höchsten Einkommensgruppe (rund 5,3 Prozent aller Steuerzahler) etwa 58,7 Prozent der Zinszahlungen auf Staatsschuldpapiere und zahlten gleichzeitig 50 bis 56 Prozent der Steuern (vgl. Miller 1950, 26 und 134f.). Interpersonelle Verteilungseffekte gemäß dem Transferansatz traten nach dieser Analyse zum damaligen Zeitpunkt zumindest am oberen Einkommensrand nur minimal auf.

Zu anderen Erkenntnissen gelangt Cohen (1951). Für das Jahr 1946 findet er heraus, dass die höchste Einkommensgruppe (monatliches Bruttoeinkommen von mindestens 5.000 US-Dollar) ungefähr 47 bis 55 Prozent der Steuern zahlte, sie aber lediglich 39 Prozent der staatlichen Zinszahlungen erhielt (vgl. Cohen 1951, 271). Nach Cohen verschob die staatliche Verschuldung daher die Einkommensverteilung zuungunsten des oberen Einkommensrandes.

Wieder andere Ergebnisse für die USA liefert die Studie von Michl (1991). Er ermittelt für das einkommensstärkste Prozent der Bevölkerung Anfang der 1980er Jahre Steuerzahlungen in Höhe von 11,2 bis 14,6 Prozent des gesamten Steueraufkommens, jedoch staatliche Zinseinkünfte in Höhe von 22,5 bis 33,3 Prozent aller staatlichen Zinszahlungen (vgl. Michl 1991, 360f.). Für das ganz obere Ende der Einkommensverteilung bestätigt sich unter Zugrundelegung des Transferansatzes eine positive Umverteilungswirkung der Staatsverschuldung. Zusammenfassend betrachtet lässt sich jedoch anhand der ausgewählten US-Studien für die Jahre zwischen 1880 und Anfang der 1980er Jahre auf Basis des Transferansatzes keine generelle Einkommensverteilung von unten nach oben feststellen.

2.2 Eine empirische Studie für Deutschland, 1978

Die wenigen bisher für Deutschland vorgenommenen Untersuchungen zu den Verteilungswirkungen der Staatsverschuldung, hier insbesondere die Studien von Kurz und Rall (1983) sowie von Zwiener (1989), sind bereits einige Jahre alt. Aktuelle Analysen liegen nicht vor. Dies liegt zum einen an einer auch heute noch unbefriedigenden Datenbasis. Zum anderen dürfte es auf die weiter unten dargestellte grundlegende Kritik an der traditionellen methodischen Vorgehensweise, dem Transferansatz, zurückzuführen sein.

Die umfassende Studie von Kurz und Rall (1983) verwendet überwiegend Daten aus der Einkommens- und Verbrauchsstichprobe (EVS) für das Jahr 1978, muss jedoch aufgrund einer nur unzureichenden Datenlage zahlreiche Annahmen treffen. Die Vorgehensweise lässt sich wie folgt skizzieren: Zunächst wird die Verteilung der staatlichen Zinszahlungen auf zehn Einkommensgruppen bestimmt. Dazu wird zuerst die wertmäßige Verteilung der direkt von privaten Haushalten gehaltenen Staatsschuldtitel ermittelt, wobei eine Näherungslösung verwendet wird, die sowohl die Verbreitung von Bundesschatzbriefen als auch die Verteilung des gesamten Wertpapiervermögens berücksichtigt. Per Annahme wird davon ausgegangen, dass diese Näherungslösung auch der Verteilung der staatlichen Zinsen entspricht, die aus direkt bei Privathaushalten platzierten Staatsschuldtiteln stammen.

Im nächsten Schritt bestimmen die Autoren die bei Kreditinstituten platzierten Staatsschuldtitel, da ein Teil der daraus entstehenden Zinserträge (indirekt) ebenfalls an Privathaushalte fließt. Im Jahr 1978 machten die staatlichen Zinszahlungen an Kreditinstitute rund 11 Prozent der gesamten Zinserträge der Kreditinstitute aus. Darauf aufbauend gehen Kurz und Rall annahmegemäß davon aus, dass etwa 11 Prozent der Erträge, der Aufwendungen und des Gewinns der Banken der staatlichen Verschuldung zuzurechnen sind (vgl. Kurz/Rall 1983, 51). Mit Hilfe dieses Schlüssels ermitteln sie, dass etwa ein Drittel (8 Milliarden DM) der von den öffentlichen Haushalten an die Kreditinstitute gezahlten Zinsen den Privathaushalten in Form von Zinsen und Gewinnanteilen zukommt. Die Verwendung der übrigen zwei Drittel (16 Milliarden DM) lässt sich hingegen nicht weiterverfolgen.

Sie nehmen zudem an, dass jene 8 Milliarden DM staatliche Zinszahlungen, die über Kreditinstitute an die Privathaushalte fließen, genauso auf die Einkommensgruppen verteilt sind wie die Zinszahlungen, die aus den direkt bei privaten Haushalten platzierten Staatsanleihen stammen. In Tabelle 1 werden die Zinserträge auf direkt von Privathaushalten gehaltene Staatsschuldtitel und die Zinserträge, die den privaten Haushalten über die Kreditinstitute zufließen (8 Milliarden DM), als *Staatliche Zinszahlungen I* zusammengefasst. Für die übrigen 16 Milliarden DM wird angenommen, dass sie wie die Bruttoeinkommen verteilt sind (*Staatliche Zinszahlungen II*). Zur Bestimmung der gesamten staatlichen Zinszahlungen werden die *Staatlichen Zinszahlungen I* mit einem Gewicht von einem Drittel, die *Staatlichen Zinszahlungen II* mit einem Gewicht von zwei Dritteln verrechnet.

Tabelle 1: Verteilung der staatlichen Zinszahlungen und der Steuerbelastung
der privaten Haushalte in Deutschland, 1978

Monatliches Haushaltsnetto-einkommen (DM)	Haushalte (%)	Staatliche Zins-zahlungen I (%)	Staatliche Zins-zahlungen II (%)	Staatliche Zins-zahlungen insg. (I + II) (%)	Direkte Steuer-zahlungen (%)	Indirekte Steuer-zahlungen (%)	Steuerzahlungen insgesamt (%)	Differenz Zins-zahlungen insg. ./. Steuerzahlungen insg. (%-Punkte)
< 800	5,2	2,0	1,0	1,3	0,2	1,5	0,9	0,4
800-1.200	9,8	7,0	4,0	5,0	0,7	4,1	2,4	2,6
1.200-1.600	10,3	11,0	4,6	6,7	1,4	5,9	3,7	3,0
1.600-2.000	11,3	11,0	6,9	8,3	3,9	8,2	6,1	2,2
2.000-2.500	13,8	15,0	11,0	12,3	8,0	12,2	10,1	2,2
2.500-3.000	12,8	13,0	12,8	12,9	11,0	13,6	12,3	0,6
3.000-4.000	19,3	22,0	24,7	23,8	24,8	24,5	24,7	-0,9
4.000-5.000	9,5	9,0	15,6	13,4	17,9	14,6	16,3	-2,9
5.000-10.000	7,3	8,0	17,2	14,1	25,4	13,9	19,7	-5,6
10.000-20.000	0,6	2,0	3,1	2,7	6,9	1,4	4,2	-1,5
Summe (%) (Ab-weichungen von 100% aufgrund von Rundungen)	99,9	100,0	100,9	100,5	100,2	99,9	100,4	

Quelle: Kurz und Rall (1983, 64). Die Tabelle 12 wird hier leicht abgeändert wiedergegeben.

Neben der Verteilung der staatlichen Zinszahlungen sind auch Angaben zur Steuerlastverteilung notwendig. Die Verteilung der direkten Steuerzahlungen wird hier mit derjenigen der Einkommen- und Vermögenssteuerzahlungen gleichgesetzt, die Verteilung der indirekten Steuerzahlungen wird durch die Verteilung der Konsumausgaben angenähert. Beide Steuerarten erhalten ein Gewicht von jeweils 50 Prozent.

Die Ergebnisse in Tabelle 1 zeigen, dass die unteren Einkommensgruppen im Jahr 1978 anteilsmäßig weniger Steuern zahlten, als sie staatliche Zinszahlungen empfingen. Ab einem monatlichen Haushaltsnettoeinkommen von 3.000 DM kehrt sich dies hingegen um: Die vier einkommensstärksten Gruppen waren anteilsmäßig stärker an den Steuerzahlungen beteiligt, als sie staatliche Zinseinkommen bezogen.[3] Die Steuerlast war damit relativ stärker

---

[3] Monatliche Haushaltsnettoeinkommen konnten nur bis zu einer Höhe von 20.000 DM einbezogen werden, da die EVS höhere Einkommen nicht berücksichtigt.

bei den oberen Einkommensschichten konzentriert als die staatlichen Zinszahlungen, während die unteren Einkommensgruppen relativ mehr von den
staatlichen Zinszahlungen profitierten, als sie mit Steuern belastet wurden.
Die Studie von Kurz und Rall (1983) kann die negative Verteilungswirkung der Staatsverschuldung auf Basis des Transferansatzes für Deutschland
im Jahr 1978 nicht bestätigen – die Ergebnisse weisen eher in die entgegen-
gesetzte Richtung. Jedoch ist die Staatsverschuldung seit 1978 kräftig angestiegen und das Steuersystem wurde an vielen Stellen verändert. Daher wird
im folgenden Abschnitt untersucht, wie die Ergebnisse 30 Jahre später ausfallen.

2.3 Eine empirische Untersuchung für Deutschland, 2008

Im Folgenden wird eine eigene empirische Analyse des Transferansatzes für
Deutschland für das Jahr 2008 präsentiert, deren methodische Vorgehensweise sich eng an Kurz und Rall (1983) orientiert. Zunächst wird die Verteilung der staatlichen Zinszahlungen bestimmt. Private Haushalte erhalten diese
aus zwei Quellen: Zum einen direkt, aus den selbst gehaltenen Staatsanleihen, zum anderen indirekt, nämlich durch Kreditinstitute, die Bankeinlagen
der privaten Haushalte in Staatsanleihen investieren. Die Verteilung dieser
Zinszahlungen wird analog zur Verteilung des gesamten Wertpapiervermögens angenommen und mit *Staatliche Zinszahlungen I* bezeichnet. Zum
anderen sind die staatlichen Zinszahlungen zu berücksichtigen, die den Kreditinstituten zufließen, deren Verwendung jedoch nicht weiterverfolgt werden
kann. Ihre Verteilung wird analog zur Verteilung der Bruttoeinkommen bestimmt (*Staatliche Zinszahlungen II*). Die *Staatlichen Zinszahlungen I* werden mit einem Gewicht von 10 Prozent, die *Staatlichen Zinszahlungen II* mit
einem Gewicht von 90 Prozent zu den gesamten staatlichen Zinszahlungen
addiert.

Zur Bestimmung der Steuerlastverteilung sind die direkten und indirekten
Steuerzahlungen zu ermitteln. Die direkten Steuern bestehen aus Einkommensteuer, Kirchensteuer und Solidaritätszuschlag. Die Verteilung der indirekten Steuerzahlungen wird aus der Verteilung der Konsumausgaben abgeleitet. Zur Bestimmung der gesamten Steuerlastverteilung werden die direkten
Steuerzahlungen mit 52 Prozent gewichtet, die indirekten Steuerzahlungen
mit 48 Prozent (vgl. Bundesministerium der Finanzen 2011, 63).

Wie Tabelle 2 zu entnehmen ist, waren die unteren Einkommensgruppen
mit einem monatlichen Nettoeinkommen zwischen weniger als 900 und
5.000 Euro 2008 geringfügig stärker an den Steuerzahlungen beteiligt, als sie

staatliche Zinszahlungen erhielten. Lediglich die höchste Einkommensgruppe bezog anteilsmäßig mehr staatliche Zinszahlungen als sie selbst zum Steueraufkommen beitrug. Für das Jahr 2008 lässt sich anhand dieser Berechnungen eine nicht weiter ins Gewicht fallende Einkommensverteilung von unten nach oben gemäß dem Transferansatz feststellen.

Ein Vergleich mit den Ergebnissen für 1978 zeigt, dass sich die Umverteilungswirkungen zugunsten der obersten Einkommensgruppe verschoben haben. Es muss jedoch deutlich darauf hingewiesen werden, dass sowohl die Berechnungen von Kurz und Rall (1983) als auch die aktuelle Analyse auf zahlreichen, hinterfragbaren Annahmen beruhen. Die Ergebnisse dürfen daher nur mit großem Vorbehalt interpretiert werden.

Tabelle 2: Verteilung der staatlichen Zinszahlungen und
der Steuerbelastung der privaten Haushalte in Deutschland, 2008

Monatliches Haushaltsnetto-einkommen (Euro)	Haushalte (%)	Staatliche Zinszahlungen I (%)	Staatliche Zinszahlungen II (%)	Staatliche Zinszahlungen insg. (I + II) (%)	Direkte Steuerzahlungen (%)	Indirekte Steuerzahlungen (%)	Steuerzahlungen insgesamt (%)	Differenz Zinszahlungen insg. ./. Steuerzahlungen insg. (%-Punkte)
< 900	8,7	2,4	1,8	2,0	0,3	3,3	2,8	-0,8
900-1.300	11,5	4,8	3,9	4,2	1,1	5,7	4,9	-0,7
1.300-1.500	5,8	3,6	2,6	2,9	1,4	3,4	3,1	-0,2
1.500-2.000	14,7	10,5	8,7	9,2	5,9	10,5	9,7	-0,5
2.000-2.600	14,4	13,0	11,1	11,6	7,9	12,9	12,0	-0,4
2.600-3.600	17,3	18,5	18,1	18,2	14,7	19,1	18,4	-0,2
3.600-5.000	14,6	18,1	21,6	20,5	22,7	20,2	20,7	-0,2
5.000-18.000	13,1	29,0	32,3	31,3	46,0	24,8	28,4	2,9
Summe (%) (Abweichungen von 100% aufgrund von Rundungen)	100,1	99,9	100,1	99,9	100,0	99,9	100,0	

Quelle: Statistisches Bundesamt (2010a, 41ff.); Statistisches Bundesamt (2010b, 34f.). Eigene Berechnungen.

3. Der Transferansatz: Entstehung und Kritik

Die beschriebene Vorgehensweise bei der Untersuchung der personellen Verteilungswirkungen auf Basis des vergleichsweise einfach konstruierten Transferansatzes verdeutlicht die Schwierigkeiten, die eine empirische Analyse dieses Zusammenhangs allein aufgrund der dürftigen Datengrundlage hat. Hinzu kommt, dass der Transferansatz nur einen einzigen Wirkungsmechanismus betrachtet, über den sich die Verteilungseffekte der Staatsverschuldung entfalten können. Gleichwohl war der Transferansatz über einen langen Zeitraum die dominierende Analysemethode, mit der man die Verteilungseffekte der staatlichen Kreditaufnahme analysierte. Erst später wurde er aufgrund seiner logischen Mängel infrage gestellt.

3.1 Die historischen Wurzeln des Transferansatzes

Die intragenerativen Verteilungswirkungen öffentlicher Verschuldung werden bereits in der finanzwissenschaftlichen Literatur des 18. und 19. Jahrhunderts behandelt. Fast ausnahmslos nimmt man dort wie in den späteren Jahren eine Sichtweise ein, wie sie auch später im sogenannten Transferansatz zum Ausdruck kommt. So erwähnt beispielsweise bereits Melon (1734, 296), dass „[l]es Dettes d'un Etat sont des Dettes de la main droite à la main gauche […]". Er unterstellt demnach, dass die Staatsverschuldung einen Umverteilungsvorgang zwischen verschiedenen sozialen Gruppen einer Generation bewirkt. Bezugnehmend auf Melon weist Say (1821, 412) darauf hin, dass staatliche Zinszahlungen finanziert werden müssen

> „with a portion of the revenue arising from some other source, which […] [the government] must transfer from the tax-payer to the public creditor for the purpose."

Say fährt fort:

> „[The revenue] must be taken in some form of taxation or other by the government, for the sake of providing the payment of interest to its creditors. The lender loses no part of revenue: the only loser is the payer of taxes."

Ähnlich erwähnt Baumstark (1833, 385), dass sich im Zuge der Staatsverschuldung

> „das Vermögen aus den Händen der mittleren und unteren Classe immer mehr in jene der Reichsten hinüberspielt, und im nämlichen, wenn nicht

größeren Verhältnisse die Armuth in jenen beiden zunimmt, in welchem der Reichthum sich bei diesen anhäuft."

Im 20. Jahrhundert wurde bis etwa Ende der 1960er Jahre weiterhin überwiegend die Sichtweise vertreten, dass Staatsverschuldung über staatliche Zinszahlungen und die zu ihrer Finanzierung verwendeten Steuereinnahmen direkte Umverteilungsvorgänge innerhalb einer Generation auslöst.[4] In einem Gutachten aus dem Jahr 1968 geht auch der Wissenschaftliche Beirat beim Bundeswirtschaftsministerium auf mögliche Verteilungseffekte öffentlicher Verschuldung zwischen verschiedenen Einkommensschichten ein. Demnach sind die Verteilungswirkungen der Staatsverschuldung

> „sozial ungünstig [...], wenn die Anleihen überwiegend von einkommensstärkeren Schichten gezeichnet und gehalten, die für den Schuldendienst erforderlichen Steuern hingegen von der Gesamtbevölkerung getragen werden." (Wissenschaftlicher Beirat beim Bundeswirtschaftsministerium 1968, 11).

Der Transferansatz wurde in Deutschland bis Ende der 1960er Jahre in der einschlägigen Literatur überwiegend vertreten. Erst Andel (1969) und Gandenberger (1970) unterzogen die theoretischen Überlegungen des Transferansatzes einer grundlegenden Kritik, die seither – zumindest in Deutschland – die Debatte um mögliche intragenerative Verteilungswirkungen der öffentlichen Verschuldung dominiert.

3.2 Steuer-Kredit-Differentialwirkungen der Staatsschuld (Andel 1969)

Andels (1969) grundlegende Überlegung basiert darauf, dass eine Verteilungsanalyse der Staatsschulden sowohl den Zeitpunkt der Schuldenaufnahme als auch den Zeitraum der Verschuldung umfassen muss. Er kritisiert, dass beim Transferansatz nur ein einziger, willkürlich herausgegriffener Teil des staatlichen Verschuldungsprozesses auf seine Verteilungswirkungen hin untersucht wird und diese dann als *die* Verteilungswirkungen schlechthin bezeichnet werden (vgl. Andel 1969, 72; Kurz/Rall 1983, 8). Andel bezweifelt zwar nicht, dass die Staatsverschuldung Verteilungswirkungen hat, er kritisiert jedoch die ausschließliche Beschränkung der Analyse auf die Phase des Schuldenstandes. Er fordert, dass auch der Zeitpunkt der staatlichen Schuldenauf-

---

[4] Gandenberger (1970, 6ff.) gibt dazu einen recht ausführlichen theoriegeschichtlichen Literaturüberblick.

nahme mitberücksichtigt werden muss. Um die Verteilungswirkungen der Staatsverschuldung beurteilen zu können, muss eine Vergleichsbasis herangezogen werden. Wird davon ausgegangen, dass die öffentlichen Haushalte vor der Entscheidung stehen, zusätzliche Staatsausgaben zu tätigen oder nicht, so hat der Staat zum Zeitpunkt einer möglichen Schuldenaufnahme stets drei Handlungsalternativen: Zur Finanzierung zusätzlicher Staatsausgaben kann er sich netto neu verschulden oder die Steuern erhöhen. Eine dritte Möglichkeit besteht darin, die Staatsausgaben nicht zu erhöhen. Andel zufolge kann eine Aussage über die Verteilungswirkungen der Staatsverschuldung nur getroffen werden, wenn diesen die Verteilungswirkungen der beiden Alternativen *Steuererhöhung* oder *Nicht-Tätigung der entsprechenden Staatsausgaben* gegenübergestellt werden. Notwendig sei also eine Inzidenzanalyse, das heißt, es müssen die Verteilungswirkungen der verschiedenen staatlichen Handlungsoptionen zum Zeitpunkt einer möglichen Schuldenaufnahme verglichen werden (vgl. Andel 1969, 72).

Andel fordert die Anwendung der Differentialinzidenzanalyse, bei der davon ausgegangen wird, dass der Staat zusätzliche Ausgaben tätigt und diese Ausgaben entweder durch staatliche Nettokreditaufnahme oder durch Steuererhöhungen finanziert werden. Die Differentialinzidenzanalyse vergleicht dann die Verteilungswirkungen einer staatlichen Nettokreditaufnahme mit den Verteilungswirkungen einer Steuererhöhung. Notwendig ist also die Analyse einer Steuer-Kredit-Differentialwirkung auf die Einkommensverteilung (vgl. Dieckheuer 1979, 3). Die korrekte Frage nach den Verteilungswirkungen der Staatsverschuldung müsste daher wie folgt lauten: Wie ist die Verteilung der sogenannten *Alternativsteuer* (das ist die Steuer, die erhoben werden müsste, wenn der Staat sich zur Finanzierung zusätzlicher Ausgaben nicht verschulden würde) im Vergleich zur sogenannten *Zinssteuer* (das ist die Steuer, die im Falle einer staatlichen Nettokreditaufnahme später zur Finanzierung des staatlichen Zinsendienstes erhoben werden muss) (vgl. Andel 1969, 72f.; Kurz/Rall 1983, 10)?

Andel erwähnt, dass es auf diese Fragestellung keine allgemeingültige Antwort geben kann, da es zahlreiche Kombinationen von Alternativ- und Zinssteuern gibt, deren Verteilungswirkungen sich je nach Einzelfall unterscheiden. Die Schwierigkeiten einer empirischen Analyse auf Grundlage dieses Ansatzes bestehen insbesondere darin, dass in der Praxis kaum bestimmt werden kann, welche Steuer im Falle einer staatlichen Nettokreditaufnahme im Zeitpunkt der Schuldenaufnahme nicht erhöht wird (Alternativsteuer) und welche Steuer später in der Phase des Schuldenstandes angehoben wird (Zinssteuer) (vgl. ebd.).

3.3 Verteilungs- versus Umverteilungswirkungen der Staatsschuld (Gandenberger 1970)

Ähnlich wie die Argumentation von Andel (1969) stützt sich auch die Kritik von Gandenberger (1970) am Transferansatz auf die Forderung nach einer Differentialinzidenzanalyse. Gandenberger stellt in seiner Kritik jedoch vor allem darauf ab, dass die Verteilungswirkungen der staatlichen Verschuldung wesentlich durch den Einfluss bestimmt werden, den die Kreditaufnahme des Staates auf die Höhe des Zinsniveaus hat.[5] Er kritisiert am Transferansatz vor allem die irrtümliche Vorstellung, dass staatliche Zinszahlungen die eigentliche Ursache für die Entstehung von Zinseinkommen der Staatsgläubiger sind und diese daher ohne Staatsverschuldung keinerlei Zinseinkünfte hätten. Nach Gandenberger ist die Erzielung von Zinseinkommen jedoch unabhängig von der Staatsverschuldung zu sehen, da Zinseinkommen bei den Besitzern von Staatsanleihen deshalb entstünden, weil sie zum Zeitpunkt des Erwerbs von Staatsanleihen über Kapital verfügten. Es sei unerheblich, dass dieses Kapital in Staatsschuldtiteln angelegt wurde, denn ein Zinseinkommen wäre bei den Staatsgläubigern auch dann entstanden, wenn sich die öffentlichen Haushalte nicht verschuldet hätten. Da neben Staatsanleihen auch zinsbringende Anlagealternativen existieren, sei die Verteilung staatlicher Schuldtitel auf die Bevölkerung irrelevant (vgl. Gandenberger 1970, 9). Eine empirische Erhebung über ihre Verteilung würde damit nichts zur Klärung der Verteilungswirkungen beitragen können. Zudem bildeten die Staatsgläubiger nur eine relativ kleine Gruppe unter allen Kapitalanbietern einer Volkswirtschaft. Er vermutet daher, dass eine ausschließliche Berücksichtigung der staatlichen Zinszahlungen bei der Analyse der Verteilungswirkungen der Staatsverschuldung Ergebnisse „unterhalb der wirtschaftspolitischen Relevanzschwelle" hervorbringen würde (Gandenberger 1970, 15). Eine ausschließliche Fokussierung auf die öffentliche Verschuldung und den staatlichen Zinsendienst sei demnach zur Analyse der Verteilungswirkungen der Staatsverschuldung nicht angebracht.

Gandenberger räumt zwar ein, dass die Staatsverschuldung auch Verteilungswirkungen hat, diese vollziehen sich jedoch bei Annahme von Vollbeschäftigung und Preisniveaustabilität seiner Ansicht nach ausschließlich über Änderungen des allgemeinen Zinsniveaus. In diesem Fall führt eine vermehrte Kreditnachfrage des Staates zu Zinsniveausteigerungen, die die Einkom-

---

[5] Gandenberger (1970, 3) geht zur Verdeutlichung seines Hauptarguments vereinfachend davon aus, dass sowohl die Alternativsteuer als auch die Zinssteuer jeweils Proportionalsteuern sind und daher von diesen selbst keine Verteilungswirkungen ausgehen.

mensverteilung zugunsten *aller* Rentiers einer Volkswirtschaft verändern. Relevant ist demnach die (Geld-)Vermögensverteilung insgesamt und nicht ausschließlich die Verteilung der Staatsschuldtitel auf die Bevölkerung (vgl. Gandenberger 1970, 10). Die Verteilungswirkungen der Staatsverschuldung betreffen daher zunächst die funktionale und nicht die personelle Einkommensverteilung (vgl. Gandenberger 1970, 15; Zwiener 1989, 90f.). Nur auf indirektem Wege, über die Veränderung der funktionalen Verteilungsquoten, kann die staatliche Kreditaufnahme im Vergleich zur Steuerfinanzierung gegebener Staatsausgaben die Einkommens- und Vermögenskonzentration verschärfen.[6] Gandenberger hält das vom Transferansatz postulierte Ergebnis für grundsätzlich möglich, demzufolge die öffentliche Nettoneuverschuldung in der Regel zu einer ungleicheren Einkommensverteilung führt. Die eigentliche Ursache dieser Veränderung ergibt sich jedoch im Fall von Vollbeschäftigung und Preisniveaustabilität ausschließlich über die Auswirkungen auf das Zinsniveau (vgl. Gandenberger 1970, 9f.). Man hat es daher mit den Effekten der originären Einkommensentstehung und -verteilung zu tun und nicht mit einer Umverteilung von Einkommen, wie sie im Transferansatz implizit unterstellt wird.

3.4 Gilt der Transferansatz in der Rezession?

Die Kritiken Andels und Gandenbergers haben die Diskussion um die intragenerativen Verteilungswirkungen der Staatsverschuldung stark beeinflusst.[7] Dennoch gibt es auch zu ihren Überlegungen Einwände bzw. Ergänzungen verschiedener Autoren. So behauptete Henke (1978), dass bei Aufhebung der Prämissen Vollbeschäftigung und Preisniveaustabilität doch die Gültigkeit des Transferansatzes nachgewiesen werden könne. Henke stimmt den Überlegungen Gandenbergers zu, dass es prinzipiell notwendig ist, eine Differentialinzidenzanalyse durchzuführen, gibt aber zu bedenken, dass in einer Situation der Unterbeschäftigung die Alternative *Steuererhöhung* zur Finanzierung zusätzlicher Staatsausgaben kaum in Betracht gezogen werden kann. Müssen

---

[6] Vgl. auch Dieckheuer (1979). Auch in den neoklassischen Overlapping-Generations-Modellen werden die personellen Verteilungswirkungen der Staatsverschuldung über den Umweg über die funktionale Verteilung analysiert. Vgl. Fehr, Ruocco und Wiegard (1999) sowie allgemein dazu SVR (2007, 37ff.).

[7] Das gilt zumindest für die Diskussion im deutschsprachigen Raum. In der angelsächsischen Literatur wird auf die diesbezüglichen Debattenbeiträge der beiden deutschen Finanzwissenschaftler offenbar kein Bezug genommen.

in einer Rezession zusätzliche Staatsausgaben finanziert werden, so kann dies aus konjunkturpolitischen Gründen nur durch öffentliche Nettokreditaufnahme geschehen (antizyklische Fiskalpolitik). Eine Differentialinzidenzanalyse, die die Verteilungswirkungen der staatlichen Handlungsoptionen *Steuererhöhung* und *öffentliche Nettokreditaufnahme* gegenüberstellt, ist damit nach Henke in einer Rezession nicht relevant (vgl. Henke 1978, 441 f.). Er betrachtet damit ausschließlich die Verteilungswirkungen einer staatlichen Nettokreditaufnahme und kommt zu folgendem Schluss: Tritt der Staat in einer Phase der Unterbeschäftigung als zusätzlicher Kreditnachfrager auf, so entstehen bei den entsprechenden Staatsgläubigern Zinseinkommen, die ihnen bei Ausbleiben einer zusätzlichen Verschuldung der öffentlichen Haushalte nicht beziehungsweise nur in geringerem Umfang zugeflossen wären. Werden die Staatsanleihen nun insbesondere von Hocheinkommensbeziehern gehalten und sind die zur Finanzierung der staatlichen Zinszahlungen notwendigen Steuereinnahmen vergleichsweise regressiv, so kommt es zu einer Einkommensverteilung vom unteren zum oberen Einkommensrand (vgl. Henke 1978, 441 f.).

Kurz (1984) merkt hierzu jedoch zu Recht an, dass in den Ausführungen von Henke eine adäquate Vergleichsbasis im Sinne von Andel (1969) fehlt. Analog zu Gandenberger (1970) bezieht sich Henke (1978) bei seinen theoretischen Überlegungen zunächst auf die Differentialinzidenzanalyse, gleichzeitig verweist er jedoch darauf, dass die Alternative *Steuererhöhung* zur Finanzierung gegebener (zusätzlicher) Staatsausgaben in einer Phase der Unterbeschäftigung keine realistische Option darstellt. Die Vergleichsbasis entfällt damit bei Henke. Kurz verweist nun allerdings darauf, dass in einer Situation der Unterbeschäftigung eine realistische Alternative zur Kreditfinanzierung zusätzlicher Staatsausgaben die *Nicht-Erhöhung der Staatsausgaben* ist. Dies erfordert jedoch eine Budgetinzidenzanalyse, in deren Rahmen die Verteilungswirkungen einer kreditfinanzierten Staatsausgabenerhöhung den Verteilungswirkungen einer ausbleibenden Erhöhung der Staatsausgaben gegenübergestellt werden können (vgl. Kurz 1984, 222).

Weiter kritisiert Kurz, dass Henke in seinen Überlegungen keine Beschäftigungs- und Preiseffekte berücksichtigt. Kurz (1984, 222) kommt schließlich zu dem Ergebnis, dass es bislang

„keine theoretisch fundierten Aussagen über die Verteilungswirkungen der Staatsverschuldung für den […] Fall der Unterbeschäftigung (mit Inflation) [gibt]".

Diese Auffassung vertreten auch andere Autoren. So geht Andel (1976, 19) davon aus, dass von der Staatsverschuldung zahlreiche intragenerative Ver teilungswirkungen ausgehen, er erwähnt jedoch gleichzeitig, dass der Kenntnisstand zu dieser Thematik sehr begrenzt ist. Ebenso schreibt Cassel (1979/ 1980, 275), dass es keine theoretisch oder empirisch gesicherten Erkenntnisse zu den Auswirkungen der öffentlichen Verschuldung auf die personelle Einkommensverteilung gibt. Eine eindeutige, ausreichend fundierte Aussage zu den intragenerativen Verteilungseffekten der Staatsverschuldung kann damit nicht getroffen werden (vgl. Gandenberger 1981, 41).

Um zu möglichst allgemeingültigen Ergebnissen bezüglich der Verteilungswirkungen öffentlicher Verschuldung zu gelangen, wird überwiegend vorgeschlagen, nicht ausschließlich die Zinseinkommen der Staatsgläubiger zu betrachten, sondern die Thematik mit einem geeigneten ökonometrischen Modell und vor allem in einem gesamtwirtschaftlichen Rahmen zu analysieren, in dem insbesondere Veränderungen des Zinsniveaus, der Beschäftigung und des Preisniveaus berücksichtigt werden.[8]

4. Schlussbetrachtungen

Welche Aussagen zu den intragenerativen Verteilungswirkungen der Staatsverschuldung können zusammenfassend festgehalten werden? Der Transferansatz, der inner- und außerhalb Deutschlands über einen sehr langen Zeitraum den theoretischen Rahmen zur Analyse möglicher Verteilungseffekte staatlicher Verschuldung bildete, wurde von Andel (1969) und Gandenberger (1970) zu Recht kritisiert. Der Transferansatz basiert auf einer partial-analytischen Betrachtung und ist daher schlichtweg nicht in der Lage, die von der Staatsverschuldung ausgehenden intragenerativen Einkommensverteilungseffekte in ihrer Gesamtheit zu erfassen. Anders ausgedrückt: Auf die Frage nach den Verteilungswirkungen staatlicher Verschuldung kann der Transferansatz keine generelle Antwort liefern, da er zu viele Einflussfaktoren unberücksichtigt lässt. Oberhauser (2008, 372) bringt die Problematik auf den Punkt, wenn er feststellt:

> „Die effektiven Verteilungswirkungen ergeben sich […] nicht aus den Zahlungsströmen, d.h. aus der formalen Inzidenz. Es ist vielmehr zu berücksichtigen, wie die Steuerzahler und die Empfänger der Zinszahlungen in ihrem Konsum- und Sparverhalten reagieren.“

---

[8] Vgl. hierzu Andel (1969, 77), Gandenberger (1970, 15f.), Kurz (1984, 230f.), Kurz und Rall (1983, 22f.; 1984, 331ff.), Dieckheuer (1979, 2ff.) und Zwiener (1989).

Hinzu kommen noch die vielfältigen Einflüsse, die über Beschäftigungs- und Preiseffekte auf die Schaffung von Lohn- und Kapitaleinkommen und deren Verteilung ausgehen. Dies bedeutet andererseits nicht, dass es die aus dem Transferansatz abgeleiteten Verteilungsänderungen nicht gibt bzw. nicht geben kann.[9] Sie dürfen nur nicht als *die* intragenerativen Verteilungswirkungen der Staatsverschuldung missinterpretiert werden. Um die intragenerativen Einkommensverteilungseffekte staatlicher Nettoneuverschuldung adäquat erfassen zu können, sind letztendlich komplexere Modelle als der Transferansatz notwendig. Solche sollten über einen nach Einkommensgruppen differenzierten Haushaltssektor verfügen und auch die Finanzmärkte mit einbeziehen.

Eine Ursache für die häufige Fehlinterpretation der intragenerativen Verteilungseffekte staatlicher Verschuldung mag darin zu finden sein, dass oft nicht eindeutig zwischen der Primär- und Sekundäreinkommensverteilung sowie zwischen unmittelbaren und mittelbaren Effekten unterschieden wird. Im einfachen Grundmodell des Transferansatzes werden lediglich die Einflussfaktoren *Steuern* und *staatliche Zinserträge* berücksichtigt, während zahlreiche indirekte Effekte, die von einer staatlichen Nettoneuverschuldung auf die Einkommensverteilung ausgehen, ausgeklammert bleiben. Dies betrifft beispielsweise Beschäftigungseffekte oder Auswirkungen auf Preise und Zinsen.

Hinsichtlich der eingangs aufgeworfenen Frage, ob zunehmende Ungleichheit der Preis für eine kreditfinanzierte, erfolgreiche Beschäftigungspolitik ist, muss abschließend eingestanden werden, dass sie in diesem Rahmen nicht beantwortet werden konnte. Wenngleich diese Möglichkeit nicht prinzipiell ausgeschlossen werden kann, spricht einiges dafür, dass die Verteilungswirkungen der Staatsverschuldung letztlich vor allem vom Erfolg bzw. Misserfolg einer (kreditfinanzierten) Beschäftigungspolitik abhängen. Gelingt es, die Beschäftigungslage zu verbessern, dürfte dies insbesondere den einkommensschwachen Bevölkerungsschichten zugutekommen, deren relative Einkommensposition sich dadurch verbessern wird.

Es ist uns bewusst, wie vage diese Begründung erscheinen mag. Doch obwohl sich die Wirtschaftswissenschaft seit über 200 Jahren mit den intragenerativen Verteilungswirkungen der Staatsverschuldung befasst, erlaubt der gegenwärtige Stand der Forschung nicht, eine eindeutige Aussage dazu zu treffen. Es ist davon auszugehen, dass die Staatsverschuldung die Verteilung der Einkommen beeinflusst, eine konkrete Aussage über Umfang und Richtung kann jedoch gegenwärtig weder aus theoretischer noch aus empiri-

---

[9] So schlussfolgerte schon Tolkemitt (1975), dass zwar die Argumentation des Transferansatzes nicht stimmig sei, seine Ergebnisse aber durchaus zutreffen würden.

scher Sicht getroffen werden, da es an einem entsprechend ausgearbeiteten gesamtwirtschaftlichen Modellrahmen fehlt.

Literatur

Adams, H.C. (1887): *An Essay in the Science of Finance*, New York: D. Appleton and Company.

Andel, N. (1969): Zur These von den unsozialen Verteilungswirkungen öffentlicher Schulden, *Public Finance*, 24(1), 69-79.

Andel, N. (1976): Kredit- versus Steuerfinanzierung, in: G. Bruns und K. Häuser (Hrsg.), *Öffentliche Verschuldung und Kapitalmarkt, Schriftenreihe des Instituts für Kapitalmarktforschung, 13*, Frankfurt: Fritz Knapp Verlag.

Baumstark, E. (1833): *Staatswissenschaftliche Versuche über Staatskredit, Staatsschulden und Staatspapiere*, Heidelberg: Georg Reichard.

Bundesministerium der Finanzen (BMF) (2011): *Monatsbericht des BMF*, Juni 2011, Berlin.

Cassel, D. (1979/1980): Wachsende Staatsverschuldung – Wohltat oder Plage? Entwicklungstendenzen und gesamtwirtschaftliche Auswirkungen der öffentlichen Verschuldung in der Bundesrepublik Deutschland, *List-Forum*, 10, 265-283.

Cohen, J. (1951): Distributional Effects of the Federal Debt, *The Journal of Finance*, 6(3), 267-275.

Dieckheuer, G. (1979): Zu den Wirkungen einer öffentlichen Kreditaufnahme auf die funktionelle und die personelle Einkommensverteilung, *Finanzarchiv*, 37(1), 1-25.

Fehr, H., Ruocco, A., Wiegard, W. (1999): Defizitbegrenzung für die Währungsunion: Wer gewinnt, wer verliert? Eine quantitative Untersuchung für Italien, in: K.D. Henke (Hrsg.), *Zur Zukunft der Staatsfinanzierung*, Baden-Baden: Nomos.

Gandenberger, O. (1970): Öffentlicher Kredit und Einkommensverteilung, *Finanzarchiv*, 29, 1-16.

Gandenberger, O. (1981): Theorie der öffentlichen Verschuldung, in: N. Andel, H. Haller und F. Neumark (Hrsg.), *Handbuch der Finanzwissenschaft*, Band 3, 3. Auflage, Tübingen: J.C.B. Mohr (Paul Siebeck).

Hager, S.B. (2013): *Public Debt, Ownership and Power. The Political Economy of Distribution and Redistribution*, Toronto: York University.

Hansen, A. (1941): *Fiscal Policy and Business Cycles*, New York: W.W. Norton & Company.

Henke, K.-D. (1978): Die Gültigkeit des Transferansatzes in der Rezession, *Finanzarchiv*, 36, 440-444.

Keynes, J.M. (1936[2009]): *Allgemeine Theorie der Beschäftigung, des Zinses und des Geldes*, 11., verbesserte Auflage, Berlin: Duncker & Humblot.

Kurz, R. (1984): Staatsverschuldung und Einkommensverteilung. Einige kritische Anmerkungen zur These von den unsozialen Verteilungswirkungen, *Konjunkturpolitik*, 30(4), 217-232.

Kurz, R., Rall, L. (1983): Interpersonelle und intertemporale Verteilungswirkungen öffentlicher Verschuldung, Gutachten im Auftrag des Bundesministers für Wirtschaft mit ökonometrischen Simulationsanalysen, J. Fronia, IAW-Forschungsberichte Serie A, Nr. 38, Tübingen.

Kurz, R., Rall, L. (1984): Verteilungswirkungen öffentlicher Verschuldung, *Gewerkschaftliche Monatshefte*, 35, 331-341.

Lerner, A. (1948): The Burden of the National Debt, in: L.A. Metzler et al. (eds.), *Income, Employment and Public Policy: Essays in Honor of Alvin H. Hansen*, New York: W.W. Norton & Company, 255-275.

Melon, J.F. (1734): *Essai politique sur le commerce*, Paris.

Michl, T.R. (1991): Debt, deficits, and the distribution of income, *Journal of Post Keynesian Economics*, 13(3), 351-365.

Miller, D.C. (1950): *Taxes, the public debt, and transfers of income*, Illinois Studies in the Social Sciences, Volume XXXII, No. 1, Urbana: The University of Illinois Press.

Mosslechner, P. (1987): An wen fließen die Zinszahlungen für die österreichische Staatsschuld?, *WIFO-Monatsberichte*, 8/1987, 507-511.

Oberhauser, A. (2008): Verbot staatlicher Neuverschuldung?, in: H. Hagemann, G.A. Horn und H.-J. Krupp (Hrsg.), *Aus gesamtwirtschaftlicher Sicht, Festschrift für Jürgen Kromphardt*, Marburg: Metropolis, 365-374.

Priewe, J. (1984): *Zur Kritik konkurrierender Arbeitsmarkt- und Beschäftigungstheorien und ihrer beschäftigungspolitischen Implikationen. Ansatzpunkte für eine Neuorientierung einer Theorie der Arbeitslosigkeit*, Bern et al.: Peter Lang Verlag.

Sachverständigenrat zur Begutachtung der gesamtwirtschaftlichen Entwicklung (SVR) (2007): *Staatsverschuldung wirksam begrenzen, Expertise im Auftrag des Bundesministers für Wirtschaft und Technologie*, Wiesbaden: SVR.

Say, J.-B. (1821): *A Treatise on Political Economy; or, The Production, Distribution, and Consumption of Wealth*, Volume II, London: Longman et al.

Statistisches Bundesamt (2010a): *Wirtschaftsrechnungen. Einkommens- und Verbrauchsstichprobe. Geld- und Immobilienvermögen sowie Schulden privater Haushalte*, Fachserie 15(2), Wiesbaden: Statistisches Bundesamt.

Statistisches Bundesamt (2010b): *Wirtschaftsrechnungen. Einkommens- und Verbrauchsstichprobe. Einnahmen und Ausgaben privater Haushalte*, Fachserie 15(4), Wiesbaden: Statistisches Bundesamt.

Tolkemitt, G. (1975): *Zur Theorie der langfristigen Wirkungen öffentlicher Verschuldung*, Tübingen: J.C.B. Mohr (Paul Siebeck).

Wissenschaftlicher Beirat beim Bundeswirtschaftsministerium (1968): *Fragen der Staatsverschuldung*, Bonn: Bundeswirtschaftsministerium.

Zwiener, R. (1989): Die Einkommensverteilungseffekte der Staatsverschuldung in einer unterbeschäftigten Wirtschaft. Analyse anhand eines ökonometrischen Konjunkturmodells für die Bundesrepublik Deutschland, Beiträge zur Strukturforschung des DIW Berlin, 110, Berlin.

Überlegungen zur Renaissance strategiefähiger Wirtschaftspolitik

Sebastian Dullien und Till van Treeck

1. Einleitung

In den vergangenen Jahrzehnten hat sich die vorherrschende Meinung über die Rolle des Staates in der Wirtschaft und damit die Rolle der Wirtschaftspolitik mehrfach fundamental gewandelt. Während das wirtschaftspolitische Denken in den ersten Jahrzehnten nach dem Zweiten Weltkrieg in den meisten Ländern durch die Ideen von John Maynard Keynes geprägt war, vollzog sich mit der neuklassischen Revolution, aufbauend auf den Beiträgen von Robert Lucas (1976) zu rationalen Erwartungen, eine fundamentale Wende.

Inhaltlich hatte keynesianische Wirtschaftspolitik nach dem Krieg auf eine Nachfragesteuerung des Staates mit Mitteln der Geld- und Fiskalpolitik gesetzt, die außenwirtschaftlich mit Kapitalverkehrskontrollen und stabilen Wechselkursen abgesichert werden sollte. Die neuklassische Revolution erteilte dieser makroökonomischen Steuerung eine Absage und empfahl den meisten Bereichen der Wirtschaftspolitik ein *Laissez-faire*, das den vor Keynes vorherrschenden neoklassischen Politikempfehlungen glich.

Spätestens mit der globalen Finanz- und Wirtschaftskrise 2008/9, die zuallererst von den angelsächsischen Ländern mit wenig regulierten Märkten ausging, ist der Laissez-faire-Ansatz der Neuklassik unter massiven Beschuss geraten. Dies gilt umso mehr, als wichtige Schwellenländer wie China oder Brasilien im vergangenen Jahrzehnt beeindruckende Wachstumserfolge basierend auf einer verhältnismäßig interventionistischen Wirtschaftspolitik realisieren konnten. In den Industrieländern ist inzwischen Konsens, dass zumindest in schweren Rezessionen der Staat eine starke Stabilisierungsfunktion wahrnehmen muss und so massiv mit Geldpolitik, aber auch mit Steuern und Staatsausgaben in den Wirtschaftsprozess eingreifen muss. In den Schwellen- und Entwicklungsländern wird zunehmend diskutiert, ob nicht eine mit massiven Eingriffen gelenkte Volkswirtschaft, wie jene in China, den besseren Ansatz für mittel- und langfristigen Wohlstandszuwachs bietet als ein -kategorisches Heraushalten des Staates aus den Wirtschaftsprozessen.

Doch nicht nur bei der Frage nach dem Eingriff der Wirtschaftspolitik in die Wirtschaft allgemein hat sich der Diskurs in den vergangenen Jahren verschoben. Auch bei den idealerweise angestrebten Zielen und dem zu beachtenden Zeithorizont der Wirtschaftspolitik hat ein Umdenken eingesetzt.

Längst ist nicht mehr nur das Erreichen hohen Wirtschaftswachstums und niedriger Arbeitslosigkeit das Ziel von Wirtschaftspolitik. Mit den neuen Erkenntnissen der Glücksforschung sind neue Ziele in den Aufgabenbereich der Wirtschaftspolitik gerutscht – vom Umwelt- und Klimaschutz bis hin zu Verteilungsfragen. Gerade Fragen des Umwelt- und Klimaschutzes haben dabei auch den erforderlichen Zeithorizont von Wirtschaftspolitik verlängert.

Gleichzeitig steht eine Wirtschaftspolitik mit nicht nur einem oder zwei Zielen vor dem Problem der Trade-Offs: Wenn nicht alle Ziele gleichzeitig erreicht werden können oder gar die Erfüllung eines Zieles eine Verschlechterung in anderen Bereichen nach sich zieht, welche Prioritäten soll die Wirtschaftspolitik dann setzen?

All diese Fragen können nur mit einer strategischen Wirtschaftspolitik beantwortet werden, die zunächst klar definierte Ziele formuliert, Komplementaritäten und Zielkonflikte zwischen diesen Zielen beachtet und dann mit wirtschaftspolitischen Instrumenten auf die Erfüllung möglichst aller Ziele hinarbeitet. Nun könnte man einwenden, dass ja viele Bereiche der Wirtschaftspolitik Ziele setzen und dann darauf hinarbeiten (etwa das Inflationsziel einer Zentralbank oder das Defizitziel aus dem Stabilitäts- und Wachstumspakt). Das besondere einer strategischen Wirtschaftspolitik ist, dass sie sich nicht auf das Erreichen eines einzelnen Zieles wie Preisstabilität beschränkt, sondern die Rückwirkungen auf andere Ziele der Wirtschaftspolitik miteinbezieht.

Für eine solche strategische Wirtschaftspolitik müssen jedoch auch die institutionellen Voraussetzungen gegeben sein, welche es den Entscheidungsträgern erlauben, Komplementaritäten und Zielkonflikte zwischen verschiedenen wirtschaftspolitischen Zielen zu beurteilen und strategische Schwerpunkte zu setzen. Einer solchen Ausrichtung der Wirtschaftspolitik steht gegenwärtig zumindest in der Europäischen Union die Verengung der wirtschaftspolitischen Debatte auf fiskalpolitische Ziele tendenziell entgegen. Zwar ist weithin anerkannt, dass die Eurokrise nicht in erster Linie durch eine zu hohe Staatsverschuldung verursacht wurde, aufgrund der rechtlichen Privilegierung fiskalpolitischer Zielgrößen (reformierter Stabilitäts- und Wachstumspakt, nationale Schuldenbremsen, Fiskalpakt) drohen aber de facto alle anderen wirtschaftspolitischen Ziele dahinter zurückzutreten. Vielen Mitgliedsstaaten der Europäischen Union droht sogar ein „verlorenes Jahrzehnt" (Herr 2012), während internationale Beobachter zunehmend kritisch auf die weitgehende Abwesenheit von strategischer Wirtschaftspolitik in Europa und vor allem in Deutschland blicken (The Economist 2013).

Dieser Beitrag soll die jüngste Renaissance der strategischen Wirtschaftspolitik von dem zuvor insbesondere in den wichtigen internationalen Organisationen weit verbreiteten Paradigma des „Washington Consensus" nachzeichnen und herausarbeiten, welche Anforderungen für eine erfolgreiche, strategische Wirtschaftspolitik gegeben sein müssen. Abschnitt 2 definiert dabei zunächst den Begriff der strategischen Wirtschaftspolitik und liefert grundlegende Argumente für eine solche. Die Abschnitte 3 und 4 beschreiben danach die besonderen Probleme, Herausforderungen und Anforderungen strategischer Wirtschaftspolitik einmal für Schwellen- und Entwicklungsländer, zum anderen für Industrieländer am Beispiel Deutschlands im europäischen Kontext. Abschnitt 5 zieht ein Fazit.

2. Strategische Wirtschaftspolitik vs. Laissez-faire
des Washington Consensus

Strategische Wirtschaftspolitik ist nicht notwendigerweise das Gleiche wie eine aktive oder gar aktivistische Wirtschaftspolitik. Tatsächlich war Wirtschaftspolitik selten passiv. Auf Krisen haben Regierungen weltweit immer wieder mit ihrer Wirtschaftspolitik reagiert. In der Zahlungsbilanzkrise Argentiniens unter dem Currency Board in den Jahren 2001/2 verabschiedete die Regierung Dutzende Maßnahmen, um trotz Verlust des Zugangs zu den Kreditmärkten ihre Verbindlichkeiten bedienen zu können. Am Ende des Prozesses stand ein relativ ungeordneter, aber immer noch von der Politik angestoßener Ausstieg aus der Währungsanbindung.

Auch in Deutschland war keine der vergangenen Regierungen wirtschaftspolitisch tatenlos – in vielen Fällen kann man sogar klar von Aktionismus sprechen, der sich aus einer empfundenen, tagesaktuellen Notlage ergab. Eher als Anekdote erinnerungswürdig ist dabei die Rettung des angeschlagenen Baukonzerns Holzmann durch die rot-grüne Bundesregierung 1999.

Volkswirtschaftlich wesentlich relevanter war der Aktionismus bei den Arbeitsmarktreformen nach den Wahlen 2002: Weil die steigende Arbeitslosigkeit von der rot-grünen Bundesregierung zunehmend als Problem wahr-

genommen wurde, präsentierte der damalige Bundeskanzler Gerhard Schrö-
der im Frühjahr 2003 ein eilig zusammengezimmertes Reformpaket unter
dem Titel Agenda 2010, das von vielen Wählern als abrupter und unausge-
wogener Politikwechsel wahrgenommen wurde und unter anderem die später
hoch umstrittenen Hartz-Reformen für den Arbeitsmarkt enthielt. Die wie-
derholten Wahlniederlagen des damaligen rot-grünen Regierungsbündnisses
dürften nicht zuletzt auf den starken Anstieg der ökonomischen Ungleichheit
in Deutschland während des letzten Jahrzehnts zurückzuführen sein, der von
der Wählerschaft auch auf die Agenda 2010 zurückgeführt wurde. Eine stärker strategisch ausgerichtete Wirtschaftspolitik hätte diese Entwicklung von
Anfang an mit im Blick haben und auf etwaige Fehlentwicklungen zeitnah
reagieren können.

Die große Koalition zeigte ihren Aktionismus mit den Konjunkturpaketen
in der auf die U.S. Subprime-Krise folgenden globalen Finanz- und Wirtschaftskrise: Obwohl keynesianische Konjunktursteuerung von vielen Akteu-
ren der damaligen Regierung noch im Sommer 2008 abgelehnt wurde, verabschiedete die Regierung Anfang 2009 ein erhebliches Konjunkturpaket mit
Elementen der Steuersenkung, Ausgaben für energetische Gebäudesanierung
und der sogenannten Umweltprämie für den Ersatz älterer Gebrauchtwagen
durch neue Kraftfahrzeuge.

Die zweite Regierungszeit Angela Merkels in einer Koalition mit der FDP
war geprägt von aktiver Wirtschaftspolitik sowohl in der Europapolitik, wo
eine Reihe von neuen Institutionen – von der European Financial Stability
Facility (EFSF) über den European Financial Stability Mechanism (ESM) bis
hin zu einer gemeinsamen Bankenaufsicht der Europäischen Zentralbank
(EZB) – mehr oder weniger ad hoc ins Leben gerufen wurden, ebenso wie in
der Energiepolitik, wo zunächst der Ausstieg aus dem Atomausstieg be-
schlossen wurde, der dann nach der Nuklearkatastrophe im japanischen
Fukushima wieder kassiert wurde.

Strategisch kann man allerdings diese Maßnahmen kaum nennen. In An-
lehnung an Definitionen aus der Betriebswirtschaftslehre und insbesondere
der Terminologie des strategischen Managements kann man eine strategische
Wirtschaftspolitik vielmehr als jenen Teil der Wirtschaftspolitik definieren,
der nicht im kurzfristigen Management und in der kurzfristigen Reaktion auf
aktuelle Krisen oder Ereignisse besteht, sondern auf das langfristige Erreichen gesamtwirtschaftlicher und/oder gesamtgesellschaftlicher Ziele abstellt
(Dullien 2013).

Eine solche strategische Wirtschaftspolitik steht dabei klar im Gegensatz sowohl zu den vorherrschenden Dogmen der 1980er, 1990er und frühen 2000er Jahre als auch zu den oben beschriebenen Ad-hoc-Maßnahmen.

Das vorherrschende Dogma der Wirtschaftspolitik in Europa in den 1980er und 1990er Jahren lässt sich dabei am besten aus den Verträgen zur Europäischen Union ablesen. Mikroökonomisch fokussierte sich der Prozess der europäischen Integration vor allem auf die Marktöffnung von Güter- und Finanzmärkten und den Abbau tarifärer und nicht-tarifärer Handelsschranken zwischen den Mitgliedsländern. Mit der Begründung, einen einheitlichen Markt zu schaffen, wurden zudem die Möglichkeiten der Einzelstaaten zum Schutz oder zur Subventionierung einzelner Unternehmen oder Sektoren massiv eingeschränkt.

Makroökonomisch erteilte der Maastricht-Vertrag eine Absage an aktivistische Geld- und Finanzpolitik: Der Spielraum der Geldpolitik wurde beschnitten, indem zum einen der EZB ein bisher unbekannter Grad an politischer Unabhängigkeit zuerkannt wurde, zum anderen ihr als primäres Ziel das Erreichen der Preisstabilität vorgeschrieben wurde. Der fiskalpolitische Spielraum wurde eingeschränkt, indem mit dem Stabilitäts- und Wachstumspakt die zulässigen staatlichen Defizite auf maximal drei Prozent des Bruttoinlandsprodukts begrenzt wurden.

Ein ähnliches Dogma kann man für die Schwellen- und Entwicklungsländer im sogenannten Washington Consensus ablesen, einer in dieser Zeit vorherrschenden Ideologie insbesondere im US-Finanzministerium, im Internationalen Währungsfonds (IWF) und bei der Weltbank, die vor allem in Lateinamerika und Afrika als Leitlinie für wirtschaftspolitische Reformen herangezogen wurde. Der Washington Consensus enthielt dabei eine Reihe von Empfehlungen zur Beschränkung der Eingriffsmöglichkeiten der Wirtschaftspolitik, von der Liberalisierung der inländischen Finanzmärkte über den Abbau von Handelsschranken und Subventionen über Deregulierung von Produkt- und Arbeitsmärkten und Privatisierung von Staatsunternehmen bis hin zur Begrenzung von staatlichen Defiziten.

Während diese Rahmenbedingungen natürlich auch schädlichem falschem Aktionismus sowie gewissen Formen des Protektionismus als Klientelpolitik einen Riegel vorschieben, beschränken sie auch den Spielraum für sinnvolle, strategische Wirtschaftspolitik, weil diese in der Anwendung auf die gleichen Instrumente wie eine aktionistische Wirtschaftspolitik zurückgreifen muss, um die Wirtschaftsprozesse zu beeinflussen.

Ideologisch war diese Beschränkung des wirtschaftspolitischen Handlungsspielraums mit dem Argument unterfüttert, dass der Staat niemals besser als der Markt eine hochkomplexe Wirtschaft steuern könne – weder in der kurzen noch in der langen Frist. Für die kurze ökonomische Frist bildeten die Modelle von Sargent und Wallance (1975) mit Wirtschaftssubjekten mit rationalen Erwartungen und Lucas' (1976) Kritik an traditioneller keynesianischer Modellierung die Grundlage für die Hypothese der wirtschaftspolitischen Machtlosigkeit: In diesen Modellen gingen Schwankungen in der Wirtschaftsaktivität auf kurzfristige, zufällige Veränderungen der Produktivität und die rationalen Reaktionen der Wirtschaftssubjekte zurück. Der Wirtschaftspolitik wurde im Endeffekt keinerlei Rolle selbst für die kurzfristige Stabilisierung des Wirtschaftsprozesses zugesprochen. Die wenig später aufkommenden sogenannten neukeynesianischen Modelle sahen auf Grund der Annahme kurzfristiger Lohn- und Preisrigiditäten zwar einen gewissen Spielraum für kurzfristige Stabilisierungspolitik, mit dieser Aufgabe sollte jedoch in erster Linie die dem politischen Prozess weitgehend enthobene Geldpolitik durch eine unabhängige Zentralbank betraut werden.

Für die mittlere und lange Frist wurde zum einen argumentiert, dass staatliche Eingriffe die Allokation in einer Volkswirtschaft verzerren würden, was zu Ineffizienz und damit Verschwendung von Ressourcen führen würde. Zum anderen wurde angeführt, dass staatliche Akteure nicht in der Lage seien, Zukunftschancen einzelner Branchen besser als Marktakteure zu bewerten und dass deshalb alle Versuche einer strategischen Industriepolitik zum Scheitern verurteilt seien, die einer Volkswirtschaft helfen könnten, sich künftig in spezifischen Märkten zu etablieren.

Das Konzept einer strategischen Wirtschaftspolitik basiert auf abweichenden Prämissen: Zum einen geht der Ansatz von der grundsätzlichen Beeinflussbarkeit des Wirtschaftsprozesses sowohl in der kurzen als auch in der mittleren und langen Frist aus, zum anderen wird angenommen, dass – trotz aller Schwächen wirtschaftspolitischer Entscheidungsfindung und Implementierung – kluge, zielgerichtete Wirtschaftspolitik den langfristigen Kurs und die langfristige Spezialisierung einer Volkswirtschaft zumindest im Prinzip zum Besseren beeinflussen und den Wohlstand der Bevölkerung steigern kann. Diese Prämissen stehen im Einklang mit moderner wirtschaftswissenschaftlicher Forschung wie etwa der neuen Debatte zur Industriepolitik im Entwicklungsprozess (UNCTAD 2006) oder der Debatte um Erkenntnisse aus der Verhaltensökonomie für geeignete wirtschaftspolitische Maßnahmen, die im Gegensatz stehen zu der von Lucas propagierten Annahme vorherrschender rationaler Erwartungen.

Eine solche strategische Wirtschaftspolitik setzt freilich voraus, dass Wirtschaftspolitik zunächst *strategiefähig* ist. Hierzu gehört eine interne Strategiefähigkeit, das heißt Institutionen und Individuen, die die mittel- und langfristigen Ziele definieren und notwendige Instrumente benennen können. Zudem ist eine externe Strategiefähigkeit erforderlich, die zum einen die notwendigen rechtlichen Rahmenbedingungen beinhaltet, damit Wirtschaftspolitik die richtigen Weichen stellen kann, zum anderen aber sicherstellt, dass auch der Entscheidungshorizont der Regierenden ausreichend lang und fokussiert ist, um die als langfristig definierten Ziele für gesamtgesellschaftlichen Wohlstandszuwachs auch erreichen zu können. In parlamentarischen Demokratien gehören deshalb zu den Dimensionen externer Strategiefähigkeit zentral auch Kommunikationsinstrumente und eine Kommunikationsstrategie, um den Wählern das eigene Handeln so weit zu erklären, dass eine Wiederwahl auch bei Ausrichtung auf mittel- und langfristige Ziele, die über die jeweilige Legislaturperiode hinausreichen, wahrscheinlich wird.

Eine strategische Wirtschaftspolitik schließt dabei mitnichten kurzfristige Politikmaßnahmen wie Konjunkturpakete in einem Abschwung aus. Der Unterschied zu den 2008/9 beobachteten Ad-hoc-Maßnahmen wäre aber, dass unter einer strategischen Wirtschaftspolitik die kurzfristigen Maßnahmen so gestaltet sind, dass langfristige Ziele der Wirtschaftspolitik erreicht werden. Ein Beispiel wäre in der Krise von 2008/9 gewesen, die Konjunkturpakete so auszurichten, dass sie zugleich gezielt zu längerfristigen Zielen wie dem ökologischen Umbau der Wirtschaft, der Reduzierung der ökonomischen Ungleichheit und dem Ausbau des Bildungssystems beigetragen hätten. Ein bloßes Ignorieren einer Krise wie jener von 2008/9 wäre dagegen auch nicht im Sinne einer strategischen Wirtschaftspolitik, da dadurch enorm hohe soziale und wirtschaftliche Kosten verursacht worden wären, die jeder sinnvollen Zieldefinition einer strategischen Wirtschaftspolitik entgegengelaufen wären.

3. Strategische Wirtschaftspolitik in Entwicklungsländern

Freilich gibt es eine Reihe von Beispielen von (größeren) Schwellen- und Entwicklungsländern, die mit einer überlegten und strategischen Wirtschaftspolitik den Lebensstandard ihrer Bevölkerung deutlich erhöht haben. Wichtige Beispiele sind hier die asiatischen Tigerstaaten, wie etwa Taiwan oder Südkorea, in denen nach überwiegender Lesart kluge Industriepolitik entscheidend zum Aufstieg von Entwicklungsländern zu Hocheinkommensländern (nach der Weltbank-Klassifikation) beigetragen hat (Chang 2006). Auch der Aufstieg Chinas lässt sich mit einer strategischen Kombination makroökonomischer Steuerung, gezielter mikroökonomischer Deregulierung bei Beibehaltung bestimmter stringenter Regulierung besser erklären als durch das Narrativ einfacher Deregulierung (Flassbeck et al. 2005). In Brasilien hat unter dem Präsidenten Luiz Inácio Lula da Silva von 2003 bis 2011 ein beeindruckender Abbau von Ungleichheit und Armut stattgefunden, den man am besten mit einer strategischen Wirtschaftspolitik mit starkem Fokus auf sozialen Belangen erklären kann (OECD 2013).

Allerdings sind diese Länder eher Ausnahmen. In der Mehrzahl der Schwellen- und Entwicklungsländer gibt es wenig oder keine Anzeichen einer strategischen Wirtschaftspolitik. In einigen dieser Länder ist stattdessen mehr oder weniger stringent dem Washington Consensus gefolgt worden, andere Länder betreiben mit ihrer Wirtschaftspolitik dagegen in erster Linie Klientelpolitik, was zwar zu einer massiven Regulierungsdichte führt, nicht aber zu einer Verbesserung der Lebensqualität der Bevölkerung.

Das erste gravierende Problem bei der Implementierung von strategischer Wirtschaftspolitik ist der Mangel an ausgebildetem Humankapital in vielen armen Ländern, insbesondere den kleineren. Gute und kritisch denkende Ökonomen in den Ministerien der ärmsten Länder sind rar. Die lokalen Hochschulen haben oft wenig qualifizierte Professoren, sodass ein Großteil der Lehre von jungen Graduierten durchgeführt wird, die selber nur eine bestenfalls drittklassige ökonomische Ausbildung erhalten haben und oftmals nicht viel mehr können, als die gängigen Lehrbuchmodelle an die Tafel zu schreiben. Im Ausland ausgebildete Volkswirte bleiben oft gleich im Ausland, weil dort die Arbeitsbedingungen und Lebensperspektiven wesentlich attraktiver sind.

Im Ergebnis fehlt es vielen der ärmeren Länder an Beamten, die überhaupt klar die Interessen des eigenen Landes definieren können, geschweige denn, zielgenau wirtschaftspolitische Instrumente für bestimmte Ziele planen oder umsetzen können. Als Folge werden oftmals in internationalen Verhandlungen etwa für Freihandelsabkommen unnötig wirtschaftspolitische Spielräume aufgeben und auf nationaler Ebene die vorhandenen Spielräume nicht genutzt.

Das zweite Problem ist, dass viele Entwicklungs- und Schwellenländer nicht in der Lage oder nicht bereit sind, die für eine strategische Ausrichtung der Wirtschaftspolitik notwendigen Maßnahmen zu ergreifen. Dies liegt nicht nur an internen Interessenkonflikten wie Klientelismus und Korruption, sondern häufig auch daran, dass eine solche Politik oftmals in Konflikt mit dem – immer noch im Denken vieler verankerten – Washington Consensus oder der Lehrbuchweisheit gängiger US-amerikanischer Ökonomiebücher steht. Hinzu kommt für all jene Länder, die auf Kredite des IWF angewiesen sind, dass die Konditionalitäten der Hilfskredite oftmals bestimmte Instrumente einer strategischen Wirtschaftspolitik ausschließen.

Zwei wichtige Bereiche stechen hier hervor: Das makroökonomische Management und eine Bereitschaft zur gezielten, gleichzeitig aber stringenten und beschränkten Industriepolitik.

Beim makroökonomischen Management ist die Erkenntnis wichtig, dass die vom Washington Consensus vorgegeben Ziele der Preisstabilität und der soliden Staatsfinanzen in der Regel nicht ausreichend sind, um eine nachhaltige Entwicklung und kräftiges Wirtschaftswachstum zu garantieren (Priewe/ Herr 2005). Stattdessen ist es wichtig, makroökonomische Rahmenbedingungen mit stabilen, aber wettbewerbsfähigen Wechselkursen sowie niedrigen Zinsen zu schaffen. Hierfür sollten alle notwendigen und zielführenden Instrumente eingesetzt werden, einschließlich der Einkommenspolitik und Kapitalverkehrskontrollen. Zwar hat der Internationale Währungsfonds inzwischen seine Fundamentalopposition zu Kapitalverkehrskontrollen aufgegeben, allerdings werden diese weiter nur als quasi „letztes Mittel" und nur in sehr begrenzten Fällen massiven Aufwertungsdrucks akzeptiert (Ostry et al. 2010).

Der zweite Punkt ist die grundsätzliche Bereitschaft zu zielführender Industriepolitik. Wichtig erscheint hier zum einen eine Vision der künftigen potentiellen Marktnischen oder Sektoren, in denen eine Volkswirtschaft einen Spezialisierungsgewinn erlangen könnte. Zum anderen ist eine klare, mit dem Privatsektor abgestimmte Strategie notwendig, in der zwar der zunächst jungen Industrie ein gewisses Maß an Schutz und Unterstützung gewährt wird, andererseits aber ein klarer Pfad für den Abbau dieses Protektionismus vorgegeben wird. Zu guter Letzt sollte der Schutz der jungen Industrien an das Erreichen bestimmter Zielvorgaben gebunden sein (UNCTAD 2006).

Eine solche Industriepolitik ist für viele Schwellen- und Entwicklungsländer heute schwierig umzusetzen. Innenpolitisch scheitern viele der ärmeren Länder an der Durchsetzung einer zielgerichteten Industriepolitik und eines zeitlich begrenzten Protektionismus, weil häufig die betroffenen Industriebetriebe im Eigentum gerade jener Eliten sind, die zugleich auch die Regierung stellen oder einen großen Einfluss auf die Regierungen ausüben.

Extern ist eine solche Industriepolitik vielen Schwellen- und Entwicklungsländern erschwert, weil die aktuellen WTO-Regeln wesentlich strenger sind als die Regeln, denen sich etwa Südkorea oder Taiwan während des Aufholprozesses unterwerfen mussten. Zudem haben sich viele der ärmeren Länder in bilateralen Handelsabkommen mit der EU, Japan oder den USA zu sogenannten „WTO+"- oder „WTOX"-Regeln verpflichtet, die ihren wirtschaftspolitischen Spielraum weiter einschränken.[1]

Eine wirkungsvolle strategische Wirtschaftspolitik für nachhaltige Entwicklung in den Entwicklungs- und Schwellenländern zu fördern, ist damit ein langfristigeres Projekt. Zunächst wäre dafür eine Stärkung des Humankapitals in diesen Ländern notwendig, insbesondere bei den wirtschaftspolitischen Entscheidungsträgern, danach ein Überdenken der bisherigen Strategie der Integration dieser Länder in den Weltmarkt durch immer neue Freihandelsabkommen mit den entwickelten Ländern ohne Rücksicht auf den Verlust wirtschaftspolitischer Freiheitsgrade.

4. Ein neues Wachstums- und Stabilitätsgesetz für strategische Wirtschaftspolitik in Deutschland und Europa

Im Vergleich zu den meisten Entwicklungs- und Schwellenländern sind die Mitgliedsstaaten der Europäischen Union durch ein hohes Pro-Kopf-Einkommen, weniger Klientelismus und eine gefestigte parlamentarische Demokratie gekennzeichnet. Hierdurch und wegen geringerer externer Beschränkungen besteht prinzipiell ein sehr viel größerer Spielraum für strategisch ausgerichtete Wirtschaftspolitik.

Dennoch hat sich der institutionelle Rahmen der Wirtschaftspolitik in Deutschland und allgemein in Europa in den vergangenen Jahren hin zu einer Verengung auf immer weniger wirtschaftspolitische Ziele entwickelt. Im Zentrum steht dabei ganz eindeutig das Ziel der Begrenzung der staatlichen Verschuldung. Zwar schreibt das weiterhin gültige Stabilitäts- und Wachstumsgesetz von 1967 neben Wirtschaftswachstum auch einen hohen Beschäftigungsstand, niedrige Inflation und ein außenwirtschaftliches Gleichgewicht als verbindliche Ziele der Wirtschaftspolitik von Bund und Ländern vor. Die Verankerung der sogenannten Schuldenbremse im Grundgesetz und der Fiskalpakt (Fiscal Compact) auf europäischer Ebene haben aber dazu beigetragen, dass rechtlich alle anderen wirtschaftspolitischen Ziele de facto hinter dem Ziel der Begrenzung staatlicher Neuverschuldung zurücktreten müssen. Für mindestens ebenso wichtige Ziele, wie die Reduzierung der ökonomischen

---

[1] Unter „WTO+" werden üblicherweise striktere Standards in Bereichen verstanden, die von den normalen WTO-Regeln bereits abgedeckt werden, wie etwa Gesundheits- und Hygienestandards. Unter „WTOX" werden dagegen Regeln verstanden, die über den üblichen Kanon der WTO-Regeln hinausgehen, etwa im Bereich der Kapitalströme. Siehe Horn et al. (2009).

Ungleichheit oder Umweltschutz, können hingegen kaum verbindliche Zielmarken kommuniziert werden. Zudem finden viele Themen, die eigentlich
von strategisch zentraler Bedeutung wären, oft nur unregelmäßig und kurzfristig in Krisensituationen oder als mediale Modeerscheinung das Interesse
der Politik.

Vereinzelt sind jedoch Ansätze zur Renaissance strategiefähiger Wirtschaftspolitik formuliert worden. Hierzu gehören nicht zuletzt die Debatten
aus den frühen 1990er Jahren, im Zuge derer Die Grünen im Deutschen Bundestag einen von Rudolf Hickel und Jan Priewe mitentwickelten Gesetzes-
entwurf für eine Reform des Stabilitäts- und Wachstumsgesetzes einbrachten.[2]
Gut 20 Jahre später entwickelte die Enquete-Kommission des Deutschen
Bundestages „Wachstum, Wohlstand, Lebensqualität – Wege zu nachhalti-
gem Wirtschaften und gesellschaftlichem Fortschritt in der Sozialen Marktwirtschaft" Vorschläge für einen ganzheitlichen Wohlstands- und Fortschritts-
indikator, der neben Aspekten des materiellen Lebensstandards unter anderem
auch Ziele wie sozialen Zusammenhalt, intakte Umwelt, Bildungschancen
und eine hohe Qualität öffentlicher Daseinsvorsorge einbezieht (vgl. Enquete-
Kommission 2012).

Einen Vorschlag zur Wiederbelebung strategischer Wirtschaftspolitik machen
Dullien und van Treeck (2012), wobei wir inhaltlich in wichtigen Punkten an
von Jan Priewe mitentwickelten Ideen ansetzen. Wir schlagen vor, nach dem
Modell des Stabilitäts- und Wachstumsgesetzes von 1967 ein neues „Stabilitäts-
und Wohlstandsgesetz" zu entwickeln. Dieses sollte die multidimensionalen
Ziele für die Wirtschaftspolitik der verschiedenen Ebenen der öffentlichen
Hand im Rahmen eines neuen „magischen Vierecks" definieren, das sich aus
vier gleichberechtigten Oberzielen zusammensetzt: materieller Wohlstand,
ökologische Nachhaltigkeit, soziale Nachhaltigkeit und Zukunftsfähigkeit der
Staatstätigkeit und der Staatsfinanzen. Für jedes dieser Oberziele müssten
sodann messbare Einzelindikatoren definiert werden. Diese Indikatoren müssten objektiv messbar sein, sollten mit ausreichender Genauigkeit zu erfassen
sein und regelmäßig und bis zum aktuellen Rand erfasst und veröffentlicht
werden. Um zu gewährleisten, dass die Erfüllung dieser Indikatoren die ausreichende mediale Aufmerksamkeit erhält, sollten nicht mehr als maximal
10-12 Einzelindikatoren ausgewählt werden, die stellvertretend für die Erreichung der Oberziele stehen. Einen Vorschlag für die Indikatorenauswahl
zeigt Tabelle 1.

---

[2] Vgl. Hickel und Priewe (1991). Eine ausführliche Debatte zu der damaligen Gesetzes-
initiative findet sich in Stratmann-Mertens et al. (1991).

Tabelle 1: Einzelindikatoren im Bereich der vier Oberziele

Oberziele	Materieller Wohlstand und ökonomische Nachhaltigkeit	Nachhaltigkeit der Staatstätigkeit und der Staatsfinanzen	Soziale Nachhaltigkeit	Ökologische Nachhaltigkeit
Einzel-indikatoren	BIP (pro Kopf und pro Arbeitsstunde) *Beschäftigungsquote (auch nach Geschlechtern und Altersgruppen)* Private und staatliche Konsumausgaben Leistungsbilanz +/- 3%	*Defizitziele* 1/20-Regel (bereinigte) Nettoinvestitionen des Staates	Armutsrisikoquote (60% des Medianeinkommens) Einkommensquintilverhältnis S80/S20 *Schulabgänger ohne Sek-II-Abschluss*	*Ziele für Treibhausgasemissionen*
Kursiv: Vorgaben aus internationalen Verpflichtungen				

Quelle: Eigene Darstellung.

In dem Maße, wie die vier Oberziele und die Einzelindikatoren die wirtschaftspolitische Debatte strukturieren, werden alle Parteien gleichsam gezwungen, ihre Einschätzungen und Prioritäten hinsichtlich Komplementaritäten bzw. Konflikten zwischen unterschiedlichen ökonomischen, sozialen und ökologischen Dimensionen der Wohlstandsentstehung und Nachhaltigkeit explizit zu machen. So könnte etwa eine Reduzierung des Staatsdefizits durch Kürzungen bei staatlichen Bildungsausgaben und Infrastrukturausgaben erreicht werden, aber der Nebeneffekt könnte eine Verschlechterung des an künftige Generationen weitergegebenen Kapitalstocks und des Humankapitals sein. Kürzungen von Sozialausgaben und von staatlichen Investitionen in den Umweltschutz mögen zur Einhaltung der auf europäischer Ebene vereinbarten Defizitziele notwendig erscheinen, gefährden aber zugleich das Erreichen verteilungs- und umweltpolitischer Ziele.

Deregulierung der Finanzmärkte mag kurzfristig Produktions- und Beschäftigungszuwächse (und Steuereinnahmen) erzeugen, bringt aber das Risiko künftiger Finanzkrisen mit sich, die wiederum zu einem Anstieg der Staatsverschuldung beitragen würden. Hohe Exportüberschüsse können als Ausdruck von internationaler Wettbewerbsfähigkeit angesehen werden, aber auch als Ausdruck einer binnenwirtschaftlichen Wachstumsschwäche. Überdies bringen sie längerfristig die Gefahr von Überschuldungskrisen im Ausland

mit sich, die wiederum negativ auf Produktion, Beschäftigung und Steuereinnahmen im Inland wirken. Die Zunahme der Lohn- und Einkommens-
ungleichheit und der Armutsrisikoquote mag je nach wirtschaftspolitischem
Standpunkt entweder als Voraussetzung für geringere Arbeitslosigkeit und
höheres BIP-Wachstum angesehen werden oder als Ursache makroökonomischer Instabilität. Kräftige BIP-Zuwächse können den materiellen Wohlstand
erhöhen, gehen aber unter gegenwärtigen Bedingungen mit klimaverändern-
den Treibhausgasemissionen einher.

Viele Menschen wünschen sich zwar höhere Einkommen, aber auch geringere Arbeitszeiten und eine bessere „Work-Life-Balance". Deswegen und
aus ökologischen Gründen könnte eine strategisch ausgerichtete Wirtschaftspolitik Produktivitätssteigerungen (BIP pro Arbeitsstunde) über einen längeren Zeitraum für eine allgemeine Arbeitszeitverkürzung nutzen und weniger
zur Steigerung des Pro-Kopf-BIP.

Damit aus dem allgemeinen Regulierungsrahmen ein politisches Konzept
wird, bedarf es aus Sicht der konkurrierenden politischen Parteien zusätzlich
einer inhaltlichen Klammer, die zum einen die angenommenen Wirkungszu-
sammenhänge zwischen verschiedenen Dimensionen des gesellschaftlichen
Wohlstands und seiner Nachhaltigkeit deutlich werden lässt und zum anderen
mit einer prägnanten Aussage auch medial kommunizierbar ist. Konkret kann
die inhaltliche Schwerpunktsetzung durch die besondere Betonung eines
Oberziels und dessen Auswirkung auf die anderen Ziele vorgenommen werden.[3]

Um das Denken in wirtschaftspolitischen Alternativen im politischen Prozess zu verankern, sollte das neue Stabilitäts- und Wohlstandsgesetz außerdem ein Berichtswesen schaffen, das die Fortschritte auf den einzelnen Ebenen
gebündelt darstellt, gleichzeitig aber die möglichen Konflikte und Komplementaritäten zwischen den Einzelzielen aufzeigt. Uns erscheint dabei die
Schaffung eines neuen Sachverständigenrates sinnvoll, der sich vor allem mit
Fragen der ökologischen Nachhaltigkeit beschäftigt. Der bestehende Sachverständigenrat zur Begutachtung der gesamtwirtschaftlichen Entwicklung könnte
weiterhin die makroökonomische Entwicklung beurteilen, müsste allerdings
in Zukunft auch stärker Fragen der sozialen Nachhaltigkeit und der Nachhaltigkeit der Staatsfinanzen mitberücksichtigen.

Die beiden Sachverständigenräte würden jeweils für ihren Bereich ein Jahresgutachten vorlegen, in dem sie den Grad der Erreichung der Oberziele

---

[3] Aus unserer Sicht drängt sich das Thema Einkommensverteilung als ein solches heraus-
gehobenes Thema auf (siehe Dullien/van Treeck 2012).

analysieren, Gefahren für das Einhalten des mittelfristigen Zielpfads der Einzelindikatoren aufzeigen und beurteilen, inwieweit sich bei der Auswahl der
Einzelindikatoren Revisionsbedarf ergibt. Darüber hinaus könnten die beiden
Sachverständigenräte angehalten werden, eine gemeinsame Kurzanalyse vor-
zustellen, die zu Zielkonflikten zwischen gesamtwirtschaftlichen und ökologischen Zielen Stellung nimmt.

Auf dieser Grundlage müsste die Bundesregierung einen „Jahreswohl-
standsbericht" vorlegen, der den bisherigen Jahreswirtschaftsbericht ersetzt.
Die Bundesregierung wäre dabei künftig verpflichtet, zu Beginn jeden Jahres
die eigenen Projektionen für die Entwicklung bei den vier Oberzielen und
den Einzelindikatoren darzustellen. Abweichungen von den mittelfristigen
Zielpfaden für die Einzelindikatoren müssten entsprechend erläutert werden,
und es müsste dargelegt werden, wie Zielabweichungen korrigiert werden
sollen. Da die Opposition ihre Kritik an der Regierung in derselben Weise zu
strukturieren hätte, könnte der Wettstreit der Ideen zwischen den politischen
Lagern insgesamt erheblich an Substanz gewinnen.

Durch ein neues Stabilitäts- und Wohlstandsgesetz sollte darüber hinaus
ein Koordinationselement für die unterschiedlichen Ebenen des Föderalismus
geschaffen werden (Dullien 2013). Die Finanzbeziehungen zwischen Bund
und Ländern könnten hier so gestaltet werden, dass künftig Zahlungen an
Länder stärker an deren Beitrag zur Erfüllung strategischer wirtschaftspolitischer Ziele (etwa bei den Bildungsinvestitionen) gekoppelt werden statt wie
bisher an die einfache Abweichung von den durchschnittlichen Steuereinnahmen pro Kopf.

Schließlich müsste im Zuge eines neuen Stabilitäts- und Wohlstandsgeset-
zes auch die inhaltliche und institutionelle Verknüpfung mit der europäischen
Ebene gewährleistet sein. Inhaltlich gibt es zwischen den oben skizzierten
Oberzielen im Rahmen des neuen magischen Vierecks und den im Rahmen
der Europäischen Union (EU) vereinbarten wirtschaftspolitischen Zielen
zwar bereits heute große Übereinstimmungen. So enthält die Europa-2020-
Strategie unter anderem Ziele zum Klimaschutz und zur Armutsbekämpfung.

Die als Six-Pack und Two-Pack bekannten Gesetzespakete beinhalten Regeln
zur Staatsverschuldung, aber auch zu Leistungsbilanzungleichgewichten und
Kreditwachstum. Das Problem an dem bisherigen Governance-Rahmen in
der EU ist allerdings, dass die Nachhaltigkeitsziele unterschiedlich gewichtet
sind und damit eine unterschiedliche Priorität haben.

Die Verletzung des Ziels strukturell annähernd ausgeglichener Haushalte
ist nicht nur im Rahmen des Stabilitäts- und Wachstumspakts und des Six-
Packs mit möglichen Sanktionen versehen, es ist über den Fiskalpakt noch

einmal über einen völkerrechtlichen Vertrag festgeschrieben. Verletzungen des Ziels makroökonomischer Nachhaltigkeit sind zwar im Rahmen des Six-Packs grundsätzlich ebenfalls sanktionsfähig, die Verfahren sind allerdings mit so viel Interpretationsspielraum ausgestaltet, dass es etwa für übermäßige Leistungsbilanzüberschüsse kaum jemals zu Sanktionszahlungen kommen dürfte. Ob öffentliche Mittel nachhaltig für Investitionen oder für Konsum ausgegeben werden, wird dagegen gar nicht abgeprüft. Klima- und Verteilungsziele der Europa-2020-Strategie sind kaum mehr als eine Reihe von Absichtsbekundungen.

Soweit möglich, sollten deshalb Nachhaltigkeitsziele jenseits der Staatsverschuldungskriterien aufgewertet werden, um nicht der Begrenzung der Staatsdefizite und der Staatsverschuldung eine – inhaltlich ungerechtfertigte – Dominanz über die anderen Nachhaltigkeitsdimensionen zu geben. Das vor einigen Jahren neu geschaffene sogenannte Europäische Semester (welches gegenwärtig die Zielerfüllung im Rahmen des Stabilitäts- und Wachstumspakts und der nationalen Reformprogramme koordinieren soll) könnte dabei der Formulierung einer gesamteuropäischen Stabilitäts- und Wohlstandsstrategie dienen. Ein erster Schritt in diese Richtung ist der Vorschlag der Europäischen Kommission, neben dem makroökonomischen Scorecard künftig auch ein soziales Scorecard in den Prozess des Europäischen Semesters einzubringen (Europäische Kommission 2013).

5. Schlussfolgerung

Spätestens seit der weltweiten Wirtschafts- und Finanzkrise ist in vielen Ländern der Mangel an strategiefähiger Wirtschaftspolitik offensichtlich geworden. Während in den USA Demokraten und Republikaner um das zulässige Maß an staatlicher Verschuldung bis hin zur zeitweiligen Schließung von Regierungsinstitutionen streiten, verharrt der Euroraum seit mehr als vier Jahren in einer schweren ökonomischen, sozialen und institutionellen Krise. Längerfristige Herausforderungen wie die Bekämpfung des Klimawandels scheinen vor diesem Hintergrund nur noch von nachgelagerter Relevanz.

Die gegenwärtige Krisensituation offenbart ebenso die Unzulänglichkeiten des wirtschaftstheoretischen Paradigmas des *Laissez-faire* wie das Ende der *Great Moderation* (Ben Bernanke), jener historischen Phase scheinbarer makroökonomischer Stabilität bei weitgehender Abwesenheit strategischer Wirtschaftspolitik seit Mitte der 1980er Jahre.

Nun gilt es für die Wirtschaftspolitik, ihre Strategiefähigkeit zurückzuge-
winnen, ohne die Fehler zu wiederholen, die gegen Ende der 1970er Jahre
zum Ende des keynesianischen Paradigmas in der Wirtschaftspolitik beigetragen hatten. Für die Entwicklungs- und Schwellenländer heißt das in erster
Linie, den Sachverstand und die Institutionen zu entwickeln, die zur Zurück-
gewinnung von Freiheitsgraden etwa in der Umwelt-, Verteilungs-, Konjunktur-
und Außenhandelspolitik nötig wären. In den Hocheinkommensländern sind
die Voraussetzungen für strategische Wirtschaftspolitik prinzipiell sehr viel
besser. Das Problem ist hier (neben ökonomischen Verteilungskonflikten) häufig, dass nicht der politische Mut bzw. der Wille besteht, dem derzeit vorherrschenden, auf kurzfristige mediale (Schein-)Erfolge ausgerichteten Politik-
verständnis zu entfliehen. Ein neues Stabilitäts- und Wohlstandsgesetz in
Deutschland könnte einen ersten institutionellen Anschub hierzu geben. Auf
europäischer und globaler Ebene ist strategische Wirtschaftspolitik zwar ungleich schwerer zu erreichen, entscheidend ist aber auch hier – das zeigt etwa
die Erfahrung der ersten Nachkriegsjahrzehnte – der politische Wille. Wenn die
akut gefährdeten ökologischen Grundlagen unserer Gesellschaft und der vieler-
orts bedrohte soziale Frieden auf Dauer gesichert werden sollen, führt letztlich
kein Weg an einer Renaissance strategiefähiger Wirtschaftspolitik vorbei.

Literatur

Chang, Ha-Jong (2006): *The East Asian Development Experience – The Miracle, the
Crisis, and the Future*, London: Zed Press.

Dullien, S. (2013): *Für eine strategische und nachhaltige Wirtschaftspolitik in Deutschland: Die Rolle der Bundesländer und die Zukunft des Länderfinanzausgleiches*,
Erfurt: Thüringen Memos.

Dullien, S., van Treeck, T. (2012): Ziele und Zielkonflikte der Wirtschaftspolitik
und Ansätze für Indikatoren und Politikberatung, Rat für Sozial- und Wirt-
schaftsdaten Working Paper Series, 211.

Enquete-Kommission (2012): Arbeitsbericht Projektgruppe 2 „Entwicklung eines
ganzheitlichen Wohlstands- bzw. Fortschrittsindikators", Kommissionsdruck-
sache 17(26)72 neu.

Europäische Kommission (2013): Strengthening the social dimension of the Economic and Monetary Union, communication from October 2, 2013, Brussels.

Flassbeck, H., Dullien, S., Geiger, M. (2005): China's Spectacular Growth since the
Mid-1990s – Macroeconomic Conditions and Economic Policy Challenges,
in: United Nations Conference on Trade and Development, *China in a Global-
izing World*, Genf, 1-44.

Herr, H. (2012): *Europa vor einem verlorenen Jahrzehnt. Wege aus der Stagnation.* Friedrich-Ebert-Stiftung. März 2012.

Hickel, R., Priewe, J. (1991), Aufstieg und Fall des Stabilitätsgesetzes, in: E. Stratmann-Mertens, R. Hickel und J. Priewe (Hrsg.), *Wachstum – Abschied von einem Dogma: Kontroverse über eine ökologisch-soziale Wirtschaftspolitik,* Frankfurt a.m., 33-62.

Horn, H., Mavroidis, P.C., Sapir, A. (2009): *Beyond the WTO? An anatomy of EU and US preferential trade agreements,* Bruegel Blueprint Series Volume VII, Brüssel.

Lucas, R.E. (1976): Econometric Policy Evaluation: A Critique, *Carnegie-Rochester Conference Series on Public Policy,* 1, 19-46.

OECD (2013): *OECD Economic Surveys: Brazil 2013,* Paris.

Ostry, J., Qureshi, M.S., Habermeier, K., Reinhardt, D.B.S., Chamon, M., Ghosh, A. (2010): Capital Inflows: The Role of Controls, IMF Staff Position Note No. 2010/4, February 19, 2010.

Priewe, J., Herr, H. (2005): *The Macroeconomics of Development and Poverty Reduction: Strategies Beyond the Washington Consensus,* Baden-Baden.

Sargent, T., Wallace, N. (1975): ‚Rational' Expectations, the Optimal Monetary Instrument, and the Optimal Money Supply Rule, *Journal of Political Economy,* 83, 241-254.

Stratmann-Mertens, E., Hickel, R., Priewe, J. (Hrsg.) (1991): *Wachstum – Abschied von einem Dogma: Kontroverse über eine ökologisch-soziale Wirtschaftspolitik,* Frankfurt a.M.

The Economist (2013): Europe's reluctant hegemon, 15. Juni 2013.

UNCTAD (2006): *Trade and Development Report: Global partnership and national policies for development,* Geneva.

II.

Arbeitsmarkt und Beschäftigung

The Labour Market and Employment

Zur Kritik der Arbeitsmarkttheorie

Jochen Hartwig

1. Einleitung

Jan Priewes Dissertationsschrift „Zur Kritik konkurrierender Arbeitsmarkt-
und Beschäftigungstheorien und ihrer politischen Implikationen", die vor
genau dreißig Jahren im Druck erschien (Priewe 1984), hat meine eigenen be-
schäftigungstheoretischen Vorstellungen stark beeinflusst. Vor allem Priewes
Unterscheidung zwischen „Arbeitsmarkttheorien" auf der einen und „Beschäftigungstheorien" auf der anderen Seite war es, die mir klar machte, dass nicht
jede Beschäftigungstheorie zugleich auch eine Arbeitsmarkttheorie zu sein
braucht. Dies führte mich letztlich zu der Überzeugung, dass John Maynard
Keynes in seiner *Allgemeinen Theorie der Beschäftigung, des Zinses und des
Geldes* (Keynes 1936) eine „Beschäftigungstheorie jenseits des Marktparadigmas" (Hartwig 2000) entwickelt hat.

In diesem Beitrag soll die arbeitsmarktparadigmatische Erklärung der Höhe
von Beschäftigung und Arbeitslosigkeit skizziert und einer an Keynes' alternativem Paradigma – dem Prinzip der effektiven Nachfrage – orientierten
Kritik unterzogen werden. Das Prinzip der effektiven Nachfrage wird sodann
illustriert, indem das ihm zugrunde liegende Modell aus Kapitel 3 der *Allgemeinen Theorie* hier erstmals in konkrete funktionale Formen gegossen wird,
sodass numerische Simulationen möglich werden. Abschließend werden die
„politischen Implikationen" eines Abrückens von der im Mainstream der
Wirtschaftstheorie nach wie vor unangefochtenen Arbeitsmarkttheorie hin zu
Keynes' alternativem Paradigma umrissen.

2. Das Marktparadigma[1]

2.1 Das Lehrbuchmodell des Marktes

Paul A. Samuelson eröffnet das vierte Kapitel seines Lehrbuch-Bestsellers *Economics* mit dem einem „Anonymus" zugeschriebenen Bonmot: „You can make even a parrot into a learned political economist – all he must learn are the two words ‚supply' and ‚demand'" (Samuelson 1973, 58). Dieses vierte Kapitel enthält „in einer Nussschale" all die Elemente, die zusammengenommen das konstituieren, was ich als „das Marktparadigma" bezeichne:

- *Was*, *Wie* und *Für wen* produziert wird, entscheidet sich auf Märkten. Das heißt, es gibt Orte, an denen simultan über die Allokation knapper Ressourcen, die Technikwahl und die Distribution entschieden wird, und wir nennen sie „Märkte".

- „Der Markt" lässt sich aber nicht nur über seine Funktionen, sondern auch über seine Ausstattungsmerkmale definieren. Diese sind:
  - eine Angebotskurve,
  - eine Nachfragekurve und
  - ein Markt*mechanismus*.

- Die Angebotskurve hat in aller Regel in einem den Markt darstellenden Koordinatensystem mit der Gütermenge als Abszisse und dem Marktpreis als Ordinate eine positive Steigung; die Nachfragekurve eine negative. Die beiden Kurven sind voneinander unabhängig, denn hinter ihnen stehen Nutzenmaximierungsüberlegungen voneinander abgeschiedener Marktseiten. Allerdings kann man die beiden Kurven nur unter *ceteris paribus*-Annahmen zeichnen, mit anderen Worten: Änderungen auf anderen Märkten können auf den gerade betrachteten Markt ausstrahlen und die Kurven verschieben.

- Der Marktmechanismus sorgt für „Gleichgewicht" auf dem Markt, mit anderen Worten dafür, dass die Menge gehandelt wird, die dem Schnittpunkt der beiden Kurven entspricht. Dieser Marktmechanismus lässt sich dahingehend beschreiben, dass Abweichungen von Angebot und Nachfrage über den Konkurrenzmechanismus einen Druck auf den Marktpreis ausüben, sodass dieser sich in die Richtung des Schnittpunktes der Angebots- mit der Nachfragekurve bewegt.

---

[1] Abschnitt 2 stammt größtenteils aus Hartwig (2003).

Legt man dieses Paradigma an den Bereich der gesamtwirtschaftlichen Beschäftigung an, so ergibt sich die Vorstellung eines „Arbeitsmarktes". Auch hier führt dem Marktparadigma zufolge Wettbewerb zwischen Arbeitsanbietern und Arbeitsnachfragern zu einem Gleichgewicht: der Vollbeschäftigung. Beobachtet man in der Realität unfreiwillige Arbeitslosigkeit, so *kann* sie in der Logik des Arbeitsmarktparadigmas nur durch einen Mangel an Wettbewerb auf dem Arbeitsmarkt verursacht worden sein, mit anderen Worten durch Gewerkschaften oder – gemäß „Effizienzlohntheorie" – Firmen, die den Lohn „zu hoch" halten.

2.2 Keynes' Kritik an der Arbeitsmarkttheorie

Keynes schrieb die *Allgemeine Theorie der Beschäftigung, des Zinses und des Geldes*, weil er nicht akzeptieren wollte, dass die Massenarbeitslosigkeit während der Weltwirtschaftskrise ihre Ursache in „zu hohen" Löhnen habe, dies aber die einzige Erklärung war, welche die damals – und heute wieder – vorherrschende (Arbeitsmarkt-)Theorie anzubieten hatte. Hätte Keynes die Arbeitsmarkttheorie im Wesentlichen akzeptiert, so hätte er es wohl kaum für nötig befunden, eine großangelegte alternative „Allgemeine Theorie der Beschäftigung" vorzulegen,[2] von der Keynes glaubte, dass sie die Wirtschaftstheorie revolutionieren werde.[3] Hierin zeigt sich, wie absurd jene Keynes-Interpretationen sind, die den Beitrag von Keynes zur Wirtschaftstheorie auf die Ergänzung des von ihm angeblich grundsätzlich akzeptierten Marktparadigmas um Lohn- und Preisrigiditäten begrenzt sehen wollen (vgl. dazu Hartwig 2000, 2003).

Wollte Keynes die Theorie der Beschäftigung tatsächlich revolutionieren, so musste er sich primär gegen das Arbeitsmarkt-Paradigma wenden, denn in der Neoklassik „ist der Arbeitsmarkt ... der *strategische Markt*: Hier wird die Beschäftigung bestimmt, aus der (über die Produktionsfunktion) unmittelbar das volkswirtschaftliche Realeinkommen folgt. Eine unzureichende Güternachfrage ist ausgeschlossen" (Felderer/Homburg 1991, 102).

---

[2] Von den drei Explananda, die er im Titel seines Buches erwähnt, hielt Keynes die *Beschäftigung* für das wichtigste. Er schrieb: „Der endgültige Zweck unserer Analyse ist, zu entdecken, was die Menge der Beschäftigung bestimmt" (Keynes 1936, 77).

[3] Am 1. Januar 1935 schrieb er an George Bernard Shaw: „I believe myself to be writing a book on economic theory, which will largely revolutionise – not, I suppose at once but in the course of the next ten years – the way the world thinks about economic problems" (Keynes 1982).

Der letzte Satz ist entscheidend. Eine unzureichende Güternachfrage ist ausgeschlossen, weil die Neoklassik von der Gültigkeit des „Say'schen Gesetzes" ausgeht. Mit anderen Worten ist die Akzeptanz des Say'schen Gesetzes die Vorbedingung dafür, dass der Arbeitsmarkt der „strategische Markt" sein kann. Die Unternehmer als Arbeitsnachfrager werden nur dann diejenige Beschäftigungshöhe wählen, bei der der Reallohn dem Grenzprodukt der Arbeit entspricht, sich mithin nur dann an der „Arbeitsnachfragekurve" orientieren, wenn sie erwarten können, dass sie jede beliebige Produktionsmenge werden verkaufen können. Es gibt einen Grund, warum die Unternehmer in einer neoklassischen Welt diese Erwartung hegen können, und dieser Grund besteht in der Neutralität des Geldes, welche die sogenannte klassische Dichotomie hervorbringt. Ob die Produktion nämlich so umgesetzt wird, dass reale Güter gegen andere reale Güter getauscht werden, oder ob die Tauschvorgänge unter Verwendung von Geld vonstattengehen, spielt in der Neoklassik keine Rolle. Ursache der Geldneutralität wiederum ist, dass Geld in einer neoklassischen Welt keiner anderen Verwendung zugeführt werden kann, als den Tausch von Konsum- und Investitionsgütern zu vermitteln. Geld kann aus der Zirkulationssphäre nicht abfließen, weil es irrational sei, Geld nicht auf die eine oder andere Weise auszugeben – entweder für Konsumgüter oder für verzinsliche Wertpapiere, wobei die diese Wertpapiere emittierenden Unternehmen das so aufgenommene Geld für Investitionsgüter ausgeben. Geld als Wertaufbewahrungsmittel zu benutzen, mit anderen Worten, Liquidität einer Geldanlage vorzuziehen, hieße, auf Zinseinkünfte zu verzichten. So etwas tut ein *homo oeconomicus* nicht!

Was aber, wenn ein Abfluss von Geld aus der Zirkulationssphäre doch möglich wäre? Was, wenn Geld gehortet würde? Dann würde sich mit der zunehmenden Knappheit der Relativpreis des Geldes erhöhen, die Güterpreise würden sinken, und der Reallohn würde steigen und jedenfalls ein anderer sein als derjenige, der der Beschäftigungsentscheidung (ex ante) zugrunde lag. Es folgt, dass die Unternehmer nur dann ihre Beschäftigungsentscheidung auf dem „Arbeitsmarkt" anhand der „Arbeitsnachfragekurve" treffen, wenn Geld ausschließlich als Zirkulationsmittel dient.

Keynes hat – besonders mit seiner Liquiditätspräferenztheorie – dem Geld jedoch eine weitere Funktion zugewiesen. Aus seiner Sicht befindet sich jeder Mensch in einem Zustand fundamentaler Unsicherheit, in der die Bildung „rationaler Erwartungen" im Sinne der Mainstream-Theorie unmöglich ist. Geld ist für Keynes das Mittel, mit dem die Menschen ihre unsichere Stellung in den Griff zu bekommen versuchen. Deshalb hält er das Geld im Unterschied zur Neoklassik für „wesentlich" und fordert, die Wirtschaft müsse als

„Geldwirtschaft" modelliert werden und nicht als „Tauschwirtschaft", wie sie von der Mainstream-Theorie abgebildet werde.[4] *Wesentliche* Eigenschaft des Geldes ist für Keynes, dass sein Besitz die Unsicherheit über die Zukunft „einlullt". Deshalb trennen sich die Menschen auch nur von ihrem Geld, wenn sie mehr Geld dafür bekommen; und dieses „Mehr" ist der Zins. Je ängstlicher die Menschen in Bezug auf ihre zukünftige Situation sind, desto höher muss der Zins sein, der sie zur Aufgabe der Verfügungsmacht über ihr Geld veranlassen kann (eine Überlegung, die sich während der jüngsten Finanzkrise in Griechenland glanzvoll bestätigt hat).[5]

Wenn Geld also noch anderen Zwecken dienen kann als dem Transaktionsmotiv, dann können die Unternehmer Verluste erleiden, wenn sie sich ausschließlich an der „Arbeitsnachfragekurve" orientieren, weil dann die Absetzbarkeit jedweder Produktionsmenge nicht länger garantiert ist. Die Unternehmer richten sich daher nicht nur nach den Kosten, sondern auch nach der von ihnen ex ante erwarteten Nachfrage. Dies ist im Kern die eigentlich so einfache und selbstverständliche, trotzdem weitreichende Neuerung von Keynes in der Wirtschaftstheorie, welche er im Prinzip der effektiven Nachfrage näher konkretisiert hat.

3. Keynes' Modell der effektiven Nachfrage

In Kapitel 3 der *Allgemeinen Theorie* entwickelt Keynes das Prinzip der effektiven Nachfrage im Rahmen eines Gedankenexperiments von Unternehmern, die Profitmaximierung anstreben. Um das Prinzip zu verstehen, ist es wichtig, den ökonomischen Prozess als eine Sequenz von Produktionsperioden zu begreifen. Unternehmer planen für eine bestimmte Periode der Zukunft und sind durch ihre am Anfang der Periode getroffenen Entscheidungen bis an deren Ende gebunden. Das Prinzip der effektiven Nachfrage leitet ihre Planungen an. Um die Darstellung zu vereinfachen, sei angenommen, dass sich die individuellen Planungen der Unternehmer aggregieren lassen und dass die Planungsperiode für alle Unternehmer dieselbe ist.

Keynes modelliert die Planungsaufgabe der Unternehmer mithilfe von zwei Funktionen, der „Funktion des gesamten Angebots" (Z) und der „Funk-

---

[4] Vgl. seinen (unbetitelten) Beitrag zur Festschrift für Arthur Spiethoff: Der Stand und die nächste Zukunft der Konjunkturtheorie, der in den *Collected Writings* den Titel „A Monetary Theory of Production" erhielt (Keynes 1973a).

[5] Keynes hat seine Auffassungen zum Komplex „Geld und Unsicherheit" am deutlichsten 1937 in dem Aufsatz *The General Theory of Employment* dargelegt (Keynes 1973b).

tion der gesamten Nachfrage" (D). Z ist „der gesamte Angebotspreis der Produktion von der Beschäftigung von N Arbeitern" (Keynes 1936, 21). Den
„gesamten Angebotspreis der Produktion einer gegebenen Beschäftigungsmenge" definiert Keynes (1936, 21) als „die Erwartung des Erlöses, welche
die Unternehmer gerade noch veranlasst, diese Beschäftigung zu geben".[6]

Keynes definiert Z als das mathematische Produkt einer aggregierten
Preis- und Mengenkomponente. Letztere, die „Produktion einer gegebenen
Beschäftigungsmenge", lässt sich als (beschäftigungsabhängige) Nettowertschöpfung identifizieren.[7] Ich wähle dafür das Symbol Y(N). Das Preisniveau, das in Keynes' aggregierter Angebotsfunktion implizit ist (P^s), muss
die Eigenschaft haben, dass es Erlöse generiert, die es für die Unternehmer
„gerade noch lohnend machen", eine bestimmte Beschäftigung zu geben. Mit
anderen Worten muss es sich bei P^s um das gewinnmaximierende Preisniveau
handeln. In Bezug auf die Mikrofundierung des aggregierten Angebots übernimmt die *Allgemeine Theorie* im Wesentlichen den neoklassischen Ansatz.
Deshalb stellt es Keynes (1936, 21) auch nicht in Frage, dass die Unternehmer versuchen werden, „die Menge der Beschäftigung auf dem Niveau zu
fixieren, von dem sie erwarten, dass es den Überschuss des Erlöses über die
Faktorkosten aufs Höchstmaß steigern wird".

Der mathematische Ansatz zur Bestimmung dieses Niveaus ist wohl-
bekannt. Man leite die Gewinnfunktion nach der Beschäftigung ab und setze
gleich Null. Daraus ergibt sich das gewinnmaximierende „Angebotspreisniveau" P^s (vgl. Gleichungen 1 und 2).[8]

$$\Pi = P^s \cdot Y(N) - w \cdot N \tag{1}$$

$$\frac{d\Pi}{dN} \overset{!}{=} 0 \Rightarrow P^s \cdot \frac{dY}{dN} - w = 0 \Rightarrow P^s = w \cdot \frac{dN}{dY} \tag{2}$$

---

[6] Auf Englisch: „… the expectation of proceeds which will just make it worth the while
of the entrepreneur to give that employment". Statt „veranlasst" sollte es auf Deutsch
also besser „lohnend macht" heißen.

[7] Nicht als Bruttowertschöpfung, weil Keynes die von ihm so genannten „Gebrauchs-
kosten" – die Summe von Vorleistungen und Abschreibungen – im Aggregat vom Brutto-
produktionswert abzieht (vgl. Keynes 1936, 20f.).

[8] Mit Π = aggregierter Gewinn, P^s = Angebotspreisniveau, Y = Nettowertschöpfung, N =
Beschäftigung, w = Lohneinheit (entspricht dem durchschnittlichen Nominallohnsatz,
vgl. Keynes 1936, 36f.).

Die Funktion Z, die das mathematische Produkt der Nettowertschöpfung und des Angebots-Preisniveaus darstellt, ist daher durch Gleichung 3 gegeben:

$$Z = P^s \cdot Y(N) = w \cdot \frac{dN}{dY} \cdot Y(N) \tag{3}$$

Bei abnehmenden Grenzerträgen der Arbeit wird der Produktionszuwachs mit zunehmender Beschäftigung immer geringer. Dagegen wächst das Angebotspreisniveau, in das der Kehrwert des Grenzertrags der Arbeit eingeht, progressiv. Im Gesamteffekt könnte sich eine Z-Funktion ergeben, die eine konstante Steigung hat. Dies könnte zumindest die Aussage einer ziemlich unklaren Fußnote auf Seite 49 der *Allgemeinen Theorie* sein, in der Keynes zwei miteinander wohl unvereinbare Dinge behauptet: erstens, dass Z linear mit einer Steigung von 1 verlaufe, und zweitens, dass die Steigung von Z durch das Inverse des Geldlohnsatzes gegeben sei. Ambrosi (2011) hat jüngst gezeigt, dass die zweite Behauptung Sinn macht, wenn man statt „Lohnsatz" „Lohnquote" schreibt. Mit anderen Worten: Ambrosi argumentiert, dass die Steigung von Z durch das Inverse der Lohnquote gegeben sei. In Hartwig (2011) bestätige ich dies, indem ich als den allgemeingültigsten Ausdruck für die Steigung von Z das Inverse der Produktionselastizität ableite.[9] Letztere ist in der neoklassischen Produktionstheorie, an der Keynes (wie erwähnt) in der *Allgemeine Theorie* im Wesentlichen festhält, gleich der Lohnquote.

Wenden wir uns nun der „Funktion der gesamten Nachfrage" (D) zu. Laut Keynes (1936, 21) beschreibt sie den „Erlös, den die Unternehmer von der Beschäftigung von N Arbeitern zu erhalten erwarten". In einem Diagramm mit der Beschäftigung an der Abszisse und den erwarteten Erlösen an der Ordinate, das Keynes verbal auf Seite 22 der *Allgemeinen Theorie* entwirft, liegt D für kleine N oberhalb von Z. In einem bestimmten Punkt, der einem bestimmten Beschäftigungsniveau N korrespondiert, schneiden sich D und Z allerdings. Keynes nennt diesen Schnittpunkt die „wirksame" oder „effektive" Nachfrage und schreibt, dass in diesem Punkt „die Gewinnerwartung der Unternehmer aufs Höchstmaß gesteigert sein wird" (Keynes 1936, 21).

Die Interpretation dieser Passage der *Allgemeinen Theorie* ist unkompliziert, wenn man sich daran erinnert, dass Keynes die neoklassischen mikroökonomischen Annahmen der Gewinnmaximierung und des Preisnehmer-

---

[9] Leider ist die mathematische Ableitung in Hartwig (2011) durch Druckfehler in den Formeln verstümmelt. Vgl. stattdessen die Working Paper-Version (KOF Working Paper No. 282) unter www.kof.ethz.ch.

verhaltens übernimmt.[10] Weil Unternehmer nicht davon ausgehen, die Preise diktieren zu können (weder in individuellen Märkten noch im Aggregat), benutzen sie das Kalkül der Gleichungen (1) und (2), um das Preisniveau herauszufinden, das die Gewinne maximieren würde. P^s, das in Z implizite Preisniveau, ist gewissermaßen hypothetisch. *Wenn* die Unternehmer, für eine bestimmte Beschäftigungsmenge N_1, das durch Gleichung (2) gegebene Preisniveau im Markt erwarteten, würden sie N_1 Arbeitskräfte einstellen, weil sie wüssten, dass damit die Gewinne maximiert würden. Aber welches Preisniveau erwarten sie tatsächlich? Diese Frage wird nicht von der Angebotsfunktion, sondern von der Nachfragefunktion beantwortet. Das in D implizite Preisniveau, welches wir als das Nachfragepreisniveau P^d bezeichnen können, ist dasjenige, von dem die Unternehmer erwarten, dass es tatsächlich im Markt gilt. Daher schreibt Keynes (1936, 21), „sei D der Erlös, den die Unternehmer von der Beschäftigung von N Arbeitern zu erhalten erwarten". Wenn für ein bestimmtes N gilt, dass $P^d > P^s$, so

> „werden die Unternehmer einen Ansporn haben, die Beschäftigung über N hinaus zu vermehren, und, falls notwendig, die Kosten zu erhöhen, indem sie sich miteinander um die Erzeugungsfaktoren bewerben bis zum Wert von N, für den Z gleich D geworden ist" (Keynes 1936, 22).

Nun ist es wichtig zu verstehen, wie Keynes' Modell der effektiven Nachfrage, demzufolge die Funktionen D und Z die Volumina von Beschäftigung und Output sowie das Preisniveau in ihrem Schnittpunkt bestimmen, zusammenhängt mit seiner Akzeptanz des „ersten Postulats der klassischen Ökonomie". In Kapitel 2 der *Allgemeinen Theorie* rekonstruiert Keynes, was er die „klassische Ökonomie" nennt, in Form von zwei Postulaten. Das erste Postulat besagt: *„Der Lohn ist gleich dem Grenzerzeugnis der Arbeit"* (Keynes 1936, 5). Keynes hätte ergänzen sollen: „*...; und das Grenzerzeugnis der Arbeit sinkt in der kurzen Frist*". Er bringt diese Ergänzung auf Seite 15 der *Allgemeinen Theorie* an, wo er auch feststellt, dass er das „erste Postulat"

---

[10] Keynes' Vorstellung des Preisnehmerverhaltens weicht von der strikten mikroökonomischen Theorie ab. Letztere würde nicht vorsehen, dass Unternehmer ex ante Erwartungen über die Nachfrage bilden, weil dieser Theorie zufolge die Unternehmer zum geltenden Marktpreis mit einer vollkommen elastischen Nachfrage rechnen. Keynes – der an der „realen Welt" (Davidson 1978) interessiert war – übernahm das Konzept der „vollkommenen Konkurrenz" nicht. In seiner Theorie sind die Firmen nicht „atomistisch", aber auch nicht mächtig genug, den Preis zu diktieren. Unternehmer müssen vielmehr Erwartungen bilden über den Preis für ihr Produkt, der am Markt akzeptiert werden wird, und über den ihnen zufallenden Marktanteil (vgl. Chick 1992).

akzeptiert. Ein Falsch-Verstehen des über das Grenzerzeugnis der Arbeit vermittelten Zusammenhangs zwischen Beschäftigung und Lohnhöhe bei Keynes führt ohne Umwege zu einer Verwässerung der Bedeutung seines Beitrags zur Wirtschaftstheorie.

Ein Beispiel für ein solches Falsch-Verstehen liefert meines Erachtens Meltzer (1983). Meltzer schließt, dass Keynes' Akzeptanz des „ersten Postulats" impliziert, dass er die Arbeitsmarkt-Nachfragekurve (s.o., Abschnitt 2.1) für ein brauchbares theoretisches Konstrukt zur Bestimmung der Beschäftigungshöhe gehalten habe.

Aber diese Schlussfolgerung ist unangebracht. Keynes interpretiert den Zusammenhang zwischen Reallöhnen und Beschäftigung nicht so wie Meltzer, nämlich in dem Sinn, dass tiefere Reallöhne zu einer höheren Arbeitsnachfrage und somit zu einer höheren Beschäftigung führen. Keynes schreibt bloß, Reallöhne und Beschäftigung seien „korreliert". Die Kurve, welche das Grenzprodukt der Arbeit abbildet, ist nicht die Arbeitsnachfragekurve (vgl. auch Davidson 1983a, 1983b). Auf ihr wird lediglich der Reallohn abgetragen, der *ex post* mit einem bestimmten Beschäftigungsniveau einhergeht. Letzteres hängt aber allein von der effektiven Nachfrage ab.

Der linke Teil von Abbildung 1 illustriert Keynes' Analyse in Kapitel 3 der *Allgemeinen Theorie*. Die Funktionen D und Z haben einen Schnittpunkt im Quadranten mit der Beschäftigung (N) an der horizontalen und den aggregierten Erlösen (PY) an der vertikalen Achse. Er legt das Beschäftigungsniveau für die entsprechende Produktionsperiode fest (N_{ed}). Wenn N_{ed} übertragen wird auf einen Quadranten mit der Beschäftigung an der horizontalen und dem Reallohn (w/P) an der vertikalen Achse, kann man den effektiven, während der Periode geltenden Reallohn (w/P_{ed}) an der Grenzprodukt-der-Arbeit-Kurve (MPL-Kurve) ablesen. Diese Kurve kann aber nicht mehr als Arbeitsnachfragekurve angesehen werden, da die Arbeitsnachfrage ja bereits im linken Quadranten gemäß dem Prinzip der effektiven Nachfrage festgelegt wurde. Allerdings lässt sich im rechten Quadranten die Höhe der unfreiwilligen Arbeitslosigkeit ablesen, sofern man bereit ist, das Konzept der neoklassischen Arbeitsangebotskurve (N^s) zu akzeptieren ($N^s_{ed} - N_{ed}$).

Abbildung 1: Festlegung der Höhe von Beschäftigung und Arbeitslosigkeit
gemäß dem Prinzip der effektiven Nachfrage

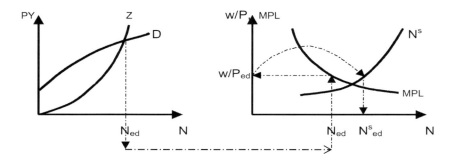

Aber warum kann man den Reallohn an der Grenzprodukt-der-Arbeit-Kurve
(MPL-Kurve) ablesen? Um dies zu beantworten, müssen zwei Fälle im Ent-
scheidungskalkül der Unternehmer unterschieden werden, für welches das
Prinzip der effektiven Nachfrage ein Modell ist. Im ersten Fall antizipieren
die Unternehmer die tatsächliche Nachfrage während der bevorstehenden
Produktionsperiode korrekt. Dann wird ex post die tatsächliche aggregierte
Nachfrage mit den Erlösen übereinstimmen, die dem Schnittpunkt der (erwar-
tungsabhängigen) Funktionen D und Z entsprechen. Dann gilt:

$$P^D \cdot Y(N) = P^S \cdot Y(N) \Leftrightarrow P^D \cdot Y(N) = w \frac{dN}{dY} \cdot Y(N) \Leftrightarrow \frac{w}{P^D} = \frac{dY}{dN} \quad (4)$$

Ex post entspricht der Reallohn dem Grenzprodukt der Arbeit, wenn die Ex-
ante-Erwartungen korrekt waren. Nun wollen wir annehmen, dass die Ex-ante-
Erwartungen nicht korrekt sind. Nehmen wir an, dass zu Beginn der Produktionsperiode die Unternehmer die tatsächliche Nachfrage während der Periode
unterschätzen. Da die Unternehmer gemäß der Definition der Produktionsperiode an ihre zu Beginn der Periode getroffene Entscheidung, wie viel Personal sie beschäftigen wollen, bis an deren Ende gebunden bleiben, können
sie auf die höher als erwartet ausfallende Nachfrage nicht mit einer Erhöhung
der Produktion reagieren. Ihre beiden einzigen Optionen sind, die Preise zu erhöhen oder die Lager abzubauen. Dies mag zwar der standard-keynesianischen
Vorstellung von Mengenreaktionen bei fixen Preisen widersprechen, aber genauso beschreibt Keynes den Anpassungsprozess zwischen Angebot und Nachfrage in der *Allgemeinen Theorie* (Keynes 1936, 104-106). Als Resultat eines
Preisanstiegs sinkt der Reallohn; und er sinkt unter das Grenzprodukt der in

dieser Produktionsperiode Beschäftigten. Wenn die Unternehmer erwarten, dass die höher als erwartet ausfallende Nachfrage in der nächsten Periode anhält, wird der „Punkt der effektiven Nachfrage" in der nächsten Produktionsperiode eine höhere Gesamtbeschäftigung implizieren, weil sich die D-Kurve nach oben verschiebt. Folglich wird das Grenzprodukt der Arbeit sinken und zwar auf das neue Reallohnniveau. Also muss Keynes' Akzeptanz des „ersten Postulats" dahingehend qualifiziert werden, dass, falls die Ex-ante-Erwartungen der Unternehmer nicht korrekt sind, es zwei Produktionsperioden dauert, bis der Reallohn und das Grenzprodukt der Arbeit übereinstimmen. Und selbst diese Aussage trifft nur dann zu, wenn sich die Angebots- und Nachfragebedingungen im Übergang von der ersten zur zweiten Periode nicht ändern.

4. Die komparative Statik des Modells der effektiven Nachfrage

In diesem Abschnitt soll die Funktionsweise des D/Z-Modells näher erläutert werden. Hierzu gehe ich über die existierende Literatur hinaus, indem ich konkrete funktionale Formen für D und Z wähle und anschließend numerische Simulationen mit dem Modell durchführe.

Zunächst muss eine Produktionsfunktion spezifiziert werden. Ich wähle eine einfache neoklassische Produktionsfunktion mit abnehmenden Grenzerträgen der Arbeit. Der Kapitalstock ist in der kurzen Frist konstant und wird auf 1 normalisiert. Die erste Zeile von Tabelle 1 verzeichnet die unterstellte Produktionsfunktion sowie die Funktionen Z und D. Der Nominallohnsatz, der in Z einfließt (s.o., Gleichung 3), wird ebenfalls auf 1 normalisiert. Für D unterstelle ich, dass die Unternehmer ein Nachfragepreisniveau von 5 erwarten.

Tabelle 1: Annahmen für die numerischen Simulationen

	$Y(N)$	MPL	P^s $(=w/MPL)$	Z $(=P^s*Y(N))$	D $(=P^d*Y(N))$
1	$Y=N^{0.7}$	$dY/dN=0.7*N^{-0.3}$	$P^s=1/0.7*N^{0.3}$	$Z=1/0.7*N^{0.3}*N^{0.7}$ $=1/0.7*N$	$D=5*N^{0.7}$
2	$Y=N^{0.75}$	$dY/dN=0.75*N^{-0.25}$	$P^s=1/0.75*N^{0.25}$	$Z=1/0.75*N^{0.25}*N^{0.75}$ $=1/0.75*N$	$D=5*N^{0.75}$
3	$Y=N^{0.7}$	$dY/dN=0.7*N^{-0.3}$	$P^s=1/0.7*N^{0.3}$	$Z=1/0.7*N^{0.3}*N^{0.7}$ $=1/0.7*N$	$D=6*N^{0.7}$
4	$Y=N^{0.7}$	$dY/dN=0.7*N^{-0.3}$	$P^s=1/0.7*N^{0.3}$	$Z=1/0.7*N^{0.3}*N^{0.7}$ $=1/0.7*N$	$D=0.89*5*N^{0.7}+10$ $D=0.89*5*N^{0.7}+20$
5	$Y=N^{0.7}$	$dY/dN=0.7*N^{-0.3}$	$P^s=1.1/0.7*N^{0.3}$	$Z=1.1/0.7*N^{0.3}*N^{0.7}$ $=1.1/0.7*N$	$D=0.89*5.38*N^{0.7}$ $+20$

Abbildung 2 zeigt den Verlauf der Funktionen D und Z für das erste Set von Annahmen. Die Steigung von Z entspricht dem Inversen der Produktionselastizität, was die theoretische Ableitung in Hartwig (2011) bestätigt. Die Beschäftigung an der Abszisse läuft von 1 bis 70. D und Z schneiden sich bei einem Beschäftigungsniveau zwischen 65 und 66. Bei diesem Beschäftigungsniveau liegt das Grenzprodukt der Arbeit (marginal product of labour: MPL) zwischen 0.200 und 0.199, was bei den unterstellten Werten w=1, P^d=5 dem Reallohn entspricht.

Abbildung 2: Simulierte Funktionen D und Z für $Y(N)=N^{0.7}$

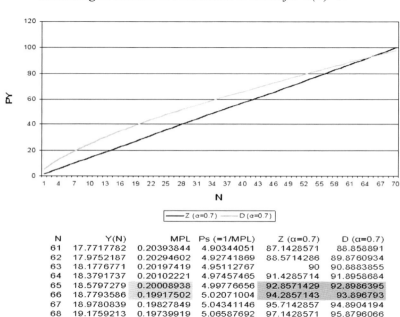

N	Y(N)	MPL	Ps (=1/MPL)	Z (α=0.7)	D (α=0.7)
61	17.7717782	0.20393844	4.90344051	87.1428571	88.858891
62	17.9752187	0.20294602	4.92741869	88.5714286	89.876934
63	18.1776771	0.20197419	4.95112767	90	90.8883855
64	18.3791737	0.20102221	4.97457465	91.4285714	91.8958684
65	18.5797279	0.20008938	4.99776656	92.8571429	92.8986395
66	18.7793586	0.19917502	5.02071004	94.2857143	93.896793
67	18.9780839	0.19827849	5.04341146	95.7142857	94.8904194
68	19.1759213	0.19739919	5.06587692	97.1428571	95.8796066

Wir können die Investitionsnachfrage hinzufügen. In Kapitel 3 der *Allgemeinen Theorie* unterscheidet Keynes zwei Komponenten von D, die er D_1 und D_2 nennt. D_1 bezeichnet die erwartete Konsumnachfrage und ist laut Keynes (1936, 24-26) eine Funktion der Beschäftigung $\chi(N)$. Obwohl er es dort nicht ausdrücklich schreibt, wird doch ziemlich klar, dass Keynes die erwartete Investitionsnachfrage (D_2) *nicht* als eine Funktion der Beschäftigung ansieht (so auch Chick 1983, 67). Das heißt, dass D_2 im PY/N-Koordinatensystem von Abbildung 1 eine horizontale Linie wäre – mit der konkaven D_1-Kurve obendrauf.[11] In der ersten Simulation war implizit angenommen, dass die Unternehmer Investitionen von Null erwarten. Dies impliziert eine Ersparnis von ebenfalls Null und eine Verbrauchsneigung von 1.

Wenn wir nun positive (erwartete) Investitionen annehmen, müssen wir die Annahme fallen lassen, dass die Verbrauchsneigung 1 beträgt. Wir können das Modell verwenden, um zu berechnen, welche Verbrauchsneigung konsistent zu einem bestimmten erwarteten Investitionsvolumen ist. Wenn z.B. das erwartete Investitionsvolumen gleich 10 ist, wird D zu:

$$D = c \cdot P^d \cdot Y(N) + 10 \tag{5}$$

Wenn wir weiterhin von einem Nachfragepreisniveau von 5 ausgehen, wissen wir, dass der Reallohn immer noch 0.2 beträgt. Ein Grenzprodukt der Arbeit, das zu diesem Reallohn konsistent ist, geht mit einer Beschäftigung von rund 65 einher. Also suchen wir nach einem Wert für die Verbrauchsneigung, der einen Wert für D von rund 92.86 generiert (den Wert von Z für ein Beschäftigungsniveau von 65, vgl. Abbildung 2). Diesen Wert können wir mit Gleichung 6 berechnen:

$$92.86 = c \cdot 5 \cdot 65^{0.7} + 10 \Leftrightarrow c = 0.89 \tag{6}$$

Die Ersparnis ($0.11 \cdot 5 \cdot 65^{0.7}$) ist gleich den Investitionen von 10 (abgesehen von Rundungsfehlern).

Kehren wir nun zu dem Modell ohne Investitionen zurück und unterstellen wir einen „Angebotsschock". Zum Beispiel steige aufgrund eines positiven Produktivitätsschocks die Produktionselastizität von 0.7 auf 0.75. Die zweite Zeile von Tabelle 1 verzeichnet wiederum die Produktionsfunktion sowie die Funktionen Z und D, und Abbildung 3 zeigt das Resultat der Simulation. Die Z-Funktion dreht sich nach rechts. Ihre Steigung entspricht nun dem Inversen von 0.75, daher verläuft sie flacher als zuvor. Die D-Kurve dreht sich nach oben weil jede Arbeitseinheit nun ein höheres Realeinkommen produziert, sodass auch die Nachfrageerwartungen steigen. Der neue Schnittpunkt von D und Z liegt bei einem Beschäftigungsniveau zwischen 197 und 198. Wiederum bewegt sich das Grenzprodukt der Arbeit in der Nähe des Reallohns von 0.2.

---

[11] Es sind die Unternehmer der Konsumgüterabteilung, die Erwartungen über das Niveau der Investitionsausgaben bilden müssen, um zu berechnen, wie viel Nachfrage über den Multiplikator-Zusammenhang auf sie zukommen wird (vgl. Hartwig 2004, 2006, 2008).

Abbildung 3: Simulierte Funktionen D und Z für $Y(N)=N^{0.7}$ und $Y(N)=N^{0.75}$

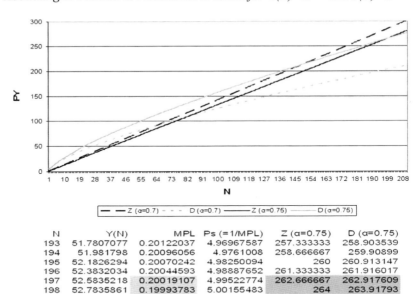

N	Y(N)	MPL	Ps (=1/MPL)	Z (a=0.75)	D (a=0.75)
193	51.7807077	0.20122037	4.96967587	257.333333	258.903539
194	51.981798	0.20096056	4.9761008	258.666667	259.90899
195	52.1826294	0.20070242	4.98250094	260	260.913147
196	52.3832034	0.20044593	4.98887652	261.333333	261.916017
197	52.5835218	0.20019107	4.99522774	262.666667	262.917609
198	52.7835861	0.19993783	5.00155483	264	263.91793
199	52.983398	0.19968617	5.007858	265.333333	264.91699
200	53.182959	0.1994361	5.01413746	266.666667	265.914795

Ein „Nachfrageschock" lässt sich ebenfalls simulieren und zwar in Form einer Erhöhung oder Senkung des Nachfragepreisniveaus. Keynes' Akzeptanz des „ersten klassischen Postulats" impliziert, dass die Unternehmer den Output (und die Beschäftigung) nur dann erhöhen, wenn sie erwarten, dass der Markt die Erhöhung der Preise toleriert, die nötig ist, um die wegen abnehmender Grenzerträge der Arbeit steigenden Grenzkosten zu decken. Mit anderen Worten, damit Unternehmer den Output überhaupt erhöhen, müssen sie erwarten können, dass eine Verbesserung der Nachfragesituation es ihnen auch ermöglichen wird, ein höheres Nachfragepreisniveau durchzusetzen. Daher schrieb Keynes in einem offenen Brief an US-Präsident Roosevelt:

> „Rising prices are to be welcomed because they are usually a symptom of rising output and employment. When more purchasing power is spent, one expects rising output at rising prices. Since there cannot be rising output without rising prices, it is essential to insure that the recovery shall not be

held back by the insufficiency of the supply of money to support the increased monetary turnover" (Keynes 1933, 33).[12]

Abbildung 4 zeigt die Folgen einer Anhebung des Nachfragepreisniveaus von 5 auf 6, ohne schon zu spezifizieren, welche Verbesserung im Nachfrageumfeld die Unternehmer zu der Aufwärtsrevision ihrer Nachfragepreiserwartungen veranlasst hat. (Die dritte Zeile von Tabelle 1 verzeichnet die Details dieser Simulation.) Die D-Funktion dreht sich nach oben, Beschäftigung und Output steigen und das Grenzprodukt der Arbeit sinkt auf das neue Niveau des Reallohns (1/6).

Abbildung 4: Simulierte Funktionen D und Z für P^d=5 und P^d=6

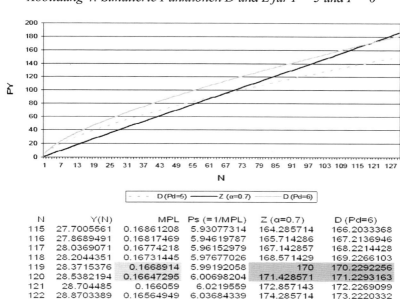

N	Y(N)	MPL	Ps (=1/MPL)	Z (α=0.7)	D (Pd=6)
115	27.7005561	0.16861208	5.93077314	164.285714	166.2033368
116	27.8689491	0.16817469	5.94619787	165.714286	167.2136946
117	28.0369071	0.16774218	5.96152979	167.142857	168.2214428
118	28.2044351	0.16731445	5.97677026	168.571429	169.2266103
119	28.3715376	0.1668914	5.99192058	170	170.2292256
120	28.5382194	0.16647295	6.00698204	171.428571	171.1293163
121	28.704485	0.166059	6.0219559	172.857143	172.2269099
122	28.8703389	0.16564949	6.03684339	174.285714	173.2220332

Im nächsten Schritt wollen wir annehmen, dass der positive Nachfrageschock darin besteht, dass die Unternehmer eine verstärkte Investitionstätigkeit erwarten. Dieser Schock kann nur zu einer vermehrten Beschäftigung führen,

---

[12] *Nota bene* sagt Keynes nicht, dass Inflation gut für Output und Beschäftigung sei, weil sie den Reallohn senkt. Steigende Preise sind ein „Symptom" – eine Begleiterscheinung – von steigendem Output und steigender Beschäftigung, aber nicht deren Ursache.

wenn er einhergeht mit der Erwartung, dass die Nachfragepreise steigen (oder dass der Nominallohnsatz sinkt). Wenn diese Erwartung nicht besteht, geschieht etwas Inkonsistentes, wie in Abbildung 5 dargestellt. Die Simulation unterstellt einen Anstieg der erwarteten Investitionen von 10 auf 20 ohne eine Änderung des Nachfragepreisniveaus oder des Nominallohnsatzes. Die Abbildung zeigt, dass Output und Beschäftigung steigen. Wenn Output und Beschäftigung höher sind als in Simulation 1, muss das Grenzprodukt der Arbeit niedriger liegen. Die Zahlen unterhalb der Abbildung zeigen, dass das Grenzprodukt der Arbeit von 0.2 auf 0.186 sinkt. Der Reallohn liegt dagegen unverändert bei 0.2. Also besteht eine Diskrepanz zwischen dem Grenzprodukt der

Abbildung 5: Simulierte Funktionen D und Z für D=0.89*5*Y(N)+10 und D=0.89*5*Y(N)+20

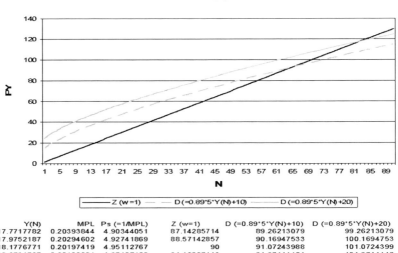

Y(N)	MPL	Ps (=1/MPL)	Z (w=1)	D (=0.89*5*Y(N)+10)	D (=0.89*5*Y(N)+20)
17.7717782	0.20393844	4.90344051	87.14285714	89.26213079	99.26213079
17.9752187	0.20294602	4.9274 1869	88.57142857	90.16947533	100.1694753
18.1776771	0.20197419	4.95112767	90	91.07243988	101.0724399
18.3791737	0.20102221	4.97457465	91.42857143	91.97111461	101.9711146
18.5797279	0.20008938	4.99776656	92.85714286	92.86558647	102.8655865
18.7793586	0.19917502	5.0207 1004	94.28571429	93.75593932	103.7559393
18.9780839	0.1982784 9	5.04341146	95.71428571	94.64225412	104.6422541
19.1759213	0.19739919	5.06587692	97.14285714	95.52460905	105.524609
19.3728878	0.19653654	5.08811229	98.57142857	96.40307965	106.4030796
19.5689998	0.19569	5.11012322	100	97.27773895	107.2777389
19.764273	0.19485903	5.13191512	101.4285714	98.14865758	108.1486576
19.9587226	0.19404314	5.15349322	102.8571429	99.01590391	109.0159039
20.1523641	0.19324185	5.17486254	104.2857143	99.87954409	109.8795441
20.3452113	0.1924547	5.19602792	105.7142857	100.7396422	110.7396422
20.5372781	0.19168126	5.21699402	107.1428571	101.5962604	111.5962604
20.7285782	0.19092112	5.23776534	108.5714286	102.4494588	112.4494588
20.9191246	0.19017386	5.25834622	110	103.2992959	113.2992959
21.1089301	0.18943912	5.27874084	111.4285714	104.1458283	114.1458283
21.2980069	0.18871652	5.29895324	112.8571429	104.9891109	114.9891109
21.4863671	0.18800571	5.31898733	114.2857143	105.8291971	115.8291971
21.6740222	0.18730636	5.33884688	115.7142857	106.6661389	116.6661389
21.8609835	0.18661815	5.35853554	117.1428571	107.4999865	117.4999865
22.0472621	0.18594076	5.37805684	118.5714286	108.3307889	118.3307889
22.2328685	0.1852739	5.3974 1418	120	109.1585937	119.1585937
22.4178133	0.18461729	5.4166 1088	121.4285714	109.9834473	119.9834473

Arbeit und dem Reallohn, die gemäß Keynes durch eine Preisreaktion beseitigt wird. Die Marktpreise – nicht die Nachfragepreise, bei denen es sich um ex ante erwartete Größen handelt – werden auf ein Niveau von 5.38 steigen, um einen Ausgleich von Grenzertrag der Arbeit und Reallohn herbeizuführen.

Wenn die Unternehmer die Situation voll antizipieren, wissen sie, dass ihre Output-Erwartung von rund 22 nicht konsistent ist zu ihrer Nachfragepreiserwartung von 5. Also würden sie wohl von vornherein höhere Nachfragepreise einplanen. Dies würde allerdings die D-Funktion noch weiter nach oben drehen und zu einem Gleichgewicht mit einem noch tieferen Grenzprodukt der Arbeit führen. Auf der anderen Seite wissen die Unternehmer, dass sich die Arbeitnehmer mit immer tieferen Reallöhnen nicht einverstanden erklären würden und irgendwann höhere Nominallöhne verlangen. Dies dreht die Z-Funktion nach innen und führt zu einem Gleichgewicht näher am Ursprung. In Hartwig (2006) habe ich argumentiert, dass das Prinzip der effektiven Nachfrage ein Modell ist, dass die Bestimmung desjenigen Nachfragepreisniveaus – und damit desjenigen Reallohns – erlaubt, welches konsistent ist zu einem gegebenen (erwarteten) Größenverhältnis zwischen der Konsumgüter produzierenden und der Investitionsgüter produzierenden Abteilung einer Volkswirtschaft. Gemäß diesem Modell findet die Erwartungsbildung ex ante statt, also zu Beginn der Produktionsperiode, bevor die Produktion aufgenommen wird.

Es gibt eine w/P^d-Kombination, die zu einem D/Z-Gleichgewicht führt, in dem das Grenzprodukt der Arbeit gleich dem Reallohn ist. Nehmen wir der besseren Anschaulichkeit halber an, dass die Findung dieser w/P^d-Kombination doch nicht ex ante in den Köpfen der Unternehmer erfolgt, sondern sich als „Trial-and-Error"-Prozess über mehrere Perioden hinzieht. Nehmen wir konkret an, dass Simulation 4 aus Tabelle 1 beschreibt, was in der ersten Periode geschieht. Für die zweite Periode sei angenommen, dass die Unternehmer ihre Nachfragepreiserwartungen auf 5.38 anheben und dass sie mit einem Anstieg der Nominallöhne von 1 auf 1.1 rechnen.

Abbildung 6 zeigt das Ergebnis dieser Simulation. Die Kurven schneiden sich bei einem kleineren Beschäftigungsniveau als zuvor. Daher erhöht sich der Grenzertrag der Arbeit von 0.186 (Simulation 4) auf 0.19 (Simulation 5). Damit liegt er aber immer noch tiefer als der ex ante erwartete Reallohn (1.1/5.38). Über die nächsten Perioden dürften Output und Beschäftigung weiter sinken und der Reallohn weiter steigen, bis der Punkt erreicht ist, an dem Reallohn und Grenzprodukt der Arbeit übereinstimmen. Gegenläufige Bewegungen von Output und Reallohn hielt Keynes – zumindest bis zur

Veröffentlichung seines Aufsatzes „Relative movements of real wages and output" (Keynes 1939) – für typisch.[13]

Abbildung 6: Simulierte Funktionen D und Z für $P^d=5.38$ und $P^s=1.1/0.7*N^{0.3}$

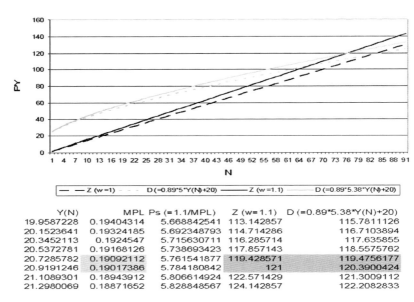

Y(N)	MPL	Ps (= 1.1/MPL)	Z (w = 1.1)	D (=0.89*5.38*Y(N)+20)
19.9587228	0.19404314	5.668842541	113.142857	115.7811126
20.1523641	0.19324185	5.692348793	114.714286	116.7103894
20.3452113	0.1924547	5.715630711	116.285714	117.635855
20.5372781	0.19168126	5.738693423	117.857143	118.5575762
20.7285782	0.19092112	5.761541877	119.428571	119.4756177
20.9191246	0.19017386	5.784180842	121	120.3900424
21.1089301	0.18943912	5.806614924	122.571429	121.3009112
21.2980069	0.18871652	5.828848567	124.142857	122.2082833

5. Schlussfolgerungen

Dieser Beitrag argumentiert, dass das theoretische Konzept des „Arbeits-marktes" abzulehnen ist. Die Beschäftigungshöhe wird nicht determiniert durch Wettbewerb auf dem „Arbeitsmarkt" im Schnittpunkt einer „Arbeits-angebotskurve" und einer „Arbeitsnachfragekurve". Keynes hat dem Arbeits-marktparadigma ein alternatives Paradigma – das Prinzip der effektiven

[13] In Hartwig (2014), aus dem der 4. Abschnitt dieses Beitrages entnommen ist, argu-mentiere ich, dass die Annahme abnehmender Grenzerträge der Arbeit von zentraler Bedeutung für Keynes' Prinzip der effektiven Nachfrage ist, weil das D/Z-Modell bei konstanten oder steigenden Grenzerträgen kein oder kein sinnvolles Gleichgewicht pro-duziert. Der Stellenwert des Aufsatzes „Relative movements of real wages and output", in dem Keynes von der universellen Gültigkeit abnehmender Grenzerträge der Arbeit abrückt, sollte daher relativiert werden.

Nachfrage – entgegengestellt. Das „Say'sche Gesetz" sieht Keynes durch „fundamentale Unsicherheit" ausgehebelt; Unternehmer müssen Nachfrage-erwartungen bilden und diese mit ihren Gewinnmaximierungsabsichten konfrontieren. Die Löhne fließen mit ihrem Doppelcharakter als Kostenfaktor *und* Einkommensdeterminante in den Planungsprozess der Unternehmer ein, den das D/Z-Modell aus Kapitel 3 der *Allgemeinen Theorie* abbildet. Nicht zwei voneinander unabhängige Marktseiten determinieren die Beschäftigungshöhe, sondern die Unternehmer entscheiden allein. Kein Marktgleichgewicht, sondern ein Erwartungsgleichgewicht – der Punkt der effektiven Nachfrage – legt die Beschäftigungshöhe fest. Im Punkt der effektiven Nachfrage erwarten die Unternehmer, dass die tatsächliche Nachfrage gewinnmaximierende Erlöse generiert. Er geht mit einer bestimmten Beschäftigungshöhe einher, aber es besteht keine Gewähr dafür, dass diese der Vollbeschäftigung entspricht. Und keine Lohnanpassung führt automatisch zur Vollbeschäftigung.

Die politischen Implikationen einer Abkehr vom Arbeitsmarktparadigma hin zum Prinzip der effektiven Nachfrage liegen auf der Hand. Sie lassen sich illustrieren anhand des Krisenmanagements im Euroraum während der Vertrauens- und Schuldenkrise. Neben einer Austeritätspolitik bestand die Medizin der „Troika" (bestehend aus Vertretern der Europäischen Zentralbank, der EU-Kommission und des Internationalen Währungsfonds) vor allem in der Forderung nach „Strukturreformen am Arbeitsmarkt". Wenn aber die Beschäftigungshöhe nicht am „Arbeitsmarkt" determiniert wird, so bietet etwa eine Flexibilisierung der Arbeitszeit, eine Lockerung des Kündigungsschutzes oder eine Senkung des Lohnniveaus[14] keine Gewähr für eine Verbesserung der Beschäftigungslage. Unter Umständen können solche Maßnahmen zwar durchaus erfolgreich sein. Das D/Z-Modell zeigt, dass Lohnmoderation zu einer Drehung der Z-Kurve nach außen und damit ceteris paribus zu einer Erhöhung der Beschäftigung führt. Die Ceteris-paribus-Bedingung ist aber fehl am Platze, da Lohnmoderation immer auch negativ auf die Nachfrage-erwartungen wirkt. Dies blendet das Arbeitsmarktmodell im Gegensatz zum Modell der effektiven Nachfrage aus. Würde Keynes' Modell anstelle des Arbeitsmarktparadigmas das europäische Krisenmanagement inspirieren, so würden Strukturreformen sicherlich nicht unterbleiben. Sie würden allerdings kombiniert mit Maßnahmen zur Stützung der Nachfrage.

---

[14] Die Troika forderte eine Senkung des Mindestlohns für Griechenland. Portugal und Irland froren ihren Mindestlohn ein.

Literatur

Ambrosi, G.M. (2011): Keynes' abominable Z-footnote, *Cambridge Journal of Economics*, 35, 619-633.

Chick, V. (1983): *Macroeconomics after Keynes: a Reconsideration of the General Theory*, Oxford: Philip Allan.

Chick, V. (1992): The small firm under uncertainty: a puzzle of the General Theory, in: B. Gerrard and J. Hillard (eds.), *The Philosophy and Economics of J.M. Keynes*, Aldershot: Edward Elgar, 149-164.

Davidson, P. (1978): *Money and the Real World*, 2nd ed., London: Macmillan.

Davidson, P. (1983a): The dubious labor market analysis in Meltzer's restatement of Keynes's theory, *Journal of Economic Literature*, 21, 52-56.

Davidson, P. (1983b): The marginal product curve is not the demand curve for labor and Lucas's labor supply curve is not the supply curve for labor, *Journal of Post Keynesian Economics*, 6, 105-121.

Felderer, B., Homburg, S. (1991): *Makroökonomik und neue Makroökonomik*, 5. Aufl., Berlin-Heidelberg: Springer.

Hartwig, J. (2000): *Keynes versus Pigou – Rekonstruktion einer Beschäftigungstheorie jenseits des Marktparadigmas*, Marburg: Metropolis.

Hartwig, J. (2003): Eine Kritik der neukeynesianischen Rigiditäts-Argumentation aus Keynesscher Sicht, in: E. Hein, A. Heise und A. Truger (Hrsg.), *Neukeynesianismus – der neue wirtschaftspolitische Mainstream?*, Marburg: Metropolis, 85-115.

Hartwig, J. (2004): Keynes's multiplier in a two-sectoral framework, *Review of Political Economy*, 16, 309-334.

Hartwig, J. (2006): Explaining the aggregate price level with Keynes's Principle of Effective Demand, *Review of Social Economy*, 64, 469-492.

Hartwig, J. (2008): Three views of the multiplier, in: C. Gnos and L.-P. Rochon (eds.), *The Keynesian Multiplier*, London: Routledge, 9-31.

Hartwig, J. (2011): Keynes's aggregate supply function: everything you always wanted to know about Z, *International Journal of Applied Economics and Econometrics*, 19 (Special Issue on J.M. Keynes), 63-71.

Hartwig, J. (2014): „Relative Movements of Real Wages and Output" – How does Keynes's 1939 essay relate to his Principle of Effective Demand?, KOF Working Papers No. 355, March, Zurich.

Keynes, J.M. (1933): An open letter (to President Roosevelt), in: A. Smithies (ed.), *Readings in Fiscal Policy*, 3rd ed. (1965), London: Allen & Unwin, 31-37.

Keynes, J.M. (1936): *Allgemeine Theorie der Beschäftigung, des Zinses und des Geldes*, Berlin: Duncker & Humblot.

Keynes, J.M. (1939): Relative movements of real wages and output, *Economic Journal*, 49, 34-51.

Keynes, J.M. (1973a): *A monetary theory of production*, in: The Collected Writings of J.M. Keynes, Vol. 13, London/Basingstoke: Macmillan, 408-411.

Keynes, J.M. (1973b): *The General Theory of Employment*, in: The Collected Writings of J.M. Keynes, Vol. 14, London/Basingstoke: Macmillan, 109-123.

Keynes, J.M. (1982): *Brief an G.B. Shaw (1. Jan. 1935)*, in: The Collected Writings of J.M. Keynes, Vol. 28, London/Basingstoke: Macmillan, 42.

Meltzer, A.H. (1983): Interpreting Keynes, *Journal of Economic Literature*, 21, 66-78.

Priewe, J. (1984): *Zur Kritik konkurrierender Arbeitsmarkt- und Beschäftigungstheorien und ihrer politischen Implikationen. Ansatzpunkte für eine Neuorientierung einer Theorie der Arbeitslosigkeit*, Frankfurt a.M.: Peter Lang.

Samuelson, P.A. (1973): *Economics*, 9th ed., New York: McGraw-Hill.

Kleine Geschichten
zu den Arbeitsmarktstatistiken

Traue keiner Statistik,
die du nicht selbst gefälscht hast[1]

Camille Logeay

1. Einleitung

Jan Priewe hat eigentlich in der akademischen Welt als Arbeitsmarktökonom angefangen, wie der Titel seiner Dissertation verrät: „Zur Kritik konkurrierender Arbeitsmarkt- und Beschäftigungstheorien und ihrer politischen Implikationen: Ansatzpunkte für eine Neuorientierung einer Theorie der Arbeitslosigkeit" (Priewe 1984). Als solcher hat er mich auch in meinen Elternzeiten für die Lehrveranstaltung Arbeitsmarkt und Arbeitsmarktpolitik vertreten. In diesem Rahmen haben wir natürlich über Theorien des Arbeitsmarktes diskutiert, aber auch über Statistiken. Es sind die Erinnerungen an diese Diskussionen, die das Thema dieses Artikels motivierten.

2. Deutsche Arbeitslosenstatistik: vom Sein und vom Schein

Im Zuge der Hartz-IV-Reformen gab es mehrere Umstellungen in der Statistik. An zwei Beispielen möchte ich zeigen, wie die Höhe der Arbeitslosigkeit durch einen naiven Blick auf Statistiken sehr verzerrt sein kann. Im ersten Beispiel ist es noch harmlos und lehrt, dass man eine Statistik nur mit Hintergrundwissen und historischen Zusammenhängen gut interpretieren kann. Im zweiten Beispiel wird offenbar, wie man mit Statistiken auch unerwünschte Fakten verschleiern kann.

---

[1] Vgl. Barke (2004).

2004 wurden die TeilnehmerInnen von *Eignungsfeststellungs- und Trai-
ningsmaßnahmen* (*TM*) aus Gründen der europäischen Harmonisierung aus
der registrierten Arbeitslosigkeitsstatistik herausgerechnet. Diese Maßnahmen sind sehr kurzfristige Maßnahmen (max. zwölf Wochen, aber meistens
nur ein paar Tage bis zwei Wochen), die durch Bewerbungstraining und kurze
Qualifizierung die Integration auf dem Arbeitsmarkt fördern und der Eig-
nungsfeststellung dienen sollten. Im Jahr 2004 waren es im Bestand 95 Tsd.
Personen. Die veröffentlichte Arbeitslosenzahl zeigt, dass zwischen 2003 und
2004 die Arbeitslosigkeit von 4,377 Mio. auf 4,381 Mio. Personen gestiegen
ist, also praktisch stagnierte. Zu dieser Zeit des schwachen Wirtschaftswachstums[2] war dies eher eine gute Nachricht bzw. hätte als ein erstes Anzeichen
von Reformerfolgen gedeutet werden können. Aber unter Berücksichtigung
der alten Zählweise wäre die offizielle Zahl für 2004 4,476 Mio. registrierte
Arbeitslose gewesen. Das sieht dann schon weniger günstig aus und ist eher
im Einklang mit der damaligen konjunkturellen Situation. Inzwischen sind
die TM ausgelaufen und haben keine verzerrende Wirkung mehr. Die Arbeitslosenstatistik ist voller solcher Fälle. Es muss fairerweise gesagt werden,
dass die Bundesagentur für Arbeit sehr transparent berichtet (in dem Beispiel
oben vgl. z.B. ANBA 2005, 53).
    Das zweite Beispiel handelt von einer anderen Dimension der Wahrneh-
mungsverzerrung. Es gab eine Änderung eines Paragraphen im Zuge der
Hartz-IV-Reform, gegen die ich damals gekämpft hatte. Vor der Trennung
zwischen SGB-II und SGB-III galt die sogenannte *58er-Regelung* für alle
Arbeitslosen: Erreichten Arbeitslose das 58. Lebensjahr und hatten wenig
Aussicht auf eine Wiedereingliederung in den Arbeitsmarkt, konnten sie ihre
Arbeitssuche einstellen und schieden deshalb aus der Arbeitslosenstatistik
aus, obwohl sie weiter Arbeitslosengeld bzw. -hilfe bezogen. Diese Regelung
war im §428 des SGB-III verankert. Ähnlich wie bei den TM-TeilnehmerInnen wurde so die Zahl der Arbeitslosen in der Statistik verringert, hier um
371 Tsd. Arbeitslose im Jahr 2003 und 395 Tsd. Arbeitslose im Jahr 2004.
    Im Jahr 2005, dem Jahr der Einführung von SGB-II und des Arbeits-
losengeldes II, wies die Statistik „nur" 233 Tsd. Personen aus, die von der
Regelung profitierten. Es gab aber keine plötzliche Abneigung gegenüber der
Inanspruchnahme der 58er-Regelung: Die Arbeitslosenstatistik wurde ab
diesem Datum nur noch für den Personenkreis geführt, der Gebrauch von der
58er-Regelung machte und sich in der Phase des Arbeitslosengeld-I-Bezugs

---

[2] 1997-2001: 2,3% p.a. vs. 2002-2005: 1,4% p.a. (aus VGR-Zahlen von Destatis).

befand.[3] NutznießerInnen der Regelung im Jahr 2004, die 2005 nun ALG-II-BezieherInnen wurden und weiter unter einer 58er-Regelung (im SGB-II ist es durch §65 Abs. 4 geregelt) fielen, waren nicht mehr statistisch aufzufinden, weder bei den registrierten Arbeitslosen noch bei den Zahlen der Unterbeschäftigung. Während TM-TeilnehmerInnen bzw. unter §428 fallende Arbeitslose statistisch erfasst wurden, nämlich bei der sogenannten Unterbeschäftigung, waren ab 2005 diese anderen älteren Arbeitslosen im statistischen Nichts verschwunden.[4] Ich finde das grundsätzlich immer noch ein Problem, denn über das, was nicht erfasst wird, kann man nicht vernünftig reden, und in der Folge auch nicht politisch adressieren. Es galt damals, die Frühverrentungsstrategien auf Kosten der Sozialen Sicherung – d.h. den Übergang zwischen Erwerbstätigkeit und Rente durch eine Phase der Arbeitslosigkeit ohne Pflichten und ohne große Rentennachteile zu überbrücken – zu unterbinden. Dadurch, dass die Zahlen über ältere Arbeitslose nicht mehr verfügbar waren, ist es schwer nachzuvollziehen, wie die Reformen (insbesondere Einführung von Hartz IV, Abschaffung der Arbeitslosenhilfe und die Rentenreformen) die Lage der Älteren verändert haben: Dominiert die Altersarmut oder die Unterbindung der Frühverrentung? Damalige Publikationen der Bundesagentur (Bundesagentur für Arbeit 2007) wollen Letzteres auf dem Arbeitsmarkt beobachtet haben, aber ohne verlässlichen Zahlenvergleich vor und nach den Reformen wirkt jede Analyse erst einmal subjektiv.

Darüber hinaus ist es ein Problem für die Prognostikerin, die ich damals noch war: Neben den konjunkturellen Einflüssen, müssen auch die institutionellen Einflüsse berücksichtigt werden, bei 100 bis 300 Tsd. Personen ist es nämlich keine Lappalie. So rechneten das IAB und die BA[5] für die Nicht-ALG-I-BezieherInnen mit Größenordnungen von 160.000 (siehe Fußnote 4), wobei die Zahl der ALG-I-Bezieher unter §428 auf 256 Tsd. Personen in 2006 beziffert wurde – ein Plus gegenüber 2005. Das liegt vermutlich daran, dass die Regelung 2007 abgeschafft und im Vorfeld rege benutzt wurde.

---

[3] ALG-I: Arbeitslosengeld I (SGB-I, Versicherungsleistung) und ALG-II: Arbeitslosengeld II (SGB-II, Grundsicherungsleistung).

[4] „Über §65 Abs. 4 SGB II wurde eine analoge Regelung zum §428 im SGB III geschaffen, über die allerdings keine statistischen Daten verfügbar sind. Ende 2004 waren schätzungsweise 160.000 Arbeitslosenhilfe Empfänger Teil der Regelungen des §428 SGB III. Die Gruppe der §65 Abs. 4 SGB II Nutzenden dürfte sich in einer ähnlichen Größe bewegen." (ANBA 2007, 142, Fn 4).

[5] BA: Bundesagentur. IAB: Institut für Arbeitsmarkt- und Berufsforschung, Forschungsinstitut der BA.

Beide 58er-Regelungen sind Ende 2007, zusammen mit einer ähnlichen Regelung (§252 Abs. 8 SGB VI), ausgelaufen und seit 2008 auch wieder statistisch nachweisbar (vgl. Tabelle 1): Alle drei Regelungen betrafen 2008 549 Tsd. Personen (2007 wurden nur 223 Tsd. Personen im §428 SGB-III nachgewiesen). 2013 waren es nur noch 60 Tsd. Personen. Eine neue ähnliche Regelung wurde aber 2009 geschaffen (§53a Abs. 2 SGB II), die erwerbsfähige Leistungsberechtigte nicht als Arbeitslose registriert, wenn sie nach Vollendung des 58. Lebensjahres mindestens 12 Monate lang ALG-II bezogen haben, ohne dass ihnen eine sozialversicherungspflichtige Beschäftigung angeboten werden konnte. 2009 betraf es 23 Tsd. Personen, 2013 schon 146 Tsd.

Tabelle 1: Sonderregelungen für Ältere (in Tsd. Personen)

	§53a Abs. 2 SGB-II	§428 SGB-III	§428 SGB-III + §65 Abs. 4 SGB-II + § 252 Abs. 8 SGB-VI
	Regelung erst 2009 in Kraft getreten	*Maßnahme ist 2007 ausgelaufen und zwischen 2005 und 2007 nur für BezieherInnen von ALG-I nachweisbar*	*Maßnahmen sind Ende 2007 ausgelaufen*
2002		292	
2003		371	
2004		395	
2005		233	
2006		256	
2007		223	
2008			549
2009	23		356
2010	73		230
2011	114		163
2012	129		103
2013	146		60

Quellen: ANBA (2013, 89), Tabelle IV.C.2a. Eigene Berechnungen für 2013 aus den monatlichen Berichten der Bundesagentur für dieses Jahr.

Dies mag für den Laien nur eine Zahlengeschichte sein, wie bei den TM, die an der Realität der Arbeitslosigkeit nichts ändert. Hätte ich diese Statistik nicht genau verfolgen wollen, wäre ich aber nicht auf den eigentlichen Skandal gestoßen (vgl. hierzu IMK 2008, 16f.).

Bei dem §428-SGB-III gab es Bestandsschutz für die Arbeitslosen, die in ALG-II übergeleitet wurden. Es galt, dass der Abgang in die Rente zum frühest möglichen Zeitpunkt *ohne* Rentenabschlag erfolgen musste. Im Amtsdeutsch heißt das, dass die Nachrangigkeit des ALG-II gegenüber der Rente nicht wirksam war. Arbeitslose, die den § 428 nutzten, mussten erst dann Altersrente beantragen, wenn sie das abschlagsfreie Rentenalter erreicht hatten (damals noch 63 Jahre für Schwerbehinderte und 65 Jahre für alle anderen).

Durch die Aufhebung 2008 wurde dieser Bestandsschutz gestrichen und die neue Regelung (§53a Abs. 2 SGB-II) hat diese Tatsache nicht geändert. Wer nach dem 1. Januar 2008 das 58. Lebensjahr erreichte, hatte keine Gnade der frühen Geburt und musste, wenn er/sie ALG-II-BezieherIn wurde, die Altersrente zum frühest möglichen Zeitpunkt beantragen und damit möglicherweise Rentenabschläge bis zu 18%[6] in Kauf nehmen. Der öffentliche und mediale Druck gegen die *„Zwangsverrentung"* (z.B. Monitor vom 25.10.2007: „Mit 60 aufs Altenteil – Zwangsverrentung durch Agenda 2010") konnte dies nicht verhindern.

Dieser Personenkreis wurde schon durch die Hartz-IV-Reform besonders getroffen, weil die Bundesagentur (BA) ihre Beitragszahlung an die gesetzliche Rentenversicherung drastisch reduziert hatte[7]. Das wirkte wie eine zusätzliche Absenkung des Rentenniveaus für diesen Betroffenenkreis. In Verbindung mit dem allgemein sinkenden Rentenniveau wirkt diese „Zwangsverrentung" mit Blick auf das Ziel der Bekämpfung von Altersarmut kontraproduktiv (vgl. Joebges et al. 2012).

---

[6] Zum Beispiel „durfte" eine Frau, die zwischen 1946 und 1952 geboren wurde und die Mindestbeitragszeit und Mindestversicherungszeiten erfüllte, schon mit 60 in Rente gehen. Die abschlagsfreie Rente konnte allerdings erst mit 65 Jahren bezogen werden und jeden Monat der frühen Inanspruchnahme ging mit 0,3% Rentenminderung einher (5 Jahre × 12 Monate × 0,3% = 18%). Gleichzeitig wird in dieser Zeit (die 5 Jahre) nicht mehr in die Rentenkasse gezahlt, was auch eine Rentenminderung durch die geringeren persönlichen Entgeltpunkte darstellt.

[7] Vom Januar 2007 bis Dezember 2010 zahlte die BA für ALG-II-BezieherInnen Rentenbeiträge nur noch auf 205€/Monat (früher noch 400€), was 2,11€/Monat Anwartschaft darstellte. Seit 2011 zahlt die BA gar nichts mehr (aus Informationsblättern der Deutschen Rentenversicherung). Im Vergleich zu den Leistungen der Arbeitslosenhilfe ist es eine deutliche Leistungsreduzierung für diesen Personenkreis.

3. 16% beziehen den französischen Mindestlohn (SMIC)!

Der Mindestlohn war schon vor der Bundestagswahl 2009 ein großes Thema, z.b. in Diskussionen um den Post-Mindestlohn und allgemein über das Arbeitnehmerentsendegesetz. Die CDU und die FDP, damals beide eindeutige Gegner einer Mindestlohnregelung auf breiter und gesetzlicher Basis, standen den anderen Parteien gegenüber, die viel offener für eine bundesweite Mindestlohnregelung waren. Die WirtschaftswissenschaftlerInnen haben sich in dieser Debatte im Vorfeld eingeschaltet (als gute Zusammenfassung der damaligen Debatte siehe Sachverständigenrat 2008/09, insb. Ziffer 576 bis 600; interessanterweise haben sich die Positionen in der deutschen Wirtschaft nicht sehr geändert, wie im Sachverständigenrat 2013/14, Ziffer 515-536 zu lesen ist, trotz einer erheblichen Zunahme an empirischen Befunden zugunsten der Mindestlöhne).

Der wissenschaftliche Beirat[8] beim Bundeswirtschaftsministerium führte in einer Stellungnahme *Frankreich* als Vorzeigebeispiel für die angeblich „fatalen" Folgen eines Mindestlohns an. Denn die Erfahrungen in Großbritannien lieferten bis dahin keine Evidenz für Beschäftigungsabbau und Inflationstendenzen eines Mindestlohns, wie das simple lehrbuchartige neoklassische Modell sie ja voraussagt. Frankreich hingegen hatte gerade im Zuge der 35-Stunden-Woche (2000-2002) eine beeindruckende SMIC-Erhöhung durchlebt (siehe Tabelle 2 und Kasten, S. 171) und zeigte gleichzeitig eine angeblich horrende SMIC-BezieherInnen-Quote sowie *eine hohe Jugendarbeitslosenquote*. Der Beirat schrieb:

> „Die fatalen Auswirkungen von Mindestlöhnen und anderen Schutzregelungen zeigen sich in Frankreich, wo die Jugendarbeitslosigkeit zwischen 1995 und 2001 von über 27% auf 19% fiel, nachdem die Arbeitgeber auf Mindestlöhne keine Sozialabgaben mehr abführen mussten. Nach der Anhebung des Mindestlohnes im Jahre 2002 stieg die Jugendarbeitslosigkeit wieder auf derzeit über 23%. Die französische Entwicklung ist ein Warnsignal auch für Deutschland" (Wissenschaftlicher Beirat 2006).[9]

---

[8] Diesem gehörten u.a. Axel Börsch-Supan, Wolfgang Franz und Hans-Werner Sinn an.

[9] Auch H.-W. Sinn verbreitete diese Sicht in den deutschen Medien: *„ [...] Schauen wir lieber mal nach Frankreich, wo es den Mindestlohn schon viele Jahre gibt. Wirtschaftsministerin Lagarde und Notenbankchef Trichet haben Deutschland eindringlich vor Mindestlöhnen gewarnt, weil Deutschland dann französische Verhältnisse bekäme. Um zu wissen, was das bedeutet, muss man nur den Fernsehapparat anstellen: Die Krawalle der arbeitslosen Jugendlichen sind eine mittelbare Folge der Mindestlöhne. "* (Sinn 2008).

Tabelle 2: Der SMIC (Salaire Minimum Interprofessionnel de Croissance)

	€/Std	€/Monat, 35 Stunden pro Woche	€/Monat, 39 Stunden pro Woche	in Kraft am	Erhöhung zur letzten Anhebung in %
	SMIC Französischer Mindestlohn				
1995	5.64		953.16	30/06/1995	
1996	5.75		971.75	28/04/1996	2.0%
	5.78		976.82	28/06/1996	0.5%
1997	6.01		1015.69	27/06/1997	4.0%
1998	6.13		1035.97	26/06/1998	2.0%
1999	6.21		1049.49	02/07/1999	1.3%
2000	6.41		1083.29	30/06/2000	3.2%
2001	6.67		1127.23	29/06/2001	4.1%
2002	6.83		1154.27	28/06/2002	2.4%
2003	7.19		1215.11	28/06/2003	5.3%
2004	7.61		1286.09	02/07/2004	5.8%
2005	8.03	1217.88	1357.07	30/06/2005	5.5%
2006	8.27	1254.28		30/06/2006	3.0%
2007	8.44	1280.07		29/06/2007	2.1%
2008	8.63	1308.88		29/04/2008	2.3%
	8.71	1321.02		28/06/2008	0.9%
2009	8.82	1337.7		26/06/2009	1.3%
2010	8.86	1343.77		17/12/2009	0.5%
2011	9.00	1365.00		17/12/2010	1.6%
	9.19	1393.82		30/11/2011	2.1%
2012	9.22	1398.37		23/12/2011	0.3%
	9.40	1425.67		29/06/2012	2.0%
2013	9.43	1430.22		21/12/2012	0.3%

Quelle: INSEE.

Diese Argumentation übersieht aber drei sehr wichtige Aspekte des französischen Arbeitsmarktes. Der SMIC ist in der Tat rein rechnerisch stark gestiegen, insbesondere in der Zeit der Arbeitszeitverkürzung und der darauffolgenden Anpassungsphase (siehe Tabelle 2). Zwischen Juli 1999 und Juni 2005 ist er auf Stundenbasis um 4,4% p.a. und auf Monatsbasis um 2,5% p.a. gestiegen. Warum sich dies nicht im gleichen Maße in die Arbeitskosten übersetzt hat und vor allem in keine Explosion der Inflationsrate mündete,

kann man im Kasten und im IMK-Report zu Frankreich (Horn et al. 2008)
nachlesen. Zusammenfassend kann man sagen, dass es eine Kombination war
aus begrenzten Diffusionseffekten des SMIC auf die höheren Stufen der
Lohnstruktur, der gedämpften Entwicklung der Monatsentgelte, der Abfede-
rung durch die Lohnnebenkostensenkung (was freilich das finanzielle Loch
der sozialen Sicherung vergrößerte) und einer Produktivitätserhöhung.

Zum Zweiten ist die Jugendarbeitslosigkeit in Frankreich im historischen
und internationalen Vergleich aus institutionellen Gründen hoch: Die Aus-
bildungswege in Frankreich lassen kaum eine Erwerbstätigkeit zu und das
duale Ausbildungssystem ist bei weitem nicht so ausgeprägt wie in Deutschland. Die statistische Konsequenz ist, dass der Nenner in der Arbeitslosenquote in Frankreich im Vergleich zu Deutschland für eine ähnliche Realität
der Arbeitslosigkeit strukturell niedriger ist.

Nicht zuletzt spielt in Frankreich die aktive Arbeitsmarktpolitik für Jugendliche deshalb eine sehr wichtige Rolle. In den Jahren 2001-2005 ist eine
sehr wichtige Maßnahme – die „emplois jeunes" – heruntergefahren worden,
um die zur Verfügung stehenden Mittel in andere arbeitsmarktpolitische Instrumente zu leiten (Hilfen in Marktsektoren), die aber nicht so umfangreich
in Anspruch genommen wurden. Daher stieg die Jugendarbeitslosigkeit vergleichsweise kräftig und bis ins Jahr 2005 hinein, obwohl die Konjunktur
sich schon erholt hatte.

Darüber hinaus sind die konjunkturellen Phasen maßgeblich dafür verantwortlich, dass die (Jugend-)Arbeitslosigkeit zwischen 1997 und 2001 sank
und leider 2002 bis 2004 wieder zunahm (Horn et al. 2008 für ausführliche
Erklärungen).

Es ist also problematisch, die Entwicklung der Jugendarbeitslosigkeit in
Frankreich in der Zeit zwischen 1999 und 2005 mit nur einer Ursache (den
SMIC) zu erklären. Das klingt zwar schön plastisch und ist medienwirksam,
greift aber zu kurz.

SMIC und Arbeitszeitverkürzung (aus Horn et al. 2008)

„Die Arbeitszeitreduzierung wurde offiziell am 1. Januar 2000 für Unternehmen mit mehr als 20 Beschäftigten eingeführt, am 1. Januar 2002 auch für kleinere Unternehmen (Aubry II-Gesetz). Vorher wurden Anreizsysteme geschaffen, welche Pauschalhilfen und die Reduktion von Sozialbeiträgen vorsahen (Aubry I und frühere Gesetze wie Robien). Im Jahr 2003 (Fillon-Gesetz) wurden die Lohnsubventionen aller Art vereinheitlicht und auf alle Unternehmen ausgeweitet, ungeachtet dessen, ob sie die Arbeitszeit reduziert hatten, sowie eine Regelung geschaffen, die die Konvergenz der verschiedenen monatlichen 35-Stunden-SMIC bis 2005 festschrieb." (S. 7, Fn 5)

„Flankierend zur Arbeitszeitreduzierung wurde eine komplexe Konstruktion aus Stunden-SMIC und Monatsgarantien [...] eingeführt, um die (SMIC-) Monatsentgelte durch die Arbeitszeitreduzierung nominal nicht zu senken und die de facto induzierte Stundenlohnerhöhung über mehrere Jahre zu verteilen. Ziel war es, die Arbeitszeitreduzierung für Unternehmen kostenneutral zu gestalten. Deshalb sind die Monatsgarantien nicht so stark wie der Stunden-SMIC gestiegen. Seit 2005 sind die Monatsgarantien abgeschafft, so dass alle SMIC-Beschäftigte mit gleicher Arbeitszeit das gleiche Monatsentgelt erhalten (Berry 2008 [...])." (S. 6)

Daher spiegelt die bloße Reihe des SMIC in dieser Zeit nicht unbedingt die tatsächliche Entwicklung der Kaufkraft der „SMICards" (SMIC-BezieherInnen, wie sie in Frankreich benannt werden) wider. Zwischen „Ende 1999 und Ende 2005 nahm [zwar] der nominale offizielle Stunden-SMIC um 29,3% zu, preisbereinigt um 16,5% (Koubi/Lhommeau 2007 [...])" (S. 6). Aber die Diffusionseffekte der Stunden-SMIC-Erhöhung auf die restliche Lohnstruktur in den Jahren 2000-2005 sind gedämpft worden (Koubi/Lhommeau 2007), weil in fast allen Verhandlungen für die übrigen Beschäftigten im Rahmen der Arbeitszeitreduzierung vereinbart wurde, dass die Monatsentgelte nominal nicht sinken durften (Pham 2002 und 2003 beziffert für 2000 und 2002, dass 98% der betroffenen Arbeitnehmer einen vollen Lohnausgleich erhielten). Um den hierdurch bedingten starken Kostenanstieg auszugleichen, sollten die Löhne aber dafür ein bis drei Jahre nach der Arbeitszeitreduzierung nur sehr moderat steigen. So sollten die Stundenarbeitskosten im Laufe der Zeit wieder auf einen „neutralen" Pfad gebracht werden. Darüber hinaus stellte die 1993 eingeführte und 1998-2005 ausgebaute Kombilohnregelung im SMIC-Bereich sicher, dass sich die Brutto-SMIC-Erhöhungen nicht eins zu eins in die Arbeitskosten übersetzten (vgl. S. 6).

Wie bei dem Beispiel mit den älteren Arbeitslosen bin ich auch hier auf zwei statistische Skandale gestoßen. In diesem Fall war ich aber erfolgreicher, auch wenn sich die Errungenschaft nur auf die Statistik begrenzte. Parallel zu der Analyse des wissenschaftlichen Beirats kursierten Zahlen über die SMICards in der deutschen Presse, zitiert von renommierten deutschen Ökonomen, die mir im Vergleich mit anderen Ländern eigenartig vorkamen, z.B. H.-W. Sinn (Nürnberger Zeitung, 15.01.2008):

> „[...] Der in den USA geltende Mindestlohn liegt bei vier Euro, das Sozial-produkt pro Kopf ist viel höher als in Deutschland. Nur 1,1 Prozent der Ar-beitnehmer beziehen den Mindestlohn. In England sind es 1,9 Prozent, in Frankreich 16,5 Prozent [...]"[10]

Skandal Nr. 1: Bei der Recherche, um diesen Zahlenvergleich nachvollziehen zu können, fand ich neben den nationalen Zahlen die *Eurostat-Zahlen* zu MindestlohnbezieherInnen in verschiedenen Ländern. Und die Eurostat-Zahlen zu Frankreich divergierten von den Zahlen, die in Frankreich ver-öffentlicht wurden (siehe Tabelle 3). Also ein klarer Fall eines Fehlers. Ich hatte im Juli 2008 einen Brief an Eurostat geschrieben, der erst im Dezember 2008 beantwortet wurde. Das INSEE, das französische Institut für die offi-zielle Statistik, hatte ich auch eingeschaltet. Es bestätigte Ende September, dass Eurostat inkorrekte Zahlen veröffentlicht hatte und benachrichtigt wer-den würde. Im November waren diese falschen Zahlen noch nicht korrigiert. Inzwischen ist die betreffende Statistik bei Eurostat komplett eingestellt wor-den, aber die deutschen Wahlen waren ja auch vorbei und niemand interes-sierte sich mehr für Mindestlohnbezieherquoten von Eurostat oder anderen statistischen Instituten.

---

[10] Hier nimmt H.-W. Sinn die Zahlen von 2005, die zwar richtig sind, aber sehr stark beeinflusst durch die Anpassung des SMIC und monatliche Garantien. In einem früheren Interview (Sinn 2007, 9) nennt er allerdings 15% als Schreckenszahl.

Tabelle 3: Falsche Zahlen über den SMIC bei Eurostat

	Anteil der zum Mindestlohn Beschäftigten (%)		
	Vollzeit	*Alle (Voll- und Teilzeit)*	*nachr. Vollzeit*
1996		10.7	*n.v.*
1997		14.1	*n.v.*
1998		12.4	*n.v.*
1999	**12.8**	12.8	*n.v.*
2000	**13.6**	13.6	*n.v.*
2001	**13.9**	13.9	*n.v.*
2002	10.7	14.5	*10.7*
2003	10.2	14.1	*10.2*
2004	11.7	15.3	*11.7*
2005	12.2	16.3	*12.2*
2006	10.6	15.1	*10.6*
2007	9.0	12.9	*9.0*

Quelle: Eurostat, Datum des Auszugs: 24.11.2008.   *Quelle: DARES, aus den regelmäßigen Veröffentlichungen über den SMIC und bestätigt durch eine Mail vom September 2008.*

Skandal Nr. 2: Auch mit richtigen, aus den nationalen Statistiken stammenden Zahlen bleibt die ausgeführte Korrelation von H.-W. Sinn zwischen Mindestlohnhöhe und Bezieherquote kritisierbar, und zwar aus statistischen Gründen. Auch neuere Zahlen würden zunächst seinen Befund scheinbar bestätigen: Aus den letzten DARES-Veröffentlichungen kann man lesen, dass die SMICards 2013 ca. 12,3% der abhängig Beschäftigten oder 1,9 Mio. Personen ausmachten (Martinel/Vincent 2013, Abbildung 1). Nach dem letzten Bericht der Low Pay Commission (LPC) wurden ca. 5% der abhängigen Beschäftigungsverhältnisse am oder unter dem britischen Mindestlohn, dem NMW, honoriert (Low Pay Commission 2012, Tabelle 2.2). Der SMIC mit seinen 2012 hohen 9,40 €/Stunde bedeutete etwas mehr als 60% des Vollzeit-Brutto-Medianlohns (OECD.stat), während der NMW nur 6,08 £/Stunde (7,50 €/Stunde) betrug, und ca. 47% des Vollzeit-Brutto-Medianlohns bedeutete (OECD.stat)

Diese Korrelation zwischen Mindestlohnhöhe und Bezieherquote ist aber nur scheinbar. Wie schon in Horn et al. (2008) dargelegt, sind die Definitionen der Mindestlöhne (das Einkommen insgesamt oder nur der Kern-Lohn ohne Prämie z.B.), der betroffene Personenkreis (Azubis, öffentlicher Dienst, Zeit-arbeit, …), der Zeitpunkt der Erhebung (direkt vor oder nach einer Erhebung oder sechs Monate später) und überhaupt die Erhebungsmethoden der Mindestlohnstatistiken (aus der Steuerstatistik mit Pflichtangaben der Arbeitgeber oder aus freiwilligen Befragungen der Arbeitnehmer) in beiden Ländern sehr unterschiedlich. Das macht einen Vergleich schlicht unmöglich.[11]

Nach Askenazy (2008a, 2008b, 2009) kann man eine einfache Berechnung durchführen, um die dadurch entstehende Verzerrung zu illustrieren: 2006 waren 15,1% der ArbeitnehmerInnen in der privaten Wirtschaft ohne Landwirtschaft (Berry 2008) sogenannte SMIC-Beschäftigte. Um mit den Eurostat-UK-Zahlen vergleichen zu können, sollen nur die Vollzeit-Beschäftigten verglichen werden; also 10,6% (Berry 2008). Dann sollte der öffentliche Dienst dazu addiert werden; 9,2% (Schätzung auf der Basis, dass der gesamte öffentliche Dienst einen SMIC-Anteil von 9,0% hatte und 27% der Arbeitnehmer betrifft). Was Askenazy zwar nicht macht, was aber noch nötig wäre, ist, die Zeitarbeitsbranche in die französischen Zahlen aufzunehmen. Dann stiege die Quote auf 9,3%. Ebenso sollte man das gesamte Arbeitseinkommen berücksichtigen (also auch Bonusse, Überstunden usw.), dann sinkt die Zahl schließlich auf 4 bis 6% (40 bzw. 60% der SMIC-Beschäftigten verdienen tatsächlich unter 1,2 bzw. 1,1*SMIC). Sechs Monate nach der SMIC-Erhöhung hat sich die Lohnstruktur angepasst (Koubi/Lhommeau 2007) und nur noch 3 bis 5% sind dann tatsächlich SMIC-Beschäftigte (Schätzung nach Askenazy). Dies lässt sich durchaus mit den 1,8% für Großbritannien von Eurostat vergleichen. Wenn alle Beschäftigten berücksichtigt werden (Vollzeit und Teilzeit), liegt für Frankreich ein geschätzter Anteil von 4 bis 7% vor, für Großbritannien berichtet die LPC von 5%.[12] Die Korrelation ist plötzlich weg –

---

[11] Das ist auch eine der Begründungen von Eurostat, warum die Statistik der Mindestlohnbezieherquote eingestellt wurde: „*En effet il s'avère que ces données que nous transmettent les Etats membres sont très peu comparables entre les Etats membres et compte tenu de l'importance politique de ces données, nous devons d'abord faire le point avec les Etats membres et essayer de progresser vers plus de comparabilité avant de republier éventuellement cet indicateur.*" (Mail vom Dez. 2008, im Original auf Französisch).

[12] Diese Größenordnungen werden auch von Eurostat indirekt bestätigt: „*Le problème est surtout de ce que veut dire ‚recevant le salaire minimum'. Pour la France il s'agit du salaire ‚de base' hors prime, bonus, etc., donc combien de personnes sont payées ‚sur la base du smic' même si ensuite elles reçoivent des compléments de rémunération. Pour d'autre pays il s'agit en fait de la rémunération totale, autrement dit combien de personnes ne touchent ‚que' le salaire minimum (pas de primes ni autres en plus). Le premier concept donne pour certains pays un pourcentage de l'ordre de 10%, le second de l'ordre souvent de 1, 2 ou 3%, cela n'a donc rien à voir.*"(Mail vom Dez. 2008, im Original auf Französisch).

oder in ökonometrischem Jargon, sie war nicht sehr robust und mit ihr auch nicht die daraus hergeleitete Kausalität.

4. Zusammenfassung und Perspektive

Mit diesen Anekdoten aus der Arbeitsmarktstatistik hoffe ich u.a. gezeigt zu haben, dass Statistiken keine objektiven Zahlen bereitstellen, sondern von Institutionen und von der Sicht einer Gesellschaft über bestimmte Personenkreise erzählen. Sie geben Anlass, wirtschaftliche Probleme richtig zu erkennen, oder sie zu verschweigen. Auf jeden Fall sind sie für den Forschenden der Anfangspunkt, sich mit einer Tatsache zu beschäftigen und Erkenntnisse zu gewinnen. Und natürlich darüber spannende Diskussionen mit spannenden KollegInnen wie Jan zu führen!

Literatur

ANBA (2005): *Arbeitsmarkt 2004*. 53. Jahrgang, Sondernummer der Amtlichen Nachrichten der Bundesagentur für Arbeit (ANBA), Nürnberg, 30. August 2005. URL: http://statistik.arbeitsagentur.de/Statistikdaten/Detail/200412/ama-heft-arbeitsmarkt/arbeitsmarkt-d-pdf.pdf

ANBA (2007): *Arbeitsmarkt 2006*. 55. Jahrgang, Sondernummer 1 der Amtlichen Nachrichten der Bundesagentur für Arbeit (ANBA), Nürnberg. URL: http://statistik.arbeitsagentur.de/Statistikdaten/Detail/200612/ama-heft-arbeitsmarkt/arbeitsmarkt-d-pdf.pdf

ANBA (2013): *Arbeitsmarkt 2012*. 60. Jahrgang, Sondernummer 2 der Amtlichen Nachrichten der Bundesagentur für Arbeit (ANBA), Nürnberg. URL: http://statistik.arbeitsagentur.de/Statistikdaten/Detail/201212/ama-heft-arbeitsmarkt/arbeitsmarkt-d-0-pdf.pdf

Askenazy P. (2008a): SMIC : questions-réponses. Episode 1, 31 mars 2008. URL: http://www.laviedesidees.fr/SMIC-questions-reponses.html

Askenazy, P. (2008b): SMIC : questions-réponses (2). Episode 2, 15 avril 2008. URL: http://www.laviedesidees.fr/SMIC-questions-reponses-2.html

Askenazy, P. (2009): Le SMIC : un tour d'horizon (3), 16 janvier 2009. URL: http://www.laviedesidees.fr/Le-SMIC-un-tour-d-horizon-3.html

Barke, W. (2004): „Ich glaube nur der Statistik, die ich selbst gefälscht habe...", *Statistisches Monatsheft Baden-Württemberg*, 11/2004, 50-53. URL: http://www.statistik.baden-wuerttemberg.de/veroeffentl/Monatshefte/PDF/Beitrag04_11_11.pdf

Berry, J.-B. (2008): Les bénéficiaires de la revalorisation du SMIC au 1er juillet 2007. *Premières Informations*, DARES, No 10.3(3). URL: http://travail-emploi. gouv.fr/IMG/pdf/2008_03-10_3_-_Les_beneficiaires_de_la_revalorisation_du_ smic_au_1er_juillet_2007_.pdf

Bundesagentur für Arbeit (2007): *Situation von Älteren am Arbeitsmarkt – Erwerbstätigkeit, Beschäftigung und Arbeitslosigkeit*. Sonderbericht der Bundesagentur für Arbeit, Oktober 2007.

Horn, G.A., Joebges, H., Logeay, C., Sturn, S. (2008): Frankreich: Ein Vorbild für Deutschland? Ein Vergleich wirtschaftspolitischer Strategien mit und ohne Mindestlohn. IMK Report, Nr. 31, September 2008. URL: http://www.boeckler.de/ pdf/p_imk_report_31_2008.pdf

IMK (2008): Der Abschwung kommt. Prognose der wirtschaftlichen Lage 2008. IMK Report, Nr. 25, Dezember 2007, Düsseldorf. URL: http://www.boeckler.de/pdf/ p_imk_report_25_2007.pdf

Joebges, H., Meinhardt, V., Rietzler, K., Zwiener, R. (2012): Auf dem Weg in die Altersarmut – Bilanz der Einführung der kapitalgedeckten Riester-Rente. IMK Report, Nr. 73, September 2012. URL: http://www.boeckler.de/pdf/p_imk_ report_73_2012.pdf

Koubi, M., Lhommeau, B. (2007): Les effets de redistribution de court terme des hausses du SMIC dans les grilles salariales des entreprises de dix salariés ou plus sur la période 2000-2005, *Les Salaires en France*, INSEE, édition 2007, 67-82. URL: http://www.insee.fr/fr/ffc/docs_ffc/ref/salfra07ae.pdf

Low Pay Commission (2012): National Minimum Wage – Low Pay Commission Report 2012. URL: https://www.gov.uk/government/uploads/system/uploads/ attachment_data/file/32574/8302.pdf

Martinel, L., Vincent, L. (2013): Les bénéficiaires de la revalorisation du SMIC au 1er janvier 2013. DARES analyses, n° 076. URL: http://travail-emploi.gouv.fr/ IMG/pdf/076-2013.pdf

Pham, H. (2002): Les modalités de passage à 35 heures en 2000, *Premières Synthèses*, No 06.3. URL: http://travail-emploi.gouv.fr/IMG/pdf/publication_pips_ 200202_n-06-3_modalites-passage-a-35-heures-en-2000.pdf

Pham H. (2003): Les 35 heures dans les très petites entreprises, *Premières Synthèses*, No 46.1. URL: http://travail-emploi.gouv.fr/IMG/pdf/Les_35_heures_dans_les_ tres_petites_entreprises.pdf

Priewe, J. (1984): *Zur Kritik konkurrierender Arbeitsmarkt- und Beschäftigungstheorien und ihrer politischen Implikationen. Ansatzpunkte für eine Neuorientierung einer Theorie der Arbeitslosigkeit*, Frankfurt a.M.: Peter Lang.

Sachverständigenrat (2008/09): Die Finanzkrise meistern – Wachstumskräfte stärken, Jahresgutachten 2008/09, Wiesbaden. URL: http://www.sachverstaendigen rat-wirtschaft.de/fileadmin/dateiablage/download/gutachten/ga08_ges.pdf

Sachverständigenrat (2013/14): *Gegen eine rückwärtsgewandte Wirtschaftspolitik, Jahresgutachten 2013/14*, Wiesbaden. URL: http://www.sachverstaendigenrat-wirtschaft.de/fileadmin/dateiablage/gutachten/jg201314/JG13_Ges.pdf

Sinn, H.-W. (2007): Mindesteinkommen statt Mindestlohn, Interview mit Hans-Werner Sinn, *VDI nachrichten*, 21.12.2007, Nr. 51/52, 9. URL: http://www.cesifo-group.de/de/ifoHome/policy/Staff-Comments-in-the-Media/Interviews-in-print-media/Archive/Interviews_2007/medienecho_6477548_ifointerview-vdi-21-12-07.html

Sinn, H.-W. (2008): „Über eine Million Jobs sind gefährdet", Interview mit Hans-Werner Sinn, *Nürnberger Zeitung*, 15.01.2008. URL: http://www.cesifo-group.de/de/ifoHome/policy/Staff-Comments-in-the-Media/Interviews-in-print-media/Archive/Interviews_2008/medienecho_6507483_ifointerview-nz-15-01-2008.html

Wissenschaftlicher Beirat des BMWi (2006): Brief des Wissenschaftlichen Beirats beim Bundesministerium für Wirtschaft und Technologie an Bundesminister für Wirtschaft und Technologie Michael Glos vom 18. März 2006. URL: http://www.bmwi.de/BMWi/Redaktion/PDF/B/brief-an-bm-glos-zu-mindest-und-kombiloehnen,property=pdf,bereich=bmwi2012,sprache=de,rwb=true.pdf

III.

Entwicklungsökonomik

Development Economics

Development, progress and economic growth

Luiz Carlos Bresser-Pereira

1. Introduction

Progress was originally an idea and an aspiration of the 18th century, and development was an idea and a project of the 20th century that has continued into the 21st century. In the Enlightenment the philosophers realized that the ideal of reason prevailing over tradition and religion was something that had ceased to be utopian and could be achieved;[1] in the 19th century, the development of science and technology strengthened the idea of progress, that Auguste Comte defined as the fundamental rule of society, whereas socialist intellectuals and workers called for progress, which they identified with democracy and socialism. But in the first part of the 20th century, the two world wars and Nazism were a regression towards barbarism that made the idea of progress wane out. Yet, with the end of the war and the creation of the United Nations, there was the acknowledgement of how backward most countries had become in relation to a few industrialized countries, and the idea of development emerged as the new designation for progress, now with a strong economic bias. In the following 60 years, the achievements did not fulfill the great hopes, but almost all countries experienced substantial improvement in their standards of living, what confirmed that development was possible. But new problems emerged. For a time the fear was the end of the modern civilization by a nuclear war; more recently, the real challenge that humanity faces is the global warming in consequence mainly of the greenhouse effect. Progress has been challenged again. I know how complex and contradictory this issue is, but I have always believed in progress or in development, not as the

---

[1] As Ionel Cioará (2010, 14) remarked „in the 18th century the confidence in a social progress resulting from human decisions becomes a revenant feature utopia".

endless improvement of the human conditions, but as the progressive achievement of the political objectives that modern societies set for themselves.
Maybe I am wrong. In this chapter, I will discuss the theme, relating progress
to development and both to economic growth.

2. A modern concept

There is an ancient intellectual tradition that associates the idea of progress
with the advent of Christianity. Progress would be the Christian promise of
the *millennium*, in so far as Christianity, with its idea of the salvation in the
end of times, or with the idea of the „city of God" would have replaced the
view dominant in the antiquity that empires or civilizations were characterized by a cyclical movement of prosperity and decadence. One distinguished
defender of this view is Robert Nisbet (1994, xi), who affirms

> „the idea of progress is not exclusively modern, born of the Enlightenment,
> but one that goes back to the ancient Greek and Romans and most specifi-
> cally to St. Augustine and a very long, continuous line of his followers over
> the centuries".

It is true that the Greek ideal was Aristotle's „good life" to be achieved
collectively in the polis; the Roman ideal was similar: the construction of the
republic. The Greek democracy and the Roman republic were major political
achievements, but they were not consistent with the economic and social
conditions of the time, and were soon abandoned. Christians, led by St.
Augustine, saw progress as the realization of the „city of God", but this view
has little relation to what we mean by progress. For the Greeks, the good life
and the public interest were to be achieved here and now, while for the Christians the objective was salvation. In both cases the idea of progress understood as a *historical* process was absent.

Actually, the idea of progress was born from a strongly anti-religious Enlightenment. If just one claim would define the 18th century's philosophers, it
would be the claim for the secularization of the state – the separation of religion from the state. One thing is the idea of providence, another, the idea of
progress. Progress and development are modern concepts; they date from the
capitalist revolution. Progress is a concept of the 18th century Enlightenment,
when France and England were engaged in their capitalist revolution; development, a concept of the post-World War II. The Enlightenment philosophers
viewed progress as the advance of reason over religion. In his classical work

on the theme, J.B. Bury (1920, Introduction) firmly associated the idea of progress with modern times, and defined the idea of progress:

> „This idea means that civilization has moved, is moving and will move in the desirable direction."

Today, I propose that *development or progress is the historical process through which national societies achieve their political objectives of security, freedom, material improvement, reduction of social injustice, and protection of the environment;* or, in other words, development is the gradual achievement of the corresponding rights that modern societies defined for themselves as human rights: the civil rights, or the basic liberties that characterize the rule of law; the political rights, the universal right of elect and being elected to government; the social rights, the basic rights oriented to social justice; and the republican rights, the rights to the *res publica* or the public patrimony (including the natural environment), the right that the public patrimony is utilized for public purposes or in light of the public interest. Instead, Amartya Sen (1998) defined development as freedom and as the increase of human capabilities. Identifying development with freedom implies an excessive amplification of the concept of freedom; to associate it with access to health care, to education, to basic material needs, and with participation in the life of the community is more reasonable, in so far that these capabilities are positively associated with the achievement of the shared political objectives of modern societies.

For the Enlightenment philosophers, the key to progress was the advancement of reason and of science; it was the search for rational foundations for morality instead of traditional or religious foundations; it is the progress of science and of society. We learn, for instance, from Condorcet (1793, 81, my translation), who, writing during the French Revolution just before he was condemned to death by the Terror, claims that

> „the perfectibility of man is actually unlimited; that the progress of such perfectibility, from now independent of the powers that searched to stop it, has no other end than the duration of the earth".

But already at that time progress was not just the advancement of reason and science; it was also improvement of standards of living. It was not by chance that Turgot, an economist, one of the physiocrats, may be viewed as the founder of the idea of progress. On that matter, Condorcet (1793, 281, my translation) was quite clear: the progress of the industries and of the well-being of each generation results „either of their own progresses, either of the conservation of the goods of previous industries". Later, in the mid-19th century, Auguste Comte (1844, 154, 156, my translation) transformed the progress into a dogma, and defined it as „the continuous progression towards a determined objective [...] the continuous improvement not only of our condition, but also and mainly of our nature".

3. The idea and the reality of progress

I understand that the concepts of progress and development are equivalent, but they have different origins and connotations. Development is associated with economic development or economic growth; it involves structural change, and is always referred to a given nation state, whereas progress is an universal concept. Progress is generally viewed as an ideal, as the permanent improvement of knowledge, whereas development is more often viewed as a historical process. The idea of progress dates from the Enlightenment, whereas the idea of development dates from World War II. It was only after the national and industrial revolutions had taken place in each country, beginning with Britain, that economic development or economic growth materialized, but only after World War II that it became an universal objective. As Ignacy Sachs (2009, 8) observed,

> „at the starting point, economic growth served as a proxy for development. Then, other dimensions were gradually added to the concept, leading to a litany of adjectives [...]. I work today with the concept of socially inclusive, environmentally sustainable and economically sustained development."

In discussing progress or development we should distinguish the *idea* of progress from the *reality* of progress or development. Today, the battle for the idea of progress – for the rational foundation of science and of morality – is essentially won. Religious fundamentalisms are still present in the modern world, but they are marginal; religion is restricted to private life; political regimes have become secular, as the church has been separated from the state. The battle for the reality of progress has also advanced, but it is far from being won. The *idea* of progress depends on the reasonable or judicious advancement of reason; the *reality* of development depends, on the one side, on overcoming ignorance, intolerance and oppression, and on the other, on improving well-being, on reducing political and economic inequality, and on protecting the environment. There has been substantial advance in the political aspects of progress, and in fighting absolute poverty, but economic basic needs are still far from being satisfied; economic inequality and to a lesser extent, political inequality remain extremely high; nature is far from being properly protected. Reason was able to defeat superstition and religion, but not to defeat basic scarcity and privilege.

4. A social construction

Progress or development is always the outcome of a social *construction*, but the road to it is far from being peaceful and linear; it is a process of trial and error in which agents lack the ability to foresee with reasonable precision the consequences of their actions; it is an essentially conflictual process at the individual, group and social class levels, which is resolved either by the use of force, or through social and political compromise. This conflict may assume a mild and positive form when expressed in competition, but it is often the outcome of domination, and expresses itself in exploitation and revolt. Marx emphasized the class struggle as the fundamental engine of history, but his contention was only partially true because class struggle did not prove to be as *decisive* as he expected – it was unable to achieve the transition from capitalism to socialism. On the other hand, class coalitions involving compromise and cooperation between segments of social classes proved effective in generating development. In the distant past, the mercantilist alliance between the court nobility and the high bourgeoisie against the landed or feudal aristocracy was the first example of a developmental class coalition; after World War II, the Fordist association of business entrepreneurs, workers and public bureaucracy was another example; recently, the association of rentier capitalists (the upper and middle classes) and the financiers who manage their wealth has amounted to a neoliberal, reactionary class coalition. Whereas developmental class coalitions proved to be effective in producing fast economic growth, class struggle proved to be effective in achieving democracy and reducing political and economic inequality.

The history of mankind since the Capitalist Revolution has been the history of this complex and conflictual, but *rational*, social construction. Rational, first, because since its first manifestation (mercantilist capitalism) social agents sought the appropriate means to achieve their value-determined objectives, in so far that they identified profit as the objective of economic activity and the accumulation of capital incorporating technical progress as the adequate means to achieve it; and second, because it also involved bureaucratization in Weberian terms, beginning with the state organization, and continuing with the business and the non-profit organizations aimed at increasing their administrative effectiveness and efficiency.

Development is neither linear nor predetermined. Regression is always possible, as we saw in Germany with Nazism and in the United States after the September 11, 2001 terrorist attack. But, unlike ancient civilizations, which underwent periods of prosperity followed by decay and extinction, our capitalist civilization does not seem fated for decay, but for permanent change and renovation. The hegemonic country may change: it was Britain in the 19th century; since the beginning of the 20th century it has been the United States; and in the future it may possibly be China. But when this eventually will happen the world will not go back to the old Chinese civilization but will continue with the capitalist civilization. Only vestiges of Chinese civilization remain; China is today a capitalist society.

We only are able to understand progress or development when we realize that capitalism is not one among several civilizations, as were the Chinese, the Egyptian, the Persian, and the Maya civilizations, but is a universal civilization. Originally, it was the Greco–Roman civilization, which, first, changed into the Christian civilization, second, into Western civilization, and today, after the capitalist revolution, has become the *universal* civilization – the civilization that embraces the whole earth. Only one major civilization is resisting it, namely the Arab civilization; but, although the Arab civilization will retain some of its characteristics, above all its religion, as did the other civilizations, I am persuaded that its integration into capitalist civilization will only be a matter of time.

5. The critics of progress

In the 19th century there was little doubt about the reality of progress, but the irrationality and major regression represented by the two world wars, fascism and Nazism, and the worst moments of communism made leading intellectuals doubt or even deny that progress had occurred. Critical theory, as expounded in Horkheimer and Adorno's *Dialectic of Enlightenment* (1944), dramatically rejected the idea and the reality of progress, but later on Adorno offered a more nuanced and dialectical approach.[2] Before that, Georges Sorel (1908, 8) denounced „the illusion of progress". According to him, progress

---

[2] Adorno (1969, 226) in the short text „Progress" relates progress to the development of reason, much in the line with the Enlightenment, but with a sound dialectic bias: „The disruptive trend of progress is not limited to be the other of the expansive movement of nature – its abstract negation –, but the domination of nature by itself gives rise to the development of reason".

would be „the ideology of the victors" – an ideology that based on the reality of progress, which legitimated the exploitation that characterizes capitalism. According to him,

> „all the ideas related to progress get mixed in a singular manner [...]. One of the tasks of contemporary socialism is to demolish this scaffolding of conventional lies" (Sorel 1908, 276, my translation).

Marx firmly believed in progress, but Walter Benjamin had a pessimistic view of progress, that he associated with the *Angel of History* which leaves behind him a succession of ruins. But Alfredo Bosi (2010, 127, my translation and emphasis) remarked that in the core of Benjamin's utopic dimension there is „the dramatic relation of the present with the past, but *with the eyes towards the future*". Discussing the vision of Adorno on the idea of progress after his book with Horkheimer, particularly Adorno's 1969 conference on progress, Michael Löwy and Eleni Varikas (1992, 207, my translation and emphasis) come to the conclusion that

> „more than a hesitation between a positive and a negative appraisal, what emerges from his writings is a true *dialectics of progress* [...] which implies a critical point of view of the idea of progress *without removing it from the conceptual horizon*".[3]

On the right, the idea of progress was also criticized by liberal philosophers like Isaiah Berlin, who argued that it would be behind the modern utopias, which he connected with totalitarian regimes. To Berlin (1959, 52) the idea of progress was associated with socialism and to the idea that he most criticized – „the view that the light of truth, *lumen naturale*, is everywhere and always the same". The conservative vision appears also in an encompassing review of the „sense of progress" by Pierre-André Taguieff (2004). Having in mind Marx's historical materialism, he criticizes the rejection of the past and the idea of the existence of a sense of history that would characterize the idea of progress. For him it is required

> „to rethink in normative terms the idea of progress, i.e., to think, all at once, out of the influence of the necessitarian vision and out of the monistic scheme of a linear evolution, so, beyond the utopian revolutionary ideology of the total break with the past" (Taguieff 2004, 332, my translation).

---

[3] For Gilberto Dupas (2007, 73, my translation), progress is „the dominant discourse of global elites".

And also in Ionel Cioará (2010, 15) who sees „the idea of progress and increasing happiness as an expression of a fanatic believe in reason", which would have open room for totalitarianism. Christopher Lasch (1991, 41) says that the

> „utopian views of the future were definitively discredited by their association with totalitarian movements that came to power in the thirties [...]. Fascists and communists replaced supernatural explanations of history with secular explanations, but they clung to the apocalyptical fantasy that a final, decisive struggle would establiesh absoulute justice and perfect contentment."

Nevertheless, the idea of progress is resilient. The explanation that Lasch (1991, 42) finds for this fact is that the belief in progress would be „an antidote to despair", and he quotes Sidney Pollard who argued that „the only possible alternative to the belief in progress would be total despair". Following this line of thought Lasch (1991, 81) ends up by proposing the awkward substitution of hope for progress:

> „hope does not demand a belief in progress. It demands a belief in justice: a conviction that the wicked will suffer, that wrongs will be made right, that the underlying order of things is not flouted with impunity".

A usual critique of the idea of progress consists in attributing to its defenders the belief that the improving of standards of living or the increase in consumption would be endless. Lasch (1991, 78), for instance, asserts that

> „the concept of progress can be defended against intelligent criticism only by postulating an indefinite expansion of desires, a steady rise in the general standards of comfort, and the incorporation of the masses into the culture of abundance".

In fact, in the United States, this idea prospered for some time, as we saw in Walt Whitman Rostow's „Manifesto" (1960), but it is absurd to identify progress with consumerism. There is an economic limit to consumption, which was already overcome by far by the world economic elites, but there is a mass of people that does not have access to minimal standards of living. Material progress, economic growth only makes sense if it is deemed to increase the standards of living of the poor. The problem is that in capitalism it is impossible to increase substantially the standards of living of the poor without increasing the income (and the consumption) of the rich. The idea of re-distributing wealth, instead of increasing it, is attractive; yet, it is not viable in political terms, and it would not be sufficient to assure the level of consumption demanded by the poor. The distribution of income in capitalist societies is very resilient to change; it only can be achieved in marginal terms, by increasing the revenues of the poor more than the revenue of the rich. Business entrepreneurs require a satisfying rate of profit to invest. The educated professional class requires that their salaries correspond to the labor value involved in forming professionals. The only group that could be a source of income to be transferred to the poor would be the rents of rentier capitalists, but we know how associated with the financiers and politically strong they are.

I am sympathetic with eminent social critics like Christopher Lasch, but it is difficulty to me to accept their pessimism. The reason why the idea of progress is resilient is not that it is an alternative to despair. It is not that after the „death of God", people need a utopia that the idea of progress would supply. The inverse reasoning makes more sense: reasonable utopias are instrumental to the reality of progress. The idea of progress is resilient because progress has been taking place in the world since the capitalist revolution. The 1914-1945 period was an exception. It was a major historical regression, which derived from the deep resentment of a country like Germany, which was in the forefront of the European civilization in the 18th century, but its lack of political unity made it backward when England and France had their industrial revolutions. Thus, while these two countries progressed to major modern empires in the second part of 19th century, Germany was making at that time its industrial revolution. When it completed it and became also powerful, the mismatch between this power and the number of colonies was a major reason for the first war. Nazism and the second war resulted from the resentment of having lost the first war.

Since the 1990s the critique, resumed in a new basis, has not been so much of progress, but of economic development. A group of academics associated, on the one hand, with cultural studies and, on the other, with environmental protection, has openly fought against the idea of economic development and, in particular, the reality of economic development. I refer, for instance, to the views of Majid Rahnema (1997), who compiled *The Post Development Reader*. According to him,

> „development has been, since the beginning, nothing but a deceitful mirage. It acted as a factor of division, of exclusion and discrimination rather than of liberation of any kind" (Rahnema 1997, X).

To come to such a radical conclusion the author assumes an idealist pre-capitalist society where equality, freedom and reasonable well-being would prevail, and expresses indignation with the costs involved in the transition to capitalism – costs well-known since, among others, the classical work by Engels (1844). It is difficult to me to understand growth as „hell", as one of the defenders of the „décroissance" (negative growth) as Serge Latouche (2006, 39, my translation) does, because

> „our society associated its destiny to an organization founded in the un-limited accumulation […]. In the moment that growth slows down or stops, it is the crisis, even panic".

But there is a possible clue for the increasing disinterest if not criticism of economic development in rich countries. As Wilkinson and Pickett (2010) remarked, as economic growth advances, the gains in terms of standards of living go dramatically down. There is a kind of ceiling to standards of living. Taking health and life expectation as parameters,

> „among poor countries, life expectancy increases rapidly during the early stages of economic development, but then, starting among the middle-income countries, the rate of improvement slows down […]. As countries get richer, further increases in average living standards do less and less for health" (Wilkinson/Pickett 2010, 6).

6. Two arguments

Thus, sometime in the future economic development will come to an end. But we are far from this moment, as poverty remains high, even in rich countries. I am more interested in the reality of progress or development and its association with economic growth. I am interested in rejecting the idea that progress is a myth, that humanity did not experience progress. I will not discuss this empirical problem offering empirical data, but I will offer two simple arguments. First, the continuous spread of capitalism, in so far as peripheral nations struggle to emulate the culture of the more advanced countries, demonstrates that progress is something that people strongly *seek* – and do not tell me that they do that by submitting to the ideological hegemony of the economic and political elites who are interested in growth. As, for instance, immigration to rich countries shows, the poor from poor countries emigrate because their conditions in their original countries are not sustainable. Critics say that such conditions turned bad because developing countries were also victim of the idea of growth or modernization. But this is not true. In the moment that a traditional or either a primitive society enters in contact with capitalist societies, they realize how worse their destiny is, and soon fight for achieving economic development. After World War II, it became clear that the world was divided into developed and underdeveloped countries. Developed countries enjoyed higher standards of living, had made their transition to democracy, and offered limited but effective protection for labor. First, they industrialized; second, they turned democratic; third, they reduced, although modestly, economic inequalities by increasing wages with productivity and by establishing a large welfare state; fourth, in the last quarter of the 20th century, despite the neoliberal hegemony and the increase of inequality, developed countries began to protect systematically the environment. Since World War II, the peoples in the underdeveloped countries who were able to organize themselves as autonomous nations have followed the footprints of the developed countries; some also have industrialized and improved their standards of living.

A second, related, argument is that in the last three hundred years, people gradually realized that they were able to set political objectives for themselves and use their state as an *instrument* to achieve them. Taking the more developed countries as a reference, they adopted, first, the goals of security and individual liberty to be assured by the liberal state; second, economic well-being to be achieved by the developmental state; third, social justice to be achieved by the welfare or social state, and, possibly, by the socialist state; and finally, protection of the environment to be achieved by the republican state – a state able to protect itself and the public patrimony from constant attempts to capture it. These are political objectives, which were adopted collectively by the exercise of *politics*, whose main instrument of collective action was *the state*, that is, the legal system and the organization that guarantees it. Within this framework people in modern societies are in one way or another engaged in a social construction; every day they are building their nation, their civil society and their state. They are seeking human development or progress. And, in the long term, they are having some success in their endeavors. Taking an interval of 50 years as a parameter, we can ask ourselves whether, in each period, the countries that were able to complete their capitalist revolutions advanced in terms of security, individual freedom, economic well-being, economic equality, and protection of the environment. And our answer will probably be that, with one or two countries as exceptions, the social construction that characterized a three-hundred-year period since the introduction of capitalism produced progress or development. The improvement in the quality of life brought by steam and internal combustion engines, electricity, water supply to homes, sewage systems, vaccines antibiotics and curative medicine makes people not want to return to the past. Conservatives may honor the past more than progressives do, but they are happy with the material progress achieved, and use it as an ideological weapon to justify the ruling order.

7. The key role of economic development

In this social construction economic development or economic growth plays a key role. We have known since Marx that the economic infrastructure and the political superstructure, or, as I prefer to say, the economic instance, the institutional *sensu stricto* or normative instance, and the ideological or cultural *instances* of society are interdependent and change in a contradictory or dialectic way. Marx saw the economic instance as the determining mover of society, but, after his and Engels's time, men increased their knowledge on how societies change, and on what is the role of ideas and institutions in the changing process, on the one hand. On the other hand, they continuously made more capable the main institution that regulates or coordinates modern societies: the state. The consequence of this double improvement – more knowledge and a more capable state – made history less determined by the economy, and increased people's control over their destiny. It is essentially for this reason that I say that men and women are involved in a social construction in modern societies; they are engaged in promoting progress or development.

Economic growth, which is also the outcome of a social construction, remains today the key cause of development or progress. Why? A first, more simple answer to this question is that men and women spend most of their time working to achieve greater economic security and better standards of living. They spend much less time fighting for political, social, and environmental goals that have essentially been achieved. A second argument is that all the other main political objectives that modern societies set for themselves depend on the existence of an economic *surplus* which, in ancient times, was the outcome of pure imperial extortion, because technical progress was inexistent and there was no increase of the economic surplus. Since the capitalist revolution, the economic surplus has assumed the character of profit to be achieved in the market, thus being the outcome of economic development. Primitive societies did not produce an economic surplus, and for that reason there was no domination; all lived at the subsistence level. The moment that modest technological progress – the discovery of agriculture in the hydrographic basins – allowed for the production of a surplus domination appeared, as a small group appropriated this surplus by military force and the legitimization of religion. Within this historical framework, domination and exploitation depended essentially on the military and religious power of the dominant group. Things changed with the emergence of capitalism. Now, the appropriation of the economic surplus ceased to depend on the use of sheer force but was achieved as a result of market exchanges. Such a major change could be completed only when a country underwent its industrial and capitalist revolution. At a later moment, with the second industrial revolution and the organizational revolution, capitalism changed into a techno-bureaucratic system, in which the appropriation of the economic surplus continued to depend on the ownership of capital, but now depended also on knowledge and continued to be achieved in the market. With the capitalist revolution, domination and exploitation continued to play their roles, but the appropriation of the economic surplus did not require the direct use of violence. Profits, high salaries and bonuses were realized in the market through the exchange of equivalent values. This is not the moment to discuss the political struggles that took place, and continue to take place, over this unfair form of income distribution according to ownership of capital and knowledge. I want just to remark that the belief that distributing income according to knowledge is fair is only meritocratic ideology.

What I want to signal by bringing the concept of economic surplus to the fore is the key role of the production of the economic surplus in the achievement of the other four political objectives in the capitalist civilization in which we live. They all depend on economic growth and the resulting production of a surplus. First, let us consider security: the more developed a country is, the more capable will be the state and the more secure society will be. With the exception of the United States, where the level of imprisonment is extremely high, rich societies are also secure societies. The same is true in relation to individual freedom, which liberalism claims is asserted against the state, but which actually depends on an effective police force and an effective justice system that only a capable state can provide. The same holds also for social justice, though again with the exception of the United States: developed countries have achieved greater equality and a more developed welfare state than poor countries. And the same is true with respect to the protection of the environment. Rich countries used to exploit nature more than poor countries did, but today they show that they are able to protect it in a substantially more effective way than poor countries. In all these four cases the assurance, respectively, of civil rights (security and freedom), social rights (social justice) and republican rights (the public patrimony including the natural patrimony) depends on the existence of a capable and legitimate state able to tax the private sector. The protection of rights is so expensive that only rich countries are able to reasonably guarantee them. Liberals used to argue that only social rights were expensive, but Holmes and Sunstein (1999) have demonstrated that this is simply not true – security and liberties are equally expensive. And I would also include the protection of the environment. Thus, besides assuring a decent standard of living for all, even in countries that manifest high economic inequality, economic development is essential for the achievement of the other political objectives or human rights in so far as only a developed country is able to generate the tax revenues required to meet the cost of citizens' rights.

8. Economic development or economic growth

Given the strategic role of *economic* development or growth in creating the economic surplus that progress requires, I must *define* it. Economic development is the historical process of capital accumulation incorporating technical knowledge that increases the standard of living of the population. It is a historical process that emerges when a country undergoes its national and industrial revolution, and, in this way, completes its capitalist revolution. Understanding economic growth is facilitated by adopting structural, Schumpeterian, Keynesian, and new-developmental perspectives; a *structural* perspective, because economic development involves change in the three instances of society – *direct* change in the economic instance, and indirect changes in the normative and the cultural instances; a *Schumpeterian* perspective, because the role of the innovative business entrepreneur is as important as the role of the state in generating economic growth; a *Keynesian* perspective, because it is not enough to analyze economic development on the supply side. For sure, countries grow only if they educate their people, promote science and technology, make use of some industrial policy, and invest in infrastructure. But, except for the last of these, in national societies that seek growth, these activities are daily endeavors of millions of people. Besides investing in infrastructure, government is supposed to create investment opportunities for business enterprises by adopting macroeconomic policies to sustain *demand*. And, finally, a *new-developmental* perspective is required, because in developing countries sufficient aggregate demand is not enough to motivate business enterprises to invest; it is also necessary that competent business enterprises have *access* to demand, which is not guaranteed because developing countries face a tendency to the cyclical and chronic overvaluation of the exchange rate.[4] Unlike in developed countries, in developing countries well-educated people, innovative entrepreneurs, efficient business enterprises and sustained demand are not sufficient conditions for investment and growth. Given the tendency to the cyclical and chronic overvaluation of their exchange rates, economic policies are also required to neutralize such a tendency and to ensure that the national currency floats around its *competitive* equilibrium – the „industrial equilibrium" – which is the one that connects the competent business enterprises to demand.

Economic development starts only when a people becomes a *nation* and achieves its national and industrial revolution, in short, its capitalist revolution. It is only from then on that the systematic improvement in people's standard of living takes place. Only after the capitalist revolution it is possible to discuss economic development in the strict sense of the term, because only from this moment on technical progress does occur in a fast and *self-sustained way*, insofar as the reinvestment of profits with the incorporation of increasingly efficient and sophisticated technologies becomes a necessary condition for the survival of the business enterprise (Celso Furtado 1961, chapter 3).

9. Necessary and unnecessary distinctions

In the economic literature economic development and economic growth are normally used as synonyms. Yet, some economists distinguish economic development (which would involve structural change) from economic growth (which would not). I believe that, given the previous discussion, such a distinction makes little sense. The cases where there is growth of income per capita without structural change are the *exception* rather than the rule. The countries in which this distinction could possibly make sense are those where the modern sector of the economy is an enclave; countries that export oil and fail to neutralize their Dutch disease could be seen as examples. But even

---

[4] I first proposed and analyzed the tendency to cyclical and chronic overvaluation of the exchange rate in Bresser-Pereira (2009); in Bresser-Pereira (2014), I first discussed the issue of access to demand.

these countries experience some structural change and some increase in standards of living.

Some economists require more than just structural change and improvement of the standards of living to characterize economic development; they require additionally that inequality diminishes. But this view also makes little sense to me. Would we say that in the first part of the 19th century there was no economic development in Britain, or that after 1980 there was no economic development in China? These two periods are essential when we think of economic development, but they were accompanied by income concentration, while poverty was reduced. As Priewe and Herr (2005, 22, 33) observed in a careful analysis of historical data,

> „poverty eradication requires higher GDP growth […], a meaningful and analytically consistent differentiation between poverty-reducing overall growth (or growth as such) and pro-poor growth is hardly possible".

What makes sense is not the distinction between economic development and economic growth, but the distinction between economic growth (or economic development) on the one hand, and development or progress on the other. Economic growth may sometimes be unjust, may sometimes be offensive to nature; development by definition cannot, because for the achievement of development it is not enough to improve living standards; it is necessary also to observe some advance in the other four political objectives. It is true that the five objectives are not fully compatible; they often conflict. This is particularly true in relation to economic growth, which in the long term is a necessary condition for achieving the other objectives, but in the short term often conflicts with them. That is why *compromise* – the fundamental principle of politics – is inevitable.

Would it be possible to measure development or progress? I do not think so. Economic growth is usually measured by adopting the increase of income per capita as parameter, but even such measurement is often contested. What is to say of measuring development without adjectives? Acknowledging the limitations of such a measure, the United Nations, with the participation of Amartya Sen, developed the concept of „human development" some time ago, which measures progress by adopting two social parameters besides the growth of income per capita, namely life expectancy and education. But, as was predictable, given the close relationship between the three instances of society, the three variables proved to be closely correlated – which means that the United Nations' index is not a real gauge of development or progress. More recently, in 2008, on the initiative of the French government, the

Commission on the Measurement of Economic Performance and Social Progress (or the Stiglitz-Sen-Fitoussi Commission) was created. It presented its final report in the following year, but it did not arrive to operational conclusion.[5]

10. Conclusion

Armed with this definition of economic development or economic growth, let us return to its relation to development or progress – to the achievement of the five main political objectives that modernity has set for itself. I argued in this chapter that the historical process of development began with the Enlightenment's idea of progress and the advancement of science, while the historical process of economic growth began with the industrial revolution and the advancement of technology, and was characterized by increasing living standards. Thus, both were the outcome of the capitalist revolution. After the first countries (Britain, France, Belgium), each other country that was able to modernize or complete its capitalist revolution also experienced growth and progress.

I defined economic growth as the increase in standards of living caused by capital accumulation with the incorporation of technical progress, and development as the advancement of modern societies toward its five self-defined political objectives: security, freedom, economic well-being, social justice and protection of the environment. Thus, we can distinguish forms of development: economic, political, social and environmental development. I argued that the first form of development, the economic, was the more strategic, but they are all interdependent, and it is impossible to say which is the most important.

In my definition of development I did not include the achievement of *happiness*, because this is not a political objective – it is not something that can be achieved collectively. Happiness is a state of mind; it is contentment with ourselves which comes and goes incessantly throughout our lives. Researchers have been trying to measure happiness, but if it is difficult to measure economic growth, let alone progress, what to say of happiness? Yet one thing that emerges from such research is that poor people tend to be less happy or more unhappy, but once their basic needs are satisfied, happiness loses any relationship with economic development. This makes sense. Like personal

---

[5] For the final report and on the debates on the day it was officially presented, see http://www.stiglitz-sen-fitoussi.fr.

realization, happiness is an individual achievement that requires certain basic material conditions to be met, but not great wealth. Such a finding supports the moral condemnation of consumerism, but, given the difficulty of distributing income evenly, much more economic development will be required to enable everyone to achieve the reasonable minimum of living conditions, and more moral progress will be required for men and women to change their values and discover other forms of personal realization than becoming wealthy and powerful.

References

Adorno, T. (1969 [1992]): Progresso [Progress], *Lua Nova*, 27, 217-236.

Berlin, I. (1959): *The Crooked Timber of Humanity*, New York: Vintage Books.

Bosi, A. (2010): *Ideologia e Contra Ideologia* [Ideology and Counter Ideology], São Paulo: Companhia das Letras.

Bresser-Pereira, L.C. (2009): *Globalization and Competition*, Cambridge: Cambridge University Press.

Bresser-Pereira, L.C. (2014): The access to demand, in: D.B. Papadimitriou (ed.), *Festschrift for Jan Kregel*, forthcoming.

Bury, J.B. (1920 [2013]): *The Idea of Progress,* printed in San Bernardino, California, 2013 (no name of the publisher).

Cioará, I. (2010): The critique of utopian reason. An abstract, *Annales Philosophici*, 1, 10-17.

Comte, A. (1844 [1995]): *Discours sur l'Esprit Scientifique*, Paris: Librairie Philosophique Vrin, Original publication, 1844.

Condorcet (1793 [1988]): *Esquisse d'un Tableau Historique des Progrès de l'Esprit Humain. Fragment sur l'Atlantique,* Préface d'Alain Pons, Paris: Flamarion.

Dupas, G. (2007): O mito do progresso [The myth of progress], *Novos Estudos Cebrap,* 77, 73-89.

Engels, F. (1844 [2005]): *The Condition of the Working-Class in England in 1844*, The Project Gutenberg, eBook, available at: http://www.gutenberg.org/files/17306/17306-h/17306-h.htm

Furtado, C. (1961 [1967]): *Development and Underdevelopment*, Berkeley: University of California Press.

Holmes, S., Sunstein, C.R. (1999): *The Cost of Rights*, New York: W.W. Norton.

Horkheimer, M., Adorno, T. (1944 [1972]): *Dialectic of Enlightenment*, New York: Herder and Herder, 1972, first German edition published in New York by the Social Studies Association, 1944.

Lasch, C. (1991): *The Trust and Only Heaven: Progress and Its Critics,* London: Norton.

Latouche, S. (2006): *Le Pari de la Décroissance*, Paris: Fayard.

Löwy, M., Varikas, E. (1992): A crítica do progresso em Adorno [The critique of progress in Adorno], *Lua Nova*, 27, 201-216.

Nisbet, R. (1994) *History of the Idea of Progress*, second edition, New Brunswick, NJ: Transaction.

Priewe, J., Herr, H. (2005): *The Macroeconomics of Development and Poverty Reduction*, Baden-Baden: Nomos.

Rahnema, M. (1997): Introduction, in: M. Rahnema and V. Bawtree (eds.), *The Post-Development Reader*, New York: Zed Books.

Rostow, W. (1960): *The Stages of Economic Growth: A Non-Communist Manifesto*, Cambridge, UK: Cambridge University Press.

Sachs, I. (2009): Revisiting development in the twenty-first century, *International Journal of Political Economy*, 38(3), 5-21.

Sen, A. (1998): *Development as Freedom*, Oxford: Oxford University Press.

Sorel, G. (1908 [1981]): *Les Illusions du Progrès*, Paris: Ressources, originally published in 1908.

Taguieff, P.-A. (2004): *Le Sens du Progrès*, Paris: Flammarion.

Wilkinson, R., Pickett, K. (2010): *The Spirit Level: Why Greater Equality makes Societies Stronger*, New York: Bloomsbury Press.

Ideologie, Doktrin und Pragmatismus in der Entwicklungspolitik

Detlef J. Kotte

1. Einleitung

Die Entwicklungspolitik der vergangenen drei Jahrzehnte war einseitig von der Vorstellung geprägt, die Liberalisierung von Güter-, Finanz- und Arbeitsmärkten auf nationaler und internationaler Ebene sei Garant für die Beschleunigung von Entwicklungsprozessen. Staatliche Eingriffe wurden hingegen als Ursache für effizienzhindernde „Marktverzerrungen" angesehen.

Anstatt aufgrund der Erfahrung, dass die „marktfreundlichen" Entwicklungsstrategien nur in sehr wenigen Fällen zu einer Beschleunigung der wirtschaftlichen Entwicklung geführt haben, den eingeschlagenen Weg und die zugrunde liegende Doktrin auf ihre Brauchbarkeit hin kritisch zu überprüfen, wurde diese gegen Kritik immunisiert. Fehlentwicklungen wurden falschem staatlichem Handeln angelastet oder damit begründet, dass die Liberalisierung eben nicht konsequent genug durchgeführt wurde. Aber hier geht es um mehr als eindeutige ideologische Positionen in der Debatte um die relative Bedeutung von Markt und Staat, denn diese Doktrin bestimmt zum großen Teil auch die Gestaltung der Entwicklungspolitik durch Entscheidungsträger und Berater, die nicht unbedingt aus neoliberaler Überzeugung handeln oder argumentieren (Rodrik 2010).

Die Argumente, die für ein Festhalten an der herrschenden Doktrin vorgebracht werden, haben aus entwicklungspolitischer Perspektive drei Schwachpunkte: Erstens wird mikroökonomisches Denken unter Missachtung kreislauftheoretischer Zusammenhänge einfach auf die gesamtwirtschaftliche Ebene übertragen und zur Grundlage entwicklungspolitischer Maßnahmen gemacht. Zweitens wird das Ziel einer Optimierung der Faktorallokation gegenüber dem der Stärkung der Kapitalakkumulation überbetont. Und drittens werden häufig Instrumente – wie etwa die Steigerung von Exporten oder Kapitalzuflüssen – mit den eigentlichen Zielen der Entwicklungspolitik verwechselt. Jan Priewe hat zusammen mit Hansjörg Herr zahlreiche der hiermit verbundenen Implikationen für die Entwicklungspolitik in einem ausgezeichneten Buch ausführlich diskutiert (Priewe/Herr 2005).

Im Folgenden soll die Problematik der weit verbreiteten Doktrin von der Effizienz des Marktmechanismus in zwei für die Entwicklungspolitik zentralen Bereichen näher betrachtet werden, zum einen der Politik zur Steigerung der gesamtwirtschaftlichen Nachfrage und zum andern der Gestaltung des Finanzsystems. Beide sind für die Bildung und die Struktur von Produktivkapital von entscheidender Bedeutung, weil sie einerseits die Investitionsbereitschaft, andererseits die Möglichkeit der Finanzierung von Investitionen maßgeblich beeinflussen. Dabei soll versucht werden, aufzuzeigen, welche Einschränkungen mit der engen Festlegung auf bestimmte Doktrinen verbunden sind und welche entwicklungspolitischen Optionen sich bei einer mehr pragmatischen Herangehensweise bieten könnten. Eine wichtige Rolle in diesem Zusammenhang spielt die Einsicht, dass weder der Arbeitsmarkt noch die Finanzmärkte den im simplen Marktmodell für Gütermärkte unterstellten Mechanismen entsprechend funktionieren (UNCTAD 2013, 125; Flassbeck 2013).

2. Exportgetriebenes Wachstum, Binnennachfrage und Investitionen

Eine Stärkung der gesamtwirtschaftlichen Investitionsanreize kann grundsätzlich durch eine Erhöhung der Binnennachfrage oder der Exporte erreicht werden. In den vergangenen drei Jahrzehnten hat die Doktrin der exportorientierten Entwicklung die Entwicklungspolitik der meisten Länder geprägt. Natürlich kann kein Zweifel daran bestehen, dass steigende Devisenerlöse Voraussetzung für eine Erhöhung der Importe von Kapitalgütern ohne Auslandsverschuldung sind und dass Exporte von Industriegütern eher Produktivitätssteigerungen durch Skalenerträge ermöglichen.

Exportsteigerungen werden jedoch häufig als entwicklungspolitische Erfolge per se betrachtet. Dabei waren in den meisten Entwicklungsländern, die seit den 1980er Jahren zu einer verstärkten Exportorientierung in Verbindung mit einer weitgehenden Handelsliberalisierung übergingen, die durchschnittlichen Wachstumsraten des Sozialprodukts geringer als in den 25 Jahren zuvor (Kotte 2010). Dies dürfte damit zu erklären sein, dass sich die zusätzlichen Exporterlöse nur in sehr begrenztem Umfang in einer Steigerung des

Konsums im Inland produzierter Güter oder in höheren Investitionen niederschlagen.

Wenn die meisten Ökonomen, Politiker und internationalen Organisationen die Exportorientierung von Entwicklungsstrategien unter den Bedingungen der globalisierten Wirtschaft als Voraussetzung für eine Beschleunigung der wirtschaftlichen Entwicklung sehen, so geschieht dies in der Regel unter Verweis auf die „komparativen Vorteile" eines hohen Arbeitskräftepotentials und daraus resultierender niedriger Arbeitskosten in den Entwicklungsländern.

Für hochindustrialisierte Volkswirtschaften mit breit diversifizierten Produktionsstrukturen mag es von zweitrangierter Bedeutung sein, ob eine steigende Binnennachfrage oder eine Zunahme der Exporte Quelle des Nachfragewachstums ist.[1] Für Entwicklungsländer ist es aber aus drei Gründen problematisch, sich für die Steigerung der Gesamtnachfrage einseitig auf Exportwachstum auf der Basis „komparativer Vorteile" zu verlassen.

Erstens birgt das Verlassen auf die Verfügbarkeit eines großen Potentials an wenig ausgebildeten billigen Arbeitskräften die Gefahr, dass die entsprechende „Spezialisierung" auf wenige arbeitsintensive Aktivitäten eher dazu beiträgt, bestehende Produktionsstrukturen zu festigen, als den Strukturwandel zu befördern.

Zweitens bezieht sich die internationale Nachfrage nach Gütern, die in Entwicklungsländern produziert werden können, zum großen Teil auf andere Güter als die einheimische Nachfrage in diesen Ländern. Die sich aus einseitiger Exportorientierung ergebende Struktur des Produktionsapparats kann daher zu einer Abhängigkeit von Importen auch solcher Güter führen, die bei anderer Struktur auch im Inland produziert werden könnten (UNCTAD 2013, 84f.; siehe auch den Beitrag von Jörg Mayer zu dieser Festschrift).

Vor allem aber sind, drittens, Zweifel an der Vorstellung angebracht, dass Exporte auf Dauer als treibender Faktor für die meisten oder gar alle Entwicklungsländer wirken können. Dies mag für ein einzelnes oder einige Entwicklungsländer über einen gewissen Zeitraum möglich sein. Abgesehen vom Export meist unverarbeiteter Rohstoffe ist das Potential eines Entwicklungslandes in der Regel jedoch auf die Produktion einer begrenzten Anzahl arbeitsintensiver Produkte oder auf die Weiterverarbeitung importierter Zwi-

---

[1] Die Problematik, dass durch eine übermäßige Exportorientierung einiger solcher Volkswirtschaften internationale Ungleichgewichte entstehen können, die die Stabilität der Weltwirtschaft gefährden, sei an dieser Stelle ausgeklammert.

schenprodukte auf bestimmten arbeitsintensiven Produktionsstufen und deren Reexport beschränkt.

Daher muss die einseitige Ausrichtung der Entwicklungsstrategie einer immer größeren Anzahl von Entwicklungsländern auf den Export weniger, arbeitsintensiver Produktgruppen früher oder später an Grenzen stoßen. Sie führt tendenziell zu einem Überangebot der entsprechenden Güter auf den Exportmärkten. Daraus ergibt sich eine Tendenz, Produktivitätsfortschritte in der Exportproduktion in niedrigeren Preisen weiterzugeben, da immer neue Anbieter aus anderen Entwicklungsländern mit noch geringeren Lohnkosten nachdrängen. Dies hat sich bereits in einer Verschlechterung der terms-of-trade zwischen arbeitsintensiven und kapital- und technologieintensiven Gütern niedergeschlagen (UNCTAD 2013, 50ff.).

Diese Wirkung des internationalen Wettbewerbs ist natürlich durchaus im Interesse der Konsumenten dieser international gehandelten und produzierten Güter, nicht jedoch im Interesse der Einkommenssteigerung in den Exportländern. Dort ergeben sich möglicherweise zusätzliche Beschäftigungsmöglichkeiten, aber es entsteht die Gefahr, dass eine Entwicklungsstrategie, die einseitig auf Exportorientierung setzt, zu Lasten der Entwicklung der Lohneinkommen und damit der Steigerung der einheimischen Nachfrage geht. Selbst in Ländern, in denen der Exportanteil am Sozialprodukt sehr hoch ist, stellt die einheimische Konsumnachfrage den größten Teil der Gesamtnachfrage dar.

Bei der Gestaltung von Entwicklungsstrategien auf der Basis dieser Doktrin bleibt unberücksichtigt, dass sich Nachfrage und Angebot an Arbeitskräften nicht nach den Mechanismen richten, die einfache Modelle für normale Gütermärkte beschreiben (Flassbeck 2013), denn der „Preis für Arbeit" (der Lohn) bestimmt nicht nur weitgehend die Produktionskosten, sondern auch die Kaufkraft des größten Teils der Bevölkerung und damit die Bereitschaft der Unternehmen, in Produktionskapazitäten für den einheimischen Markt zu investieren. Außerdem resultiert die Nachfrage nach Arbeitskräften in der Regel nicht aus einer Substitution zwischen Arbeit und Kapital gemäß den relativen Faktorkosten, sondern aus der Komplementarität von Produktivkapital und Arbeit (Priewe/Herr 2005, 50).

Die Orientierung einer Entwicklungsstrategie an der Doktrin, dass erfolgreiche Entwicklung eine konsequente Exportorientierung voraussetzt, die auf dem komparativen Vorteil eines großen und zu geringen Kosten verfügbaren Arbeitskräftepotentials basiert, kann also zu einer erheblichen Schwächung einheimischer Wachstumskräfte beitragen. Sie macht die Wirtschaft von einer ständigen Exportsteigerung und der Weitergabe zumindest eines großen Teils der Produktivitätsfortschritte in niedrigeren Exportpreisen abhängig, da die einheimische Nachfrage langsamer wächst als die einheimische Produktion. Die Grenzen einer solchen Strategie werden umso eher erreicht, je schwächer das Wachstum der globalen Nachfrage ist. Solange sich aufgrund relativ starken Wirtschaftswachstums in den Industrieländern, die trotz der wachsenden Bedeutung Chinas und einiger anderer großer aufstrebender Volkswirtschaften die Entwicklung der globalen Nachfrage weiterhin dominieren, die Absatzmöglichkeiten für Produzenten aus Entwicklungsländern verbessern, sind die externen Bedingungen für exportgetriebenes Wachstum relativ günstig. Dies war in den 2000er Jahren bis zur großen Finanzkrise der Fall, allerdings verbunden mit einer durch hohe Handelsdefizite einiger wichtiger Industrieländer bestimmten globalen makroökonomischen Konstellation, die auf Dauer nicht tragfähig ist (UNCTAD 2013, 10ff.). Wenn die Importnachfrage der Industrieländer insgesamt langfristig wesentlich langsamer wächst, impliziert eine zu starke, auf Nutzung vermeintlicher nationaler komparativer Vorteile basierende Exportorientierung einer großen – und weiter zunehmenden – Zahl von Entwicklungsländern eine Verstärkung des Kampfes um Marktanteile und erhöht damit den beschriebenen Lohndruck noch weiter.

Diese Falle kann umgangen werden, wenn die Bemühungen um eine Erhöhung der Exporte einhergehen mit Bemühungen, die erstens auf eine Stärkung der einheimischen Massenkaufkraft (UNCTAD 2010, 135ff.) und zweitens auf eine horizontale und vertikale Diversifizierung der Produktion abzielen (Rodrik 2006). Ersteres erfordert eine graduelle Erhöhung des allgemeinen Lohniveaus, Letzteres eine Beschleunigung der Investitionstätigkeit in Bereichen der Wirtschaftstätigkeit, die in den betreffenden Ländern neu sind oder noch am Anfang ihrer Entfaltung stehen.

Während eine gleichzeitige einseitige Exportorientierung der industriellen Entwicklung in einer wachsenden Zahl von Entwicklungsländern also wenig Aussicht hat, in all diesen Ländern zum Erfolg zu führen, sind nationale Strategien, die in vielen oder allen Ländern stärker als in der Vergangenheit auf eine Stärkung der Binnennachfrage abstellen, miteinander vollkommen kompatibel. Sie haben überdies den Vorteil, dass sich über die Rückwirkung von Einkommenssteigerungen auf die Importe von Gütern, die der spezifischen Struktur der Massennachfrage in Entwicklungsländern entsprechen, auch für andere Entwicklungsländer positive Nachfrageimpulse ergeben können (UNCTAD 2013, 88).

3. Finanzmärkte und Investitionsfinanzierung

In der Frage der Gestaltung des Finanzsystems soll sich die Entwicklungspolitik der herrschenden Doktrin zufolge auf die vermeintliche Effizienz der
Finanzmärkte verlassen. Es wird erwartet, dass diese eine optimale Verwendung der durch die Höhe der gesamtwirtschaftlichen Ersparnis begrenzten
Finanzierungsmittel sicherstellt, da die Akteure auf diesen Märkten über
sämtliche für zukunftsgerichtete rationale Entscheidungen erforderlichen Informationen verfügen. Vor diesem Hintergrund kam es seit den 1980er Jahren bekanntlich zu einer weitgehenden Liberalisierung des Finanzwesens in
den meisten Entwicklungsländern. Durch die Liberalisierung der Kapitalbilanz und die Deregulierung ausländischer Direktinvestitionen sollte außerdem das Kapital weltweit in die effizienteste Verwendung gelenkt werden.
Dennoch blieb eine Beschleunigung der Investitionstätigkeit in den meisten
Entwicklungsländern aus. Eine solche fand eher in solchen Ländern statt, die
dem Ruf nach interner und externer Liberalisierung des Finanzsystems mit
größerer Vorsicht gegenüberstanden als andere oder sogar Nettokapitalabflüsse
verzeichneten (UNCTAD 2013, 126).

Das weitgehende Scheitern der auf der Doktrin der effizienten Finanzmärkte basierenden Gestaltung von Finanzsystemen in Entwicklungsländern
dürfte auf drei Irrtümer zurückzuführen sein: erstens die Vorstellung, dass die
Ersparnis die Höhe der gesamtwirtschaftlichen Investitionen bestimmt; zweitens die Annahme, dass der Ausgleich zwischen Sparen und Investieren
durch den Zinsmechanismus zustande kommt; und drittens die Überzeugung,
dass die Finanzmärkte die Ersparnisse stets in solche Verwendungen lenken,
die eine gesamtwirtschaftlich optimale Kapitalallokation gewährleisten.

Der Vorstellung von der Begrenzung der Investitionsmöglichkeiten durch
die Höhe der einheimischen Ersparnis liegt eine Fehlinterpretation der Identität von Sparen und Investieren zugrunde. Dabei wird angenommen, dass eine
Erhöhung der Ersparnis – gelegentlich sogar der Ersparnis der privaten Haushalte (siehe z.B. UN Millennium Project 2005) – eine Voraussetzung für die
Finanzierung höherer Investitionen sei. Umgekehrt führt in dieser Interpretation auch jede Erhöhung des Sparens zu einer Erhöhung der Investitionen, da
der Zinsmechanismus und das Finanzsystem diese Ersparnis quasi automatisch in investive Verwendungen lenken. Da die Identität von Sparen und
Investieren jedoch *ex post* gilt und aufgrund der makroökonomischen Kreis-
lauf- und Verteilungszusammenhänge auch dann erfüllt ist, wenn die durch-
geführten Investitionen in einer unterbeschäftigten Wirtschaft die geplante
Ersparnis übersteigen, bedarf es keiner der Investitionstätigkeit vorausgehen-

den Ersparnisse im Sinne eines Konsumverzichts der privaten Haushalte (Keynes 1936, 183; siehe auch Priewe/Herr 2005, 149; UNCTAD 2008, 64ff.). Eine direkte Beziehung zwischen *Ex-ante*-Ersparnis und der Höhe der Investitionen besteht allenfalls auf der Ebene des einzelnen Unternehmens insofern, als einbehaltene Gewinne für die Finanzierung von Investitionen verwendet werden. In den meisten Entwicklungsländern ist dies in der Tat die wichtigste Finanzierungsquelle für Unternehmensinvestitionen (UNCTAD 2013, 133). Der Umfang, in dem Unternehmensgewinne für neue Investitionen in Produktivkapital verwendet werden, hängt jedoch kaum vom Zinsniveau ab, sondern von der Höhe der bereits erzielten Gewinne (unter dem Aspekt der Finanzierungsmöglichkeit) und der Erwartung wachsender Absatzchancen und damit verbundener Gewinne in der Zukunft (unter dem Aspekt der Investitionsbereitschaft).

Einen weiteren erheblichen Anteil an der Investitionsfinanzierung in Entwicklungsländern machen Bankkredite aus (UNCTAD 2013, 133). In diesen Ländern ist die Kreditfinanzierung durch Banken von besonderer Bedeutung, weil die Märkte für Aktien und Industrieanleihen, sofern sie überhaupt bestehen, in den meisten dieser Länder kaum entwickelt sind. Daher spielen Umfang, Struktur und Konditionen der Kreditvergabe seitens des Bankensystems eine entscheidende Rolle für die Möglichkeit der Unternehmen, Investitionen in Produktivkapital durchzuführen (Priewe/Herr 2005, 51). Für die Bankfinanzierung von Unternehmensinvestitionen bedarf es jedoch keineswegs zusätzlicher Ersparnisse, da das Bankensystem mit Hilfe der Zentralbank im Prinzip solche Kredite selbst oder, wie Schumpeter es formuliert hat, aus „Nichts" schaffen kann (Dullien 2009).

4. Kapitalimporte und Investitionsfinanzierung

Die Doktrin von der „Sparlücke" hat außerdem zu der Vorstellung geführt, dass die Bildung von Produktivkapital durch Rückgriff auf „ausländische Ersparnisse" in Form privater Kapitalimporte beschleunigt werden könne. Voraussetzung dafür ist jedoch, dass Zuflüsse von ausländischem Kapital auch tatsächlich für Investitionen in Produktivkapital oder den Import wichtiger Vor- oder Zwischenprodukte verwendet werden.

Obgleich frühere Erfahrungen im Vorfeld der Schuldenkrise der 1980er Jahre bereits gezeigt hatten, dass sich ein Nexus zwischen privaten Kapitalimporten und Investitionen in Produktivkapital keineswegs automatisch einstellt, erfolgte die schnelle Öffnung der Kapitalbilanz zahlreicher Entwicklungsländer in der Hoffnung auf eine Steigerung der Nettokapitalzuflüsse, da die Grenzproduktivität des Kapitals aufgrund der Kapitalarmut dort höher sei als in den „kapitalreichen" Industrieländern.

Die danach tatsächlich eingetretene massive Zunahme der Kapitalzuflüsse in Entwicklungsländer war jedoch auf relativ wenige Länder mit „aufstrebenden Finanzmärkten" beschränkt und erfolgte in Wellen, die für die Empfängerländer eine investitionshemmende Erhöhung der makroökonomischen und finanzwirtschaftlichen Instabilität mit sich brachten (UNCTAD 2013, 108ff.). Dies ist im Wesentlichen darauf zurückzuführen, dass die Kapitalzuflüsse nur zu einem geringen Teil aus Entscheidungen inländischer Unternehmen resultierten, ihre Investitionen und die damit verbundenen Kapitalgüterimporte oder ihre Außenhandelsaktivitäten mit Fremdwährungskrediten zu finanzieren. Sie ergaben sich vielmehr aus Portfolioentscheidungen ausländischer „Investoren", die maßgeblich von Entwicklungen auf den internationalen Finanzmärkten und der Ausrichtung der Geldpolitik in den Hauptwährungsländern bestimmt werden. Solche Kapitalströme fließen vorübergehend entweder direkt in die Kapitalmärkte der Empfängerländer oder als Einlagen in deren Bankensystem. Die Banken dort zeigen aber in der Regel wenig Bereitschaft, solche meist kurzfristigen Einlagen in langfristige Investitionskredite zu transformieren, sondern ziehen es vor, kurzfristige Kredite oder Immobilienkredite zu vergeben oder Staatsanleihen zu erwerben. Auf diese Weise wird nicht die Bildung neuen Produktivkapitals finanziert, sondern der Handel mit bereits bestehenden Vermögenswerten.

Ein weiterer Grund für das weit verbreitete Ausbleiben der erhofften Erhöhung der Investitionsquote und der Wachstumsraten dürfte gewesen sein, dass die Liberalisierung der Finanzmärkte im Innern in vielen Ländern das Zinsniveau und damit die Finanzierungskosten für inländische Unternehmen in die Höhe trieb, während Kredite in oft zweifelhafte risikoreiche Verwendungen flossen, die sehr hohe Renditen versprachen (siehe auch Priewe/Herr 2005, 129; Stiglitz/Weiss 1981). Außerdem zogen diese Kapitalzuflüsse Währungsaufwertungen nach sich, die die Wettbewerbsfähigkeit und damit die Investitionsbereitschaft zahlreicher Unternehmen beeinträchtigten.

Sowohl der Boom von Kapitalzuflüssen als auch das abrupte Ende solcher Booms ist dabei nicht mit rationalen, auf vollständiger Information beruhender Entscheidungen zu erklären, denn sie finden häufig entgegen der Entwicklung der makroökonomischen Fundamentaldaten statt. Die große Instabilität dieser privaten Kapitalströme wird durch Herdenverhalten auf Seiten der internationalen Finanzmarktakteure bei der Suche nach Zinsarbitrage- und Spekulationsgewinnen verstärkt. Ein weitgehend liberalisiertes Finanzsystem ruft demnach selbst „Verzerrungen" der Kapitalbildung in Entwicklungsländern hervor, da sich die Akteure auf den Finanzmärkten kaum an Renditemöglichkeiten in der Realwirtschaft orientieren.

5. Kreditzuteilung und Entwicklungsziele

In jedem Finanzsystem muss es Diskriminierung geben in dem Sinne, dass nicht alle Wirtschaftssubjekte, die Kredite aufnehmen wollen, solche auch erhalten können. Es muss immer zwischen guten und weniger guten Projekten, die zur Finanzierung anstehen, und zwischen kreditwürdigen und weniger kreditwürdigen Schuldnern unterschieden werden. Die Frage ist allerdings, wem die Aufgabe dieser Kreditrationierung zugewiesen wird und nach welchen Kriterien sie erfolgt. Die Doktrin, die die Entwicklungspolitik in den vergangen drei Jahrzehnten dominiert hat, will, dass diese Aufgabe ohne staatliche Einflussnahme den Finanzmärkten überlassen wird, die dazu aufgrund ihres Informationsstandes am besten in der Lage seien. Dabei wird jedoch von Voraussetzungen ausgegangen, die nur in theoretischen Modellen, nicht aber in der Realität der Entwicklungsländer erfüllt sind.

Der Anteil von Ausfällen bei Bankkrediten ist in den Entwicklungsländern im Allgemeinen relativ hoch, und zwar nicht nur bei Staatsbanken, deren angebliche Ineffizienz häufig beklagt wird, sondern ebenso bei privaten Banken. Dies deutet daraufhin, dass die Banken eben nicht über sichere Informationen verfügen (können), die es ihnen erlauben, die Unterscheidung zwischen guten und schlechten Projekten selbst unter einzelwirtschaftlichen und finanzwirtschaftlichen Gesichtspunkten immer richtig zu treffen. Die Beurteilung des Kreditrisikos ist besonders schwer, wenn es sich um kleine, mittelständische oder um neu zu gründende Unternehmen handelt. Diese können selten die erforderlichen Sicherheiten für langfristige Investitionskredite bieten und/ oder müssen ihre Investitionen finanzieren, bevor sie überhaupt Gewinne erwirtschaften können. Dabei ist das Kreditrisiko aber zum Teil endogen: weil das Kreditausfallrisiko im Durchschnitt sehr hoch ist, sind die Risikoaufschläge bei Krediten privater Geschäftsbanken entsprechend hoch, und weil sich daraus hohe Finanzierungskosten ergeben, haben auch an sich rentable Unternehmen häufig Schwierigkeiten, ihrem Schuldendienst ordnungsgemäß nachzukommen (UNCTAD 2008, 106ff.). Hinzu kommt, dass das allgemeine Realzinsniveau aufgrund einer einseitigen Ausrichtung der Geldpolitik auf die Vermeidung von Inflation oft ohnehin schon hoch ist.

Ebenso wichtig ist, dass die finanzwirtschaftliche Rationalität in den sel-
tensten Fällen mögliche kumulative Effekte der Investitionstätigkeit berücksichtigt. Diese sind in Entwicklungsländern, in denen Unternehmen versuchen, neue und in ihrem Umfeld bisher unbekannte wirtschaftliche Aktivitäten zu starten, von besonderer Bedeutung. Sie ergeben sich daraus, dass
einzelne Investitionen oft erst dadurch tragfähig werden, dass die damit ermöglichten Aktivitäten in ein Netz angrenzender Aktivitäten eingegliedert
werden können, d.h. dann, wenn auch andere, im Wertschöpfungsprozess vor-
und nachgelagerte Unternehmen ihrerseits Investitionen in Produktivkapital
durchführen (Rodrik 2006). Daher können Investitionsprojekte, die einzel-
wirtschaftlich zunächst keine hohe Rentabilität versprechen und auf Finanzie-
rungsschwierigkeiten stoßen, dennoch eine wichtige entwicklungsstrategische Funktion haben.

6. Ausländische Direktinvestitionen als Ausweg?

Spätestens seit der Erfindung des „erweiterten Washington Consensus" werden ausländische Direktinvestitionen als zentraler Bestandteil fast jeder Entwicklungsstrategie gesehen. Vor allem ihr Zahlungsbilanzeffekt und ihre größere Stabilität im Vergleich zu anderen Arten von Kapitalzuflüssen ist nicht
von der Hand zu weisen (Priewe/Herr 2005, 95ff.). Allerdings sind andere
häufig genannte potentielle Vorteile für die Volkswirtschaften der Empfängerländer oft zweifelhaft (siehe hierzu z.B. Kozul-Wright/Rayment 2007, 125ff.).
    Vor dem Hintergrund solcher potentiellen Vorteile wurden in den meisten
Entwicklungsländern verstärkte Anstrengungen unternommen, ausländische
Direktinvestitionen anzulocken, vor allem durch weitreichende Steuervergünstigungen. Die globale Standortverteilung wird in diesem Fall also keineswegs allein dem Marktmechanismus überlassen. Solche „Verzerrungen"
der globalen Kapitalallokation zugunsten ausländischer Investoren werden
jedoch nicht nur hingenommen, sondern aufgrund ihres vermeintlichen entwicklungsfördernden Effektes sogar allgemein befürwortet.
    In welchem Umfang ausländische Direktinvestitionen wirklich eine zu-
sätzliche Bildung von Realkapital bewirken, ist empirisch schwer zu ermitteln. Die Erfahrung hat jedenfalls gezeigt, dass ausländische Investitionen
kaum ein Antrieb für einen kumulativen Wachstumsprozess in den Empfän-
gerländern sind, sondern dass die meisten dieser Investitionen, vor allem im
Bereich der verarbeitenden Industrie, auf eine kleine Anzahl von Ländern

konzentriert sind, die bereits eine gewisse industrielle Dynamik und eine relativ hohe einheimische Investitionsquote aufweisen.

All dies spricht natürlich nicht grundsätzlich gegen ausländische Investitionen, wohl aber gegen die übertriebene Hoffnung, dass diese im Zusammenwirken mit dem Freihandel das Problem der mangelnden Realkapitalbildung in Entwicklungsländern lösen könnten. Ein Problem entsteht vor allem dann, wenn die Förderung von Auslandsinvestitionen zu Lasten der Förderung einheimischer Investitionen geht. Dieser Aspekt gewinnt dadurch an Bedeutung, dass die Entwicklungsländer zunehmend miteinander in einen Standortwettbewerb für ausländische Direktinvestitionen treten und dadurch gezwungen sind, sich gegenseitig in der Gewährung von Vergünstigungen steuerlicher und anderer Art zu überbieten.

7. Alternative Optionen für die Entwicklungspolitik

Entwicklungsstrategien, die die wichtige makroökonomische Rolle der einheimischen Massennachfrage anerkennen, können sich an Erfahrungen orientieren, die in den meisten Industrieländern und in den ost- und südostasiatischen Ländern gemacht wurden, die allgemein als Beispiele für aufholende Entwicklung angesehen werden. Auch einige andere Entwicklungsländer scheinen mit unorthodoxen Maßnahmen erst in jüngerer Vergangenheit sowohl die Armut zurückgedrängt als auch das Wachstum der Binnennachfrage beschleunigt zu haben (UNCTAD 2010, 145ff.).

Einkommenspolitik

Außer an eine antizyklische Geld- und Finanzpolitik zur Stabilisierung der Gesamtnachfrage ist in diesem Zusammenhang vor allem an einkommenspolitische Maßnahmen verschiedenster Art zu denken (UNCTAD 2010, 148ff.).

Maßnahmen, durch die die Entwicklung der Arbeitseinkommen im formalen Sektor an die allgemeine Produktivitätsentwicklung gekoppelt wird, etwa die Vorgabe offizieller Lohnleitlinien, können der Tendenz entgegenwirken, dass Produktivitätszuwächse ausschließlich den Beziehern von Gewinneinkommen und/oder ausländischen Konsumenten zugutekommen. Bei einer Lohnanpassung entsprechend dieser Regel könnte die einheimische Nachfrage zumindest im Gleichschritt mit dem Produktionspotential wachsen und die Abhängigkeit von Exportsteigerungen verringert werden. Die Durchführung einer solchen Einkommenspolitik ist in Entwicklungsländern jedoch meist schwierig, da es selten verlässliche Arbeitsmarktinstitutionen gibt und der Anteil von Einkommen aus landwirtschaftlicher Tätigkeit und informaler Beschäftigung oft sehr hoch ist.

Daher könnte die staatliche Unterstützung für die Bildung oder Stärkung von Gewerkschaften und Interessenvertretungen der Arbeitgeber einen wichtigen Beitrag leisten. Die Einbindung solcher Institutionen in eine Einkommenspolitik liegt nicht nur im Interesse der jeweils repräsentierten Gruppen; sie kann auch die soziale Kohärenz fördern und bei der Konsensbildung über Verteilungsziele hilfreich sein und so das Risiko inflationstreibender Verteilungskämpfe verringern. Die Entwicklung solcher Institutionen braucht allerdings Zeit und daher kommt gesetzlichen Mindestlöhnen und deren regelmäßiger Anpassung eine große Bedeutung zu. Da diese zur Stärkung der Massenkaufkraft der unteren Einkommensschichten mit sehr geringer Sparquote beitragen, ist die Wahrscheinlichkeit gering, dass sie gesamtwirtschaftlich zu Beschäftigungsverlusten führen, wie oft behauptet wird.

Auch internationale Firmen könnten zu einer produktivitätsgerechten Lohnentwicklung beitragen, indem sie freiwillig in ihren eigenen Produktionsstätten die Löhne entsprechend anpassen (wozu sie angesichts der hohen – oft sogar sehr hohen – Gewinne aus der Standortverlagerung ihrer Produktion meist ohne Weiteres in der Lage wären) bzw. die in ihrem Auftrag produzierenden Firmen in Entwicklungsländern in diesem Sinne beeinflussen. Auch wäre es denkbar, die Genehmigung von Direktinvestitionen an entsprechende Auflagen zu binden.

Eine regelmäßige Steigerung der realen Einkommen in der Landwirtschaft könnte durch eine Anbindung der Produzentenpreise an die gesamtwirtschaftliche Produktivitätsentwicklung angestrebt werden. Einen Beitrag in dieser Richtung könnte auch die Wiederbelebung und Verbesserung von Institutionen zur Stützung der Landwirtschaft leisten, die in den vergangenen Jahrzehnten im Zuge der Marktliberalisierung vernachlässigt oder ganz abgeschafft wurden. Das Gleiche gilt für Maßnahmen zum Schutz der einheimischen Landwirte vor der Konkurrenz durch hochsubventionierte Agrarexporte aus den Industrieländern. Dies würde auch die Möglichkeiten kleiner Landwirte verbessern, selbst produktivitätssteigernde Investitionen vorzunehmen.

Anreize zur Formalisierung bisher informaler gewerblicher Tätigkeiten, die eine wirksame Einkommenspolitik erleichtern würde, könnten z.B. mit Hilfe der Finanzierungspolitik gesetzt werden, etwa indem kleinen formal organisierten Unternehmen bestimmte Finanzierungsmöglichkeiten durch staatliche Institutionen geboten werden, die informale Kleinunternehmen nicht haben.

Ferner könnte auch das Angebot produktiver Beschäftigung im öffentlichen Sektor im Rahmen steuerfinanzierter staatlicher Arbeitsprogramme, etwa im Zusammenhang mit der Verbesserung der Infrastruktur, zur Schaffung von einheimischer Massenkaufkraft beitragen. Gleichzeitig könnte so eine Untergrenze für die Einkommen aus Beschäftigung im informalen Sektor gesetzt werden.

Mit solchen einkommenspolitischen Maßnahmen würde vor allem die Nachfrage nach relativ einfachen Konsumgütern und Dienstleistungen gestärkt werden, die im Inland produziert werden können. In den entsprechenden Sektoren würden damit zusätzliche Investitionsanreize gesetzt werden. Andere Bemühungen zur Beschleunigung der Produktivkapitalbildung sollten dementsprechend ebenfalls nicht nur auf die Exportproduktion, sondern auch auf die Produktion für den einheimischen Markt ausgerichtet werden. Dabei geht es insbesondere auch darum, Erstanbietervorteile auf den Märkten für solche Produkte nicht ohne Weiteres den Anbietern aus Industrieländern zu überlassen, die angesichts der auf absehbare Zeit geringeren Wachstumsaussichten ihre weitere Expansion durch zunehmende Präsenz auf den Märkten der Entwicklungsländer voranzutreiben versuchen. Diese Märkte sind zwar immer noch sehr begrenzt, sie wachsen jedoch in vielen Entwicklungsländern schneller als der Exportmarkt.

Förderung der Reinvestition von Gewinnen

Der Nexus zwischen Gewinnen und Investitionen könnte durch die fiskalische Begünstigung der Reinvestition einbehaltener Gewinne gestärkt werden (Kozul-Wright/Rayment 2007, 294ff.; UNCTAD 1997, 177ff.). Dabei wäre es auch möglich, bestimmte Sektoren, denen entwicklungsstrategisch eine besondere Bedeutung zugemessen wird, stärker zu begünstigen als andere. Dort, wo Gewinne aus dem Export von nicht erneuerbaren Rohstoffen stammen, geht es vor allem darum, diese zumindest teilweise in Investitionen in der verarbeitenden Industrie oder in der Landwirtschaft zu lenken (UNCTAD 2010, 113f.). Dabei kommt der Abschöpfung von Rohstoffrenten durch den Staat eine zentrale Bedeutung zu. Einnahmen aus dieser Quelle könnten für Infrastrukturinvestitionen oder über Staatsfonds für die gezielte Finanzierung der Bildung von Produktivkapital in anderen ausgewählten Sektoren der verarbeitenden Industrie verwendet werden oder für die Kreditvergabe an kleine und mittlere Firmen, einschließlich des informalen Sektors und des Agrarsektors. Kumulative Effekte der Investitionstätigkeit könnten darüber hinaus durch Koordinierungshilfe und Informationsmechanismen durch öffentliche Instanzen gestärkt werden.

Veränderte Ausrichtung der Zentralbankpolitik

Eine entwicklungspolitisch ausgerichtete Geldpolitik wird um ein möglichst geringes Realzinsniveau bemüht sein (Priewe/Herr 2005, 133; Epstein 2006). Dabei können sich in bestimmten Situationen Konflikte mit stabilitätspolitischen Erfordernissen ergeben. Diese können erheblich gemildert werden, wenn die Inflationsvorbeugung und -bekämpfung nicht alleine der Geldpolitik überlassen wird. So würde die Bindung von Lohnanpassungen an den durchschnittlichen Produktivitätsfortschritt (ergänzt um das Inflationsziel der Zentralbank) auch dazu beitragen, das Risiko einer Kosteninflation zu verringern.

In jedem Falle erscheint es angebracht, nicht den Umfang der umlaufenden Geldmenge, sondern die Höhe der Kreditvergabe des Bankensystems in den Vordergrund der finanzierungspolitischen Überlegungen zu stellen. Der Verbesserung der Finanzintermediation und der Erhöhung der Investitionsfinanzierung durch das einheimische Bankensystem sollte daher eine Priorität bei Reformen des Finanzsystems zukommen. Die Entwicklung eines im Sinne der Förderung der Produktivkapitalbildung funktionsfähigen Geschäftsbankensystems nimmt jedoch lange Zeit in Anspruch. Unter pragmatischen Gesichtspunkten wäre daher eine veränderte Rolle der Zentralbank sowie eine Stärkung nationaler Entwicklungsbanken und anderer staatlicher Finanzinstitutionen hilfreich, wenn nicht gar entscheidend (Epstein 2006; UNCTAD 2013, 132ff.).

Staatliche Beeinflussung von Höhe und Struktur der Kreditvergabe

Diese Institutionen können nicht nur die Höhe der gesamten Kreditvergabe, sondern auch die Art und die sektorale Verteilung der Kreditvergabe beeinflussen. Das Argument, derartige staatliche Interventionen seien schädlich, da sie zu effizienzmindernden Verzerrungen der Kapitalallokation führen, verliert umso mehr an Überzeugungskraft, als deutlich wird, dass die Funktionsweise der Finanzmärkte selbst solche Verzerrungen hervorbringt. Letztere wirken sich in der Regel zugunsten der Besitzer von Finanzkapital aus, ohne im gesamtwirtschaftlichen Interesse zu sein, das nicht durch die Interessen der privatwirtschaftlichen Akteure an den Finanzmärkten abgebildet wird.

Zweifellos ist eine solche Einflussnahme des Staates häufig mit Verzerrungen (im Vergleich zu den Ergebnissen eines reinen Marktprozesses) verbunden. Diese können aber, sofern sie Teil einer umfassenden rationalen Entwicklungsstrategie sind, der Bildung von Produktivkapital und dem Strukturwandel förderlich sein. In der Vergangenheit haben Entwicklungsländer mit staatlichen Eingriffen in das Finanzsystem („Finanzrepression") durchaus unterschiedliche Erfahrungen gemacht (Akyüz 2012). In einigen Ländern war sie ebenso wenig erfolgreich wie die spätere Finanzmarktliberalisierung. Der Erfolg solcher Eingriffe dürfte wesentlich davon abhängen, ob die staatlichen Interventionen isoliert stattfinden oder als Teil einer umfassenderen Entwicklungsstrategie vorgenommen werden, wie dies in den Ländern der Fall war, in denen sie mit einer Beschleunigung der Investitionstätigkeit verbunden waren (Chang 2006).

Auch öffentliche Instanzen verfügen nur über ein begrenztes Maß an Information. Wenn Zentralbanken oder andere staatliche Institutionen direkt Kredite für Investitionszwecke vergeben oder die Kreditzuteilung privater Geschäftsbanken indirekt steuern, können dabei, im Gegensatz zu privaten Finanzinstitutionen, jedoch strategische Überlegungen einbezogen werden, die über das einzelne Finanzierungsprojekt hinausgehen. Dabei können sie z.B. Infrastrukturinvestitionen mit der Finanzierung bestimmter privater Investitionen abstimmen oder kumulative Effekte von Investitionsvorhaben fördern. Überdies können sie die Höhe der effektiven Kreditkosten von Projekten beeinflussen, die im entwicklungspolitischen Interesse liegen, z.B. durch direkte oder indirekte Zinssubventionen, die Übernahme von Kreditgarantien oder Gemeinschaftsfinanzierung mit Geschäftsbanken. Auf diese Weise können bei der Kreditzuteilung entwicklungsstrategische Kriterien (seitens der öffentlichen Instanzen) angewendet werden, ohne dass finanzwirtschaftliche Kriterien (seitens der Banken) völlig außer Acht gelassen werden.

Mit staatlichen Eingriffen dieser Art sind natürlich Kosten für den Staatshaushalt verbunden. Diese fallen an in Höhe des Zinsdifferentials bei Refinanzierung staatlicher Kredite an den Finanzmärkten oder in Form von Opportunitätskosten bei einer Verlagerung von Staatsausgaben für andere Zwecke hin zu Zinssubventionen oder Garantieleistungen bei Kreditausfällen. Falls der gewünschte Effekt einer Erhöhung des Produktivkapitals erreicht wird, stehen solchen Kosten jedoch höhere Steuererträge aus gestiegenen Einkommen gegenüber.

Beschränkung der Auslandsfinanzierung

Der Rückgriff auf ausländische Ersparnisse ist im Prinzip nicht für eine Steigerung der Investitionskredite durch das Bankensystem erforderlich, da die Zentralbank selbst den einheimischen Banken entsprechende Liquidität für die Kreditvergabe in eigener Währung zur Verfügung stellen kann. Damit ist ein monetärer Effekt verbunden, der in bestimmten Situationen unerwünscht sein kann. Aber auch bei Kapitalzuflüssen in das einheimische Bankensystem, die nicht für die Finanzierung von Importen, sondern für Ausgaben im Inland verwendet werden, tritt ein monetärer Effekt ein: Entweder wird die einheimische Währung aufgewertet oder die Geldbasis steigt bei Intervention am Devisenmarkt in gleichem Umfang wie bei einer entsprechenden Erhöhung der Bankenliquidität durch die Zentralbank.

Kreditaufnahme im Ausland ist im Prinzip ökonomisch nur in dem Umfang erforderlich, wie der Importbedarf die Exporterlöse übersteigt. Sie ist unbedenklich, wenn sie im Zusammenhang mit Importen von Kapitalgütern und unverzichtbaren Zwischenprodukten stattfindet.[2] Darüber hinausgehende unerwünschte Kapitalzuflüsse und damit verbundene Risiken können mit verschiedenen Maßnahmen, wie z.B. permanenten Kapitalverkehrskontrollen, spezieller Reservepflicht für Einlagen ausländischer Herkunft oder Besteuerung von Erträgen aus solchen Einlagen, verringert werden (UNCTAD 2013, 129; Epstein et al. 2004).

8. Pragmatismus und Politikexperimente

Hinter den hier gemachten Ausführungen steht keineswegs die Vorstellung vom allwissenden Staat, wohl aber die theoretisch und empirisch begründbare Idee, dass makroökonomisch und entwicklungsstrategisch motivierte staatliche Anreize und Regulierungen den Entwicklungsprozess positiv beeinflussen *können*. Dabei werden Probleme bei der Umsetzung entwicklungspolitischer Maßnahmen durch schwache Staaten durchaus anerkannt.

Ob das Zusammenspiel zwischen Marktmechanismen und entwicklungspolitisch motivierten staatlichen Eingriffen erfolgreich im Sinne einer Beschleunigung der Realkapitalbildung und des gesamtwirtschaftlichen Wachstums ist, hängt wesentlich von der Flexibilität des staatlichen Handelns ab,

---

[2] Dies gilt natürlich nicht für besonders arme Länder oder für Länder in Krisensituationen, die aufgrund besonderer Umstände auf den Import von Nahrungsmitteln und anderen unverzichtbaren Konsumgütern und deren externe Finanzierung aus öffentlichen Mitteln angewiesen sind.

d.h. der Abkehr von überkommenen Doktrinen und einer Hinwendung zu mehr Pragmatismus. Die meisten der hier angesprochenen Optionen für eine pragmatische Entwicklungspolitik sind nicht neu, sondern haben lange Zeit in den heutigen Industrieländern zu einem früheren Zeitpunkt das Wirtschaftswachstum und eine weitgehend als gerecht empfundene Einkommensverteilung unterstützt. Auch in jenen Entwicklungsländern, die in den letzten Jahrzehnten einen entwicklungsfördernden Strukturwandel erlebt haben, haben sie einen Beitrag zur Beschleunigung des Produktivitätswachstums und der Produktivkapitalbildung geleistet.

Mit den hier beispielhaft genannten Optionen sind natürlich weitere Fragen der Selektion und der konkreten Ausgestaltung und Umsetzung verbunden. Denn erstens kann kaum eine Regierung alles zugleich unternehmen, schon allein wegen der mit vielen der genannten Maßnahmen verbundenen fiskalischen Kosten. Letztere erfordern eine konsequentere Besteuerung hoher Einkommen und Vermögen, für die in den meisten Entwicklungsländern ein erheblicher Spielraum besteht; zumindest teilweise stehen diesen Staatsausgaben, wenn die damit verfolgten Ziel erreicht werden, jedoch auch höhere Steuereinnahmen aus steigenden Einkommen und Verbrauchsausgaben gegenüber. Zweitens sind die notwendigen Ansatzpunkte und Umsetzungsmöglichkeiten je nach Wirtschaftsstruktur und Entwicklungsstand von Land zu Land verschieden.

Allen Optionen gemeinsam dürfte jedoch sein, dass sie eine veränderte Prioritätensetzung bei der Bildung und Stärkung von Institutionen erfordern, seien es Arbeitsmarktinstitutionen, Finanzinstitutionen oder steueradministrative Kapazitäten. Dabei muss der jeweiligen Ausgangssituation eines Landes ebenso Rechnung getragen werden wie sich verändernden internationalen Rahmenbedingungen. Weil nicht nur privatwirtschaftliches, sondern auch staatliches Handeln immer unter Unsicherheit über die Zukunft stattfindet, wird häufig mit verschiedenen entwicklungspolitischen Instrumenten experimentiert werden müssen (Rodrik 2009, 2010). Dies erfordert auch die Bereitschaft, Maßnahmen, die sich als erfolglos oder vielleicht sogar kontraproduktiv erweisen, zurückzunehmen und ein bestimmtes entwicklungspolitisches (Zwischen-)Ziel mit anderen Instrumenten zu verfolgen. Dabei spielt auch die Ausrichtung der internationalen Organisationen im Bereich der entwicklungspolitischen Zusammenarbeit und Beratung eine wichtige Rolle.

Literatur

Akyüz, Y. (2012): *National Financial Policy in Developing Countries*. South Centre Policy Brief No. 14, Dezember, Genf.

Chang, H.J. (2006): *The East Asian Development Experience*. Penang.

Dullien, S. (2009): Central banking, financial institutions and credit creation in developing economies. UNCTAD Discussion Paper No. 193, Genf.

Epstein, G. (2006): Central Banks as Agents of Economic Development. UNU-WIDER Research Paper No. 2006/54, Helsinki.

Epstein, G., Grabel, I., Jomo, K.S. (2004): Capital Account Management Techniques in Developing Countries: An Assessment of Experiences from the 1990s and Lessons for the Future. G-24 Discussion Paper No.27, New York/Genf.

Flassbeck, H. (2013): Der Arbeitsmarkt und wirtschaftliche Entwicklung, in: H. Flassbeck, P. Davidson, J.K. Galbraith, R. Koo und J. Ghosh, *Handelt jetzt! Das Globale Manifest zur Rettung der Wirtschaft*. Frankfurt a.M.

Keynes, J.M. (1936): *The General Theory of Employment, Interest and Money*. The Collected Writings of John Maynard Keynes, Vol. VII, Cambridge 1973.

Kotte, D.J. (2010): Entwicklung durch Handel?, *Aus Politik und Zeitgeschichte*, 10, 16-22.

Kozul-Wright, R., Rayment, P. (2007): *The Resistible Rise of Market Fundamentalism,* Penang: Third World Network, London/New York: Zed Books.

Priewe, J., Herr, H. (2005): *The Macroeconomics of Development and Poverty Reduction*, Baden-Baden.

Rodrik, D. (2006): *Industrial Development: Stylized Facts and Policies,* Boston, John F. Kennedy School of Government, Harvard University.

Rodrik, D. (2009): The New Development Economics: We Shall Experiment, But How Shall We Learn?, in: J. Cohen and W. Easterly (eds.), *What Works in Development? Thinking Big and Thinking Small,* Washington, DC.

Rodrik, D. (2010): Diagnostics before prescription, *Journal of Economic Perspectives*, 24(3), 33-44.

Stiglitz, J., Weiss, E. (1981): Credit Rationing in Markets with Imperfect Information*, American Economic Review*, 71(3), 393-410.

UN Millennium Project („Sachs Report") (2005): *Investing in Development: A Practical Plan to Achieve the Millennium Development Goals*, London/Sterling, VA.

UNCTAD (1997): *Trade and Development Report 1997: Globalization, Distribution and Growth*, New York/Genf.

UNCTAD (2006): *Trade and Development Report 2006: Global partnership and national policies for development*, New York/Genf.

UNCTAD (2008): *Trade and Development Report 2008: Commodity prices, capital flows and the financing of investment*, New York/Genf.

UNCTAD (2010): *Trade and Development Report 2010: Employment, globalization and structural change,* New York/Genf.

UNCTAD (2013): *Trade and Development Report 2013: Adjusting to the changing dynamics of the world economy*, New York/Genf.

Beyond the new IMF institutional view on capital account management: a broad approach on financial regulation in emerging economies

Daniela Prates and Barbara Fritz

1. Introduction

Since 2008, the global economy has been marked by financial turmoil and sharp recessions in the main advanced economies, while most emerging economies and some developing countries have been faring much better in financial and economic terms (Ocampo 2012; Canuto/Giugale 2010; Canuto/ Leipziger 2012).

Within this context, a new boom in capital flows to emerging economies[1] has surged. This new boom – the fourth in the post-Bretton Woods era – has been driven by the post-crisis circumstances. After a brief interruption in the fourth quarter of 2008 and early 2009, capital inflows returned to these economies, chasing yields in the setting of abundant liquidity and lower interest rates in advanced economies as a consequence of the countercyclical monetary policies launched in response to the crisis (Akyüz 2011). These inflows lost momentum especially since the Federal Reserve (Fed) announced its intent to exit the so-called quantitative easing (QE) in the second quarter of 2013. Yet, as growth in advanced economies is expected to be rather weak in the coming years, due to unresolved legacies of their financial crises, emerg-

---

[1] Emerging economies are defined here as those developing countries that have engaged in the process of financial globalization. This concept of emerging economies thus refers to a dynamic process as a growing number of countries have taken part in it since the 1990s.

ing markets most probably will continue to be challenged by high and highly volatile capital inflows.

During this recent boom period, many governments have become increasingly concerned about the downsides of such inflows. They perceive dependence on highly volatile capital flows as a threat not only to short-term financial stability but also, more generally, to their domestic policy space. The debate about capital controls, long discarded as anachronistic has returned to the political and scholarly agenda with a vengeance.

Even the IMF (International Monetary Fund), long hostile to any kind of capital control regime, has engaged in a new debate on capital flow management, seeking to establish a set of rules for all countries. However, this debate finds the international financial institutions ill prepared, as well as much of academia. As Rodrik (2010, 2) states: „We currently do not know much about designing capital control regimes. The taboo that has [been] attached to capital controls has discouraged practical, policy-oriented work that would help to manage capital flows directly."

Here, Jan Priewe has been one of the few economists to address this issue before it gained more prominence in recent years. Based on a broad, yet unpublished study for the German Ministry for Cooperation and Development realized as early as 2005, which provided an analysis of capital controls applied in a series of countries especially during the 1990s, Priewe presented a highly critical perspective on financial opening (Priewe 2008).

This chapter follows this line and seeks to contribute to this discussion by critically reviewing the new IMF framework for capital account management, and by presenting an alternative approach to financial regulation in emerging economies in the current setting of financial globalization. Indeed, the global crisis has brought about significant rethinking, especially in terms of financial re-regulation and supervision at the domestic level. There is a growing consensus regarding the need for a more systemic approach to macroeconomic, monetary and financial policies (Blanchard et al. 2010; Eichengreen et al. 2011), instead of one that prioritizes price-level stabilization alone. In comparison, the debate on the management of international capital flows is far from consolidated, both in theoretical terms and with regard to economic policy recommendations. Regulation of these flows has received less attention, even though these are crucial for emerging economies (Ocampo 2012). The maintenance of a stable exchange rate to preserve the external competitiveness of the economy and the prevention of financial instabilities and financial crises represent particular policy challenges for countries confronted with huge capital inflows.

The rest of the chapter proceeds as follows. In section 2 we present, as our starting point, the orthodox mainstream arguments in favor of capital account liberalization. We then analyze the shift that has occurred at the IMF, as demonstrated by the organization's new framework for capital account management, and point to the limits of this framework. In section 3, we present another approach on financial regulation that we view as more appropriate to emerging economies in the current setting of financial globalization.

2. Reviewing the debate

2.1 The orthodoxy of capital account liberalization: a critical review of the arguments

Within the pure neoclassical theory, the potential benefits of international capital mobility are clear. Traditionally, capital account liberalization has been justified using the following main arguments.

First, intertemporal trade, that is, trade in financial assets, allows for intertemporal consumption smoothing. Temporary imports of savings permit an increase in investment and consumption over existing domestic saving funds, to be reversed later via an increased volume of produced goods and/or increased productivity (e.g. Dooley 1996). Second, given differing capital endowment – poor countries are assumed to be relatively abundant in labor comparing to domestically available capital, and rich countries are assumed to be the opposite – capital flows from rich to poor countries should allow for the easing of capital constraints in developing economies. The increased supply of capital leads to higher investment and reduces the price for capital, i.e., it leads to convergence of interest rates in the long run. It also allows for the international diffusion of new technology (e.g. World Bank 2001). Third, the international allocation of capital is seen as permitting better risk diversification[2] and enabling the financing of riskier projects. At the same time, it is expected to increase real and financial diversification at the receiving side.

Yet the empirical evidence did not deliver such a clear picture. In particular, the series of financial crises in emerging economies during the 1990s – most of which had made significant advances in liberalizing their capital accounts and were confronted with large booms and busts in international

---

[2] Tobin expressed it quite vividly when he won the Nobel Prize in Economics in 1981 for his portfolio theory: „Well, you know, diversification – don't put all your eggs in one basket" (Fettig 1996).

capital flows – called into question the potential effects of international financial liberalization listed above. The empirical research on these and earlier experiences did not support the clear-cut answers laid out in theory. „Despite a huge research literature, there is nothing near to a professional consensus on whether the net impact of full capital account liberalization on growth, poverty, or volatility should be regarded as favorable or not" (World Bank 2001, 20).

Indeed, the empirical evidence on the high volatility of international capital flows convinced several outstanding economists (Bhagwati 1998; Rodrik 2008; Williamson et al. 2003; Williamson 2005) of the problems related to international capital mobility.[3]

At the same time, however, a relevant strand of the literature continued to consider capital account liberalization the best solution. Key IMF publications (Rogoff et al. 2004; Kose et al. 2006; IMF 2008) acknowledged the potential risks and costs in terms of financial instability and overall macroeconomic volatility but still gave capital account liberalization a prominent role for its „collateral benefits" (Kose et al. 2006, 5-6): with open capital accounts, international financial markets could impose discipline on economic policies, unleashing forces that would result in better government and corporate governance and thereby lead to financial development. Thus, the presumption that financial markets always act rationally, on the basis of complete information and the ability to evaluate the complex interaction of microeconomic and macroeconomic risks, was held up. At the same time, this approach presumed that there was a best set of policy measures defined by market actors that would fit all countries, notwithstanding their differences in terms of history and institutions.

Even within the camp of capital account liberalization advocates, however, there was a broad consensus that financial globalization should necessarily be combined with prudential financial regulation and risk management, and be carefully sequenced (e.g. Mussa et al. 1998; World Bank 2001). „International financial integration has not increased macroeconomic volatility or crisis frequency in countries with well-developed domestic financial systems and a relatively high degree of institutional quality; it has, however, increased volatility for countries that have failed to meet these preconditions or thresholds ... The IMF's ‚integrated' approach ... envisages a gradual and orderly

---

[3] A more recent literature survey (Gallagher 2012) confirms the critical view that capital account liberalization is not correlated with growth, but rather with an increase of financial instability.

sequencing of external financial liberalization and emphasizes the desirability of complementary reforms in the macroeconomic policy framework and the domestic financial system as essential components of a successful liberalization strategy" (IMF 2008, 3).

However, there were no clear criteria regarding the thresholds of financial liberalization, a criticism the IMF's Independent Evaluation Office also raised (IEO 2005). Financial stability was assumed to be one of the key preconditions for liberalization, as the empirical results suggested, while financial globalization was seen as being the best way to achieve this goal. In its „integrated" or „sequencing" approach, the IMF at the same time gave financial sector reform top priority when recommending the liberalization of capital flows (IMF 2008, 14). However, it remained rather unclear regarding the interdependencies between the existing low financial stability, high reform efforts in this field, and simultaneous liberalization of these flows (Priewe 2011).

2.2 From radical financial liberalization to the management of capital inflows: shifting positions in the IMF

As before the crisis, in the post-crisis boom of capital flows, the currencies and assets of several emerging countries have become, again, the target of carry trade activities – due to interest rate differentials – and other kinds of capital flows. The resulting combination of high growth rates, accelerating inflation (also associated with a renewed commodity prices boom), excessive currency appreciation and/or asset price overshooting have confronted the emerging economies with policy dilemmas (Akyüz 2011; Avdjiev et al. 2010). In this context, the adoption of a restrictive monetary policy would help to contain growth and inflationary pressures, but it would encourage further capital inflows, which, in turn, would foster the asset price boom and exchange rate misalignment, aggravating the risk of future sudden stops and subsequent financial crises.

Concerned with the amount and volatility of these flows and their potentially damaging consequences for emerging economies, the IMF has been making a clear shift in its official position regarding the evaluation of capital controls (IMF 2010, 2011a, 2012b; Ostry et al. 2010, 2011b). This finally resulted in a new institutional view endorsed by the IMF (IMF 2012b), especially with regard to the regulation of capital inflows.[4] This sees the recent capital flows mostly as a consequence of international interest rate differentials and indicates that these flows may be temporary in nature, with potential future sudden stops and reversals in the event of a change in advanced economies' interest rate levels. „Concerns that foreign investors may be subject to herd behaviour and suffer from excessive optimism, have grown stronger, and even when flows are fundamentally sound, it is recognized that they may contribute to collateral damage" (Ostry et al. 2010, 4).

The main concern behind the recent change in the IMF's position is that these inflows may have a series of negative effects that could exceed the distortionary costs of capital controls to the domestic economy, which have usually been highlighted. The negative effects associated with large capital inflows in this new view can be multiple: first, an appreciation of the domestic currency beyond the equilibrium level; second, the fiscal costs of an accumulation of foreign exchange (FX) reserves beyond the appropriate level; third, the creation of inflationary pressures in the event of incomplete sterilization; and fourth, increased financial fragility due to the creation of bubbles in subsectors such as real estate or equity markets, which is magnified by maturity and currency mismatches related to short-term foreign inflows.

In an initial paper, a staff position note of February 2010 (Ostry et al. 2010) that has since received significant attention from academics and policy makers,[5] the IMF authors clearly defined the application of capital inflow controls as a measure of last resort, when all other macroeconomic policies are exhausted: „We argue that if the economy is operating near potential, if reserves are adequate, if the exchange rate is not undervalued, and if the flows are likely to be transitory, then controls on capital inflows – together with macroeconomic policy adjustment and prudential measures – may usefully form part of the policy toolkit." (Ostry et al. 2011a, 562)

The IMF formulates two main concerns to justify this highly cautious approach. First, the management of capital inflows should not be used as a substitute for what are seen as necessary adjustment processes and reforms. This concern applies especially to the standard orthodox policy recipes, such

---

[4] Regulation of capital outflows continues to be seen by the IMF with much more cautiousness, useful only during crisis periods and as a supplement to more fundamental policy adjustment (IMF 2012a). In the following, due to limit of space, we focus on capital inflow regulation, as this has been in the center of the debate as well as applied by countries such as Brazil and South Korea.

[5] Rodrik (2010), commenting on the shift in the IMF's evaluation of capital controls, enthusiastically called this „an end of an era in finance."

as balanced fiscal policies and a monetary policy oriented towards price stabilization. If, for example, a pro-cyclical fiscal deficit causes the domestic
central bank to raise interest rates in order to counterbalance the potential
inflationary effects of increased public demand, public spending should be
curbed and/or taxes increased. It is argued that this measure, applied instead
of capital controls, could allow an easing of the monetary policy, which
would then lead to a decrease in capital inflows due to the reduction of the
interest rate differential (see also IMF 2011a, 7).

Second, the IMF formulates a significant caveat for the potential multilateral effects of capital controls used by individual countries. As these could
undercut the adjustment of undervalued currencies in emerging economies,
they are seen as a possible threat that might further increase global imbalances.
Additionally, controls imposed by some countries could have negative externalities in the form of spillover effects on neighboring countries. Even if
there is no clear empirical evidence, successful capital controls, so the argument goes, could deviate international flows to other emerging economies
that are not willing or not able to establish such controls, and may be even
less able to absorb these flows.

Since its initial publication on the topic, the IMF has produced a series of
policy and background papers in order to refine this new framework for capital controls (IMF 2010, 2011a, 2011b, 2012b; Ostry et al. 2011b), among
which some especially focus on country studies (IMF 2011a and 20011b).
While these papers adhere to the strict formulation of macroeconomic
preconditions that must be fulfilled, as cited above, they aim to more clearly
define terms and concepts for an adequate management of capital inflows.
Moreover, they introduce some modifications with respect to the first papers,
mainly in the sense of being less rigid with regard to these preconditions and
the hierarchy of measures to be applied.

Much effort has been spent in these papers to give a clear cut definition for
the regulation of capital flows to be designed as a temporary instrument and
to be adopted only in exceptional circumstances and within a broader approach of capital account liberalization. First, capital controls are defined as
measures discriminating between residents and non-residents. Instead of a
functional concept, this jurisdictional definition, first introduced by Ostry
(Ostry et al. 2011b, 11) and used in all subsequent IMF publications on the
issue, was brought forward by the OECD in its Code of Liberalization of
Capital Movements (2009). This definition considers capital controls to be

subject to liberalization obligations only if they discriminate between residents and nonresidents.[6]

This problem of an extremely narrow, jurisdictional definition has been somehow fixed by the introduction of the new term „capital flow management measures (CFMs),“ used in all subsequent IMF publications, in place of „capital controls.“ Of special relevance here is the aforementioned „possible policy framework“ (see IMF 2011a; also Ostry et al. 2011b) as much as the final version of this framework that defines a set of guidelines (IMF 2012b). Two explanations for the choice of this new term are provided: first, to avoid the pejorative term „controls,“ and second, to generate a broader definition that goes beyond the strictly legal definition of capital controls.

CFMs are thus defined as the sum of the measures specifically designed to limit capital flows. It comprises measures distinguishing between residency statuses and between currency denominations, as well as other regulations such as minimum holding periods and taxes on specific investments that are typically applied in the nonfinancial sector (IMF 2011a, 6, see also 40-41).

Even with this widened definition and a broader view of the concepts of proper regulation of the domestic financial sector and of cross-border flows, the IMF until the publication of its definitive policy framework (2012b), carried on insisting on this hierarchy, where the equal treatment of investors independently of their nationality is the highest priority. It also introduced a further distinction between measures that are assumed to have the potential macroeconomic and multilateral effect of dampening currency appreciation, and other measures of a general prudential nature. While the latter may be used permanently, the former should be applied only as a second line of defense and only for limited periods of time. This highly confusing distinction (and, thus, the clear-cut triple hierarchy) has only been loosened in the final version of the IMF framework, where the authors admit the possibility of overlapping CFMs and Macroprudential Measures (MPMs), defined as prudential tools designed to limit systemic financial risk and to maintain financial system stability. For instance, when capital flows are the source of systemic financial sector risks, the tools used to address those risks can be seen as both CFMs and MPMs (IMF 2012b, 21). The same applies for the prefer-

---

[6] An explanation for the highlighting of this jurisdictive criterion is provided by the IMF (2011a, 45): „This prioritization of measures takes into account institutional and political economy concerns flowing from the general standard of fairness that a member expects that its nationals will enjoy as a result of its participation in a multilateral framework.“ For a more adequate definition of capital controls, from our perspective, within a broad approach of permanently applied financial regulation, see below.

ence for price-based over quantity-based controls: whilst in the version of 2011, the former are seen as more transparent and thus superior compared to the latter, this distinction was dropped in the final version.

2.3 The shortcomings of the new IMF approach

In fact, enormous advances have been made by the IMF in its position on the management of capital flows, particularly when we bear in mind that until very recently it downplayed the damaging effects of high and volatile capital flows. The Fund has shifted towards recognizing the potential dangers of capital inflow surges in terms of increasing financial fragility, of limiting the space for macroeconomic policies, and thus the usefulness of capital controls (or CFMs) in certain circumstances. This represents an enormous advance that should not be understated.

Although the new IMF's institutional view is only incrementally different from the one identified by the IMF's Independent Evaluation Office in its assessment disclosed in 2005 (IEO 2005), it goes into much greater detail on the nature of capital account liberalization, on the specific conditions for using capital controls as well as on the threshold of financial and economic development that need to be reached before this liberalization and on the sequence of this process (Gallagher 2012).

At the same time, this new policy framework contains serious shortcomings. First, by defining CFMs as a temporary instrument embedded in an overall strategy of financial opening, the organization insists on the general advantages of financial liberalization, which set serious limits to developing and emerging economies' policy space. Second, the asymmetric character in the global context lays most of the burden of reacting to capital flow surges on the receiving countries. Third, the Fund keeps defending the separation of a permanent prudential financial regulation (referred to as MPMs) and only temporary CFMs. In our view, this discrimination is not feasible especially in emerging and developing economies. As detailed below, the currencies of these economies are characterized by the limited acceptance at the international level which increases the potential harmful effects of international capital flows in terms of financial fragility and macroeconomic management.

Regarding the first point of the temporary, non-permanent character of CFMs, the IMF strongly emphasizes the general advantages for financial liberalization. It's no accident that the final policy framework containing the official view (IMF 2012b) is titled as „The Liberalization and Management

of Capital Flows". Even if differences between countries regarding the timing
and sequencing of CFMs are admitted, the IMF assumes that „well-designed
capital flow liberalization can help countries realize the benefits of capital
flows, forgo the costs of CFMs, and support key economic objectives" (ibid.,
11). Thus, the theoretical assumptions related to liberalized financial markets
remain fundamentally untouched, but are only lifted for ‚exceptional' periods
of high and volatile flows.[7]

At defining CFMs as a temporary tool, the IMF's new approach sets serious limits to emerging economies' policy space and their country-specific
needs. Indeed, a number of authors strongly argue in favour of capital controls not as a temporary but rather as a permanent part of the policy toolkit.
This is because most of emerging economies are still more vulnerable to
external trade and financial shocks than advanced ones, due to a lower level
of economic diversification and a higher degree of financial fragility inter-
linked with the limited international use of their currencies and the very
dynamics of the boom-bust capital flows' cycles, determined mainly by external factors (Bluedorn et al. 2013). In order for capital controls to be part of
a counter-cyclical macroeconomic policy to smoothen these booms and busts
and curb financial instability, a country has to have permanent authority to
regulate capital flows. According to this perspective, herein supported, capital controls should be part, on equal terms, of an overall package comprising
macroeconomic policies (exchange rate flexibility, maintenance of adequate
international reserves and sterilization) and prudential financial regulation
(Gallagher et al. 2012; Rodrik 2010; Cordero/Montecino 2010; Nogueira 2012;
Priewe 2011). In other words, there is a clear need for the deployment of
multiple instruments, without any hierarchy and pre-conditions, instead of a
selective and ranking approach (Mohan 2012).

Second, as Gallagher (2012) highlights, an important step forward of the
new IMF institutional view is the broader consideration of the multi-lateral
aspects of regulating capital flows, such as spill-over effects from source
countries and lacking consistency between its guidelines and trade and investment treaties (IMF 2011b; IMF 2012b). Yet, the IMF still leaves most
part of the burden to emerging economies (the receiving countries), as it does
not specify the measures that source countries should adopt for the global
management of capital flows, and offers little guidance on how countries
should cooperate in capital flow regulations or respond to the conflicting

---

[7] This position also becomes clear with the recommendation for further financial liberalization in countries like China and India (IMF 2012a, 1).

recommendations and rules set by the IMF versus other international commitments.

This asymmetric distribution of the burden of adjustment and regulation has created some resistance among emerging economies, making it less likely that the agency will be able to use the guidelines in its annual assessments of the economies and policies of its members, known as Article IV consultations. Brazil's representative, Paulo Nogueira Batista Jr., criticised the framework as „ill-timed and unnecessary", for giving insufficient consideration to ‚push' factors or the policies in major advanced economies that produced large and often disruptive financial flows (Nogueira 2012, 99).

Third, in its definitive new framework the IMF keeps discriminating between CFMs and MPMs, though in a less explicit way. While CFMs should be „transparent, targeted, temporary, and preferably non-discriminatory" (IMF 2012, 20) no restriction is applied to MPMs. However, in emerging economies the overlapping between these two classes of regulation is the rule and not the exception, as surmised in this framework. In these economies capital flows' boom and bust cycles are the main source of financial instability, as the limited acceptance of their currencies in the international context has three implications that increase the potential harmful effects of international capital flows in terms of financial fragility and macroeconomic management: currency mismatch in foreign borrowing, higher exchange rate volatility and a greater relevance of these flows in domestic financial markets, especially when these are rather open. Consequently, a bifurcation between capital controls and prudential financial regulation often cannot be maintained in practice.

3. Beyond the proposal of temporary capital account management:
a broad approach on financial regulation in emerging economies

The academic literature on capital flows regulation by emerging economies – in other words, external financial regulation – has also flourished since the 1990s and gained further momentum after the global financial crisis, resulting in different typologies. In chronological order, Epstein, Grabel and Jomo (2004) name as ‚capital management techniques' two complementary types of financial policies which affect capital flows and which are often overlapping. These are policies that govern international private capital flows, called „capital controls," and those that enforce prudential management of domestic financial institutions. In turn, Ocampo (2012) and Gallagher, Griffith-Jones and Ocampo (2012) prefer to use the term „Capital Account Regulations (CAR)" to underscore the fact these regulations covering capital flows belong to the broader family of financial regulations and should comprise not only inflows but also outflows and price-based and quantity-based instruments. On the other hand, Priewe (2011) brings forward the concept of Capital Account Management (CAM), which encompasses all the forms through which authorities could influence (in)directly capital flows and capital accounts, that is: sovereign monetary and fiscal policy, exchange rate management, domestic financial sector regulations, FDI-related regulations, direct capital controls and international rules and coordination intervention to stabilize exchange rates.[8]

Despite the conceptual differences, all of them acknowledge that: (i) the regulation of capital flows needs to encompass multi-faceted policies – capital controls and prudential regulations – since no single measure can achieve the two main goals of this regulation in emerging economies, namely: limiting financial fragility associated with capital flows reversals and increasing the policy space both to exert control over key macroeconomic prices (exchange and interest rates) and to enable the pursuit of countercyclical policies; (ii) a strict bifurcation between these policies often cannot be maintained in practice inasmuch there is often a great deal of synergy and overlap between these measures; indeed, some prudential financial regulation instruments (such as limits on banks' operations in foreign currency) function in practice as capital controls, while some of these controls (such as taxation of foreign loans) contribute to reduce systemic financial risks (Epstein et al. 2004; Ocampo 2012); (iii) the effectiveness of any single management technique magnifies the effectiveness of other techniques, and enhances the efficacy of the entire regime of capital management. In this sense, Epstein, Grabel and Jomo (2004, 6) point out that „certain prudential financial regulations magnify the effectiveness of capital controls (and vice versa). In this case, the stabilizing aspect of prudential regulation reduces the need for the most stringent form of capital control. Thus, a program of complementary capital management techniques reduces the necessary severity of any one technique, and magnifies the effectiveness of the regime of financial control"; (iv) there are also

---

[8] Along with Priewe, other authors as Gallagher, Griffith-Jones and Ocampo (2012), Rodrik (2010), Cordero/Montecino (2010) and Nogueira (2012) support that measures taken by emerging economies to regulate capital flows should be complemented by capital flow management policies in the „source" countries of capital flows in order to distribute the burden of the volatility of global financial flows.

feedback loops between these two regulations (prudential financial ones and capital controls) and macroeconomic policy. For example, prudential regulation and some types of capital controls aimed at slowing down credit growth or bursting asset bubbles (to reduce systemic financial risks) may contribute to inflation control, assisting macroeconomic policy and enhancing its effectiveness (see also Blanchard et al. 2010).

Moreover, in emerging economies with a high degree of financial openness and sophisticated domestic financial markets, these markets and cross-border flows are deeply intertwined. In this setting, the traditional analytical division (generally adopted in the literature) between domestic and external financial regulation is no longer useful or even possible.

We propose here that financial regulation in emerging economies with these features should be considered in a broader sense, without the internal and external dimensions being apart. Prudential financial regulations, capital controls and other regulatory measures (such as the regulation of derivatives markets) should be seen as an essential and permanent part of the financial regulatory toolkit that should govern residents and non-residents as well as financial and non-financial agents, with respect to their portfolio decisions in foreign and domestic currency in both spot and derivatives (forward settlement) markets. Therefore, it is important to define clearly each type of regulatory tool, which reaches different ranges of agents and markets (see Table 1).

Table 1: Financial regulation toolkit

Regulation		Agents		Market (spot vs. derivatives)
		Financial vs. non-financial	*Resident vs. non-resident*	
Prudential regulation		Financial institutions	Resident	Spot and derivatives
FX derivatives regulation		Both	Both	Derivatives
Capital controls	Portfolio and FDI	Both	Non-resident	Spot
	Foreign loans	Both	Resident	Spot

Source: Authors' elaboration.

Prudential financial regulations refer to policies, such as capital-adequacy standards, reporting requirements, or restrictions on the ability and terms under which domestic financial institutions can provide capital to certain types of projects. They also refer to prudential rules on currency mismatching of balance sheets, or restrictions on issuing certain types of derivatives or forward contracts (Epstein et al. 2004). Therefore, these regulations reach only asset and liability positions of resident financial institutions.

Regarding capital controls, there is no unique, generally accepted legal definition. Therefore, we stick to the broadest and functional definition proposed by Neely (1999), according to which these controls refer to measures that manage the volume, composition, or allocation of international private capital flows. Capital controls can target inflows or outflows, and generally concern particular flows (such as portfolio investment, based on their perceived risks and opportunities). Moreover, capital controls can be tax-based or quantitative. Financial taxes or reserve requirements against certain types of investments are examples of tax-based controls. Quantitative capital controls involve outright bans on certain investments (e.g. the purchase of equities by foreign investors), restrictions or quotas, or license requirements (Epstein et al. 2004). In other words, capital controls are a range of financial regulation tools that manage cross-border flows (both inflows and outflows) associated with foreign investors as well as resident companies and banks. Then, in contrast to prudential financial regulations, they could influence portfolio decisions taken by resident non-financial institutions and non-resident agents.

Besides prudential financial measures and capital controls, a third kind of regulation may be needed to curb financial risks and increase the policy space in emerging economies with open and sophisticated FX derivatives markets, depending on the institutional features of these markets. This is because, on one hand, prudential financial regulation may not be sufficient to reach FX derivatives operations as it only achieves financial institutions' balance-sheets. Therefore, FX derivatives operations carried by non-resident investors and non-financial resident agents are outside the scope of this class of regulation. On the other hand, capital controls (as defined above) solely influence cross-border transactions and, thus, do not cover FX derivatives operations in the domestic market. Even in an operation carried by foreign investors, capital controls are not the most suited and effective type of regulation, as they would have only a small impact in the case of a capital inflow connected with paying for the cost of a derivative operation (such as margin requirements on futures contracts). This regulation will be herein called „FX Derivatives Regulation" which aims at regulating resident and non-resident operations with this forward settlement instrument in the domestic market (see Table 1).

Finally, the regulatory toolkit should be country-specific, as it has to be shaped by the country features regarding the degree of financial openness, the financial system's institutional framework and the policy goals of the financial regulation. As already mentioned, in the case of emerging economies, the most important of these goals are the reduction of financial risks and the increase of the policy space to control key macroeconomic prices and to enable the pursuit of countercyclical policies during booms and busts of capital flows and risk appetite of global investors.

References

Akyüz, Y. (2011): Capital flows to developing countries in a historical perspective. Will the current boom end with a bust and how? Research Paper 37, South Centre.

Ariyoshi, A., Habermeier, K., Laurens, B., Otker-Robe, I., Canales-Kriljenko, J.I., Kirilenko, A. (2000): Capital Controls. Country Experiences with Their Use and Liberalization, IMF Occasional Papers 190.

Avdjiev, S., Upper, C., Vause, N. (2010): Highlights of international banking and financial market activity, *BIS Quarterly Review*, December 2010, 13-25.

Baba, C., Kokenyne, A. (2011): Effectiveness of Capital Controls in Selected Emerging Markets in the 2000s, IMF Working Paper 11/281.

Bhagwati, J. (1998): *Why Free Capital Mobility May be Hazardous to Your Health: Lessons from the Latest Financial Crisis* [NBER Conference on Capital Controls, Cambridge, MA, November 7], at: http://bit.ly/VyAYCi (last access 10/12/2012).

Blanchard, O., Dell'Ariccia, G., Mauro, P. (2010): Rethinking Macroeconomic Policy, IMF staff position note, SPN/10/03, Washington D.C.

Bluedorn, J., Rupa Duttagupta, J., Guajardo, J., Topalova, P. (2013): Capital Flows are Fickle: Anytime, Anywhere, IMF Working Paper, WP/13/183, August.

Canuto, O., Giugale, M. (eds.) (2010): *The Day after Tomorrow. A Handbook on the Future of Economic Policy in the Developing World*, Washington, DC: World Bank.

Canuto, O., Leipziger, D.M. (eds.) (2012): The Challenges of Growth, in: *Ascent after Decline: Regrowing Global Economies after the Great Recession*, Washington, DC: World Bank, 3-34.

Cordero, J., Montecino, J.A. (2010): *Capital Controls and Monetary Policy in Developing Countries*, CEPR.

Dooley, M. (1996): A Survey of Literature on Controls over International Capital Transactions, *IMF Staff Papers*, 43(4), 639-687.

Eichengreen, B., El-Erian, M., Fraga, A., Ito, T., Pisani-Ferry, J., Prasad, E., Rajan, R. (2011): *Rethinking Central Banking, Committee on International Economic Policy and Reform*, Brookings Institution.

Epstein, G., Grabel, I., Jomo, K.S. (2004): Capital management techniques in developing countries: an assessment of experiences from the 1990s and lessons for the future, United Nations Conference on Trade and Development, G-24 Discussion Paper 27.

Fettig, D. (1996): Interview with James Tobin. Federal Reserve Bank of Minneapolis, *The Region*, December 1, 1996, at: http://bit.ly/VpqsgL (last access: 06/12/2012).

Fritz, B., Prates, D.M. (2013): The new IMF approach to capital account management and its blind spots: lessons from Brazil and South Korea, *International Review of Applied Economics*, 28(2), 210-239.

Gallagher, K. (2012): The IMF's New View on Financial Globalization: A Critical Assessment, Pardee Center, Issues in Brief No. 2.

Gallagher, K., Griffith-Jones, S., Ocampo, J.A. (eds.) (2012): *Regulating Global Capital Flows for Long-Run Development*, Boston, MA: Pardee Center Task Force Report, March.

He, D., McCauley, R. (2010): Offshore markets for the domestic currency. Monetary and financial stability issues, BIS Working Papers 320.

Herr, H., Priewe, J. (2006): Capital Account Regimes and Monetary Policy in Developing Countries – Liberalization with Regulation, commissioned by BMZ and GTZ, Berlin, unpublished manuscript.

IEO [International Evaluation Office] (2005): *The Evaluation of the IMF's Approach to Capital Account Liberalization*, Washington DC: IMF, at: http:// bit.ly/VuHjz5 (last access 10/12/2012).

International Monetary Fund [IMF] (2008): Reaping the Benefits of Financial Globalization (Washington: International Monetary Fund), Discussion paper prepared by the IMF staff, IMF Occasional Paper 264.

International Monetary Fund [IMF] (2010): *The Fund's Role Regarding Cross-Border Capital Flows* (Washington: International Monetary Fund), at: http://bit.ly/Z5 fLH0 (last access 10/12/2012).

International Monetary Fund [IMF] (2011a): *Recent Experiences in Managing Capital Inflows – Cross-Cutting Themes and Possible Policy Framework* (Washington: International Monetary Fund), Prepared by the Strategy, Policy, and Review Department, at: http://bit.ly/QSqrVQ (last access 10/12/2012).

International Monetary Fund [IMF] (2011b): The Multilateral Aspects of Policies Affecting Capital Flows – Background paper, Prepared by the Monetary and Capital Markets Department and the Strategy, Policy, and Review Department in consultation with the Research Department, at: http://bit.ly/SRk4lr (last access 10/12/2012).

International Monetary Fund [IMF] (2012a): *Liberalizing Capital Flows and Managing Capital Outflows* (Washington: International Monetary Fund), Prepared by the Monetary and Capital Markets Department; the Strategy, Policy, and Review Department; and the Research Department, in consultation with the Legal Department, at: http://bit.ly/SLs06q (last access 10/12/2012).

International Monetary Fund [IMF] (2012b): *The Liberalization and Management of Capital Flows – An Institutional View* (Washington: International Monetary Fund), approved by Olivier Blanchard et al., at: http://www.imf.org/external/np/pp/eng/2012/111412.pdf (last access 03/18/2013).

Kose, A., Prasad, E., Rogoff, K., Wei, S.-J. (2006): Financial Globalization: A Reappraisal, IMF Working Papers 06/189.

Magud, N., Reinhart, C.M., Rogoff, K. (2011): *Capital Controls. Myth and Reality – A Portfolio Balance Approach*, Cambridge, MA.

Mohan, R. (2012): Capital Account Management: The Need for a New Consensus, in: K.P. Gallagher, S. Griffith-Jones and J.A. Ocampo (eds.), *Regulating Global Capital Flows for Long-Run Development*, Boston, MA: Pardee Center Task Force Report, March, 23-34.

Mussa, M., Eichengreen, B.J., Detragiache, E., Dell'Ariccia, G. (1998): Capital Account Liberalization: Theoretical and Practical Aspects, IMF Occasional Paper 172.

Neely, C.J. (1999): An Introduction to Capital Controls, *Federal Reserve Bank of St. Louis Review*, 81 (November/December 1999), 13-30.

Nogueira Batista Jr., P. (2012): The IMF, Capital Account Regulation, and Emerging Market Economies, in: K.P. Gallagher, S. Griffith-Jones and J.A. Ocampo (eds.), *Regulating Global Capital Flows for Long-Run Development*, Pardee Center Task Force Report, March, 93-102.

Ocampo, J.A. (2001): *International Asymmetries and the Design of the Internacional Financial System*, Series temas de coyuntura, n. 15, Santiago, Chile: CEPAL, April.

Ocampo, J.A. (2012): The Case For and Experience With Capital Account Regulations, in: K.P. Gallagher, S. Griffith-Jones and J.A. Ocampo (eds.), *Regulating Global Capital Flows for Long-Run Development*, Boston, MA: Pardee Center Task Force Report, March, 13-22.

OECD (2009): Code of Liberalization of Capital Movements. http://www.oecd.org/document/59/0,3343,en_2649_34887_1826559_1_1_1_1,00.html

Ostry, J., Ghosh, A., Habermeier, K., Chamon, M., Qureshi, M., Reinhardt, D. (2010): Capital Inflows. The Role of Controls, IMF Staff Position Note 10/04.

Ostry, J., Ghosh, A., Chamon, M., Qureshi, M. (2011a): Capital Controls: When and Why? *IMF Economic Review* 59(3), 562-580.

Ostry, J., Ghosh, A., Habermeier, K., Laeven, L., Chamon, M., Qureshi, M., Kokenyne, A. (2011b): Managing Capital Inflows: What Tools to Use?, IMF Staff Discussion Notes 11/06.

Pradhan, M., Balakrishnan, R., Baqir, R., Heenan, G., Nowak, S., Oner, C., Panth, S. (2011): Policy Responses to Capital Flows in Emerging Markets, IMF Staff discussion Paper 11/10.

Priewe, J. (2008): Capital account management or laissez-faire of capital flows in developing countries, in: P. Arestis and L.F. de Paula (eds.), *Financial Liberalization and Economic Performance in Emerging Countries*, Basingstoke, Hampshire, 26-51.

Priewe, J. (2011): Capital Account Management in Developing Countries [Teaching Material, preliminary version], Geneva: UNCTAD Virtual institute.

Rodrik, D. (2006): The Social Cost of Foreign Exchange Reserves, *International Economic Journal* (20)3, 253-266.

Rodrik, D. (2008): Second-Best Institutions, in: NBER Working Paper Series 14050, at: http://bit.ly/TJMBJF (last access: 06/12/2012).

Rodrik, D. (2010): The End of an Era in Finance? in: Project Syndicate, at: http://bit.ly/XuxYxl (last accessed 03/06/2010).

Rogoff, K., Kose, A., Prasad, E., Wei, S.-J. (2004): Effects of Financial Globalization on Developing Countries: Some Empirical Evidence, IMF Occasional Papers 220.

Williamson, J. (2005): *Curbing the Boom-Bust Cycle – Stabilizing Capital Flows to Emerging Markets*, Washington D.C.: Institute for International Economics.

Williamson, J., Griffith-Jones, S., Gottschalk, R. (2003): Should Capital Controls Have a Place in the Future International Monetary System? discussion paper prepared for presentation to a Meeting of the International Monetary Convention, at: http://bit.ly/12h2wlK (last access 10/12/2012).

World Bank (2001): *Finance for Growth – Policy Choices in a Volatile World*, World Bank Policy Research Report, Washington D.C.: World Bank.

IV.

Wirtschaftspolitik in Europa

Economic policies in Europe

Die intellektuellen Wurzeln der Euro-Krise

Claus Thomasberger

1. Die institutionelle Transformation der europäischen Währungsbeziehungen

Ist die Euro-Krise, wie die herrschende Politik anzunehmen scheint, die Konsequenz einer verfehlten Wirtschaftspolitik in einigen Mitgliedsländern, die zu hohen Budgetdefiziten und auf Dauer untragbaren Staatsschulden geführt hat? Oder deutet die Tatsache, dass Japan, die USA oder Großbritannien höhere Defizite und Schulden aufweisen als einige europäische Krisenländer, ohne von einer vergleichbaren Krise erfasst zu werden, darauf hin, dass die Eurokrise nicht allein, ja noch nicht einmal in erster Linie auf Fehler nationaler Regierungen zurückgeführt werden kann? Könnte es sein, dass die Krise eine Reihe von Merkmalen aufweist, die der institutionellen Gestalt der Europäischen Währungsunion (EWU) geschuldet sind? Jan Priewe hat in seinen Beiträgen deutlich gemacht, dass er die Interpretationen, die die Krise wesentlich als Schuldenkrise einzelner Länder ausweisen, zurückweist (vgl. Priewe 2012). Er richtet seinen Blick stattdessen auf die EWU-weiten Ungleichgewichte, die auseinanderdriftende preisliche Wettbewerbsfähigkeit, die divergierende Entwicklung der Lohnstückkosten und die Leistungsdefizite auf Seiten der einen wie die Überschüsse auf der anderen Seite.

Ich möchte in diesem Beitrag Jan Priewes Interpretation aufgreifen, mich aber nicht auf die Analyse der Ungleichgewichte in Europa beschränken, sondern die Frage nach den institutionellen Hintergründen derselben ins Zentrum der Diskussion rücken. Hat sich die europäische Integration mit der Einführung des Euro in eine Sackgasse manövriert? Erfordert die Überwindung der Ungleichgewichte eine Rückkehr zu nationalen Währungen und anpassungsfähigen Wechselkursen? Oder ist die Krise Ausdruck der Tatsache, dass die Währungsunion bisher ‚unvollendet' geblieben ist? Um diese Fragen zu beantworten, ist es hilfreich, einen Schritt zurückzugehen: Wie kommt es überhaupt dazu, dass sich Europa auf das Experiment des Euro eingelassen hat? Warum konnte sich gerade der ‚Maastricht-Plan' einer einheitlichen Währung und einer von den nationalen Regierungen weitgehend unabhängigen Europäischen Zentralbank gegen alternative Modelle durchsetzen? Und woran sind bisher alle Versuche gescheitert, das ‚demokratische Defizit' und die fehlende ‚soziale Dimension' der EU zu überwinden? Mit anderen Worten: In diesem Papier möchte ich die Hintergründe des institutionellen Wandels herausarbeiten, der zur EWU geführt hat. Ich möchte *die institutionelle Transformation der europäischen Währungsbeziehungen* in den Mittelpunkt der Untersuchung rücken. Dies bedeutet, die theoretischen Konzeptionen, die zur Überwindung der alten und zur Einrichtung neuer Institutionen beitragen, als lebendige, treibende Kräfte des europäischen Integrationsprozesses zu betrachten, als gesellschaftliche *Tatsachen*, die in direkter Weise auf den Lauf der Geschichte Einfluss nehmen. Keynes schreibt in der Schlusspassage der ‚Allgemeinen Theorie': „Die Gedanken der Ökonomen und Staatsphilosophen (sind), sowohl wenn sie im Recht, *wie auch wenn sie im Unrecht sind*, einflussreicher, als gemeinhin angenommen wird. Die Welt wird in der Tat durch nicht viel anderes regiert. ... früher oder später sind es Ideen, und nicht eigennützige (Gruppen)Interessen, von denen die Gefahr kommt, sei es zum Guten oder zum Bösen" (Keynes 1936, 323f.; meine Hervorh.). Genau darum geht es mir: Ins Zentrum der Aufmerksamkeit rücken die theoretischen Ideen und die wissenschaftlichen Modelle, auf die sich die institutionellen Reformen, die die EWU hervorgebracht haben, stützen.

Keynes' Ansatz ist in diesem Kontext insofern von Interesse, als er seine ganze Kraft darauf konzentriert, die Ideen und Modelle, die die Welt im neunzehnten und zu Beginn des zwanzigsten Jahrhunderts regieren, zu *verändern*, d.h. durch neue, eigene Vorstellungen zu ersetzen. In der ‚Allgemeinen Theorie' betrachtet Keynes den ‚Zustand des Vertrauens' und den ‚Stand der langfristigen Erwartungen' nicht als Größen, die durch die Ergebnisse der Vergangenheit determiniert sind, sondern als unabhängige Variablen, die in ganz direkter Weise von den Weltbildern und begrifflichen Modellen der Akteure geformt werden. Und mehr noch: Keynes lässt auch keinen Zweifel daran, dass er die Theorien, auf die sich die Akteure eineinhalb Jahrhunderte lang stützten – die ‚klassische Schule'[1] – als in wesentlichen Punkten *trügerisch* und *fiktiv* einschätzt.

---

[1] Es sei daran erinnert, dass Keynes den Begriff ‚klassische Schule' weit fasst und nicht nur Ricardo, James Mill und deren Vorgänger, sondern auch „die Nachfolger Ricardos einschließt, das heißt jene, welche die Ricardianische Theorie angenommen und vervoll-

Dass Keynes sich darauf konzentriert, die öffentliche Meinung im Sinne seiner *eigenen* Anschauung zu *verändern,* hat die Konsequenzen, dass die Auswirkungen der irreführenden Ideen der klassischen Schule auf die ökonomische Entwicklung im neunzehnten Jahrhundert jenseits des Forschungsprogramms bleiben. Und zunächst sollte er recht damit behalten! Keine andere Theorie beeinflusst die ökonomische Wirklichkeit nach dem Zweiten Weltkrieg zunächst in so direkter Weise wie sein eigener Ansatz. Die Konsequenz ist, dass sowohl Keynes wie auch seine Schüler und Schülerinnen die *Analyse* der tatsächlichen Auswirkungen der wirtschaftsliberalen Fiktionen vernachlässigen. In diese Lücke stößt Karl Polanyi mit seinem bekanntesten, 1944 veröffentlichten Werk ‚The Great Transformation'.

Solange die Keynesschen Ideen die politische Diskussion und die öffentliche Meinung tatsächlich bestimmen, erscheint die Beschränkung des Forschungsprogramms gerechtfertigt. In der Zwischenzeit aber haben sich die Bedingungen geändert. Spätestens seit der neoliberalen Konterrevolution sind wir erneut mit einer Situation konfrontiert, in der sich das wirtschaftsliberale Credo de facto als die Kraft erweist, die der institutionellen Transformation ihren Stempel aufdrückt. Damit sind wir in einer Situation, die der von Polanyi untersuchten überraschend ähnlich ist.

Im Zentrum von Polanyis Analyse steht die Kategorie der *Doppelbewegung*. Das *liberale Credo* auf der einen und *protektive Gegenbewegungen* auf der anderen Seite werden als die treibenden Kräfte der langfristigen institutionellen Transformation sichtbar. Dem liberalen Credo, dessen Kern der *utopische Glaube* an die Selbstregulierung des Marktsystems ist, stehen soziale Bewegungen gegenüber, die darauf zielen, die *Realität* der Gesellschaft vor den zerstörerischen Auswirkungen der Versuche, die Utopie in die Tat umzusetzen, zu schützen. Erstere setzen auf eine Ausweitung der Sphäre des Marktes. Letztere verteidigen die Lebensbedingungen breiterer Bevölkerungsschichten und -klassen vor den negativen Konsequenzen der Marktlogik. Im Weiteren soll daher die Möglichkeit ausgelotet werden, Polanyis Ansatz zur Untersuchung der institutionellen Transformation als Referenz zu nutzen, um zentrale Aspekte der Euro-Krise zu beleuchten, die von anderen Ansätzen nur unzureichend thematisiert werden.

Im nächsten Abschnitt möchte ich zunächst jene wirtschaftsliberalen Ideen vorstellen, die – wie zu zeigen sein wird –, obwohl wenig beachtet, einen nicht zu unterschätzenden Einfluss auf die europäische Währungsintegration

ständigt haben, einschließlich (zum Beispiel) J.S. Mill, Marshall, Edgeworth und Professor Pigou." (Keynes 1936, 3, Fn).

ausübten (und auch weiterhin ausüben). Die Abschnitte drei und vier analysieren den Einfluss der entsprechenden theoretischen Konzeptionen auf den europäischen Integrationsprozess sowie die Widerstände, die sich dem entgegenstellen. Im abschließenden fünften Abschnitt möchte ich einige Schlussfolgerungen diskutieren, die sich daraus für die Einschätzung der derzeitigen Lage ergeben.

2. Der LSE-Plan einer Wirtschafts- und Währungsunion

Der Einfluss des wirtschaftsliberalen Denkens zunächst auf die Transformation des Bretton-Woods-Systems und später dann – in Form des Monetarismus und der Modelle flexibler Wechselkurse – auf den Wandel der globalen Währungsbeziehungen seit den siebziger Jahren ist deutlich erkennbar. Verglichen damit erscheint die wirtschaftstheoretische Begründung der EWU auf schwachen Füßen zu stehen. Verfügt das europäische Projekt einer Währungsunion über einen vergleichbaren theoretischen Bezugspunkt? Weder Keynes' noch Friedmans Arbeiten weisen in Richtung einer einheitlichen supranationalen Währung.

Zur Begründung der Währungsunion ist daher immer wieder auf die *Theorie optimaler Währungsräume* zurückgegriffen worden. Aber diese Versuche blieben theoretisch zweifelhaft. Erstens machen Mundell, McKinnon, Kenen etc. keinen systematischen Unterschied zwischen einem System fester Wechselkurse und einer Währungsunion. Und zweitens haben die Versuche, die Theorie optimaler Währungsräume auf Europa anzuwenden, zu eher abschlägigen Ergebnissen geführt. Bedeutet dies, dass die EWU ein Beispiel für eine institutionelle Reform ist, die ohne Theorie, d.h. ohne ,ökonomischen Sachverstand', umgesetzt wurde? Liegt hier eine der Ursachen der Probleme, die in der Krise sichtbar geworden sind? Eine solche Interpretation geht, so die These, die im Weiteren zu begründen sein wird, an der Wirklichkeit der europäischen Währungsintegration vorbei. Auch wenn weniger bekannt, so verweisen die europäischen Währungsinstitutionen auf eine theoretische Tradition, die ebenso alt ist wie die Bretton-Woods-Pläne.

Die Geburtsstätte der Pläne ist die London School of Economics (LSE). Die Protagonisten sind Keynes' bedeutendste Gegenspieler in England, Lionel Robbins und Friedrich Hayek. Gegenstand ist die Errichtung einer supranationalen Föderation (heute würden wir ,Föderation' durch ,Union' ersetzen). Ich werde das Modell daher im Weiteren als den *LSE-Plan einer Wirtschafts- und Währungsunion* – oder einfach als *LSE-Plan* – bezeichnen. Robbins steckt in dem 1937 veröffentlichten Buch ‚Economic Planning and International Order‘ den Rahmen ab. Hayek nimmt den Faden in mehreren Vorlesungen und Veröffentlichungen auf und entwickelt Robbins Gedanken weiter.[2] In Vorträgen und Artikeln kommt Robbins in den folgenden Jahren immer wieder auf das Thema zurück.[3] Wir haben hier nicht den Raum, um auf die verschiedenen Schriften im Detail einzugehen. Ich werde mich daher auf eine Skizze der grundlegenden Ideen beschränken.

Auch wenn der LSE-Plan in direkter Weise gegen Keynes' Ideen gerichtet ist, so sprechen Robbins und Hayek doch in erster Linie die liberalen Kollegen an. Es darf nicht vergessen werden, dass relevante Strömungen innerhalb des wirtschaftsliberalen Spektrums der Idee wirtschaftlicher und politischer Integration skeptisch gegenüberstanden (und gegenüberstehen), weil sie diese als mit den Grundsätzen des Freihandels auf globaler Ebene unvereinbar erachten.[4] Um diesen Vorbehalten zu begegnen, argumentieren die Protagonisten des LSE-Plans vorsichtig. Integration wird *nicht* als Ziel propagiert. Das Kernargument ist vielmehr, dass die wirtschaftsliberalen Kräfte nicht ablehnend reagieren sollten, wenn *andere* eine überstaatliche Föderation propagieren. Vielmehr sollten sie deutlich machen, was die *Bedingungen* sind, unter denen eine Föderation von wirtschaftsliberaler Seite akzeptabel ist. Sie sollten die Chance ergreifen und eine *marktkonforme* Ausgestaltung der Integration einfordern. Hayek (1939) macht dies explizit, wenn er seinen Beitrag mit „The Economic Conditions of Interstate Federalism" überschreibt.

Grundlage des LSE-Plans sind die Ideen des neunzehnten Jahrhunderts. Die Marktgesellschaft ist ihnen kein Mittel, sondern Zweck. Nur der Markt garantiere, so die liberale Überzeugung, persönliche Freiheit und Eigentum. Protektive Gegenbewegungen erscheinen aus der liberalen Perspektive nicht als unverzichtbare, lebensnotwendige und gerechtfertigte Antworten auf die negativen Konsequenzen eines utopischen Unterfangens, sondern als die *Ursache* aller Probleme. Ihr politisches Anliegen besteht darin, die Gegenbewegungen, die aufgrund ihres Einflusses auf die nationale Politik die Selbstregulierung des Marktsystems untergraben oder behindern könnten, mittels der

---

[2] Vgl. Hayek (1937) sowie Hayek (1939).

[3] Die wichtigsten Beiträge finden sich in Robbins (1971).

[4] Der Plan ist ursprünglich auch nicht als ein auf Europa beschränktes Programm gedacht. Robbins wirbt lange Zeit für eine Föderation, die zumindest die großen Länder Nordamerikas, d.h. die USA und Kanada, miteinschließen sollte. Es dauert bis in die sechziger Jahre, bevor er die Idee einer westeuropäischen Föderation akzeptiert (vgl. Robbins 1961, 272f.).

Schaffung einer suprastaatlichen Ordnung so weit als immer möglich *auszu-schalten*.

Die Idee einer supranationalen Föderation entspringt der Fortentwicklung des wirtschaftsliberalen Denkens, die ich an anderer Stelle als Übergang vom klassischen ökonomischen zum Neoliberalismus charakterisiert habe (Thomasberger 2012). Grundlegend ist die Erkenntnis, dass der naive Determinismus, der im Prinzip des Laisser-faire seinen Ausdruck gefunden hatte, nicht aufrechterhalten werden kann. Nicht nur Keynes hatte das Ende des Laisser-faire verkündet (Keynes 1926). Auch Hayek betont, dass „nichts der Sache des Liberalismus so sehr geschadet haben (dürfte) wie das starre Festhalten ... an dem Prinzip des Laissez-faire" (Hayek 1944, 37). ‚Laisser-faire', so seine Forderung, sei durch das Postulat der „Planung zum Zwecke des Wettbewerbs" (Hayek 1944, 66) zu ersetzen. Das wirtschaftsliberale Denken des zwanzigsten Jahrhunderts zeichnet sich gegenüber konkurrierenden Strömungen durch die Zielsetzung aus, nicht aber durch die Frage, ob Planung notwendig ist oder nicht. Oder wie Lionel Robbins zusammenfasst: „The issue is not between a plan and no plan, it is between different kinds of plan" (Robbins 1937, 5f.).[5]

Der bewusst institutionalisierte *Wettbewerb*, so das Kalkül, könne als Hebel dienen, um dieses Ziel zu erreichen. Denn wenn richtig eingesetzt, schaffe die Konkurrenz zwischen den einzelnen Staaten Zwänge, die es den nationalen Regierungen unmöglich machten, protektive Instrumente in eigenständiger Weise einzusetzen. Die wesentlichen Ansatzpunkte, um die nationalen Regierungen in ihre Schranken zu verweisen, sind die Schaffung (A) eines staatenübergreifenden Binnenmarkts und (B) einer einheitlichen supranationalen Währung. Um die geeigneten Rahmenbedingungen zu definieren und zu kontrollieren, bedarf es (C) der Etablierung einer übergeordneten politischen Autorität auf Ebene der Föderation bzw. Union. Werfen wir einen Blick auf die drei zentralen Mechanismen:

(A) Das erste, grundlegende Prinzip ist die Herstellung eines staatenübergreifenden *Binnenmarkts* (Hayek 1939, 258). Während die klassische Frei-

---

[5] Die Attraktivität, die der Idee einer suprastaatlichen Föderation aus wirtschaftsliberaler Sicht zukommt, basiert darauf, dass sie erlaubt, die paradox erscheinende Zielsetzung, die der Maxime ‚Planung zum Zwecke des Wettbewerbs', d.h. einer Politik, deren Aufgabe darin besteht, sich selbst die Hände zu binden, inhärent ist (Thomasberger 2009), institutionell auseinanderzulegen. Eine solche Politik verliert ihren paradoxen Charakter, wenn einer auf Ebene der Union (Föderation) institutionalisierten Autorität die Aufgabe zugewiesen wird, den nationalen Regierungen Fesseln anzulegen. Die Zweigliederung der Union ist, aus dieser Perspektive betrachtet, nichts anderes als der institutionalisierte Ausdruck der ‚Planung zum Zwecke des Wettbewerbs'.

handelsidee auf Ausweitung der Arbeitsteilung setzte, gründet die Binnen-
marktidee im *Wettbewerbsprinzip*. Das Theorem der komparativen Vorteile
zielte auf den Nachweis, dass die Liberalisierung der Märkte für Güter und
Dienstleistungen ausreicht, um die Vorteile der globalen Arbeitsteilung ausnutzen zu können. Die Protagonisten des LSE-Plans argumentieren demgegenüber, dass ein staatenübergreifendes Marktsystem, das dem Wettbewerbsprinzip gerecht werden will, die schrankenlose Bewegung von Kapital
und Arbeit einschließen muss. Durch die freie Bewegung von Gütern, Dienstleistungen, Menschen und Kapital werde automatisch ein Wettbewerb zwischen den Ländern in Gang gesetzt. Die einzelnen nationalen Regierungen
verlören die Möglichkeit, auf die Preise der Erzeugnisse einzuwirken und
Steuern, Sozialabgaben etc. beliebig festzulegen. Durch den Abbau der Grenzkontrollen würde darüber hinaus ein Ansporn institutionell festgelegt, indirekte Steuern und Abgaben zu senken.

Schließlich würde die *wechselseitige Anerkennung* der Standards es den
nationalen Regierungen unmöglich machen, Normen, Regeln, Schutzgesetze
etc. nach eigenem Gutdünken zu erlassen. Besondere Bedeutung messen die
Protagonisten des LSE-Plans der Idee eines Wettbewerbs der institutionellen
Arrangements bei. Der Standortwettbewerb, so Hayek, bewirke, dass „even
such legislation as the restrictions of child labor or of working hours becomes
difficult to carry out for the individual state" (Hayek 1939, 260). Die Einschränkung des wirtschaftspolitischen Spielraums auf nationaler Ebene ist
das explizite Ziel.

(B) Eine noch größere Bedeutung als dem Binnenmarkt misst der LSE-Plan
der Währungsunion bei: „Of all forms of economic nationalism, monetary nationalism is the worst" (Robbins 1937, 290), so Robbins Einschätzung. Positiv
formuliert heißt dies: „What the world needs today is an international money
immune from the meddling of national governments" (Robbins 1937, 299).
Nur ein *homogenes internationales Geld* und eine zentral gesteuerte, staatenübergreifende Geldpolitik werden dem wirtschaftsliberalen Ansinnen gerecht.

Wie er schon in seinen früheren geldtheoretischen Arbeiten deutlich gemacht hatte, ortet Hayek den Ursprung aller geldpolitischen Probleme in der
Herausbildung nationaler Reservesysteme. Diese ermöglichten es, dass sich
das Geld durch die Kreation neuer, vom Bankensystem hervorgebrachter
Geldarten von dem Gut, das idealerweise als Tauschvermittler fungiert, löst
und damit auch die natürliche Knappheit desselben unterlaufen werde. Die
Defizite des Internationalen Goldstandards des neunzehnten Jahrhunderts sind
hier zu suchen. Ein ideales Arrangement würde demgegenüber ein homogenes supranationales Geld, *eine einheitliche Währung*, voraussetzen. Aber die

Umsetzung eines solchen Vorschlags erscheint sowohl Robbins wie auch
Hayek in den dreißiger Jahren noch als unrealistisch und – solange die Dominanz einer Geldpolitik, die sich strikt an den Prinzipien des ökonomischen
Liberalismus orientiert, nicht gesichert ist – auch nicht als wünschenswert. Es
bleibt ihnen daher nichts anderes übrig, als sich am Modell des Gold-Devisen-
standards zu orientieren. „While an international standard is desirable on
purely economic grounds, the choice of gold with all its undeniable defects is
made necessary entirely by political considerations" (Hayek 1937, 74-75; vgl.
auch Robbins 1937, 299-300). Die *politischen* Bedingungen Ende der dreißiger Jahre sind für die Einführung eines länderübergreifenden ‚künstlichen
Geldes' noch nicht reif, so das Argument. Nur deswegen fällt die Wahl auf
das Gold.

Absolut feste Wechselkurse aber bleiben das Kernelement der angepeilten
Union. „Instead of flexible parities or a widening of the ‚gold points', absolute
fixity of the exchange rates should be secured by a system of international par
clearance" (Hayek 1937, 84; vgl. auch Robbins 1937, 287-290). Das bedeutet
nicht, dass der LSE-Plan die Möglichkeit von Ungleichgewichten der Leistungsbilanzen zwischen den verschiedenen Ländern und die Notwendigkeit
der Korrektur derselben übersehen würde. Aber auch hier orientiert er sich an
den Prinzipien des neunzehnten Jahrhunderts. Ein stabiles internationales Währungssystem unterstellt, so das Argument, dass notwendige Anpassungen
nicht über die Wechselkurse, sondern über die Preise und Löhne ausgeglichen
werden. „I do not want to deny that there may be cases where some change in
conditions might make fairly extensive reductions of money wages necessary
in a particular area if exchange rates are to be maintained, and that under present conditions such wage reductions are at best a very painful and long drawn
out process" (Hayek 1937, 46; vgl. auch 47-53 und Robbins 1937, 282-290).

(C) Der dritte Pfeiler des LSE-Plans ist die Etablierung einer politischen
Autorität auf Ebene der Union (Föderation). Das wirft die Frage der Verteilung der Aufgaben zwischen dieser und den nationalen Regierungen auf. Der
LSE-Plan sieht vor, dass die Union neben der Außen- und Verteidigungspoli-
tik drei Aufgabenbereiche übernimmt: (1) die Garantie von Eigentumsrechten
und Vertragsfreiheit; (2) die Schaffung und Durchsetzung der Rahmenbedingungen des Binnenmarkts; (3) die gesetzliche Regelung des Geldwesens. Die
Nationalstaaten sollten sich darauf konzentrieren, die fixen, lokal gebundenen
Ressourcen zu verwalten und entsprechende Dienstleistungen (Straßen, Kana-
lisation, Strom, Wasser, Parks etc.) zu erbringen.

Der eigentliche Clou des LSE-Plans einer Wirtschafts- und Währungsunion
besteht darin, dass all jene protektiven Funktionen, die unter den gegebenen

Bedingungen von den Nationalstaaten ausgefüllt wurden – Arbeitsschutz, Arbeitszeitbegrenzung, Sozialpolitik, Zölle, Naturschutz etc. – eliminiert werden. Auf die Frage, ob die protektiven Maßnahmen, die auf einzelstaatlicher Ebene nicht länger durchgeführt werden können, nicht auf die Ebene der Union übertragen werden sollten, antwortet Hayek mit einem eindeutigen: Nein! Er illustriert seinen Gedanken am Beispiel der Zölle.

Zölle der Union zugunsten einer bestimmten Industrie hätten schon deswegen einen geringeren Nutzen, weil ein großer Teil des Handels innerhalb des Freihandelsgebiets stattfände. Aber auch gegenüber Konkurrenten außerhalb der Union wären Zölle insofern schwieriger durchzusetzen, als das nationale Gemeinschaftsgefühl, dem innerhalb eines Landes eine bedeutende Rolle zukommt, auf Ebene der Föderation viel schwächer ausgeprägt ist. Es ist nicht anzunehmen, so sein Kalkül, „that the French peasant will be willing to pay more for his fertilizer to help the British chemical industry" (Hayek 1939, 262). Ähnliche Schwierigkeiten würden sich in den Bereichen Sozial- und Rentensysteme, Arbeitszeitregelungen, Schutz der Natur etc. ergeben.

Sein entscheidendes Argument ist das folgende: Protektion gegen die Marktkräfte, in welcher Form auch immer, setzt gemeinsame Traditionen, Werthaltungen und ein Gemeinschaftsgefühl voraus, das zwar auf nationaler Ebene, nicht aber auf Ebene der Föderation existiert. Es wird daher unmöglich sein, jene protektiven Maßnahmen, die die einzelnen Nationen in einer Union aufgeben, auf suprastaatlicher Ebene zu etablieren. Die Schlussfolgerung ist, dass in einer Union, verglichen mit den bisherigen Einzelstaaten, überhaupt „less government" (Hayek 1939, 266) notwendig sei.

Die Errichtung eines länderübergreifenden selbstregulierenden Marktsystems – und nicht Wohlfahrt, wirtschaftliches Wachstum oder Beschäftigung – ist das Ziel. Der LSE-Plan ersetzt den *Realismus* des Keynes'schen Ansatzes durch die Rückorientierung auf die wirtschaftsliberalen *Prinzipien*. „The abrogation of national sovereignties and the creation of an effective international order of law is a necessary complement and the logical consummation of the liberal program" (Hayek 1939, 269). Dass er die Idee des selbstregulierenden Systems *absolut* setzt und die soziale Protektion nicht als notwendige Antwort, sondern als Störfaktor betrachtet, macht den *utopischen Kern* des Programms aus. Er leugnet die zerstörerischen Wirkungen, die das Marktsystem, wenn sich selbst überlassen, hervorruft.

Es liegt ganz auf dieser Linie, dass der LSE-Plan die *demokratische* Legitimation der Union, soweit er sie überhaupt thematisiert, beschränkt sehen will. Die Grundidee besteht darin, dass die Demokratie auf Ebene der Union notwendigerweise eingeschränkt sein müsse, da ein Konsens oder eine breite

Mehrheit aufgrund der unterschiedlichen Traditionen, Werthaltungen und Interessen innerhalb einer großen, heterogenen Föderation nur in Bezug auf den engen Rahmen prinzipieller und grundsätzlicher Fragen zu erreichen sei (Hayek 1939, 271).

Für einen von den liberalen Prinzipien abweichenden Willen des Volkes, für eine demokratisch gewählte Regierung der Union und für ein Unionsparlament, vergleichbar mit jenen auf nationaler Ebene, ist in dem Plan kein Platz. Wie selbstverständlich geht er von der Vorstellung aus, dass die staatenübergreifende politische Autorität der Union sich strikt an den Prinzipien des ökonomischen Liberalismus orientiert und über die Macht verfügt, diese, wo auch immer notwendig, gegenüber den nationalen Autoritäten durchzusetzen. Es liegt in dieser Logik, wenn er der Union „the negative power of preventing individual states from interfering with economic activity in certain ways" (Hayek 1939, 267) einräumen will.

Der LSE-Plan einer Wirtschafts- und Währungsunion wird zu einer der Kräfte, die der europäischen Integration ihre Richtung geben. Die in dem Programm zum Ausdruck kommenden Ideen sind eine lebendige Macht und sie üben, wie im folgenden Abschnitt zu zeigen sein wird, einen bestimmenden Einfluss auf die Institutionen aus, auf die sich die EWU heute stützt. Es wäre interessant, auf die einzelnen Etappen der europäischen Integration im Detail einzugehen. Da wir hier nicht den Raum für eine solche Analyse haben, werde ich mich im Weiteren auf den Binnenmarkt, die Währungsunion und einige Aspekte der institutionellen Ausgestaltung der EWU konzentrieren, die ohne die wirtschaftsliberale Einflussnahme nicht zu verstehen wären.

3. Binnenmarkt und Währungsunion

Bis in die achtziger Jahre hinein ist der Einfluss des LSE-Plans auf das Projekt der europäischen Integration beschränkt. In den fünfziger und sechziger Jahren funktioniert das Bretton-Woods-System als eine Art monetärer Schutzschirm, der eigenständige europäische Initiativen zur Stabilisierung der Währungsbeziehungen überflüssig macht. Auch die Währungsschlange und das Europäische Währungssystem bewegen sich zunächst in dieser Logik.

Der wirtschaftsliberale Einfluss gewinnt Mitte der achtziger Jahre in Form des *Binnenmarktprogramms* deutlich an Gewicht. Das im Juni 1985 von der Europäischen Kommission vorgelegte ‚Weißbuch' mit dem Titel ‚Vollendung des Binnenmarktes' und die darauf basierende Einheitliche Europäische Akte (EEA), die am 1. Juli 1987 in Kraft tritt und die Schaffung eines EG-Binnenmarkts bis zum 1.1.1993 vorsieht, bedeuten den grundlegendsten Einschnitt im europäischen Integrationsprozess seit dem Zweiten Weltkrieg. Was zunächst als eine bloße Fortführung des in den Römischen Verträgen begonnenen wirtschaftlichen Integrationsprozesses propagiert wird, erweist sich schnell als eine Wende, durch die die wirtschaftsliberale Logik einer *Wettbewerbsunion* die Oberhand gewinnt.

Das Binnenmarktprogramm ist ein komplexes Paket von Änderungen, das mehr als 300 einzelne Rechtsetzungsakte einschließt und eine Vielzahl von Einzelreformen umfasst. Es schließt den Abbau physischer Schranken (Grenzkontrollen, ‚Schengen-Abkommen‘), technischer Barrieren (Normen und technische Standards) sowie fiskalischer Hindernisse (Herkunfts- versus Bestimmungslandprinzip) ein. Für die wirtschaftsliberale Wende aber erweisen sich zwei Dimensionen als zentral: (a) die Öffnung der Märkte für Kapital und Arbeitskräfte sowie (b) die Einführung des Prinzips der gegenseitigen Anerkennung.

Das Prinzip der gegenseitigen Anerkennung bedeutet, dass auch ohne Harmonisierung eine Norm, eine Regelung oder eine Vorschrift, die in einem Mitgliedsstaat gültig ist, auch in jedem anderen Land der EU anerkannt werden muss und entsprechend hergestellte Güter und Dienstleistungen verkauft werden dürfen, selbst wenn im Importland andere Anforderungen bestehen. Tatsächlich wird damit ein ‚Wettbewerb der Normen und der institutionellen Regelungen‘ etabliert, der – ganz im Sinne des LSE-Plans – den Entscheidungsspielraum der nationalen Regierungen wesentlich beschränkt, ohne auf europäischer Ebene einen entsprechenden Ersatz zu schaffen. Dieser Wettbewerb hatte und hat enorme Auswirkungen nicht nur in Bereichen wie Verbraucherschutz, Arbeitsschutz, Naturschutz und soziale Sicherheit, sondern beschränkt die einzelstaatlichen Handlungsspielräume, ohne dass es einer direkten Vorgabe bedarf, auch im Bereich der Steuerhoheit. Um im sogenannten ‚Standortwettbewerb‘ bestehen zu können, sehen sich die Einzelstaaten gezwungen, in weiten Bereichen – von der Kapitalertrags- und der Körperschaftssteuer über die Einkommensteuer bis hin zu den Verbrauchssteuern – die Sätze niedrig zu halten oder zu senken.

Als vielleicht noch weitreichender erweist sich die Liberalisierung des Kapitalverkehrs. Der Abbau der Kontrollen der grenzüberschreitenden Geld- und Kapitalbewegung (bis zum 1. Juli 1990) hat – schon in der Übergangsphase – immense Auswirkungen auf die Spielregeln, nach denen das EWS funktioniert. Erstens wird der geldpolitische Spielraum, den die Kapitalverkehrskontrollen den einzelnen Ländern ermöglichten, radikal beschnitten. Zweitens macht die Öffnung des Kapitalverkehrs (wie am Ende des Bretton-

Woods-Systems) *geordnete* Wechselkursanpassungen innerhalb des EWS unmöglich, weil jede Diskussion über die Ab- oder Aufwertung einer Währung die Möglichkeit ‚risikoloser' spekulativer Gewinne eröffnet. Damit aber werden die Funktionsbedingungen des EWS untergraben.

De facto funktioniert das ‚harte EWS' von 1987 bis 1992 *wie eine Währungsunion* im Sinne des LSE-Plans. Zwar bleiben die nationalen Währungen formal bestehen, tatsächlich aber verlieren diese aufgrund des nicht länger anpassungsfähigen Wechselkurses ihre Eigenständigkeit. Die Handlungsspielräume der nationalen Zentralbanken werden fühlbar eingeschränkt. Gleichzeitig wachsen die Ungleichgewichte zwischen den Ländern des EWS, die Konkurrenzfähigkeit verschiebt sich zuungunsten der südeuropäischen Länder, die einen überdurchschnittlichen Preis- und Kostenanstieg aufweisen, und zum Vorteil der Länder mit unterdurchschnittlicher Preisentwicklung, insbesondere Deutschlands. Die wachsenden Divergenzen finden ihren Ausdruck zunächst in wachsenden Leistungsbilanzdefiziten und -überschüssen. Und obwohl diese infolge der deutschen Einigung zurückgehen, führt das zunehmende Misstrauen der Finanzmärkte gegenüber den Weichwährungsländern zu wachsenden Spreads und schließlich zur Krise des EWS 1992/ 1993, infolge derer Großbritannien und Italien aus dem System ausscheiden.

4. Währungsunion ohne politische Union

Trotz des Scheiterns des Plans eines direkten, bruchlosen Übergangs vom ‚harten EWS' zur einheitlichen Währung bewahrt das wirtschaftsliberale Denken seinen Einfluss auf die weitere institutionelle Transformation. Der Maastricht-Prozess folgt, wenn auch auf die europäische Situation Ende des zwanzigsten Jahrhunderts angepasst, der Logik, die dem LSE-Plan zugrunde liegt.

Das Schlüsselelement bildet der Euro selbst. Den Kerngedanken bringt Olaf Sievert mit den folgenden Worten auf den Punkt: „Die alles verändernde Entscheidung liegt darin, daß die Nationalstaaten des wirtschaftlich maßgeblichen Teils Europas zu einem Geld übergehen …, das sie selbst nicht herstellen können" (Sievert 1993, 13). Mit der Einführung des Euro geben die Nationalstaaten die Kontrolle über die Währung auf. Auch wenn das Gold oder andere Metalle in der EWU keine Rolle spielen, so funktioniert das System wie ein ‚Gold Standard without Gold' (McKinnon 1988) oder – um de Sotos Charakterisierung zu verwenden – wie ein „Proxy for the Gold Standard", denn, so der letztere, „the introduction of the euro … meant the disappearance of monetary nationalism. ... the different member states of the monetary union completely relinquished and lost their monetary autonomy" (de Soto 2012). Mehr noch, durch Abschaffung der nationalen Währungen geht die EWU über den Goldstandard hinaus, weil auch die beschränkten Spielräume, über die die nationalen Zentralbanken im neunzehnten Jahrhundert dank des Fortbestehens nationaler Währungen verfügten, mit der Errichtung des Systems europäischer Zentralbanken beseitigt werden.

Dieser Logik entsprechen der Aufbau und die Aufgabenzuweisung der Europäischen Zentralbank (EZB). Die Kritik, die EZB orientiere sich zu sehr am Modell der Deutschen Bundesbank (DBB) trifft das Problem nur zum Teil. Tatsächlich geht die EZB über die DBB hinaus. Dies gilt sowohl unter dem Aspekt der Verpflichtung der Geldpolitik auf das Ziel der Stabilisierung des Konsumgüterpreisniveaus wie auch für die nahezu vollständige Autonomie der Zentralbank gegenüber den nationalen Regierungen, die auch das Verbot des direkten Aufkaufs von Anleihen der Mitgliedsländer einschließt. Mit dem System Europäischer Zentralbanken wurde ein Mechanismus institutionalisiert, der ausschließt, dass die protektiven Interventionen, die die nationalen Zentralbanken verlieren, auf Ebene der Union ausgeübt werden.

Während Helmut Kohl noch darauf insistierte, „dass die Vorstellung, man könne eine Wirtschafts- und Währungsunion ohne Politische Union auf Dauer erhalten, abwegig ist" (Kohl 1991), so verfügt die EU bis heute weder über einen gemeinsamen politischen Raum noch über unionsweit agierende politische Parteien. Der fiskalpolitische Spielraum auf Unionsebene ist auf wenig mehr als ein Prozent des BIP der Mitgliedsländer gedeckt; Solidarität zwischen Ländern wird durch die ‚No-Bailout-Klausel' verhindert. Alle anderen Politikbereiche, wie die Lohn-, Einkommens-, Fiskal- oder die Sozialpolitik, werden, der Wettbewerbsidee folgend, weiterhin als nationale Angelegenheiten behandelt. Mechanismen, die z.B. dem Länderfinanzausgleich in Deutschland entsprechen, fehlen. All das erscheint den Protagonisten des wirtschaftsliberalen Denkens nicht als Mangel, sondern als eine der großen Errungenschaften der EWU. „Für Deutschland ist die Währungsunion vermutlich die einzige Möglichkeit, unseren ausgewucherten Sozialstaat auf ein vernünftiges Maß zurückzuschneiden" (Karatte 1998, 215).

Dazu passt auch, dass die wichtigen Entscheidungen – trotz der vorsichtigen Vergrößerung der Einflussmöglichkeiten des Europäischen Parlaments – noch immer vom Rat getroffen werden. Nicht nationale Egoismen als solche sind das Problem, sondern ihr Missbrauch, um jede europaweite Politik auszuhöhlen, die es erlauben würde, protektive Maßnahmen zum Schutz vor den Auswirkungen des Marktsystems in Angriff zu nehmen. Ja, in gewisser Weise liegt sogar die Aufrechterhaltung der Gegensätze zwischen den einzelnen Ländern im Interesse des Wirtschaftsliberalismus, denn die Divergenzen behindern die Herausbildung einer ‚Solidarität der Interessen', einer europäischen politischen Sphäre, europäischer Parteien, eines einflussreichen Parlaments und anderer demokratischer Institutionen.

Damit sind wir zurück beim Problem der Ungleichgewichte zwischen den Mitgliedsländern. Die wirtschaftsliberale Antwort auf die Ungleichgewichte der Wettbewerbsfähigkeit, des Handels und der Leistungsbilanzen heißt Selbstregulierung durch den Markt. Wenn ein Land hinter andere zurückfällt, so die Hoffnung, sinken die Löhne und Kapital sowie Arbeit wandern aus. Insofern sind mobile Arbeitskräfte und offene Kapitalmärkte eine unabdingbare Dimension einer wirtschaftsliberalen Union. Die Flexibilität von Löhnen und Preisen wird umso wichtiger, je geringer die Mobilität der Arbeitskräfte ist. In dieser Logik liegt es, wenn die EZB ganz auf den ‚Wettbewerbskanal' setzt: Der „Wettbewerbskanal (‚realer Wechselkurs') (wird) … die entscheidende Triebfeder für eine Anpassung" (EZB 2005, 75). Wenn die Inflation in einem Land – so die Erwartung – über dem Durchschnitt liege, so verlöre dieses automatisch an Wettbewerbsfähigkeit gegenüber den anderen Ländern. Die Leistungsbilanz verschlechtere sich kumulativ, weil sich die Nachfrage nach den Gütern dieser Region verringere (und anderer Regionen erhöhe). Die geringere Nachfrage lasse die Preise unterproportional (überproportional) ansteigen, sodass sich insgesamt eine ausgleichende Tendenz durchsetze. Jede Lohn- oder Einkommenspolitik auf europäischer Ebene erscheint aus dieser Perspektive als ein bloßer Störfaktor. Die Protagonisten der Währungsunion setzen ganz darauf, dass „die europäische Währungsunion … die nationalen Arbeitsmärkte im Verhältnis zueinander zu echten Wettbewerbsmärkten machen (wird). Sie wird die beschäftigungspolitische Verantwortung der Lohnpolitik und Sozialpolitik erhöhen. Das ist vielleicht der wichtigste Aspekt von allen" (Sievert 1993, 16).

Betrachten wir das erste Jahrzehnt der EWU, so hat sich der Wettbewerbskanal als Fiktion erwiesen. Entgegen den Erwartungen der EZB haben die Löhne nicht wie vom Modell vorausgesagt reagiert. Die Konsequenz sind die wachsenden Ungleichgewichte, die die EWU an den Rand des Zusammenbruchs getrieben haben. Aber nicht „the separate economic policies of the individual states", wie Hayek behauptet, sondern der Versuch der Umsetzung der utopischen Idee, der Markt würde automatisch zu einem Ausgleich tendieren, beschwört die Gefahr „of a gradual disintegration of the common economic area" (Hayek 1939, 266f.) herauf. Die Euro-Krise ist die Konsequenz einer Strategie, die an der Realität der Marktwirtschaft scheitert, weil sie die Protektion lediglich als Störfaktor brandmarkt und nicht als das anerkennt, was sie faktisch ist, ein unentbehrlicher Bestandteil einer modernen Marktgesellschaft.

5. Einige Schlussfolgerungen

Aus der Perspektive der These der Doppelbewegung erscheint die Eurokrise nicht als ‚Schwarzer Schwan' oder als ein Ereignis, das dem Fehlverhalten einiger peripherer Länder geschuldet ist. Auch wenn politische Irrtümer begangen wurden, so ist die Krise in ihrem Kern nicht die Konsequenz exzessiver sozialpolitischer Ansprüche, sondern das Ergebnis des Versuchs, in Europa eine Wirtschafts- und Währungsunion umzusetzen, die sich an der utopischen Idee eines europaweiten, selbstregulierenden Marktsystems orientiert, was impliziert, dass die protektiven Interventionen nicht als notwendige Elemente, um die Gesellschaft vor der Selbstregulierung des Marktsystems zu schützen, sondern als Störfaktor missverstanden werden.

Die globale Finanzkrise wurde zum Auslöser der Euro-Krise, weil sie die zugrunde liegenden Ungleichgewichte sichtbar gemacht hat. Fatal ist, dass die herrschende Politik in Europa auch unter diesen Bedingungen an der wirtschaftsliberalen Logik festhält, ja sogar die Krise einsetzt, um ihre Reformvorstellungen dort, wo dies bisher nicht möglich war, durchzusetzen.

Die Kreditvergabe an hochverschuldete Regierungen, die Schaffung zunächst der Europäischen Finanzstabilisierungsfazilität (EFSF), dann des Europäischen Stabilitätsmechanismus (ESM) haben in den vergangenen Jahren zwar den Staatsbankrott der betroffenen Länder vermieden und die Gläubigerbanken vor entsprechenden Verlusten bewahrt, aber sie tragen in keiner Weise dazu bei, die zugrunde liegenden Probleme zu bewältigen. Umgekehrt, die von der Troika den Ländern aufgezwungenen Auflagen haben durch die einseitige Ausrichtung zugunsten einer rigiden Austeritätspolitik die Krise *verschärft*. Alle Versuche einer ‚europäischen' Lösung der Krise, sei es mithilfe der Lockerung der ‚No-Bailout-Klausel', der Einführung von ‚Eurobonds' oder zumindest einer stärkeren Einbindung der EZB, werden zurückgewiesen. Die fiskalpolitischen Handlungsspielräume auf nationaler Ebene werden durch Schuldenbremsen etc. zusätzlich eingeschränkt.

Die Maßnahmen werden nur verständlich, wenn sie als Maßnahmen interpretiert werden, die darauf zielen, dem ‚Wettbewerbskanal' zum Durchbruch zu verhelfen. Die derzeitige Krise wird als eine *Chance gesehen*, um die Idee einer sich selbst regulierenden Union durchzusetzen. In einer Krisensituation können Deregulierungsmaßnahmen, Privatisierungen und Sozialabbau radikaler als in normalen Zeiten umgesetzt werden, weil die Fähigkeit der Parlamente und der Gegenbewegungen, sich gegen die Marktlogik zur Wehr zu setzen, schwach ist. In Konfliktfällen – man denke an Griechenland und Italien – mussten ‚technokratische Regierungen‘, die von wohlbekannten Unterstützern der wirtschaftsliberalen Ideologie angeführt wurden, die gewählten Regierungen ersetzen. Aber das war nur die Spitze des Eisbergs. In allen europäischen Ländern haben die Parlamente in den letzten Jahren an Macht und Einfluss eingebüßt.

Welche Schlussfolgerungen sind daraus zu ziehen? Was heißt das für unser Verständnis der Krise der EWU und der Ursachen der Ungleichgewichte? Betrachten wir die Reaktion auf die Krise, so müssen wir konstatieren, dass die wirtschaftsliberalen Ideen, die sich an den Leitlinien orientieren, die im LSE-Plan formuliert wurden, weiterhin Teil der gesellschaftlichen Wirklichkeit sind. Sie sind nach wie vor eine treibende Kraft, die der Transformation der EWU ihre Richtung gibt. Für die nächsten Jahre heißt das, dass zu befürchten ist, dass die Auseinandersetzung umso mehr in die Logik zurückfällt, die wir aus der Zwischenkriegsphase kennen, je weiter die Fähigkeit der nationalstaatlichen Steuerung der Wirtschaft beschränkt wird. Das heißt auch, dass die Gefahr einer erneuten, durch die wechselseitige Blockade von nationaler Demokratie und europaweiter Wirtschaft bedingten Sackgasse real ist.

Wenn wir von den globalen Rahmenbedingungen, insbesondere dem weiteren Verlauf der Finanzkrise, absehen, wird die weitere Transformation der EWU vor allen Dingen davon abhängen, wie die Gegenbewegungen reagieren: (A) wie lange die Gegenbewegungen in den Ländern des ‚Südens‘ die aufgezwungene Austerität hinnehmen; (B) wie lange die Bevölkerung in den Ländern des ‚Nordens‘ bereit ist, die Risiken zu tragen, die sich aus ständig wachsenden Garantien für die Defizitländer ergeben.

Wenn die Gegenbewegungen einknicken, kann es zu einem Schub in Richtung einer wirtschaftsliberalen Union kommen, einschließlich einer weiteren Depolitisierung der Politik. Die sozialen Konsequenzen wären enorm. Eine Niederlage der Gegenbewegungen auf breiter Front würde das Ende des Wohlfahrtsstaats bzw. der sozialen Marktwirtschaft, so wie wir sie kennen, einleiten. Leisten die Gegenbewegungen allerdings (wie in den dreißiger Jahren) Widerstand, so wird die EWU in ihrer bisherigen Gestalt kaum zu bewahren sein. Die Ungleichgewichte sind auf Dauer nicht aufrechtzuerhalten. Wenn nicht nur kleine Länder, sondern z.B. auch Spanien oder Italien auf Garantien seitens der Union angewiesen sind, so stößt bisherige Strategie an ihre Grenzen. Drei Szenarien erscheinen möglich: (a) der Austritt einzelner Länder aus der EWU, (b) die Reduktion auf ein Kerneuropa, (c) der Zusammenbruch der Eurozone.

Aus der Perspektive von Integration und Demokratie ist keines der Szenarien wünschenswert. Daher stellt sich die Frage: Wie lässt sich eine solche Zuspitzung vermeiden? Polanyis Kerngedanke besteht darin, das *Zusammenspiel* von Markt und sozialer Protektion als die treibende Kraft der Transformation der modernen westlichen Gesellschaften zu erkennen. Das *Verhältnis* beider kann unterschiedlich gestaltet werden, aber der Versuch, die soziale Protektion, wo immer möglich, zu schwächen, verwechselt Ursache und Wirkungen. Die protektiven Maßnahmen sind nicht die Ursache der Störungen, sondern die notwendige Antwort auf das utopische Unterfangen der Etablierung eines selbstregulierenden Marktsystems. Die Überwindung der Krise der EWU unterstellt eine Neudefinition des Verhältnisses von Markt und Protektion unter Berücksichtigung des *mehrstufigen Aufbaus der EU.*

Mit anderen Worten: Eine weitere Zuspitzung der Euro-Krise kann nur vermieden werden, wenn die EWU nicht wie im wirtschaftsliberalen Modell dazu missbraucht wird, der sozialen Protektion die Hände zu binden. Positiv formuliert bedeutet dies, die EU selbst in die Lage zu versetzen, regulierend in den Marktprozess einzugreifen. Den springenden Punkt bildet die Anerkennung dessen, dass Arbeit, Natur und Geld einer gesellschaftlichen Regulierung bedürfen. Allerdings reichen in einer supranationalen Union die Keynes'schen Instrumente der Regulierung der Arbeitsbeziehungen, der Geldpolitik und der Bewirtschaftung der Natur nicht aus.

Um ein Beispiel herauszugreifen: Im Keynes'schen System spielt die *produktivitätsorientierte Lohnpolitik* eine Schlüsselrolle, um die Herrschaft der blinden Kräfte von Angebot und Nachfrage über den Prozess der Lohnfindung zu überwinden. Traditionellerweise liegt das Hauptaugenmerk auf dem Verhältnis von Lohnsteigerungen und Wachstum der Arbeitsproduktivität, d.h. der Parallelität von Produktivitäts- und Lohnentwicklung *in der Zeit.* Diese bleibt bedeutsam, muss aber in einer staatenübergreifenden Union um das Verhältnis Produktivitäts- und Lohnentwicklung *im Raum* ergänzt werden.[6] Jeder Versuch der Überwindung der Ungleichgewichte der Wettbewerbsfähigkeit zwischen verschiedenen Ländern, der Leistungsbilanzen etc., der nicht einfach auf den ‚Wettbewerbskanal' setzt, bedarf einer Alternative. *Koordination* der Löhne kann nicht einfach Angleichung bedeuten, sondern unterstellt die Berücksichtigung der unterschiedlichen Leistungsfähigkeit der

---

[6] Vergleichbares gilt für die Geldpolitik. Während sich die nationale Geldpolitik primär des Instruments der Leitzinsen bedienen konnte, um das Kreditangebot zu regulieren, bedarf es innerhalb einer Währungsunion einer Erweiterung des Instrumentariums, um die Verteilung des Kredits *im Raum* steuern zu können.

Wirtschaft in den verschiedenen Regionen bzw. Ländern. Lohnunterschiede sind nur dann nachhaltig, wenn sie, um die Herausbildung von Ungleichgewichten zwischen den Ländern zu verhindern, einen Bezug zur relativen Arbeitsproduktivität aufweisen.

Eine solche Funktion kann offensichtlich weder allein von den Regierungen noch von einem der Räte der Union ausgefüllt werden. Die protektiven Bewegungen selbst – in diesem Fall die Gewerkschaften wie die Arbeitgeberverbände – sind gefordert. *Europa von unten* heißt das Stichwort. Die Protektion der Gesellschaft vor den Konsequenzen des Marktsystems zu einer Aufgabe der Union zu machen, bedeutet, den Gegenbewegungen eine aktive Rolle im Prozess der europäischen Integration einzuräumen.

Koordination heißt dabei nicht, die unterschiedlichen Produktivitäts- und Einkommensniveaus, Institutionen, Traditionen und kulturellen Einflüsse zu negieren. Die Bewahrung der nationalen Besonderheiten ist eine zentrale Aufgabe, durch die sich eine suprastaatliche Union von den traditionellen Nationalstaaten unterscheidet. Polanyis *Ideal* besteht darin, das Marktsystem „bewusst einer demokratischen Gesellschaft unterzuordnen" (Polanyi 1944, 311). Das würde in einer suprastaatlichen Union unterstellen, dass die Koordination der protektiven Maßnahmen von einer grundlegenden Vertiefung der demokratischen Entscheidungsfindung auf Ebene der Union begleitet wäre, um nationalstaatliche Vorbehalte und Interessenkonflikte überwinden zu können. Die soziale Protektion teilweise von der nationalstaatlichen Ebene auf die Union zu übertragen, würde der immer wieder geforderten *Solidarität* zwischen den Ländern praktische Wirksamkeit verleihen.

Das bedeutet nicht, den Euro aufzugeben und zu einer Art EWS oder Bretton-Woods-Arrangement zurückzukehren. Sicher, unter den Bedingungen einer Marktökonomie ist eine einheitliche supranationale Währung ein Albtraum, weil sie den nationalen Regierungen die Hände bindet. Aber Polanyi war nie, und hier irrt Streek (2013, 246-250), ein Anhänger flexibler oder anpassungsfähiger Wechselkurse. Und dies aus einer grundlegenden Erwägung heraus: Jede Veränderung der Paritäten innerhalb eines Wirtschaftsraums verringert die Übersicht der Akteure, weil die Konsequenzen von Wechselkursverschiebungen für die Preise der Güter und Dienstleistungen kaum vorhersehbar sind, und sie *erschwert* deshalb auch jede *demokratische Koordination* im oben beschriebenen Sinn. Wie soll die Lohnfindung sinnvoll koordiniert werden, wenn die Kontrakte in unterschiedlichen Währungen vereinbart werden und die relativen Werte dieser Währungen ungewissen Veränderungen unterliegen? Außerdem belegt der Zusammenbruch sowohl des Bretton-Woods-Wechselkursmechanismus 1971/73 wie auch des EWS 1992/93, dass natio-

nale wirtschaftspolitische Spielräume und offene grenzüberschreitende Geld-
und Kreditmärkte unvereinbar sind – auch unter der Bedingung fester, aber
anpassungsfähiger Wechselkurse. Die Vorstellung, dass die Flexibilisierung
der Wechselkurse den wirtschaftspolitischen Spielraum der Länder erhöhen
würde, war nie etwas anderes als eine monetaristische Utopie.[7] Wenn etwas
die geldpolitischen Handlungsspielräume auf nationaler Ebene erweitert, dann
sind dies nicht nationale Währungen, sondern Kontrollen des grenzüberschreitenden Geld- und Kreditverkehrs. Wird aber auf letzteres zurückgegriffen – und nichts beweist die Berechtigung der Forderung besser als die Finanz-
wie die Euro-Krise – so ist der Ruf nach der Wiedereinführung nationaler
Währungen hinfällig.

All dies aber wird sich nicht in Angriff nehmen lassen ohne eine Revolution im wirtschaftspolitischen Denken. Erneut stehen wir heute vor einer
Schwierigkeit, die Polanyi 1932 mit den Worten beschrieb: „Nichts kann
heute die Demokratie retten als eine neue Massenkultur wirtschaftlicher und
politischer Bildung. ... Was die moderne Demokratie umbringt, ist die Un-
wissenheit über die Bedingungen und Grundgesetze des modernen Wirt-
schaftslebens" (Polanyi 1932, 151). Solange der öffentliche Diskurs sich an
wirtschaftsliberalen Leitlinien orientiert, solange Regierungen, Politiker und
Wähler daran *glauben*, dass die derzeitige Krise eine Schuldenkrise einzelner
Staaten ist, solange sie davon überzeugt sind, dass jede Lösung eine strikte
Austeritätspolitik voraussetzt etc., so lange ist tatsächlich keine demokra-
tisch-föderale Lösung der Euro-Krise möglich. Hier gilt es anzusetzen.

Literatur

Crouch, C. (2011): *Das befremdliche Überleben des Neoliberalismus*, Berlin: Suhr-
    kamp.
De Soto, J.H. (2012): An Austrian Defense of the Euro, http://mises.org/daily/6069/
    An-Austrian-Defense-of-the-Euro.
Europäische Zentralbank [EZB] (2005): Geldpolitik und Inflationsdivergenz in einem
    heterogenen Währungsraum, Monatsbericht, Frankfurt, Mai.

---

[7] Im europäischen Kontext der achtziger und neunziger Jahre mag der Handlungsspielraum der *deutschen* Politik gewachsen sein, solange die D-Mark de facto als europäische
Leitwährung fungierte. Aber schon damals war dieser durch entsprechende *Abhängigkeiten* der anderen Länder erkauft – für eine demokratische Währungsunion sicher kein
Vorbild (vgl. Thomasberger 1993).

Hayek, F.A. (1937): *Monetary Nationalism and International Stability*, London: Longmans, Green.

Hayek, F.A. (1939): The Economic Conditions of Interstate Federalism, in: F.A. Hayek. (1948), *Individualism and Economic Order*, Chicago: University of Chicago Press, 1980, 255-272.

Hayek, F.A. (1944): *Der Weg zur Knechtschaft*, München: Olzog, 2003.

Karatte, W. (1998): Wie wir noch einmal davonkommen können, in: H.-U. Jörges (Hrsg.), *Der Kampf um den Euro*, Hamburg: Hoffmann und Campe Verlag.

Keynes, J.M. (1926): *The End of Laissez-faire* (The Collected Writings of John Maynard Keynes. Vol. IX), London: The Macmillan Press, 1972.

Keynes, J.M. (1936): *Die Allgemeine Theorie der Beschäftigung, des Zinses und des Geldes*, Berlin: Duncker & Humblot, 2006.

Kohl, H. (1991): Regierungserklärung zum Gipfeltreffen der Staats- und Regierungschefs der NATO in Rom sowie zur EG-Konferenz in Maastricht, Deutscher Bundestag. Plenarprotokoll 12/53, 6. November.

McKinnon, R.I. (1988): An international gold standard without gold, *Cato Journal*, 8(2) (Fall), 351-373.

Polanyi, K. (1932): Wirtschaft und Demokratie, in: K. Polanyi (2002), *Chronik der großen Transformation. Artikel und Aufsätze (1920-1945). Bd 1: Wirtschaftliche Transformation, Gegenbewegung und der Kampf um die Demokratie* (hrsg. v. Cangiani, M. und C. Thomasberger), Marburg: Metropolis, 149-154.

Polanyi, K. (1944): *The Great Transformation*, Frankfurt: Suhrkamp, 1977.

Priewe, J. (2012): European imbalances and the crisis of the European Monetary Union, in: H. Herr, T. Niechoj, C. Thomasberger, A. Truger and T. van Treeck (eds.), *From Crisis to Growth? The Challenge of Debt and Imbalances*, Marburg: Metropolis, 331-360.

Quiggin, J. (2012): *Zombie economics: How Dead Ideas Still Walk Among Us*, Princeton: Princeton University Press.

Robbins, L. (1937): *Economic Planning and International Order*, New York: Arno Press, 1972.

Robbins, L. (1961): Liberalism and the International Problem, in: L. Robbins (1971), *Money, Trade and International Relations*, London/Basingstoke: Macmillan Press Ltd, 252-273.

Robbins, L. (1971): *Money, Trade and International Relations*, London/Basingstoke: Macmillan Press Ltd.

Sievert, Olaf (1993): Geld, das man nicht herstellen kann – Ein ordnungspolitisches Plädoyer für die Europäische Währungsunion, in: P. Bofinger, S. Collignon und E.-M. Lipp (Hrsg.), *Währungsunion oder Währungschaos?*, Wiesbaden: Gabler, 13-24.

Skidelsky, R. (2009): *Keynes: The Return of the Master*, New York: Public Affairs.

Streek, W. (2013): *Gekaufte Zeit: Die vertagte Krise des demokratischen Kapitalismus*, Frankfurt: Suhrkamp.

Thomasberger, C. (1993): *Europäische Währungsintegration und globale Währungskonkurrenz*, Tübingen: Mohr.

Thomasberger, C. (2009): ‚Planung für den Markt' versus ‚Planung für die Freiheit' – Zu den stillschweigenden Voraussetzungen des Neoliberalismus, in: W. Ötsch und C. Thomasberger (Hrsg.), *Der neoliberale Markt-Diskurs – Ursprünge, Geschichte, Wirkungen*, Marburg: Metropolis, 63-96.

Thomasberger, C. (2012): *Das neoliberale Credo*, Marburg: Metropolis.

Finanzierungssalden und die Krise in Europa

Florentin Glötzl, Markus Marterbauer,
Miriam Rehm und Armon Rezai

1. Einleitung

Infolge der Finanz- und Wirtschaftskrise seit 2007 stehen die Länder der Eurozone vor großen Herausforderungen für ihre Wirtschaftspolitik. Das Doppelproblem enormer Ungleichgewichte im Außenhandel, die eine der zentralen Ursachen für die Finanzkrise bildeten, sowie infolge der Krise erhöhter Finanzierungsdefizite der Staaten bedarf einer Korrektur.

Dieser Beitrag argumentiert, dass das Konzept der Finanzierungssalden der volkswirtschaftlichen Sektoren eine konsistente wirtschaftspolitische Analyse erleichtert, indem es ermöglicht, strukturelle Probleme und Zusammenhänge von Sektoren einzelner Staaten und von Staaten zu einander aufzuzeigen, und sicherstellt, dass die saldenmechanischen Bedingungen nicht verletzt werden. Dies ist von großer Bedeutung, um die richtigen wirtschaftspolitischen Schlussfolgerungen ziehen zu können, die zur Lösung des Doppelproblems außenwirtschaftlicher Ungleichgewichte und erhöhter Staatsdefizite notwendig sind.

Der Beitrag hat folgende Struktur: Nach einer Präsentation der Methodik der Finanzierungssalden und einem Literaturüberblick untersuchen wir die Entwicklung der Finanzierungssalden in der Eurozone nach Ländergruppen. Daraus leiten wir wirtschaftspolitische Überlegungen zur Reduktion der Ungleichgewichte in der Eurozone ab.

2. Methodik

Um ein besseres Verständnis der makroökonomischen Zusammenhänge in Europa zu erhalten, disaggregieren wir Volkswirtschaften nach den institutionellen Sektoren der volkswirtschaftlichen Gesamtrechnung (VGR) – private

Haushalte, private (nicht-finanzielle) Unternehmen, Finanzsektor, der Staat und das Ausland – und errechnen die Finanzierungssalden der jeweiligen Sektoren.

Der Finanzierungssaldo eines Sektors errechnet sich aus der Differenz zwischen Einnahmen (Y_i) und Ausgaben (E_i). Wenn die Einnahmen die Ausgaben eines Sektors übersteigen, stellt dieser Sektor Finanzmittel anderen Sektoren zur Verfügung. Wenn der Sektor jedoch höhere Ausgaben als Einnahmen verbucht, muss er dieses Finanzierungsdefizit durch externe Finanzierung (Kreditaufnahme, Vermögensveräußerung etc.) abdecken. Der Finanzierungsbedarf (NB_i für Net Borrowing) ist das Residual zwischen Ausgaben und Einnahmen und entspricht damit der (negativen) Vermögensänderung. Für jeden Sektor i gilt:

$$E_i = Y_i + NB_i$$

bzw.

$$NB_i = E_i - Y_i = I_i - S_i = -NL_i$$

$$i = 1, ..., I.$$

Der Finanzierungsüberschuss (NL_i) ist gleich dem negativen Finanzierungsbedarf ($-NB_i$).

Die Summe der Salden der heimischen Sektoren einer Volkswirtschaft ergibt den gesamtwirtschaftlichen Finanzierungsbedarf, der durch Kapitalzuflüsse aus dem Ausland gedeckt werden muss. Folglich steht die Summe der einheimischen Finanzierungssalden der Kapitalbilanz gegenüber. Aus der Konsistenz der VGR-Konten bzw. aus der Identität von Investitionen und Sparen ergibt sich, dass der Finanzierungssaldo eines geschlossenen Wirtschaftsraumes gleich Null sein muss.

$$\sum_i NB_i = 0$$

Diese Aggregationsbedingung impliziert jedoch nicht, dass sektorale Salden ausgeglichen sein müssen. Es sind gerade diese nationalen und internationalen intersektoralen Finanzierungsströme und deren Entwicklung über Sektoren, über Länder und über die Zeit hinweg, die wir in diesem Artikel analysieren.

Eine einfache Umformung der Aggregationsbedingung ergibt, dass einer Veränderung des Finanzierungsbedarfs eines Sektors die gleich große Veränderung der Finanzierungssalden der anderen Sektoren gegenüberstehen muss.

Diese makroökonomische Identität kann nicht unmittelbar kausal interpretiert werden; sie liefert aber einen nützlichen Rahmen für die empirische Analyse gesamtwirtschaftlicher Entwicklungen.

$$NB_i = \sum_{\substack{j=1 \\ j \neq i}} E_i - Y_i = \sum_{\substack{j=1 \\ j \neq i}} I_i - S_i = -\sum_{\substack{j=1 \\ j \neq i}} NL_i$$

$j = 1, ..., I$.

Wir verwenden einfache statistische Methoden, um derartige sektorale Zusammenhänge genauer zu untersuchen. Diese Art der Analyse ist statisch. Einkommen und Ausgaben werden als gegeben angesehen. Die wirtschaftstheoretisch und wirtschaftspolitisch relevanten Fragestellungen befassen sich jedoch mit den Wirkungszusammenhängen zwischen den sektoralen Aggregaten. Auf Basis der aktuellen wirtschaftspolitischen Herausforderungen kann zum Beispiel den Fragen nachgegangen werden, unter welchen makroökonomischen Rahmenbedingungen es dem Staatssektor gelingen kann, seinen Finanzierungssaldo zu verbessern, welche Wirkungen Staatsausgabenkürzungen auf die Finanzierungssalden der anderen Sektoren haben oder wie die Anpassungsmechanismen zur Verringerung der außenwirtschaftlichen Ungleichgewichte funktionieren können.

In unserer Analyse beschränken wir uns auf die Abbildung der strukturellen Zusammenhänge zwischen (nationalen und internationalen) Sektoren in Europa. Zudem untersuchen wir das Verhalten der Salden über den Konjunkturzyklus. Dabei unterteilen wir den Analysezeitraum, sofern es die Datenlage erlaubt, in drei Perioden: vor der Europäischen Wirtschafts- und Währungsunion (WWU), WWU vor Krise und WWU nach Krise.

3. Literaturüberblick

Die Aggregationsbedingung für sektorale Finanzierungssalden hat eine lange wirtschaftsgeschichtliche Tradition; sie wurde implizit von John Maynard Keynes (1936) und explizit von Wynne Godley und Francis Cripps (1983) eingeführt. Nelson Barbosa-Filho et al. (2008) verwenden die oben präsentierte Methode, um langfristige Muster und neuere Trends im Finanzierungsverhalten der Sektoren in den USA zu analysieren. Im Rahmen ihrer vielfältigen empirischen Ergebnisse ist besonders die dämpfende zyklische Wirkung der automatischen Stabilisatoren des Staatssektors bemerkenswert; die Autoren finden keinen stabilen statistischen Zusammenhang zwischen den Finanzierungssalden des Staates und des Auslandes (den sogenannten ‚twin deficits'), sondern eher zwischen privaten Haushalten und dem Ausland. Im Konjunkturzyklus erhöhen in den USA die privaten Haushalte als Erste ihre Nachfrage und ihren Finanzierungsbedarf, private (nicht-finanzielle) Unternehmen folgen erst, nachdem die Wirtschaftsleistung wieder Fahrt aufgenommen hat.

Seit Beginn der Eurokrise gibt es eine neue Diskussion über sektorale Ungleichgewichte. Als einer der Pioniere im deutschsprachigen Raum beschäftigt sich Jan Priewe (2011) ausführlich mit den Leistungsbilanzungleichgewichten und deren Folgen. Er geht nicht nur auf die Saldenmechanik zwischen den Ländern, sondern auch auf jene innerhalb der jeweiligen Länder ein. Dabei betont er die Rolle, die die internen Ungleichgewichte in den Finanzierungssalden auch für die globalen Leistungsbilanzungleichgewichte spielen. Priewe weist unter anderem auf die Problematik hin, dass Länder wie Deutschland, die ihre interne Diskrepanz zwischen Sparen und Investieren anhaltend nicht korrigieren, damit eine „Beggar-Thy-Neighbour"-Politik mit gedrosselter Inlandsnachfrage und exportorientierter Wachstumspolitik betreiben.

Achim Truger (2013) unterstreicht außerdem die Bedeutung der zunehmenden Ungleichheit in der personellen und funktionellen Einkommensverteilung. Er plädiert für eine Umverteilung von oben nach unten sowie von Kapital zu Arbeit, was die Binnennachfrage steigern und damit die Überschüsse der Haushalte und Unternehmen reduzieren würde. Dies würde in Folge die Außenhandelsüberschüsse abbauen und die Konsolidierung des Staatssaldos erleichtern. Auch Fabian Lindner (2013) weist auf diese Widersprüche der Forderung nach einer Reduktion des Staatsdefizits innerhalb der Saldenlogik hin.

Engelbert Stockhammer und Özlem Onaran (2012) behandeln darüber hinaus den Aspekt der Finanzialisierung aus sektoraler Perspektive. Gunther Tichy (2013) weist besonders darauf hin, dass die Aktiva und Verbindlichkeiten des Auslands und des Finanzsektors bis zur Krise rasant anstiegen und dass dies durch die übertriebene Fokussierung auf die Reduktion von Staatsschulden in der Diskussion nicht ausreichend berücksichtigt wird.

4. Datenbeschreibung

Eine Analyse der europäischen sektoralen Finanzierungssalden auf Länderebene untersucht die Finanzierungsströme, das heißt die Differenz zwischen Einnahmen und Ausgaben der einzelnen Sektoren. Den folgenden Abbildungen liegen jährliche Daten der Volkswirtschaftlichen Gesamtrechnung nach dem ESA 1995 zugrunde. Untersuchungsgegenstand ist dabei also das Bilanzierungselement der Nicht-finanziellen Sektorkonten B9, der Finanzierungssaldo. Ein positiver Wert entspricht einem positiven Finanzierungssaldo und somit einer Nettogläubigerposition, ein negativer Wert einem negativen Finanzierungssaldo, d.h. einer Nettoschuldnerposition. Die Untersuchungseinheiten sind die institutionellen Sektoren: Nicht-finanzielle Kapitalgesellschaften (S. 11)[1], finanzielle Kapitalgesellschaften (S. 12), Staat (S. 13)[2], private Haushalte sowie private Organisationen ohne Erwerbszweck (S. 14-15)[3] und übrige Welt (S. 2). Für diese fünf Sektoren verfügt Eurostat über vergleichbare, jährliche Daten für alle europäischen Länder, auch wenn die Anfangspunkte der Zeitreihen zwischen 1995 und 2005 variieren. 2011 ist der letztverfügbare Datenpunkt. Die zwei Zäsuren, die Einführung des Euro 1999 und der Ausbruch der Krise in Europa 2008, sind in den Abbildungen markiert.

5. Finanzierungssalden in der Eurozone

In den meisten Ländern weisen die privaten Haushalte eine positive Sparquote und somit einen positiven Finanzierungssaldo auf, während sich Unternehmen insgesamt tendenziell für Investitionszwecke verschulden. Der Staat weist ebenfalls einen negativen Saldo auf, während der Saldo des Finanzsektors in den meisten Ländern leicht positiv ist. Ausnahmen sind hier nur einzelne Staaten (z.B. Schweiz und Zypern), in denen dieser Sektor strukturell eine größere Rolle spielt. Der Saldo des Sektors Rest der Welt entwickelt sich in den einzelnen Ländern über den Beobachtungszeitraum unterschiedlich.

Ein typisches Beispiel stellt etwa Österreich dar (siehe Abbildung 1). Den bis zur Krise stetig steigenden Überschüssen der privaten Haushalte, die 2007 fast 6% des BIP ausmachten, und des Finanzsektors in Höhe von 2% des BIP stehen abnehmende Finanzierungsdefizite der investierenden Sektoren, also der Unternehmen und des Staates, gegenüber. Der Saldo des Auslandssektors drehte sich zwischen 1995 und 2011 von einem positiven zu einem negativen Wert; Österreich erwirtschaftete ab 2002 Überschüsse im Außenhandel. Die Finanzierungsüberschüsse der privaten Haushalte werden immer weniger von Unternehmen und Staat und zunehmend vom Ausland aufgenommen (vgl. Marterbauer 2010).

---

[1] Dieser Sektor beinhaltet alle privaten und öffentlichen Kapitalgesellschaften, die nichtfinanzielle Güter für den Markt produzieren.
[2] Der Sektor Staat beinhaltet alle Regierungsebenen sowie die Sozialversicherungsanstalten, öffentliche Kapitalgesellschaften sind nicht enthalten.
[3] Dieser Sektor beinhaltet auch Personengesellschaften, weshalb ebenfalls Produktion und unternehmerisches Einkommen anfällt.

Abbildung 1: Finanzierungssalden in Österreich, 1995-2011

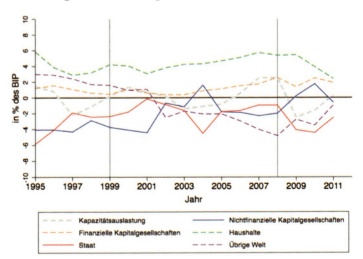

5.1 Überschuss- und Defizitländer

Für eine erste Annäherung an die Frage der Finanzierungssalden in Europa können die Länder Europas eingeteilt werden in jene, die sich außenwirtschaftlichen Überschüssen, und jene, die sich Defiziten gegenübersehen. Nach der Einführung des Euros 1999 gibt es wenig Mobilität zwischen diesen beiden Gruppen.

Teil der ersten Gruppe sind Finnland, Belgien und die Niederlande, und – nach einer Phase anfänglicher Überschüsse des Auslandssektors bis 2001 – Deutschland und Österreich (siehe Abbildung 2). Auch die Nicht-Euroländer Dänemark und Schweden gehören zu dieser Gruppe (nicht abgebildet). Während sich die Überschüsse Finnlands, Belgiens und Österreichs reduzierten, bauten Deutschland und die Niederlande ihre Überschüsse auch nach der Krise weiter aus.

Zur zweiten Gruppe gehören neben den südlichen Staaten Spanien, Portugal, Griechenland und Zypern auch Irland, Großbritannien (siehe Abbildung 3) und die neueren Mitgliedsländer Estland, Lettland, Litauen, Ungarn, Bulgarien und Rumänien. Letztere erfuhren eine besonders scharfe Korrektur im Finanzierungssaldo des Auslands in Folge der Krise seit 2008 (Abbildung 4). Die Außenhandelsdefizite dieser Staaten lagen 2007 in einer Höhe von 10%-30% des BIP. In Slowenien, der Slowakei und Polen baute das Ausland weniger hohe Überschüsse auf; allerdings reduzierte sich in diesen Länder das ausländische Sparen (nicht abgebildet).

Abbildung 2: Länder mit Außenhandelsüberschuss (Defizit des Auslandssektors)

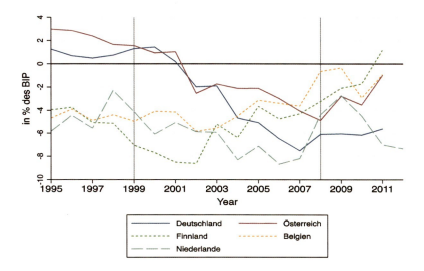

Abbildung 3: Länder mit Außenhandelsdefizit (Überschuss des Auslandssektors)

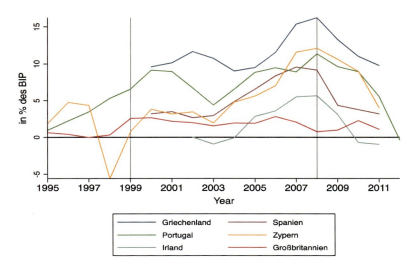

Abbildung 4: Länder mit Berichtigung des Außenhandelsdefizits

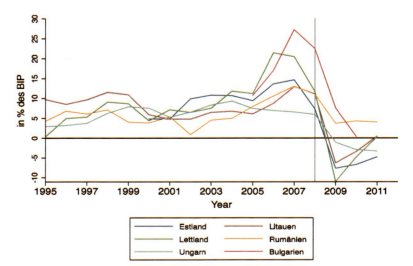

Allerdings ist der Auslandssektor nicht isoliert von den anderen Sektoren zu betrachten. Wie im vorherigen Teil ausgeführt, müssen sich die Finanzierungssalden der Sektoren ausgleichen. Ein Abbau eines Leistungsbilanzdefizites oder eines Leistungsbilanzüberschusses muss deshalb spiegelbildlich mit Änderungen der Finanzierungssalden der anderen Sektoren einhergehen. Eine dynamische Perspektive, die sämtliche Sektoren einbezieht, ist daher unerlässlich.

5.2 Zusammenhänge zwischen Sektorensalden

Dieser Abschnitt behandelt die gegengleiche Bewegung der Finanzierungssalden einzelner Sektoren. Dabei ist zu betonen, dass es sich hierbei um ein laufendes Forschungsprojekt handelt und die deskriptive Analyse hier keine kausale Interpretation zulässt. Auch die Frage, welche Salden gemeinsamen Bewegungsmustern folgen, ist oft einem beträchtlichen Interpretationsspielraum unterworfen und wird hier aus Platzgründen nicht näher behandelt.

Dennoch lassen sich in der Korrelation der Finanzierungssalden zwei Ländergruppen unterscheiden: einerseits Länder, in denen empirisch tendenziell ein Zusammenhang zwischen Unternehmen und Staat besteht, und andererseits Länder, in denen dieser Zusammenhang stärker zwischen Haushalten und Staat auftritt. Diese Zusammenhänge sind in den folgenden Abbildungen mit einer durchgezogenen Linie gekennzeichnet. In einigen Ländern, wie etwa Spanien (siehe *Abbildung 6*), ist auch ein Zusammenhang zwischen dem Unternehmenssektor und dem Ausland festzustellen. Dieser ist mit einer lang gestrichelten Linie dargestellt. Der Saldo der restlichen Sektoren wird mit einer kurz gestrichelten Linie dargestellt.

Zur ersten Gruppe gehören Deutschland und Österreich, Frankreich, Belgien, Großbritannien sowie Griechenland und Bulgarien. Aus dieser greift die Abbildung 5 beispielhaft Deutschland heraus. Einem stabil positiven Finanzierungsüberschuss des Haushaltssektors steht ein wachsendes Defizit des Auslands gegenüber. Der Finanzsektor erwirtschaftet leicht steigende Überschüsse. Der Staatssektor hingegen verschuldet sich mit nur zwei Ausnahmen hauptsächlich in einer zyklischen Komponente, die jener der Unternehmen gespiegelt ähnelt.

Abbildung 5: Finanzierungssalden der fünf Sektoren und Auslastung in Deutschland, 1995-2011

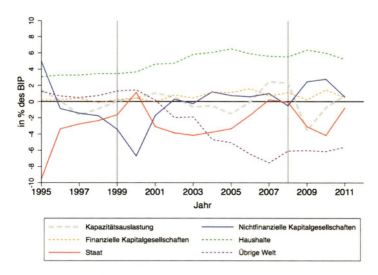

Die zweite, deutlich größere Gruppe umfasst Italien, Spanien, Portugal, Zypern, die nordischen Länder Dänemark, Finnland, Schweden und die neueren Mitgliedsländer Tschechien, Slowakei, Slowenien, Ungarn, Polen, Estland, Lettland, Litauen, Rumänien, Kroatien sowie Luxemburg. Allerdings ist in vielen dieser Länder, wie auch in den Niederlanden, der Zusammenhang zwischen Unternehmen und dem Ausland deutlich ausgeprägter.

In Spanien beispielsweise standen der im Zuge des Immobilienbooms rasch bis auf 10% des BIP zunehmenden Nettoverschuldung des Unterneh-menssektors spiegelbildliche, durch die Ausweitung der Inlandsnachfrage bedingte Überschüsse des Auslands gegenüber; gleichzeitig stieg auch die Nettoverschuldung der privaten Haushalte. Der Boom kam in Überschüssen des Staatssektors zum Ausdruck. Die rasche Verbesserung der Salden der Haushalte und der Unternehmen in der Krise ging mit einem sprunghaften Anstieg des Staatsdefizits und dem Abbau der Überschüsse des Auslands einher. In dieser Darstellung ist ersichtlich, dass in Folge der Krise alle vier Sektoren – private Haushalte, Unternehmen, finanzielle Unternehmen und das Ausland – in Spanien Überschüsse produzieren, die vom Staat ausgegli-chen werden. Zudem illustriert Abbildung 6 die zyklische Entwicklung so-wohl des Unternehmens- als auch des Haushalts- und des Auslandssektors.

Abbildung 6: Finanzierungssalden der fünf Sektoren und Auslastung in Spanien, 2000-2011

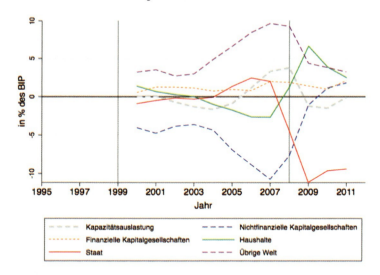

6. Wirtschaftspolitische Schlussfolgerungen

Europas Wirtschaftspolitik steht vor schwierigen Herausforderungen: Sie muss das Doppelproblem hoher außenwirtschaftlicher Ungleichgewichte und hoher Budgetdefizite innerhalb der Eurozone ohne umfassende Wohlfahrtsverluste lösen. Das Analyseinstrument der Finanzierungssalden kann helfen, die Beschränkungen für Anpassungsvorgänge besser zu verstehen, obwohl diese nicht unmittelbar kausal interpretierbar sind.

Außenwirtschaftliche Ungleichgewichte innerhalb der Eurozone, die in hohen Überschüssen des Auslandssektors (Leistungsbilanzdefizite) in manchen Ländern und hohen Defiziten des Auslandssektors (Leistungsbilanzüberschüsse) in anderen Ländern (siehe Abbildungen 2 und 3) zum Ausdruck kamen, bildeten eine wesentliche Ursache der Finanzkrise. In der Krise entstand teils durch kostspielige Kapitalhilfen für das Finanz- und Bankensystem, teils durch rezessionsbedingte Einnahmenausfälle ein zweites Problem in Form der allgemeinen Verschlechterung des Finanzierungssaldos des Staates.

In den Ländern mit Leistungsbilanzdefiziten prägte vor der Krise ein Importüberschuss das Bild, der das Ergebnis eines spekulativen kreditfinanzierten Booms und der damit einhergehenden starken Verschlechterung des Finanzierungssaldos von Unternehmen und privaten Haushalten war. Demgegenüber war in den Überschussländern ein Importdefizit aufgrund einer Schwäche der Binnennachfrage und der damit einhergehenden Verbesserung des Finanzierungssaldos von privaten Haushalten und Unternehmen entscheidend.

Seit Beginn der Finanzkrise haben die Defizitländer ihre Leistungsbilanzsalden merklich verbessert. Dies war allerdings mit massiven Wohlfahrtseinbußen verbunden, die etwa im sprunghaften Anstieg der Arbeitslosigkeit zum Ausdruck kommen. Der Rückgang der Defizite in der Leistungsbilanz war zunächst in der unmittelbaren Rezession Folge des Einbruchs der Binnennachfrage und des damit verbundenen Importrückgangs, die dann durch die Austeritätspolitik mit dem Ziel der Verbesserung des Staatshaushalts verlängert und verschärft wurden. Dieser Versuch des Abbaus außenwirtschaftlicher und staatlicher Defizite kann kaum als nachhaltig bezeichnet werden. In den Überschussländern war das Bild uneinheitlich: Hier wurden die Staatsdefizite langsam verringert, es ist aber nicht in allen Staaten, vor allem nicht in Deutschland und den Niederlanden, eine Tendenz zu einem ausgeglichenen außenwirtschaftlichen Saldo feststellbar. Teilweise steigen nach der Korrektur in der Rezession die Überschüsse aufgrund der bestehenden Schwäche der Konsum- und Investitionsnachfrage sogar wieder.

Im Mittelpunkt einer wohlstands- und beschäftigungsorientierten Verringerung der außenwirtschaftlichen Ungleichgewichte innerhalb der Eurozone muss also ein Abbau des Importdefizits der Überschussländer stehen. Dabei muss klar sein, dass auch in den Ländern mit Leistungsbilanzüberschüssen der durch die Finanzkrise bedingte Stand der Staatsschulden zu hoch ist und deshalb verringert werden sollte – auch aufgrund eingegangener Verpflichtungen auf nationaler und europäischer Ebene.

Aus der Sicht der Finanzierungssalden bedeutet das, dass in den Überschussländern die Defizite des Auslandssektors reduziert werden müssen, während zugleich der Staatssektor das Defizit verringert. Überschussländer müssen daher eine doppelte Defizitreduktion in die Wege leiten, um eine Reduktion der Ungleichgewichte in der Eurozone zu ermöglichen. Diese Veränderungen müssen von anderen Sektoren, d.h. privaten Haushalten, nicht-finanziellen und finanziellen Unternehmen, ausgeglichen werden.

Wird dies für wirtschaftspolitische Schlussfolgerungen in Betracht gezogen, wird klar, dass eine nachhaltige Eindämmung der Ungleichgewichte in der Außenwirtschaft innerhalb der Eurozone somit nur dann gelingen kann, wenn gleichzeitig zum einen die Ländergruppe um Deutschland ihre Leistungsbilanzüberschüsse abbaut, indem sie ihre Binnen- und damit Importnachfrage erhöht, und zum anderen die Defizitländer ihre negativen Leistungsbilanzsalden durch eine Förderung der Exportnachfrage verringern. Beide Strategien sind ökonomisch miteinander vereinbar und steigern den Wohlstand in beiden Ländergruppen: Eine Ausweitung der Binnennachfrage in Deutschland, Österreich, den Niederlanden und Belgien sollte durch eine kreditfinanzierte Erhöhung der Investitionen der Unternehmen und eine durch eine Verringerung der Sparquote ermöglichte Ausweitung der Konsumnachfrage der privaten Haushalte erfolgen.

Eine solche Politik ist mit den aus den Finanzierungssalden gewonnenen Einsichten konsistent und würde das BIP, die Einkommen und die Beschäftigung erhöhen, gleichzeitig auch die Importnachfrage ausweiten und damit den Leistungsbilanzüberschuss abbauen und über kreditfinanzierte Investitionen der Unternehmen auch den Finanzierungssaldo des Staates verbessern, der, wie zuvor festgestellt, zyklisch mit jenem der Unternehmen zusammenhängt. Die höhere Importnachfrage der Überschussländer käme außerdem allen Handelspartnern zugute, direkt und indirekt auch den Defizitländern in der Eurozone, für die sie höhere Exportchancen mit sich bringt. Die Politik in den Defizitländern muss demnach darauf abzielen, an dieser Expansion der Inlandsnachfrage in den Überschussländern möglichst umfassend zu partizipieren, indem die Exportfähigkeit erhöht wird. Darüber hinaus ist für einen

Abbau der Staatsdefizite in diesen Ländern jedoch auch eine Reduktion der seit 2007 aufgebauten Überschüsse der Unternehmen und Haushalte dringend notwendig. Um diese gewünschten Effekte innerhalb der Saldenmechanik zu ermöglichen, sind einige wirtschaftspolitische Ansatzpunkte möglich. Diese sind aufgrund der Problematik der Doppeldefizite insbesondere für die Überschussländer aus Abbildung 2 von Relevanz: Sie müssen zugleich die negativen Finanzierungssalden des Auslandes und des Staates reduzieren. Bei den Defizitländern aus Abbildung 3 hingegen steht einer Reduktion des negativen Finanzierungssaldos des Staates zumindest saldenmechanisch eine Reduktion des positiven Finanzierungssaldos des Auslandes gegenüber.

– Ausweitung der Investitionstätigkeit der Unternehmen: Dies wäre zwar wünschenswert, ist angesichts unterdurchschnittlicher Kapazitätsauslastung und verhaltener Absatzerwartungen allerdings nicht sehr wahrscheinlich.

– Ausweitung der Investitionstätigkeit des Staates: Auch hier besteht teils erheblicher Bedarf. Das hohe Niveau der Staatsschulden und die Vorgaben auf europäischer und zwischenstaatlicher Ebene engen allerdings den budgetären Spielraum merklich ein.

– Veränderung der funktionellen Primär-Einkommensverteilung durch eine Ausweitung des Lohnanteils zu Lasten der Gewinne und Vermögenseinkommen: Dies würde aufgrund der höheren Konsumneigung aus Lohneinkommen expansiv wirken, ebenso wäre eine Verknappung des Arbeitskräfteangebots und der dadurch entstehende Lohndruck hilfreich.

– Verbesserung der personellen sekundären Einkommensverteilung durch Umverteilung von oben nach unten: Dies würde die gesamtwirtschaftliche Sparneigung verringern, die Konsumneigung erhöhen und somit expansiv wirken (vgl. Truger 2013). Da hier – im Vergleich zur primären Einkommensverteilung – umfangreichere Eingriffsmöglichkeiten staatlicher Wirtschaftspolitik gegeben sind, ist dieser Aspekt besonders zentral. Beispiele sind etwa die Besteuerung von Vermögen, Vermögenseinkommen und Spitzeneinkommen zu erhöhen und gleichzeitig sozialstaatliche Leistungen auszubauen bzw. Steuern auf Arbeitseinkommen zu verringern.

Die Strategie der EU-Wirtschaftspolitik, die doppelte Herausforderung in Bezug auf Ungleichgewichte im Außenhandel und hohe Budgetdefizite durch eine Austeritätspolitik zu bewältigen, war bislang wenig erfolgreich und mit hohen Wohlfahrtsverlusten verbunden. Demgegenüber wären wohlstandswahrende Lösungsstrategien möglich. Sie bestehen vor allem in einer Politik der forcierten Umverteilung von Einkommen von oben nach unten, v.a. in den Überschussländern. Diese würde die Binnennachfrage und damit die Importe erhöhen und würden so helfen, den Leistungsbilanzüberschuss wohlstandssteigernd zu verringern und auch für die Defizitländer einen Abbau der außenwirtschaftlichen Ungleichgewichte zu ermöglichen. Gleichzeitig würde diese Politik den Budgetsaldo nicht direkt verändern und über indirekte Wachstumseffekte sogar positiv beeinflussen.

Literatur

Barbosa-Filho, N.H., Rada von Arnim, C., Taylor. L., Zamparelli, L. (2008): Cycles and trends in U.S. net borrowing flows, *Journal of Post Keynesian Economics*, 30, 623-648.

Godley, W., Cripps, F. (1983): *Macroeconomics*, New York: Oxford University Press.

Keynes, J.M. (1936): *The General Theory of Employment, Interest, and Money*, London: Macmillan.

Lindner, F. (2013): Was man bei der Reduzierung der Staatsschulden beachten muss. WISO-Direkt. Abgerufen von http://library.fes.de/pdf-files/wiso/10098.pdf

Marterbauer, M. (2010): Budgetpolitik im Zeitalter verminderter Erwartungen. WIFO Working Paper Nr. 366.

Priewe, J. (2011): Die Weltwirtschaft im Ungleichgewicht: Ursachen, Gefahren, Korrekturen: Expertise im Auftrag der Abteilung Wirtschafts- und Sozialpolitik der Friedrich-Ebert-Stiftung. Bonn: Friedrich-Ebert-Stiftung, Abt. Wirtschafts- und Sozialpolitik. Abgerufen von http://library.fes.de/pdf-files/wiso/08171.pdf

Stockhammer, E., Onaran, Ö. (2012): Rethinking wage policy in the face of the Euro crisis. Implications of the wage-led demand regime, *International Review of Applied Economics*, 26(2), 191-203.

Tichy, G. (2013): What can sector accounts tell about the financial crisis?, *Intereconomics*, 48(2), 106-115.

Truger, A. (2013): Steuerpolitik im Dienste der Umverteilung: Eine makroökonomische Ergänzung, *Vierteljahrshefte zur Wirtschaftsforschung*, 82(1), 43-59.

Problematische Exportpreisanstiege trotz sinkender Lohnstückkosten in den Krisenländern des Euroraumes[*]

Heike Joebges

1. Einleitung

Bis zur weltweiten Finanzkrise und Wirtschaftskrise war eine wirtschaftliche Divergenz der Mitgliedsländer im Euroraum zu beobachten, die sich unter anderem in steigenden Leistungsbilanzüberschüssen von Deutschland, Österreich und den Niederlanden sowie zunehmenden Leistungsbilanzdefiziten der Krisenländer des Euroraums, Griechenland, Portugal, Irland, Spanien und Italien zeigte.[1] Neben unterschiedlichen Wachstumsdynamiken war dafür die Auseinanderentwicklung der nationalen Lohnstückkosten verantwortlich, die ein Indikator für die preisliche Wettbewerbsfähigkeit der Länder sind. Nach Jan Priewe war das ein wesentlicher Faktor, da die unterschiedliche Kostenentwicklung nicht nur zu Preis-, sondern – über divergierende Lohnentwicklung, resultierende Realzinsen und Profitquoten – auch zu Mengeneffekten führte und damit die Auseinanderentwicklung verstärkte (Priewe 2007, 117; 2012, 351f.). Unterschiedliche Wachstumsraten seien damit zum Teil auch Folge der divergierenden Lohnstückkosten.

Die Länder mit Leistungsbilanzüberschüssen profitierten von unterdurchschnittlichen Zuwächsen bei den Lohnstückkosten (im Vergleich zum Durch-

---

[*] Eine Kurzform dieses Beitrags ist in Herzog-Stein et al. (2013) erschienen.

[1] Im Folgenden erfolgt eine Konzentration auf die größeren Krisenländer Italien, Spanien, Portugal, Irland und Griechenland, während Zypern und Slowenien nicht betrachtet werden. Diesen Ländern wird die Entwicklung Deutschlands, Österreichs und Frankreichs gegenübergestellt.

schnitt im Euroraum) und damit steigender Wettbewerbsfähigkeit ihrer Exporte. Gleichzeitig dämpfte die mit den geringen Lohnzuwächsen einhergehende schwache binnenwirtschaftliche Entwicklung die Importnachfrage, verstärkt über gedämpfte Investitionen wegen vergleichsweise hoher Realzinsen. In den Ländern mit Leistungsbilanzdefiziten trugen steigende Lohnstückkosten dagegen zu einem Rückgang der Wettbewerbsfähigkeit der Exporte bei, während die dafür verantwortlichen überdurchschnittlichen Lohnzuwächse zusammen mit niedrigen Realzinsen die binnenwirtschaftliche Expansion förderten und die Importnachfrage ankurbelten (Priewe 2007 und 2012; Joebges/Lindner/Niechoj 2010; Joebges/Logeay 2010).

Da ständige Leistungsbilanzdefizite zu einer zunehmenden Nettoauslandsverschuldung führen, konnte diese Entwicklung nicht ewig andauern. Die Eurokrise hat mindestens zu einer Unterbrechung der Auseinanderentwicklung sowie einer einseitigen Konvergenz geführt: So lässt sich ein Rückgang der Leistungsbilanzdefizite der Krisenländer feststellen (IMF 2013). Der Rückgang beruht sowohl auf einem Rückgang der Importe aufgrund der schwachen bis rückläufigen binnenwirtschaftlichen Entwicklung als auch auf einem Anstieg der Exporte.[2] Der Anstieg der Exporte wird dabei auch auf die verbesserte preisliche Wettbewerbsfähigkeit zurückgeführt, die sich im Rückgang der Lohnstückkosten dieser Länder zeigt. Dieser Rückgang wird damit im Allgemeinen als notwendige und begrüßenswerte Korrektur in den Krisenländern angesehen, die eine wirtschaftliche Konvergenz der Euroraumländer befördere (siehe z.B. European Commission 2013; IMF 2013). Allerdings weist schon der Internationale Währungsfonds darauf hin, dass der Rückgang der Lohnstückkosten in den Krisenländern vor allem dem starken Beschäftigungsabbau geschuldet ist, der die binnenwirtschaftliche Nachfrage stärker schwäche, als er Exporte fördere (IMF 2013, 27), und somit das gesamtwirtschaftliche Wachstum eher beeinträchtige.

Der folgende Beitrag konzentriert sich auf einen damit zusammenhängenden Aspekt, und zwar auf die Relation zwischen Lohnstückkosten und Exportpreisen. Beides sind Indikatoren für die preisliche Wettbewerbsfähigkeit, die sich mittelfristig ähnlich entwickeln sollten. Wie gezeigt wird, sind die Lohnkostenrückgänge in den Krisenländern (mit Ausnahme Italiens) seit der Finanzkrise in den Exportpreisen nicht nur nicht weitergegeben worden, sondern die Exportpreise sind sogar gestiegen. Chancen zur Steigerung der

---

[2] Sowie für einen Teil der Krisenländer auf einer verbesserten Nettobilanz der grenzüberschreitenden Erwerbs- und Vermögenseinkommen (IMF 2013).

Exporte über geringere Preise blieben damit ungenutzt. Die Unternehmen profitierten stattdessen von steigenden Gewinnmargen. Preisliche Wettbewerbsfähigkeit kann unterschiedlich gemessen werden. Daher soll im folgenden Abschnitt kurz erläutert werden, warum eine Konzentration auf Exportpreise und Lohnstückkosten erfolgt. Danach wird die Entwicklung der so berechneten preislichen Wettbewerbsfähigkeit für die Eurokrisenländer zunächst bis zur Finanz- und Weltwirtschaftskrise und dann für den Zeitraum danach aufgezeigt,[3] bevor Abschnitt fünf deren Auseinanderentwicklung seit Krisenbeginn abschließend bewertet. Es soll deutlich werden, dass rückläufige Lohnstückkosten zwar zur Steigerung der Wettbewerbsfähigkeit beitragen und die Unternehmen in Krisenländern bezüglich ihrer Kostenstruktur entlasten. Angesichts der Einbußen bei Lohneinkommensbeziehern ist es jedoch problematisch, wenn die reduzierten Produktionskosten nicht in den Exportpreisen weitergegeben werden, sondern stattdessen für höhere Gewinnmargen genutzt werden.

2. Die Messung der preislichen Wettbewerbsfähigkeit

Die Messung der preislichen Wettbewerbsfähigkeit eines Euroraumlandes unterscheidet sich für die Exporte in andere Euroraumländer von der für Exportzielländer außerhalb des Euroraums, da für letztere auch der Außenwert des Euros mitberücksichtigt werden muss. Für die Wettbewerbsfähigkeit von Exporten eines Landes in andere Euroraumländer spielt der Wechselkurs keine Rolle, sondern nur der direkte Vergleich von Preisen bzw. Herstellungskosten der Exporte im Vergleich zu denen der Konkurrenten.[4]

Die Frage ist, welcher Preisindex auf gesamtwirtschaftlicher Ebene für Exporte zugrunde gelegt werden sollte. Dazu gibt es weder theoretisch noch empirisch eindeutige Argumente (Ca' Zorzi/Schnatz 2007, 8ff.; Chinn 2006). Nahe läge, für empirische Vergleiche den *Exportpreisindex* als Indikator für

---

[3] Da die weltweite Finanz- und Wirtschaftskrise Auslöser für die Eurokrise war und die Krisen fast nahtlos ineinander übergingen, wird hier als letztes Jahr für den Vorkrisenzeitraum 2008 gewählt, weil sich spätestens in den Daten von 2009 die Effekte der Weltwirtschaftskrise widerspiegeln. Die Aussagen ändern sich aber nicht wesentlich bei Wahl eines anderen Jahres für die Trennung in Vorkrisen- und Nachkrisenzeitraum.

[4] Gleichzeitig darf der Preis der Exportgüter nicht über dem Preis der inländisch hergestellten Produkte liegen. Gesamtwirtschaftlich relevant wäre das Preisniveau vergleichbarer Güterbündel. Da dafür kein Preisindex verfügbar ist, erfolgt die Messung im Allgemeinen durch den Konsumentenpreisindex, den Produzentenpreisindex oder den BIP-Deflator.

die preisliche Wettbewerbsfähigkeit eines Landes zu verwenden. Dieser Indikator misst das Preisniveau, das für tatsächlich erfolgte Exporte gezahlt wurde. Neben internationalen Vergleichbarkeits- und Verfügbarkeitsproblemen des Indexes gilt dieses Vorgehen allerdings nicht als verlässliche Berechnung der preislichen Wettbewerbsfähigkeit eines Landes (Ca' Zorzi/Schnatz 2007, 8f.): Internationaler Handel erfolgt nicht unter Bedingungen vollständiger Konkurrenz, sodass die Preise nicht die Herstellungskosten widerspiegeln. Stattdessen können Exporteure unter unvollkommener Konkurrenz auf ihre Herstellungskosten noch ein „mark-up" aufschlagen. Dieses mark-up ist nicht konstant, da im Rahmen von „pricing-to-market"-Strategien häufig versucht wird, den Exportpreis auf den jeweiligen Zielmarkt abzustimmen und aus Sicht der ausländischen Käufer stabil zu halten. In der Folge schwankt der Exportpreis in inländischer Währung mit dem Wechselkurs (Krugman 1986). Mittelfristig sollten die Exportpreise aber die Herstellungskosten decken und sich daher ähnlich entwickeln.

Veränderungen des Exportpreisindexes signalisieren jedoch auch aus einem weiteren Grund nicht automatisch eine veränderte Wettbewerbsfähigkeit: Ändert sich die Zusammensetzung der Exportgüter, würde sich das auf den Indexwert auswirken, ohne dass sich die Wettbewerbsfähigkeit geändert hätte.

Daher wird vielfach versucht, für die Berechnung der preislichen Wettbewerbsfähigkeit eher auf die Herstellungskosten der Exporte abzuzielen, auf die Exporteure dann ein mark-up aufschlagen können. Ein verbreiteter Ansatz für die Berechnung der Herstellungskosten sind die *Lohnstückkosten*, bei denen die Arbeitnehmerentgelte je abhängig Beschäftigtem zur durchschnittlichen Produktivität ins Verhältnis gesetzt werden.[5] Berücksichtigt werden muss aber, dass dabei nur die Arbeitskosten, nicht aber andere Kosten (z.B. für Energie) berücksichtigt werden. Der Anteil der Arbeitskosten an den gesamten Kosten – und damit die Bedeutung der Lohnstückkosten für die Wettbewerbsfähigkeit – hängt von der durchschnittlichen Arbeitsintensität der Produktion ab und variiert damit sowohl über einzelne Branchen als auch einzelne Unternehmen. Aufgrund der nationalen Unterschiede in Besteuerung und Subventionen sind die Lohnstückkosten zudem nicht im Niveau zwischen Ländern vergleichbar. Veränderungen der Lohnstückkosten sind aber durchaus aussagekräftige Indikatoren für preisliche Wettbewerbsfähigkeit und

---

[5] Dabei sollte eine Korrektur für Veränderungen des Anteils der Selbständigen erfolgen. Die Berechnung der gesamtwirtschaftlichen Lohnstückkosten erfolgt im Folgenden immer als Arbeitnehmerentgelte je unselbständig Beschäftigtem geteilt durch das preisbereinigte Bruttoinlandsprodukt je Beschäftigungsvolumen (in Personen).

haben sich trotz der genannten Probleme – ebenso wie der Exportpreisindex – in Schätzgleichungen zur Erklärung der Exporte als signifikante erklärende Variable für den Preiseinfluss behauptet (siehe Übersicht in Ca' Zorzi/Schnatz 2007).[6]

Im Folgenden wird auf die Entwicklung von Lohnstückkosten und Exportpreisen abgestellt, da beide geeignet sind, zu zeigen, inwieweit die letztlich erzielten Exportpreise mit den Arbeitskosten auf gesamtwirtschaftlicher Ebene zusammenhängen. Wie bereits erwähnt, können Verzerrungen durch national unterschiedliche Besteuerung und Subventionen nicht ausgeschlossen werden.[7] Im Fokus der Analyse steht jedoch ohnehin, inwieweit sich beide Größen in ähnliche Richtungen entwickelt haben, da Lohnstückkostenveränderungen, die nicht in den Exportpreisen weitergegeben werden, auf sich ändernde Gewinnmargen hinweisen.

Verwendet werden die gesamtwirtschaftlichen Lohnstückkosten. Dagegen spricht, dass die Lohnstückkosten nicht für alle in einem Land hergestellten Güter, sondern nur für die handelbaren Güter betrachtet werden sollten. Um Letzteres zu erreichen, werden häufig die Lohnstückkosten nur des Verarbeitenden Gewerbes bzw. der Industrie den gesamtwirtschaftlichen Lohnstückkosten vorgezogen. Dort sind auch stärkere Produktivitätssteigerungen möglich. Diese Vorgehensweise ist aber für einen Vergleich der Wettbewerbsfähigkeit der Länder des Euroraumes nicht automatisch angemessener:

Erstens werden mit den Lohnstückkosten der Industrie bestenfalls die Herstellungskosten von Industrieexporten erfasst. Dienstleistungsexporte machen aber zum Beispiel für Griechenland mehr als 50% der gesamten Exporte aus. Für die anderen hier betrachteten Länder sind Dienstleistungsexporte zwar weniger relevant (15-33% der Exporte im Jahr 2012),[8] ihr Anteil an den ge-

---

[6] Alternative Indikatoren für die preisliche Wettbewerbsfähigkeit wie der Produzentenpreisindex bzw. der GDP-Deflator erfassen die Herstellungskosten zwar breiter, sind aber nicht unbedingt vergleichbar zwischen Ländern, da sie auf der jeweils national tatsächlich produzierten Gütergruppe basieren. Beide Preisindizes werden nur zeitverzögert publiziert und unterliegen stärkeren Revisionen. Zudem ist der GDP-Deflator durch Steuern und Subventionen verzerrt, während der Produzentenpreisindex nur die Kosten von Industriegütern, nicht jedoch diejenigen im Dienstleistungsbereich erfasst. Damit unterliegt er einer ähnlichen Kritik wie die Berechnung von Lohnstückkosten nur für die Industrie (Chinn 2006; Ca' Zorzi/Schnatz 2007). Diese Kritik wird im Folgenden ausgeführt.

[7] Für die fehlende Kostenkomponente Energiepreise dürften sich weltweite Preisänderungen auf die hier betrachteten Länder ähnlich auswirken.

[8] Eigene Berechnung auf Basis von Macrobond: Eurostat, VGR Abgrenzung.

samten Exporten hat aber seit der Euro-Einführung für Deutschland, Portugal und Irland zugenommen.

Zweitens zeigen Studien des Instituts für Wirtschaftsforschung Halle, dass selbst für Deutschland als Industriegüterexporteur eine Reduzierung auf die Lohnstückkosten in der Industrie nicht angemessen wäre, weil Verbundeffekte die tatsächlichen Kosten im Industriesektor senken (zuletzt Ludwig 2013). So führt z.b. Outsourcing einzelner Unternehmensbereiche dazu, dass produktionsnahe Aktivitäten als Dienstleistung erfasst werden. Das senkt die Kosten, da die Löhne im Dienstleistungssektor in Deutschland deutlich geringer sind als im Industriesektor (Herzog-Stein et al. 2013). Die Input-Output-Analyse des halleschen Instituts zeigt, dass die nur für den Industriesektor berechneten Lohnstückkosten die tatsächlichen Kosten der deutschen Industrie um fast 10% überschätzen (Ludwig 2013). Daher fokussiert der Euroraumvergleich auf die Berechnung der gesamtwirtschaftlichen Lohnstückkosten. Die Lohnstückkostenberechnungen für den Industriesektor werden zwar ausgewiesen, aber nur für einzelne Länder in die Analyse miteinbezogen.

3. Entwicklung von Lohnstückkosten und Exportpreisen bis zur Finanz- und Weltwirtschaftskrise

Abbildung 1 zeigt die kumulierte Entwicklung von Lohnstückkosten und Exportpreisen für ausgewählte Länder zunächst für den Zeitraum der Jahre 2000 bis 2008. Demnach sind sowohl Lohnstückkosten als auch Exportpreise in diesem Zeitraum gestiegen.[9] Für die Krisenländer lag der Anstieg der Lohnstückkosten jedoch deutlich über dem der Nichtkrisenländer. Die Zuwächse wurden jedoch nicht vollständig in den Exportpreisen weitergegeben. Besonders auffällig ist die Diskrepanz für Irland, für das der Anstieg der Exportpreise mit 2,4% nur wenig über dem Deutschlands liegt, während die Lohnstückkostenzuwächse im betrachteten Zeitraum gut 40% betrugen. Für alle anderen Krisenländer deutet der Korrelationskoeffizient auf Basis der Quartalsdaten jedoch auf einen engeren Zusammenhang zwischen Lohn-

---

[9] Der Beginn ab dem Jahr 2000 ist der Datenverfügbarkeit geschuldet: Für Griechenland sind Daten zu Lohnstückkosten und Exportpreisen erst ab 2000 bei Eurostat verfügbar. Betrachtet man den Zeitraum ab Ende 1998, dann fallen Exportpreis- und Lohnstückkostenpreisanstiege für alle Länder grundsätzlich ähnlich, aber höher aus, mit Ausnahme Österreichs, das dann geringere Lohnstückkostenzuwächse aufweist.

stückkosten und Exportpreisen.[10] Die preisliche Wettbewerbsfähigkeit der Krisenländer hat sich dadurch massiv verschlechtert, vor allem gegenüber Deutschland, dessen Lohnstückkosten im betrachteten Zeitraum unverändert blieben und dessen Exportpreise mit 1,2% kaum gestiegen sind. Unterstellt wird dabei implizit, dass sich die geringe Weitergabe der Lohnstückkosten im Exportpreisindex nicht durch eine Veränderung von Zusammensetzung und Qualität der Exportgüter erklären lässt, wie es Cardoso et al. (2012) für Spanien diskutieren.

Abbildung 1: Lohnstückkosten- und Exportpreisentwicklung 2000-2008

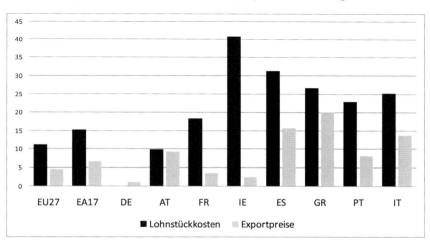

Anmerkung: Kumulierte Änderungen, in %; EU27: Europäische Union mit 27 Ländern, EA17: Euroraum mit 17 Ländern, DE: Deutschland, AT: Österreich, FR: Frankreich, IE: Irland, ES: Spanien, GR: Griechenland, PT: Portugal, IT: Italien; Wert für Deutschland (Lohnstückkosten): 0%.

Quelle: Macrobond: Eurostat, Jahresdaten, Stand: September 2013.

Eine Betrachtung der Lohnstückkosten im Industriebereich ohne Bausektor zeigt grundsätzlich ähnliche Tendenzen, auch wenn die Zuwächse der Lohnstückkosten in der Industrie mit Ausnahme Griechenlands (plus 66%) unter den gesamtwirtschaftlichen lagen: Für die Krisenländer lag der Anstieg der

---

[10] Korrelationskoeffizienten für den Zusammenhang von Exportpreisen und Lohnstückkosten im Zeitraum Q1 2000 bis Q4 2008: Spanien 0,9; Griechenland 0,7; Portugal und Italien 0,6; Irland -0,2 (Datenquelle Macrobond: Eurostat, Quartalsdaten, eigene Berechnung).

Lohnstückkosten im Industriesektor deutlich über dem der Nichtkrisenländer, wurde aber nicht vollständig in den Exportpreisen weitergegeben (Jahresdurchschnittswerte in Tabelle 1, S. 286). Lediglich Irlands Entwicklung weicht davon ab; dort entsprechen sich die jeweils fast stagnierenden Entwicklungen von Lohnstückkosten in der Industrie und Exportpreisen weitgehend.[11] Umgekehrt sind die Rückgänge in Deutschland, wo die Lohnstückkosten in der Industrie um gut 7% sanken, nicht in den (wenn auch nur gering) steigenden Exportpreisen sichtbar. Auch in Österreich können die stagnierenden Lohnstückkosten in der Industrie nicht die Zuwächse der Exportpreise erklären.

Die hier betrachteten Indikatoren zeigen die oben angesprochene Verschlechterung der Wettbewerbsfähigkeit der Krisenländer des Euroraums bis zu den Auswirkungen der Finanzkrise im Vergleich zu Deutschland (sowie in abgeschwächter Form auch zu Österreich): Gesamtwirtschaftlich verzeichneten sie alle höhere Lohnstückkostenzuwächse als Deutschland und Österreich. Und obwohl sie die höheren Lohnstückkostenzuwächse nicht vollständig in den Exportpreisen weitergaben, stieg der Preisindex für ihre Exporte deutlich stärker als der Deutschlands und Österreichs. Damit sank die preisliche Attraktivität ihrer Exporte in den Euroraum, und zwar sowohl im bilateralen Handel mit Deutschland und Österreich als auch beim Drittländerhandel – es sei denn, die höheren Preise gingen mit einer höherwertigen Zusammensetzung der Exporte einher.

Für Exporte in Länder außerhalb des Euroraums muss zusätzlich die Entwicklung des Euros gegenüber den jeweils relevanten Handelspartnern (gewichtet mit dem Exportanteil) sowie deren Preisentwicklung berücksichtigt werden. Da sich die Bedeutung von Nicht-Euro-Handelspartnern zwischen den Euroraumländern unterscheidet, ergeben sich auch unterschiedliche Gesamteffekte der jeweiligen bilateralen Euro-Wechselkursänderungen. Nach den Daten des Internationalen Währungsfonds zum nominalen effektiven Wechselkurs ist der Außenwert des Euro gegenüber den jeweiligen Handelspartnern aber bis zur Krise für alle hier betrachteten Länder gestiegen und hat sich damit dämpfend auf die Exportchancen aller Euroraumländer ausgewirkt. Das gilt insbesondere für Irland (siehe Tabelle 1, S. 286). Auch für

---

[11] Da der irische Exportpreisindex ähnlich geringe Steigerungsraten aufweist wie der Deutschlands, ist nicht erstaunlich, dass Irland ein hohes Exportwachstum verzeichnete. Lane (2004) weist zudem darauf hin, dass die Bedeutung von Lohnstückkosten in Irland weniger aussagekräftig sei für die Wettbewerbsfähigkeit, weil geringe Unternehmenssteuersätze einen ähnlichen Effekt wie Produktivitätssteigerungen hätten und damit höhere Lohnstückkosten (zumindest aus Sicht multinationaler Unternehmen) teilweise kompensieren könnten.

Deutschland fiel die nominale effektive Aufwertung des Euros gegenüber den Handelspartner etwas stärker aus als für die anderen Krisenländer, aber deutlich geringer als die Unterschiede bei Lohnstückkosten und Exportpreisentwicklungen.

4. Sinkende Lohnstückkosten und steigende Exportpreise in den Krisenländern seit der Eurokrise

Spätestens seit der Eurokrise verzeichnen alle Krisenländer mit Ausnahme Italiens deutliche Rückgänge bei den Lohnstückkosten und damit eine Verbesserung ihrer preislichen Wettbewerbsfähigkeit, wie in Abbildung 2 zu sehen ist. Im Vergleich zur Abbildung 1 wird jedoch deutlich, dass die Rückgänge die früheren Anstiege nicht ausgleichen können. Das ist aber angesichts des Inflationsziels der Europäischen Zentralbank (EZB) von „nahe, aber unter 2%" auch weder notwendig noch sinnvoll. Stattdessen sollten die Lohnstückkosten durchschnittlich um die von der EZB vermutlich angestrebten 1,9% jährlich

Abbildung 2: Lohnstückkosten- und Exportpreisentwicklung 2008-2012

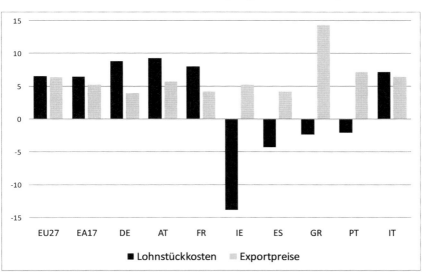

Anmerkung: Verwendung der Länderkürzel wie in Abbildung 1. Kumulierte Änderungen, in %, auf Basis von Jahresdaten.

Quelle: Macrobond: Eurostat, Stand: September 2013.

wachsen. Bis auf Italien ist das auch mittlerweile für alle Krisenländer der Fall; die Lohnstückkostenanstiege liegen für den Gesamtzeitraum der Jahre 2000 bis 2012 für Irland und Portugal mit jahresdurchschnittlich 1,6% sogar schon darunter. Da auch Deutschland und Österreich geringere Zuwächse aufweisen, liegen die Lohnstückkostenzuwächse für den gesamten Euroraum mit jahresdurchschnittlich nur 1,7% sogar noch unter dem Ziel der EZB.

Abbildung 2 zeigt aber auch, dass den Rückgängen bei den Lohnstück-kosten steigende Exportpreise gegenüberstehen. Auch der Internationale Wäh-rungsfonds und die Europäische Kommission konstatieren, dass die Verrin-gerung der Produktionskosten in den Krisenländern nicht in den Exportprei-sen weitergegeben wird (European Commission 2013; IMF 2013 respektive).

Trotz sinkender Lohnstückkosten liegen die jährlichen Zuwachsraten der Exportpreise für Griechenland, Irland und Portugal jährlich sogar um bis zu gut einem Prozentpunkt über den Werten im Vorkrisenzeitraum, wie Tabelle 1 zeigt. In Italien weisen die Exportpreise dieselbe Steigerungsrate auf wie im Vorkrisenzeitraum. Lediglich in Spanien wachsen sie in geringerem Maße als im Vorkrisenzeitraum.

Tabelle 1: Durchschnittliche jährliche Veränderung
von Lohnstückkosten und Exportpreisen ausgewählter Euroraumländer
für ausgewählte Zeiträume

	EA17	DE	AT	FR	IE	ES	GR	PT	IT
Lohnstückkosten Gesamtwirtschaft *(in %)*									
2000-2008	1.8	0.0	1.2	2.1	4.4	3.5	3.0	2.6	2.8
2008-2012	1.6	2.1	2.2	1.9	-3.7	-1.1	-0.6	-0.5	1.7
Lohnstückkosten Industrie *(in %)*									
2000-2008	0.6	-0.9	0.0	0.7	0.2	2.8	6.5	1.1	2.6
2008-2012	0.8	1.2	0.7	1.6	-	-3.1	-7.5	-0.6	2.2
Nominaler effektiver Wechselkurs *(in %)*									
2000-2008	-	1.7	0.9	1.4	2.5	1.2	1.0	0.9	1.4
2008-2012	-	-1.7	-1.1	-1.1	-1.8	-0.9	-1.0	-0.6	-1.3
Exportpreise *(in %)*									
2000-2008	0.8	0.1	1.1	0.4	0.3	1.8	2.3	1.0	1.6
2008-2012	1.3	1.0	1.4	1.0	1.3	1.0	3.4	1.8	1.6

Anmerkung: Verwendung der Länderkürzel wie in Abbildung 1.

Quelle: Macrobond: Eurostat (Ausnahme Wechselkurs: IWF), Jahresdaten, eigene Berech-nung; Abgrenzung des Industriesektors ohne Bausektor nach NACE 2.0; nominaler effekti-ver Wechselkurs: IWF, auf Basis von Lohnstückkosten.

Wie oben erläutert wurde, können Exporte mit Pricing-to-market-Strategien Wechselkursbewegungen ausgleichen und damit den Preis der Exporte aus Sicht der Importeure konstant halten. Da der Euro im Zeitraum der Jahre 2008 bis 2012 gegenüber einer Reihe von relevanten Handelspartnern der Euroländer abgewertet hat, ergeben sich – je nach Zusammensetzung der Handelspartner – für die einzelnen Mitgliedsländer im Euroraum unterschiedlich große Spielräume, die Exportpreise und damit die Gewinnmargen zu erhöhen, ohne die preisliche Attraktivität der Exporte zu verringern. Den größten Spielraum für höhere Gewinnmargen verzeichnete danach Irland, gefolgt von Deutschland und Italien (Tabelle 1).

Wie ein Vergleich der Exportpreisanstiege mit der Abwertung des handelsgewichteten nominalen Euro-Wechselkurses für den Zeitraum 2008 bis 2012 in Tabelle 1 jedoch zeigt, sind die Exportpreise in den Krisenländern stärker gestiegen, als es die Abwertung des Wechselkurses erlaubte. Mit anderen Worten: die Gewinnmargen wurden nicht nur im Rahmen der Wechselkursänderung erhöht, sondern kompensierten zudem Lohnstückkostenrückgänge. Besonders ausgeprägt fiel die Erhöhung der Gewinnmargen für Griechenland aus, gefolgt von Portugal, während Italien und Spanien nur geringe Zuwächse oberhalb der Wechselkursänderungen verzeichneten. Irland und Deutschland, die beiden Länder mit den größten Spielräumen für höhere Gewinnmargen, machten davon jedoch nur unterproportional Gebrauch. In Frankreich stiegen die Exportpreise im gleichen Maße, wie der Euro handelsgewichtet an Wert verlor.

5. Wie sind die höheren Gewinnmargen zu bewerten?

Zusammenfassend lässt sich feststellen, dass die Gewinnmargen der exportierenden Unternehmen der Krisenländer ceteris paribus[12] massiv zugenommen haben, denn trotz seit der Krise sinkender Lohnstückkosten zeigt sich für die Krisenländer:

- Die Exportpreisindizes sind im Jahresdurchschnitt nach 2008 stärker gestiegen als in Deutschland, außer in Spanien, das gleich starke Anstiege wie Deutschland aufwies.

- Die Exportpreisindizes sind außer in Spanien und Italien im Jahresdurchschnitt nach 2008 zudem stärker gestiegen als im Zeitraum davor,

[12] Unter der Annahme, dass eine veränderte (höherwertige) Zusammensetzung der Exportgüter die Preisanstiege erklären kann.

- Die Exportpreisindizes sind auch stärker gestiegen, als es die Abwertung des Euro gegenüber den wichtigsten Handelspartner zulassen würde, wenn auch in Spanien nur wenig stärker.

Diese Ergebnisse ergeben sich nicht nur auf Basis der makroökonomischen Daten. Die Europäische Kommission hat zusätzlich die Entwicklung der Gewinnmargen auf Unternehmensebene mit Hilfe von mikroökonomischen Daten untersucht und kommt zu dem Ergebnis, dass die Lohnstückkosten im Bereich der handelbaren Güter in den Krisenländern mit Ausnahme Italiens nicht in den Preisen weitergegeben werden und daher vor allem seit 2010 zu steigenden Profitquoten führen. Diese Entwicklung wird von der Kommission als begrüßenswert beurteilt: „Still, data point to a relative increase of profitability in the tradable sector that is desirable in order to incentivise the reallocation of resources into export oriented industries, thus contributing to external rebalancing within the euro area" (European Commission 2013, 19). Mit anderen Worten: Dass die Gewinnmargen im Bereich handelbarer Güter über diejenigen im Bereich nicht-handelbarer Güter gestiegen sind, helfe bei der Anpassung der Volkswirtschaften hin zu einer stärkeren Exportorientierung und scheint damit zu der von der Europäischen Kommission favorisierten Strategie einer Überwindung der Eurokrise über den Handel mit dem Rest der Welt zu passen (Semieniuk et al. 2012).

Die Kommission bewertet den Anstieg der Profitraten auch nicht als unangemessen, da diese seit der Krise sowohl im Bereich handelbarer als auch im Bereich nicht-handelbarer Güter in allen Krisenländern unter denen Deutschlands und Frankreichs lägen. Zudem könnten die gestiegenen Gewinnmargen höhere Kapitalkosten durch erschwerten Kreditzugang kompensieren (European Commission 2013).

Dass die Krisenländer die Veränderungen bei den Lohnstückkosten nicht vollständig in den Preisen weitergeben, ist insofern konsequent, als sie im Zeitraum vor der Krise die hohen Lohnstückkostenzuwächse in ihren Ländern ebenfalls nicht vollständig auf die Exportpreise überwälzt hatten und damit sinkende Gewinnmargen hinnehmen mussten (siehe Abbildung 1 und 2, sowie Tabelle 1 und European Commission 2013). Ihre Exporte scheinen auch trotz unvollständiger Weitergabe wettbewerbsfähig zu sein: Portugal und Spanien verzeichnen seit 2008 ebenso wie Griechenland seit Anfang 2010 Exportzuwächse, die über denen Deutschlands liegen. Auch haben die Krisenländer nach den Eurostat-Daten seit 2008 weniger Marktanteile bei Exporten von Gütern und Dienstleistung weltweit verloren als Deutschland.[13]

---

[13] Eigene Berechnung auf Basis von Macrobond: Eurostat.

Insofern scheinen die zunehmenden Gewinnmargen die Attraktivität ihrer Exporte wenig zu bremsen. Nichtsdestotrotz haben die Länder auf stärkere Exportzuwächse verzichtet. Zudem ist es verteilungspolitisch problematisch, wenn den Lohnempfängern Verzicht zur Verbesserung der Wettbewerbsfähigkeit ihrer Produkte gepredigt wird und massiv Arbeitsplätze wegfallen, der Rückgang bei den Lohnkosten dann aber vor allem zur Verbesserung der Unternehmensgewinne genutzt wird.

Literatur

Ca' Zorzi, M., Schnatz, B. (2007): Explaining and forecasting euro area exports. Which competitiveness indicator performs best?, European Central Bank Working Paper no. 833, November.

Cardoso, M., Correa-López, M., Doménech, R. (2012): Export shares, price competitiveness and the ‚Spanish paradox', Vox EU, http://www.voxeu.org/article/export-shares-price-competitiveness-and-spanish-paradox, 24. November, abgerufen am 10.07.2013.

Chinn, M. (2006): A Primer on Real Effective Exchange Rates Determinants, *Open Economies Review*, 17, 115-143.

European Commission (2013): Special topics on the euro area economy: Labour costs pass-through, profits, and rebalancing in vulnerable Member States, *Quarterly Report on the Euro Area*, 12(3), Ch. II, 19-25.

Herzog-Stein, A., Joebges, H., Stein, U., Zwiener, R. (2013): Arbeitskostenentwicklung und internationale Wettbewerbsfähigkeit in Europa. Arbeits- und Lohnstückkosten in 2012 und im 1. Halbjahr 2013, IMK Report Nr. 88, Dezember, Düsseldorf.

International Monetary Fund [IMF] (2013): Rebalancing the Euro Area: Where do we stand and where to go to?, IMF Country Report No. 13/232, Euro Area Policies, 2013 Article IV Consultation, 21-44.

Joebges, H., Lindner, F., Niechoj, T. (2010): Mit dem Export aus der Krise? Deutschland im Euroraumvergleich, IMK Report, Nr. 53, August, Düsseldorf.

Joebges, H., Logeay, C. (2010): Deutschlands Anteil an Stabilitätsproblemen im Euroraum, in: T. Sauer (Hrsg.), *Die Zukunft der Währungsunion: Kritische Analysen,* Marburg: Metropolis, 69-90.

Krugman, P. (1986): Pricing to market when the exchange rate changes, NBER working paper no. 1926.

Lane, P. (2004): Assessing Ireland's Price and Wage Competitiveness, National Competitiveness Council Discussion Paper, July, Dublin.

Ludwig, U. (2013): Arbeitskosteneffekte des Vorleistungsbezugs der deutschen Industrie unter Berücksichtigung der Arbeitszeiten. Eine Untersuchung mit der Input-Output-Methode, Gutachten im Auftrag des Instituts für Makroökonomie und Konjunkturforschung in der Hans-Böckler-Stiftung, Halle (Saale). IMK Study Nr. 34, Düsseldorf.

Priewe, J. (2007): Economic divergence in the Euro area – why we should be concerned, in: E. Hein, J. Priewe and A. Truger (eds.), *European Integration in Crisis*, Marburg: Metropolis, 103-130.

Priewe, J. (2012): European imbalances and the crisis of the European Monetary Union, in: H. Herr, T. Niechoj, C. Thomasberger, A. Truger and T. van Treeck (eds.), *From Crisis to Growth? The Challenge of Debt and Imbalances*, Marburg: Metropolis, 57-89.

Priewe, J. (2013): Globale und europäische Ungleichgewichte in den Leistungsbilanzen, in: J. Kromphardt (Hrsg.), *Die aktuelle Finanz- und Schuldenkrise und ihre Überwindung, wissenschaftliche Jahrestagung der Keynes-Gesellschaft im Februar 2011 in Linz*, Marburg: Metropolis, 57-89.

Semieniuk, G., Truger, A., van Treeck, T. (2012): Towards reducing economic imbalances in the euro area? Some remarks on the Stability Programmes 2011-2014, in: H. Herr, T. Niechoj, C. Thomasberger, A. Truger and T. van Treeck (eds.), *From Crisis to Growth? The Challenge of Debt and Imbalances*, Marburg: Metropolis, 361-387.

Kill or cure?

Current accounts within the euro area after the austerity measures

Torsten Niechoj

1. Introduction

In the beginning of 2014, it seems as if the euro area as a whole has recovered from the impact of the financial market crisis of 2007/08, the following drastic fall in GDP in 2009 and the turbulences of the European sovereign debt crisis since 2010. Besides Greece, for all other countries which were heavily affected by the loss in trust in their solvency, the outlook, according to the European Commission (2014b), is much brighter than it had been in the years before. The latest economic forecast starts with the depiction of a firming, although not undisputed recovery:

> Europe's economic recovery, which began in the second quarter of 2013, is expected to continue spreading across countries and gaining strength while at the same time becoming more balanced across growth drivers. As it is typical following deep financial crises, however, the recovery remains fragile. (European Commission 2014b, 1)

After a negative real GDP growth of -0.4 per cent in 2013, the European Commission now expects 1.2 per cent in 2014 and 1.8 per cent in 2015 for the euro area.

These signs of a recovery follow a series of austerity measures in the euro area which were applied to reduce public expenditures and thus deficits and – in the long run – debt-to-GDP ratios. The so-called structural reforms of the labour market and in the fields of social policies and taxation aimed at an improvement of both public finances and price competitiveness. They were applied mainly in those countries which were characterised before by a debt-financed growth model. Although these countries showed a good performance in the beginning of the monetary union, part of their increases in GDP and employment growth were financed by external debt and went along with current account deficits. Now, after the first years of adjustment programmes for Greece, Ireland, Portugal and a similar policy in Spain, the development of current accounts shows a compression of deficits in the countries in dire straits and surpluses for most of the other countries of the euro area. Does this indicate an improvement in price competitiveness and a successful adoption of an export-led growth model? If so, one could argue that those countries have learned their lesson.

Unfortunately, a more in-depth review of key indicators does not support this assessment. In this article, the development of current accounts is depicted and put into the context of changes in macroeconomic indicators demonstrating that the applied austerity measures mainly restricted imports but did not sufficiently foster exports so that these countries were not able to switch successfully to an export-led growth model. Moreover, such a strategy can work for some countries but not for all within a monetary union. Still some inherent problems of Europe's institutional setting remain unsolved and unaddressed which in the future will again lead to an increase in current account imbalances and to a dampened growth trend if the rules within the monetary union are not revised comprehensively.

2. Austerity measures and current accounts

After the fall in euro area GPD of 4.5 per cent in 2009, which marked the trough of the economic recession in Europe, first Greece, then Ireland, Portugal and Spain have been supported by several rescue programmes (Valdez/Molyneux 2013, 376-392; Niechoj/van Treeck 2011). After the sharp increase in financing costs, the fellow euro area member states and the IMF stepped in to provide financial assistance at reasonable interest rates needed to cover the debt service for the existing liabilities and the continuing public deficits. Support given to Greece, Ireland and Portugal was conditioned on participation in so-called adjustment programmes which are supervised by the troika of European Commission, ECB and IMF. Loans are paid out in tranches and based on requirements to reform the economies in order to restore sound public finances and austerity, meaning balanced budgets in the medium term and a reduction of state activity. Key measures are deregulation of labour and product markets, abolishment or reduction of minimum wages and other tools limiting downwards wage flexibility, privatisation, reductions of welfare spending and modest increases in tax revenue as well as better tax conditions for business activity.

Table 1: Unemployment rates within the euro area in 2007-2013,
selected countries, per cent

	2007	2008	2009	2010	2011	2012	2013
Euro area (18 countries)	7.6	7.6	9.6	10.2	10.2	11.4	12.1
Germany	8.7	7.5	7.8	7.1	5.9	5.5	5.3
Netherlands	3.6	3.1	3.7	4.5	4.4	5.3	6.7
Austria	4.4	3.8	4.8	4.4	4.2	4.3	4.9
Belgium	7.5	7	7.9	8.3	7.2	7.6	8.4
Finland	6.9	6.4	8.2	8.4	7.8	7.7	8.2
France	8.4	7.8	9.5	9.7	9.6	10.2	10.8
Ireland	4.7	6.4	12	13.9	14.7	14.7	13.1
Italy	6.1	6.7	7.8	8.4	8.4	10.7	12.2
Spain	8.3	11.3	18	20.1	21.7	25	26.4
Greece	8.3	7.7	9.5	12.6	17.7	24.3	27.3
Portugal	8.9	8.5	10.6	12	12.9	15.9	16.5

Source: AMECO database (update of 2014/02/25), own depiction.

Table 2: Real GPD per head, selected countries

	Real GDP per head in EUR			Change of real GDP per head from 2007 to 2013 in per cent
	2007	2009	2013	
Euro area (18 countries)	26394	25102	25494	-3
Germany	28957	27896	30237	4
Netherlands	33682	32737	32394	-4
Austria	31785	30838	32241	1
Belgium	30174	29157	29492	-2
Finland	32738	29748	30275	-8
France	28232	27034	27574	-2
Ireland	41000	36403	36541	-11
Italy	25543	23595	22797	-11
Spain	21823	20687	20073	-8
Greece	18842	18067	14374	-24
Portugal	15102	14628	14206	-6

Source: AMECO database (update of 2014/02/25), own calculations.

The immediate effect of such measures is a fall in incomes, consumption and thus GDP. In the short run, it leads to a deterioration of the debt situation, measured by the debt-to-GDP ratio, due to negative GDP growth. In the long run, this might change but at enormous social costs. Table 1 shows the development of unemployment rates since 2007, the year before the financial market crisis started to affect Europe. In roughly half of the countries the financial turmoil and the following fall in GDP had no severe impact on unemployment rates. For the second half of the countries depicted it had, however, a huge impact. Since 2009 unemployment rates have been rising in the euro area as well as in Italy, Spain, Greece and Portugal. Also real GDP per head (Table 2) illustrates that with the exception of Germany and Austria all selected countries have not reached the level of real GDP per head of 2007. It has to be noted, however, that the decline in real GDP per head from 2007 to 2013 is only an insufficient indicator of the social costs because it does not cover the asymmetrical impact of the crisis on different income groups. But even this simple indicator points to a massive impact on the life and the eco-

Figure 1: Accumulated current account surpluses and deficits of selected euro area countries in billion euro

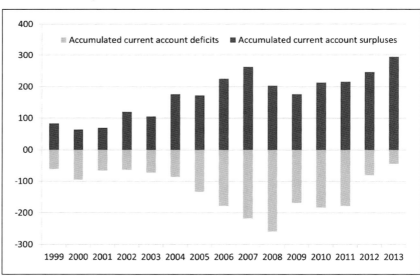

Note: Selection covers Germany, Netherlands, Austria, Belgium, Finland, France, Ireland, Italy, Spain, Greece, and Portugal.

Source: AMECO database (update of 2014/02/25), own depiction.

nomic situation of the inhabitants of some of the member states. It seems fair to say that the ‚medicine' austerity measures did not kill the patient but it offered an extremely bitter pill. So the question is, whether it cured or will cure the patient, at least in the long run.

Figure 1 and Table 3 seem to prove the austerity approach successfully. They depict the current account balances of selected member states of the euro area. The current account consists of the trade balance (exports minus imports) and income transfers plus unilateral transfers. Normally, the current account is dominated by the trade balance, i.e. that trade balance and current account are both either positive or negative. Ireland has been an exception for some years due to profit transfers from Ireland to other countries which turned a positive trade balance into a negative current account.

Table 3: Current accounts in the euro area in billion Euro, selected countries

	Germany	Netherlands	Austria	Belgium	Finland	France	Ireland	Italy	Spain	Greece	Portugal
1999	-25.9	16.4	-2.9	11.8	8.6	35.0	0.1	11.5	-15.5	-6.5	-10.6
2000	-36.2	26.6	-1.5	10.6	10.0	17.2	-0.4	-2.3	-25.3	-16.4	-13.6
2001	-3.5	23.3	-1.6	11.2	11.7	19.6	-0.6	3.6	-29.5	-16.8	-14.3
2002	42.7	28.2	6.0	16.0	12.2	14.9	-0.5	-4.2	-27.4	-19.8	-12.0
2003	40.4	29.2	3.9	15.4	7.4	8.1	1.2	-10.5	-31.6	-21.2	-9.6
2004	102.5	42.2	5.2	13.2	9.6	3.9	-0.2	-4.9	-49.5	-19.4	-12.3
2005	113.4	38.4	5.3	9.7	5.5	-10.8	-4.9	-12.8	-67.8	-20.9	-15.9
2006	150.0	48.7	8.3	10.8	7.7	-14.8	-6.6	-22.3	-88.9	-28.7	-17.3
2007	182.5	48.1	10.9	13.2	7.6	-25.7	-10.4	-20.1	-105.2	-39.3	-17.2
2008	152.1	28.1	13.7	3.7	5.8	-36.6	-10.2	-44.9	-104.3	-41.9	-21.7
2009	145.1	18.2	7.4	2.4	3.4	-33.2	-3.8	-30.2	-50.0	-33.2	-18.2
2010	159.5	29.6	10.3	9.3	3.0	-36.1	1.8	-54.5	-45.7	-28.4	-17.9
2011	163.2	44.3	4.6	1.7	-2.7	-49.1	2.0	-48.3	-41.6	-24.5	-12.3
2012	187.9	45.9	5.5	-0.9	-2.7	-42.4	7.3	-8.4	-12.5	-10.3	-3.7
2013	192.1	55.7	9.0	0.2	-0.3	-39.9	11.6	13.6	11.3	-4.2	0.7

Source: AMECO database (update of 2014/02/25), own depiction.

After the establishment of the European monetary union persistent current account imbalances emanated (Priewe 2012; Niechoj 2012). Three countries – the Netherlands, Belgium and Finland – showed surpluses from 1999 to 2008. Germany, in the beginning of the monetary union still recovering from the latest crises, achieved rising surpluses after three years of deficits. Other countries – Spain, Portugal and Greece – accumulated deficits year by year. The fall in GDP in 2009 gave rise to a narrowing of the current accounts within the euro area. Both exports and imports went down due to the crisis. Especially export-oriented countries like Germany were hit hard; in Germany for example exports in real terms went down by 13 per cent and real GDP fell by 5.1 per cent in 2009. In the years 2009 to 2011 the imbalances were slightly lower than in the three years before but were still significant. In 2012 and especially 2013, however, we see a reduction of deficits and a current account surplus in Spain, Portugal, Ireland and Italy. France shows relatively large deficits.

In order to analyse this reduction of imbalances, Figure 2 plots an index of imports and exports for selected countries. Although Germany was not subject to an adjustment programme, the country has had the highest increase in exports since 2007. The Netherlands as well as Spain, Portugal and Ireland show large increases in exports. Again the Netherlands has not undergone an adjustment programme, so that only for the other three countries austerity measures might explain a relative or absolute decline in export prices vis-à-vis the other member states of the euro area. What Figure 2 also clarifies, however, is that in the cases of Italy, Greece, Portugal, Spain and Ireland the breakdown of imports contributed more to the improvement of the current account than the rise in exports. In other words, the main driver of the reduction of imbalances was not the moderate increase in price competitiveness but the dampening of imports due to the severe cuts in public spending and wages. With positive and rising growth rates in the future, imports will also rise again.

Moreover, the success of German exports underlines that prices alone do not automatically result in export success. Quality aspects and well-established export clusters also play an important, if not decisive role. In the case of Germany, both, well-developed export industries and wage restraint, contributed and still contribute to the export surpluses (Niechoj 2012, 2014a). For the years 2007 to 2012, the three years backward moving average of the German current account balance in per cent of GDP is always higher than six which indicates consistently high competitiveness over the years, unaffected by the crisis and the catch-up process of some countries (see Table 4). Data for the

Figure 2: Index (2007=100) of exports (solid line) and imports (dotted line) in real terms, selected countries

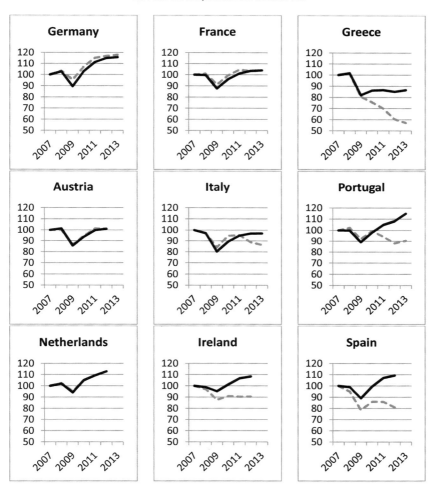

Source: Eurostat (update of 2014/03/28), own calculations.

quarters 1 to 3 of the year 2013 support this tendency,[1] which is the reason why the European Commission has started an in-depth review of Germany's current account, which might lead to an application of the macroeconomic imbalance procedure to Germany by the Council (European Commission

[1] Not depicted in the table, same source as the source of the table.

2014a). In order to close the gap to Germany and other export-led countries like Austria or the Netherlands or to achieve an even better position, large further reductions in wages would be necessary. This is the only option to increase price competitiveness given the discontinuation of exchange rate adjustments with the monetary union. Moreover, a country that would like to catch up needs to have (or to develop) the ability to produce goods and services which are in demand abroad. In other words, the export sector has to be developed and strengthened by establishing new products and by improving quality and creating unique selling points in order to allow for price differentiation.

Table 4: Three years backward moving average of the current accounts in per cent of GDP from 2007 to 2012, selected countries

	2007	2008	2009	2010	2011	2012
Germany	6.3	6.6	6.5	6.1	6.1	6.5
Netherlands	7.8	6.8	5.4	5.6	7.3	8.8
Austria	2.8	3.7	3.7	3.7	2.6	2.2
Belgium	1.9	0.8	0.0	0.0	0.1	-0.4
Finland	3.9	3.7	2.9	2.0	0.6	-0.5
France	-0.7	-1.1	-1.4	-1.5	-1.5	-1.8
Ireland	-4.1	-4.8	-4.4	-2.3	0.0	2.3
Italy	-1.2	-1.9	-2.0	-2.8	-2.9	-2.3
Spain	-8.8	-9.5	-8.1	-6.3	-4.4	-3.1
Greece	-11.2	-13.6	-13.6	-12.1	-10.4	-7.5
Portugal	-10.4	-11.1	-11.2	-11.4	-9.5	-6.5

Source: Eurostat (update of 2014/03/03), own depiction.

The crux of the whole approach is that even if some of the countries succeeded in achieving a position of competitive advantage in the medium term this would neither guarantee high GDP growth rates and employment nor be generalizable to all countries. As the example of Germany shows (Niechoj 2012, 2014a), an export-led growth model tends to suppress domestic consumption and thus GDP growth and employment – at least in the case of large economies where wage restraint impacts on the whole economy and has a significantly negative impact on domestic consumption that is not overcompensated by the (relatively small) export sector. Export-led growth models are also not applicable to all countries at the same time because price compet-itiveness is a relative concept. One country's increase in competitiveness within a monetary union implies the reduction of another country's competi-tiveness (Semieniuk et al. 2012). If wage restraint leads to a lower inflation rate for export goods (or even a reduction) in one country compared to other countries this country will increase price competitiveness but all other coun-tries will lose in competitiveness. As a consequence, not all countries are able to realise a current account surplus. At least one country has to allow for a deficit. What might be possible indeed, is that the euro area as a whole has a surplus vis-à-vis the rest of the world. In this case the rest of the world has to go into deficit.[2] And this is exactly what we have seen in the last two years. The current account balance of the euro area with the rest of the world is significantly in surplus (Figure 3).

Figure 3: Current account balance of the euro area (18) with the rest of the world in per cent of nominal GDP

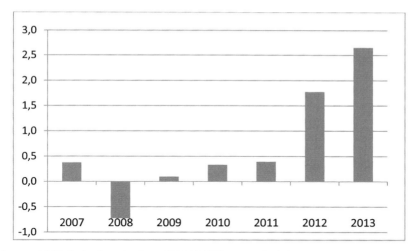

Source: AMECO database (update of 2014/02/25), own calculations.

But here the exchange rate mechanism limits rising surpluses. High current account surpluses would lead to revenues in foreign currencies. If exchanged for euros, either transferred directly or as income transfers due to invested

---

[2] For a discussion of global imbalances see Priewe (2011) and for the special case of a country with a hegemonic currency see Blecker (2013).

capital, the euro would appreciate and exports to the rest of the world would become more expensive in relation to other exporting countries outside the euro area. Furthermore, at some point in time, indebted countries will run into problems and will have to respond. If current account deficits persist, liabilities will increase. If lenders are no longer willing to supply loans at reasonable rates the indebted country will have to take action which normally implies to face an economic crisis, a drastic depreciation of the currency and – for the current account surplus countries – a loss in assets due to debt re-structuring.

3. Unresolved issues

As the previous discussion illustrates, current account imbalances in the euro area are below the pre-crisis level at present simply due to import restriction. Therefore, *ceteris paribus*, current account discrepancies are expected to persist or to grow again in the following years. The causes of the imbalances still exist (Niechoj 2012, 2014b; Hein 2013). The institutional setting of the euro area, despite all minor and major reforms after 2008, continues to lack an adequate adjustment mechanism that can substitute the cancelled ex-change rate mechanism. The introduction of the euro led to debt-financed consumption and investment in some of the member states, fostered by low real interest rates and export-led countries with low growth rates that invested in these countries and financed their imports. The same export-led countries benefited from moderate exchange rates vis-à-vis the rest of the world out-side the euro area and wage restraint within the countries. The outcome was a rise in price competitiveness but also dampened consumption for these countries. However, in the countries oriented on domestic demand, the high GDP growth rates together with traditionally higher inflation rates, which in the past were compensated by exchange rate depreciations, resulted in infla-tion rates above the euro area average. They lost in price competitiveness, which for some years could be ignored in view of high GDP growth rates. In the meantime, the net international investment position worsened and showed an increase in liabilities.

This, together with national undesirable developments like the insufficient tax system in Greece or the overshooting financial sector in Ireland plus the rise in public debt due to the stabilisation programmes and rescue measures for the banking systems, triggered the dramatic downturn in 2009 and the following sovereign debt crisis. Today, there is still no adequate framework that avoids differences in inflation rates. Monetary policies are not able to address this as long as country-specific policy tools like asset-based reserve requirements are not in place. The same holds for fiscal policies. They aim at a reduction of public debt by focusing on expenditure cuts but not on fiscal transfers in order to balance diverging growth developments. Moreover, export-led countries like Germany could do more on their own in fiscal terms in order to raise the level of private consumption but are unwilling to do so.

It seems likely that the future development will simply follow the existing path of muddling through (Niechoj 2014b). The member states will try to limit public deficits and will hold on to austerity measures. Wage restraint will become the rule not only for the export-led but also for all other member states. Interest rates but also investment in times of subdued sales expectations will remain low. Current account imbalances will persist. Inflation will be low or might even turn into deflation for some countries.

These are no bright prospects. A deepening of integration, however, could avoid such a scenario (Niechoj/van Treeck 2011; Niechoj 2014b). Fiscal transfers, wage coordination, a golden rule for public investment, a central bank that fully assumes its role as lender of last resort and applies country-specific tools as well as a strict banking supervision are building blocks of a new institutional setting. It is as unlikely as necessary.

4. Conclusions

The euro area has partly recovered from the sovereign debt crisis. Even in the most affected countries the floor of the downturn seems to be hit or at least within reach. Surely the announcement of the ECB to safeguard public finances and to buy government bonds if necessary calmed the financial markets and contributed to this recovery. Moreover, the rest of the world has recovered so that exports are stabilising again. This article attempted to shed light on another facet of the explanation of this recovery, the impact of the austerity measures on the current account and thus implicitly on the debt position of the countries and prospects for a sound growth model in the future.

At a first glance, the situation is improving for those countries that had to undergo adjustment programmes in the last years. Current accounts have been positive since 2013 in Spain, Ireland and Portugal. Only Greece still shows a deficit but this is lower than before. Two effects explain the development of current accounts. Surely the austerity measures have contributed to a rise in price competitiveness. As a consequence exports increased. This success has to be weighted, however, against the social costs of wage reductions, rising unemployment and disinvestment. The second effect on current accounts is even stronger. Imports declined due to the deterioration in domestic demand as a result of the austerity policies. Import restriction – not export success – mainly explains the positive current account balances. Moreover, as the ongoing export strength of the German economy shows, the establishment of a competitive export sector requires more than simply price reductions. Therefore, it seems unlikely that the countries in question can turn their previously debt-financed growth models into export-oriented growth models in the medium term. Even if it worked, current account surpluses could not be a role model for all member states. This constellation together with the still insufficient institutional setting of the euro area will cause problems in the future.

References

Blecker, R. (2013): Global imbalances and the U.S. trade deficit, in: B. Cynamon, S. Fazzari and M. Setterfield (eds.), *After the Great Recession: The Struggle for Economic Recovery and Growth*, New York: Cambridge University Press.

European Commission (2014a): Macroeconomic Imbalances, Germany 2014, Series: European Economy, Occasional Papers, No. 174, accessed on March, 29th, 2014 available at: http://ec.europa.eu/economy_finance/publications/occasion al_paper/2014/pdf/ocp174_en.pdf

European Commission (2014b): European Economic Forecast, Winter 2014, in: *European Economy,* issue 2, accessed on April, 28th, 2014, available at: http:// ec.europa.eu/economy_finance/publications/european_economy/2014/pdf/ee2_ en.pdf

Hein, E. (2013): The crisis of finance-dominated capitalism in the euro area, deficiencies in the economic policy architecture, and deflationary stagnation policies, *Journal of Post Keynesian Economics*, 36(2), 325-354.

Niechoj, T. (2012): Germany – best practice for the euro area? The Janus-faced character of current account surpluses, in: H. Herr, T. Niechoj, C. Thomasberger, A. Truger and T. van Treeck (eds.), *From Crisis to Growth? The Challenge of Debt and Imbalances*, Marburg: Metropolis.

Niechoj, T. (2014a): How promising is wage restraint for a large economy? The example of Germany before and during the current crises, in: S. Collignon and P. Esposito (eds.), *Competitiveness in the European Economy*, London/New York: Routledge.

Niechoj, T. (2014b): What future for Europe? A scenario analysis of European integration, in: J. Jäger and E. Springler (eds.), *Asymmetric Crisis in Europe and Possible Futures: Critical Political Economy and Post-Keynesian Perspectives*, London/New York: Routledge, forthcoming.

Niechoj, T., van Treeck, T. (2011): Policy responses to the euro debt crisis: can they overcome the imbalances that caused the crisis?, *Intervention. European Journal of Economics and Economic Policies*, 8(2), 245-266.

Priewe, J. (2011): Die Weltwirtschaft im Ungleichgewicht, Ursachen, Gefahren, Korrekturen, Series: WISO Diskurs, Bonn: Friedrich-Ebert-Stiftung.

Priewe, J. (2012): European imbalances and the crisis of the European Monetary Union, in: H. Herr, T. Niechoj, C. Thomasberger, A. Truger and T. van Treeck (eds.), *From Crisis to Growth? The Challenge of Debt and Imbalances*, Marburg: Metropolis.

Semieniuk, G., van Treeck, T., Truger, A. (2012): Towards reducing economic imbalances in the euro area? Some remarks on the Stability Programmes 2011-2014, in: H. Herr, T. Niechoj, C. Thomasberger, A. Truger and T. van Treeck (eds.), *From Crisis to Growth? The Challenge of Debt and Imbalances*, Marburg: Metropolis.

Valdez, S., Molyneux, P. (2013): *An Introduction to Global Financial Markets*, 7th ed., Houndsmills/Basingstoke/Hampshire: Palgrave Macmillan.

Der Fiskalpakt –
Hauptkomponente einer Systemkrise

Stephan Schulmeister

1. Einleitung

Anfang 2013 ist der zwischen 25 EU-Ländern geschlossene Fiskalpakt in Kraft getreten. Sein Konzept und seine Umsetzung weisen jene Merkmale auf, welche für das finanzkapitalistische System insgesamt typisch sind, also für jene „Spielanordnung", welche seit den 1970er Jahren dominiert. Dazu gehören die neoklassisch-neoliberale Wirtschaftstheorie als wissenschaftliches Fundament, die daraus abgeleitete „Navigationskarte" für die Politik, die dadurch verordnete Verlagerung des Entscheidungsprimats von der Politik zum Markt bzw. zu den Mainstream-Ökonomen als den Deutern der Zeichen der „unsichtbaren Hand", im Konkreten die Aufgabe einer aktiven Wirtschaftspolitik, die Deregulierung der Finanz- und Arbeitsmärkte und der Abbau des Sozialstaats.

Die finanzkapitalistische Spielanordnung stellt ein System dar, in dem die kapitalistische „Kernenergie", das Profitstreben, sich zunehmend von der Real- zur Finanzakkumulation verlagert. Hauptgründe dafür sind die Instabilität von Wechselkursen, Rohstoffpreisen, Aktienkursen und Zinssätzen, die Zunahme der Spekulation auf den entsprechenden Märkten, gefördert durch den Boom der Finanzderivate sowie die Privatisierung von Staatsbetrieben und der Abbau des Sozialstaats, insbesondere im Bereich der Altersvorsorge und des Gesundheitswesens (in einer realkapitalistischen Spielanordnung – wie etwa in den 1950er und 1960er Jahren oder in der „belle époque" zwischen 1895 und 1914 – lenken die Anreizbedingungen umgekehrt das Profitstreben auf realwirtschaftliche Aktivitäten).

Finanzkapitalistische Systeme zerstören sich notwendig selbst: Es wird immer mehr Finanzvermögen gebildet, das keine realwirtschaftliche Deckung besitzt. Die höchste Form dieses „fiktiven Kapitals" (Karl Marx) sind Staatsanleihen. Mit der sich seit 2008 rasch vertiefenden Krise hat die finale Phase dieses Selbstzerstörungsprozesses eingesetzt.

Auch die Austeritätspolitik als Komponente einer finanzkapitalistischen Spielanordnung – im Konkreten der Fiskalpakt – richtet sich gegen sich selbst bzw. gegen die eigenen Ziele: Je mehr gespart wird, desto stärker steigt die Staatsschuldenquote.

Schließlich gilt: Der Finanzkapitalismus und die ihm „selbstähnliche" Komponente der – im Fiskalpakt „verewigten" – Sparpolitik verstärken sich wechselseitig im Prozess der Autodestruktion. Unter finanzkapitalistischen Anreizbedingungen geht das Wirtschaftswachstum langfristig zurück, im derzeitigen „langen Zyklus" befinden wir uns – nach der realkapitalistischen Aufschwungsphase der 1950er und 1960er Jahre – am Ende der finanzkapitalistischen Abschwungsphase. Dementsprechend hat sich die wirtschaftliche Dynamik schon seit den 1970er Jahren abgeschwächt. Arbeitslosigkeit und Staatsverschuldung nahmen immer mehr zu. Darauf werden die Sparbemühungen intensiviert, was das Wirtschaftswachstum weiter dämpft.

Wie die Sparpolitik nach der Finanz- und Bankenkrise 1929/31 den Prozess in die Depression beschleunigte, so wird auch der Fiskalpakt die Wirtschaft entlang einer Abwärtsspirale in eine Depression gleiten lassen – sofern der Pakt strikt umgesetzt wird.

Das wird jedoch vermutlich nicht der Fall sein. Denn auch immer mehr Unternehmer und zum Schluss auch die Unternehmervertreter werden sich im Prozess der Krisenvertiefung als Opfer der Sparpolitik begreifen und sich (langsam) von den neoliberalen Symptomkuren abwenden. Sie folgen damit ihrem Selbsterhaltungstrieb – eine Depression fügt ja auch den Unternehmen schweren Schaden zu, überdies sind Sozialstaat und Gewerkschaften schon hinreichend geschwächt (der „neoliberale Mohr" hat seine Schuldigkeit getan). Ähnliches tat schon die EZB: Als sie ihre Existenz durch die Vertiefung der Spaltung des Euroraums als Folge anhaltender Zinsspekulation gefährdet sah, warf sie einige ihrer Grundsätze vernünftigerweise über Bord.

Wann der Tiefpunkt der Talsohle des „langen Zyklus" erreicht wird, hängt entscheidend von der Bereitschaft der Mainstream-Ökonomen ab, insbesondere in der Europäischen Kommission und in den Kabinetten der EU-Finanzminister, den Fiskalpakt de facto außer Kraft zu setzen. Technisch und juristisch wäre das kein Problem. Man müsste nur das Verfahren zur Schätzung des Potentialoutputs und (damit) des strukturellen Defizits „anpassen". Dieses ist weder im Fiskalpakt noch in seinem Vorgänger, dem Stabilitäts- und Wachstumspakt, im Detail festgelegt. Genau dies gibt den Ökonomen einen so großen Deutungs- und damit Handlungsspielraum. Ob sie ihn nutzen werden, um die desaströse Austeritätspolitik auslaufen zu lassen, hängt von ihrer Lernbereitschaft ab. Zu optimistisch sollte man diesbezüglich nicht sein, zumal die Mainstream-Ökonomen selbst von den Folgen ihrer bisherigen Symptomkuren nicht betroffen sind.

Sehen wir uns nun die wichtigsten Elemente dieser Argumentationskette an.

2. Das wissenschaftlich-ideologische Fundament des Fiskalpakts

Dieses beruht auf der neoklassisch-neoliberalen Weltanschauung. Demnach finden sich selbst überlassen Märkte die beste Lösung der ökonomischen Grundfragen, was wie für wen produziert werden soll. Eingriffe von Staat und Politik stören die zu einem allgemeinen Gleichgewicht strebenden Marktprozesse (abgesehen von der Bereitstellung „reiner" öffentlicher Güter und der Berücksichtigung externer Effekte). Regulierungen der Finanzmärkte, die Systeme der sozialen Sicherheit (insbesondere das Arbeitslosengeld) und öffentliche Unternehmen verzerren die Preisbildung, setzen so falsche Anreize und verhindern die – effizienteren – Aktivitäten privater Akteure. Diese werden also durch einen wirtschaftspolitisch aktiven Staat „hinausgedrängt" („crowding out").

Ziel der Wirtschaftspolitik muss daher eine Rückführung der Aktivitäten des Staates auf seine Kernaufgaben sein, der Rückgang der Staatsquote würde die Marktkräfte „entfesseln" und so Effizienz und Dynamik der Gesamtwirtschaft steigern.

Zwei Implikationen der neoliberalen Weltanschauung machen sie für Vermögende besonders attraktiv. Erstens, die Annahme, dass der Egoismus der Einzelnen nicht nur nicht schädlich und moralisch verwerflich sei, sondern – ausgelebt in der Marktkonkurrenz – eine optimale Allokation der (knappen) Ressourcen und damit letztlich die beste aller ökonomischen Welten ermögliche. Allerdings bezog sich Adam Smith mit seiner Metapher von der „unsichtbaren Hand" des Markts lediglich auf die effizienzsteigernde Wirkung der – eigennutzgetriebenen – Konkurrenz, andere Probleme wie etwa jene des sozialen Ausgleichs und sonstiger dem Staat vorbehaltenen Aufgaben, blieben für ihn davon unberührt. Für die neoliberalen „master minds" wie Hayek oder Friedman wurde „der Markt" hingegen zur letzten Instanz, dessen Lösungen der Staat zu akzeptieren habe – deren „Korrekturen" durch die Politik etwa im Sinne einer „sozialen Gerechtigkeit" seien daher strikt abzulehnen.

Zweitens sichert die neoliberale Weltanschauung den Vermögenden ein Maximum an wirtschaftlicher Macht: Je mehr Kompetenzen „dem Markt" zu-

gesprochen werden, desto größeren Einfluss haben die „Geldstimmen" im Vergleich zu den „Wahlstimmen". Letztere sind gleich verteilt, erstere aber nicht.
Um die Interessegebundenheit der neoliberalen Weltanschauung zu ver-
bergen, werden ihre Aussagen „erhöht", einerseits durch quasi-religiöse Kon-
struktionen wie „der Markt" als Subjekt und zugleich „höheres Wesen", das
– ähnlich der göttlichen Vorsehung – durch eine „unsichtbare Hand" alles
zum Besten lenkt, und andererseits durch einen extremen Abstraktionsgrad
der „Verwissenschaftlichung" dieser Glaubensvorstellung in Gestalt der Allgemeinen Gleichgewichtstheorie (in den derzeit in Mode stehenden „dynamic
stochastic general equilibrium models" hat der Abstraktionsgrad bereits gro-
teske Züge).

Daraus resultiert folgendes Problem: Wie können aus einer derart „jensei-
tigen" – marktreligiös „überhöhten" bzw. von der Realität abstrahierenden –
Weltanschauung „handfeste" Handlungsanweisungen an die Politik abgeleitet
werden, welche das „Spiel Wirtschaft" im Sinne der Interessen der Vermögenden umgestalten?

3. Von der marktreligiös-abstrakten Weltanschauung zur
neoliberalen Navigationskarte

Die wichtigsten Beiträge zur politischen „Operationalisierung" des neoliberalen Programms wurden von der Schule von Chicago geleistet, und zwar bereits in den 1950er und 1960er Jahren, als die neoliberalen Ökonomen noch
Außenseiter waren. In drei Problemfeldern haben sie die wirtschaftspolitische
Navigationskarte der letzten 40 Jahre entscheidend geprägt: Erstens im Hinblick auf die Deregulierung der Finanzmärkte, zweitens im Hinblick auf die
Aufgabe einer aktiven Beschäftigungspolitik und drittens im Hinblick auf die
generelle Einschränkung des wirtschaftspolitischen Handlungsspielraums
durch Regelbindungen.

Die für die 1950er und 1960er Jahre typische Regulierung der Finanzmärkte im Allgemeinen und des Systems fester Wechselkurse im Besonderen
attackierte Friedman (1953) mit dem Argument, dass Finanzspekulation nützlich und nicht schädlich sei: Treiben („rationale") Spekulanten den Preis zu
seinem Fundamentalgleichgewicht, so machen sie den Markt effizienter, destabilisieren sie den Preis (treiben ihn weg vom Gleichgewicht), so würden
sie Verluste erleiden und aus dem Markt ausscheiden (Friedman unterstellt
einfach, was zu belegen wäre, dass nämlich rationale Spekulanten auf den
Finanzmärkten dominieren und dass sie unter Rationalität das Gleiche ver-

stehen wie Friedman und seine neoliberalen Mitstreiter). Diese Argumentation bildet das Fundament des Theorems von der Finanzmarkteffizienz (Fama 1970), die Legitimationsgrundlage für die Ent-Fesselung der Finanzmärkte seit den 1970er Jahren und für die Flut an Finanzinnovationen in Gestalt der Derivate seit den 1980er Jahren.

Ihre Angriffe auf die Regulierung der Finanzmärkte konzentrierten die neoliberalen „master minds" in den 1960er Jahren auf das System von Bretton Woods. Sie konnten dabei seinen fundamentalen Konstruktionsfehler zu ihren Gunsten nutzen, die Doppelrolle des Dollar als nationale Währung der USA und als Weltwährung. Diese musste nämlich das System selbst langfristig unterminieren: Einerseits nützten die USA ihre Rolle als „world banker" aus, etwa zu Finanzierung des Vietnam-Kriegs, und beschädigten so das Vertrauen in den Dollar als Leitwährung, andererseits verschlechterte sich die relative Position der US-Wirtschaft, weil der Dollar angesichts des Aufholprozesses der anderen Industrieländer hätte abwerten müssen, was aber durch das Währungssystem ausgeschlossen war.

Es ist daher kein Zufall, dass Präsident Nixon das ganze System kollabieren ließ, nachdem die US-Wirtschaft (und nur diese) 1970 in eine Rezession geschlittert war. Mit den beiden drastischen Dollarentwertungen 1971/73 und 1976/78, den beiden nachfolgenden „Ölpreisschocks" samt Rezessionen und der 1980 einsetzenden Hochzinspolitik wurde der Übergang von real- zu finanzkapitalistischen „Spielbedingungen" vollzogen.

Der Weg in die gegenwärtige Krise begann also schon Anfang der 1970er Jahre. Er wurde durch das Aufgeben des Ziels der Vollbeschäftigung geebnet, deren wichtigste wissenschaftliche Legitimation Friedman (und Phelps) mit dem Konzept einer „natürlichen Arbeitslosenrate" beisteuerte (Friedman 1968). Kurzfristig könne eine expansive Wirtschaftspolitik zwar die Arbeitslosigkeit um den Preis einer höheren Inflation senken, langfristig sei das aber unmöglich, eine Vollbeschäftigungspolitik also sinnlos.

Wieder nützte Friedman einen Denkfehler mancher Keynesianer in der Phillips-Kurven-Debatte der 1960er Jahre aus. Während Phillips (1954) selbst die negative Korrelation von Arbeitslosenquote und Inflationsrate nur in einer Kausalitätsrichtung interpretierte (je niedriger die Arbeitslosigkeit, desto höhere Lohnsteigerungen werden durchgesetzt), sahen andere Ökonomen in der Phillips-Kurve quasi ein Angebot an die Wirtschaftspolitik, eine Kombination von Arbeitslosigkeit und Inflation zu wählen. Die Vorstellung, man könne sich mit höherer Inflation mehr Beschäftigung erkaufen, ist aber allein schon deshalb unsinnig, weil erstere einen Anstieg der Nominalzinsen und damit einen sprunghaften Anstieg der Zinszahlungen der Unternehmen nach sich zieht, der früher oder später zu einem Rückgang der Investitionsnachfrage und damit einem Anstieg der Arbeitslosigkeit führt.[1]

Das Postulat einer „natürlichen" Arbeitslosigkeit hat zwei Implikationen, welche dem neoliberalen Erkenntnisinteresse entsprechen. Erstens, eine makroökonomische Vollbeschäftigungspolitik ist sinnlos. Zweitens, eine nachhaltige Senkung der Arbeitslosigkeit kann nur durch „Strukturreformen" am Arbeitsmarkt erreicht werden wie etwa durch Senkung des Arbeitslosengelds (der „Anreize zu Arbeitslosigkeit") oder durch Deregulierungen wie die Lockerung des Kündigungsschutzes.

Die Einführung des Konzepts der „rationalen Erwartungen" in die Makroökonomie in den 1970er Jahren „radikalisierte" das Konzept der „natürlichen" Arbeitslosigkeit". Unter dieser Annahme können Maßnahmen einer expansiven Wirtschaftspolitik die Arbeitslosigkeit nicht einmal kurzfristig senken (Lucas 1972).

Um die Vorstellung einer „natürlichen" Arbeitslosigkeit in den wirtschaftspolitischen Auseinandersetzungen wirkungsvoll zum Einsatz bringen zu können, musste ein Verfahren zur empirischen Schätzung der gleichgewichtigen oder strukturellen Arbeitslosenquote entwickelt werden. Sie wurde als jenes Niveau der Arbeitslosigkeit geschätzt, bei der die Inflationsrate stabil bleibt. Diese wurde fortan als „non-accelerating inflation rate of unemployment" (NAIRU) bezeichnet, was überdies viel wissenschaftlicher klang als „natürliche" Arbeitslosenrate.

In den 1980er Jahren wurde daraus schließlich die „non-accelerating wage rate of unemployment" (NAWRU), also jene Arbeitslosenquote, bei der die Lohnsteigerungen stabil bleiben. NAIRU wie NAWRU unterstellen, dass die wichtigste Determinante der Inflation die Lohnentwicklung sei, eine Annahme, die angesichts des Einflusses der Rohstoffpreise, insbesondere des Ölpreises, oder auch der Gewinnentwicklung empirisch nicht fundiert ist (seit 30 Jahren steigen die „Gewinnstückkosten" viel stärker als die Lohnstückkosten).

Das zur empirischen Schätzung der NAWRU entwickelte Verfahren führt dazu, dass jede Zunahme der Arbeitslosigkeit – egal ob wegen einer Finanzkrise, eines Ölpreisschocks oder der Austeritätspolitik – in eine „strukturelle" umgedeutet wird, sofern die Arbeitslosigkeit nicht wieder rasch sinkt. Es müssen dann eben die (nominellen) Lohnsteigerungen zu hoch gewesen sein.

---

[1] Beschleunigt sich etwa die Inflation von 3% auf 6% und steigt in der Folge der Kreditzins von 5% auf 8%, so nehmen die Zinszahlungen um 60% zu. Dieser „Zinsakzelerator" ist in der keynesianischen Theorie vernachlässigt worden, weil diese die Bestandsgrößen generell unzureichend berücksichtigt (Schulmeister 1995).

Dieser Zirkelschluss stellt überdies sicher, dass auch der Potentialoutput dem tatsächlichen folgt. Steigt nach einem „Schock" die NAWRU, so stehen nunmehr weniger Arbeitskräfte zur Verfügung (die „natürlichen" Arbeitslosen werden als nicht mehr verwendungsfähig angesehen). Damit sinkt auch die Outputlücke und jeder Anstieg eines Budgetdefizits wird so in einen überwiegend „strukturellen" umgedeutet. Da in der Realität die Senkung von Löhnen, des Arbeitslosengeldes bzw. die Austeritätspolitik im Allgemeinen die gesamtwirtschaftliche Produktion dämpfen, führen die Konzepte einer „natürlichen" Arbeitslosigkeit und eines „strukturellen" Haushaltsdefizits die Wirtschaft in eine Abwärtsspirale. Schritt 1: „Schocks" oder eine Sparpolitik lassen Nachfrage und Produktion schrumpfen. Schritt 2: Der Anstieg von Arbeitslosigkeit und Budgetdefizit wird als „strukturell" gedeutet. Schritt 3: Dies erfordert weitere Senkungen von Löhnen und Sozialausgaben. Es folgt wieder Schritt 1. Diese Sequenz werde ich am Beispiel der Entwicklung in Spanien dokumentieren.

Die dritte, von der „Chicago Gang" entwickelte Komponente der neoliberalen Navigationskarte besteht in der Bindung der Geld- und Fiskalpolitik an bestimmte Regeln, das Komplement zur Deregulierung der Märkte. In den USA hat die Notenbank in den 1980er Jahren (Präsidentschaft von Reagan) versucht, sich an monetaristischen Geldmengenregeln zu orientieren. Nicht zuletzt wegen der Unmöglichkeit, die Geldmenge in Zeiten gewaltiger Finanzinnovationen sinnvoll zu definieren, ist dieser Versuch gescheitert. Ende der 1980er Jahre hat die US-Politik Regelbindungen verworfen und verfolgt seither in der Geld- und Fiskalpolitik einen „bastard-keynesianischen" Kurs.

Genau zu diesem Zeitpunkt übernahm die Politik in der EU im Zuge der Vorbereitung auf die Währungsunion das Konzept der Regelbindung, in der Fiskalpolitik in Gestalt der Maastricht-Kriterien, ausgebaut zum Stabilitäts- und Wachstumspakt und jüngst in Form des Fiskalpakts verschärft, in der Geldpolitik in Gestalt des Statuts der EZB.

4. Der Fiskalpakt und seine Umsetzung

Seit Jänner 2013 ist der Fiskalpakt in Kraft. Er wird die europäische Wirtschaft in eine Abwärtsspirale führen und so eine nachhaltige Stabilisierung der Staatsfinanzen unmöglich machen (sofern er konsequent umgesetzt wird). Dies ergibt sich nicht aus dem – richtigen Ziel, die Staatsverschuldung einzudämmen, sondern aus dem Weg, auf dem dieses Ziel erreicht werden soll. Dieser Weg wird durch zwei Regeln festgelegt:

- Jeder Vertragsstaat darf nur mehr ein strukturelles (konjunkturbereinigtes) Defizit von maximal 0,5% des BIP aufweisen (Defizitregel).

- Jedes Jahr muss die Staatsschuld um ein Zwanzigstel der Differenz zwischen der aktuellen Schuldenquote und dem Zielwert von 60% reduziert werden (Schuldenregel).

Stellt die EU-Kommission eine nachhaltige Verletzung dieser Regeln fest, wird der Staat automatisch sanktioniert.

Während die Schuldenregel erst drei Jahre nachdem ein Staat sein Defizit unter 3% gebracht hat und damit nicht mehr der „excessive deficit procedure" unterworfen ist zu greifen beginnt, gilt die neue Defizitregel permanent, abgesehen von „außergewöhnlichen Umständen". Allerdings darf die Abweichung auch dann nur „vorübergehend" sein und die „mittelfristige Tragfähigkeit der öffentlichen Finanzen" nicht gefährden.

Der strukturelle Budgetsaldo ergibt sich aus dem tatsächlichen Saldo nach Abzug der Konjunkturkomponente, also jenem Teil des Saldos, der durch die Abweichung des realisierten BIP vom Potentialoutput (PO) verursacht ist.[2] Diese Differenz (in % des PO) stellt die Outputlücke dar. Die Konjunkturkomponente wird von der Europäischen Kommission (EK) auf etwa 50% der jeweiligen Outputlücke geschätzt (siehe Larch/Turrini 2009, 8).

Der PO wird von der Europäischen Kommission unter der Annahme geschätzt, dass eine Cobb-Douglas-Produktionsfunktion den Zusammenhang zwischen dem Einsatz von Kapital, Arbeit und Output näherungsweise abbildet (Substituierbarkeit von Arbeit und Kapital in beide „Richtungen" ist Voraussetzung für die Annahme, dass Lohnsenkungen allein – unabhängig vom Produktionsniveau – ausreichen, um die Nachfrage nach Arbeit zu erhöhen).[3]

---

[2] Zusätzlich werden auch Einmaleffekte in Abzug gebracht. Diese können hier außer Acht gelassen werden.

[3] Diese Produktionsfunktion wird in der Literatur und bei der Entwicklung ökonometrischer Modelle häufig verwendet, weil sie mathematisch sehr einfach ist. Sie impliziert unter anderem: Der Einsatz von Kapital und Arbeit ist substituierbar, er wird durch die relativen Faktorpreise bestimmt, überdies bleibt die funktionelle Einkommensverteilung konstant. Beide Annahmen werden durch die empirische Evidenz geradezu desavouiert: Erstens folgt die Kapitalintensität einem streng monoton steigenden Pfad. Trotz drastischer Verbilligung von Arbeit relativ zu Kapital (wie etwa Anfang der 1980er Jahre als Folge der Hochzinspolitik) steigt die Kapitalausstattung je Arbeitsplatz stetig an, dies ist der Reflex des kapitalgebundenen technischen Fortschritts. Zweitens zeigen sich in nahezu allen Industrieländern enorme Verschiebungen in der funktionellen Einkommensverteilung. Von den 1950er bis zu den 1970er Jahren ist die Lohnquote markant gestiegen, seit den 1980er Jahren annähernd ebenso stark wieder gefallen. Schulmeister (1998) dokumentiert

Dabei wird die verfügbare Arbeitsmenge (in Stunden) entsprechend dem NAWRU-Konzept geschätzt. Die strukturelle Arbeitslosenquote wird als jene angesehen, die nötig ist, damit sich der Lohnanstieg nicht erhöht. Entsprechend der Logik, dass jede sich verfestigende Arbeitslosigkeit strukturell bedingt ist, wird die NAWRU als Trend der tatsächlichen Arbeitslosenquote mit Hilfe des Kalman-Filters geschätzt (D'Auria et al. 2010).

Abbildung 1 zeigt die tatsächliche Entwicklung von Produktion und Arbeitslosigkeit in Spanien und die Schätzwerte von NAWRU, Potentialoutput, Outputlücke und konjunkturbereinigtem Budgetsaldo (alle Daten stammen aus der Prognose der EU-Kommission vom Winter 2013). An diesem Beispiel lassen sich das Schätzverfahren der Kommission und die wirtschaftspolitischen Konsequenzen seiner Ergebnisse verdeutlichen.

Nach einer Phase eines hohen und stabilen Wirtschaftswachstums zwischen 1999 und 2007, in der sich der Budgetsaldo in einen Überschuss dreht und die Staatsschuldenquote auf 40% des BIP sinkt, stürzt die internationale Finanzmarktkrise und das Platzen der spanischen Immobilienblase die Wirtschaft in eine schwere Krise: Die Arbeitslosenquote steigt zwischen 2007 und 2009 von 8,3% auf 18,0% an, und dies lässt auch die NAWRU auf 15,1% steigen. Es werden daher nur mehr etwa 85% der Arbeitskräfte („labour force") als für die Produktion verfügbar angesehen (15% sind strukturell arbeitslos). Damit sinkt das Wachstum des Potentialoutputs – trotz einer Arbeitslosigkeit von fast 20% schätzt die EK die Outputlücke für 2009 auf lediglich 4,1%. Dies bedeutet wiederum, dass nur 2 BIP-Prozentpunkte des tatsächlichen, vom Staat als Folge der Finanz- und Immobilienkrise „erlittenen" Defizits in Höhe von 11,2% des BIP als konjunkturbedingt angesehen bzw. akzeptiert werden (Abbildung 1).

Der rapide Anstieg des als strukturell interpretierten Defizits erzwingt massive Kürzungen des öffentlichen Konsums und der staatlichen Transferzahlungen (sie stagnieren obwohl die Zahl der Arbeitslosen auf mehr als das Doppelte gestiegen ist). Dies lässt die Wirtschaft 2012 und 2013 neuerlich schrumpfen, die Arbeitslosigkeit steigt auf 26,9% und die NAWRU auf 24,0%, die Outputlücke verharrt daher bei 4,5% des BIP (obwohl 27% der Arbeitskräfte keine Beschäftigung finden, könnte die spanische Wirtschaft nach dem Schätzverfahren der EU-Kommission lediglich um knapp 5% mehr produzieren als sie tatsächlich produziert – 24,0% der Arbeitskräfte werden als struk-

---

diese und viele andere Widersprüche zwischen den Annahmen von „constant-elasticity-of-substitution"-Produktionsfunktionen (CES-Funktionen) und den empirischen Realisationen im Kapital-Arbeit-Output-Raum.

turell arbeitslos angesehen und stehen der Produktion nicht mehr zur Verfügung).

Der starke Rückgang der Reallöhne hat auf die Entwicklung der NAWRU keinen dämpfenden Einfluss, da dieser der tatsächlichen Arbeitslosenquote folgt (die Möglichkeit, dass ein Rückgang der Löhne den privaten Konsum und das BIP dämpft und so die Arbeitslosigkeit steigen lässt, ist durch das NAWRU-Schätzverfahren ausgeschlossen).

Abbildung 1: Entwicklung von Produktion, Arbeitslosigkeit und Staatsfinanzen in Spanien

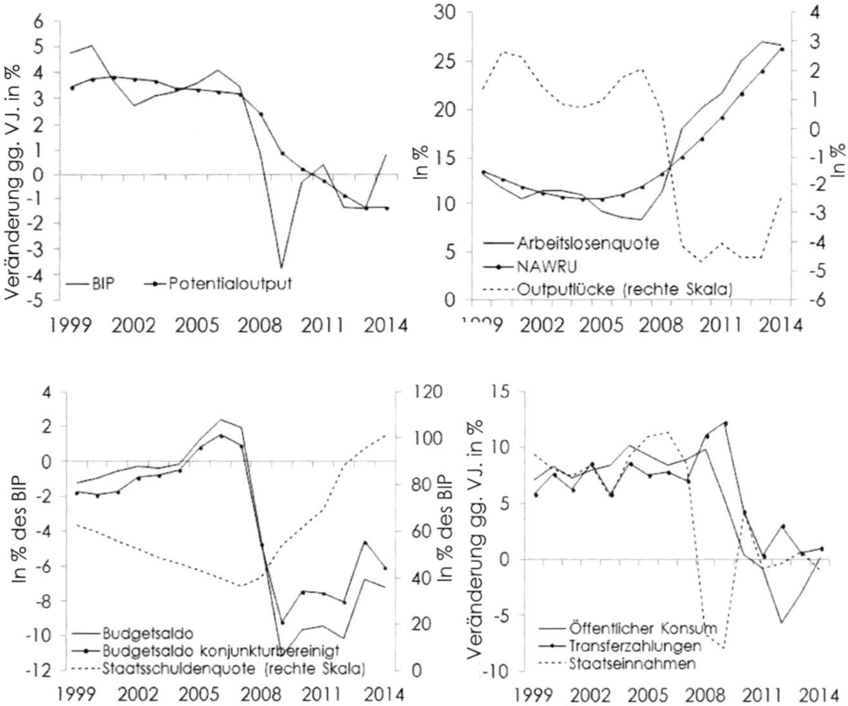

Quelle: Eurostat (ameco).

Da der größte Teil der tatsächlichen Arbeitslosigkeit als strukturell bedingt interpretiert wird, wird auch der größte Teil des Budgetdefizits als strukturell angesehen: Der Anstieg der NAWRU lässt den Potentialoutput schrumpfen und damit erscheint das Budgetdefizit überwiegend strukturell bedingt (Abbildung 1). Daher werden zusätzliche Konsolidierungsmaßnahmen erforderlich, die zwar das Haushaltsdefizit reduzieren, aber um den Preis einer weiter steigenden Arbeitslosigkeit.

Steigende Arbeitslosigkeit und eine schrumpfende Wirtschaft lassen die Staatsschuldenquote Spaniens dramatisch steigen, und zwar in erster Linie als Folge der Konsolidierungspolitik selbst (ein eindrucksvolles empirisches Beispiel für das „Sparparadox", das jeder Student bis in die 1970er Jahre verstehen musste): Nach Schätzung der EU-Kommission steigt die Staatsschuld von 53,9% (2009) bis 2014 auf 101,0% des BIP; im gleichen Zeitraum kann das strukturelle bzw. konjunkturbereinigte Defizit nicht einmal halbiert werden, es sinkt von 9,2% auf 6,1% des BIP (Abbildung 1).

Wenn die Staatsschuldenquote Spaniens bis zum Erreichen eines strukturellen Defizits von 0,5% des BIP auf etwa 120% des BIP steigt, bedeutet dies, dass danach entsprechend der Schuldenregel jährlich im Ausmaß von 3 BIP-Prozentpunkten konsolidiert werden muss, um nach etwa 20 Jahren das Ziel einer Staatsschuldenquote von 60% des BIP zu reichen.

Derzeit weisen 24 der 28 EU-Länder ein konjunkturbereinigtes Defizit von mehr als 0,5% des BIP auf, im Durchschnitt aller EU-Länder wird es 2014 bei 1,4% liegen. 2011 hatte es 3,7% des BIP betragen. Die gleichzeitigen Konsolidierungsbemühungen aller Länder wurden zur wichtigsten Ursache für das Schrumpfen der Wirtschaft im Euroraum 2011 und 2012 (die längste Rezession der Nachkriegszeit). Aus dem gleichen Grund findet die Wirtschaft derzeit noch immer keinen Weg aus der Stagnation, der wiederholt prognostizierte Aufschwung erwies sich bisher als Fata Morgana. Vielmehr verstärken sich die negativen Rückkoppelungeffekte der gleichzeitigen Austeritätspolitik weiter wechselseitig.

Solche Effekte sind allerdings im Verfahren der EU-Kommission zur Schätzung struktureller Defizite nicht vorgesehen. Dieses impliziert vielmehr, dass Konsolidierungsmaßnahmen keinen dämpfenden Effekt auf die Gesamtwirtschaft haben.[4] Im Gegensatz dazu betont (sogar) der Internationale Währungsfonds die Bedeutung negativer Multiplikatoreffekte und stellt fest, dass deren Höhe früher unterschätzt worden sei. Tatsächlich läge der Fiskalmultiplikator nicht bei 0,5 (wie zumeist angenommen), sondern zwischen 0,9 und 1,7 (eine Konsolidierungsmaßnahme im Ausmaß von 1 Mrd. dämpft das

---

[4] Siehe etwa die umfassende Darstellung der Defizit- und Schuldenregeln und der Optionen zu ihrer Verbesserung bzw. Verschärfung in European Commission (2011). Die Möglichkeit, dass Konsolidierungsmaßnahmen das BIP dämpfen und so ihr Ziel – zumindest teilweise – verfehlen, wird an keiner Stelle in Erwägung gezogen.

BIP in einem Ausmaß zwischen 0,9 Mrd. und 1,7 Mrd. – International Monetary Fund 2012, Box 1.1, 41ff.).

Die fundamentale Ursache für die Vernachlässigung der Rückkopplungs-
effekte einer restriktiven Fiskalpolitik (wie auch sinkender Reallöhne) in der
EU besteht darin, dass die fiskalpolitischen Regeln der EU auf der neoliberal-
monetaristischen Wirtschaftstheorie basieren. Diese Weltanschauung nimmt
an, dass der Staat eine unbeschränkte Kontrolle über seinen Finanzierungssaldo hat, dieser also nicht auch Resultat makroökonomischer Kettenreaktio-
nen ist, ausgelöst auch durch Maßnahmen der Fiskalpolitik selbst.

Der Übergang vom ökonomischen Paradigma der 1950er und 1960er Jahre,
der „neo-klassischen Synthese" (ein „Verschnitt" von neoklassischer Mikroökonomie und „bastard-keynesianischer" Makroökonomie, nicht widerspruchs-
frei, aber gerade deshalb als Navigationskarte brauchbar), zum alten „laissez-
faire"-Paradigma (Auflösung der Makroökonomie in die Mikroökonomie
durch Einführung der Tautologie „rationaler Erwartungen", welche die totale
Widerspruchsfreiheit – scheinbar – gewährleistet) erstreckte sich über mehr
als 40 Jahre. Schritt für Schritt wurden neue Denkfiguren entwickelt, die innerhalb der Modellwelt eine logische Konsequenz des letzten Schritts darstellten
(von der „natürlichen Arbeitslosenrate" zu den „rationalen Erwartungen",
dann weiter zur Politikineffizienz samt Ricardianischer Äquivalenz, dem „real
business cycle" und schließlich den „dynamic stochastic general equilibrium
models").[5]

Um den Prozess in ein Bild zu setzen: Es wurden dem Luftschloss der
Gleichgewichtstheorie mit großem Fleiß neue Türmchen und Erker beige-
fügt, die Meisterarchitekten bekamen dafür Nobelpreise, die Gesellen eiferten
den Meistern hinterher, (fast) alle akademischen Ökonomen richteten sich
wohnlich ein in ihrem Schloss und verwechselten dieses immer mehr mit den
Hütten am Boden der Realität. Mehr als eine Generation von Studierenden
wurde in der Luftschlossarchitektur ausgebildet, die Details vergaßen sie
rasch, nicht aber die wichtigsten wirtschaftspolitischen Schlussfolgerungen,
also die Hauptkomponenten der falschen Navigationskarte.

Der Prozess des Realitätsverlustes des wirtschaftswissenschaftlichen Main-
streams war somit ein stetiger, aber langsamer. Sein volles Ausmaß wird deutlich, wenn man die Wahrnehmung der ökonomischen Eliten am Ende dieses
Prozesses untersucht. Die NAWRU-Schätzungen der Europäischen Kommis-

---

[5] Ein Generalangriff auf die Theoriebildung der letzten Jahrzehnte, der auf die mathematische Inkonsistenz der neuen/alten Gleichgewichtswelt fokussiert ist, findet sich in einem
sehr anregenden und bereichernden Buch von Keen (2011).

sion sind ein gutes Beispiel. Denn es ist schlicht verrückt anzunehmen, dass 24% der „labour force" Spaniens „natürlich" arbeitslos und daher nicht mehr einsatzfähig seien.

Dies ist nur ein Beispiel dafür, dass die „Allgemeine Luftschlosstheorie" und die daraus abgeleitete Navigationskarte „im Ganzen" irreparabel falsch sind. An den Resultaten der auf dieser Karte basierenden Austeritätspolitik in der EU wird dies besonders deutlich (Abbildung 2). Zwischen 2007 und 2013 stieg die Staatsschuldenquote genau in jenen Ländern am stärksten, welche nach Ausbruch der Finanzkrise dem radikalsten Sparkurs folgten: Trotz eines Schuldenschnitts nahm die öffentliche Verschuldung in Griechenland um 68 BIP-Prozentpunkte zu, in Portugal um 61, in Spanien um 56 und in Großbritannien um 55 BIP-Prozentpunkte.

Abbildung 2: Staatsschulden für ausgewählte Länder (1995-2014)
in % des BIP

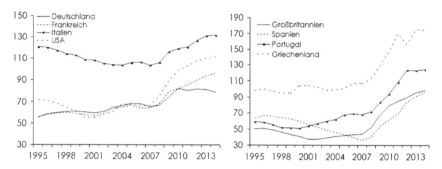

Quelle: Eurostat (ameco).

Auch die Tatsache, dass die Staatsschuldenquote in nahezu allen Industrieländern genau in jenen zwei Jahrzehnten stetig gesunken war, in der – zumindest in Europa – der Sozialstaat massiv ausgebaut wurde, verdeutlicht den systemischen Charakter des Problems der Staatsfinanzen. Denn in den 1950er und 1960er Jahren herrschten real- und nicht finanzkapitalistische Rahmenbedingungen, diese ermöglichten den Weg zur Vollbeschäftigung und damit indirekt eine doppelte Entlastung der öffentlichen Haushalte, es mussten immer weniger Arbeitslose unterstützt werden und Steuereinnahmen sowie Sozialbeiträge flossen reichlich.

5. Deutschland als Gegenbeispiel?

In den letzten Jahren gilt Deutschland in Europa als *das* Beispiel für den Erfolg einer konsequenten Austeritätspolitik. Mit den Hartz-IV-Gesetzen und sonstigen „Strukturreformen" hätte die Politik schon vor 10 Jahren ihre „Hausaufgaben" gemacht und ernte jetzt eben die Früchte. Tatsächlich hat sich die Wirtschaft in Deutschland erst seit der Krise 2008 markant besser entwickelt als in den anderen EU-Ländern, in den 15 vorangegangenen Jahren war Deutschland der „Nachzügler" in Europa gewesen.

Ein wichtiger Grund für die günstige Entwicklung der deutschen Wirtschaft in den letzten Jahren liegt nicht nur darin, dass die Politik auf die Krise mit speziellen expansiven Impulsen reagierte (wie etwa der „Abwrackprämie"), sondern insbesondere darin, dass der Erhalt eines möglichst hohen Beschäftigungsniveaus eine höhere Priorität bekam als anderswo. Dem diente insbesondere das erweiterte Kurzarbeitsmodell. Dadurch konnte im Kernbereich der deutschen Wirtschaft, in der Industrie, ein hohes Beschäftigungsniveau erhalten werden. So ersparte man sich Suchprozesse von Arbeitslosen und stabilisierte die Erwartungen von Unternehmern und Haushalten. Beide Effekte stärkten den Aufschwung nach Überwindung der Krise.

Der Hauptgrund für die (relativ) günstige Entwicklung der deutschen Wirtschaft nach Ausbruch der Finanzkrise liegt allerdings in der hohen Dynamik ihrer Exporte. Die Grundlage dafür wurde in den Jahren vor der Krise gelegt: Bereits seit den 1990er Jahren und verstärkt nach Umsetzung der Agenda 2010 wurde in Deutschland eine extrem restriktive Lohnpolitik verfolgt. Diese stützte das Exportwachstum und konnte so die Stagnation der Binnennachfrage teilweise kompensieren.

Jan Priewe hat die fatalen Folgen dieser „beggar-my-neighbour-policy" für die Kohärenz der Europäischen Währungsunion frühzeitig – nämlich vor Ausbruch der Finanzkrise – erkannt und analysiert. In einem Aufsatz mit dem – durchaus prophetischen – Titel „Economic divergence in the Euro area – why we should be concerned" (Priewe 2007) zeigt er, welches Gefahrenpotential sich durch das Zusammentreffen folgender Entwicklungen aufbaute: Die restriktive Lohnpolitik in Deutschland, die deutlich über dem Wachstum der Arbeitsproduktivität liegenden Reallohnsteigerungen in einigen südeuropäischen Länder wie Spanien oder Griechenland, die dadurch induzierte Ausweitung der Leistungsbilanzungleichgewichte innerhalb der Währungsunion und das (dennoch) nahezu einheitliche Zinsniveau in den Mitgliedsländern: „The EMU seems to provide risk-free finance for even huge and enduring or rising current account deficits without even scant country risk premia." (Priewe 2007, 111)

Dieses Krisenpotential wurde nach Ausbruch der Finanzkrise „aktiviert". Waren die Zinsdifferentiale davor zu klein gewesen, so weiteten sie sich nun nicht zuletzt auch als Folge von Spekulation dramatisch aus. Für Griechenland und danach für Irland, Portugal, Spanien und Italien stiegen die langfristigen Zinsen in unfinanzierbare Höhen, Rettungsschirme und radikale Austeritätspolitik in den Krisenländern waren die Folge.

Vor dem Hintergrund dieser Entwicklung verdienen die Vorschläge von Jan Priewe zu einer Re-Aktivierung der Einkommenspolitik mehr Aufmerksamkeit. Priewe hat diese Vorschläge schon vor der Krise formuliert (Priewe 2008) und kürzlich präzisiert (Priewe 2012). Zwar sei die Umsetzung einer zwischen den Mitgliedsländern einer Währungsunion koordinierten Einkommenspolitik schwieriger als auf nationaler Ebene, angesichts der Divergenzen innerhalb des Euroraums aber besonders vordringlich.

6. Polit-ökonomisches Fazit

Der Weg in die große Krise begann in den 1970er Jahren mit dem schrittweisen Übergang von real- zu finanzkapitalistischen Rahmen- bzw. Anreizbedingungen. Die wissenschaftliche Legitimation dieser Spielanordnung einer kapitalistischen Wirtschaft bildet die neoklassisch-neoliberale Wirtschaftstheorie. Mit großem Einsatz haben ihre akademischen Vertreter unter Führung der Schule von Chicago daraus eine Navigationskarte für die Politik abgeleitet. Die wesentlichen – einander ergänzenden – Komponenten dieser „road map" sind die Deregulierung der Finanz- und Arbeitsmärkte, der Abbau des Sozialstaats, eine generelle Senkung der Staatsquote und die Regelbindung der Wirtschaftspolitik. Die Beschränkung ihres Handlungsspielraums durch fiskalpolitische Regulierungen stellt den wichtigsten Hebel zur Durchsetzung der neoliberalen Forderungen dar. Wenn etwa durch Ölpreisschocks, Börsenkrachs oder Kreditkrisen die Wirtschaft einbricht und die Arbeitslosigkeit steigt (eine indirekte Folge der Deregulierung der Finanzmärkte), dann erzwingen die Fiskalregeln einen weiteren Abbau des Sozialstaats.

Mit dem Fiskalpakt und seiner Umsetzung wird der Weg in die Sackgasse vollendet, der in den 1970er Jahren seinen Ausgang genommen hatte. Damit hat die EU alle wesentlichen Forderungen und Konzepte der ideologischen Hauptfeinde des Europäischen Sozialmodells – insbesondere der „Chicago Gang" – übernommen, vom Konzept einer „natürlichen Arbeitslosenrate" über die Regelbindung der Politik, vom Primat des (Finanz-)Markts bis zu dem durch all dies erzwungenen Abbau des Sozialstaats.

Vollendung bedeutet aber auch: Das Ende der Sackgasse ist bald erreicht. Denn eine finanzkapitalistische Spielanordnung zerstört sich selbst, weil immer mehr fiktives Kapital gebildet wird. Der drastische Anstieg der Staatsverschuldung und der Aktienboom der letzten Jahre haben wieder ein enormes Absturzpotential aufgebaut: Es wird mit dem unweigerlichen Kippen des „Bullenmarkts" in einen „Bärenmarkt" aktiviert werden. Damit wird sich die Krise markant vertiefen und so den Selbstzerstörungsprozess des Finanzkapitalismus beschleunigen.

Literatur

D'Auria, F., Denis, C., Havik, K., Mc Morrow, K., Planas, C., Raciborski, R., Röger, W., Rossi, A. (2010): The production function methodology for calculating potential growth rates and output gaps, European Economy, Economic Papers 401, July.

European Commission (2011): *Public Finances in EMU – 2011*, European Economy 3, Brussels.

Fama, E.F. (1970): Efficient Capital Markets: A Review of Theory and Empirical Work, *The Journal of Finance*, 25(2), 383-417.

Friedman, M. (1953): The Case for Flexible Exchange Rates, in: M. Friedman, *Essays in Positive Economics*, Chicago: University of Chicago Press.

Friedman, M. (1968): The Role of Monetary Policy, *American Economic Review*, 58(1), 1-17.

International Monetary Fund (2012): *World Economic Outlook. October 2012*, Washington DC.

Keen, S. (2011): *Debunking Economics: The Naked Emperor Dethroned?*, revised and expanded ed., London/New York: Zed Books.

Larch, M., Turrini, A. (2009): The cyclically-adjusted budget balance in EU fiscal policy making: A love at first sight turned into a mature relationship, European Economy, Economic Papers 374, March.

Lucas, R. (1972): Econometric testing of the Natural Rate Hypothesis, in: O. Eckstein (ed.), *The Econometrics of Price Determination: Conference, October 30-31, 1970, Washington, D.C.*, Washington, D.C.: Board of Governors of the Fed and Social Science Research Council.

Phillips, A.W. (1954): Stabilization policy in a closed economy, *Economic Journal*, 64, 290-323.

Priewe, J. (2007): Economic divergence in the Euro area – why we should be concerned, in: E. Hein, J. Priewe and A. Truger (eds.), *European Integration in Crisis*, Marburg: Metropolis.

Priewe, J. (2008): Rückkehr zur Einkommenspolitik – warum die Europäische Währungsunion Lohnkoordination braucht, in: H. Hagemann, G. Horn und H.-J. Krupp (Hrsg.), *Aus gesamtwirtschaftlicher Sicht, Festschrift für Jürgen Kromphardt*, Marburg: Metropolis.

Priewe, J. (2012): European imbalances and the crisis of the European Monetary Union, in: H. Herr, T. Niechoj, C. Thomasberger, A. Truger and T. van Treeck (eds.), *From Crisis to Growth? The Challenge of Debt and Imbalances*, Marburg: Metropolis.

Schulmeister, S. (1995): Zinssatz, Wachstumsrate und Staatsverschuldung, *WIFO-Monatsberichte*, 68(3), 165-180.

Schulmeister, S. (1998): Die Beschäftigungsdynamik in den USA im Vergleich zu Deutschland und Japan, WIFO-Studie im Auftrag des AMS Österreich.

Wissen sie was sie tun?
Über finanzpolitische Irrungen und Wirrungen in der Eurokrise

Dieter Vesper

1. Einleitung

Seit nunmehr sechs Jahren wird Europa von der Wirtschafts- und Finanzkrise beherrscht. Zunächst schien es, dass durch beherztes Eingreifen der Politik die Folgen der Finanzmarktturbulenzen für die Realwirtschaft überschaubar blieben. Doch schaltete die Politik fast überall und viel zu früh auf einen rigiden Sparkurs um, wodurch die konjunkturelle Erholung abgebrochen wurde. Insbesondere die sogenannten GIPS-Länder (Griechenland, Italien, Portugal, Spanien) wurden einer harten Austeritätspolitik unterworfen, die sinkende Einkommen, hohe Arbeitslosigkeit und tiefe Einschnitte in die sozialen Sicherungssysteme nach sich zog. Die negativen Folgewirkungen auf die übrigen Volkswirtschaften ließen nicht auf sich warten, und am Ende schwoll auch fast überall die Staatsverschuldung an. Umso mehr erstaunt, dass insbesondere in Deutschland noch immer die Auffassung vorherrscht, zentrale Krisenursache sei die Entwicklung der Staatsverschuldung, die allein mit einem scharfen Sparkurs zu bekämpfen sei. Die Tatsache, dass europaweit die Staatsverschuldung erst im Gefolge der Wirtschafts- und Finanzkrise in die Höhe geschnellt ist, wird mehr oder weniger negiert. Die Verengung des Blicks auf die „Staatsschuldenkrise" verhindert freilich eine Auseinandersetzung mit den eigentlichen Ursachen der Finanz- und Wirtschaftskrise, nämlich das Auftreten massiver außenwirtschaftlicher Ungleichgewichte und die damit einhergehende private Überschuldungskrise. Deshalb ist auch unwahrscheinlich, dass der europäische Fiskalpakt, also die Implementierung der Schuldenbremse nach deutschem Vorbild, die erhofften Ergebnisse bescheren wird.

Im vorliegenden Beitrag sollen die Annahmen, auf denen der Fiskalpakt basiert, kritisch durchleuchtet werden, und es wird versucht, einen finanzpolitischen Gegenentwurf zur neoklassischen (neoliberalen) Sparphilosophie zu skizzieren. Rückenwind erhält dieses Vorhaben dadurch, dass die Finanzpolitik erfolgreich in der Krise 2008/2009 gegengesteuert hatte. Eine andere Finanzpolitik ist vor allem deshalb erforderlich, damit die Spielregeln der Währungsunion eingehalten werden können: Wenn sich die Mitgliedsstaaten nicht an das vereinbarte Inflationsziel – die „Zielinflationsrate" der Europäischen Zentralbank (EZB) – halten, sind Lohn- und auch die Fiskalpolitik gefordert, korrigierend einzugreifen. Wenn die Versäumnisse in der Wirtschafts- und Finanzpolitik bisher keinen noch größeren Schaden verursacht haben, so lag dies zuallererst an der Geldpolitik.

2. Der Kern der Probleme:
Hohe außenwirtschaftliche Ungleichgewichte und falsche Anpassungsschritte

Große und anhaltende außenwirtschaftliche Ungleichgewichte stellen eine erhebliche Gefahr für die wirtschaftliche Entwicklung dar. Auf Dauer zerstören sie eine Währungsunion (Priewe 2011; Flassbeck/Spiecker 2012). In den Defizitländern kommt es zu Überschuldungs- und Zahlungsbilanzkrisen, die in einer Rezession münden und damit auch die Überschussländer treffen: Die Importüberschüsse müssen laufend finanziert werden, was steigende Zinszahlungen und über kurz oder lang Probleme bei der Kreditrückzahlung impliziert. Einkommens- und Nachfrageeinbußen bewirken sinkende Importe und treffen so die Überschussländer. Wollen diese einen Rückgang ihrer Wirtschaftsaktivitäten vermeiden, müssen sie ihre Binnennachfrage ankurbeln.

Der wirtschaftspolitische Mainstream weist in der aktuellen Krise die Anpassungslasten ausschließlich den Volkswirtschaften mit hohen Leistungsbilanz- und Haushaltsdefiziten zu. Von diesen Volkswirtschaften wird gefordert, dass sie ihre Wettbewerbsfähigkeit erhöhen, indem sie ihre Arbeitskosten und -standards verringern. Zugleich soll die Staatsverschuldung durch Ausgabesenkungen, Rentenkürzungen, eine forcierte Privatisierung öffentlicher Einrichtungen, aber auch durch höhere indirekte Steuern und die Beseitigung von Steuerschlupflöchern abgebaut werden. Geleitet wird dieser Ansatz vom Vertrauen in die Selbststeuerungskräfte des Marktes: Marktsysteme, so das Credo, verfügen über hinreichende (Preisanpassungs-)Mechanismen, Ungleichgewichte aus eigener Kraft zu überwinden. Staatliche Eingriffe werden als überflüssig, ja schädlich angesehen.

Der wirtschaftliche Niedergang in den GIPS-Volkswirtschaften und die Stagnation oder gar Rezession in den übrigen EU-Ländern zeigt jedoch, dass die Austeritätspolitik und der Verzicht auf expansiv wirkende wirtschafts- und fiskalpolitische Maßnahmen in erheblichem Umfang restriktive Wirkungen auf die gesamtwirtschaftliche Nachfrage aller Volkswirtschaften ausübt. Verstärkt wird die Restriktion durch das Wirksamwerden der Fiskalmultiplikatoren und des Akzelerators.[1] Offensichtlich wurde bei den politischen Entscheidungen über die Anpassungslasten der Defizitländer die Höhe der Multiplikatoren bzw. der Anstieg der Arbeitslosigkeit und der Rückgang der Nachfrage, der mit der Haushaltskonsolidierung einhergeht, gewaltig unterschätzt. In den Krisenländern hat diese Fehleinschätzung zur Verschärfung der Schuldenkrise beigetragen (Blanchard/Leigh 2013). Auch der Sachverständigenrat zur Begutachtung der gesamtwirtschaftlichen Entwicklung (SVR) musste konstatieren, dass es trotz der einschneidenden Sparprogramme keinem der Problemländer gelungen ist, einen weiteren Anstieg seiner Schuldenstandquote zu vermeiden. Die schwere Rezession habe einen nennenswerten Teil des vorgesehenen Abbaus der Defizite zunichte gemacht, denn die Steuereinnahmen entwickelten sich weit schlechter als erwartet und gleichzeitig waren zusätzliche staatliche Ausgaben zur Finanzierung der stark steigenden Arbeitslosigkeit erforderlich (SVR 2012, Ziff. 60ff.). Die Fehleinschätzungen verwundern nicht, spielt doch in der neoklassisch geprägten Modellwelt der Mainstream-Ökonomie der staatliche Einfluss auf das Wirtschaftsgeschehen eher eine negative Rolle, was impliziert, dass Ausgabekürzungen oder eine Erhöhung der indirekten Steuern in diesen Modellen die wirtschaftliche Entwicklung kurzfristig kaum beeinträchtigen, langfristig sogar begünstigen.

Auch die Ergebnisse empirischer Untersuchungen, die zur Legitimation der Austeritätspolitik herangezogen wurden, stehen in zweifelhaftem Licht. So weist die Studie von Reinhart und Rogoff über den Zusammenhang von Staatsverschuldung und Wirtschaftswachstum (Reinhart/Rogoff 2011) neben methodischen Mängeln gravierende Rechenfehler auf. Die Schlussfolgerung, bei Staatsschuldenquoten von über 90% verlangsame sich das Wirtschaftswachstum abrupt, lässt sich nicht halten. Eine magische Grenze, auf die sich

---

[1] Die Fiskalmultiplikatoren geben an, um wie viel sich das Bruttoinlandsprodukt ändert, wenn die Staatsausgaben und/oder die Steuereinnahmen verändert werden. Die Höhe des Multiplikators wird insbesondere von der Sparneigung und der Importquote bestimmt. In Abhängigkeit von der marginalen Sparneigung bzw. Importquote wird ein Teil des Impulses absorbiert, sodass zunächst ein kleinerer Teil des Impulses nachfrage- und einkommenswirksam wird. Verstärkt wird die Multiplikatorwirkung durch den Akzelerator, nämlich wenn nachfragebedingte Einkommensänderungen Investitionsentscheidungen beeinflussen.

auch der deutsche Finanzminister in seiner Lagebeurteilung berief, existiert nicht. Ein empirischer Nachweis einer solchen Grenze ist schon deshalb kaum möglich, weil Ursache und Wirkung nicht eindeutig voneinander zu trennen sind. Wenn aber nicht klar gezeigt werden kann, wo die Henne und wo das Ei ist, sollten Politiker sich davor hüten, auf dieser Grundlage Beschlüsse mit enormer ökonomischer und sozialer Sprengkraft zu verabschieden.

Wie eng tatsächlich die Beziehung zwischen wirtschaftlicher Entwicklung und Staatsverschuldung ist, wird deutlich, wenn man die gesamtwirtschaftlichen Kreislaufzusammenhänge und die sektoralen Finanzierungssalden, also die Differenzen zwischen den Einnahmen und Ausgaben der privaten Haushalte, der Unternehmen, des Staates und des Auslands, betrachtet. Die einzelnen Sektoren sind insofern miteinander verkettet, als die Finanzierungsdefizite des einen Sektors stets den Finanzierungsüberschüssen der übrigen Sektoren entsprechen. So entspricht jede Ausgabe, die der Staat für den Kauf von Gütern tätigt, einer entsprechenden Einnahme im Unternehmenssektor, und jeder Euro, der an das staatliche Personal fließt, einer Einnahme der privaten Haushalte.

Im „Normalfall" verschulden sich im Aufschwung die Unternehmen, während sich in wirtschaftlichen Krisen typischerweise der Staat verschuldet. Es entspricht der ökonomischen Logik, wenn Unternehmen zur Finanzierung ihrer Investitionstätigkeit Kredite aufnehmen. Je optimistischer die Zukunftsaussichten (Absatzerwartungen) eingeschätzt werden, umso stärker dehnen sie ihre Nachfrage nach Investitionsgütern aus und umso stärker fragen sie Kredite nach. Bei pessimistischen Erwartungen schränken sie ihre Investitionen und die Nachfrage nach Krediten ein. Das Angebot an Krediten wird aus der Ersparnisbildung der privaten Haushalte gespeist. Selbst in konjunkturell guten Zeiten bilden die privaten Haushalte in der Regel so hohe Finanzierungsüberschüsse, dass die Kreditnachfrage der Unternehmen gedeckt werden kann. Dem Staat wiederum kommt eine Lückenbüßerrolle zu: In der Rezession bildet er Ausgabenüberschüsse, um die Ausgabenzurückhaltung des Privatsektors zu kompensieren. Verschuldet sich der Staat, so können die privaten Haushalte infolge der höheren Einkommen mehr konsumieren und die Unternehmen realisieren einen höheren Absatz. Reagierte der Staat indes mit Ausgabenkürzungen auf die krisenbedingten Einnahmeausfälle, wirkte dies dämpfend auf die Gesamtwirtschaft. Im Aufschwung baut der Staat seine Finanzierungsdefizite ab. Schränkte der Staat in dieser Situation seine kreditfinanzierten Aktivitäten nicht ein, erhöhte sich der Nachfragedruck auf den Güter- und Kapitalmärkten, die Finanzierungskosten für Investitionen stiegen und die Unternehmen schränkten ihre Investitionen wieder ein.

Die Entwicklung in den vergangenen Jahren hat allerdings alles andere als einen „typischen" Verlauf genommen (Abbildung 1). Seit 2002 realisierten die Unternehmen (finanzielle und nichtfinanzielle Kapitalgesellschaften) zumeist hohe Überschüsse, d.h. die Unternehmen mutierten vom Nettokreditnehmer zum Nettosparer. Sie haben immer weniger – gemessen an ihren Einnahmen – in Sachanlagen und selbst immer mehr in Finanzanlagen investiert, weil sie dort kurzfristig höhere Renditen erzielen konnten als bei (langfristigen) Investitionen in Sachanlagen. Ermöglicht wurden die hohen Gewinne insbesondere durch die Lohnzurückhaltung der Beschäftigten, die wiederum einen Verlust an Kaufkraft im Inland nach sich zog und so die Absatzaussichten und Investitionstätigkeit der Unternehmer schmälerte. Die Schaffung neuer Arbeitsplätze unterblieb; der Druck auf die Beschäftigten zu Lohnzugeständnissen stieg. Trotz schwacher Lohnsteigerungen verharrten die Über-

Abbildung 1: Sektorale Finanzierungssalden in Deutschland 1991-2012, in % des BIP*

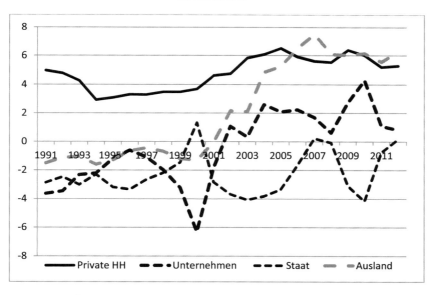

* 1995 ohne Übernahme der Treuhandschulden durch Erblastentilgungsfonds; 2000 einschließlich der Verkäufe von UMTS-Lizenzen durch den Staat an Unternehmen.

Quelle: Deutsche Bundesbank.

schüsse der privaten Haushalte in diesem Zeitraum auf hohem Niveau. Dies ist ein Hinweis darauf, dass sich die privaten Haushalte bei schwacher Einkommensentwicklung (und gleichzeitig sich öffnender Schere zugunsten der hohen Einkommen) in ihrem Konsum zurückgehalten haben. Die Ausgabenzurückhaltung der Unternehmen und privaten Haushalte wurde kompensiert durch hohe Ausgabenüberschüsse des Auslands und teilweise des Staates. Das Ausland hat von 2002 an in rasch steigendem Maße mehr Güter und Dienstleistungen aus Deutschland importiert, als es nach Deutschland exportiert hat.

Kurzfristige Leistungsbilanzungleichgewichte sind in einer Währungsunion kaum ein Problem, lang anhaltende können zu einem Scheitern der Währungsunion führen. Eine Währungsunion ist von der ökonomischen Logik her nichts anderes als eine Vereinbarung über ein gemeinsames Inflationsziel (Horn et al. 2012). Dieses gemeinsame Inflationsziel – die Zielinflationsrate der EZB war über all die Jahre mit 2% angesetzt – wurde von vielen Beteiligten nicht erreicht, von einigen Mitgliedsstaaten, insbesondere in Südeuropa, beträchtlich über-, von anderen, insbesondere von Deutschland, unterschritten. Die unterschiedliche Preisentwicklung war Folge und zugleich Triebkraft der wachsenden wirtschaftlichen Diskrepanzen und hatte entsprechende Rückwirkungen auf die Realzinsen, die Lohnentwicklung, auf die Entwicklung der Lohnstückkosten und damit auf die preisliche Wettbewerbsfähigkeit der Mitgliedsstaaten. Die Länder mit hohen Inflationsraten und steigenden Lohnstückkosten verloren an Wettbewerbsfähigkeit, während die Länder mit niedrigen Inflationsraten und sinkenden oder deutlich geringer steigenden Lohnstückkosten an Wettbewerbsfähigkeit gewannen. Die Folge war, dass die Leistungsbilanzungleichgewichte in der Währungsunion größer wurden; insbesondere Deutschland hat davon profitiert. Die Banken haben diese Ungleichgewichte in der Hoffnung oder in dem Glauben finanziert, dass es irgendwann wieder zu einer Verringerung der Salden kommen würde. Dies sollte sich als Trugschluss erweisen, denn in der Währungsunion existiert kein Korrekturmechanismus, wie er bei nationalen Währungen mit Auf- und Abwertungen zur Verfügung steht.

Festzuhalten bleibt, dass in den letzten Jahren die Kauf- bzw. Investitionszurückhaltung des privaten Sektors kompensiert wurde durch die Ausgabenüberschüsse des Auslands und des Staates. Ohne diese hätten die privaten Haushalte und Unternehmen nicht ihre hohen Einnahmeüberschüsse realisieren können. Aus dieser Konstellation heraus stellt sich die Frage, ob in Deutschland eine stärker auf die Binnennachfrage fokussierte Strategie bessere Resultate bezüglich Wachstum und Beschäftigung gezeitigt hätte. Offensichtlich wurde in Deutschland über Jahre hinweg zu wenig konsumiert und investiert. Dies hat nicht nur das Wachstum geschwächt und Verteilungskonflikte geschürt. Auch die Importfähigkeit ist gesunken. Wenn aber die deutschen Märkte auf Dauer zu wenige ausländische Güter absorbieren, wird es für das Ausland immer schwieriger, seine damit verbundenen Importüberschüsse zu finanzieren. Da eine Ausdehnung der Exporte nicht möglich ist, sind Kapitalzuflüsse (Kredite) aus Deutschland notwendig. Bei anhaltend hohen Importüberschüssen nimmt für die deutsche Wirtschaft aber die Wahrscheinlichkeit zu, dass Forderungen abgeschrieben werden müssen, d.h. Vermögen vernichtet wird (Feigl/Zuckerstätter 2013). Letztlich schaden sich „aggressive" Überschussländer selbst, wenn sie eine nur schwache Binnennachfrage durch höhere Exporte kompensieren wollen (Priewe 2011, 82). Eine Strategie, die stärker auf die Binnennachfrage setzt, hätte nicht nur solche Risiken vermieden, sondern auch höhere Wachstums- und Beschäftigungseffekte gehabt, denn der Anteil der Wertschöpfung zur Bedienung der Binnennachfrage ist höher als der Anteil, der auf die Exporte entfällt.

3. Die Verschärfung des Problems: Der europäische Fiskalpakt

Als Antwort auf die schwere Finanz- und Wirtschaftskrise in Europa wurde im März 2012 der Europäische Fiskalpakt verabschiedet. Mit diesem Pakt verpflichten sich die EU-Staaten, nationale Schuldenbremsen in ihren Rechtsordnungen, möglichst auf Verfassungsebene, zu verankern. Vorbild ist die deutsche Schuldenbremse, die 2009 Verfassungsrang erhielt. Im Wesentlichen umfasst der Pakt drei Elemente:

– Das jährliche strukturelle Defizit darf 0,5% des nominalen Bruttoinlandsprodukts nicht überschreiten. Ein Defizitverfahren wird auch dann ausgelöst, wenn die Schuldenstandquote größer als 60% ist. Die Differenz zwischen tatsächlicher Quote und dem Referenzwert soll in 1/20-Schritten verringert werden.[2]

– Verstößt ein Staat gegen die Stabilitätskriterien, so findet quasi automatisch ein Defizitverfahren statt, das nur verhindert werden kann, wenn sich eine qualifizierte Mehrheit der Staaten dagegen ausspricht.

---

[2] Bei einer Differenz von 20%-Punkten muss also die Schuldenstandquote jedes Jahr um 1% des BIP gesenkt werden.

– Mit dem Fiskalpakt wird eine engere Zusammenarbeit in der Wirtschaftspolitik vereinbart. Hilfen aus dem dauerhaften europäischen Rettungs-
schirm ESM („Europäischer Stabilitätsmechanismus") werden nur noch an
Staaten vergeben, die den Fiskalpakt ratifiziert haben.

Die Befürworter der Schuldenbremse sehen in diesem Instrument einen wirk-
samen Hebel zur Bekämpfung der Krise. Ein Zurückdrängen des Staates
dämpfe nicht die gesamtwirtschaftliche Entwicklung, das Gegenteil sei der
Fall: Eine solche Politik schaffe Vertrauen und trage dazu bei, dass sowohl
die Zinsen als auch die Steuerbelastung sänken und so auf mittlere Sicht eine
Ausweitung der Nachfrage zu erwarten sei. Die gesamtwirtschaftlichen Implikationen, vor allem die schädlichen Wirkungen einer raschen Rückführung
der Haushaltsdefizite auf Output und Beschäftigung wurden nicht thematisiert. Ebenso wenig wurden die gravierenden methodischen Probleme diskutiert, die dem Konzept zugrunde liegen.

Von zentraler Bedeutung ist die Frage, ob es methodisch möglich ist, zwischen konjunkturellem und strukturellem Defizit zu trennen (Horn/Tober 2007;
Vesper 2008, 2013). Für die Berechnungen ist die Bestimmung einer konjunkturellen „Normallage" erforderlich. Anhand dieses Referenzpunktes sollen die konjunkturellen Abweichungen, also die Differenz zwischen tatsächlicher und potentieller Produktion, gemessen werden. Dabei ist die potentielle
Produktion keine tatsächlich beobachtbare, sondern eine fiktive, eine geschätzte Größe. Das Problem dabei ist, dass es verschiedene Schätzverfahren
gibt, die zu ganz unterschiedlichen Ergebnissen kommen. Alle Verfahren,
dies zeigen Vergleichsrechnungen, zeichnen sich dadurch aus, dass im Nach-
hinein teilweise beträchtliche Ergebniskorrekturen hingenommen werden
müssen. Sie resultieren nicht nur aus Datenrevisionen der amtlichen Statistik
und veränderten Einschätzungen der künftigen gesamtwirtschaftlichen Entwicklung. Vor allem wird den einzelnen Bestimmungsfaktoren ein unter-
schiedliches Gewicht gegeben, was zu divergierenden Einschätzungen der
Produktionsmöglichkeiten und damit der berechneten Produktionslücken
führt.[3] Selbst das Bundesfinanzministerium konzediert, dass keine verläss-

---

[3] Um ein Beispiel zu nennen: Im Frühjahr 2000 bezifferte der Internationale Währungsfonds (IWF) die Produktionslücke im Jahre 1999 für Deutschland auf -2,8%; aus Sicht
des Jahres 2006 war die negative Produktionslücke 1999 nicht nur verschwunden, sondern hatte sogar ein positives Vorzeichen, d.h. die Kapazitätsauslastung der Wirtschaft
war etwas höher als „normal". Ähnlich die Berechnungen für das Jahr 2001: Anfänglich,
also im Frühjahr 2002, wurde eine Lücke von -1,2% ermittelt, später, im Jahre 2006,
wurde der Wert auf +1,5% revidiert. Für beide Referenzjahre klafften die Berechnungen

liche Methode existiert, die richtige Höhe des konjunkturellen Defizits und damit des strukturellen Defizits zu bestimmen. Auch die methodische Fortentwicklung seines Verfahrens hatte erhebliche Abweichungen von der bisher verwendeten Schätzmethode zur Folge (BMF 2011).

Wenn die Revision von Daten und methodische Revisionen zu Unsicherheiten bezüglich der „wahren" Entwicklung in der Vergangenheit führen, sollten finanzielle Sanktionen nicht auf einer solchen Grundlage basieren. Es handelt sich bei solchen Berechnungen ja nicht um akademische Übungen, vielmehr werden auf dieser Grundlage politische Entscheidungen getroffen, die massive Auswirkungen auf Gesellschaft und Wirtschaft haben. Zweifel an dem Konzept sind auch deshalb angebracht, weil die Trennung in strukturelle und konjunkturelle Defizite zu der paradoxen Situation führen kann, dass in einer länger anhaltenden wirtschaftlichen Stagnation zwar konjunkturbedingte Defizite hingenommen, strukturelle Defizite womöglich aber verringert werden müssten. Von einer solchen Politik gingen auf die Wirtschaft sehr widersprüchliche Signale aus. Zudem wird in der Regel das Gewicht der konjunkturellen Komponente unterbewertet, sodass zweifelhaft ist, ob den öffentlichen Haushalten hinreichend Platz zum „konjunkturellen Atmen" zugemessen wird. In aller Regel verläuft die konjunkturelle Entwicklung auch nicht symmetrisch mit deckungsgleichen Auf- und Abschwungphasen, vielmehr folgt einer Rezession zumeist eine Phase zunächst sehr langsamer Aufwärtsentwicklung. „Technisch" wäre in dieser Phase bereits ein Abbau des Staatsdefizits angesagt, doch wären die gesamtwirtschaftlichen Wirkungen eines solchen Schritts negativ.

Neben dem Fiskalpakt hat die Politik den sogenannten Euro-Plus-Pakt gesetzt. Zwar ist die EU verpflichtet, die Rolle der Sozialpartner und die nationalen Unterschiede in den Systemen der Lohnfindung uneingeschränkt zu achten, dennoch hat sie mit diesem Pakt die Grundlage für lohnpolitische Interventionen geschaffen. Ziel ist es, via Lohnzurückhaltung die Wettbewerbsfähigkeit der einzelnen Volkswirtschaften zu steigern. Die Verfechter einer zurückhaltenden Lohnpolitik setzen darauf, dass dadurch zunächst die Gewinne der Unternehmen steigen und mehr Investitionen, mehr Beschäftigung und höhere Einkommen und damit höhere Konsumausgaben angeregt werden. Als Referenz dient das „deutsche Modell". Dessen Erfolg ist aber

um nahezu 3 Prozentpunkte auseinander, was jeweils über 60 Mrd. Euro entspricht. Bei einer Budgetsensitivität von etwa 0,5 bedeutet dies, dass die Aufteilung zwischen konjunkturellem und strukturellem Budgetdefizit um rund 30 Mrd. Euro hätte revidiert werden müssen.

höchst umstritten, eben weil die Lohnzurückhaltung die Kaufkraft im Inland schmälerte, trotz Umverteilung zugunsten der Gewinneinkommen die Investitionen in Realkapital sanken und die Unternehmen vermehrt auf ausländische Märkte drängten, die stagnierenden deutschen Märkte umgekehrt jedoch keine Steigerungsmöglichkeiten für Importgüter boten. Das deutsche Modell hat erheblich zum Entstehen der „Eurokrise" beigetragen, umso mehr sind Zweifel angebracht, dass es als Blaupause zu deren Überwindung taugt.

Die Ziele des Euro-Plus-Paktes sollen mit Hilfe des sogenannten Sixpack umgesetzt werden. Dabei geht es um die Frage, wie übermäßige makroökonomische Ungleichgewichte im Euroraum vermieden bzw. korrigiert werden können. Die wirtschaftliche Entwicklung der einzelnen EU-Staaten soll anhand bestimmter Zielmarken jährlich überprüft werden, auf deren Grundlage die EU Empfehlungen für die nationalen Wirtschaftspolitiken ausspricht. Kommen einzelne Länder diesen Empfehlungen nicht nach, drohen finanzielle Sanktionen. Das Kernproblem dieses Ansatzes ist, dass sich die Interventionen auf jene Volkswirtschaften beschränken, in denen die vorgegebenen Ziele (Preise, Löhne, Haushaltsdefizite) überschritten werden, während Unterschreitungen nicht sanktioniert werden. Der richtige Ansatz, nämlich eine stärkere Koordinierung der Wirtschafts- und Finanzpolitik in Europa, wird in seiner Wirkung dadurch zunichte gemacht, dass er asymmetrisch ausgerichtet ist: Der Fokus liegt auf der Haushaltsdisziplin der Mitgliedsstaaten, da die Krise primär als Staatsschuldenkrise thematisiert wird. (Schuldendienst-)Hilfen erhalten die Problemländer nur, wenn sie sich zu einschneidenden Sparprogrammen verpflichten. Für die Lösung ihrer wirtschaftlichen Probleme dient das deutsche Modell der Exportorientierung als Vorbild. Das zentrale Problem der Währungsunion, nämlich die gewaltigen Leistungsbilanzungleichgewichte, bleibt damit aber auf die höchst schmerzhafte „passive" Sanierung beschränkt: Die Krisenländer senken mangels Kaufkraft ihre Importe, was für die Überschussländer sinkende Exporte bedeutet. Verlierer in diesem Anpassungsprozess wären alle. Entschiede man sich hingegen für eine „aktive" Sanierung, müssten sowohl Defizitländer als auch Überschussländer lohn- und finanzpolitische Anpassungsmaßnahmen ergreifen. Von der Geldpolitik könnte kein spezifischer Beitrag erwartet werden, da es sich um einen einheitlichen Wirtschaftsraum handelt und die Geldpolitik „unteilbar" ist.[4]

---

[4] Natürlich gingen dabei von der Geldpolitik unterschiedliche Wirkungen aus. In unterbeschäftigten Volkswirtschaften begünstigen niedrige Zinsen Wachstum und Beschäftigung, in vollbeschäftigten Volkswirtschaften erhöhen sich die Inflationsgefahren.

Die prekäre gesamtwirtschaftliche Lage in Europa kann nur durch eine insgesamt expansive Politik, also das Gegenteil der jetzt betriebenen rigiden Austeritätspolitik, überwunden werden. Hierzu müssen die einzelnen Politikbereiche aufeinander abgestimmt sein, was wiederum voraussetzt, dass Klarheit über die Wirkung, die mit den verschiedenen wirtschaftspolitischen Instrumenten erzielt werden kann, besteht. Dies bedeutet, dass

– die Geldpolitik für möglichst niedrige Zinsen[5] sorgen muss, die wiederum wichtige Voraussetzung für vermehrte Investitionen in Realkapital und damit für Wirtschaftswachstum sind. Je größer die Differenz zwischen der erwarteten Rendite und dem Zinssatz, desto größer ist die Wahrscheinlichkeit, dass Investitionen und Beschäftigung steigen. Die Geldpolitik wird diese Aufgabe aber nur dann erfolgreich wahrnehmen können, wenn sie beim Ziel der Geldwertstabilisierung von der Einkommenspolitik entlastet wird. Die Geldpolitik der EZB ist in der derzeitigen Krise sehr expansiv ausgerichtet, ohne dass es zu inflationären Verspannungen in Europa kommt. Mit den geldpolitischen Beschlüssen vom Juli 2013 hat sie entscheidend dazu beigetragen, dass sich die Situation an den Finanzmärkten merklich entspannt hat.

– die Lohnpolitik sich am gesamtwirtschaftlichen Produktivitätswachstum plus der „Zielinflationsrate" der Europäischen Zentralbank (EZB) orientiert. Neben einer Stabilisierung der Kostenseite sind steigende Konsumausgaben möglich – eine Perspektive, die Deutschland über lange Zeit fehlte.

– die Finanzpolitik sehr viel stärker als bisher für die Ziele der Nachfrage- und Wachstumsstimulierung eingesetzt wird. Bisher hat die Finanzpolitik keinen entscheidenden Beitrag zur Stabilisierung der Märkte geleistet, das Gegenteil ist der Fall. Die Krisenländer benötigen zur Unterstützung ihrer Anpassungsprozesse dringend eine aktive Finanzpolitik auch der Überschussländer. Vorrang in der deutschen Finanzpolitik sollten der Ausbau des Bildungssystems und der öffentlichen Infrastruktur erhalten.

---

[5] Die Zentralbank übt vor allem auf die kurzfristigen Zinsen Einfluss aus, doch korrelieren kurzfristige und langfristige Zinssätze (Priewe 1996, 160ff.)

4. Was ist finanzpolitisch zu tun?

4.1 In Deutschland ...

Will man die wirtschaftlichen Probleme in Europa lösen, ist eine Kehrtwende in der Wirtschaftspolitik notwendig. Fraglos ist durch die Implementierung der Schuldenbremse der finanzpolitische Handlungsspielraum eingeschränkt worden. Dennoch wird die Finanzpolitik bei der Lösung der europäischen Krise eine zentrale Rolle spielen müssen. Die Erfahrungen lehren, dass nicht das Instrument der Schuldenbremse Voraussetzung für geringere Staatsschulden ist, sondern die gesamtwirtschaftliche Entwicklung den Anstieg der Staatsverschuldung prägt: Zwischen gesamtwirtschaftlicher Entwicklung und Staatsverschuldung besteht eine sehr enge Beziehung.

Sollen die bestehenden Außenhandelsungleichgewichte nicht zementiert oder gar noch verstärkt werden, ist eine neue Balance zwischen Stärkung der Binnennachfrage und außenwirtschaftlicher Entwicklung auch in Deutschland erforderlich. Mit einer expansiveren Politik würde Deutschland sich selbst *und* zugleich dem Euroraum größere (und nicht weniger) Wachstumschancen verschaffen. Dies würde den anderen Euroländern mehr Luft zum konjunkturellen Atmen und damit zur Flankierung der notwendigen Strukturreformen verschaffen, sie könnten rascher einen Weg aus der tiefen Rezession finden. Wird hingegen die Hauptanpassungslast weiterhin bei den überschuldeten Ländern gesehen, indem sie ihre Ausgabenüberschüsse und Lohnkosten drastisch senken, dann wird sich die Krise eher noch verschärfen, als dass sich eine Lösung abzeichnet.

Infolge der Unterlassungen in der Vergangenheit hat sich in Deutschland ein gewaltiger Bedarf an staatlichen Infrastrukturinvestitionen aufgebaut. Auch die staatlichen Dienstleistungen, insbesondere das Bildungswesen, müssen ausgebaut werden; Bedarf ist reichlich vorhanden (Vesper 2012). Dem stehen freilich die restriktiven Haushalts- und Finanzplanungen von Bund, Ländern und Gemeinden entgegen.

Ein besorgniserregend niedriges Niveau haben die öffentlichen Investitionen erreicht, nur noch 1,5% des BIP werden hierfür ausgegeben. In den anderen wichtigen Volkswirtschaften liegt die Quote doppelt so hoch. Inzwischen zeigen sich in fast allen Aufgabenbereichen eklatante Lücken im Ausbau und in der Modernisierung der staatlichen Infrastruktureinrichtungen (Bach et al. 2013; Kunert/Link 2013). Besonders die Kürzungen im Bildungssektor waren wachstumsdämpfend. Bildungsausgaben erhöhen nicht nur die Produktivität und ermöglichen höhere Einkommen, sie sind auch Voraussetzung für die Innovationsfähigkeit einer Volkswirtschaft sowie für die Integrationsfähigkeit von Arbeitskräften mit Migrationshintergrund. Die Mängel im deutschen Bildungssystem schlagen sich im rückläufigen Personaleinsatz an den Schulen und auch in der Überalterung des Lehrpersonals nieder. Ganztagsschulen fehlen und auch das Angebot an Kinderbetreuungseinrichtungen ist – insbesondere in Westdeutschland – höchst lückenhaft. Nach Untersuchungen der OECD sind die Bildungsausgaben in Deutschland im vergangenen Jahrzehnt langsamer gestiegen als im OECD-Mittel; auch der Anteil der Bildungsausgaben am BIP war deutlich niedriger.[6] Im Transferbereich besteht ebenfalls Handlungsbedarf. Die Sozialtransfers sind anteilig ebenfalls zurückgegangen. Betroffen von den Kürzungen waren insbesondere die einkommensschwächeren Haushalte, also jene Bevölkerungsgruppe, die nicht oder nur wenig von den Einkommensteuersenkungen profitiert hat, die aber die Last der Mehrwertsteuererhöhung in überproportionalem Maße tragen musste.

Von zentraler Bedeutung im restriktiven Regime des Fiskalpaktes ist die Finanzierungsfrage vermehrter Staatsausgaben. Zunächst stehen in Deutschland die konjunkturbedingten Steuermehreinnahmen zur Verfügung. Die relativ gute Konjunktur und die damit verbundenen Steuereinnahmen in Deutschland sind primär Folge der außenwirtschaftlichen Überschüsse. Sie müssen zurück in den Kreislauf fließen. In einem zweiten Schritt sollten bestimmte Steuerarten erhöht werden. Zu Recht wird die Revitalisierung der Vermögensbesteuerung diskutiert. Vermögen begründet eine über das Einkommen hinausgehende, zusätzliche Leistungsfähigkeit. Schon die bloße Existenz von Vermögen generiert eine besondere unmittelbare Leistungsfähigkeit, etwa in Form von Kreditwürdigkeit. Hingegen führt Arbeitslosigkeit dazu, dass Personen ihr Vermögen ganz oder teilweise verlieren. Zudem sind Einkommen und Vermögen sehr ungleich verteilt, was gesamtwirtschaftlich auch deshalb problematisch ist, weil mit zunehmendem Einkommen die Konsumquote abnimmt. Die Bezieher niedrigerer Einkommen müssen ihr gesamtes Einkommen für Konsumzwecke ausgeben, hohe Einkommen hingegen können hohe Ersparnisse bilden. Es ist auch keine neue Erkenntnis, dass in Deutschland das Vermögen vergleichsweise niedrig besteuert wird. Grundsteuer, Erbschaft- und Grunderwerbsteuer machen nur knapp 1% des BIP aus. Demgegenüber spielt die Besteuerung des Konsums eine ungleich größere Rolle,

---

[6] Insgesamt wurden in Deutschland 2009 Ausgaben in Höhe von 5,3% des BIP für Bildungszwecke getätigt, während sich für den OECD-Durchschnitt 6,2% errechnen. Auch für den Anteil der öffentlichen Bildungsausgaben an den Gesamtausgaben des Staates wurden unterdurchschnittliche Werte ermittelt: In Deutschland waren es 10,5%, im OECD-Durchschnitt indes 13% (OECD 2012).

wodurch die Verteilungsproblematik verschärft wird. Eine höhere Steuerbelastung der vermögenden Haushalte dürfte also gesamtwirtschaftlich keine
negativen, sondern positive Wirkungen hervorrufen. Eine Anhebung auf den
internationalen Durchschnitt würde Mehreinnahmen in einer Größenordnung
von 25 Mrd. Euro bzw. 1% des BIP generieren. Sofern die Mittel in voller
Höhe verausgabt werden, d.h. in den Wirtschaftskreislauf zurückgelangen, ist
ein expansiver Effekt zu erwarten, weil die Entzugseffekte der Steuern bezogen auf die Konsumnachfrage kleiner sind als die Wirkungen, die aus der
Wiederverausgabung durch den Staat resultieren. Neben der Vermögensteuer
können erhebliche Mehreinnahmen durch die Einführung einer Finanztransaktionssteuer erzielt werden. Zudem könnte eine solche Steuer zur Stabilisierung der Finanzmärkte beitragen.

4.2 ... und in Europa

Auf der europäischen Ebene erhebt sich die Frage, wie die Kooperation und
Koordination der Wirtschafts- und Finanzpolitik entscheidend verbessert, d.h.
konsequent in den Dienst der Stabilisierung der Währungsunion gestellt werden kann. Zunächst und auf kurze Frist betrachtet ist eine expansive Ausrichtung der europäischen Finanzpolitik vonnöten: Gefordert sind vor allem die
Überschussländer; aber auch die Defizitländer müssen ihre Politik insoweit
revidieren, als ihnen für die Haushaltskonsolidierung mehr Zeit zur Verfügung gestellt wird. Zudem ist unbedingt sicherzustellen, dass auch hohe
Leistungsbilanzüberschüsse im Koordinierungsverfahren als Zielverfehlung
klassifiziert werden und entsprechende wirtschaftspolitische Empfehlungen
der EU nach sich ziehen, die, wenn sie nicht umgesetzt werden, mit finanziellen Sanktionen belegt werden. Zudem muss geklärt werden, wie der notwendige Finanztransfer zwischen den Überschuss- und Defizitländern organisiert
werden soll. In welchem Umfang soll ein Finanzausgleich stattfinden? Ist es
sinnvoll, die supranationale Ebene zu stärken, damit das EU-Budget eine
bedeutsame stabilisierende Kraft entfalten könnte? Bislang ist das Budget der
EU zu gering, als dass die supranationale Ebene in nennenswertem Umfang
öffentliche Güter anbieten und stabilisierungs- oder sogar verteilungspoliti-
sche Ziele verfolgen könnte. Auch besitzt sie keine steuerpolitischen Kompetenzen und ist nicht berechtigt, sich zu verschulden.

Eine stärkere Verlagerung von Kompetenzen auf die EU, d.h. weniger nationale fiskalische Souveränität, dürfte kaum der Schlüssel für die Lösung der
wirtschaftlichen und fiskalischen Probleme in Europa sein. Es gibt nicht viele

öffentliche Güter, die zwangsläufig auf der supranationalen Ebene bereitgestellt werden müssen. Wichtiger ist die Frage, ob und wie die ungleichen Lebensbedingungen durch Transferzahlungen der Nationalstaaten verringert werden können. Die Regionalfonds der EU versuchen zwar, gezielt die wirtschaftliche Entwicklung und strukturelle Anpassungsprozesse in wirtschaftsschwachen Regionen zu fördern, sie zielen jedoch nicht unmittelbar darauf, die Einkommensunterschiede zwischen den Regionen zu verringern. Gegenwärtig werden etwa 1,5% des EU-weiten Bruttoinlandsprodukts über die supranationale Ebene verteilt. Gemessen an den wirtschaftlichen Disparitäten in der EU bzw. in der Währungsunion scheint der Umfang der Umverteilung zu niedrig. Zusätzliche Transfers an die Problemländer kann man dadurch finanzieren, dass ein Teil der Überschüsse der Volkswirtschaften mit positivem Leistungsbilanzsaldo abgeschöpft wird. Ein solches Vorgehen ist aus makroökonomischer Sicht letztlich vorteilhafter als die gegenwärtige Praxis, dass die deutsche Wirtschaft Forderungen abschreiben muss und Vermögen vernichtet wird.

Der Finanzpolitik kommt bei der Lösung der Probleme in der Währungsunion eine wichtige Aufgabe zu, auch wenn klar sein sollte, dass sie dabei nur ein Pfeiler sein kann. Ein Kurswechsel ist erst recht vonnöten, nachdem die Geldpolitik in die Offensive gegangen ist und durch unkonventionelle Maßnahmen für die Beruhigung der Märkte gesorgt und damit der Politik etwas Zeit zum Handeln verschafft hat (Joebges/Grabau 2013). Diese Zeit gilt es zu nutzen.

Literatur

Bach, S. et al. (2013): Wege zu einem höheren Wachstumspfad, *Wochenbericht des DIW*, Nr. 26, 6-17.

Blanchard, O., Leigh, D. (2013): Growth Forecast Errors and Fiscal Multipliers, IMF Working Paper.

Bundesministerium der Finanzen (BMF) (2011): Die Ermittlung der Konjunkturkomponente des Bundes im Rahmen der neuen Schuldenregel. Monatsbericht Februar.

Feigl, G., Zuckerstätter, J. (2013): Europäische Wettbewerbsdesorientierung, Bonn: Abt. Wirtschafts- und Sozialpolitik der Friedrich-Ebert-Stiftung, (WISO direkt), http://library.fes.de/pdf-files/wiso/10094.pdf

Flassbeck, H., Spiecker, F. (2012): Falsche Diagnose, falsche Therapie – wie die Politik in der Eurokrise dank falscher Theorie versagt, *WISO: Wirtschafts- und sozialpolitische Zeitschrift*, 35(2), 15-26.

Horn, G.A., Tober, S. (2007): Wie stark kann die deutsche Wirtschaft wachsen? Zu den Irrungen und Wirrungen der Potenzialberechnungen. IMK Report, Nr. 17, Düsseldorf.

Horn, G., Linder, F., Tober, S., Watt, A. (2012): Quo vadis Krise? Zwischenbilanz und Konzept für einen stabilen Euroraum, IMK Report Nr. 75, Düsseldorf.

Joebges, H., Grabau, M. (2013): Money for Nothing and the Risks for Free? Zu Erfolgen und Risiken der EZB-Geldpolitik in der Eurokrise. WISO-Diskurs der Friedrich-Ebert-Stiftung, Bonn.

Kunert, U., Link, H. (2013): Verkehrsinfrastruktur: Substanzerhaltung erfordert deutlich höhere Investitionen, *Wochenbericht des DIW*, Nr. 26, 32-38.

OECD (2012): *Education at a Glance 2012: OECD Indicators*, OECD Publishing. http://dx.doi.org/10.1787/eag-2012-en

Priewe, J. (1996): Möglichkeiten und Grenzen keynesianischer Geld- und Fiskalpolitik – Überlegungen zur Rehabilitation einer Steuerungskonzeption, in: K. Eicker-Wolf et al. (Hrsg.), *Makroökonomik heute*, Tübingen, 117-169.

Priewe, J. (2011): Die Weltwirtschaft im Ungleichgewicht. WISO-Diskurs der Friedrich-Ebert-Stiftung, Bonn.

Reinhart, C.M. Rogoff, K.S. (2010): Growth In A Time Of Debt. NBER WORKING PAPER SERIES, Working Paper 15639, http://www.nber.org/papers/w15639

Sachverständigenrat zur Begutachtung der gesamtwirtschaftlichen Entwicklung (SVR) (2012): *Stabile Architektur für Europa – Handlungsbedarf im Inland. Jahresgutachten 2012/13*, Wiesbaden.

Vesper, D. (2008): Schuldenbremsen – wozu?, in: H. Hagemann, G. Horn und H.-J. Krupp (Hrsg.), *Aus gesamtwirtschaftlicher Sicht. Festschrift für Jürgen Kromphardt*, Marburg.

Vesper, D. (2012): Finanzpolitische Entwicklungstendenzen und Perspektiven des Öffentlichen Dienstes in Deutschland. IMK-Studies, Nr. 25.

Vesper, D. (2013): Wirtschaftspolitische Ideen und finanzpolitische Praxis in Deutschland. Ist die Schuldenbremse (der Fiskalpakt) die Ultima Ratio? WISO-Diskurs der Friedrich-Ebert-Stiftung, Bonn.

Labour market institutions and the future of the euro

Philip Arestis and Malcolm Sawyer

1. Introduction

Jan Priewe has wide ranging interests in economics, from macroeconomics and macroeconomic policies in developing and developed countries to financial systems development in developing and developed countries, along with European integration and labour market and employment issues. It is within the spirit of his interests in European integration and labour markets that we have chosen to honour him.

We proceed with a few prolegomena in section 2, in an attempt to set the background to our contribution. We proceed in section 3 to discuss labour market differences in a currency union followed in section 4 by a discussion of the performance of different types of labour markets. A European social model is discussed in section 5, before we offer concluding remarks in section 6.

2. Prolegomena

In the Economic and Monetary Union (EMU, and hereafter also referred to as the euro zone), much of the policy focus was on the Stability and Growth Pact with its budget deficit requirements and the operations of monetary policy by an independent central bank. However, there were continual calls from the European Central Bank (ECB) for ‚structural reforms‘ alongside those for fiscal consolidation and reforms of the pension schemes. Within the EMU institutional arrangements, the European Central Bank frequently called for de-regulation and ‚structural reforms‘ in its Monthly Bulletins – for example in January 2007,

„the Governing Council [of the ECB] notes that significant structural impediments continue to exist and contribute to explaining why unemployment rates are still unacceptably high and participation in the labour market is still low by international standards. With other countries in the world also increasing the competitiveness of their markets, it is essential for each euro area country to minimise the market distortions induced by its particular regulations and for the euro area as a whole to remove remaining barriers to market integration." (ECB 2007, 7)

It could be said though that until the financial crisis, which started in August 2007 and the subsequent ‚great recession' as well as more so the onset of the euro crisis, these calls for ‚structural reforms' and de-regulation had relatively little impact. Germany had though gone through its own ‚structural reforms', which had been associated with, if not a cause of, a decline in the wage share as real wages failed to rise in line with productivity. The so-called Hartz reforms had deregulated the work of employment agencies and low-paid jobs, and reduced tax and social contributions, though were generally seen to centre on reduced unemployment benefits. In turn the decline in relative unit labour costs in Germany was associated with a widening current account surplus. Responses to the euro crisis have included bail-outs and bail-ins, the development of the European Stability Mechanism etc. (see, for example, Arestis/Sawyer 2013). It has also included, and this is central to this chapter, the imposition of what is often termed ‚structural reforms' (for summary of those imposed on Greece by the Troika see, for example European Commission (2012b). The Treaty on Stability, Coordination and Governance imposes for a country which is subject to an ‚excessive deficit procedure' that it

> „shall put in place a budgetary and economic partnership programme including a detailed description of the *structural reforms* which must be put in place and implemented to ensure an effective and durable correction of its excessive deficit" (emphasis added).

‚Structural reforms' are usually interpreted as de-regulation, reduction of union rights etc. The term ‚structural reforms' is not defined within the Treaty. However, there can be little doubt as to its meaning. In an interview with the Wall Street Journal, Mario Draghi (2012), President of the ECB, stated that the most important structural reform

> „first is the product and services markets reform. And the second is the labour market reform which takes different shapes in different countries. In some of them one has to make labour markets more flexible and also fairer than they are today. In these countries there is a dual labour market: highly flexible for the young part of the population where labour contracts are

three-month, six-month contracts that may be renewed for years. The same labour market is highly inflexible for the protected part of the population where salaries follow seniority rather than productivity."

In Arestis and Sawyer (2013) we argue that the macroeconomic policy framework of the EMU should be viewed as neo-liberal with beliefs in self-adjusting markets to achieve full employment (or at least the non-accelerating inflation rate of unemployment, NAIRU), the ‚independence‘ of the central bank with a central objective of price stability and assignment of policy decisions to bankers and out of the hands of politicians, and limitations on budget deficits under the Stability and Growth Pact (SGP), along with the specific notion of balanced budget over the cycle (with the implication that the private sector generates sufficient demand for full employment). But the formal arrangements for the SGP and the operation of the euro focused on macroeconomic policies, and although there were implicit beliefs in the stability of the market economy and its ability to achieve a supply-side equilibrium, there was not a formal statement of micro-economic policies and of the promotion of markets. The policies of the European Union itself with regard to those matters could be said to have neo-liberal elements, notably in the limits on state aid and the liberalisation programmes in the area of public utilities. Policies with regard to labour markets were more difficult to classify – the ‚open method of co-ordination‘ provided a much looser set of arrangements (as compared with say the Stability and Growth Pact) and notions of a ‚Social Europe‘ were still in the air. There was (and is) a European Employment Strategy, which would be difficult to classify with many cross currents. This may well have reflected the rather different institutional arrangements and outlooks on policies in the member countries. These differences necessarily meant that the construction of common policies were fraught with difficulties. It could also be seen as a factor in the ‚one size fits all‘ problems of a single monetary policy in that the inflationary mechanisms differ across countries, and may have been a factor in the observed differences in wage and price inflation.

The stress on the combination of fiscal consolidation and ‚structural reforms‘ within the European Union is well summarised in the following.

„The European Commission President, Jose Manuel Barroso, recently made the recommendation that fiscal consolidation (read ‚austerity‘!) must continue in Europe, and that the European Union (EU) member states ‚should now intensify their efforts on structural reforms for competitiveness‘. He specifically highlighted the need for comprehensive labour market reforms as ‚the best way to kickstart job creation' (Jose Manuel Barroso, Press Conference Brussels, 29 May 2013). The call for structural reform to supplement austerity policies is not new. A number of EU member states have introduced far-reaching institutional reforms during the crisis – several of them under pressure from the European Central Bank, the European Commission and the International Monetary Fund. Structural reforms differ from regular austerity measures since their main goal is to change the country's institutional framework to allegedly boost economic growth." (Hermann 2013, 1)

3. Labour market differences in a currency union

A single currency involves a single central bank and single monetary policy. In the euro zone, this is operated by an ‚independent' ECB with the objective of ‚price stability' (interpreted as inflation close to but below 2 per cent per annum). Monetary policy suffers from a ‚one size fits all' problem in that there has to be a single interest rate applying across all of the currency union whatever the economic circumstances in different regions. In relation to inflation, this would mean whether economic activity and inflation would respond in similar ways in different countries to a policy interest rate change by the ECB. The single interest rate has created problems for the EMU – specifically differences in inflation meant that real interest rates vary across countries with low (sometimes negative) real interest rates in relatively high inflation countries. Further, as credit bubbles and housing and construction booms occurred in some countries, monetary policy was helpless to address them. The differences in inflation between EMU member countries and the changes in relative unit labour costs, as well as competitiveness, generated problems, which the single interest rate was not able to address. How far these differences in inflation were related to differences in previous inflationary experiences and expectations and to different forms of labour markets is a matter of conjecture. Is a co-ordinated approach to wage determination needed?

The fiscal policies of the Stability and Growth Pact and now the ‚Fiscal Compact' similarly suffer from a ‚one size fits all' problem with the attempt to impose common budget deficit rules no matter what their economic circumstances are. The ‚structural reform' agenda can face similar difficulties in seeking to impose a common pattern on labour markets across EMU. Yet, labour market institutions and histories differ markedly across countries. This is exemplified by categorisations of different types of labour markets. Amable (2003), for example, provides a five-way classification, of which the first four are relevant for the EMU: market-based Continental European capitalism, Social Democratic economics, Southern European capitalism and Asian capitalism. We do not enter here into discussions as to the validity of these categorisations nor into discussions as to whether there are (say) merely four types. The significance here is that there are different types of labour markets across the EMU countries in respect of the formulation of policies to apply across countries and for the relative performance of the countries concerned.

Before we deal with the latter question in the section that follows we deal shortly with the question of ‚flexibility‘. The evidence that labour market ‚flexibility‘ favourably impacts on the level of employment is weak. It must be noted that labour market ‚flexibility‘ is used here to mean lack of regulation and the promotion of wage and employment flexibility in the face of demand shocks (which may be more pejoratively be labelled as ‚hire and fire‘ mentality). There are other notions of flexibility (such as functional flexibility), which are valuable but do not come under the heading of ‚flexibility‘ here.

The first point to note is that notions of labour market ‚flexibility‘ do not fit well with the experiences of unemployment within the European Union. It would generally be seen that the direction of travel in terms of labour market regulation has been in the direction of de-regulation. After the formation of the euro, unemployment did indeed generally fall, but those falls were quickly reversed with the onset of the financial crisis, and more ‚flexible‘ labour markets have not prevented unemployment in 2012 standing at higher figures (in general, Germany being an exception) than in the late 1990s. Further, unemployment varies between and within countries. The inter-country comparisons do not readily support any idea that more ‚flexible‘ labour markets are associated with lower unemployment: the rate of unemployment in the EU countries in 2004 ranged from 4.5 per cent in Ireland, 4.6 per cent in the Netherlands to 11.5 per cent in Spain. In 2012 unemployment rates ranged from over 26 per cent in Greece and Spain to under 5 per cent in Austria, where the correlation between unemployment and labour market ‚rigidity‘ is not self-evident. Tridico (2012, 1) concludes

> „that countries which performed better during the economic crisis of 2007-2011 are countries which do not have a flexible labour market and have managed to keep stable employment levels. These countries combine a very good mix of economic policies and social institutions oriented to stabilize the level of consumption and the aggregate demand. Coordination mechanisms, higher level of financial regulation and monitoring are also important features of these economies. Clearly, this group of countries identifies better, in the EU, a coordinated market economy model.“

4. Performance of different types of labour market

The rate of unemployment in the EU countries has remained on average over 7.5 per cent throughout the 2000s. Indeed by 2012 it had reached nearly 12 per cent across the euro zone. This contradicts the view that employment and unemployment improved over the same period and that

> „(t)he bulk of these improvements reflect reforms of both labour markets and social security systems carried out under the Lisbon Strategy for Growth and Jobs and the coordination and surveillance framework of EMU, as well as the wage moderation that has characterised most euro area countries" (European Commission 2008, 6).

A study by Baker et al. (2005) provides empirical evidence on labour market regulations and unemployment for 20 OECD countries spanning the 40 years 1960-1999. The evidence in Baker et al. (2005) provides little or no support for the labour market rigidity explanation of unemployment, and in general for the effects of labour market institutions. Baccaro and Rei (2006, 150) in summarising their empirical results suggest that there is „very little support for the view that one could reduce unemployment simply by getting rid of institutional rigidities". Glyn et al. (2006, 20-21) conclude that

> „proponents of labor market deregulation have not produced robust evidence of systematic positive effects of their proposed reforms on cross-country employment performance, though this result has evidently not dimmed the confidence with which such reforms are promoted".

Palley (2001, 3), by accounting for micro- and macro-economic factors and also for cross-country economic spillovers, concludes that unemployment in Europe emanates from „self-inflicted dysfunctional macroeconomic policy". However,

> „when it comes to microeconomic factors the evidence is much more problematic. The level of wage bargaining coordination and the extent of union coverage matter consistently, but they need not raise unemployment if they are appropriately paired. The level of benefit duration and the level of union density are both consistently insignificant." (Palley 2001, 5)

An OECD (1999) study is more damning to the ‚labour-market-flexibility' thesis. It covers the period late 1980s to late 1990s and utilises new and improved data on employment legislation in 27 OECD countries. It utilises multiple regression analysis and techniques. The study demonstrates that employment protection legislation (a measure of labour market flexibility) has small or no impact at all on total unemployment.[1] Tridico (2012, 17), by relating labour market flexibility with the financial crisis, reaches similar conclusions:

> „The flexibility agenda of the labour market and the end of wage increases ... diminished workers' purchasing power. This was partly compensated with increased borrowing opportunities and the boom of credit consumption, all of which helped workers to maintain unstable consumption capacity. However, in the long term, unstable consumption patterns derived from precarious job creation, job instability and poor wages have weakened aggregate demand. Hence, labour market issues such as flexibility, uneven income distribution, poor wages and the financial crisis are two sides of the same coin."

A European Commission (2012a, 49) study goes a step further to suggest that

> „(i)n the area of labour market policies, feasible fields for action include minimum wages, taxation and social spending and all involve rebalancing in one form or another. On wages, the action would involve raising or introducing minimum wages and greater social partners involvement through exchanging views on wage developments at European level. Taxation measures would see rebalancing within income tax shifting the burden from the lower paid to the higher wage earners and rebalancing taxation away from labour onto property and onto environmental 'buts'. Social spending would be rebalanced to improve efficiency in terms of reducing inequality. More generally, a social investment approach to social protection expenditure would be taken."

Vergeer and Kleinknecht (2010, 394) address the issue of the effects of labour market de-regulation on productivity across a panel of 19 OECD countries. They conclude that the

> „(s)uperior growth of labor input in flexible Anglo-Saxon economies is *not* due to superior GDP growth. Over a long period (1960-95), it has been due to a lower growth of labor productivity when compared to 'rigid' European economies ... . At the same time, several European countries experienced a worsening labor productivity performance as they gradually engaged in wage-cost saving flexibilization of their labor markets."

---

[1] The employment protection legislation is defined broadly and covers all types of employment protection measures resulting from legislation, court rulings, collective bargaining or customary practices. The OECD (1999, 115-118) study considered a set of 22 indicators, summarised in an overall indicator on the basis of a four-step procedure.

The same authors note that

> „the call for more flexible labor markets is one for lower wages. It is inter-esting to confront such claims to evidence from micro-data. For example, firm-level estimates in the Netherlands show that firms employing high shares of flexible personnel pay lower wages and flexible workers earn less per hour, compared to similar workers with tenured jobs. Estimates of sales equations, however, also show that firms with high shares of flexible labor do *not* conquer market shares from „rigid" firms – in spite of paying lower wages. The explanation is that firms with plenty of flexible labor realize lower productivity gains ... . Clearly, downward wage flexibility is paying less than expected: lower wages are, to a significant degree, compensated by lower labor productivity gains." (Vergeer/Kleinknecht 2010, 394)

In this section, we have summarised a range of evidence, which runs against the idea that the route to higher employment and better economic perfor-mance is labour market de-regulation and ‚flexibility'. Our conclusions echo those of Whyman et al. (2012, 229) when they write that „there are a large number of studies which have found little or no significant impact arising from labour market deregulation". This should, at a minimum, raise serious questions on the desirability of a rush to ‚structural reforms' within the ‚Fiscal Compact'. At a minimum it can be said that de-regulated labour markets do not come out as generally superior to regulated ones. This should call into ques-tion (to say the least) the imposition of ‚structural reforms' across the piece. This is, of course, not to say that some reforms may not be beneficial (how-ever that is viewed but here mainly in terms of employment and job quality), but those reforms would have to be tailored to individual circumstances.

5. Towards a European Social Model

In the English speaking world there have been (at least) three examples of individual states (or provinces) forming some form of political union – Aus-tralia, Canada and the United States. Attention has been paid to the relation-ship in budgetary terms between the states, which have formed the federa-tion. In each case there are significant fiscal transfers between the states. Our attention here is on labour markets and welfare state issues. There are differ-ences between states on labour market regulation, notably on trade union rights. Even so, trade unions are generally national (federal) in character. One of the major (perhaps the major) reform of the Roosevelt New Deal in the United States which implied a large increase in the federal budget was the social security system. The development of a European Social Model ironically would require following the American example: ironic, given the way the European Social Model is contrasted with the American model. The development of an EU wide social security system would enhance labour mobility etc., and also involve fiscal transfers (e.g. unemployment insurance would in effect transfer income from low unemployment regions to high unemployment regions).

It is well-known that the countries of the euro zone experienced differences in inflation, which could not be addressed through the price stability goal of the ECB, and differences in the evolution of competitiveness that fed into the growing imbalances of current account positions. There is little reason to believe that ‚structural reforms' will prevent the continuation of differential moves in competitiveness. Serious consideration has to be given to building institutional arrangements between the EMU member countries, which enhance convergence of movements in prices and in competitiveness.

Alternatives to this dominant neo-liberal agenda are urgently needed. These will need to proceed towards fiscal policies at the national and federal levels, which are supportive of employment. It also focuses on those reforms that build the conservative's ideal of a totally flexible labour market in which alternatives to ‚structural reforms' are required; and as Janssen (2013) suggests:

> „Instead of focussing on those reforms that build the conservative's ideal of a totally flexible labour market in which business is in no way constrained by collective bargaining, minimum wages and workers' rights, one should think of going for a different form of coordination: This coordination should instead ensure coherence between, on the one hand, the reform policies of 17 different member states and, on the other hand, the needs of the Euro Area as a whole. Indeed, if there's anything the euro crisis is teaching us, it is that the single currency is not sustainable if member states continuously are moving in opposite directions."

The required direction of travel for reforms of the ‚Fiscal Compact' would include, as Andor (2013), the European Commissioner responsible for Employment, Social Affairs and Inclusion, suggests:

> „The EMU governance, including its social dimension, would need to be sufficiently reinforced through the introduction of social standards and solidarity mechanisms that could provide more extensive support for preventing and addressing employment and social imbalances that affect the stability of the EMU. Here, conditionality would underline the primary

responsibility of the Member States themselves for their own long term competitiveness and convergence. I am convinced that, for economic, social and political reasons, EMU-level fiscal transfers with an automatic stabiliser function will also need to be developed, as foreseen in the Commission's Blueprint. For example, in the form of EMU level unemployment insurance, this would constitute direct expression of EU support to citizens in need. Possibilities of involving social partners in the governance of such stabilizer instruments should be explored."

Grahl and Teague (2013) suggest that EU social policy needs to be strengthened extensively, with interventions that focus on the creation of employment and social safety nets within the capacity of national governments. It is argued that such ‚social union' is both urgent and paramount within a European federal framework; however, such framework, although desirable, is highly unlikely to emerge under current circumstances. A number of alternative solutions are suggested: a series of fiscal co-insurance institutions to tackle problems in the case of severe shocks to individual member states; a banking union; and reductions in the accumulated debt of relevant countries; correction of current imbalances (through higher wage growth in Germany along with the creation of a European welfare state); ‚internal' devaluation (whereby a Europe-wide wealth tax is recommended); industrial policy through initiatives by the European Investment Bank (EIB) to stimulate investment; and a strategy whereby a Europe-wide employment programme is introduced and implemented especially for those countries where unemployment is high. The latter is in the view of Grahl and Teague (2013) the best prospect for success at the moment.

The development of a EU social security system faces many of the same difficulties which, for example, a banking union faces. There are varying social security systems in the member countries with different philosophies – means-tested vs. universal benefits, funded or unfunded pension schemes, benefits flat rate or linked to prior earnings etc. Grafting on an EU social security system would be enormously complex – but is there any alternative?

A possible first step we would suggest would be the development of an EU-wide unemployment insurance scheme. This could be developed at relatively modest levels and the existing national schemes supplemented by the EU-wide scheme. The benefits paid under the national schemes could be adjusted to take account of the EU-wide scheme, particularly where the national schemes are relatively ‚generous', that is the replacement rate is relatively high. The contributions to the EU-wide scheme would be proportional to earnings over some range, and paid by employers and employees.

Similarly the benefits payable would be related to prior earnings. In this manner, there would in effect be income transfers from low unemployment areas (hence low volume of benefits) to high unemployment areas (high volume of benefits), and depending on the precise way in which contributions are related to earnings and benefits to prior earnings from high earnings areas to low earnings areas.

6. Concluding remarks

The ways in which labour market institutions across the euro zone differ in their structure and economic impacts are highly relevant for the euro zone's future prospects. In this chapter two major dimensions of this approach are examined. The first concerns the ways in which different types of labour market institutions lead to different economic behaviour (notably over the determination of wages and the sensitivity of employment to the business cycle) and the difficulties, which that poses for the conduct of a single monetary (and other) policies. The second relates to the ‚Fiscal Compact' and its stress on ‚structural reforms', which in the context of labour markets in effect means de-regulation and liberalisation. Based on a review of the literature it is argued that ‚structural reforms' of this kind are unlikely to improve economic performance, and indeed may harm it in a number of directions. We have argued that a European Social model would be the way forward. However, to achieve this objective a number of proposals have been put forward, including ours as suggested in this contribution. Nonetheless, accounting for all these proposals leads inevitably to another important serious and overdue dimension; namely, a political integration in the form of a federal Europe. In its absence, it is inevitable, as we have argued ever since the creation of the Eurozone, that its collapse will be the outcome at some point in the future (see Arestis/Sawyer (2013), for a recent restatement of this view).

References

Amable. B. (2003): *The Diversity of Modern Capitalism*, Oxford: Oxford University Press.

Andor, L. (2013): Europeans want and deserve a monetary union with a human face, Speech at ETUC Madrid Conference, Celebrating the Past, Looking to the Future, Madrid, 28 January.

Arestis, P., Sawyer, M. (2013): *Economic and Monetary Union Macroeconomic Policies: Current Practices and Alternatives*, Houndmills/Basingstoke: Palgrave Macmillan.

Baccaro, L., Rei, D. (2006): Institutions and unemployment in OECD countries: a panel data analysis, in: W. Mitchell, J. Muysken and T. van Veen (eds.), *Growth and Cohesion in the European Union*, Cheltenham: Edward Elgar Publishing Limited.

Baker, D., Glyn, A., Howell, D., Schmitt, J. (2005): Labor market institutions and unemployment: a critical assessment of the cross-country evidence, in: D. Howell (ed.), *Fighting Unemployment: The Limits of Free Market Orthodoxy*, New York: Oxford University Press.

Draghi, M. (2012): Interview with the Wall Street Journal, available at: http://www.ecb.europa.eu/press/key/date/2012/html/sp120224.en.html

European Central Bank (ECB) (2007): *Monthly Bulletin*, January, Frankfurt: European Central Bank.

European Commission (2008): EMU successes and challenges after ten years of economic and monetary union, *European Economy*, 2.

European Commission (2012a): Directorate-General for Employment, Social Affairs and Inclusion, *Employment and Social Developments in Europe 2012*, Luxembourg: Publications Office of the European Union.

European Commission (2012b): The second economic adjustment programme for Greece, European Economy, Occasional Papers 94, March.

Glyn, A., Howell, D., Schmitt, J. (2006): Labor market reforms: the evidence does not tell the orthodox tale, *The Challenge Magazine*, 49(2), 5-22.

Grahl, J., Teague, P. (2013): Reconstructing the eurozone: the role of EU social policy, *Cambridge Journal of Economics*, 37(1), 677-692.

Hermann, C. (2013): The crisis, structural reform and the fortification of neoliberalism in Europe, global labour column, No. 145, August 2013, available at: http://column.global-labour-university.org/2013_08_01_archive.html

Janssen, R. (2013): Putting the social dimension at the heart of European economic governance, available at: http://www.social-europe.eu/2013/03/putting-the-social-dimension-at-the-heart-of-european-economic-governance/?utm_source=feedburner&utm_medium=feed&utm_campaign=Feed%3A+social-europe%2F wmyH+%28Social+Europe+Journal%29

OECD (1999): *Economic Outlook*, May, Paris: France.

Palley, T. (2001): The role of institutions and policies in creating high European unemployment: the evidence, Levy Economics Institute of Bard College, Working Paper Series, No. 336.

Tridico, P. (2012): Financial crisis and global imbalance: its labour market origins and the aftermath, *Cambridge Journal of Economics*, 36(1), 17-42.

Vergeer, R., Kleinknecht, A. (2010): The impact of labor market deregulation on productivity: a panel data analysis of 19 OECD countries (1960-2004), *Journal of Post Keynesian Economics*, 33(2), 371-407.

Whyman, P.B., Baimbridge, M., Mullen, A. (2012): *The Political Economy of the European Social Model*, London: Routledge.

Rethinking wage policy in the Euro area – implications of the wage-led demand regime[*]

Engelbert Stockhammer and Özlem Onaran

1. Introduction

The Euro system is in crisis. But even before the crisis the performance of the Euro area was disappointing, in particular for workers. Unemployment remained high in many countries and there had been a sharp decline in the wage share since the early 1980s. The austerity packages and the conditionality attached to the bailout packages deepen this trend further; they notably include a reduction in minimum wages (in the case of Ireland) and a weakening of collective bargaining (in the case of Greece). These measures are part of the dominant liberal theory of wages that regards labour market flexibility as a precondition for economic stability and prosperity.

For many years the reduction of the wage share had been an implicit policy goal of the European Commission (EC). The *Broad Economic Policy Guidelines* included a passage stating that „real wage developments should be below the increase in productivity" (EC 1997, 14). In reaction to the crisis wage suppression is advocated under the heading of ‚internal devaluation'.

The EU's economic policy package that has pursued labour market flexibility has been unable to prevent the build up of the disequilibria that have erupted in the present crisis. It has delivered three decades of declining wage shares without generating sustainable growth for the Euro area. Rather than more of the same medicine, we argue that the Euro area needs a fundamental rethinking of its economic policy. This chapter discusses wage policy and advocates a system of European wage bargaining coordination that should

[*] This is an abbreviated and updated version of Stockhammer and Onaran (2012).

aim at wages growing at least with productivity growth and the inflation target in the long term. In the medium term it would have to ensure that German wages grow substantially faster than those of Greece, Ireland, Portugal and Spain.

In the 1930s Keynes argued that wage flexibility would not only be insufficient to generate full employment, it could generate economic instability. At the core of his argument was the insight that wages are a source of economic demand. The positive effects of a wage cut on employment at a firm level do not add up at the macro level; a wage cut will typically reduce aggregate demand because of declines in consumption by workers. Moreover, nominal wage cuts would also lead to price deflation which increases the real value of debt and, under the conditions of a debt overhang as it is the case now, may destabilize the economy.

The contribution of this chapter lies in its exposition and tying together of some established arguments, which have been made by, among others, Arestis et al. (2001), Bibow (2007), Hein and Truger (2005), Huffschmid (2005), EuroMemo Group (2010), Flassbeck and Spiecker (2005), Onaran (2011) and Stockhammer (2011a).

The present chapter builds on these Keynesian insights and argues, firstly, that the aggregate demand regime in the Euro area is wage-led based on the econometric estimations of post-Kaleckian models in the literature. Secondly, we argue that in the Euro area two growth models – a credit-led and an export-led model – have emerged, and have given rise to the imbalances that are at the heart of the euro crisis. Wage flexibility has proven insufficient to prevent these imbalances. Finally, we present a system of coordinated wage bargaining that aims at wages rising in line with productivity growth and (a substantially upward-revised) inflation target.

The chapter is structured as follows. Section 2 establishes some stylized facts regarding income distribution, growth and current account positions in the Euro area, and summarizes the literature on the nature of the demand regime in Europe. Section 3 presents evidence for the emergence of export-led and of credit-led growth models. Section 4 outlines a proposal for wage bargaining and section 5 concludes.

2. Stylized facts on distribution, growth and current account positions

The most striking two stylized facts in the Euro area have been the secular decline in wage shares along with a disappointing economic performance. In the last year before the crisis, 2007, the wage share (adjusted) in the Euro area has fallen by 10.5 percentage-points since 1981; however there has been no substantial improvement or even a deterioration in growth, as can be seen in Figures 1. Growth rates (of real GDP) have remained well below those of the 1960s and 1970s. Contrary to the expectations of mainstream economists, the unemployment rate in the Euro area has also increased despite an almost continuous decline in real unit labour costs. The crisis has led to further increases in unemployment.

Figure 1: Adjusted wage share and GDP growth in the Euro area

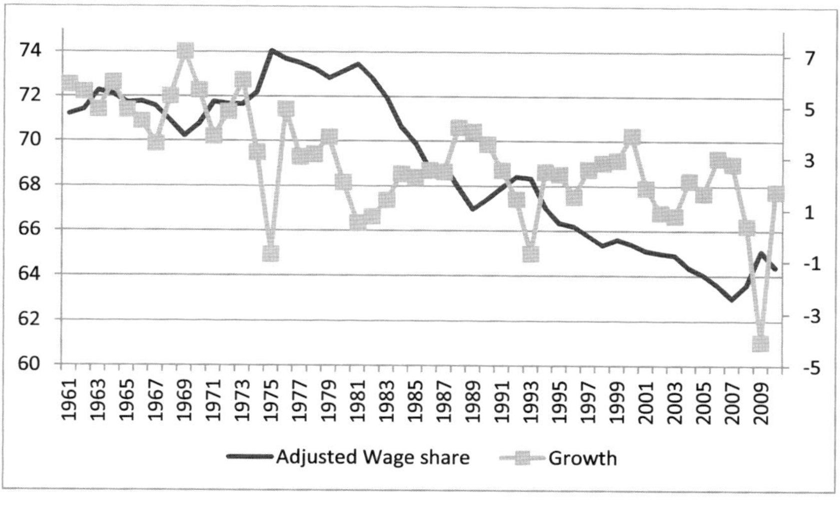

Source: AMECO.

In the meantime there has been a marked divergence across its member states. Figure 2 shows the growth of nominal unit labour costs (ULC) since 2000 for Germany, Greece, Ireland, Portugal, Spain and Italy. In 2000 Germany's current account was approximately balanced. In 2010 ULC in Germany were at 105.6 whereas they were at 137 for Greece, 126.5 for Ireland,

126.4 for Portugal, 130.2 for Spain and 133 for Italy. This is equivalent to a 20-30% real devaluation in Germany vis-à-vis the Mediterranean countries.

Figure 2: Unit labour costs in the Euro area

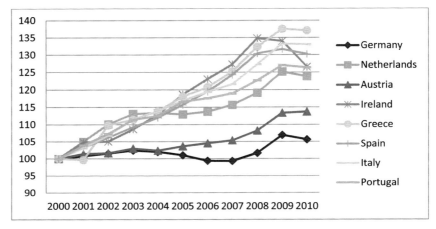

Source: AMECO; unit labour costs.

Unsurprisingly this has resulted in substantial current account disequilibria. Germany had a current account surplus of 7.9 per cent of GDP in 2007, just before the crisis, whereas Greece, Ireland, Portugal, Spain and Italy had deficits of 14.5 per cent, 5.3 per cent, 9.4 per cent, 10 per cent and 2.4 per cent, respectively.

The stylized facts indicate that wage moderation, as reflected by falling unit labour costs, has failed to improve growth. Mainstream economics focuses only on the role of wages as a cost item; however wages have a dual role as a source of demand as well. In order to assess the effects of wage moderation it is necessary to address the effects on all the components of private demand. Wage moderation will, other things equal, improve competitiveness and therefore ultimately net exports; it may also have a positive effect on investment due to increased profitability. However, it will certainly suppress domestic consumption, since the marginal propensity to consume out of wages is higher than that out of profits.

This analysis is inspired by the work of Keynes and Kalecki, which has been formally modeled by Rowthorn (1981), Dutt (1984), Taylor (1985), Blecker

(1989), and extended by Bhaduri and Marglin (1990). These Post-Kaleckian macro models allow for wage-led as well as for profit-led demand regimes.

Empirically, the effect of the profit share on GDP via the international trade channel depends on the degree of openness of the economy. Thus in relatively small open economies net exports may play a major role in determining the overall outcome; the effect becomes much lower in relatively closed large economies. This has two interesting policy implications: firstly, even when individual countries in an economic area like the Euro area may be profit-led or weakly wage-led (in cases where positive and negative effects are almost offsetting each other) due to high trade effects, the situation for the Euro area as a whole is different. Its degree of openness is much smaller than the average of the openness of its member states, because most of the trade of the member states is within the Euro area. In the Euro area, extra-EU exports and imports (of goods) account for only 11.6 per cent and 12.9 per cent of GDP respectively (in 2007 at current prices). Thus wage moderation in the EU as a whole is likely to have only moderate effects on foreign trade but substantial effects on domestic demand. The *domestic sector* in this case is defined with respect to consumption and investment only. If consumption reacts more sensitively to an increase in the wage share than does investment, domestic demand will be wage-led. The total effects will only be moderately lower than domestic effects with relatively low effects via net exports in a large economy.

Secondly, if wages were to change simultaneously in all countries, the net export position of each country would change little because extra-Euro area trade is comparatively small. Thus, when all Euro area countries pursue ,beggar thy neighbour' policies, the international competitiveness effects will be minor, and the domestic effects will dominate the outcome.

According to the estimations by Onaran and Galanis (2012) for the period of 1960-2007, which update the results of Stockhammer et al. (2009), a 1 percentage-point increase in the profit share decreases consumption by 0.44 percentage-points of GDP. Investment increases by 0.30 percentage-points of GDP. Thus domestic private demand contracts by 0.16 percentage-points of GDP. Exports are price elastic, and the indirect effect of an increase in the profit share on export demand (via its effects on ULC and export prices) is an increase of 0.06 percentage-points of GDP. There is no significant effect on imports. Adding the net export effects on domestic demand reveals that total private demand is still strongly wage-led, and a 1%-point increase in the profit share leads to a 0.08 percentage-point decrease in aggregate demand.

Adding the multiplier effects, the overall decrease in demand rises to 0.13 percentage-points.

The results summarized above are consistent with the findings for individual countries of the Euro area, which mostly conclude that domestic demand is wage-led.[1] Regarding aggregate private demand, the addition of the foreign demand does not reverse the results in most of the countries. It is usually small open economies, like the Netherlands and Austria, which have profit-led aggregate demand regimes.

Overall the results clearly point at one policy implication: If countries, which have strong trade relations with each other are considered as an aggregate economic area, such as the Euro area, the private demand regime is wage-led. To reformulate this finding from a negative viewpoint: A simultaneous wage cut in highly integrated countries leaves them with only negative domestic demand effects.

3. Export-led and credit-led growth in Europe

European Monetary and Economic Unification has not only resulted in disappointing overall performance, but it also led to increasing divergence within the Euro area. While there was a convergence in inflation rates, in the sense that inflation rates came down in all countries, the countries that had low inflation prior to the Euro also had lower inflation rates afterwards. This has led to the increasing divergence of unit labour costs and resulted in sizable current account disequilibria across the Euro area. These disequilibria are mostly due to imbalances *within* the Euro area. Roughly speaking two thirds of the external trade of Euro member states is within the Euro area (according to the OECD's STAN Bilateral Trade Data).

Current account deficits have to correspond to capital inflows. This means that the Mediterranean countries have experienced massive capital inflows for more than a decade. Indeed, the European Commission has encouraged the integration of capital markets within the Euro area and thereby also encouraged capital flows. Consequently external assets have been built up in the trade surplus countries, most of all Germany, and external liabilities have been accumulated in the trade deficit countries. The sectors that accumulated debt have differed by country. In Greece it was mostly the government sector

---

[1] See Onaran and Galanis (2012); Stockhammer and Stehrer (2011); Naastepad and Storm (2006/7); Hein and Vogel (2008); Bowles and Boyer (1995); Stockhammer et al. (2011); Ederer and Stockhammer (2007); Stockhammer and Ederer (2008).

that accumulated debt, in Ireland, Portugal, and Spain it was rather the private sector, and in particular the household sector (Lapavitsas et al. 2010).

At the risk of oversimplifying actual developments, one can characterize the dynamics as one where two growth regimes have emerged (Stockhammer 2011b): In the first group of countries growth has been driven by increasing debt; this usually came with asset and/or property price bubbles. Typically these countries had current account deficits and capital inflows. In a second group of countries, net exports have provided the main driving force for demand. The extreme case of this is Germany, where since 2000 around three quarters of GDP growth has been driven by net exports (not counting indirect effects via induced-export investment).

The differences between countries with predominantly export-led and credit-led growth models are clearly reflected in the data. Germany and Austria had substantial current account surpluses, whereas Greece, Ireland, Portugal and Spain had substantial deficits. Private household debt, on the other hand increased much faster in the Mediterranean countries than in the Euro core as can be seen in Table 1. From 2000 to 2008 household debt increased by 62.72, 27.38, 33.84 percentage-points in Ireland, Portugal and Spain respectively, but it shrank in Germany by 11.3 percentage-points and it grew by only 7.91 percentage-points in Austria.

Table 1: Increase household debt (in per cent of GDP), 2000-2008

Export-led economies		Debt-led economies	
Germany	-11.34	Ireland	62.72
Netherlands	32.83	Greece	35.46
Austria	7.91	Spain	33.84
		Italy	18.32
		Portugal	27.38

Source: Eurostat: Financial Flows and Stocks by Sector; Ireland starts 2001 instead of 2000.

4. Rebalancing and wage coordination

Any viable economic policy strategy for the Euro area will need to rebalance the current account positions. How much rebalancing has there to be? ULCs have increased by 25-30 per cent faster in Greece, Ireland and Portugal than in Germany since 2000. To return to the relative ULC positions of 2000 would require an inflation rate in Germany that is 2-3 percentage points higher than in the Greece, Ireland and Portugal for a full decade. There are two ways to achieve this adjustment within a currency union (or of course some combination of the two): First, Greece, Ireland and Portugal could (try to) to lower their inflation rates well below German ones. As Germany has had, for practical purposes, flat ULC in the last decade, this would imply nominal wage deflation in these countries for a full decade. This could be called the *deflationary rebalancing* strategy and could only be achieved by a period of sustained high unemployment in the deficit countries. It would effectively require a Japanese-style lost decade of deflation and stagnation for the peripheral European countries. It would also make reducing debt (be it private or public) more difficult as the real value of debt would increase in this scenario. The economic costs of such a strategy would be enormous (Stockhammer/Sotiropoulos 2012). Instead of economic growth and a convergence of living standards (as EC (1990) had envisioned), the Euro area would become a club where the poorest members are condemned to stagnation and further falling behind. The political implications of such a scenario are impossible to predict, but it does not require excessive fantasy to conclude that EU membership under these conditions will be questioned.

The second way to achieve this rebalancing is for German ULC to rise substantially. If Greece, Ireland and Portugal were to maintain moderate growth rates that result in moderate inflation of, say 2 per cent per annum, this would require inflation in Germany of 4 to 5 per cent. We can call this *inflationary rebalancing*. This strategy would be consistent with growth, but it would come with a higher overall level of inflation. This would contradict the present inflation target of the ECB. It would probably have only small negative effects on overall EU exports, but it may be politically contentious. Higher inflation may be unpopular in Germany. However, the main alternative seems to be permanent fiscal transfers from Germany to Greece, Ireland and Portugal, which would be even more unpopular.

In the medium term rebalancing thus requires substantially higher wage growth in Germany if it is to come without a decade of stagnation in the periphery of Europe. It will also require a higher inflation target for the Euro area. In the longer term, the macroeconomic role of wages has to be taken into account in the design of economic policy and economic institutions in Europe. To be consistent with a stable distribution of income and with balanced internal current account positions, wages would have to grow in line with productivity growth (in the country) and with inflation.

A simple wage rule that approximates this aim is

$$w_j = x_j + p^T + a(ULC_{EU} - ULC_j),$$

where w, x, p^T, and ULC denote nominal wage growth, labour productivity growth, the inflation target, and unit labour costs respectively and subscripts EU and j refer to the EU and to country j. The inflation target would have to be set such as to avoid deflation in all countries. Note that there is no role for unemployment in this wage equation. In this sense, the wage rule is inconsistent with wage flexibility in the standard sense. Rather it recognises the macroeconomic role of wages.

This wage equation is not to be understood as a technocratic rule (like the Taylor rule), but as a policy goal. The question is how a set of institutions can be built that allows wages to become a policy instrument. European wage policy thus faces a double challenge. On the one hand, it has to solve the prisoners' dilemma situation, where individual countries pursue beggar thy neighbour policies by encouraging wage moderation. On the other hand, it has to ensure that relative wages respond to trade imbalances. This requires strengthening collective bargaining systems, while at the same time building wage bargaining into a broader set of macroeconomic consideration.

We suggest a system of coordinated national collective bargaining where social partners are also part of tripartite commissions that decide on fiscal and monetary policy. This would require institution building at the national as well as the European level and would effectively try to replicate labour relations systems of the Germanic or Nordic type at the national level and institution building at the European level. As unions would have to give up part of their ability to influence wages, they would have to be compensated by getting a greater say in other policy areas, that is, in fiscal policy and, ultimately, in monetary policy. Simply put, the above wage equation will not be attractive to unions unless they get a say in the determination of the inflation target and unless the European Commission is committed to full employment rather than labour market flexibility (see Hein/Truger 2004 for an interesting discussion of macroeconomic policy coordination).

Three points of clarifications are in place. First, our approach would thus require a very different overall economic policy regime in the EU than the present one. Indeed, any deviation in the role of wage policy will require a rethinking of the entire economic policy mix in the EU because wage flexibility is such a crucial part of the current policy regime: as exchange rates are frozen internally, monetary policy is centralized and the room for manoeuvre for fiscal policy is narrowly circumscribed, wages are the only variable that can adjust in the face of asymmetric shocks (Stockhammer 2011a).

Second, our suggestion requires institution building at the national and even more so at the European level. Wage bargaining institutions are, at present, almost exclusively at the national, sectoral or firm level (Visser 2004). Experience of transnational wage bargaining coordination is limited (Schulten 2004). However, at least in our view, assuming that Europe wants to maintain its monetary union, a deepening of integration has to take place.

Third, the wage equation, by design, guarantees a stable wage share. It has nothing to say about the level at which the wage share should be stabilized. This is up to the political process. In particular, the wage equation is consistent with government policies to increase the wage, e.g. by introducing or increasing minimum wages.

Fourth, we consider European wage coordination and inflationary rebalancing a necessary condition for the survival of the Euro. It is not clear whether it would also be sufficient. This is not the place to evaluate the merits of debt restructuring. Instead we merely note that given the debt levels of Greece, Portugal and Ireland, it is has been argued that debt restructuring is unavoidable. As is most apparent in the case of Ireland it is also questionable whether socializing private debt is socially desirable (Eichengreen 2010).

5. Conclusion

Ten years after its introduction, the euro is in an existential crisis. The crisis is the outcome of economic policies that have aimed at labour market flexibility and financial integration. Even before the crisis, the outcomes of this approach have been disappointing, with workers suffering from an income distribution that has shifted decisively in favour of capital. The liberal policy regime has delivered neither stable distribution, nor growth, nor stability. Rather than real convergence, the outcome has been the emergence of credit-led growth (in the periphery) and of export-led growth (in the core). Neither of the two growth models is viable in the long run.

If the project of European economic integration is to survive, it needs a drastic change in direction. An important building block of this redirection is a rethinking of the role of wage policy. Contrary to the expectation of much of conventional economics, the fall in the wage share has not translated into substantial increases in employment nor in an increase in growth. One reason for this is that aggregate demand in the Euro area is wage-led. While an increase in wages (other things equal) has a negative effect on investment and on net exports, it has a positive effect on consumption. As the Euro area is a relatively closed economy the consumption effect is likely to overpower the investment effect and the export effect. However, demand in individual countries, most of which are small open economies, is often profit-led. There is thus a prisoners' dilemma situation where individual countries can stimulate demand by wage moderation, but once all countries pursue wage moderation, the overall effect on demand is negative.

A redesigning of the economic policy regime of the Euro area should aim at strengthening collective bargaining institutions at the national level and coordinating them at the European level. Wage bargainers should incorporate balance of payments considerations in the wage negotiations and should, in the form of tripartite meetings be involved in fiscal and monetary policy.

References

Arestis, P., McCauley, C., Sawyer, M. (2001): An alternative stability pact for the European Union, *Cambridge Journal of Economics,* 25, 113-130.

Bhaduri, A., Marglin, S. (1990): Unemployment and the real wage: the economic basis for contesting political ideologies, *Cambridge Journal of Economics*, 14, 375-93.

Bibow, J. (2007): How the Maastricht regime fosters divergence as well as instability, in: P. Arestis, E. Hein and E. Le Heron (eds.), *Monetary Policies: Modern Approaches*, Basingstoke: Palgrave Macmillan.

Blecker, R. (1989): International competition, income distribution and economic growth, *Cambridge Journal of Economics*, 13, 395-412.

Bowles, S., Boyer, R. (1995): Wages, aggregate demand, and employment in an open economy: an empirical investigation, in: G. Epstein and H. Gintis (eds.), *Macroeconomic Policy after the Conservative era. Studies in Investment, Saving and Finance*, Cambridge: Cambridge University Press.

Dutt, A. (1984): Stagnation, Income Distribution and Monopoly Power, *Cambridge Journal of Economics*, 8, 25-40.

Ederer, S., Stockhammer, E. (2007): Wages and aggregate demand in France: an empirical investigation, in: E. Hein and A. Truger (eds.), *Money, Distribution, and Economic Policy – Alternatives to Orthodox Macroeconomics*, Cheltenham: Edward Elgar.

Eichengreen, B. (2010): Ireland's reparations burden. [original appeared as Jämmerliches Versagen, Handelsblatt, 1 Dec 2010] accessed 21 Jan 2011, available at: http://www.irisheconomy.ie/index.php/2010/12/01/barry-eichengreen-on-the-irish-bailout/

EuroMemo Group (2010): Confronting the Crisis: Austerity or Solidarity, Euro Memorandum 2010/11, available at: http://www2.euromemorandum.eu/uploads/euromemorandum_2010_2011.pdf

European Commission (EC) (1997): Broad economic policy guidelines, *European Economy*, No 64.

European Commission (EC) (1990): One market, one money. An evaluation of the potential benefits and costs of forming a monetary and economic union, *European Economy*, No. 44.

European Commission (EC) (2011): Economic crisis in Europe: causes, consequences and responses, *European Economy*, 7/2009.

Flaschel, P., Proano, C. (2007): AS-AD disequilibrium dynamics and the Taylor interest rate policy rule: Euro-Area based estimation and simulation, in: P. Arestis, E. Hein and E. Le Heron (eds.), *Aspects of Modern Monetary and Macroeconomic Policies*, Basingstoke: Palgrave MacMillan.

Flassbeck, H., Spiecker, F. (2005): Die deutsche Lohnpolitik sprengt die Europäische Währungsunion, *WSI Mitteilungen*, 12/2005, 707-713.

Hein, E., Truger, A. (2004): Macroeconomic coordination as an economic policy concept – opportunities and obstacles in the EMU, in: E. Hein, T. Niechoj, T. Schulten and A. Truger (eds.), *Macroeconomic Policy Coordination in Europe and the Role of the Trade Unions*, Brussels: ETUI.

Hein, E., Truger, A. (2005): European Monetary Union: nominal convergence, real divergence and slow growth?, *Structural Change and Economic Dynamics*, 16(1), 7-33.

Hein, E., Vogel, L. (2008): Distribution and growth reconsidered – empirical results for six OECD countries, *Cambridge Journal of Economics*, 32, 479-511.

Huffschmid, J. (2005): *Economic Policy for A Social Europe: A Critique of Neoliberalism and Proposals for Alternatives*, Basingstoke: Palgrave Macmilan.

Lapavitsas, C., Kaltenbrunner, A., Lindo, D., Michell, J., Painceira, J.P., Pires, E., Powell, J., Stenfors, A., Teles, N. (2010): Eurozone Crisis: Beggar Thyself and Thy Neighbour, RMF Occasional Report, March 2010, available at: http://researchonmoneyandfinance.org/media/reports/eurocrisis/fullreport.pdf

Larch, M., Van den Noord, P., Jonung, L. (2010): The Stability and Growth Pact: lessons from the Great Recession, DG Economic and Financial Affairs, Economic Papers, 429.

Marglin, S., Bhaduri, A. (1990): Profit squeeze and Keynesian theory, in: S. Marglin and J. Schor (eds.), The *Golden Age of Capitalism. Reinterpreting the Postwar Experience*, Oxford: Clarendon.

Moschovis G., Servera, M.C. (2009): External imbalances of the Greek economy: the role of fiscal and structural policies, *ECFIN Country Focus*, 6(6).

Naastepad, C.W.M., Storm S. (2006/7): OECD demand regimes (1960-2000), *Journal of Post-Keynesian Economics*, 29, 213-248.

Niechoj, T. (2004): Keynesian macro-coordination at EU level: attractive to trade unions?, in: E. Hein, T. Niechoj, T. Schulten and A. Truger (eds.), *Macroeconomic policy coordination in Europe and the role of the trade unions*, Brussels: ETUI.

Onaran, Ö. (2011): From wage suppression to sovereign debt crisis in Western Europe: who pays for the costs of the crisis?, *International Journal of Public Policy*, 7(1-3), 51-69.

Onaran, Ö., Galanis, G. (2012): Is aggregate demand wage-led or profit-led? National and global effects, Conditions of Work and Employment Series, No. 40, International Labour Office: Geneva.

Onaran, Ö., Stockhammer, E., Grafl, L. (2011): The finance-dominated growth regime, distribution, and aggregate demand in the US, *Cambridge Journal of Economics*, 35, 637-661.

Rowthorn, R. (1981): Demand, real wages and economic growth, *Thames Papers in Political Economy*, Autumn, 1-39, reprinted in: *Studi Economici*, 1982, 18, 3-54.

Schulten, T. (2004): *Solidarische Lohnpolitik in Europa. Zur Politischen Ökonomie der Gewerkschaften*, Hamburg: VSA-Verlag.

Stockhammer, E. (2008): Wage coordination or wage flexibility? *Intervention. European Journal of Economic and* Economic Policies, 5(1), 54-62.

Stockhammer, E. (2011a): Neoliberalism, income distribution and the causes of the crisis, in: P. Arestis, R. Sobreira and J.L. Oreiro (eds.), *The 2008 Financial Crisis, Financial Regulation and Global Impact, Volume 1 The Financial Crisis: Origins and Implications*, Basingstoke: Palgrave Macmillan.

Stockhammer, E. (2011b): Peripheral Europe's debt and German wages. The role of wage policy in the Euro area, *International Journal of Public Policy*, 7(1-3), 83-96.

Stockhammer, E., Ederer, S. (2008): Demand effects of a falling wage share in Austria, *Empirica*, 35(5), 481-502.

Stockhammer, E., Hein, E., Grafl, L. (2011): Globalization and the effects of changes in functional income distribution on aggregate demand in Germany. *International Review of Applied Economics*, 25(1), 1-23.

Stockhammer, E., Onaran, Ö. (2012): Rethinking wage policy in Europe, *International Review of Applied Economics*, 26(2), 191-204.

Stockhammer, E., Onaran, Ö., Ederer, S. (2009): Functional income distribution and aggregate demand in the Euro area, *Cambridge Journal of Economics*, 33(1), 139-159.

Stockhammer, E., Sotiropoulos, D. (2012): The costs of internal devaluation, PKSG Working Paper, 1206.

Stockhammer, E., Stehrer, R. (2011): Goodwin or Kalecki in demand? Functional income distribution and aggregate demand in the short run, *Review of Radical Political Economics*, 43(4), 506-522.

Taylor, L. (1985): A stagnationist model of economic growth, *Cambridge Journal of Economics*, 9, 383-403.

Visser, J. (2004): Patterns and variations in European industrial relations, in: European Commission (ed.), *Industrial Relations in Europe 2004*, Luxembourg: European Communities.

V.

Wirtschaftspolitik in Deutschland

Economic policies in Germany

German public finances
under the debt brake:
unmasking the 'model pupil'[*]

Kai Eicker-Wolf and Achim Truger

1. Introduction

German fiscal policy is nowadays often presented as a shining example: The fiscal exit after the recession in 2009 was quick and apparently smooth: the 2010 budget deficit of 4.2 per cent of GDP was turned into a small surplus of 0.1 per cent of GDP by 2012. At the same time the German economy recovered very strongly from the crisis with comparatively very low and soon even decreasing unemployment. According to conventional wisdom one major reason behind the German public finance success story is the fact that Germany had already incorporated a debt brake into its Constitution back in the summer of 2009, just before the onset of the Euro crisis. According to the brake, from 2020 onwards the structural general government deficit must not be higher than 0.35 per cent of GDP. When most EU governments pledged in the Fiscal Compact at the end of 2011 to introduce stricter (constitutional) limits on public debts and deficits, this resulted primarily from an acute sense of panic in the face of the continuing escalation of the euro crisis. But the fact that they resorted to the German approach of constitutionally fixed debt brakes certainly also had something to do with the allegedly easily demonstrable success of the German example.

[*] This contribution is a substantially revised, updated and shortened version of a Global Labour University (GLU) Paper that was prepared for the GLU project ‚Combating Inequality' financed by the Hans-Böckler-Foundation (Eicker-Wolf/Truger 2014). The latter in turn was a substantially revised and updated translation of Eicker-Wolf and Truger (2013). We gratefully acknowledge funding for the translation by the ILO. We would like to thank Sebastian Dullien and Gunter Quaißer for helpful comments.

However, the idea that the German success in terms of budget consolidation is the result of a well-thought-out economic strategy that could therefore serve as a role model for other countries does not stand up to closer scrutiny.

First of all, in fact, just three years ago, Germany's fiscal policy seemed to have reached a complete impasse (cf. Truger 2010). The economic crisis and the measures brought in, partly to overcome that crisis, quickly had led to high overall government budget deficits. In that situation the debt brake called for consolidation within the foreseeable future without reference to the economic outlook, which was bleak even in the medium term – a situation that was strikingly similar to that in which many of the European crisis countries still find themselves trapped in. There was therefore reason to be seriously worried about the future of the German economy and its public finances. However, due to extraordinarily good luck things took a positive turn: a soaring economic upturn in 2010 and 2011, the extent and duration of which had been wholly unexpected, led to a clear-cut easing of the burden on Germany's public budgets and tangible progress on budget consolidation. All of this was achieved without (at least to date) any need for extremely painful additional cuts.

Second, this noticeable improvement does by no means guarantee that all of Germany's public finance problems have been solved. If, given the still smouldering euro crisis (cf. IMK/OFCE/WIFO 2013), the economy nosedived or entered quite a long period of weakness, public budgets would again be faced with severe cyclical constraints.

Third, below the surface of the balanced government budget severe structural deficiencies of German tax and fiscal policies are hidden: excessive tax cuts in the past have led to continuing structural shortfalls in the budget that in turn caused a serious neglect of undisputedly necessary essential investments in education, research and infrastructure. It turns out then, that to date, the unexpected upturn has simply prevented an even worse situation, giving policy-makers a breathing space whereas a real policy shift – quite different from the one prescribed by the debt brake and by the fiscal compact on the European level – is still lacking.

Therefore, the current contribution takes a more detailed look at German tax and fiscal policy. We would like to see our analysis as part of the same – unfortunately fading – tradition of critical debate within the field of German fiscal policy to which Jan Priewe has substantially contributed through his entire career. In fact, Jan has always been preoccupied with the proper role of fiscal policy in the macroeconomic policy mix (Priewe 1996a, 1999, 2002a). Among many other things, he has always criticised supply-side views about fiscal policy (Hickel/Priewe 1989), arbitrary debt ceilings or deficit limits and the institutional framework for fiscal policy within the EU (Priewe 1996b, 1997 and 2002b). Furthermore, he has contributed enlightening analyses of fiscal policy in Germany, the EU and the U.S (Hickel/Priewe 1986; Priewe 2001 and 2003). Jan has inspired us and many others with his work on fiscal policy.

We proceed as follows: Section 2 describes the main features and shortcomings of the debt brake. Section 3 then starts with a brief look back at the gloomy initial economic situation in the first half of 2010 and describes the noticeable improvement since then, mainly thanks to unexpected „economic luck". Section 4 relates how, despite this, public budgets in Germany are still having to contend with a structural revenue gap caused mainly by tax cuts. Section 5 demonstrates, against the background of the extremely moderate spending policies over the past almost one and a half decades, that the need for essential future-oriented investment is still large. Section 6 argues that socially-just tax increases are the only reliable strategy for safeguarding the government's scope for action and future-oriented central investment under the debt brake. Section 7 concludes and gives a brief outlook.

2. The German debt brake: basic features and shortcomings[1]

The debt brake incorporated into the constitution in 2009 essentially consists of a structural component, which permits structural budget deficits of 0.35 per cent of Gross Domestic Product (GDP) at the federal level and zero per cent in each of the 16 federal states and a cyclical component which, depending on the economic situation, provides either more or less leeway for deficits than the structural component does. In addition, a waiver clause permits the deficit limits to be exceeded if, and only if, a situation of exceptional emergency arises. The federal authorities were granted a transition period running up to 2016 within which to comply with the structural deficit limits, while the states were given until 2020. The requirements imposed by the debt brake actually overfulfill the medium-term overall national budget targets for Germany within the Stability and Growth Pact and the Fiscal Compact on the European level, which permits Germany to run a structural deficit of 0.5 per cent of GDP.

---

[1] For a more extensive treatment see Truger and Will (2013, Section 1).

There is no reason to praise German fiscal policy before the introduction of the debt brake. Indeed, it has been pro-cyclically oriented for more than 30 years. And from the turn of the century till the crisis of 2009, that policy's dangerous combination of constant tax cuts with a strict determination to consolidate budgets did great damage to growth and employment, considerably aggravated the disparities in the income distribution and markedly weakened the government's fiscal space (cf. Truger 2009 and 2010; Rietzler et al. 2012). So there was reason enough to change course. But the new debt brake can be criticized on at least five basic counts.

First, even the constitutionally enshrined target of holding structural budget deficits to a maximum of 0.35 per cent of GDP at the federal level, together with the ban on structural deficits by the states, is completely arbitrary from an economic point of view. It implies that, if the average annual growth in nominal GDP is 3 per cent, the overall government debt ratio will in the long term be 11.7 per cent. Certainly some upper limit on the debt ratio might be justified. However, the more recent empirical literature puts at 80 or 90 per cent the critical levels at which public debt might start to have growth-damaging effects.[2] Rather, the fear must be that, due to the debt brake and the push to reduce the outstanding volume of government bonds which have so far been the most secure form of investment, capital markets will be largely deprived of an important stabilizing force and a key point of reference. What forms of investment will be used in future for the absorption of the German private sector's traditionally high surplus funds, and in which countries, is unclear.[3]

Secondly, the debt brake means that fiscal policy has turned its back on a broadly accepted economic yardstick for the level of government deficits, namely the Golden Rule. The Golden Rule constitutes a growth-oriented rule for new borrowing that permits new structural budget deficits, over the economic cycle, up to the level of public (net) investment. The idea behind this is to involve several generations in the financing of the public capital stock, as future generations will also benefit, in the form of rising prosperity, from

---

[2] See Reinhart and Rogoff (2010) as the most prominent of the studies. However, as Nersisyan and Wray (2010) have convincingly demonstrated, such studies suffer from serious methodological shortcomings and should, therefore, not be taken as a guideline for economic policy. The doubts as to the original contribution by Reinhart and Rogoff have been reinforced very much by the discovery by Herndon et al. (2013) of major flaws in the underlying calculations.

[3] See Hein and Truger (2014) for a closer investigation of the implications of German sectoral and trade imbalances in the European economic context.

productive public investments that are made today (cf. Musgrave 1959 and SVR 2007). Certainly, the old debt rules for the federal and state levels did present the weakness of not distinguishing between gross and net investment, and also of not covering all economically relevant investments. Instead of seeking out a suitable definition or estimate of depreciation, the necessary discussion was never had – just as in the cases of the Maastricht Criteria and the Stability and Growth Pact.

Thirdly, the effects of the debt brake are critically dependent on the precise technical set-up, i.e. the choice of the underlying cyclical adjustment process and the budget sensitivities used. In fact, the German federal level has already opted for the process used by the EU Commission for budgetary supervision. In the final analysis, however, the precise technical implementation is a matter for the Ministry of the Economy and Finance to decide. The process is therefore extremely opaque and malleable (cf. Truger/Will 2013). Meanwhile, not all the different German states have so far come up with concrete implementation plans. As the provisions in Art. 109 of the constitution leave them considerable leeway, Germany could well find itself with 17 different debt brakes in 2020: one at the federal level and 16 across the individual states, each with highly divergent forms and effects.

Fourthly, due to the mechanics of the most commonly used cyclical adjustment method, the debt brake has a pro-cyclical effect, so that it will cause an unnecessary destabilization of economic developments. On the downswing, too much consolidation will be demanded – and on the upswing, conversely, too little (cf. Truger/Will 2013).

Fifthly, however, the most serious problem faced by the debt brake when it was introduced was that it came at a time when public budgets were, from a structural point of view, substantially underfunded. For many years, public budgets had repeatedly come under big pressure from tax cuts. Then the lasting tax reductions adopted in response to the serious global financial and economic crisis and later on the so-called Growth Acceleration Law resulted in a further revenue decrease of more than €30bn (1.2 per cent of GDP) per year.[4] If, in such a situation, a structurally (almost) balanced budget is unconditionally demanded by a set date, without previously or simultaneously bridging the existing revenue gap, then public budgets will of necessity have to follow a strict spending cuts policy for years on end.

Macroeconomically, this is an extremely risky course, with potentially negative consequences for growth and employment during the adjustment

---

[4] For details, see Section 4.

process – especially in view of the economic situation in Germany, which was still looking precarious up to 2010. It is also quite indisputably associated with substantial declines in the provision of public goods, services and social security to the population. The decision taken jointly by the two chambers of the Federal Parliament to apply the debt brake and almost simultaneously to bring in lasting tax cuts (cf. Truger 2010) was therefore more than negligent, both economically and politically. For these reasons alone, it would have been wise, from the macroeconomic but ultimately also from the budgetary point of view, to have refrained from building a debt brake into the constitution.

3. Gloomy economic prospects 2009/10 and the unexpectedly strong economic upturn 2010/2011

Despite all the weaknesses, the German lawmakers opted to enshrine the debt brake in the constitution. So, for better or worse, the public budgets had to learn to live with it. Due to the previously described fudges, leeway and opacities, it is difficult to establish the precise structural consolidation requirements placed on German public finances. Based on the spring 2010 forecast of an overall government deficit of roughly 4 per cent of GDP in 2010, a consolidation to the tune of 3.65 per cent of GDP (about €85bn) would have been necessary by 2020. As all the usual cyclical adjustment methods were still showing a negative output gap for 2010, the structural consolidation actually required must have been considerably lower. A figure somewhere between €50bn and €60bn would be plausible (2 to 2.4 per cent of GDP).

This consolidation would have had to be gradually achieved despite an extremely gloomy economic outlook, thus placing the German economic recovery process in peril. Indeed, all the economic forecasts made during or just after the global financial and economic crisis painted a very dark picture. Right in the midst of the crisis, in early 2009, the Gemeinschaftsdiagnose project group, which is twice-yearly publishing a forecast on behalf of the federal government, was still assuming that the German economy would shrink by 6 per cent during 2009 and a further 0.5 per cent in 2010 (Projektgruppe Gemeinschaftsdiagnose 2009). Forecasts were that unemployment would rise from just under 3.3m in 2008 to almost 4.7m. Over the next year and a half, the predictions brightened up a little. The assumption in 2010 was that real GDP had shrunk by 5.0 per cent in 2009. This was almost correct.

The actual figure was 5.1 per cent (European Commission 2013). For 2010 and 2011, growth rates of 1.5 and 1.4 per cent, respectively, were anticipated – still only a hesitant recovery, although with much better employment trends than previously thought (Projektgruppe Gemeinschaftsdiagnose 2010).

In the spring of 2010, nobody would have dared to dream that by 2011 the German economy would actually be soaring away from the crisis. Real GDP rose by 4.0 per cent in 2010 and a further 3.3 per cent the year after (cf. Table 1). On the labour market, all that the crisis had left behind was a small dip in 2009. By 2011, with unemployment at an annual average of just under 3 million, it had clearly already dropped below its pre-crisis level (IMK/OFCE/WIFO 2013).

In retrospect, Germany's rapid shift away from economic collapse seems to have been due, first of all, to the counter-cyclical course taken by fiscal policy. The Economic Stimulus Package II, adopted in January 2009, launched €50bn worth of measures, mainly targeted at 2009 and 2010. At least temporarily, this represented a break with the course steered by economic policy over the previous three decades. Until the world economic crisis, a counter-cyclically oriented fiscal policy had been seen as outdated. Just before that, during the long stagnation period of 2001-2005, German fiscal policy had taken a pro-cyclically restrictive line (cf. Hein/Truger 2007). Secondly, the economy and employment were stabilized by a strong temporary reduction of working hours and labour hoarding by firms (cf. Herzog-Stein/Seifert 2010). Shorter working hours were achieved through various instruments, such as adjustable use of flexitime, short-time working and the application of collective agreement provisions on work time reductions. Labour „hoarding" was practised by many firms, in order to avoid dismissals during the downturn that could have faced them with labour shortages in the longer term.

Between the turn of the millennium and the onset of the world economic crisis, economic growth in Germany was mainly stimulated by foreign demand, while domestic demand growth – particularly in private and government consumption – was modest, notably in comparison with other European countries (cf. Hein/Truger 2007). In the course of the global financial and economic crisis, this picture changed noticeably (cf. Table 1). In 2010 and 2011, domestic demand contributed more to growth than did foreign demand, and in 2012 the figures for the two were not particularly divergent. Unlike before the world economic crisis, in the following years private consumption stabilized economic growth, apparently due to a stronger development of employment and, correspondingly, wage incomes.

*Table 1: Real GDP growth and the growth contribution of
demand aggregates in Germany 2008-2012*

Year	2008	2009	2010	2011	2012
GDP	1.1	-5.1	4.0	3.3	0.7
domestic demand	1.1	-2.2	2.3	2.6	-0.3
of which					
private consumption	0.4	0.1	0.6	1.3	0.4
public consumption	0.6	0.6	0.3	0.2	0.2
gross investment	0.2	-2.2	1.0	1.2	-0.4
net exports	0.0	-3.0	1.7	0.7	1.0

Source: European Commission (2013).

However, the positive turn taken by the German economy in the years after 2009 was also significant for another reason: the much-heralded collapse of foreign demand never happened. As its labour and unit labour cost trends had, by international comparison, been very weak since 2000, Germany had achieved very high and rising net export surpluses with the EU and the euro area, while the euro crisis countries were tending towards rising and in some cases very high foreign trade deficits. At heart in fact, the euro crisis can be attributed to current account imbalances due to increasingly divergent competitiveness levels within the euro area.[5] As about 40 per cent of German export demand in 2011 came from the euro area (and about 60 per cent from the EU as a whole), it might be expected that the euro crisis would have strong knock-on effects on the German economy. And indeed, exports to the euro area, and in particular to the southern European crisis countries, did fall by 2.2 per cent during the first three quarters of 2012 as compared to the same period in 2011. However, dynamic export demand from the US, Japan and the South and East Asian emerging economies more than compensated for this (cf. Arbeitskreis Wirtschaftspolitik 2013, 4f.).

The unexpectedly powerful recovery of the German economy after 2009 undoubtedly had very positive effects on public budgets in Germany. Lower unemployment meant fewer benefits pay-outs and higher social insurance contributions. But the strongest sign of an upswing came from the tax reve-

---

[5] On the origins of the euro crisis, cf. for example Horn et al. (2012).

nues. Tax revenue forecasts, and the actual revenue figures, were successively corrected upwards from those given in the most pessimistic tax estimates of May 2010. In 2012, the total revenue for all levels of government was €600bn, which was €60.1bn more than the figure anticipated in May 2010. Overall, the easing of burdens on public budgets, due to the economic situation, and the unexpectedly low interest rates, due to the euro crisis, together with the complex cyclical adjustment calculations conducted by the EU Commission, means that the 2012 structural budget deficit estimated for the German government as a whole by the EU Commission in the November 2013 autumn forecast has already completely disappeared and been turned into a small surplus of 0.2 per cent of GDP. In other words, as things stand now, the €50 to €60bn consolidation requirement in the initial situation cited in Section 2 has already been substantially achieved – without any need for additional consolidation efforts. Due to the good economic situation, all that was required was the expiry of the cyclical programmes and the application of the relatively moderate retrenchments that were already foreseeable in 2010.

4. Tax cuts and the remaining substantial structural revenue gap

As was only to be expected in Germany (cf. Truger 2010) the developments described above have already brought the supporters of further tax cuts out in force. As stated before, the tax revenue in 2012 was €60.1bn up on the estimate made in spring 2010. However, the tax estimate in May 2010 was the most pessimistic forecast in recent years, due to the shock of the Great Recession. That the estimates should be much more encouraging after the unexpectedly rapid recovery of the economy than when it was at a low is scarcely surprising. A more adequate consideration should therefore be based on the tax estimate that was made just before the deep recession. Doing this reveals just how hard the tax revenues were hit by the crisis – and that in 2012, they were still very strongly affected by that crisis. For instance, the actual value for 2012, despite all the upward revisions, is still €45.3bn less than the estimate for 2012 produced by the Tax Estimates Working Group in May 2008. The revenue losses can be subdivided into those caused by tax law changes (Federal Finance Ministry estimates) and those due to cyclical influences. The cyclical influences predominated in 2009 and 2010 but had only a small impact in 2011 and 2012, due to the rapid recovery. In the latter years, the effects of tax law changes (particularly from the economic stimulus packages as well as the Citizen Relief Law and the Growth Acceleration

Law) carried significantly more weight. In 2012, there was still a structural revenue gap of €36.5bn in comparison with the May 2008 estimate which is attributable to tax cuts. So it should be noted that, even in 2012, tax revenues had still by no means recovered from the deep recession, and that the tax-cutting policies at the time played a major role in this.

Moreover, above and beyond the tax cuts decided in the short term since 2008 in the context of the economic stimulus packages, government budgets had already, from 2001 to 2005, been weakened by drastic, permanent tax cuts – particularly in the personal as well as the corporate income taxes (Truger 2004 and 2009; Rietzler et al. 2012). Fig. 1 shows the net fiscal effects in 2000-2013 of the changes made in the tax laws since 1998, and assigns them to the particular federal government in office at each date. The effects were calculated by adding up and projecting the data from the finance table published by the Federal Finance Ministry. These are indeed net effects – i.e. tax increases introduced in the meantime are taken into account and are offset against the quantitatively much larger tax cuts.

Figure 1: Impact of tax law changes by the various coalition governments since 1998 (2000 to 2013) in €bn

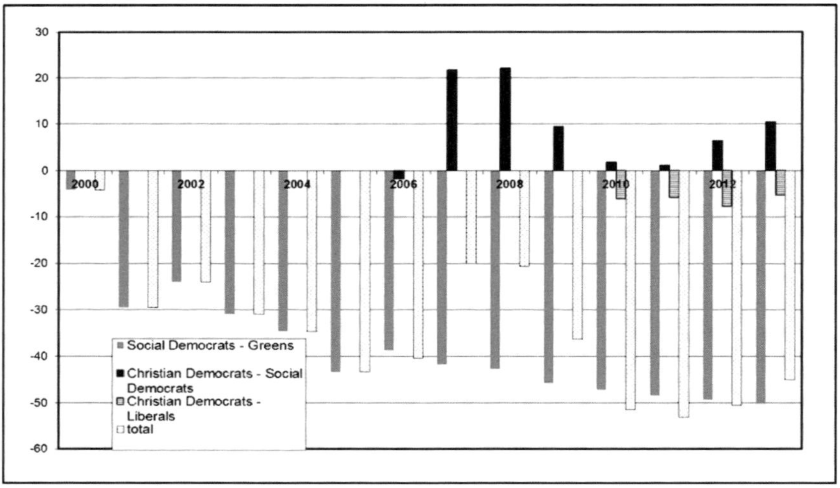

Sources: Federal Finance Ministry, authors' own calculations.

After drastic tax cuts by the Social Democratic-Green federal government, there were compensatory increased revenues from 2006 onwards, starting with the Grand Coalition's consolidation drive and primarily attributable to the increase in the value added tax by three percentage points from 16 to 19 per cent. If there had been no further changes, the revenue losses would have stabilized at about half the figure brought about by the Social Democratic-Green reforms. However, within the framework of the economic packages, further tax cuts were then adopted, so that by 2009, the revenue increases from the measures brought in by the Grand Coalition had almost all been eaten away again. Nevertheless, the Christian Democrat-Liberal Democrat coalition, which had taken office in the autumn of 2009, opted for further tax cuts via the so-called Growth Acceleration Law. Overall, the revenue loss to all levels of government from 1998 onwards, due to past tax-cutting policies, was running at about €45bn (1.7 per cent of GDP) in 2013.

5. Expenditure restraint and the neglect of public investment and services

Alongside transitory, cyclically induced declines in revenue, the drastic tax cuts described in the previous section are also the main cause of the budget deficits that have arisen over the past twelve years. However, there is a widespread belief in Germany that the government is „living beyond its means". This is generally blamed on an overly expansionary development of government spending. Hence the well-known demand for a balanced budget, to be achieved notably through reduced benefits and spending. As Fig. 2 shows, this thesis of an expansionary government spending policy is completely unfounded in the case of Germany.

Clearly, the overall government revenue ratio has dropped dramatically since 2000 (due mainly, as has been seen, to tax-cutting policies), and this led to a rise in the overall government budget deficit. Hence an even steeper drop in the expenditure rate from 2003 onwards, i.e. in order to consolidate the budget, the State – except during the brief economic package phase in 2009 and 2010 – made a lasting reduction of some three percentage points in its claims on GDP, from around 48 per cent in the early 1990s to only about 45 per cent since 2005. The thesis of irresponsible spending by the German government becomes wholly absurd if an international comparison is made. In fact, the evolution of government spending over the ten years before the global financial and economic crisis was extremely cautious (cf. Table 2, columns 1 and 2): the average annual rate of growth in overall government spending from 1999 to 2008 was nominally around 1.5 per cent in Germany. In real terms German government spending actually fell by an average 0.2 per cent per year. The average increase in the „old" EU countries has almost been three times as high, at (a nominal) 4.3 per cent. Over this period, no other developed economy except Japan showed a lower growth in government spending than Germany. True, German public spending in 2009 and 2010 presented a slightly greater increase in comparison to that of other countries, but this was due to the economic stimulus packages in Germany as well as the austerity policies imposed mainly in Southern Europe (cf. Truger 2013a). But even if one takes into account those two additional years, German government spending remains unusually restrictive by international comparison.

Figure 2: Overall government revenues and expenditures*
in relation to GDP, in per cent. 1991-2012

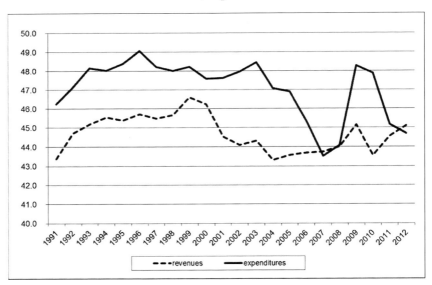

* Expenditure in 1995 excluding debt assumption by the Treuhandanstalt (privatization agency for Eastern Germany) and by the housing sector of the former GDR (totalling €119.6bn) and in 2000 excluding the proceeds from the auctioning of UMTS licences (€50.8bn).

Source: Federal Statistical Office.

Table 2: Evolution of government spending (average annual growth rate) since 1999

Country	1999-2008		1999-2011	
	nominal	real*	nominal	real*
EU-27	4.3	1.5	3.7	1.1
EU-15	4.0	1.8	3.5	1.4
EMU-17	3.8	1.6	3.5	1.4
EMU-12	3.8	1.6	3.4	1.4
Belgium	4.1	1.8	4.2	2.0
Bulgaria	11.7	4.6	8.9	2.9
Czech Republic	6.0	3.2	4.9	2.5
Denmark	3.3	1.1	3.6	1.5
Germany	1.5	-0.2	1.7	0.1
Estonia	12.6	7.6	9.1	4.7
Ireland	10.9	7.3	8.2	5.7
Greece	8.4	5.0	5.7	2.4
Spain	7.4	4.0	6.1	3.2
France	4.0	2.0	3.7	1.9
Italy	3.6	1.2	3.0	0.7
Cyprus	8.9	6.0	7.9	5.2
Latvia	14.7	8.6	10.0	4.9
Lithuania	8.7	5.8	6.3	3.3
Luxembourg	7.4	4.4	7.3	4.5
Hungary	9.5	2.7	7.7	1.5
Malta	5.6	3.0	4.9	2.4
Netherlands	5.0	2.5	4.5	2.3
Austria	3.1	1.2	3.0	1.1
Poland	7.5	3.5	7.3	3.4
Portugal	5.4	2.4	4.8	2.2
Romania	31.3	9.9	24.1	6.8
Slovenia	9.2	3.6	7.9	3.2
Slovak Republic	6.9	0.7	6.3	1.0
Finland	4.0	2.2	4.1	2.1
Sweden	3.4	1.6	3.2	1.5
UK	7.1	5.2	6.0	3.8
Iceland	13.4	8.6	9.3	3.6
Norway	6.2	4.2	6.1	4.1
Switzerland	2.4	-	2.5	-
USA	6.3	3.3	5.7	3.1
Japan	-1.5	-1.3	-0.8	-0.5

* deflated with the (harmonised) index of consumer prices.

Source: Eurostat; authors' own calculations.

As explained, the situation set out here is also reflected in the evolution of the German government spending ratio. This fell from about 48 per cent at the end of the 1990s to just below 44 per cent in 2008, and it is currently slightly below 45 per cent – a relatively low figure in international comparison.

Of particular interest with regard to public expenditures are the growth-relevant areas of public investment as well as education and training. It is generally recognized that the public budget has to spend part of its revenue on investment, in order to provide sufficient public infrastructure in the form of roads, educational institutions, water supplies, sewers etc. both for private households and for enterprises. Public provision of infrastructure is an important precondition for economic activity. From the firms' point of view, public infrastructure has a preparatory or complementary function. It raises firms' production potential and lowers production costs. If government investment is too small, this will have a negative effect in the long term on economic growth within the economic area concerned.

Especially, education is one of the fields in which too little public investment can have negative effects. If children's learning environment – chiefly schools but also daycare centres – is in a bad state, this will have consequences for the students' performance and the effectiveness of teaching. Examples would be classroom sizes, noise levels, lighting and acoustics.

It should also be borne in mind that a lack of investment can lead to serious environmental problems, and hence to costs. One instance of this is sewerage systems, where leaky piping can cause groundwater pollution. What must be remembered in relation to public investment activity is that an interim suspension of replacement investment – such as when damage to roads is not repaired promptly – will lead to progressive cost increases over time (cf. Reidenbach et al 2008, 76ff.).

In Germany since the early 1970s, public investment has been declining relative to GDP. In fact, this is a general international trend, but in comparison with other major industrial nations, the decline in Germany has been markedly stronger. In 2012, the German government investment ratio was very low, at just 1.5 per cent of GDP (Fig. 3), whereas the euro area average, including Germany, was 2.1 per cent of GDP. And the Swedish ratio was 3.5 per cent. One major reason for this decline and the internationally sub-average investment in the public budgets is the effort to consolidate: cutting public investment is often the authorities' preferred means of restricting expenditure. If, as a yardstick for the investment gap, one simply took the euro area average without Germany, the result would be a difference of (2.3-1.5 = 0.8) per cent of GDP or €21bn for classic public investments in buildings and infrastructure. And if Sweden was taken, as a particularly positive example, the gap would be much greater still. It would then come to (3.5-1.5 = 2.0) per cent of GDP or €52bn.

Figure 3: Government investment as percentage of GDP in 2012 in selected countries

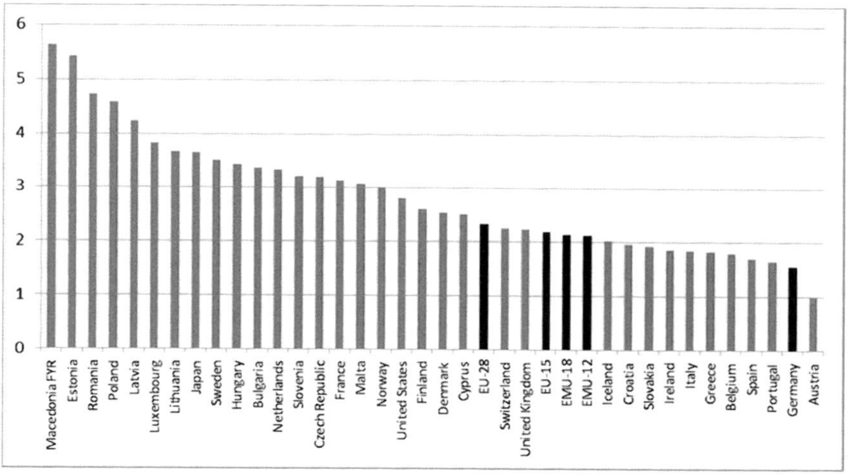

Source: European Commission (2013).

Public spending on education, which in Germany is to a very great extent the responsibility of the individual federal states as far as schools and higher education are concerned, is another field in which Germany looks none too good in comparison with other OECD countries (cf. Fig. 4). The relatively high private spending on this, within the dual system, does partly compensate for the low public expenditure, but even when public and private spending are taken together, they are still clearly below the OECD average and are far away from the top-ranking countries which devote seven per cent of GDP or more to education (cf. Fig. 5). In 2009, the German figure was some 5.3 per cent – about one percentage point lower than for the OECD as a whole. To bring German annual spending on education up to the OECD average would take an extra expenditure of €25bn. And for German expenditure on education to reach the level of front-runners like Denmark or Korea, it would have to go up by about €70bn.[6]

*Figure 4: Private and public spending on education
as a percentage of GDP – international comparison (2009)*

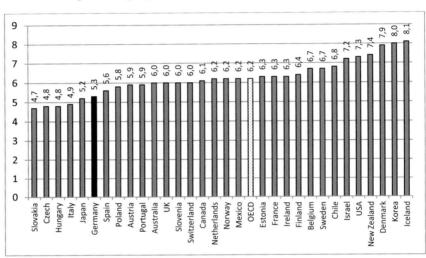

Source: OECD (2012).

To sum up, it can be concluded, even without a comprehensive analysis, that the need for additional public investments (in the broadest sense) is great and somewhere in the order of €51bn to €117bn a year, or 1.9 to 4.5 per cent of GDP.

Above and beyond the need for investment, there are other potential financing requirements. For instance, public administrations have undergone a massive downsizing process over the past two decades, and the wages and salaries of public service workers are lagging far behind the already weak wage developments in the economy as a whole. Correcting these aberrations would certainly require significant spending of another ten billion or more. If, in addition, there were a quite justifiable wish to boost social benefits, further

---

[6] Piltz (2011), on the basis of very detailed calculations, concludes that additional current expenditure of around €55bn would be needed in order to equip the German education system properly. On top of that, there is an investment bottleneck that Piltz puts at €45bn.

tens of billions could easily be needed. So the total funding requirement could amount to some €60bn to €150bn (2.3 to 5.7 per cent of GDP).

6. Equitable tax increases to finance the spending needs

How can this funding need, which the previous section plausibly put at around €60bn to €150bn (2.3 to 5.7 per cent of GDP), be met? Although the underlying expenditure requirements are mostly investments, in the economic sense, the German debt brake means that, in defiance of standard economic textbook knowledge, they could not be covered by net public borrowing. This state of affairs breaches the principle of intergenerational justice and is all the more regrettable because a short-term increase in net borrowing in order to finance these growth-friendly public investments would probably not even entail any serious medium-term rise in the deficit ratio, thanks to major self-financing effects. Funding through any significant spending cuts is also a non-starter, due to the already observable State downsizing trends of the past.

Another possibility, in principle, would be to count on a further surprisingly strong and long-lasting economic upturn in Germany. Similarly to the soaring upturn in 2010 and 2011, as described in Sections 3 and 4, a growth boost of this kind would, due to the pro-cyclical tendencies built into the usual cyclical adjustment calculations, certainly hold the potential for a durable „structural" financial reinforcement of public budgets. This could serve to at least partially fund the spending requirements. And different from the situation in 2010, such an upturn is not even completely improbable. However, a responsible fiscal policy with the declared aim of significantly strengthening future-oriented investment must not be a hostage to the vicissitudes of global economic developments.

That is why a structural, durable strengthening of the revenue side is vital. There are many options for implementing this in a socially just way. The main ones are an income tax rise for those with high incomes, stronger taxation of capital income, an increased inheritance tax, the reintroduction of the wealth tax along constitutionally correct lines, a tax on financial transactions, and the withdrawal of the most recent tax privileges for enterprises, together with an expansion of corporate taxation – notably through the reinforcement and perpetuation of the trade tax. The implicit increase in the fiscal burden on higher incomes and wealth would not only redress, in a socially desirable way, the imbalance that has strongly grown over recent years in the distribution of income and wealth in Germany. It would also very probably, by adjusting that skew, make a more comprehensive contribution to improving society's quality of life (Wilkinson/Pickett 2010). Moreover, it would help to reduce international macroeconomic imbalances (cf. Truger 2013b).

The revenue potential of the measures listed above is quite considerable. Overall, it could certainly generate an additional €20bn to €120bn, depending on how it was implemented and on the degree of political courage shown (for a more extensive treatment see Eicker-Wolf/Truger 2014, 18). Additional revenues on this scale would quite certainly be enough to cover the bulk of the investment needs described. And if the massive increase in public investment led to increased production and employment, despite being completely financed by tax increases, in line with the *balanced budget multiplier* concept even more revenue would be generated, and this might in turn be used for further investment – without breaching the debt brake rules.

Moreover, even within the debt brake framework, a certain amount of leeway still exists – if necessary even without tax increases. This is particularly the case for the individual states within Germany during the transition period up to 2020. This legroom could possibly be used to fund public investment, or at least to avoid too hard a consolidation course (cf. Truger 2012). Be that as it may, the debt brake must certainly be implemented in such a way at the federal and state levels that it will not lead to a pro-cyclically restrictive cutback policy in the case of an economic downturn (for a detailed treatment of this problem, cf. Truger/Will 2013), thus frustrating the strategy recommended here for strengthening the government's capacity to act as well as future-oriented investor.

It may be asked whether the revenue ratio increase that is needed for the reasons set out above, and which would probably amount to a few percentage points, would be economically tolerable. According to some mainstream arguments, it would not, because of negative incentive effects, international tax competition and tax avoidance. However, none of these arguments is cogent considering standard textbook knowledge (for example, cf. Rosen/Gayer 2008, 375) and all of them have long been countered by empirical evidence (cf. Atkinson 1993 and 1999), so that the economic conditions for a distributionally just increase in Germany's State revenue ratio can be regarded as favourable.[7]

---

[7] For a more extensive and recent treatment of taxation trends, the debate on incentives, tax competition and tax evasion as well as recent policy proposals see Godar/Paetz/Truger (2014).

7. Outlook: German fiscal policy at a crossroads

Safeguarding the State's ability to act and financing future-oriented public investment is essentially a political rather than an economic issue – even in the era of the debt brake. For those who wish to see an effective social and investment State, it is theoretically possible to achieve one. The central question here is whether, contrary to the experience of the past 15 years, political consent can be secured in the near future for the higher taxes that would be needed. Such a consent has not been obtained up to now because German fiscal policy seemed to be caught in a vicious circle: cuts to, and a decline in, State services decreased the willingness to pay taxes; State financial resources dwindled due to tax cuts; hence public services were cut back more and more, and the public authorities lost the capacity and the consent for action.

It would be desirable to shift from this pessimistic scenario to an optimistic one and build up a „virtuous circle“: a high level of public services, together with a government funding structure that is felt to be just, strengthens the willingness to contribute to the funding of public services through taxation, and this in turn enables a high level of services. Essential future-oriented investments and a State that has the capacity to act, the twin themes of the present chapter, are in the most basic interests of the great majority of the population, which definitely includes the so-called New Centre. Higher spending in the various fields of State responsibility cited could strongly improve the living conditions of the broad majority of the population. And to fund it, recourse could be had to those who have benefited from the extremely strong redistribution – also by international comparison – in Germany over recent years (OECD 2008).

After all, German tax and fiscal policy is at a crossroads. If, over the coming years, the structural underfunding can be successfully resolved through socially just increases in taxes and contributions, and the debt brake can be made crisis-proof, then the State's capacity to act and the realization of central future-oriented investments are within reach. Unfortunately, opportunities to make the policy changes outlined here have been missed time and again in recent years. And although the fiscal policy plans of the opposition parties' programmes for the recent federal election in September 2013 did provide substantial hope of a real change of course, the election results are truly sobering: The coalition agreement for the Grand Coalition government does hardly include any of the tax measures proposed in this chapter. Instead, it relies on a continuation of the country's great „economic luck“ to use some of the expected additional revenues to fund small proportions of the spending requirements identified in this chapter. If there is no such luck, then the long-standing policy of State downsizing is set to continue – with all the ensuing economic and social consequences.

It seems that German fiscal policy is just about to take the wrong turn at the crossroads, once again.

References

Arbeitskreis Wirtschaftspolitik (2013): Inmitten der Krise des Euroraums, in: IMK Report Nr. 79, Düsseldorf: Institut für Makroökonomie und Konjunkturforschung (IMK) in der Hans-Böckler-Stiftung.

Atkinson, A.B. (1993): Introduction, in: A.B. Atkinson and G.V. Mogensen (eds.), *Welfare and Work Incentives. A North European Perspective*, Oxford: Oxford University Press, 1-19.

Atkinson, A.B. (1999): *The Economic Consequences of Rolling Back the Welfare State*, Cambridge, Mass.: MIT Press.

Eicker-Wolf, K.,Truger, A. (2013): Staatliche Handlungsfähigkeit und Zukunftsinvestitionen unter der Schuldenbremse. Die deutsche Steuer- und Finanzpolitik am Scheideweg, in: K. Eicker-Wolf, G. Quaißer and U. Thöne (eds.), *Bildungschancen und Verteilungsgerechtigkeit. Grundlagen für eine sachgerechte Bildungs- und Finanzpolitik*, Marburg: Metropolis, 101-136.

Eicker-Wolf, K., Truger, A. (2014): Demystifying a ‚shining example‘: German public finances under the debt brake, GLU Working Paper No 21, February, Global Labour University.

European Commission (2009): Annual macro-economic database (Ameco), October 2009.

European Commission (2010): Annual macro-economic database (Ameco), May 2010.

European Commission (2013): Annual macro-economic database (Ameco), November 2013.

Godar, S., Paetz, C., Truger, A. (2014): Progressive Tax Reform in OECD Countries: Perspectives and Obstacles, *International Journal of Labour Research*, forthcoming.

Hein, E., Truger, A. (2007): Germany's post-2000 stagnation in the European context – a lesson in macroeconomic mismanagement, in: P. Arestis, E. Hein and E. Le Heron (eds.), *Aspects of Modern Monetary and Macroeconomic Policies*, Basingstoke: Palgrave Macmillan, 223-247.

Hein, E., Truger, A. (2014): Future fiscal and debt policies: Germany in the context of the European Monetary Union, in: P. Arestis and M. Sawyer (eds.), *Fiscal and Debt Policies for the Future. International Papers in Political Economy*, Basingstoke: Palgrave Macmillan, forthcoming.

Herndon, T., Ash, M., Pollin, R. (2013): Does High Public Debt Consistently Stifle Economic Growth? A Critique of Reinhart and Rogoff, PERI Working Paper No. 322, Amherst, Massachussetts: Political Economy Research Institute.

Herzog-Stein, A., Seifert, H. (2010): Der Arbeitsmarkt in der Großen Rezession, *WSI Mitteilungen* 11/2010, 551-559.

Hickel, R., Priewe, J. (1986): Die Finanzpolitik seit 1974 auf dem Prüfstand, *Aus Politik und Zeitgeschichte*, 36, 3-15.

Hickel, R., Priewe, J. (1989): *Finanzpolitik für Arbeit und Umwelt. Zur Kritik der Angebotslehre und Globalsteuerung*, Köln: Bund Verlag.

Horn, G., Lindner, F., Tober, S., Watt, A. (2012): Where now for the euro area in crisis? Interim assessment and a model for a stable euro area, IMK Report No. 75e, Düsseldorf: Macroeconomic Policy Institute (IMK) at the Hans Böckler Foundation.

IMK, OFCE, WIFO (2013): Crisis continues to smoulder. Joint Analysis of the Macro Group, IMK Report No. 80e, Düsseldorf: Macroeconomic Policy Institute (IMK) at the Hans Böckler Foundation.

Musgrave, R.A. (1959): *The Theory of Public Finance. A Study in Public Economy*, New York et al.: McGraw-Hill.

Nersisyan, Y., Wray, L.R. (2010): „Does Excessive Sovereign Debt Really Hurt Growth? A Critique of This Time Is Different, by Reinhart and Rogoff", The Levy Economics Institute Working Paper No. 603, New York.

OECD (2008): Growing Unequal? Income Distribution and Poverty in OECD Countries, Paris.

OECD (2012): *Education at a Glance 2012: OECD Indicators*, OECD Publishing. http://dx.doi.org/10.1787/eag-2012-en

Piltz, H. (2011): *Bildungsfinanzierung für das 21. Jahrhundert. Finanzierungsbedarf der Bundesländer zur Umsetzung eines zukunftsfähigen Bildungssystems*, Frankfurt/Main: GEW.

Priewe, J. (1996a): Möglichkeiten und Grenzen keynesianischer Geld- und Fiskalpolitik – Überlegungen zur Rehabilitierung einer Steuerungskonzeption, in: K. Eicker-Wolf, R. Köpernick, T. Niechoj, S. Reiner and J. Weiss (eds.), *Wirtschaftspolitik im theoretischen Vakuum?: Zur Pathologie der Politischen Ökonomie*, Marburg: Metropolis.

Priewe, J. (1996b): Gefangen in der Schuldenfalle? Überlegungen zum fiskalpolitischen Handlungsspielraum in der Bundesrepublik Deutschland, *WSI-Mitteilungen*, 5, 307-315.

Priewe, J. (1997): Verschuldungsregeln in der Europäischen Währungsunion, Kritische Analyse des geplanten europäischen „Stabilitäts- und Wachstumspakts", *WSI-Mitteilungen*, 6, 365-373.

Priewe, J. (1999): Makroökonomische Politik für mehr Beschäftigung, Eine Skizze für eine europäische Alternative, *WSI-Mitteilungen*, 3, 145-155.

Priewe, J. (2001): Vom Defizit zum Überschuss – US-Fiskalpolitik in den 90er Jahren, in: A. Heise (ed.), *USA – Modellfall der New Economy?*, Marburg: Metropolis.

Priewe, J. (2002a): Fiskalpolitik in einem makroökonomischen Wachstums- und Beschäftigungskonzept, in: A. Truger and R. Welzmüller (eds.), *Chancen der Währungsunion nutzen – koordinierte Politik für Beschäftigung und moderne Infrastruktur*, Düsseldorf: Hans-Böckler-Stiftung.

Priewe, J. (2002b): Fiskalpolitik in der Europäischen Währungsunion – im Dilemma zwischen Konsolidierung und Stabilisierung, *WSI-Mitteilungen*, 5, 273-281.

Priewe, J. (2003): Fiscal policies in the European Union in the 90s, in: H. Herr and J. Priewe (eds.), Current Issues of China's Economic Policies and Related International Experiences – The Wuhan Conference 2002, FHW Working Paper No. 1, Berlin.

Projektgruppe Gemeinschaftsdiagnose (2009): Zögerliche Belebung – Steigende Staatsschulden, Gemeinschaftsdiagnose Herbst 2009, Essen.

Projektgruppe Gemeinschaftsdiagnose (2010): Erholung setzt sich fort – Risiken bleiben groß, Gemeinschaftsdiagnose Frühjahr 2010, Essen.

Reidenbach, M., Bracher, T., Grabow, B., Schneider, S., Seidel-Schulze, A. (2008): *Investitionsrückstand und Investitionsbedarf der Kommunen. Ausmaß, Ursachen, Folgen, Strategien*, Berlin: Deutsches Institut für Urbanistik.

Reinhart, C.M., Rogoff, K.S. (2010): „Growth in a Time of Debt." NBER Working Paper No. 15639, Washington.

Rietzler, K., Teichmann, D., Truger, A. (2012): IMK-Steuerschätzung 2012-2016: Kein Platz für Steuergeschenke, IMK Report No. 76, October 2012, Düsseldorf: Institut für Makroökonomie und Konjunkturforschung (IMK) in der Hans-Böckler-Stiftung.

Rosen, H., Gayer, T. (2008): *Public Finance*, Boston et al.: Irwin/McGraw-Hill.

Sachverständigenrat zur Begutachtung der gesamtwirtschaftlichen Entwicklung (SVR) (2007): Staatsverschuldung wirksam begrenzen. Expertise im Auftrag des Bundesministers für Wirtschaft und Technologie, Wiesbaden.

Truger, A. (2004): Rot-grüne Steuerreformen, Finanzpolitik und makroökonomische Performance – was ist schief gelaufen?, in: E. Hein, A. Heise and A. Truger (eds.), *Finanzpolitik in der Kontroverse*, Marburg: Metropolis, 169-208.

Truger, A. (2009): Ökonomische und soziale Kosten von Steuersenkungen, *Prokla*, 154(1), 27-46.

Truger, A. (2010): Schwerer Rückfall in alte Obsessionen – Zur aktuellen deutschen Finanzpolitik, *Intervention, European Journal of Economics and Economic Policies*, 1/2010, 11-24.

Truger, A. (2012): Umsetzung der Schuldenbremse in Landesrecht: Vom Grundgesetz gewährte Spielräume konstruktiv nutzen, IMK Policy Brief, 1/2012,
Düsseldorf: Institut für Makroökonomie und Konjunkturforschung (IMK) in
der Hans-Böckler-Stiftung.

Truger, A. (2013a): Austerity in the euro area: the sad state of economic policy in
Germany and the EU, *European Journal of Economics and Economic Policies: Intervention*, 10(2), 158-174.

Truger, A. (2013b): Steuerpolitik im Dienste der Umverteilung: Eine makroökonomische Perspektive, *Vierteljahrshefte zur Wirtschaftsforschung*, 82(1), 43-59.

Truger, A., Will, H. (2013): ‚The German ‚debt brake': A shining example for European fiscal policy?, *Revue de l'OFCE / Debates and Policies, The Euro Area
In Crisis*, 127, 155-188.

Wilkinson, R., Pickett, K. (2010): *The Spirit Level. Why Equality is Better for Everyone*, London et al: Penguin.

Demografie und kapitalgedeckte Alterssicherung: bisherige Reformen sind keine Lösung

Katja Rietzler und Rudolf Zwiener

1. Einleitung

In Deutschland schreitet die gesellschaftliche Alterung seit langem ungebremst voran. Dieser Trend wurde nur in den 1980er und frühen 1990er Jahren kurzzeitig unterbrochen. Die sich anbahnende rasche Alterung der Gesellschaft infolge der seit Beginn der 1970er Jahre niedrigen Geburtenrate führte im Bereich der Alterssicherung zu Reformen, die vor allem die Beitragssatzstabilisierung in der gesetzlichen Rentenversicherung und eine Kostenentlastung der Unternehmen zum Ziel hatten. Versprochen wurde allerdings gleichzeitig, dass mit den Rentenreformen insbesondere ab 2001 die Belastungen für die junge Generation reduziert würden und bei Abschluss einer ergänzenden kapitalgedeckten Alterssicherung eine ausreichende Rente ermöglicht werde. Gut zehn Jahre nach den umfassenden Reformen fällt die Bilanz ernüchternd aus: Die Belastung wurde durch individuell zu tragende Beiträge von den Arbeitgebern zu den Arbeitnehmern verlagert, das Rentenniveau wurde und wird weiter abgesenkt, die vielgepriesene Kapitaldeckung ist aufgrund hoher Gebühren und niedriger Renditen trotz Förderung wenig attraktiv und bei einer Geburtenzahl von unter 1,4 Kindern je Frau wird der Alterungsprozess weitergehen, sodass bald der Ruf nach weiteren Reformen laut werden wird. Folgt man der Logik der bisherigen Reformen, dann wird das Rentenniveau einfach weiter reduziert.

Doch: wie weit kann man das Rentenniveau noch absenken, wo jetzt schon für viele Normalverdiener Altersarmut droht? Ein grundlegend anderer Ansatz zur Alterssicherung ist notwendig, wenn das Ergebnis nicht eine Doppelbelastung der jungen Generation durch niedriges Wachstum und Altersarmut sein soll. Der vorliegende Aufsatz will hierzu Anregungen geben. Er ist wie

folgt aufgebaut: Im nächsten Abschnitt werden für die Alterssicherung relevante Aspekte der Bevölkerungsentwicklung skizziert. Anschließend wird ein
Überblick über die Rentenreformen und insbesondere den Teilumstieg auf
das Kapitaldeckungssystem („Riester-Rente") gegeben und dargestellt, warum
mehr Kapitaldeckung entgegen der weit verbreiteten Überzeugung nicht zur
Lösung demografischer Probleme geeignet ist. Ein nachhaltiger und vertei-
lungsgerechter Lösungsansatz muss also anders aussehen. Der vierte Abschnitt
liefert dazu einige Überlegungen – für die kurze bis mittlere und für die lange
Frist. Das abschließende Fazit fasst die Erkenntnisse zusammen.

2. Die demografische Herausforderung

Die Alterung der Bevölkerung ist kein neues Phänomen. Seit dem Beginn des
letzten Jahrhunderts nimmt das Verhältnis der Älteren relativ zu den Personen im Erwerbsalter (der sogenannte Altenquotient) trendmäßig zu. Während
dieser Prozess in der ersten Hälfte des vergangenen Jahrhunderts sehr langsam voranschritt und sich in den 1980er und frühen 1990er Jahren sogar um-
kehrte[1], kam es ab Mitte der 1990er Jahre zu einem beschleunigten Anstieg
des Altenquotienten. Infolge der längeren Lebenserwartung und einer seit den
1970er Jahren deutlich gesunkenen Geburtenrate ist damit zu rechnen, dass
sich das Altersgefüge in Deutschland in den kommenden Jahrzehnten weiter
verschieben wird. Der stärkste Anstieg wird erwartet, wenn die geburtenstarken Jahrgänge zwischen 2020 und 2030 das Rentenalter erreichen (Abbildung 1).

Dies ergibt sich aus der 12. koordinierten Bevölkerungsvorausberechnung
aus dem Jahr 2009, der aktuellsten Projektion der demografischen Entwicklung in Deutschland. In ihrem Rahmen wurden verschiedene Varianten be-
rechnet, die sich durch die getroffenen Annahmen hinsichtlich der Lebenserwartung, der zusammengefassten Geburtenziffer[2] und des Wanderungssaldos
unterscheiden. Bei der als realistisch angenommenen Variante mit einem

---

[1] Da die geburtenstarken Jahrgänge die Altersgrenze von 20 Jahren erreichten, nahm diese
Altersgruppe schneller zu als die der Alten. Der Altenquotient sank etwas.

[2] Unter der „zusammengefassten Geburtenziffer" versteht man die Zahl der Kinder je
Frau. „Die zusammengefasste Geburtenziffer des Jahres 2007 von 1,4 Kindern je Frau
sagt Folgendes aus: Wenn das Geburtenverhalten einer Frau in den 35 Jahren zwischen
ihrem 15. und 50. Geburtstag so wäre wie das durchschnittliche Geburtenverhalten aller
15- bis 49-jährigen Frauen im Jahr 2007, dann würde sie im Laufe ihres Lebens 1,4 Kinder bekommen." (Pötzsch/Sommer 2009, 377).

moderaten Anstieg der Lebenserwartung, einer annähernden Konstanz der Geburtenziffer und einem positiven Wanderungssaldo von 100.000 Personen steigt der Altenquotient (Personen über 65 Jahren zu Personen zwischen 20 und 65) von aktuell rund 34% (2011) auf 67,4% (2060), was fast einer Verdopplung entspricht (Destatis 2009)[3].

Abbildung 1: Entwicklung des Altenquotienten
(über 65-Jährige zu 20- bis 65-Jährigen in %)

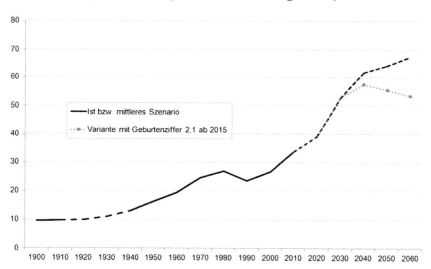

Quelle: Destatis. Werte für Deutschland. Jahre 1920, 1930, 1940 auf der Grundlage von Werten für 1910, 1925, 1933 und 1939 interpoliert. Ab 2020 Projektion der 12. koordinierten Bevölkerungsvorausberechnung.

Analysen der Treffsicherheit früherer Bevölkerungsvorausberechnungen (SVR 2011, 25f. und Bretz 2001) zeigen allerdings, dass der Korrekturbedarf regelmäßig hoch ist. So sind die Zahlen der Geburten und der Sterbefälle wiederholt falsch eingeschätzt worden und auch der Wanderungssaldo wurde nicht immer richtig vorhergesehen. In der Grundtendenz zeigen die amtlichen

---

[3] Betrachtet man einen Altenquotienten mit einer Altersgrenze von 67 Jahren, um dem erhöhten Renteneintrittsalter Rechnung zu tragen, so ergibt sich im Prinzip das gleiche Bild. Der Altenquotient ist dann mit 59,4% im Jahr 2060 aber etwas niedriger.

Projektionen jedoch immer in die gleiche Richtung: Es ist mit einer deutlichen Zunahme der Älteren relativ zur Erwerbsbevölkerung zu rechnen. Allerdings weicht die hohe Nettozuwanderung von zuletzt rund 437.000 Personen deutlich von den getroffenen Annahmen ab. Und die zukünftigen Geburtenziffern werden möglicherweise unterschätzt, weil heute viele Frauen ihre Kinder erst in einem höheren Alter bekommen. Zudem erfasst der Altenquotient nicht den Belastungsrückgang durch weniger Kinder und Jugendliche und auch nicht die Effekte, die von einem veränderten Erwerbsverhalten ausgehen.

Die demografische Entwicklung weist eine starke Trägheit auf. Änderungen bei der Geburtenziffer beeinflussen den Altenquotienten erst nach über 20 Jahren. Ein Szenario in der 12. Koordinierten Bevölkerungsvorausberechnung unterstellt beispielsweise eine Geburtenziffer von 2,1 je Frau ab 2015. Ein solch starker Anstieg der Geburtenzahl würde jedoch erst deutlich nach 2030 zu einem Rückgang des Altenquotienten führen. Auch in diesem günstigen Szenario läge der Altenquotient dann mit 53,5% (47,6% bei einer Altersgrenze von 67 Jahren) immer noch deutlich über dem heutigen Niveau. Die aktuelle Entwicklung ist jedoch weit von diesem günstigen Szenario entfernt. Eine zusammengefasste Geburtenziffer von 1,4 Kindern je Frau bedeutet, dass jede Generation um ein Drittel weniger zahlreich ausfällt als die Elterngeneration.

3. Die Rentenreformen des letzten Jahrzehnts können das Problem nicht lösen

Mit den Rentenreformen von 2001 und 2004[4] sollten einerseits die Kosten des gesetzlichen Rentensystems vor dem Hintergrund des demografischen Wandels begrenzt werden und ein weiterer Anstieg der Lohnnebenkosten verhindert werden, um die internationale Wettbewerbsfähigkeit sowie Wachstum und Beschäftigung zu steigern. Andererseits sollte über die Einführung der kapitalgedeckten Riester-Rente als weiterer Säule eine ausreichende Alterssicherung gewährleistet werden. Mit dem damit verbundenen Teilumstieg vom Umlageverfahren zur Kapitaldeckung erhoffte man sich – im Einklang mit internationalen Empfehlungen – sowohl höhere Renditen als im Umlageverfahren (World Bank 1994 und die spätere Relativierung durch Orszag/Stiglitz 1999) als auch eine bessere Lastenverteilung zwischen den Generationen.

---

[4] Für einen Überblick über die Rentenreformen seit 1991 siehe Meinhardt et al. (2009, 8ff.).

Mit den Rentenreformen wurde ein grundsätzlicher Zielwechsel für die gesetzliche Rente als erste Säule eingeleitet: Von der Sicherung des Lebensstandards im Rentenalter hin zur Beitragssatzstabilität. So soll der Beitragssatz nur bis maximal 22% im Jahr 2030 steigen. Ohne die Reformmaßnahmen würde sich der Beitragssatz dagegen bis zum Jahr 2030 auf etwa 26% erhöhen (Dedring et al. 2010). Folglich wird angesichts der absehbaren demografischen Entwicklung das Rentenniveau schrittweise sinken.

Zum Ausgleich der starken Absenkung des Rentenniveaus sollen die Beschäftigten entweder betrieblich – zweite Säule – und/oder privat und ohne Arbeitgeberbeteiligung im Rahmen der neu eingeführten Riester-Rente vorsorgen, was in Abhängigkeit von Familienstand und Einkommen sowohl durch staatliche Zuschüsse als auch durch Steuererleichterungen und Beitragsbefreiungen (Entgeltumwandlung) gefördert wird.

Eine alternde Gesellschaft wie die Deutschlands muss aber zwangsläufig in Zukunft bei Aufrechterhaltung der Sicherungsansprüche für die Älteren einen größeren Teil ihres Volkseinkommens für die zahlenmäßig steigende Rentnergeneration zur Verfügung stellen. Das kann zwar theoretisch durch einen zukünftig höheren Anteil von Kapitaleinkünften an den Alterseinkünften geschehen. Um das zu erreichen, müssen allerdings bereits heute die Erwerbstätigen zusätzlich zur Finanzierung der gegenwärtigen Rentnergeneration im Umlageverfahren auch noch durch Konsumverzicht und zusätzliche Ersparnisbildung einen individuellen Finanzkapitalstock aufbauen.

3.1 Die vermeintliche Überlegenheit der Kapitaldeckung basiert auf Illusionen

Die Diskussion um Kapitaldeckungsverfahren versus Umlageverfahren wird häufig so geführt, als würde man beim Kapitaldeckungsverfahren bereits heute den Konsum von morgen auf die Seite legen können. Dies ist jedoch nicht möglich. Vielmehr sind Kapitaldeckungsverfahren und Umlageverfahren zwei alternative Formen, Ansprüche auf die Produktion der Zukunft zu erwerben (Barr 2000). Im ersten Fall werden Finanzanlagen erworben, deren Wert einschließlich Verzinsung den Konsum während des Ruhestands finanzieren soll. Im zweiten Fall garantiert die Politik, dass der Konsum der Rentnergeneration aus laufenden Beiträgen der arbeitenden Generation finanziert wird. Die Rentenzahlung eines bestimmten Jahres kann aber in beiden Fällen immer nur aus dem erwirtschafteten Volkseinkommen des jeweiligen Jahres aufgebracht werden (Mackenroth 1952).

In einer offenen Volkswirtschaft kann das Kapitaldeckungsverfahren theoretisch auch Ansprüche auf die ausländische Produktion begründen. So wird auch häufig argumentiert. Die Kapitalmarktrendite im Inland könne zwar niedrig sein, aber durch Anlagen im Ausland insbesondere in Schwellenländern merklich gesteigert werden, da dort das Wachstum auch höher sei als im Inland (Döring et al. 2007). Dies dürfte sich aber als eine Illusion erweisen. Denn zum einen kommt in diesen Fällen ein nicht kalkulierbares Wechselkursrisiko hinzu (Grabau/Joebges 2012). Starke Abwertungen der Auslandswährungen führen zu einer entsprechenden Wertkorrektur der ausländischen Vermögenseinkommen. Diese Abwertungen sind nicht nur ein beliebiges Risiko, sondern unter plausiblen Annahmen sogar sehr wahrscheinlich. Denn der fortwährende Kapitalimport aus Ländern mit einer schnell alternden Bevölkerung geht zwangsläufig mit einer fortwährend negativen Leistungsbilanz dieser kapitalimportierenden Länder einher. Mit anderen Worten: Sie leiden unter strukturellen Wettbewerbsproblemen auf den Weltmärkten. Entweder versuchen sie diese über eine Abwertung zu korrigieren oder aber die Vermögensanlagen verlieren unmittelbar an Wert, weil diese Volkswirtschaften als Schuldner auf Dauer an Bonität verlieren.

Manche dürften einwenden, dass es nicht um Finanzanlagen in den USA, sondern z.B. im wesentlich wachstumsträchtigeren China ginge, dessen Währung auch eher unter Aufwertungsverdacht steht. Doch dies ist ein Denkfehler. Denn ein Land wie China, dessen Wachstum und damit auch die dort erzielbaren Renditen in der Tat wesentlich höher sind als in den USA, importiert aufgrund seiner hohen Wettbewerbsfähigkeit per Saldo kein Kapital, sondern exportiert es. Im Übrigen wird China auf Grund der staatlich verordneten Ein-Kindpolitik in Zukunft einen viel stärkeren Anstieg der Alterung aufweisen als Deutschland.

Somit bliebe nur noch der Rest der Eurozone als Anlagegebiet, dann sogar ohne Wechselkursschwankungen. Aber auch hier gilt, dass nicht alle Länder per Saldo Kapital importieren und jene, die es wie Spanien in der Vergangenheit getan haben, auf Dauer in Schwierigkeiten gerieten, weil der Kapitalbedarf letztlich auf Investitionsblasen (Immobiliensektor) oder Wettbewerbsproblemen im Außenhandel beruhte. Beides ist langfristig nicht tragfähig.

3.2 Das Kapitaldeckungsverfahren destabilisiert die Konjunktur und wirkt negativ auf das Wachstum

Von der Krisenanfälligkeit einer kapitalgedeckten Alterssicherung gehen kurzfristig starke destabilisierende Wirkungen auf die Konjunktur aus. In den USA entfiel aufgrund der sinkenden Rentenzahlungen aus der kapitalgedeckten Rente infolge der Finanzkrise ein Teil der Kaufkraft. Manche Rentner waren gezwungen, wieder erwerbstätig zu werden, und konkurrierten in einer Krise mit Massenentlassungen mit Arbeitslosen um die ohnehin knappen Arbeitsplätze. Gleichzeitig schoben ältere Arbeitnehmer ihren eigentlich beabsichtigten Renteneintritt hinaus (Rampell/Saltmarsh 2009).

Im Vergleich zum kapitalgedeckten System ist das Umlageverfahren nicht nur krisenfester, sondern wirkt zudem stabilisierend auf die Konjunktur. Die bessere Krisenresistenz beruht auf der vergleichsweise stabilen Einnahmebasis von Bruttolohn- und -gehaltssumme der sozialversicherungspflichtig Beschäftigten, die zugleich garantiert, dass das Umlageverfahren nicht insolvent werden kann. Die Konjunkturstabilisierung – zumindest zu Beginn von Krisen – verdankt sich der verzögerten Anpassung der Ausgaben an die Entwicklung der beitragspflichtigen Bruttolöhne pro Kopf (Meinhardt et al. 2009). Einnahmenausfälle in der Krise werden zudem erst einmal durch die Nachhaltigkeitsrücklage oder den Bundeshaushalt ausgeglichen.

Darüber hinaus wird bei der Einführung des Kapitaldeckungsverfahrens eine höhere Ersparnis der privaten Haushalte als im Umlageverfahren benötigt. Theoretisch soll die höhere Ersparnis die Kosten der Kapitalaufnahme von Unternehmen reduzieren und über höhere Investitionen das Wirtschaftswachstum ankurbeln. Es zeigt sich aber, dass eher ein Kapitalüberschuss als ein Mangel besteht.

Eine geplante Erhöhung der Sparsumme von Arbeitnehmer-Haushalten – z.B. für die Altersvorsorge – führt nämlich nicht automatisch zu höheren Investitionen und damit zu einem höheren Kapitalstock. Eine niedrigere Konsumnachfrage durch höheres Sparen wirkt vielmehr negativ auf die private Investitionstätigkeit und führt damit letztlich zu Wachstumsverlusten. In der Folge sinken Einkommen und Beschäftigung, die öffentlichen Defizite steigen und die Gewinne der Unternehmen sinken (Logeay et al. 2009). Gesamtwirtschaftlich kann der Versuch eines Sektors – hier der Arbeitnehmer-Haushalte –, seine Ersparnisse zu erhöhen, sogar dazu führen, dass die gesamtwirtschaftliche Ersparnisbildung niedriger ausfällt[5].

Da also nicht damit zu rechnen ist, dass bei geringerer Binnennachfrage aufgrund des Konsumverzichts das Wirtschaftswachstum (deutlich) höher ausfallen dürfte als bei Bestehen nur des Umlageverfahrens, ist es nicht gerechtfertigt, dass in der Phase der (Teil-)Umstellung die arbeitende Bevölkerung doppelt belastet wird (Davis/Hu 2004). Ein Teilumstieg bei der Finanzierung sozialer Sicherung durch Kapitalbildung dürfte sogar zu Wachstumseinbußen führen (Meinhardt et al. 2009).

3.3 Bilanz nach zehn Jahren

Es war ein Irrglaube, dass man die demografisch bedingten Probleme der Alterssicherung mit diesen Rentenreformen lösen könnte und dass sich die Jüngeren damit vergleichsweise besser stellen würden. Besser gestellt haben sich vor allem die Unternehmen durch die Reduzierung bzw. Stabilisierung des Beitragssatzes zur gesetzlichen Rentenversicherung und insbesondere die Versicherungsunternehmen mit einem neuen Geschäftsfeld. Die junge Generation muss hingegen mit einer deutlichen Verschlechterung rechnen, weil sie später eine niedrigere Rente erhält und die notwendige ergänzende private Vorsorge nun bis auf die vergleichsweise geringe staatliche Subvention aus der eigenen Tasche bezahlen muss. Die derzeit Beschäftigten haben dadurch eine Doppelbelastung zu tragen, weil sie sowohl für die gegenwärtige Rentnergeneration mit ihren Beiträgen aufkommen als auch noch zusätzlich für ihre zukünftige private Rente sparen müssen. Da es dabei zudem keine Arbeitgeberbeteiligung gibt, werden die (jungen) Versicherten letztlich höher belastet als bei einer Absicherung durch die gesetzliche Rentenversicherung mit einem höheren Leistungsniveau. Zudem zeigen die anhaltenden Leistungsbilanzüberschüsse der deutschen Volkswirtschaft, dass eine Förderung der Wettbewerbsfähigkeit durch geringere Arbeitgeberbeiträge alles andere als notwendig ist.

Trotz der Schwächung des gesetzlichen Rentensystems sind dessen Leistungen besser als die der Riester-Rente (Joebges et al. 2012). Zahlreiche

---

[5] Damit befinden sich die Arbeitnehmer in einem Dilemma. Sparen sie zusätzlich, dann reduzieren sie das Wirtschaftswachstum und damit auch ihre eigenen Einkommen, wenn nicht andere Sektoren (Staat, Unternehmen oder Ausland) mehr ausgeben. Sparen sie nicht zusätzlich, dann haben sie später nicht die notwendigen zusätzlichen Rentenansprüche und werden voll von den Rentenniveaukürzungen getroffen.

aktuelle Studien haben gezeigt, dass die Riester-Rente mit hohen Kosten verbunden ist und deutlich niedrigere Renditen aufweist als erwartet und sich damit weniger rentiert als die gesetzliche Rentenversicherung. Insbesondere die neuen Riester-Verträge bieten nur sehr niedrige Renditen (Kleinlein 2011). Hinzu kommt, dass die freiwillige private Vorsorge nicht flächendeckend greift. Dadurch kann sie die durch die Reformen aufgerissenen Rentenlücken nicht schließen. Altersarmut für viele ist daher vorprogrammiert. Ein gesetzliches Rentenniveau, das nicht vor Altersarmut schützt, ist aber nicht akzeptabel (Schmähl 2008). Der Staat spart am Ende nicht, muss er doch dann mit Steuermitteln unterstützend eingreifen. Darüber hinaus verliert das gesetzliche Umlagesystem seine Legitimität. Viele der heute Erwerbstätigen unterliegen noch dem Irrglauben, dass sie durch die Kombination aus gesetzlicher Rente und Riester-Sparen auch in Zukunft ein akzeptables Rentenniveau erreichen würden. Berechnungen zeigen, dass die Rentenlücke durch die Riester-Rente nur geschlossen werden kann, wenn man sehr rosige Annahmen trifft, wie dies z.b. bei Börsch-Supan und Gasche (2010) der Fall ist.

Da die demografische Entwicklung auch nach 2030 nicht günstiger wird, könnte bald der Ruf nach weiteren Reformen laut werden. Die bisherigen Reformen erfüllten allerdings nicht die Anforderung, den Rentnergenerationen nachhaltig einen angemessenen Lebensstandard zu ermöglichen.

4. In welche Richtung müsste eine wirkliche Lösung gehen?

Da die demografischen Trends relativ träge sind, können Lösungen in der kürzeren Frist hauptsächlich auf die Verteilung der Lasten bei dieser weitgehend gegebenen Entwicklung zielen. Längerfristige Maßnahmen können auch eine Trendumkehr bei der demografischen Entwicklung anvisieren.

4.1 Kurz- und mittelfristige Schritte

Die Schwächung der gesetzlichen Rente durch die Reformen des vergangenen Jahrzehnts war ein großer Fehler, der möglichst schnell korrigiert werden sollte. Vor allem muss das Rentenniveau stabilisiert werden. Erste Schritte wären die Eliminierung des Riesterfaktors aus der Rentenformel und die Abschaffung der Beitragsbefreiung bei der Entgeltumwandlung. Beide geltenden Regelungen schaffen in der gesetzlichen Rentenversicherung überhaupt erst eine Rentenlücke, die dann vom Versicherten durch eigene Sparanstrengungen wieder zu schließen ist. Damit entstehen für die Versicherten jedoch

insgesamt keine *zusätzlichen* Rentenansprüche. Ebenso sollten die Maßnahmen zur Förderung der privaten kapitalgedeckten Alterssicherung auslaufen
und die freiwerdenden Mittel in eine Aufwertung der gesetzlichen Rente investiert werden, wo sie den Versicherten unmittelbar zugutekommen.
Ein Reformschritt, der grundsätzlich in die richtige Richtung geht, ist die
Anhebung des Renteneintrittsalters. Allerdings muss diese zwingend durch
flankierende Maßnahmen ergänzt werden, damit die meisten Arbeitnehmer
auch wirklich länger erwerbstätig sein können und die Anhebung des Renteneintrittsalters nicht zu einer verdeckten Rentenkürzung bei vorzeitigem Renten-
beginn (z.B. bei Erwerbsminderung) führt, wie dies aktuell der Fall ist. Zu
diesen ergänzenden Maßnahmen gehören: altersgerechte Arbeitsplätze, eine
stärkere Unterstützung des lebenslangen Lernens durch Staat und Arbeitgeber,
mehr Gesundheitsprävention und – nicht zuletzt – eine armutsfeste Erwerbsminderungsrente. Unter diesen Voraussetzungen wäre auch eine weitere
Anhebung der Lebensarbeitszeit in Abhängigkeit von der Entwicklung der
Lebenserwartung denkbar.
Es gibt aber auch eine Vielzahl von – vorgeschalteten – Maßnahmen zur
Stabilisierung der Alterssicherung. Wichtigste Maßnahmen sind solche zur
Steigerung von Produktivität und Löhnen. Allein schon durch nennenswerte
Lohn- und Produktivitätssteigerungen lässt sich eine demografische Alterung
finanzieren, ohne dass die Beiträge allzu stark angehoben werden müssen.
Allerdings müssen die erzielten Wohlstandssteigerungen dann auch wirklich
allen zugutekommen. Die vergangenen Jahrzehnte zeigen allerdings – nur
kurzzeitig unterbrochen von der deutschen Wiedervereinigung – einen fast
permanenten Anstieg der Gewinnquote und damit ein Zurückbleiben der
Reallöhne hinter der Produktivität. Das soziale Sicherungssystem Deutschlands ist aber nun einmal maßgeblich an die Entwicklung der Bruttolohn- und
-gehaltsumme gekoppelt. Werden die Arbeitnehmer vom wirtschaftlichen
Wohlstand abgekoppelt, wie es über längere Zeit geschah, dann trifft dies
automatisch auch die Rentner. Ein Vergleich der Lohn- und Beschäftigungsentwicklung mit den Entwicklungen in anderen europäischen Ländern zeigt
zudem, dass dieser deutsche Sonderweg der äußerst geringen Reallohnsteigerungen keine gesetzmäßige, der weltwirtschaftlichen Entwicklung geschuldete
Entwicklung war. Vielmehr war es politische Absicht, dass Deutschland über
unterdurchschnittliche Lohnsteigerungen Wettbewerbsvorteile erringen sollte.
In Kauf genommen wurde dabei, dass dies automatisch auch auf die sozialen
Sicherungssysteme durchschlagen musste, zumal sich die beschäftigungspolitischen Erfolge dieser Strategie in Grenzen halten. Vielmehr ist die in jüngs-
ter Zeit sehr günstige Arbeitsmarktentwicklung insbesondere auf die hohe

interne Flexibilität und eine aktive Wachstums- und Beschäftigungspolitik während der Finanzkrise zurückzuführen (Herzog-Stein et al. 2013).

Mittelfristig bestünde eine zentrale Maßnahme zur Stabilisierung des Rentenniveaus in der Erweiterung des Versichertenkreises der gesetzlichen Rentenversicherung hin zu einer Versicherung für alle Erwerbstätigen unter Einschluss von Beamten und Selbständigen. Dabei würde sowohl die Zahl der Beitragszahler wie auch später die der zukünftigen Rentner/innen steigen. Zudem würde mit der Einbeziehung der Beamten und der Selbständigen die Bemessungsgrundlage verbreitert, was für sich genommen zu einer Stabilisierung der Rentenversicherung beitragen würde. In einem Gutachten der Bertelsmann-Stiftung wird der Einbeziehung der Beamten in die gesetzliche Rentenversicherung sogar der weitaus größte Effekt bei der Bewältigung der demografischen Risiken für die Rentenversicherung beigemessen (Werding 2013). Diese Erweiterung des Versichertenkreises löst zwar keine langfristigen Probleme in der Finanzierung der GRV, führt allerdings mittelfristig zu einer erheblichen Entlastung. Da sowohl für die bestehenden Beamtenverhältnisse als auch für die berufsständische Alterssicherung bestimmter Selbständiger ein rechtlicher Bestandsschutz, der über die bisherigen Alterssicherungssysteme abgedeckt wird, angenommen werden muss, würden über einen längeren Zeitraum jüngere Menschen in die GRV eintreten, entsprechende Rentenansprüche entstünden aber erst verzögert. Dadurch gewinnt man Zeit, die genutzt werden kann, um auch bei Qualifikationen, der Erwerbsbeteiligung insbesondere von Frauen und der demografischen Entwicklung positive Veränderungen zu bewirken. In einem weiteren Schritt sollte allerdings die Rentenversicherung zu einer allgemeinen Rentenversicherung unter Einschluss einer Mindestrente für alle Erwachsenen ausgebaut werden (Meinhardt/Grabka 2009).

Eine Rentenversicherung, die selbst bei langjähriger Versicherung nicht das Niveau der Grundsicherung erreicht, beschädigt andernfalls die Legitimation der GRV. Ein Vergleich innerhalb der OECD-Länder zeigt, dass Niedrigverdiener in Deutschland die geringste relative Rente in allen OECD-Ländern erhalten (OECD 2011a). Die anderen OECD-Länder haben eine deutliche Umverteilung in der Rentenversicherung. Auch in Deutschland muss daher in Zukunft die Rente von Menschen mit niedrigen Einkommen trotz langer Lebensarbeitszeit in Vollzeit relativ aufgewertet werden. Dies kann z.B. durch Multiplikation der erworbenen Entgeltpunkte mit einem Faktor über 1 erfolgen. Wenn alle Erwachsenen in der Rentenversicherung erfasst sind, ist eine Umverteilung grundsätzlich innerhalb der Rentenversicherung möglich. Bis dahin sollte diese Umverteilung über Steuern, die progressiv ausgestaltet sind und keiner Beitragsbemessungsgrenze unterliegen, finanziert werden.

4.2 Längerfristige Schritte

Zu den Maßnahmen für eine höhere Produktivität zählen insbesondere die Bildungs- und Weiterbildungsausgaben. Sind die Menschen erst einmal gut ausgebildet, dann müssen sie allerdings auch die Chance auf lebens- und altersgerechte Arbeitsplätze haben. Viele Arbeitsplätze sind nicht darauf angelegt, dass Menschen darauf gesund lebenslang arbeiten können. Ein zentraler Ansatzpunkt, um die demografischen Probleme der Rentenversicherung abzumildern, sind die Rahmenbedingungen zur Vereinbarkeit von Familie und Beruf. Mit Maßnahmen zur besseren Kinderbetreuung und mit flexibleren Arbeitszeitmodellen lassen sich sowohl das Erwerbspersonenpotential besser auslasten und damit das Wachstum steigern als auch – als Folgeeffekt – die Zahl der Kinder erhöhen.

Über Zuwanderung kann die demografische Entwicklung insoweit abgemildert werden, als die Bevölkerung sich zahlenmäßig stabilisiert und der Alterungsprozess verlangsamt wird. Wollte man eine Stabilisierung der Bevölkerung allerdings allein über Zuwanderung erreichen, wäre unter ansonsten unveränderten Rahmenbedingungen über mehrere Jahrzehnte ein jährlicher Wanderungssaldo von 350.000 Personen notwendig (SVR 2011). Die Altersstruktur würde sich aber auch in diesem Fall weiter verschieben. Da auch die Zuwanderer altern und Rentenansprüche erwerben, können die demografischen Probleme der deutschen Rentenversicherung nicht durch Zuwanderung allein gelöst werden.

Maßnahmen zur Abmilderung der demografischen Entwicklung müssten insbesondere bei einer Erhöhung der Geburtenrate ansetzen. Diese lässt sich nur schwer steuern. Es gibt aber Hinweise dafür, dass hier in begrenztem Umfang Veränderungen möglich wären. Beispielsweise zeigen Umfragen, dass der Anteil derjenigen, die kinderlos bleiben wollen, deutlich geringer ist als der Anteil der de facto Kinderlosen. Auch die Zahl der gewünschten Kinder liegt über der tatsächlich realisierten Zahl (Bundesinstitut für Bevölkerungsforschung 2012, 46). Natürlich kann der Staat nicht alle Hindernisse beseitigen, die dem Kinderwunsch entgegenstehen. Durch eine weitere Verbesserung der Vereinbarkeit von Familie und Beruf für Frauen und Männer könnten sich aber insbesondere berufsorientierte Frauen mit höherem Bildungsabschluss häufiger für Kinder entscheiden. Gerade Frauen mit (Fach-) Hochschulabschluss und Promotion bleiben besonders häufig kinderlos. Innerhalb der Geburtsjahrgänge 1965-1969 waren laut Mikrozensus 2008 beispielsweise 29,9% der Akademikerinnen, aber nur 17,4% der Frauen ohne beruflichen Abschluss kinderlos. Auch die durchschnittliche Kinderzahl unterschied sich mit 1,78 bei den Frauen ohne Berufsabschluss und 1,28 bei den Akademikerinnen deutlich. Ergebnisse für die OECD zeigen, dass in Ländern mit einer besseren Vereinbarkeit von Familie und Beruf (z.B. Frankreich, Norwegen, Schweden, Dänemark, Finnland, Niederlande) die Geburtenraten signifikant höher sind (OECD 2011b, 45).

5. Fazit

Die Rentenreformen des vergangenen Jahrzehnts haben keinerlei Lösung für die zukünftige Alterssicherung gebracht, sie haben sie sogar erheblich verschlechtert. Mit einer Kapitaldeckung können die demografisch bedingten Probleme in der Alterssicherung nicht gelöst werden. Mit der Fokussierung auf die Stabilisierung der Beitragssätze und die Kostenbelastung der Unternehmen wurde und wird weiterhin das Rentenniveau für die zukünftigen Rentnergenerationen reduziert. Vielen droht daher Altersarmut.

Es gibt allerdings auch keine einfache Lösung dafür, wie bei einer alternden Gesellschaft lebensstandardsichernde Renten garantiert werden können. Letztlich bedarf es dazu des Einsatzes verschiedener wirtschaftspolitischer Instrumente, die auf der Zeitachse unterschiedlich schnell wirken. Unausweichlich ist ein steigender Beitragssatz von Arbeitnehmern und Arbeitgebern zur gesetzlichen Rentenversicherung, wenn ein ausreichendes Alterssicherungsniveau angestrebt wird. Ein zunehmender Anteil älterer Personen in der Bevölkerung benötigt zwangsläufig einen größeren Anteil am wachsenden Volkseinkommen. Eine angemessene Alterssicherung ist auch finanzierbar. Wenn der Beitragssatz z.B. jährlich um 0,1-0,2%-Punkte steigen würde, beeinträchtigte das weder die preisliche Wettbewerbsfähigkeit der Unternehmen noch die Realeinkommen der Arbeitnehmer fühlbar. Wenn es zudem gelänge, über längere Zeit wieder produktivitätsorientierte Lohnsteigerungen zu erzielen und damit auch die Rentenansprüche zu erhöhen, dann würden die Rentner auch wieder an der steigenden Wirtschaftsleistung beteiligt. Die anstehende Einführung eines flächendeckenden gesetzlichen Mindestlohns ist ein erster wichtiger Schritt. Die nächsten Schritte wären dann die Einbeziehung der Beamten und Selbständigen in die gesetzliche Rentenversicherung und letztlich eine allgemeine Bürgerversicherung aller Erwachsenen. Solange es im Rentensystem keine nennenswerte Umverteilung über höhere Beiträge und eine Aufhebung der Äquivalenz von Lohnhöhe und Rentenhöhe gibt, kann man dem Problem der drohenden Altersarmut nur mit einem steuerfinanzierten Konzept für Mindestrenten begegnen. Das Rentenpaket der großen Koalition leistet hingegen keinen Beitrag zur Vermeidung von Altersarmut. Mit der abschlagsfreien Rente mit 63 sendet es angesichts der demografischen Entwicklung zudem die falschen Signale. Gleichzeitig wird die Rentenkasse – insbesondere durch die falsche Finanzierung der sogenannten „Mütterrente" – erheblich belastet.

Bezogen auf die besonderen demografischen Probleme wäre es folgerichtig, bei steigender Lebenserwartung und besserer Gesundheit im Alter das Renteneintrittsalter zu erhöhen. Begleitend ist es allerdings zwingend notwendig, wieder eine richtige Erwerbsunfähigkeitsrente einzuführen. Die Verbesserungen bei der Erwerbsminderungsrente im Rahmen des Rentenpakets sind zwar ein Schritt in die richtige Richtung, sie reichen aber bei weitem nicht aus. Zudem müssen Arbeitsplätze, wo immer dies möglich ist, altersgerecht ausgestaltet werden. Davon sind wir heute noch weit entfernt. Letztlich ist es eine gesellschaftliche Entscheidung, wie die weitverbreitete Präferenz für einen früheren Renteneintritt mit der damit einhergehenden Beitragsbelastung der Erwerbstätigen in Übereinstimmung gebracht werden kann. Eine Lösung könnte in einem flexiblen Renteneintritt bestehen. Das Arbeitsministerium hat im Sommer 2014 eine Arbeitsgruppe zur Beratung über die sogenannte „Flexi-Rente" eingesetzt.

Die Arbeitsplätze müssen nicht nur altersgerecht, sondern auch familiengerecht für Männer und Frauen gestaltet sein, was vor allem die zeitliche Flexibilität betrifft sowie die Verbesserung der Kinderbetreuung. Hier könnten derzeit mit die stärksten Hemmnisse für eine Steigerung der Geburtenzahlen liegen. In den letzten Jahren wurden zwar schon schrittweise Verbesserungen erreicht, ausreichen dürften sie allerdings noch nicht.

Die hohe Netto-Zuwanderung von rund 437.000 Personen im Jahr 2013 zeigt allerdings, dass Deutschland für ausländische Arbeitskräfte an Attraktivität gewonnen hat.. Es ist zu überlegen, ob nicht eine gezielte Zuwanderungspolitik von Vorteil wäre. Diese müsste dann aber auch durch Sprachkurse und Qualifikationsmaßnahmen die Integration der Menschen unterstützen und in der Gesellschaft für die Akzeptanz der Zuwanderung werben.

Literatur

Barr, N. (2000): Reforming pensions, myths, truths, and policy choices, IMF Working Paper 00/139, Washington.

Börsch-Supan, A., Gasche, M. (2010): Kann die Riester-Rente die Rentenlücke in der gesetzlichen Rente schließen? MEA Discussion paper 201.

Bretz, M. (2001): Zur Treffsicherheit von Bevölkerungsvorausberechnungen, *Wirtschaft und Statistik*, 11(2001), 906-921.

Bundesinstitut für Bevölkerungsforschung (Hrsg.) (2012): *(Keine) Lust auf Kinder? Geburtenentwicklung in Deutschland*, Wiesbaden.

Davis, E.P., Hu, Y. (2004): Is there a link between pension-fund assets and economic growth? – A cross-country study, Brunel University and NIESR, London.

Dedring, K.-H., Deml, J., Döring, D., Steffen, J., Zwiener, R. (2010): Rückkehr zur lebensstandardsichernden und armutsfesten Rente, Expertise im Auftrag der FES, WISO Diskurs, August.

Destatis (2009): *Bevölkerung Deutschlands bis 2060: 12. Koordinierte Bevölkerungsvorausberechnung*, Wiesbaden: Statistisches Bundesamt .

Döring, D., Buth, R., Rosengart, H. (2007): Bedroht die künftige demographische Entwicklung die Vermögenswerte kapitalgedeckter Altersversorgungssysteme? Auswertung des Standes der internationalen Forschung, Arbeitspapier 128, Hans-Böckler-Stiftung.

Grabau, M., Joebges, H. (2012): Das hohe Risiko von Fremdwährungsanleihen. Warum sich Finanzierungsprobleme der Rentenversicherung nicht so einfach durch Kapitalanlagen im Ausland lösen lassen, IMK Working Paper Nr. 92, Mai.

Herzog-Stein, A., Lindner, F., Zwiener, R. (2013): Nur das Angebot zählt? Wie eine einseitige deutsche Wirtschaftspolitik Chancen vergeben hat und Europa schadet, IMK Report Nr. 87.

Joebges, H., Meinhardt, V., Rietzler, K., Zwiener, R. (2012): Kapitaldeckung in der Krise, Die Risiken privater Renten- und Pflegeversicherungen, WISO Diskurs, Friedrich-Ebert-Stiftung, Bonn, Juli.

Kleinlein, A. (2011): Zehn Jahre „Riester-Rente" – Bestandsaufnahme und Effizienzanalyse, Expertise im Auftrag der FES, WISO Diskurs, Friedrich-Ebert-Stiftung, Bonn, November.

Logeay, C., Meinhardt, V., Rietzler, K., Zwiener, R. (2009): Gesamtwirtschaftliche Folgen des kapitalgedeckten Rentensystems, IMK Report Nr. 43.

Mackenroth, G. (1952): Die Reform der Sozialpolitik durch einen deutschen Sozialplan, *Schriften des Vereins für Sozialpolitik*, Bd. 4 NF, Berlin, 39-76.

Meinhardt, V., Grabka, M. (2009): Grundstruktur eines universellen Alterssicherungssystems mit Mindestsicherung. WISO Diskurs, Friedrich-Ebert-Stiftung.

Meinhardt, V., Rietzler, K., Zwiener, R. (2009): Konjunktur und Rentenversicherung – gegenseitige Abhängigkeiten und mögliche Veränderungen durch diskretionäre Maßnahmen, Forschungsbericht im Auftrag Deutsche Rentenversicherung Bund, IMK Studies 3.

OECD (2011a): *Pensions at a Glance 2011*, Paris.

OECD (2011b): *Society at a Glance 2011*, Paris.

Orszag, P.R., Stiglitz, J.E. (1999): Rethinking Pension Reform: Ten Myths about Social Security Systems, paper presented at the conference on „New Ideas about Old Age Security", The World Bank, Washington, D.C., September 14-15.

Pötzsch, O., Sommer, B. (2009): Generatives Verhalten der Frauenkohorten im langfristigen Vergleich – Ergebnisse der laufenden Statistik der Geburten und der Erhebung „Geburten in Deutschland", *Wirtschaft und Statistik*, 5, 377-396.

Rampell, C., Saltmarsh, M. (2009): A Reluctance to Retire Means Fewer Openings, *International Herald Tribune*, 3.9.09, A1.

Schmähl, W. (2008): Rentenversicherung – Quo vadis?, *Wirtschaftsdienst*, 5, 290.

Sachverständigenrat zur Begutachtung der gesamtwirtschaftlichen Entwicklung (SVR) (2011): *Verantwortung für Europa wahrnehmen, Jahresgutachten 2011/12*, Wiesbaden.

Werding, M. (2013): Alterssicherung, Arbeitsmarktdynamik und neue Reformen: Wie das Rentensystem stabilisiert werden kann, Studie im Auftrag der Bertelsmann-Stiftung, Gütersloh.

World Bank (1994): *Averting the old age crisis, policies to protect the old and promote growth*, New York, NY: Oxford University Press.

Hochschulsteuerung unter Unsicherheit

Ein Erfahrungsbericht

Michael Heine

1. Einleitung

Im Hochschulsystem Deutschlands vollziehen sich gegenwärtig erhebliche Veränderungen, die langfristig gewiss prägender als die heftig geführte Bologna-Debatte sein werden. Durch die Föderalismusreform und das daraus resultierende sogenannte Kooperationsverbot zwischen Bund und Ländern weichen mittlerweile die finanziellen Ausstattungen der Hochschulen zwischen den Bundesländern erheblich voneinander ab. Zugleich hat sich das Angebot an zeitlich befristeten Mitteln für Projekte sprunghaft erhöht. Diese müssen in Wettbewerbsverfahren eingeworben werden, gewährleisten die Finanzierung von Hochschulen jedoch nicht dauerhaft. Die Konkurrenz zwischen den Hochschulen wurde durch einige Landesregierungen nochmals verschärft, indem beispielsweise Finanzierungsmodelle eingeführt wurden, die auf erreichte oder erwartete Leistungen ausgerichtet sein sollen, jedoch Hochschulen nicht „ausfinanzieren".

Diese Konstellation hat die Unsicherheiten an den Hochschulen erkennbar erhöht und den Bedarf an Steuerungsinstrumenten sichtbar werden lassen. Allerdings sind die Governancestrukturen, die im Wesentlichen durch die Landeshochschulgesetze vorgegeben werden, für diese neuen Herausforderungen nur unzureichend geeignet und weichen zudem je nach Bundesland erheblich voneinander ab. Vor diesem Hintergrund ist es wenig überraschend, dass sich das deutsche Hochschulsystem stark ausdifferenziert und mit den Einteilungen in Universitäten, Fachhochschulen oder duale Hochschulen nicht länger sachadäquat beschrieben werden kann. Allerdings reagieren die politisch Verantwortlichen nur sehr zögerlich auf diese neuen Trends.

Die Gliederung dieses Aufsatzes folgt dem Problemaufriss.

2. Ausstattungsunterschiede an deutschen Hochschulen

Bekanntlich ist die Bundesrepublik Deutschland gemäß Artikel 20 GG ein Bundesstaat im Sinne eines Bundesländerstaates. Demnach sind die Länder grundsätzlich für alles zuständig, was nicht anderweitig grundgesetzlich geregelt ist. Dies gilt insbesondere auch für den Kultur- und Bildungsbereich. Da die wirtschaftliche und finanzielle Leistungsfähigkeit der Bundesländer stark voneinander abweicht, ist auch zu erwarten, dass die leistungsstarken Länder ihre Hochschulen besser ausstatten als die schwächeren. Über mehr Personal an den Hochschulen, eine bessere Besoldung, höhere und auf Dauer gewährte Berufungs- und Leistungszulagen für Professorinnen und Professoren oder wirksame Anschubfinanzierungen im Bereich der Forschung sind sie prinzipiell in der Lage, sich Wettbewerbsvorteile zu verschaffen und diese zu perpetuieren. Um diese Ausdifferenzierungen zu begrenzen, hat sich der Bund in der Vergangenheit an der Finanzierung des Hochschulsystems beteiligt. Im Gegenzug hatte er sich bis zur Föderalismusreform in 2006 weitgehende Befugnisse einräumen lassen, die er beispielsweise durch das Hochschulrahmengesetz auch zu nutzen wusste. Dieses Mischsystem prägte zahlreiche Felder des Zusammenspiels von Bund und Ländern – also nicht nur den Hochschulbereich.

Derartige Strukturen haben in der Vergangenheit häufig zu Kompetenz- und Finanzstreitigkeiten geführt, die regelmäßig im Bundesrat ausgefochten wurden und zuweilen zu eigenwilligen Kompromissen geführt haben. Diesen Missstand sollte die Föderalismusreform abschaffen. Im Ergebnis verzichteten die Bundesländer auf einige Zuständigkeiten und erhielten als Ausgleich die volle administrative und finanzielle Verantwortung für die Bildungspolitik (außer Hochschulzulassung und -abschlüssen). Dies gilt auch für den Hochschulbau, an dem sich der Bund früher finanziell beteiligt hatte. Diese Trennung wird seither als Kooperationsverbot beschrieben.

Der Sieg der Länder stellte sich, zumindest für einige finanzschwache Länder, schnell als Pyrrhussieg heraus. Insbesondere die hoch verschuldeten und/oder strukturschwachen Bundesländer sahen sich mit der Finanzierung des Bildungssystems eindeutig überfordert. Sparrunden wurden eingeleitet, der Hochschulbau wurde faktisch eingestellt und an einen Ausbau der Hochschulen war nicht zu denken. Vor dem Hintergrund einer wachsenden Nachfrage nach Studienplätzen durch geburtenstarke Jahrgänge, doppelte Abiturjahrgänge und das Aussetzen der Wehrpflicht war diese Konstellation nicht aufrechtzuerhalten. Ganz offenkundig musste der Bund „zurück ins Boot".

Tatsächlich war die Situation zumindest für die finanzschwachen Länder noch diffiziler. Denn 2009 wurde die sogenannte Verschuldungsgrenze im Grundgesetz festgeschrieben. Demnach muss der Bund ab 2016 einen im Wesentlichen ausgeglichenen Haushalt vorlegen. Bei den Ländern müssen ab 2020 strukturell die Einnahmen die Ausgaben ohne Kreditaufnahme decken. Daher sind insbesondere die strukturschwachen Länder nach Kräften bemüht, ihre Ausgaben zu senken, da zusätzliche Einnahmen nur in sehr überschaubarem Umfang aus eigener Kraft zu generieren sind. Denn der größte Teil der Steuereinnahmen basiert auf Gemeinschaftssteuern, die eigenständig nicht zu verändern sind. Die reinen Landessteuern decken nur einen Bruchteil der Ausgaben der Länder ab, sind also vergleichsweise unergiebig. Die sonstigen Einnahmen der Länder basieren vor allem auf Solidarpakt sowie Länderfinanzausgleichsgeldern und Bundeszuweisungen, sind also aus Sicht eines Landes ebenfalls einseitig nicht zu erhöhen.

Wenig überraschend hat diese Konstellation zu einer deutlichen Ausdifferenzierung innerhalb der deutschen Hochschullandschaft geführt. Die unterschiedlichen finanziellen Möglichkeiten der Länder, die Fächerstruktur, standortbedingte Kostenfaktoren und bildungspolitische Präferenzen spiegeln sich in erheblichen Abweichungen bei allen relevanten Kriterien der Finanzausstattung, wie laufenden Ausgaben je Studierenden, Betreuungsrelationen oder Gesamtkosten je Studienplatz, wider. Holzschnittartig formuliert zeichnet sich ein Süd-Nord-Gefälle ab. Da in diesem Beitrag der Fokus auf den Fachhochschulen liegen soll, konzentrieren sich die folgenden Angaben auf diesen Hochschultyp.

So beliefen sich 2010 (neuere Zahlen liegen zur Zeit noch nicht vor) die „laufenden Ausgaben je Studierenden" in Hamburg auf 1.670 Euro, in Schleswig-Holstein auf rund 3.000 Euro, während sie in Niedersachsen und Rheinland-Pfalz einen Wert von rund 5.000 Euro annahmen (vgl. Statistisches Bundesamt 2013, 36). Auch die Betreuungsrelation, gemessen an der Zahl der Studierenden zum wissenschaftlichen Personal, weicht von Land zu Land stark ab. Während sie an Berliner Fachhochschulen den Wert von rund 25 erreicht, liegt sie in Baden-Württemberg bei knapp 16, aber in Schleswig-Holstein bei 37 (ebd., 22).

Diese Unterschiede werden auch durch den „Ausstattungs- und Kostenvergleich der norddeutschen Fachhochschulen" (AKL) der HIS GmbH unterstrichen. Im AKL werden regelmäßig 18 norddeutsche Fachhochschulen einschließlich Berlin nach verschiedenen Kriterien miteinander verglichen (vgl. HIS 2013). Die so ermittelten Unterschiede sind frappierend, obwohl die finanziell deutlich bessergestellten süddeutschen Hochschulen nicht einmal in den

Vergleich einbezogen sind. Beispielsweise lagen 2011 (neuere Zahlen liegen nicht vor) die Lehrkosten in den Rechts-, Wirtschafts- und Sozialwissenschaften an der HTW Berlin bei 3.240 Euro, während sie im Durchschnitt 4.270 Euro betrugen. Den „Spitzenwert" erreichte Neubrandenburg mit 6.350 Euro (ebd., 43). In den technischen und naturwissenschaftlichen Fächern hielt die HTW Berlin ebenfalls die „rote Laterne" mit Kosten von 3.940 Euro, während der Durchschnitt bei 6.030 Euro lag und Wismar mit 8.770 Euro „Tabellenführer" war (ebd., 45).

Schließlich zeigt die folgende Tabelle für den Bund beziehungsweise für ausgewählte Bundesländer die Grundvergütung in der W-Besoldung der Professorinnen und Professoren, wobei Berlin auch bei Berücksichtigung aller Bundesländer mit deutlichem Abstand den letzten Platz einnimmt.

Tabelle 1: Übersicht über Einstiegsgehälter – Stand 01.04.2013

Bund/Bundesland	W 2 (in Euro)	W 3 (in Euro)
Bund	5.100,00	5.700,00
Bayern	4.900,00	5.800,00
NRW	5.044,02	5.578,75
Saarland	4.362,92	5.273,99
Sachsen-Anhalt	5.049,68	5.605,62
Berlin	**4.107,90**	**4.988,16**

Quelle: Hochschullehrerbund.

Verschärft wurde diese ungleiche Ausstattung durch Studiengebühren, die in einigen Bundesländern (zunächst) eingeführt wurden, in anderen – wie Berlin – nicht. Selbst dort, wo sie wieder abgeschafft wurden, erhielten die Hochschulen einen Ausgleich durch entsprechend erhöhte Landeszuwendungen.

Vor diesem Hintergrund sahen sich insbesondere die finanziell schlecht aufgestellten Hochschulen nicht in der Lage, zusätzliche Studierende aufzunehmen, obwohl die Nachfrage – wie gesagt – von Jahr zu Jahr stieg. Gleichwohl weigerten sich die Bundesländer, ihre Bildungsaufwendungen zu erhöhen. Um das Kooperationsverbot nicht zu verletzen, bot sich als praktikable Lösung die Projektförderung durch den Bund an, also die zeitweilige Bereitstellung von Bundesmitteln, um gemeinsam mit den Ländern definierte bildungspolitische Ziele – hier vor allem die Erhöhung des Angebots an Studienplätzen für das Erststudium – zu erreichen. Allerdings weist diese Form der

Finanzierung für die Hochschulen ein erhebliches Steuerungsproblem auf, auf das noch zurückzukommen sein wird.

3. Grundfinanzierung versus Projektförderung

Das bedeutsamste Projekt stellt der zwischen Bund und Ländern vereinbarte Hochschulpakt 2020 dar. In einem ersten Schritt sollten im Zeitraum von 2007 bis 2010 rund 90.000 zusätzliche (Bachelor-)Studienplätze eingerichtet werden. 2009 wurde die zweite Phase des Hochschulpaktes vereinbart, die den Zeitraum von 2011 bis 2015 umfasst. Allerdings erwiesen sich die Prognosen über die Nachfrage nach Studienplätzen als nicht belastbar und mussten mehrfach nach oben korrigiert werden. Nunmehr gehen Bund und Länder von 625.000 zusätzlichen Studienplätzen aus. Um ein entsprechendes Angebot zu schaffen, wird der Bund mehr als 7 Mrd. Euro zur Finanzierung beitragen und bis 2018 weitere 2,7 Mrd. Euro zur Verfügung stellen. Die Länder werden „eine vergleichbare Leistung" übernehmen. Sieht man einmal von der weichen Formulierung „vergleichbare Leistung" und von den im wachsenden Umfang nunmehr fehlenden Masterstudienplätzen ab, dann bleibt als Problem die zeitliche Befristung des Programms. Zwar ist die Ausfinanzierung der zweiten Phase bis 2018 vorgesehen, allerdings sind die Konditionen aus Sicht der Hochschulen noch intransparent. Völlig unklar ist, ob die neuen Studienplätze dauerhaft oder nur zeitlich befristet vorgehalten werden sollen.

Faktisch werden so die Prognoseunsicherheiten über die künftige Nachfrage nach Studienplätzen auf die Hochschulen abgewälzt. Sie haben zu entscheiden, ob neue Studiengänge aufgelegt oder bereits existierende nur aufgestockt werden sollen. Müssen neu eingerichtete Studiengänge ab der zweiten Hälfte der 2010er Jahre wieder abgebaut werden oder soll der Anteil Studierender am jeweiligen Altersjahrgang dauerhaft erhöht werden? Wird die Rückführung zeitlich gestreckt und finanziell hinreichend abgesichert oder ruckartig vollzogen? Können zur Absicherung des Aufwuchses neue Professuren eingerichtet werden oder soll die Lehre durch immer mehr Lehrbeauftragte und damit immer weniger hauptberufliches Personal durchgeführt werden? Und falls man sich für neue Professuren entscheidet, sollen sie befristet ausgeschrieben werden, um so das Risiko des möglichen Abschmelzens ab 2015 abzufedern?

Am Rande sei erwähnt, dass die Berliner Landesregierung Befristungen wohlwollend zur Kenntnis nimmt, zugleich aber die Zuwendungen für die Berufung von Frauen im Rahmen der „Leistungsbezogenen Mittelverteilung" streicht, wenn sie nicht auf Lebenszeit erfolgt.

Ein weiteres bedeutsames Projekt ist der Hochschulpakt II – der sogenannte Qualitätspakt Lehre. Hier werden vor allem Projekte zur Qualitätssicherung der Lehre und des Studiums gefördert. In einem Antrags- und Wettbewerbsverfahren konnten sich Hochschulen um eine zeitlich befristete Förderung von Projekten bemühen. Der Bund stellt hierfür für den Zeitraum von 2011 bis 2020 rund zwei Mrd. Euro zur Verfügung. 78 Universitäten, 78 Fachhochschulen und 30 Kunsthochschulen kamen zum Zuge, also längst nicht alle.

An der HTW Berlin beispielsweise werden mit diesen Mitteln erstens innovative Lehrprojekte gefördert, zweitens Brückenkurse und Tutorien aufgebaut, mit dem Ziel, die „Abbrecherquote" zu senken, und drittens Weiterbildung von Professorinnen und Professoren sowie des technischen Personals in den Laboren durchgeführt. Flankiert wird dieses Projekt von einem Landesprogramm des Berliner Senats, das neben der Förderung von Berufungen von Frauen ebenfalls Elemente zur Verbesserung der Lehre aufweist.

So wünschenswert Projekte der skizzierten Art auch sind, gehen sie aus der Sicht einer Hochschule mit einem erheblichen organisatorischen Aufwand einher. Die jeweils beabsichtigten konkreten Umsetzungsmaßnahmen müssen stets beantragt und bewilligt werden. Bei Ablehnung bedarf es alternativer Vorschläge, also neuer Antrags- und Bewilligungsverfahren, sollen Projektgelder nicht verloren gehen. Die Übertragung von bis zum Jahresende nicht verbrauchten Finanzmitteln muss beantragt werden. Aufgrund der Befristung der Arbeitsverhältnisse ist die Hochschule mit regelmäßigen Kündigungen bzw. der Beendigung von Arbeitsverhältnissen konfrontiert, was neue Einstellungsverfahren notwendig macht. Die Beispiele mögen reichen, um den administrativen Aufwand zu illustrieren.

Strukturell problematischer ist die zeitliche Befristung. Um beim Beispiel zu bleiben: Qualitätssicherung darf kein temporäres Ereignis sein, sondern muss nachhaltig qualitativ hochwertige Lehre und Forschung an Hochschulen sichern. Sobald aber die Förderung ausläuft, stehen die Hochschulen vor einem letztlich unlösbaren Dilemma: Da die Grundfinanzierung nicht ausreicht, müssen auch mit Projektmitteln aufgebaute Strukturen oder bewährte Projekte aufgegeben werden. Dies gilt zumindest für die Fachhochschulen in Berlin, die ohne Zweifel drastisch unterfinanziert sind (vgl. HIS 2013).

Dies ist keinesfalls ein „Kopfproblem". Beispielsweise läuft die Drittmittelförderung an der HTW Berlin für den Bereich „Career Service" in Kürze aus, und wenn es keine drittmittelbasierte Anschlussförderung gibt, muss dieser sehr erfolgreich arbeitende und mit dem externen Alumnipreis „D-A-Ch" ausgezeichnete Bereich personell drastisch reduziert werden. Dies gilt in absehbarer Zeit möglicherweise auch für die Förderung des eLearning-Competence Centers an der Hochschule, für das Fort- und Weiterbildungsprogramm für neuberufene Professorinnen und Professoren, für die Förderungen zur Erhöhung der Chancengleichheit (Berliner Chancengleichheitsprogramm und das BMBF-Professorinnenprogramm) oder für die Forschungsförderungen im Rahmen des „Berliner Instituts für angewandte Forschung".

Die Projektförderung beschränkt sich keinesfalls mehr auf staatlich finanzierte Programme, sondern zahlreiche Stiftungen beteiligen sich ebenfalls aktiv an dieser Form der Finanzierung. Beispielsweise hat der Stifterverband in den letzten Jahren zahlreiche Projektförderungen ausgeschrieben. So soll mit dem Förderprogramm MINTernational eine stärkere Internationalisierung der MINT-Disziplinen erreicht werden. Das Programm „Qualitätszirkel Studienerfolg" zielt auf die Implementierung von Maßnahmen zur Verbesserung des Studienerfolgs und sichert in einer ausgewählten Hochschule die Anschub(!)-Finanzierung eines konkreten Projekts. Mit dem Förderprogramm „Duale Hochschule" sollen ausgewählte Netzwerke zur Verbesserung des dualen Studiums gefördert werden und das „Diversity-Audit" will Hochschulen ermutigen, Vielfalt zu gestalten. Mit dem Programm „Studienpioniere" soll der Zugang von Menschen aus bildungsfernen Schichten an Hochschulen erleichtert werden. Die Liste an Förderprogrammen des Stifterverbandes ist damit nicht erschöpfend behandelt und von den zahlreichen anderen Stiftungen, die ebenfalls zeitlich befristete Programme ausschreiben, war noch gar nicht die Rede. Beispielsweise zielen andere Programme auf die weitere Internationalisierung der Hochschulen, auf Familienfreundlichkeit, auf Nachhaltigkeit, auf Kooperationen mit der Privatwirtschaft, auf virtuelle Lehrangebote usw.

Unstrittig verfolgt jedes dieser Förderprogramme ein sinnvolles Ziel und kann als finanziertes Experimentierfeld für die geförderten Hochschulen überaus hilfreich sein. Gleichwohl wirft diese Art der immer bedeutsamer werdenden Hochschulfinanzierung gravierende Probleme auf. Erstens bringen – wie gesagt – Antragstellung und Abwicklung der Projekte die bereits skizzierten erheblichen administrativen Aufwendungen mit sich. Zweitens können auch die zukunftsweisenden, erfolgreichen Projekte in der Regel nicht nachhaltig ins Programm übernommen werden, da die Finanzierung der Projekte mit Ablauf der Förderzeit beendet ist. Drittens vermögen jene Hochschulen erfolgreicher an den Programmen zu partizipieren, deren finanzielle Ausstattung besser bemessen ist, da sie mehr Geld in die zur Antragstellung benötigte Infrastruktur stecken können. Man läuft Gefahr, dass sich Ungleichheit perpetuiert.

4. *Ausdifferenzierungen des Hochschulsystems*

Die Ausdifferenzierung der Hochschullandschaft ist aus der Sicht der Politik durchaus erwünscht und wird folgerichtig gefördert. So werden Ressourcen zunehmend nach Wettbewerbsverfahren vergeben. In Berlin etwa führt das Landesmodell der Hochschulfinanzierung dazu, dass Hochschulen, die bestimmte Leistungsparameter nicht erfüllen können, Geld verlieren, das den erfolgreicheren zusätzlich zur Verfügung gestellt wird. Auch Hochschulpaktmittel des Bundes zur Verbesserung der Lehre wurden vom Land Berlin über einen Masterplan vergeben, der ebenfalls Wettbewerbskriterien unterlag und als Projektförderung mit ständigen Antrags-, Berichts und Änderungsprozessen gestaltet wurde. Die Gelder im Rahmen der Exzellenzinitiative, die Förderung von Forschungsbauten und Großgeräten, die Vergabe von Drittmitteln sind nur einige weitere Beispiele für diesen Trend.

Die Ausdifferenzierung wird regelmäßig unter dem Stichwort der Profilierung geführt. Ausgangspunkt der Debatte ist die Überlegung, dass nicht alle Hochschulen gleich sind und auch nicht gleich sein können. Zum einen haben sich historisch unterschiedliche Entwicklungspfade herausgebildet, sodass der eine Typ beispielsweise forschungsstärker ist und der andere seine Kompetenzen eher in der Lehre hat. Die Trennungslinien beziehungsweise Kompetenzzuteilungen sind beliebig vielfältig: Einige Hochschulen haben sich um die Chancengleichheit verdient gemacht, andere vielfältige Erfahrungen gesammelt beim Hochschulzugang junger Menschen aus akademikerfernen Haushalten, wieder andere sind international sehr aktiv oder den Programminhalten nach ökologisch nachhaltig ausgerichtet. Im Konkreten spielen allerdings die Unterscheidungsmerkmale in der Forschung die entscheidende Rolle (vgl. z.B. Wissenschaftsrat 2010 oder Günther 2013).

Demnach wird sich künftig ein kleines Segment von Spitzenuniversitäten herausbilden, die international bedeutsame Forschungsprojekte in enger Kooperation mit den Eliteuniversitäten anderer Länder betreiben. Daneben wird eine große Anzahl von Hochschulen das traditionelle Feld der Universitäten bearbeiten, also forschen und lehren. Zu diesem Segment werden auch einige erfolgreiche Fachhochschulen gehören. In einem dritten Cluster werden sich in der Forschung weniger erfolgreiche Universitäten und diverse Fachhochschulen wiederfinden. Sie werden stärker in der Lehre engagiert sein und Forschung wird eine untergeordnete Rolle spielen. Schließlich werden sich reine „Lehrhochschulen" herausbilden, die durch hohe Lehrdeputatsverpflichtungen, sehr randständige Forschung und ein fehlendes Promotionsrecht geprägt sind. Hier werden sich insbesondere die Berufsakademien und drittmittelschwachen Fachhochschulen versammeln. Ohne Zweifel wird es innerhalb der jeweiligen Cluster zu weiteren Abstufungen kommen.

Politisch erwünscht ist eine solche Entwicklung, weil so teure Ressourcen auf wenige Hochschulen konzentriert werden, in der Hoffnung, positive Skaleneffekte in der Forschung realisieren zu können. Demnach kann Forschung so effektiver und Ausbildung kostengünstiger gestaltet werden. Unterstützt wird dieses Konzept folgerichtig von jenen Hochschulen, die sich als Gewinner einer solchen Entwicklung wähnen, während es von den potentiellen Verlierern strikt abgelehnt wird. Zur ersten Gruppe zählen vor allem die „exzellenten" Universitäten und jene, die in den – dem eigenen Selbstverständnis nach – forschungsstarken Verbünden „TU 9" und „U 15" vereint sind. Forschungsstarke Fachhochschulen wittern hier ihre Chance, zu den Universitäten „aufzusteigen" und sich so Forschungsförderung, Promotionsrecht und Lehrdeputatsreduktionen zu sichern. Die entsprechenden Konflikte werden mittlerweile in Gremien wie der Hochschulrektorenkonferenz offen ausgetragen.

Man kann eine solche Entwicklung ablehnen, verhindern wird man sie nicht können. Wie die Hochschullandschaft in zehn oder fünfzehn Jahren konkret ausgestaltet sein wird, ist natürlich ungewiss, aber die Richtung der Entwicklung ist eindeutig vorgezeichnet. Sie wurde und wird gefördert durch zum Beispiel den Exzellenzwettbewerb, durch eine leistungsorientierte Mittelvergabe der Bundesländer an die Hochschulen, durch die Ausgestaltung der Forschungsförderung durch DFG und BMBF oder durch die Verleihung des Titels einer „Technischen Hochschule" in Bayern.

5. Inadäquate Governancestrukturen

Natürlich möchte keine Hochschule das Profil einer „Lehranstalt" für sich haben. Daher sind alle bemüht, sich im Wettbewerb gut zu platzieren. Freilich kann nicht jeder Gewinner sein. Die Ausdifferenzierung ist ja gerade das erklärte Ziel. Vor diesem Hintergrund stehen Hochschulleitungen vor der undankbaren Aufgabe, die Hochschule so zu steuern, dass die gesetzten Entwicklungsziele auch erreicht werden. Damit eröffnet sich freilich ein weites Problemfeld.

Hochschulen sind keine Unternehmen und können folglich auch nicht wie jene geleitet werden. Rahmenbedingungen sind die grundgesetzlich verankerten Rechte der Professorinnen und Professoren auf Freiheit in Lehre und Forschung, die Spezifika des deutschen Beamtentums sowie die über viele Jahrzehnte herausgebildete universitäre Kultur mit ihren stark verankerten Subsidiaritäts- und Mitbestimmungsstrukturen. Darüber hinaus werden die Steuerungsmöglichkeiten von Hochschulleitungen wesentlich durch die jeweils länderspezifischen gesetzlichen Regelungen beeinflusst, die stark voneinander abweichen. In einigen Bundesländern sind die Hochschulleitungen mit Rechten und Befugnissen ausgestattet, die in anderen undenkbar sind.

In Berlin sind beispielsweise durch das Berliner Hochschulgesetz die Entscheidungskompetenzen der Fakultäten beziehungsweise Fachbereiche stark ausgeprägt. Da über die sogenannte Experimentierklausel den Hochschulen umfassende Rechte eingeräumt wurden, eigene Satzungen zu erstellen, sind selbst innerhalb Berlins die Steuerungsmöglichkeiten von Hochschulleitungen sehr unterschiedlich ausgeprägt, wenngleich, verglichen mit den süddeutschen Bundesländern, das Subsidiaritätsprinzip starke Bedeutung besitzt. So besitzen die Fachbereichsräte und der Akademische Senat an der HTW Berlin ausgesprochen umfangreiche Zuständigkeiten. Beispielsweise beschließt der Akademische Senat über die Einrichtung, Veränderung und Aufhebung von Studiengängen, wählt die Hochschulleitung (mit Ausnahme des Kanzlers oder der Kanzlerin, der oder die vom Kuratorium gewählt wird), wirkt mit Hilfe seiner dafür zuständigen Kommission bei der Vergabe von Lehrdeputatsreduktionen für die Forschung mit, beschließt die Grundordnung und erlässt Satzungen, berät über Zweckbestimmungen von Professuren und ist beteiligt an Berufungsverfahren – um nur einige der Zuständigkeiten zu nennen. Damit ist die Hochschulleitung faktisch bei allen relevanten Reformschritten vom konstruktiven Mitwirken der Fachbereichsräte und des Akademischen Senats abhängig.

Eine solche Verteilung von Zuständigkeiten und Verantwortlichkeiten ergibt sich aus den offenkundigen Vorteilen der Subsidiarität. Ohne Zweifel kennen die Akteure vor Ort die Problemlagen im dezentralen Bereich besser als etwa die Hochschulleitung und gewiss können die berufenen Professorinnen und Professoren die fachlichen Kompetenzen von Bewerbern und Bewerberinnen in Berufungsverfahren besser beurteilen als fachfremde. Allerdings kommen die Vorteile nur dann zur Geltung, wenn die größere inhaltliche Nähe bei der Entscheidungsfindung nicht durch „sachfremde" Überlegungen überlagert wird.

Diese sehr weit gehenden Zuständigkeiten und Rechte müssen im Kontext des Spannungsverhältnisses von individueller und korporativer Autonomie gesehen werden. Es kann grundsätzlich nicht ausgeschlossen werden, dass auch Mitglieder von Hochschulen vor allem ihre individuelle Nutzenfunktion zu maximieren versuchen und folglich Entscheidungen treffen, die dieser Orientierung nicht zuwiderlaufen. In die individuelle Nutzenfunktion müssen korporative Interessen einer Hochschule nicht zwingend Eingang finden, sondern Argumente wie Freizeit oder Nebenerwerb finden möglicherweise auch Berücksichtigung. Sofern Hochschulen weitgehende Autonomie gewährt wird, können aus dem skizzierten Spannungsverhältnis erhebliche Ineffizienzen entstehen.

Insbesondere in Berlin kommt als Besonderheit die spezifische Wahl der Dekanate hinzu. Sie werden aus der Reihe der Mitglieder des Fachbereichs gewählt, mit einer Laufzeit von nur zwei Jahren. Da die Hochschulleitung, im Unterschied zu anderen Bundesländern, kein Vorschlagsrecht besitzt, unterliegt es dem Zufallsprinzip, ob die Zusammenarbeit an dieser für die Hochschulentwicklung elementaren Schnittstelle konstruktiv verläuft oder durch ständige Konflikte geprägt ist. Umgekehrt können sich auch für die Dekanate heikle Konstellationen bei Interessenkollisionen zwischen Hochschulleitung und Fachbereich ergeben. Die Dekanate werden sinnvollerweise Ab- und Neuwahlen sowie die künftige Zusammenarbeit im Kollegium ins Kalkül einbeziehen. Zuweilen werden so Dekanate in eine Rolle gedrängt, die üblicherweise Personalräte übernehmen.

Aus einer solchen Sachlage können erhebliche Friktionen erwachsen, die ein zielorientiertes, effizientes Agieren unmöglich machen. Erstens besteht die Gefahr, dass Veränderungen blockiert werden, wenn sie zwar im Interesse der Hochschule liegen, aber nicht kompatibel sind mit den Bestrebungen nach einer Maximierung der individuellen Autonomie der Entscheidungsträger. Beispielsweise verlangt eine notwendig gewordene grundlegende Reform eines Studiengangs einen zwar zeitlich befristeten, aber gleichwohl hohen zeitlichen Einsatz der Verantwortlichen. Eignungstests in dafür geeigneten Studiengängen sind sicherlich hilfreich beim Auffinden geeigneter Bewerber und Bewerberinnen, führen aber zu zusätzlichen Belastungen. Werden die Belastungen als zu stark oder auch als unnötig empfunden und wird keine Möglichkeit gesehen, dem Sankt-Florians-Prinzip Geltung zu verschaffen, kann ein Negativkonsens und damit die Blockade die Folge sein.

Zweitens sind Gremien wie Fachbereiche und Akademische Senate stark an einer Konsensbildung interessiert. Das Austragen von Konflikten ist zeitaufwendig und emotional belastend. Hinzu kommt, dass der heutige „Gewinner" morgen der „Verlierer" sein kann. Insofern ist es naheliegend, den „kleinsten gemeinsamen Nenner" zu suchen. Dies führt üblicherweise zu einer Politik der Gleichverteilung.

Drittens liegt die Entscheidungskompetenz häufig bei Personen, die die Folgen ihrer Beschlüsse nicht zu tragen haben. Legen beispielsweise Mitglieder eines Akademischen Senats Zulassungszahlen fest, die zu finanziellen

Verlusten für die Hochschule führen, so sind sie individuell faktisch nicht betroffen. Insbesondere die Professorinnen und Professoren sind üblicherweise auf Lebenszeit verbeamtet, erhalten ihre Bezüge nach anderen Kriterien als Aufnahmezahlen von Studierenden und haben festgelegte Lehrdeputate. Kuratorien wiederum entscheiden zum Beispiel über Haushalts- und Strukturpläne, ohne die Folgen tragen zu müssen. In einigen Hochschulen sind sie für die Auswahl des Kanzlers oder der Kanzlerin zuständig, ohne mit ihm jemals zusammenarbeiten zu müssen.

Viertens gehen diese Zuteilungen von Befugnissen nicht mit einer Rechenschaftslegung einher. Dadurch wird die Dichotomie zwischen Entscheidungskompetenz und Verantwortung nochmals verfestigt.

Diese strukturellen Widersprüchlichkeiten waren so lange zu ertragen, wie die Hochschulen gleichsam als eine nachgeordnete Dienstbehörde fungierten, die die Rahmenstudien- und -prüfungsordnungen vorgegeben bekam, die jede einzelne Stelle und jeden Quadratmeter Mietfläche beim Ministerium beantragen musste, die kameral buchte, nicht einmal Rücklagen bilden durfte und ihre Finanzausstattung nicht über Leistungsnachweise erwirtschaften musste. Vor diesem Hintergrund konnte man sich hochschulintern schnell auf den gemeinsamen Schurken „Ministerium" einigen und die Funktion von Hochschulleitungen erschöpfte sich im Wesentlichen auf das Unterschreiben der Abschlusszeugnisse, das Begrüßen der Gäste und das Halten von Grußworten. Von einer Ökonomisierung der Hochschulen waren diese Institutionen weit entfernt. Diese Zeiten sind vorbei, ohne dass sich die Governancestrukturen an die neuen Herausforderungen angepasst hätten.

Die Dysfunktionalitäten in der Hochschulpolitik spiegeln sich auch in der nach wie vor formal festen Abgrenzung zwischen Universitäten und Fachhochschulen wider. Hier Forschungsförderung qua Grundfinanzierung, niedrige Lehrverpflichtung, Mittelbau und Promotionsrecht, dort eine faktisch nur drittmittelfinanzierte Forschung, ein nicht einmal rudimentär eingerichteter Mittelbau und Bittstellerposition bei kooperativen Promotionen. Diese institutionell verankerten Unterschiede und Barrieren spiegeln keinesfalls mehr die Realität an Hochschulen sachadäquat wider. Wie beispielsweise der Wissenschaftsrat 2010 zu Recht feststellte, kommt es zur „Konvergenz zwischen den Hochschultypen Fachhochschule und Universitäten", sodass die Unterschiede „unklarer" werden (Wissenschaftsrat 2010, 14). Selbstverständlich geht dies einher mit Ausdifferenzierungen innerhalb der Hochschultypen.

Doch nach wie vor orientiert sich die Politik an der überholten Annahme, wonach alle Universitäten im Wesentlichen gut und forschungsstark sind, während alle Fachhochschulen anwendungsorientiert und forschungsschwach seien. Tatsächlich aber bilden sich faktisch innerhalb und zwischen den Hochschultypen Fraktionierungen heraus, die mit dem alten, binären System nicht mehr viel zu tun haben. Stattdessen entsteht ein Kontinuum von Abstufungen, die ihrerseits reversibel sind.

Selbstverständlich erwachsen aus einem solcherart flexibel ausgestalteten System diffizile politische Steuerungsanforderungen, von denen die Vergabe des Promotionsrechts gewiss noch eine der einfachen ist. Denn angesichts einer solchen Entwicklung macht die Bindung des Promotionsrechts an den Hochschultyp „Universität" keinen Sinn mehr, da es innerhalb aller Hochschultypen forschungsaktive Bereiche gibt, die sich das Promotionsrecht erarbeitet haben, so wie überall auch Fakultäten oder Studiengänge existieren, an denen faktisch keine Forschung stattfindet. Es ist bereits heute schwer vermittelbar, warum universitäre Fakultäten, in denen kaum geforscht wird, über Privilegien verfügen, die den forschungsstarken Bereichen an Fachhochschulen vorenthalten werden.

Zu diskutieren bleibt die Frage der Ressourcenzuteilung (einschließlich der Lehrverpflichtungen) in einem neuen System. Sie kann sich offensichtlich nicht an einem institutionellen Status orientieren, so wie wir es heute in dem binären System kennen. Die finanzielle, personelle, sächliche und räumliche Ausstattung muss leistungsorientiert erfolgen, also nach Kriterien wie Drittmittelausgaben, Lehrerfolge, internationale Beziehungen, Kooperationen etc.

Anstatt sich den skizzierten Herausforderungen zu stellen, wird in der Politik lieber über Bologna 2.0, über vermeintlich effiziente Kontrollen gegenüber den angeblich wenig vertrauensvollen Hochschulen, über fintenreiche Detailsteuerungen im Rahmen der Autonomie, über viertelparitätische Mitbestimmung und über neue, zeitlich befristete Projekte zur Modernisierung der verkrusteten Hochschulen diskutiert: Wasch mir den Pelz, aber mach mich nicht nass.

Literatur

Hochschulinformationssystem (HIS) (April 2013): Ausstattungs-, Kosten- und Leistungsvergleich Fachhochschulen 2011, Hannover (Projektbericht).

Günther, O. (2013): Das System bricht auseinander. Interview in: Die Zeit vom 24.01.2013.

Statistisches Bundesamt (2013): *Hochschulen auf einen Blick. Ausgabe 2013*, Wiesbaden.

Wissenschaftsrat (2010): *Empfehlungen zur Rolle der Fachhochschulen im Hochschulsystem*, Köln.

VI.

Wirtschaftsentwicklung und -politik in China

Economic development and policies in China

Reform of the global reserve system and China's choice

1. Why the global reserve system should be reformed

The main feature of the current international monetary system is that it is still a US dollar-centered reserve regime, though the Bretton Wood system has collapsed at the beginning of the 1970s. The reserve regime is not only unstable but also unequal. Basically, the dollar-centered reserve regime has three flaws. The first one is its inherent instability, which was correctly described as *Triffin Dilemma* by Robert Triffin in 1961, i.e. the issuing countries of reserve currencies cannot maintain the value of the reserve currency or the stability of its exchange rate while providing sufficient liquidity to the world. The financial history in the past four decades indicates that it has been very difficult to keep the US dollar stable as a main reserve currency. With the large current account deficits of the United States, the US dollar repeatedly suffered significant depreciation, particularly at the beginning of the 1970s, the middle of the 1980s and the period of 2002-2005. Almost in each period, large depreciations of the US dollar have been related to global financial turmoil and even economic recessions in the rest of the world.

The second one is that there is a conflict between the target of domestic macroeconomic stabilization of the reserve-currency issuing country and the global need for reserve currency supply (Zhou 2009). Moreover, any significant changes and mistakes in monetary policy of the reserve-currency-country may have unexpected and very often negative consequences to the rest of the world. Actually, the conflict may also be interpreted as a serious failure of policy coordination between reserve-creating countries and reserve-holding countries. Under the dollar-centered regime, basically neither any single country nor the IMF can have any significant impacts on the US monetary policy or on other macroeconomic policies in the US.

The failure of policy coordination has repeatedly brought financial instability to relevant countries or even the entire world. For instance, the surge of US interest rate in the early 1980s resulted in the great shortage of liquidity and eventually triggered the international debt crisis in Latin America. In contrary, the easing of monetary policy during 2002-2005 created a lot of dollar reserve supply and accordingly caused the continuous dollar depreciation.

The global imbalances, which reached their peak in 2006-2007, are possibly the latest example of this conflict. Among the main interpretations for the recent global imbalances, the most important ones include excessive consumption in the United States, excessive savings in China and other East Asia countries which are basically results of unsophisticated domestic financial markets and other structural weaknesses, and the new framework of international trade pattern, etc. (Eichengreen 2005). However, it should be noted that the dollar-centered reserve system does play an important role. With the *exorbitant privilege* of the dollar (to borrow abroad in domestic currency), the United States has been keeping its monetary policy lax and accordingly running large current account deficits since the turn of the new century. Actually, the loose monetary policy adopted by the Fed Chairman Alan Greenspan not only caused global imbalance but also became one of the main reasons for the sub-prime crisis.

The third flaw is that the dollar-centered reserve currency system has a tendency to encourage capital flows from poor countries to rich countries, as correctly discussed in the Stiglitz Report (Stiglitz Commission 2009). Though it is not necessarily always the case, the United States has been a net capital importer since the late 1980s. After the financial crisis in 1997, Asian emerging market economies tended to hold more precautious foreign exchange reserves in the form of American treasure bill for preventing themselves from speculative attacks. The ratio of non-gold reserves to GDP rose from 3% in the end of 1980s to more than 30% in recent years. Among them, China is most impressive. By the end of 2011, the ratio is about 55%, amounting to USD 3.2 trillion in absolute value.

In addition to the weaknesses of the reserve currency system, the current international monetary system has been encountering many other problems, including the failure to avoid persistent global imbalances, high volatility of exchange rates among the major currencies, volatility and sudden reversal of the capital flows often triggering boom-and-bust cycles in emerging economies, shortages of liquidity during crises, and the inadequacy and lack of representativeness of the global financial governance.

2. Proposals for reform and their viability

For a long time, there has been an argument that the international monetary system should return to the gold standard. It is true that the gold standard has many merits, such as exchange rate stability, automatic adjustment of balance of payments, and fiscal discipline. However, we all know that the reasons behind its collapse in the early 20th century was the significant shortage of Gold production and supply, and the necessity of governments to fully abandon macroeconomic policy interventions when faced with an economic recession. These problems are surely not avoidable if the world returned to the Gold standard. Thus, the proposal is completely unrealistic.

Some economists, such as Richard Cooper (1987) argued that the aim of the international monetary system is to create a world currency. The world currency should be issued by a world central bank and backed by a single monetary policy. In the transitional period, peripheral countries may peg their exchange rates to the major international currencies. Eventually, the unification of major currencies may evolve into a single currency. This proposal is good for overcoming the problems of the current system. But there is surely a long way to go for building up an institutional framework that makes the single world currency viable. Wether this proposal is realistic will depend largely on the political will of the major economies.

More recently, a similar proposal was presented. According to Zhou (2009) and Stiglitz Commission (2009), special drawing rights (SDR) should play a role as a global reserve currency in parallel with other major international currencies, and gradually replace the US dollar as the dominant reserve currency. It is supposed to be realized under the IMF framework and does not need the establishment of a new institution. But realizing this proposal is not easy as well. The main problem with the SDR proposal is that US has no incentive to help realizing it. Given the current voting rights in the IMF, it will hardly get support from the institution unless its governance can successfully be reformed.

Another proposal gaining wide support is that of a multi-polar reserve currency system. According to this proposal, several reserve currencies (most likely, US dollar, euro and yuan/yen/ACU) will play equally important roles in the global reserve system (Eichengreen 2009). The most important merit of this proposal is that competition among the world's major reserve currencies can make the macroeconomic policy in reserve currency countries more disciplined. But, for realizing it, the euro needs to develop into a solid sovereign backbone through forming a common fiscal policy. RMB, the Chinese

Yuan's international usage and/or the Asian monetary integration needs to be developed as soon as possible.

Among various proposals, the New Dollar Standard approach is also an influential one. The advocates of this proposal argue that the US dollar could continue to play a dominant role in the global reserve system, and the Fed could continue to provide sufficient liquidity, a kind of public good, to the rest of the world during international financial crises. Under the New Dollar Standard, US should strictly maintain non-inflationary growth and fiscal sustainability domestically. The US and non-reserve currency countries should timely pursue policy adjustments to correct persistent current account imbalances. If US economic policy could be more disciplined, the New Dollar Standard might be the easiest option for reform. However, it would be very difficult for US to give up the freedom of policy-making. And actually, neither the non-reserve currency countries would like to give up their policy space.

In conclusion, none of the proposals described above can be easily realized. The world single currency approach and SDR approach are probably most ideal, but they can only be reached in the long run. The New Dollar Standard is also good if the US can be fully disciplined in policymaking. But the probability to achieve this precondition seems to be very low, both in the short run and in the long run. The multi polar reserve currency system could be a more realistic and second-best choice, but it takes time to develop.

3. Policy agenda

The purpose of the reform of the international monetary system is to create a new institutional framework for more effective policy coordination among the main economies. While such a reform is difficult to attain, recent experience with the current system shows its necessity and we thus need some policy agenda which does not only serve as a short-term policy response, but also as a part or a first step of the process of the long-term fundamental reform. The key issue of the policy agenda is how to improve international policy coordination, which should include various efforts accordingly at the global, national and regional level.

At the global level, it is important to enhance the role of SDR even though we cannot expect a single world currency or SDR-based reserve currency to emerge in the near future. Whether SDR can become a principal reserve currency will depend on its supply and demand. In the supply side, a regular augmentation should be foremost important. After the SDR was initiated in

1969, its total supply was increased twice through new allocations, in the 1970-72 and 1979-81 periods, amounting to a total increase of USD 21.4 billion. In 2009, IMF decided to greatly enhance SDR allocation by an equivalent to USD 250 billion, following a suggestion of the G-20 London summit. Even including the amount newly allocated, the stock of SDR is only an equivalent to about 5% of the global non-gold reserves. If the SDR can be issued and allocated in equivalence of USD 150-300 billion each year according to the proposal by the Stiglitz Report, then its stock will reach a level of about 50% of the non-gold reserves ten years later.

Since the increase of allocation of SDR may challenge the principal role of US dollar, it should be reasonable to speculate that the United States is unlikely to have incentives to push forward the reform. Given the current governance structure of the IMF, it should be necessary to accelerate the reform of the IMF and make its governance more reasonable, more representative and more democratic.

On the demand side, the big challenge is how to make the SDR more attractive. Since its inception, the SDR has been a kind of credit given by the IMF that can be converted into dollars and other currencies at the IMF, and be used in official transactions among member countries. For making the SDR more attractive, Eichengreen (2009) argued, it is useful for IMF itself or by encouraging member countries to issue SDR-denominated bonds. Furthermore, creating an active SDR market by extending the use of SDR into the commercial area might be a useful step.

In addition to enhancing the role of SDR, it is important to strengthen the IMF's surveillance over systemically important economies. Particularly, it would be crucial to have the Mutual Assessment Process really work, not only for emerging economies but also for the main developed economies. Besides, the main economies should make G-20 summits a productive mechanism for macroeconomic policy coordination.

At the national level, avoiding permanent global imbalances and keeping exchange rates at reasonable levels have always to be in the center of macroeconomic policy coordination. Although both the current account deficits in US and the current account surplus in China have dramatically declined since 2009, the global imbalances may rebound if the macroeconomic fundamentals changes. In order to reach a permanent global balance, both deficits economies and surplus economies should continue to work together. US should return to normal monetary policy as soon as possible, strengthen its mid-term fiscal consolidation and accelerate various structural reforms. Through persistent efforts of enlarging domestic demand and extensive structural adjustments, including a switch to a more flexible exchange rate regime, China and other surplus countries should avoid a fundamental external disequilibrium. Since the main reasons behind the external imbalance in China are structural weaknesses, it is important for China to largely push forward its structural reforms, such as domestic financial liberalization and the social security system reform, in addition to the exchange rate regime reform.

At the regional level, both the EU and Asia should strengthen their regional integration since a multi-polar reserve currency system will be the most realistic choice in the coming years or even decades. EU countries should strengthen their mechanism of European macroeconomic policy coordination, including creating a common fiscal policy through fiscal union and a more efficient crisis rescue mechanism, in order to defend its achievements of regional monetary integration. Although not very realistic in the short run, Asian countries should gradually push forward their monetary and financial integration process, by strengthening the role of the Asean+3 Macroeconomic Research Office (AMRO) and making the Chang Mai Initiative Multilateralisation (CMIM) more effective.

4. The internationalization of the RMB

Since 2009, the Chinese renminbi (RMB) has assumed some functions of an international currency, mainly in the fields of of trade settlement, denomination in financial transaction such as bond issuance, foreign direct investment and bank deposits. It also increasingly becomes a reserve currency in some emerging market economies and a denomination currency in bilateral currency swap agreements. Basically, although still to a very limited scale, over the past few years, the renminbi has rapidly emerged as an international currency with some functions of being units of account, means of exchange and store of value.

Trade settlement in renminbi

Trade settlement in renminbi is probably the most important development, in terms of its internationalization. In April 2009, the Chinese government announced a pilot scheme of cross-border trade settlement in renminbi. As a result, the amount of trade settlement in renminbi has increased dramatically since then. Until the first quarter of 2013, the quarterly amount of trade settlement in renminbi has reached 1 trillion yuan, or around 11% of China's total trade settlement.

Cross-border direct investment in renminbi

The cross-border direct investment in renminbi has increased rapidly since 2011. As Figure 3 indicates, the scale of renminbi settlement for foreign direct investment (FDI) was much higher than the one for overseas direct investment (ODI). In 2012, the total amount of cross-border direct investment reached 284 billion yuan. Among them, FDI was about 253.6 billion yuan while ODI was about 30.4 billion yuan. More impressively, the amount of FDI settled in renminbi has reached 36% of the total FDI inflow into China.

Cross-border financial transactions in renminbi

Chinese authorities permitted domestic financial institutions to issue renminbi denominated bonds in Hong Kong early in 2005. Since then, many Chinese financial institutions, foreign financial corporations and multinational enterprises have been allowed to issue renminbi-denominated bonds abroad. Actually, the Chinese government has launched a series of polices aiming at promoting the usage of the renminbi in financial transactions since 2010, including RQFII, an institutional arrangement that allows the qualified overseas portfolio investors purchase RMB denominated assets in China's domestic capital markets with certain kinds of restriction in holding duration and share for a specific stock or bond. The amounts of RQFII have increased rapidly since its introduction in 2011, reaching to 270 billion yuan in 2012.

Currency swaps with foreign central banks

Over the past few years, the renminbi has become a reserve currency for some emerging market economies and developing countries, such as Nigeria, Malaysia, Korea, Cambodia, Belarus, Russia and the Philippines. Although the scale is very small, often below 5% of the total holding in these countries, it has some symbolic relevance that the renminbi is now becoming a reserve currency. More impressively, at the outbreak of the American subprime-mortgage crisis in 2008, as a part of RMB internationalization, China signed eight currency swap agreements with six Asian countries and two countries from the rest of the world. Since then, the total amount of RMB swap agreements with foreign central banks has increased rapidly, reaching over 2 trillion yuan by the March of 2013.

4.1 The benefits and pitfalls of internationalization of RMB

Regarding its benefits, first of all, the international usage of RMB should be beneficial to mitigate the flaws of the existing global monetary system and therefore enhance global financial stability. If the RMB eventually becomes a part of the multi-reserve currency regime, the problem of the Triffin Dilemma could be alleviated to some degree. In addition, when more currency competition is present, the country issuing the main reserve currency might become more careful with its monetary policy, particularly concerning a reckless use of loose monetary policy.

Secondly, the international usage of the RMB is likely to be a new vehicle of Asian monetary and financial integration, which could be an important part of the ongoing reform of the global monetary system. While more and more currency swap agreements, intra-regional trade and investment are denominated in RMB, Asian countries will have an increasingly strong motivation to use the RMB as a nominal anchor and keep their currencies pegged to the RMB, which may eventually make the RMB an important reserve currency in this region. When the RMB becomes an important currency for denomination, pricing and store in value, the chance for Asian countries to create a fixed exchange regime or single currency zone will largely increase.

Thirdly, at the national level, China may also reap some benefits. First, as Yu (2012) mentioned, the internationalization of RMB may reduce China's demand of US dollar reserves and therefore reduce *seigniorage* paid to the United States. Second, China may largely reduce its currency mismatch in its external trade and investment, which would improve the productivity of its enterprises and reduce macroeconomic instability. Third, as a further step of opening up, the RMB internationalization will most likely push forward China's domestic economic reform, particularly for financial markets, because a more open economic structure would require more institutional domestic reforms, as has been experienced in China over the past decades.

The main pitfall of the internationalization of RMB is that it will make the environment of China's monetary policy more complicated. When the RMB becomes an international currency, the People's Bank of China (PBOC) will have to pay more attention to the scale of cross-border flows of RMB and its potential impact on financial stability. If the PBOC failed to regulate adequately the massive inflows and outflows of RMB, the country might suffer from financial instability. Another pitfall could be the acceleration of capital account liberalization. Since a more open capital account will better facilitate the internationalization of RMB, the government may speed up the liberalization of capital account in order to push forward the internationalization of the RMB. If this happened, China's financial stability might face a big challenge.

4.2 The future of the internationalization of RMB

Although China has become the leading trade country and the second largest economy in the world, it is convinced that the internationalization of RMB should be a long term process. The main reason for this judgment is that China's domestic financial market is still very immature and its capital account is still under relatively strict control. According to the related experiences in developed countries, a highly developed financial market, particularly with high liquid bond markets, is the most important precondition for a process of internationalization of the domestic currency. Building up a highly liquid financial market will significantly push forward the process of internationalization of RMB and will facilitate it in the long run. Therefore, China should accelerate its domestic financial reform, especially the liberalization of interest rates, improve the liquidity of the financial market through strengthening financial innovation in instruments and institutional arrangement and increase the openness of the financial sector through allowing a freer entry of qualified foreign banks and non-bank financial institutions.

A more open capital account should certainly facilitate the internationalization of RMB. However, it could be wrong to argue that the internationalization of RMB is unlikely to make any further progress until China fully liberalizes its capital account. In fact, early experiences with the internationalization of currencies in developed economies have shown that a fully opened capital account is not necessarily a precondition. For instance, during the 1950s, 1960s and 1970s, though the UK had more or less maintained restrictions on capital movements, its currency kept an international status. Similarly, the development of the Eurodollar market in the 1950s and 1960s has just provided another interesting historical precedent, where the US dollar became much more influential as an invoice and settlement currency through offshore markets even though the American domestic financial market remained burdened with many restrictions including controls on cross-border capital movement. Thus, it should be reasonable to argue that the full liberalization of the capital account is not necessarily a precondition for RMB internationalization. Actually, the rapid development of the Hong Kong offshore RMB market over the past years has just shown that the internationalization of the RMB can make significant progress even though China retains its capital controls.

Basically speaking, with a limited opened capital account, if China can maintain a strong pace of economic growth, and keep the RMB exchange rate stable or mildly appreciating, the internationalization of the RMB will be strengthened mainly through offshore markets. In addition to Hong Kong, it is reasonable to predicate that Tokyo, Singapore, Bangkok and other cities in ASEAN +3 countries could play important roles in the development of off-shore RMB markets, since most of these cities own well-developed financial markets and institutions. Besides, learning from the United States' experiences with banking facilities in New York in the end of the 1970s which could deal in the Eurodollar markets, China may also set up a similar banking facility in Shanghai or Shenzhen as a special liberalized zone in the onshore market.

In the medium or long run, if China can successfully accelerate its domestic financial reform and gradually liberalize its capital account, the internationalization of RMB may also be pushed through the onshore market. Particularly, the target of building Shanghai into an international financial center before 2020 could be a great vehicle to realize the internationalization of the RMB through an onshore market. However, basically, it is still unclear how far China will go toward an open capital account in the coming few years.

For having a good chance to push forward RMB internationalization, it is certainly important for China to maintain a rapid and sustainable rate of economic growth and a leading role in international trade and investment in the coming years or decades. Recently, there have been some concerns on whether China can avoid the „middle income trap" and continue growing. Looking forward, as long as China can successfully change its growth model and rely more on its domestic demand, and further pushes market-oriented economic reforms while making great efforts to solve the issue of income and regional inequality, there will be a big chance for China to avoid the „middle income trap" problems. However, it is noted that a more inward development strategy may more or less lower China's productivity and international competitiveness and eventually reduce its trade surplus. If this happens, in the coming years China may have a relatively weaker balance of payments position and even have the RMB's trend of appreciation changed, which could be a real challenge for the RMB's internationalization.

References

Eichengreen, B. (2005): The Blind Men and the Elephant, Paper for the Tokyo Club Foundation's Macroeconomic Research Conference on the Future of International Capital Flows, Kyoto, 21-22, November.

Eichengreen, B. (2009): Commercialize the SDR, Project Syndicate, April 27.

Cooper, R. (1987): *The International Monetary System*, Cambridge: MIT press.

Frankel, J. (2009): What's In and Out in Global Money, *Finance & Development*, 46(3), 13-17.

Stiglitz Commission (2009): Report of the Commission of Experts of the President of the United Nations General Assembly on Reforms of the International Monetary and Financial System, United Nations, September 21.

Williamson, J. (2009): Why SDRs Could Rival the Dollar, Policy Brief No. PB09-20, Peterson Institute for International Economics, September, Washington, DC.

Zhou, Xiaochuan (2009): Reform of the International Monetary System. People's Bank of China, www.pbc.gov.cn/english

Zhang, C. (2012): The Development of the Offshore RMB Business. Presentation at ADBI–OECD Roundtable on Capital Market Reform in Asia, Tokyo, February 8.

Yu, Yongding (2012): Revisiting the Internationalization of Yuan, Research Centre for International Finance, IWEP, CASS, Working Paper No. 15, Beijing.

Wirtschaftswachstum und Ausgaben privater Haushalte: China im Vergleich[*]

Jörg Mayer

1. Einleitung

Die Entwicklung der Ausgaben privater Haushalte in China ist ein oft diskutiertes Thema. Meist steht dabei ihre Rolle für die Weltwirtschaft im Mittelpunkt. Ein Anstieg chinesischer Konsumausgaben wird, gemeinsam mit einem Anstieg deutscher und einem Rückgang amerikanischer Konsumausgaben, für unabdingbar gehalten, um einen Abbau internationaler Zahlungsungleichgewichte zu erreichen (Priewe 2011; Mayer 2012).

Ein stärkerer Anstieg der Ausgaben chinesischer Haushalte als der des chinesischen Bruttosozialprodukts (BSP) erscheint aber auch aus entwicklungspolitischen Überlegungen sinnvoll. Zum einen würden stärker wachsende Konsumausgaben es China erleichtern, seinen Wachstumspfad fortzusetzen und gleichzeitig die in der Vergangenheit angehäuften einheimischen Ungleichgewichte abzutragen. Letzteres betrifft zum Beispiel die über die letzten drei Jahrzehnte entstandene relativ ungleiche geographische und persönliche Einkommensverteilung und den starken Fokus der bisherigen Wachstumsstrategie auf Investitionen und Exporten. Zum anderen würde es die Anfälligkeit der chinesischen Wirtschaft für außenwirtschaftliche Schocks reduzieren. Ein derartiges Potential ergibt sich insbesondere hinsichtlich eines Rückgangs des Wachstumsimpulses und einer langsameren Ausweitung der Exporte in die Vereinigten Staaten und den Euro-Raum. Diesen beiden Gründen gemein-

[*] Der Autor dankt Sebastian Dullien und Detlef Kotte für hilfreiche Kommentare zu einer früheren Fassung. Dieses Kapitel reflektiert nur die Meinung des Autors und gleicht nicht unbedingt der Position von UNCTAD oder ihren Mitgliedsstaaten.

sam ist die notwendige Verschiebung der relativen Bedeutung von Investitionen, Außenhandel und Ausgaben privater Haushalte in der volkswirtschaftlichen Gesamtrechnung. So schreibt Jan Priewe (2011, 35): Ländern mit einem Leistungsbilanzüberschuss so „wie China gelang zwar eine enorme Steigerung der Binnennachfrage und zusätzlich noch ein Wachstumsschub durch Exportüberschüsse; aber auf längere Sicht ist dieses Ungleichgewicht nicht durchzuhalten und wird hier wie in den anderen Überschussländern zu schmerzhaften Korrekturen in der gesamten Wirtschaftsstruktur führen, sobald die Überschüsse zurückgefahren und die Binnennachfrage kompensierend dynamisiert werden müssen."

Dieser Beitrag greift die Problematik eines besseren Gleichgewichtes hinsichtlich der Anteile der verschiedenen Nachfrageelemente an Chinas gesamtwirtschaftlicher Nachfrage auf. Er konzentriert sich dabei auf zwei Fragen: Erstens, wie haben sich die Ausgaben privater Haushalte in China im internationalen Vergleich entwickelt und in welchen Produktsegmenten hängen chinesische Verbraucher im internationalen Vergleich zurück; und zweitens, welche Innovationsmechanismen bestimmen, ob wachsende Ausgaben privater Haushalte durch einheimische Produktion oder durch Importe befriedigt werden.

2. Die Entwicklung der Ausgaben privater Haushalte

Im internationalen Vergleich sind die Ausgaben privater Haushalte in China niedrig. Dies gilt unabhängig davon, ob man die Ausgaben pro Kopf oder als Anteil am BSP misst. Zu Beginn der gegenwärtigen globalen Wirtschafts- und Finanzkrise im Jahre 2008 beliefen sich die jährlichen Pro-Kopf-Ausgaben chinesischer Verbraucher auf 758 US-Dollar (gemessen in internationalen Kaufkraftparitäten von 2000) und während der Periode 2007-2011 betrug der Anteil der privaten Konsumausgaben an Chinas BSP im Durchschnitt ungefähr 35 Prozent. Dies ist beträchtlich weniger als in vielen anderen Entwicklungsländern, einschließlich zahlreicher asiatischer Volkswirtschaften.

Ein niedriger Anteil privater Konsumausgaben an der gesamtwirtschaftlichen Nachfrage ist häufig in Ländern anzutreffen, die sich rasch industrialisieren, aber noch in der Anfangsphase raschen wirtschaftlichen Wachstums stehen. So fiel der Anteil privater Verbrauchsausgaben auch in Japan und Südkorea in den ersten zwanzig Jahren der Phase ihres starken Wachstums. Danach stieg dieser Anteil jedoch kontinuierlich. Hingegen ist in China, das seit dem Jahre 1979 ein ähnlich rasches Wirtschaftswachstum erlebt, der Anteil der privaten Konsumausgaben am BSP seit ungefähr 2005 weiter gesunken. Die Literatur diskutiert zahlreiche Gründe für den untypischen Verlauf der Entwicklung der Ausgaben privater Haushalte in China. Genannt werden zum Beispiel der Rückgang des Anteils der Arbeitseinkommen am gesamtwirtschaftlichen Einkommen und bestimmte strukturelle und sozialpolitische Faktoren, die eine relativ hohe Sparquote privater Haushalte bewirken. Politikempfehlungen, die darauf abzielen, den Anteil der Ausgaben privater Haushalte am BSP zu erhöhen, konzentrieren sich oft auf eine Aufwertung der chinesischen Währung, eine Erhöhung der Staatsausgaben für Renten, Gesundheitsfürsorge und Bildung sowie eine Reform des Finanzsystems, betonen aber einen nachhaltigen Anstieg des Anteils der Arbeitseinkommen am gesamtwirtschaftlichen Einkommen durch ein rasches Wachstum von Löhnen und Beschäftigung.[1] Aber unabhängig davon, welche gezielten Politikmaßnahmen tatsächlich zur Erhöhung der Ausgaben privater Haushalte in China ergriffen werden, ist es nützlich zu wissen, in welchen Bereichen von Verbrauchsgütern chinesische Haushalte Aufholpotential haben, um auf etwaige daraus resultierende Verschiebungen in der Struktur der Gesamtnachfrage reagieren zu können. Diese Frage steht im Mittelpunkt des nächsten Abschnittes.

3. Die Struktur der Ausgaben privater Haushalte

Konsumentenverhalten kann charakterisiert werden als bestimmt durch eine Hierarchie von Bedürfnissen (Maslow 1954). Eine derartige Präferenzstruktur impliziert, dass Konsumenten ab einem bestimmten Niveau des Pro-Kopf-Einkommens beginnen, andere Güter zu kaufen als solche, die Grundbedürfnisse befriedigen, wie Nahrung und Kleidung. Sie impliziert auch, dass der Konsum für jedes Gut ein Sättigungsniveau erreicht. Dies bedeutet, dass sich ab einem bestimmten Einkommen das Ausgabenwachstum für ein Gut verlangsamt und die gesamtwirtschaftlichen Ausgaben für das entsprechende Gut nicht mehr wachsen, wenn alle Konsumenten den Sättigungsgrad erreicht haben. Aufgrund dieser beiden Charakteristika lässt sich der Zusammenhang zwischen Pro-Kopf-Einkommen und produktspezifischen Verbraucherausgaben durch eine S-förmige Kurve beschreiben. Ökonometrische Schätzungen deuten darauf hin, dass die produktspezifischen Einkommensniveaus, ab

---

[1] UNCTAD (2010, 48-56) diskutiert diese Aspekte im Einzelnen.

denen die Ausgaben rasch ansteigen, gebündelt in einem Bereich auftreten, das dem des Eintritts eines Verbrauchers in die Mittelklasse entspricht (Mayer 2013). Dieses Niveau liegt im internationalen Durchschnitt bei einem Jahreseinkommen von ungefähr 4000 US-Dollar, gemessen in konstanten Kaufkraftparitäten von 2005.

Abbildung 1 zeigt den Zusammenhang zwischen Pro-Kopf-Einkommen und der Nachfrage nach Personenkraftwagen (PKW) in verschiedenen Ländern, gemessen an den PKW-Zulassungen im Jahr 2011. Dabei ist gut zu erkennen, wie sich ab einem Pro-Kopf-Einkommen von ungefähr 4000-5000 US-Dollar der Anstieg der Ausgaben beschleunigt und wie sich dieser Anstieg verlangsamt und sich ab einem Pro-Kopf-Einkommen von ungefähr 35000-40000 US-Dollar langsam einem Sättigungsniveau von knapp über 500 PKW pro 1000 Einwohner annähert.

Abbildung 1: Die Relation zwischen Pro-Kopf-Einkommen und PKW-Zulassungen, internationaler Durchschnitt und ausgewählte Länder, 2011

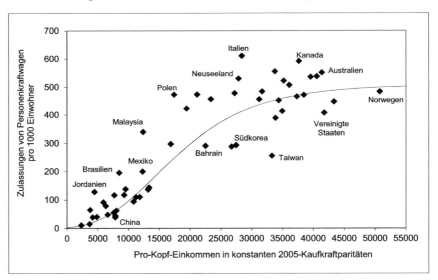

Quelle: Berechnungen des Autors, basierend auf Euromonitor, Penn World Tables und UNCTADStat.

Abbildung 2: Relation zwischen Pro-Kopf-Einkommen und Verbraucher-
ausgaben für langlebige Verbrauchsgüter, internationaler Durchschnitt
und ausgewählte einzelne Länder, 1990-2011

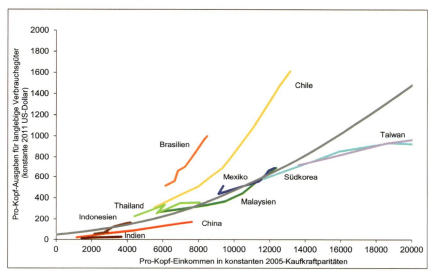

Quelle: Berechnungen des Autors, basierend auf Euromonitor, Penn World Tables und UNCTADStat.

Die folgende Analyse von länderspezifischen Entwicklungen der Ausgaben privater Haushalte für ausgewählte Verbrauchsgüter ist unter verschiedenen Aspekten von Interesse. Zum einen ist aus Abbildung 2, die eine länderspezifische Zeitreihenanalyse für die Periode 1990-2011 wiedergibt, zu erkennen, dass im Vergleich zu internationalen Durchschnittswerten Konsumenten in asiatischen Entwicklungsländern weniger und solche in lateinamerikanischen Ländern mehr für langlebige Verbrauchsgüter ausgeben.[2] So liegt die abgebildete Relation für die große Mehrheit der berücksichtigten asiatischen Länder (d.h. für China, Indien, Malaysia, Südkorea und Taiwan) unter dem internationalen Durchschnitt, wohingegen sie für die lateinamerikanischen Länder (d.h. für Brasilien, Chile und Mexiko) über dem internationalen Durchschnitt liegt. Dieser Unterschied dürfte in erster Linie damit zu erklären

---

[2] Langlebige Verbrauchsgüter sind Produkte mit einer erwarteten Lebensdauer von mehr als drei Jahren, wie zum Beispiel Kühlschränke, Waschmaschinen und audio-visuelle Produkte.

sein, dass während der letzten 30 Jahre der Beitrag der Konsumausgaben am Wirtschaftswachstum in Lateinamerika beträchtlich größer war als in Asien. So lag Berechnungen der Weltbank zufolge (World Bank 2011, 30) das Verhältnis zwischen den Beiträgen von Konsum und Exporten am Wirtschaftswachstum während der letzten 30 Jahre in Brasilien und Mexiko bei 0,5-0,6, wohingegen es in Südkorea bei 0,2-0,3 lag. In China ist dieser Beitrag seit Anfang der 90er Jahre sogar noch niedriger.

Zweitens lässt sich bei einer produktspezifischen Analyse erkennen, wie sich länderspezifische Besonderheiten in unterschiedlichen Abweichungen von den internationalen Durchschnittswerten niederschlagen können. Auf China bezogen kann man dies daran sehen, dass sich die Verbraucherausgaben für Möbel vom internationalen Durchschnitt wegentwickelt haben, während sich PKW-Zulassungen dem internationalen Durchschnitt angenähert haben (Abbildungen 3 und 4).

Abbildung 3: Relation zwischen Pro-Kopf-Einkommen und
Verbraucherausgaben für Möbel,
internationaler Durchschnitt und China, 1990-2011

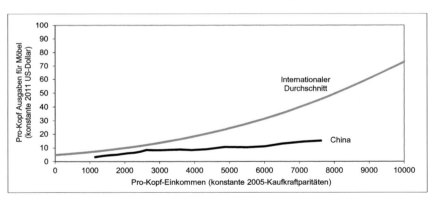

Quelle: Berechnungen des Autors, basierend auf Euromonitor, Penn World Tables und UNCTADStat.

Das relativ niedrige Niveau von Konsumausgaben für Möbel könnte mit Chinas relativ niedrigem Urbanisierungsgrad zusammenhängen. Rechtlich gesehen sind Migranten von ländlichen Regionen in die Städte in der Regel keine vollberechtigten städtischen Bürger. Das Haushaltsregistrierungssystem (*hukou*) bewirkt, dass Migranten ohne städtischen *hukou* keine permanente Wohnstätte aufbauen. Außerdem erhalten diese Migranten keine Zuschüsse für Wohnung oder die Schulausbildung ihrer Kinder. Sie bleiben auch von Teilen der Alters- und Sozialversicherung ausgeschlossen, sodass sie nur geringe oder gar keine finanzielle Absicherung gegen Krankheit oder Arbeitslosigkeit haben. Darüberhinaus sind die Löhne solcher Migranten in der Regel signifikant niedriger als die von Arbeitern mit einem städtischen *hukou*.

Sollten Migranten vollberechtigte städtische Bürger werden, könnten ihre Konsumausgaben rapide ansteigen, vor allem, wenn damit auch eine Einkommenssteigerung verbunden wäre. Die Tatsache, dass in zahlreichen chinesischen Städten Mindestlöhne eingeführt oder signifikant erhöht worden sind, ist ein Hinweis darauf, dass ein derartiger Prozess bereits begonnen hat.

Abbildung 4: Relation zwischen Pro-Kopf-Einkommen und PKW-Zulassungen, internationaler Durchschnitt und China, 1990-2011

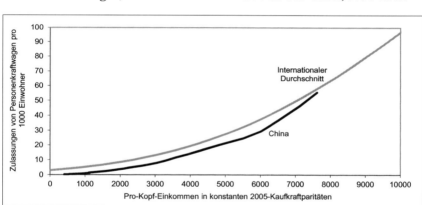

Quelle: Berechnungen des Autors, basierend auf Euromonitor, Penn World Tables und UNCTADStat.

Im Unterschied zu Möbeln hat sich für PKW die Nachfrage chinesischer Verbraucher seit ungefähr 2006, insbesondere seit 2008, zunehmend dem internationalen Durchschnitt angenähert (Abbildung 4). Ein Grund dafür könnte sein, dass China, wie andere Länder mit einer einheimischen Automobilindustrie, im Zuge anti-zyklischer Maßnahmen in den Jahren 2008-2009 den Kauf neuer PKW durch Abwrackprämien anregte.[3] Derartige Maß-

---

[3] Für Thailand, siehe JP Morgan, „Thailand: autos slowing but domestic demand not stalling", *Global Data Watch*, 22 March 2013.

nahmen, den Kauf und Gebrauch von PKW anzuregen, mögen im Konflikt stehen zu Bestrebungen, Systeme öffentlicher Verkehrsmittel auszubauen. Doch derartige Probleme treten in aller Regel nur in Großstädten auf. Und China hat seit 2011 in der Tat die Abwrackprämie damit kombiniert, dass in Peking ein Quotensystem für Zulassungen eingeführt wurde, wobei durch eine Verlosung nur eine geringe Anzahl von Bewerbern tatsächlich einen PKW zulassen konnte.[4]

Außerdem muss man bedenken, dass Abwrackprämien in aller Regel darauf abzielen, alte – und damit mehr umweltbelastende und weniger kraftstoffeffiziente – Fahrzeuge durch neue zu ersetzen und damit gleichzeitig umweltpolitische Ziele zu erreichen. Dies ist aber nur möglich, wenn es in einem Land bereits eine große Zahl älterer Fahrzeuge gibt, die auch tatsächlich ersetzt werden können. Dies ist in China nicht der Fall, sodass es fraglich ist, ob es tatsächlich der Abwrackprämie zuzuschreiben ist, dass im Jahre 2010 der Verkauf von Neuwagen um 7,8 Millionen Dollar anstieg, um ein Rekordniveau von 18 Millionen Dollar zu erreichen. Einen weit größeren Einfluss auf diesen Anstieg dürfte das Programm „Autos für ländliche Regionen" gehabt haben, durch das seit 2010 Anschaffungen von kleinen Automobilen sowie Motorrädern durch Subventionen und Steuervergünstigungen massiv unterstützt werden, was wahrscheinlich maßgeblich dazu beigetragen hat, dass China die Vereinigten Staaten als den weltweit größten Markt für Automobile überholt hat.[5]

4. Einheimische und ausländische Firmen im Wettbewerb um steigende Verbrauchernachfrage

Aus den beschriebenen möglichen Verschiebungen der Nachfragestruktur, die mit einer Steigerung des Pro-Kopf-Einkommens verbunden sind, insbesondere ab dem Stadium, in dem ein wachsender Anteil der Bevölkerung die Schwelle zur Mittelklasse erreicht, ergeben sich neue entwicklungsstrategische Herausforderungen. Dies gilt nicht nur im Falle Chinas, sondern für die Entwicklungsländer im Allgemeinen.

[4] Xinhua, „Car purchase lottery starts in Beijing", 27 January 2011; http://www.china.org.cn/business/2011-01-27/content_21826885.htm

[5] The Truth about Cars, „Cash for clunkers won't turn around the Chinese car market. Chinese farmers might save GM though", 30 May, 2012; http://www.thetruthaboutcars.com/2012/05/cash-for-clunkers-wont-turn-around-the-chinese-car-market-chinese-farmers-might-save-gm-though/. Siehe auch China Daily, „Subsidies drive sales of minivans", 11 January 2011; http://www.chinadaily.com.cn/cndy/2010-01/11/content_9295771.htm

Damit eine Zunahme der privaten Verbrauchsausgaben eine größere Rolle in Entwicklungsstrategien spielen kann, muss die sektorale Produktionsstruktur der sich verändernden Nachfragestruktur angepasst werden. Dies ist notwendig, um eine Verschlechterung der Handelsbilanz zu verhindern, die entstehen würde, wenn der Anstieg des privaten Konsums einen raschen Anstieg der Importe nach sich ziehen würde. Insbesondere rohstoffreiche Länder sehen sich dieser Herausforderung gegenübergestellt, da die Produktionsstruktur dieser Länder in aller Regel weit von der sektoralen Struktur ihrer Binnennachfrage abweicht.

Einen derartigen Anpassungsdruck wird es aber auch für Länder mit bereits entwickelter Basis einer verarbeitenden Industrie geben. Soweit diese Länder einer exportorientierten Wachstumsstrategie folgen, wird ihre Produktionsstruktur mehr oder weniger stark von der Exportnachfrage beeinflusst, d.h. auf Güter ausgerichtet sein, die den Wünschen und Präferenzen von Verbrauchern in entwickelten Ländern mit einem relativ hohen Pro-Kopf-Einkommen entsprechen. Verbrauchern in den aufstrebenden Entwicklungsländern steht in der Regel weniger Einkommen zur Verfügung und sie werden deshalb Güter zu niedrigeren Preisen nachfragen, dabei aber auch geringere Qualität in Kauf nehmen.

Dies bedeutet, dass vertikale Produktdifferenzierung eine entscheidende Rolle spielt für die Anpassung der sektoralen Produktionsstruktur an die sich ändernde sektorale Nachfragestruktur. Dieser positive Zusammenhang zwischen Produktqualität und -preis (bessere Güter sind teurer) kann auch als „Qualitätsleiter" betrachtet werden.[6] Aus dem Blickwinkel vertikaler Produktdifferenzierung stehen dabei zwei Aspekte im Mittelpunkt. Erstens, bessere Güter sind teurer, weil für ihre Produktion Firmen teurere Materialien verwenden und besser ausgebildete und deshalb besser bezahlte Mitarbeiter benötigen und weil der Vertrieb dieser Güter aufwendigere Präsentation und Verpackung sowie bessere Kundendienstleistungen verlangt. Und zweitens, Verbraucher fragen Güter in der Qualität nach, die sie sich leisten können, d.h. Verbraucher mit höheren Einkommen sind bereit, mehr für ein besseres Produkt auszugeben.

---

[6] Qualität beschreibt die Eigenschaften eines Produktes, die es ermöglichen, die Wünsche und Präferenzen eines Verbrauchers, wie zum Beispiel hinsichtlich Verlässlichkeit und Dauerhaftigkeit, zu befriedigen. Das Anspruchsniveau des Produktes bezieht sich auf die Anzahl der Funktionen und/oder die Komplexität der darin beinhalteten Technologie. In gewisser Hinsicht ist das Konzept von Qualitätsleitern auf der Angebotsseite eine Analogie zu dem bereits erwähnten Konzept einer Hierarchie der Bedürfnisse auf der Nachfrageseite.

Neuere Literatur zum internationalen Handel (z.b. Khandelwal 2010) zeigt, dass Unterschiede in der Produktheterogenität verschiedener Sektoren entscheidende Bedeutung für die Möglichkeit zu vertikaler Produktdifferenzierung haben. So ist zum Beispiel die Produktheterogenität im Möbelsektor geringer als im Automobilsektor. Außerdem sind Qualitätsleitern in Sektoren mit einer größeren Anzahl derartiger Möglichkeiten länger als in Sektoren mit relativ homogenen Produkten. Die Länge von Qualitätsleitern wiederum bestimmt, welchem Wettbewerbsdruck sich einheimische Produzenten durch Importe ausgesetzt sehen. Der Grund dafür ist, dass längere Qualitätsleitern einheimischen Firmen erlauben, sich in denjenigen Segmenten der Qualitätsleiter zu spezialisieren, in denen sie aufgrund der Qualitäts-Preis-Kombination ihrer Produkte einen Vorteil gegenüber Importen haben. Kürzere Qualitätsleitern dagegen bieten weniger Raum für vertikale Differenzierung und setzen damit Firmen stärkerem Wettbewerbsdruck aus.

Brandt und Thun (2013) argumentieren, dass sich Qualitätsleitern nicht nur hinsichtlich ihrer Länge unterschieden, sondern auch hinsichtlich ihrer Qualitätsunter- und -obergrenzen. Dabei ergeben sich Qualitätsuntergrenzen an den Punkten, an denen das Qualitäts-Preis-Verhältnis gerade noch die Produktionskosten deckt, und Qualitätsobergrenzen an den Punkten, an denen das Qualitäts-Kosten-Verhältnis gerade noch dem Preis entspricht, den Verbraucher zu zahlen bereit sind. Über Brandt und Thun (2013) hinausgehend kann argumentiert werden, dass die Anzahl der Firmen, von denen jede eine gegebene Menge Güter produziert und die in einem Marketsegment Platz haben, von der Stärke des gesamten Marktvolumens mit einem bestimmten Qualitäts-Preis-Verhältnis eines Produktes abhängt. Dieses Marktvolumen, d.h. die Stärke der Nachfrage in einem Marktsegment, lässt sich als „Dicke der Leitersprossen" darstellen. Abbildung 5 verdeutlicht schematisch diese drei Unterscheidungsmerkmale von Qualitätsleitern – Länge, Qualitätsober- und -untergrenzen, Dicke der Sprossen.

Was nun das Risiko betrifft, dass ein Anstieg der heimischen Verbrauchsausgaben zu einem Importboom führt, kann man Gadiesh, Leung und Vestring (2007) folgend argumentieren, dass es in den weniger sowie in den sehr anspruchsvollen Marktsegmenten relativ wenig Wettbewerb zwischen in- und ausländischen Firmen gibt. In den weniger anspruchsvollen Marktsegmenten geht es Verbrauchern weniger um Qualität als um erschwingliche Preise, sodass Wettbewerb hier in aller Regel zwischen inländischen Firmen stattfindet. In den sehr anspruchsvollen Marktsegmenten dagegen reagieren Verbraucher weniger auf Preisänderungen als auf gute Produktqualität, sodass diese Marktsegmente in aller Regel von ausländischen Firmen bedient werden. Quasi-natürliche Markteintrittsbarrieren verhindern, dass einheimische und ausländische Firmen für Märkte von wenig und von sehr anspruchsvollen Gütern im direkten Wettbewerb stehen. Einheimischen Firmen fehlt oft das Know-how, anspruchsvolle Güter zu entwerfen, zu produzieren und zu vermarkten. Umgekehrt ist es für ausländische Unternehmen schwierig, die Produktionskosten genügend weit zu drücken, um mit einheimischen Firmen auf dem Niedrigqualitätsmarkt in Preiskonkurrenz zu treten und gleichzeitig das Qualitätssiegel der Marke nicht zu beeinträchtigen.

Abbildung 5: Qualitätsleitern unterschiedlicher Produkte

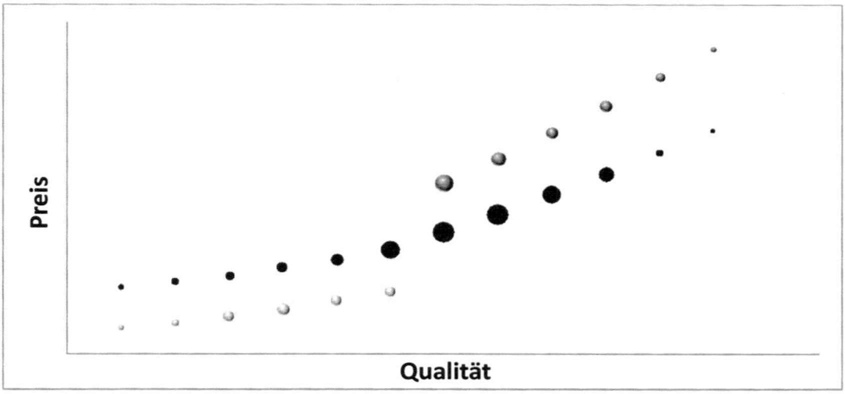

Quelle: Adapiert von Brandt und Thun (2013) und erweitert.

Im Gegensatz dazu besteht aber intensiver Wettbewerb um Marktsegmente mittelmäßigen Anspruchs, weil einerseits einheimische Firmen die Qualität ihrer Produkte ausreichend verbessern können und andererseits ausländische Firmen die Kosten ihrer Produktion ausreichend senken können. Für ausländische Firmen spielt dabei die Lieferkette eine bedeutende Rolle, um wettbewerbsfähig zu sein. Die hohen Produktionskosten dieser Firmen sind in der Regel dadurch bedingt, dass existierende Wertschöpfungsketten sie vertraglich an bestimmte, meist ausländische Zulieferungsfirmen binden. Dabei basieren diese Verträge auf der Annahme, dass die Zulieferer Vorleistungen für anspruchsvolle Produkte bereitstellen und somit teure Materialien und Design verwenden. Wenn ausländische Firmen für den Markt des Gastlandes produzieren, auf dem, wie bereits erwähnt, die Qualitätsansprüche geringer sind, können sie diesem Kostendruck entgehen, wenn sie stärker auf lokale

Zulieferfirmen zurückgreifen und billigere, aber auch qualitativ schlechtere (jedoch solche, die „gut genug" für dieses Marketsegment sind) Materialien verwenden, als sie dies bei einer Produktion für ihren eigenen heimischen Markt tun würden. Die stärkere Einbindung lokaler Firmen in die Produktionskette ermöglicht es diesen Firmen wiederum, schneller ihr Know-how hinsichtlich Design und Fertigung zu verbessern und damit qualitativ bessere Produkte anzubieten. Dabei erleichtert Erfahrung in Produktion und Vermarktung in den weniger anspruchsvollen Marktsegmenten es einheimischen Firmen, dem Wettbewerb ausländischer Firmen standzuhalten, wie bereits Amsden (2001) argumentiert. Gadiesh, Leung und Vestring (2007) folgend kann dieser Mittelbereich der Marktsegmente für ein bestimmtes Gut als „ausreichend guter" Markt betrachtet werden, also als der Bereich, in dem Produkte von genügender Qualität zu genügend niedrigen Preisen angeboten werden. Tabelle 1 stellt diese Zusammenhänge dar.

Tabelle 1: Kriterien zur Bestimmung verschiedener Marktsegmente

Markt-segment \ Kriterium	Premiummarkt	„Ausreichend guter" Markt	Niedrig-qualitätsmarkt
Produktqualität und Anspruchs-niveau	Hohes Qualitäts- und Anspruchsniveau (moderne Funktionalität, hohe Verläss-lich- und Haltbarkeit)	Nur entscheidende Gebrauchscharakte-ristika (ordentliches Preis-Leistungs-Verhältnis)	Niedriges Qualitäts- und Anspruchsniveau (Standardfunktionen, keine Produktdiffe-renzierung)
Produktpreis	Hoch (entsprechend der führenden inter-nationalen Marke)	Mittel (mindestens 1/4 unter dem Premiummarktpreis)	Niedrig (40-90% unter dem Premiummarktpreis)
Käufer	Hohe Kaufkraft	Mittlere Einkommen	Niedrige Einkommen
Produzenten	Transnationale Unternehmen	Einheimische Firmen mit globalen Marktambitionen, sowie Transnationale Unternehmen	Einheimische Firmen
Marktanteil	ungefähr 10%	ungefähr 2/3	ungefähr 1/4
Bedeutung einheimischer Firmen	Sehr niedrig	Im Wettbewerb mit transnationalen Unternehmen	Sehr hoch

Quelle: Adaptiert von Gadiesh, Leung und Vestring (2007) und erweitert.

Außer der Erfahrung in Produktion und Vermarktung bestimmen zwei weitere Faktoren, wie sich Unternehmen gegenüber dem Wettbewerbsdruck behaupten können. Der erste Faktor ist Innovation. Diesbezüglich wird oft angenommen, dass Unternehmen aus Entwicklungsländern technologische Nachzügler sind, für die es schwierig ist, Produkte mit den Charakteristika anzubieten, die die Verbraucher wollen. Dies ist sicherlich der Fall für Güter, die zum Export für anspruchsvolle Verbraucher bestimmt sind. Auch die Konzepte, die oft zur Analyse des Zusammenhangs zwischen Innovation und Wettbewerb verwendet werden, konzentrieren sich darauf, wie Firmen sich auf globalen Wettbewerb vorbereiten. In der Literatur zu Wertschöpfungsketten wird zum Beispiel argumentiert, dass Firmen aus entwickelten Ländern einen Wettbewerbsvorsprung haben, weil sie über die Technologie und das Vermarktungskönnen verfügen, um die qualitätsmäßig hochwertigen und teuren Güter, die anspruchsvolle Verbraucher wollen, auf den Markt zu bringen (Schmitz 2007). Diese Literatur befasst sich quasi ausschließlich mit Angebotsfaktoren, da aufgrund der Exportorientierung des Ansatzes angenommen wird, dass sich das Niveau und die Struktur der globalen Nachfrage wenig oder gar nicht ändern.

Laut Schmitz (2007) ergeben sich Technologielücken daraus, dass Firmen in Entwicklungsländern (i) keinen Zugang zu internationalen Technologiequellen haben, einschließlich des Feedbacks zwischen Verbrauchern und Produzenten, das Innovation anregt, (ii) nur schwierig Zugang zu der Spitzentechnologie von international führenden Firmen haben und (iii) einheimisch nur auf unzulängliche Innovationsmechanismen vertrauen können. Marketinglücken ergeben sich insbesondere für Firmen, die in ein für sie neues Marktsegment eintreten wollen, aber Schwierigkeiten haben, sich rasch änderndes Verbraucherverhalten zu identifizieren. Firmen aus Entwicklungsländern müssen beide Lücken schließen, um erfolgreich auf Exportmärkten tätig werden zu können.

Derartige Technologielücken spielen aber für Entwicklungsländer nur eine begrenzte oder gar keine Rolle, wenn es darum geht, die Nachfrage ihrer entstehenden heimischen Mittelklasse zu befriedigen, für die niedrige Preise wichtiger als hohe Qualität sind. Die Mechanismen zur Entwicklung von Technologien für die Produktion von Gütern für die neue Mittelklasse in Entwicklungsländern unterscheiden sich von den Mechanismen, die gemeinhin mit Technologiesprüngen in Verbindung gebracht werden. Letztere basieren auf wissenschaftlichem Fortschritt, den angewandte Forschung in die Entwicklung gewerblicher Güter überträgt. Im Gegensatz dazu ergibt sich aus Verschiebungen von Marktbedingungen, wie sie für die potentiellen großen neuen Märkte in Entwicklungsländern charakteristisch sind, die Notwendigkeit, „latente" Nachfrage zu identifizieren (Schmookler 1962) und gegebenenfalls für die „Lenkung" von Firmen, an Lösungen für Probleme zu arbeiten, die spezifisch für derartige neue Märkte sind (Rosenberg 1969). Auch Marketinglücken spielen eine geringe Rolle, wenn sich Firmen auf ihren einheimischen Markt konzentrieren, dessen Präferenzstruktur sie in der Regel relativ gut kennen und auf dem sie Verschiebungen rasch und präzise interpretieren können. Aus eben diesen Gründen ist es eher wahrscheinlich, dass auf einheimischen Märkten ausländische Firmen Marketinglücken haben.

Der zweite zusätzliche Faktor, der die Wettbewerbsfähigkeit eines Anbieters bestimmt, ist das Wachstum seines Marktes. Dabei kann wachsende Nachfrage in einem aufstrebenden Entwicklungsland bedeuten, dass ein zusätzliches Segment auf der Qualitätsleiter erscheint. Dies dürfte vor allem der Fall sein für Produkte mit relativ kurzen Qualitätsleitern und einer relativ hohen Untergrenze des Qualitäts-Preis-Verhältnisses. In Abbildung 5 wäre dies für das obere Produkt der Fall. Dies bedeutet, dass sowohl die Schnelligkeit als auch die Richtung von Innovation nachfragebestimmt ist und deshalb Marktnähe ein Wettbewerbsvorteil wird. Besonders wichtig hierbei ist, dass Innovation tatsächlich die Entwicklung qualitätsmäßig minderwertiger Produkte zur Folge hat, die aber auch billiger und damit für die neue Mittelklasse erschwinglich sind. Die zusätzliche Nachfrage dieser Verbraucher kann gleichermaßen als eine Verlängerung der Qualitätsleiter interpretiert werden. Und da diese qualitätsmäßig weniger anspruchsvollen Güter billiger produziert werden können, ergibt sich für die entsprechenden Firmen ein Wettbewerbsvorteil am unteren Ende der Qualitätsleiter.

Abhängig von der Einkommensverteilung in aufstrebenden Entwicklungsländern kann sich aber auch für Produkte mit einer relativen langen Qualitätsleiter die Dicke der Sprosse im „ausreichend guten" Bereich in der Mitte der Qualitätsleiter vergrößern. In Abbildung 5 wäre dies für das mittlere Produkt der Fall. Eine derartige Vergrößerung ist wahrscheinlich, weil Verbraucher mit steigenden Einkommen bessere Produkte wollen und dafür auch mehr bezahlen können und wollen. Dies bedeutet, dass der Markt in dem „gutgenug"-Segment eines Produkts schneller wächst als im Niedrig-Preis-Sektor sowie im Premiumsektor.

Firmen in Entwicklungsländern haben wahrscheinlich bei der Produktion von Verbrauchsgütern für einheimische Konsumenten mehrere Vorteile gegenüber ausländischen Unternehmen, nicht nur durch die Anpassung bereits bestehender Güter an die spezifischen Präferenzen der einheimischen Konsumenten, sondern auch – und dies ist sicherlich von größerer Bedeutung –

durch die Entwicklung entsprechender neuer Güter. Zusätzlich zu technologischen Innovationen ist es dabei wichtig, neue Vermarktungsstrategien und Distributionsketten zu entwickeln, damit die neuen Produkte die Verbraucher tatsächlich erreichen. Firmen in Entwicklungsländern besitzen wertvolle ortsspezifische Informationen, um auf diesen neuen einheimischen Märkten erfolgreich zu sein. Weniger wohlhabende Verbraucher wohnen oft abseits der größten Städte an Orten mit unzureichender Infrastruktur, wo die Distributionsketten anders funktionieren als diejenigen, die auf das Erreichen der wohlhabenderen städtischen Verbraucher zugeschnitten sind.

Im Falle Chinas spielt die Größe des Binnenmarktes in diesem Zusammenhang eine entscheidende Rolle. Denn im Unterschied zu Ländern mit kleinen Binnenmärkten können chinesische Firmen in mehreren Sektoren aktiv werden und sie können in neue Qualitäts-Preis-Kombinationen vordringen, ohne dafür auf Erfolg auf globalen oder regionalen Märkten angewiesen zu sein.

Die Produktion von Personenkraftwagen ist von besonderer Bedeutung, weil die Einkommenselastizität für PKW besonders rasch steigt – und dies schon ab einem relativ niedrigen Pro-Kopf-Einkommen (Mayer 2013). Dies mag damit zusammenhängen, dass PKW wohl das Statussymbol schlechthin für Mittelklassehaushalte sind. Allerdings gab es, im Unterschied zur Situation in Westeuropa und Nordamerika in den zwei Jahrzehnten nach dem Zweiten Weltkrieg, in den aufstrebenden Entwicklungsländern bis vor kurzem kein Angebot an PKW, das den Qualitäts-Preis-Vorstellungen der neuen Mittelklasse in diesen Ländern entsprochen hätte. Um die Qualitätsleiter im Automobilbereich nach unten zu verlängern, haben verschiedene Unternehmen seit einigen Jahren unterschiedliche Strategien ergriffen. So hat die Renault-Gruppe durch eine Konzentration auf die wesentlichen Fahrzeugelemente, den Einsatz billiger Materialen und die Produktion in einem Niedriglohnland Billigautos unter der Marke „Dacia" entwickelt. Autos dieser Marke scheinen für den unteren Marktbereich in Europa gut geeignet, sind aber wohl zu teuer für aufstrebende Entwicklungsländer. Im Unterschied dazu hat der indische Tata-Konzern das Billigauto „Nano" entwickelt, doch scheint dieses Produkt aufgrund von Qualitäts- und Imageproblemen sowie Schwierigkeiten beim Vertrieb und im Marketing nicht den erhofften Erfolg zu haben.[7]

---

[7] Medienberichten zufolge ist das Auto weder ein Erfolg in städtischen Gebieten, weil es zu billig ist und mehr einem Roller mit Verkleidung als einem Auto ähnelt, noch in ländlichen Gebieten, weil es dort keine angemessenen Liefer- und Serviceleistungen gibt (*Financial Times*, „Tata fails to engineer success for Nano", 9 October 2011, http://www.ft.com/intl/cms/s/0/7092436e-ee34-11e0-a491-00144feab49a.html#axzz2ftCmFsvI).

Was den chinesischen PKW-Markt betrifft, zeigt Tabelle 2, dass sich der Schwerpunkt zunehmend hin zu mittleren und kleineren Fahrzeugen verschoben hat, wobei chinesische Firmen in diesem Marktsegement einen weit größeren Marktanteil haben als in dem für größere Fahrzeuge. Ein Grund dafür ist die zunehmende Bedeutung von privaten Käufern anstelle von institutionellen Käufern, wie zum Beispiel Ministerien, für die Preise eine relativ geringe Rolle spielen. Ein anderer wichtiger Grund ist die Liberalisierung des Automobilsektors nach Chinas WTO-Beitritt 2001, der es privaten chinesischen Firmen erlaubte, in den Markt einzutreten und gezielt Fahrzeuge in den

Tabelle 2: Automobilzulassungen in China, Marktsegmente und Herkunft und Eigentumsverhältnis der Produzenten, 2000 und 2010

Motorgröße	≤ 1,6 Liter		1,6-2,5 Liter		>2,5 Liter		Insgesamt	
2000	Volumen	Anteil	Volumen	Anteil	Volumen	Anteil	Volumen	Anteil
Insgesamt	290.717		288.734		30.543		609.994	
Einheimische Firmen	90.569	31,2%	13.584	4,7%	0	0,0%	104.153	17,1%
Ausländische Firmen, joint ventures	200.148	68,8%	275.150	95,3%	30.543	100,0%	505.841	82,9%
Anteil	47,7%		47,3%		5,0%		100,0%	
2010								
Insgesamt	6.645.875		4.245.745		396.267		11.287.887	
Private einheimische Firmen	1.818.393	27,4%	508.229	12,0%	30.859	7,8%	2.357.481	20,9%
Staatliche einheimische Firmen	1.011.445	15,2%	483.213	11,4%	7.314	1,8%	1.501.971	13,3%
Ausländische Firmen, joint ventures	3.816.037	57,4%	3.254.303	76,6%	354.095	90,4%	7.428.435	65,8%
Anteil	58,9%		37,6%		3,5%		100,0%	

Anmerkung: Die Anzahl der Automobilzulassungen in dieser Tabelle übersteigt diejenige in Abbildung 1, da diese Tabelle auch andere Fahrzeuge als PKW, wie z.B. kleine Nutzfahrzeuge, berücksichtigt.

Quelle: Brandt und Thun (2013), Tabelle 5.

unteren Qualitäts-Preis-Segmenten zu produzieren. Die Nachfrage nach solchen Fahrzeugen ist in kurzer Zeit stark angestiegen, unter anderem aufgrund der oben genannten Initiative „Autos für ländliche Regionen". Ein wichtiges Kriterium für den Erfolg dieser Firmen scheinen die relativ niedrigen Forschungs- und Entwicklungskosten pro Fahrzeug gewesen zu sein, die durch die Auslagerung von Designarbeit, den Gebrauch älterer Technologien, niedrigere Qualitätsstandards, die Vermeidung teurer und unwesentlicher Ausstattungen und Funktionen sowie die Verfügbarkeit von Ingenieuren zu relativ niedrigen Löhnen zustande kamen.[8]

Der Erfolg chinesischer Automobilfirmen bei der Produktion von PKW für den rasch expandierenden Markt in niedrigen Qualitäts-Preis-Segmenten zeigt, dass aufstrebende Entwicklungsländer mit einem relativ großen Binnenmarkt verhindern können, dass ein starker Anstieg der Verbraucherausgaben zu einem Importboom führt. Allerdings stellt sich die Frage, wie nachhaltig dieser Erfolg gerade im Automobilbereich sein kann, solange eine große Zahl einheimischer Firmen miteinander konkurriert, ohne dass ein großes Unternehmen die sich bietenden Skalenerträge, wie zum Beispiel durch die Konsolidierung von Produktionsplattformen, voll ausnutzen kann.

5. Schlussfolgerung

Ausgehend von der Feststellung, dass Chinas Verbraucherausgaben im internationalen Vergleich niedrig sind, wurde hier gezeigt, in welchen Produktsegmenten China in naher Zukunft eine starke Steigerung der Binnennachfrage erwartet werden kann. Außerdem wurde diskutiert, welche Art von Innovationen dazu beitragen können, dass ein derartiger Nachfrageanstieg durch einheimische Produktion befriedigt werden kann, sodass ein Importboom vermieden wird.

Während gewisse Anzeichen darauf hindeuten, dass sich in China die Mittelklasse in den kommenden Jahren vergrößern und eine entsprechende Nachfrageverschiebung stattfinden wird, stellt sich angesichts des in den kommenden Jahren voraussichtlich weiterhin relativ schwachen Exportwachstums die Frage, ob und wie die Binnennachfrage zusätzlich gestärkt werden kann, um die Wachstumsdynamik der vergangenen Jahrzehnte weitgehend aufrechtzuerhalten. Diese Frage stellt sich in ähnlicher Weise auch für zahlreiche andere Entwicklungsländer. Manche aufstrebenden Entwicklungsländer

---

[8] Dieses Kriterium wird von Brandt und Thun (2013) genannt.

in Lateinamerika und Asien haben in den letzten Jahren einen Anstieg von Verbraucherausgaben durch eine zunehmende Verschuldung privater Haushalte erlebt. Damit sind enorme Risiken verbunden, was die Erfahrung zahlreicher Industrieländer, und insbesondere die der Vereinigten Staaten, in den vergangenen Jahren hinreichend belegt. Eine nachhaltige Steigerung von Verbrauchsausgaben kann nur über einen Anstieg von Löhnen und Beschäftigung zustandekommen. Diese kann unterstützt werden durch eine Einkommenspolitik, die Einführung gesetzlicher Mindestlöhne sowie eine Gestaltung der Steuer- und Ausgabenpolitik und gezielte Transferzahlungen, die die Einkommen der Mittelklassehaushalte anheben (UNCTAD 2013).

Literatur

Amsden, A.H. (2001): *The Rise of the Rest,* Oxford/New York: Oxford University Press.

Brandt, L., Thun, E. (2013): Constructing a ladder for growth: policy, markets, and industrial upgrading in China. Unpublished, 17 July. Forthcoming as Said Business School Working Paper, Oxford University.

Gadiesh, O., Leung, P., Vestring, T. (2007): The battle for China's good-enough market, *Harvard Business Review*, 85(9), 81-89.

Khandelwal, A. (2010): The long and short (of) quality ladders, *Review of Economics Studies*, 70(4), 1450-1476.

Maslow, A.P. (1954): *Motivation and Personality,* New York: Harper and Row.

Mayer, J. (2012): Global rebalancing: Effects on trade and employment, *Journal of Asian Economics*, 23(6), 627-642.

Mayer, J. (2013): Towards a greater role of domestic demand in development strategies, UNCTAD Discussion Paper 214, Geneva, December.

Priewe, J. (2011): Die Weltwirtschaft im Ungleichgewicht: Globale Zahlungsbilanzungleichgewichte – Ursachen, Gefahren, Korrekturen. Working Paper No. 03/2011. Berlin Working Papers on Money, Finance, Trade and Development, Hochschule für Technik und Wirtschaft Berlin.

Rosenberg, N. (1969): Direction of technological change – inducement mechanisms and focusing devices, *Economic Development and Cultural Change*, 18(1), 1-24.

Schmitz, H. (2007): Reducing complexity in the industrial policy debate, *Development Policy Review*, 25(4), 417-428.

Schmookler, J. (1962): Economic sources of inventive activity, *Journal of Economic History*, 22(1), 1-20.

UNCTAD (2010): *Trade and Development Report 2010. Employment, Globalization and Development*, New York/Geneva: United Nations.

UNCTAD (2013): *Trade and Development Report 2013. Adjusting to the Changing Dynamics in the World Economy*, New York/Geneva: United Nations.

World Bank (2011): *Global Development Horizons 2011. Multipolarity: the New Global Economy,* Washington, DC: World Bank.

FDI, domestic investment and CO_2 emissions in China: a panel data analysis

Yang Laike, Lin Ji and Qian Zhiquan

1. Introduction

Foreign Direct Investment (FDI) is one of the key factors of China's economic success. It is one of the most important driving forces of the country's economic growth, industry transformation and technology upgrading. The inflow of foreign capital only amounted to ignorable 86 million US dollars in 1971, increasing to whopping 116 billion US dollars in 2011, making China the second largest FDI host country in the world only after the U.S. with an inflow of 226.9 billion US dollars. The gross value of industrial output and the number of employees of Foreign Invested Enterprises (FIEs) account for 25.87% and 28.08% of China's total of Sized-and-above enterprises[1], respectively.

In the meantime, China's CO_2 emission amounted to 8.979 billion tons in 2011, accounting for 26.4% of the world's total CO_2 emission; China has overtaken the U.S. as the world's largest CO_2 emitter since 2006. Since China receives a great amount of cost-oriented FDI, it is widely believed that China, together with many other East Asian developing countries, has become a major destination of international environmental dumping. Therefore, whether FDI inflows intensify China's CO_2 emission has become a hot topic in academic debates. Yet, just from the increase of FDI and the increase in CO_2 emissions, one cannot conclude that the first causes the second. Parallel to

---

[1] Sized-and-above Enterprise is a Chinese specific statistical term. According to Chinese Industrial Statistical Yearbook, it is defined as the enterprises with a registration capital above RMB 5 million and annual revenue above RMB 20 million.

FDI, also domestic investment (DI) has increased rapidly and equally or even more greatly contributed to China's capital formation and GDP growth. The question then is, which one has larger impact on China's CO_2 emission and contributes more to China's environmental deterioration. In this chapter, we use provincial panel level data to estimate the impact of FDI and DI on China's CO_2 emissions.

The article is structured as follows: section 2 briefly reviews the previous relevant literature on this topic, section 3 presents the empirical model and describes the data sources, section 4 presents the empirical results and findings and the final section summarizes and concludes the chapter.

2. Literature review

The relationship between economic development, energy consumption and environmental pollution has been intensively analyzed in the past 20 years. However, the empirical evidence and conclusions remain very controversial and ambiguous to date. Regarding the relationship between investment and environment, there are two distinct hypotheses: the „pollution halo hypothesis" and the „pollution haven hypothesis". The pollution halo hypothesis holds that FDI has a significant technology spillover effect, which helps local companies to improve their emission reduction technology so as to reduce the CO_2 emission in host countries. Applying an autoregressive distributed lag (ADL) model with data of the past three decades in five countries in East Asia, Merican et al. (2007) found that FDI had a significant negative impact on carbon dioxide emission.. Acharkyya (2009) used macroeconomic and industrial data to test for an Environmental Kuznets Curve (EKC) and found that there was a negative correlation between FDI and CO_2 emission. Song Deyong and Yi Yanchun (2011) found that FDI reduced China's CO_2 emissions by examining the relationship using panel data from 1978 to 2008. The studies of Li Zihao, Dai Di'er (2011), Xie Wenwu, Xiaowen and Wang Ying (2011) also confirmed the pollution halo hypothesis.

In contrast, the pollution haven hypothesis claims that FDI results in pollution haven because FDI relocates polluting enterprises from home countries with strict environmental regulations to host countries with loose environmental regulations, and consequently leads to a rise in CO_2 emissions in host countries. Smarzynska and Wei (2001) found FDI increased the CO_2 emission in host countries in their study of 24 European countries. Jorgenson (2007) used a fixed-effect model to study 39 developing countries and found that

FDI increased CO_2 emission in host countries. Based on 28 provincial panel data for China, Niu Haixia and Hu Jiayu (2011) found that CO_2 emission per capita increased 0.09% for every 1% increase of FDI. Guo Pei and Zhang Shuxiao (2012) utilized an econometric model to test the relationship between CO_2 emission and FDI and it was shown that FDI increased CO_2 emission in China. Wang Daozhen, Ren Rongming (2011) Xiong Li, Xu Ke and Wang Yu (2012) got similar results.

In short, the pollution halo hypothesis claims that foreign enterprises can bring advanced technology and thus help to diminish local CO_2 emission. However, the pollution haven hypothesis claims that the driving force for FDI to enter into a host country is that FDI transfers mature or low-energy-efficient industries from home country (most likely a developed country) to host country (most likely a developing country) where the environmental regulations are looser. Most of those transferred industries are heavy polluting or „dirty". Thus FDI also transfers the environmental cost to host countries, which results in higher levels of local CO_2 emissions. So far, the empirical results appear to be inconclusive and inconsistent.

The reason seems to be that the fundamental question asked by the studies is often wrongly posed. Actually, whether FDI leads to a pollution-halo or a pollution-haven effect can only be sensibly determined when comparing its CO_2 emissions with that of domestic enterprises. Only in this way one can really evaluate the impact of FDI on CO_2 emissions.

3. Model, data and methodology

3.1 Model

In 1995, Grossman and Krueger classified the effects of international trade on the environment into scale effects, structure effects and technology effects and for the first time tested the environmental impact of NAFTA (Grossman/ Krueger 1995). Based on their fundamental work, York et al. (2003) put forward a driving force decomposing formula of CO_2 emission by applying STIRPAT (Stochastic Impacts by Regression on Population, Affluence, and Technology) model, which is as follows:

$$E_i = \alpha P_i^\beta S_i^\chi T_i^\delta \tag{1}$$

Where E is the volume of CO_2 emission; P, S, T represent population, economic scale and technology respectively.

Since then, quite a number of studies employed the STIRPAT model to analyze the factors that affect CO_2 emission (Smarzynska and Wei 2001; Jorgenson 2007; Lin Boqiang and Liu Xiyin 2010; Shen Kunrong and Wang Dongxin 2011; Niu Haixia and Hu Jiayu 2011).

Based on the econometric models of Grossman and Krueger (1995) and Richard et al. (2003), the chapter further refines the economic scale into two explanatory variables, namely, the economic scale of FDI and the economic scale of domestic investment. Therefore the following model is proposed:

$$LNE_{it} = \alpha_i + \beta_1 LNFD_{it} + \beta_2 LNDI_{it} + \beta_3 LNIND_{it} + \beta_4 LNURBA_{it} + \mu_{it} \quad (2)$$

Where, E represents the volume of CO_2 emission, $i=1,...N$ represents each province of China in the panel, $t=1,...N$ represents the time period, FDI and DI represent the economic foreign and domestic investment respectively, IND indicates the economic structure, and URBA indicates the level of urbanization. β represents the long-run elasticity of CO_2 emissions with respect to FDI, domestic investment, industrial structure and urbanization respectively. μ_{it} describes other factors affecting CO_2 emission except for the factors mentioned above, and α_i denotes the section feature of individual effects. All the variables are transformed into their logarithmic form to reduce the heteroscedasticity of the model.

3.2 Variables and data

This chapter will use total CO_2 emission (TC) and CO_2 emission per capita respectively. Due to the lack of statistical data on CO_2 emission in China, the authors calculated total emission by the emission of combustion of different types of fuels as suggested by the Intergovernmental Panel on Climate Change (IPCC). The exact formula is as follows:

$$TC = \sum_{i=1}^{3} EC_i * NCV_i * CC_i * COF_i * \frac{44}{12} \quad (3)$$

Where, TC represents the calculated total CO_2 emission of different types of fuels. i stands for coal, petroleum and natural gas. EC_i is the total combustion of different types of fuels. NCV_i is the average net calorific value. CC_i is carbon content, which represents the carbon level of per unit of heat. COF_i is the emission factor of fuel combustion. The digital numbers 44 and 12 are molecular weight of CO_2 and carbon. We get the carbon emission factor for each of the fuels by multiplication of NCV_i, CC_i and COF_i. Hence, the CO_2 emission factor is 3.67 times that of the carbon emission factor. Similar to the research of Niu Haixia and Hu Jiayu (2011), the chapter here takes the average of the estimated emission factors of some authoritative research institutes (see Table 1). The emission factors of coal, petroleum and natural gas are 0.7329, 0.5574, 0.4226 in this chapter, respectively. As there is no direct statistical data for the consumption of coal and petroleum at provincial level, the chapter gets the total consumption of coal by aggregating the provincial data of coal and coke and gets the total consumption of petroleum by aggregating the provincial data of crude oil, gasoline, kerosene, diesel oil and fuel oil combustion. The statistical data source of different types of fuel is the *China Energy Statistical Yearbook* for the relevant years.

Table 1: Carbon emission factors of different types of fuels

	Department of Energy, US	The Institute of Energy Economics, Japan	Climate Change Project, SSTC, China	Energy Research Institute, NDRC, China	Average
Coal	0.702	0.756	0.726	0.7476	0.7329
Petroleum	0.478	0.586	0.583	0.5825	0.5574
Natural gas	0.389	0.449	0.409	0.4435	0.4226

Since the impact of FDI and domestic investment on CO_2 emission mainly concerns the industrial sectors, this chapter uses the total industrial output of foreign and domestic investments to represent their economic scales respectively. The total industrial output of FDI is the aggregate value of foreign-invested enterprises (including those from Hong Kong, Macau and Taiwan). Due to the lack of statistical output data of domestic enterprises, the chapter gets this data from the total industrial outputs of the Sized-and-above enterprises minus that of foreign enterprises.

The economic structure is expressed by the proportion of the secondary industry in GDP. The higher the proportion of the secondary industry in GDP, the more energy is combusted and the more CO_2 is emitted.

The level of urbanization is another important factor that influences CO_2 emission. The higher the level of urbanization, the more likely it is that energy is consumed and the more CO_2 is emitted. The data source is *China Statistical Yearbook*, *China Population Statistical Yearbook,* some of the data is from *Provincial Statistical Yearbook*. The time span of this research is from 1997 to 2011. The individuals are all the 30 provinces and Autonomous Regions in

China, except Tibet where the data is not complete. The GDP and total industrial output are adjusted to 1997 constant prices using the GDP deflator.

4. Econometric analysis and results

In this chapter, we follow the typical econometric techniques to test for the dynamic causal relationships between carbon dioxide emissions, FDI and domestic investment. We first examine whether each variable contains a unit root. If the variables contain a unit root, the second step is to test whether there is a co-integration relationship between the variables. Based on the results of cointegration tests, we can analyze and compare the different effects of FDI and domestic investment on CO_2 emissions.

4.1 Panel unit root test

Since none of the panel unit root tests is free from statistical shortcomings in terms of power and size, we need to perform several unit root tests to make sure the panel data is stationary or has the same order of integration to avoid spurious regressions. In this chapter we use the LLC-test (Levin/Lin/Chu 2002), IPS test (Im/Pesaran/Shin 2003), PP-Fisher test (Phillips/Perron 1988) and ADF-Fisher test (Choi 2001) to perform the stationary tests. Table 2 presents the panel unit root test results. The results suggest that all the variables are first order integrated; that is I (1). Therefore, we can run regressions of the panel data of the above-mentioned variables.

4.2 The co-integration test of panel data model

There are three methods, namely the Johansen test, the Pedroni test and the Kao test, which are used to test the panel cointegration relationship. The Kao and Pedroni methods are based on the Engle-Granger two-step (residual-based) cointegration test. This chapter uses the Kao test because it specifies cross section specific intercepts and homogeneous coefficients during the first step. If the regression residual passed the unit root test, i.e. the residual series is stationary, this indicates that there is a long-term panel cointegration relation between the variables.

The results of panel cointegration test are shown in Table 3. As is shown in the results, the co-integration test of Kao residual has been significant at the

Table 2: Panel unit root test result

Variables	Panel Unit Root Test Methods				Results
	LLC test	IPS test	Fisher-PP test	Fisher-ADF test	
LNFD	-3.39985(0.00)	2.55888(0.99)	33.2244(0.99)	39.0166 (0.98)	Non-Stationary
LNDI	4.28174(1.00)	6.56514(1.00)	17.5884(1.00)	25.2113(1.00)	Non-Stationary
LNIND	-0.34054(0.37)	3.05359(0.99)	39.2955(0.98)	39.5171(0.98)	Non-Stationary
LNURBA	5.57964(1.00)	5.04921(1.00)	41.7953(0.96)	248.110(0.00)	Non-Stationary
LNTC	1.11666(0.87)	7.02228(1.00)	16.6771(1.00)	11.1763(1.00)	Non-Stationary
LNPC	1.08937(0.86)	6.58347(1.00)	24.6069(1.00)	16.3436(1.00)	Non-Stationary
D(LNFD)	-5.39780(0.00)	-3.70975(0.00)	102.871(0.00)	214.826(0.00)	Stationary
D(LNDI)	-31.9085(0.00)	-18.3023(0.00)	279.281(0.00)	464.718(0.00)	Stationary
D(LNIND)	-11.6980(0.00)	-5.71764(0.00)	132.226(0.00)	217.330(0.00)	Stationary
D(LNURBA)	-65.2834(0.00)	-39.4495(0.00)	355.348(0.00)	510.614(0.00)	Stationary
D(LNTC)	-11.5820(0.00)	-7.71716(0.00)	163.831(0.00)	156.432(0.00)	Stationary
D(LNPC)	-11.0124(0.00)	-7.50916(0.00)	160.191(0.00)	155.043(0.00)	Stationary

Note: „D" is the difference of the variable, the number in ( ) indicates the P value of the related statistics.

level of 1%, which indicates that there is a panel cointegration relationship with the dependent variables of LNTC and LNPC respectively. In other words, CO_2 emissions, average CO_2 emissions are cointegrated with FDI, domestic investment (DI), economic structure and the urbanization level. Further, the Hausman test is used to choose between a fixed-effect and random-effect model. If the null hypothesis is accepted, we choose the random-effect model. Otherwise, we choose the fixed-effect model. Table 3 shows the regression results of the fixed-effect and the random-effect model. To be specific, the Hausman test statistics of model (2) and model (4) is 80.87 and 110.88 respectively, which reject the null hypothesis at the 1% level of significance. This result suggests us to use the fixed-effect model. The results of Adjusted R-squares shows a good fit and the F-statistics test passes the 1% level significance level, which indicates that the joint explanatory ability of the explanatory variables on the explained variables is strong.

According to Table 2, FDI, domestic investment (DI), industrial structure and the level of urbanization passed the panel cointegration test which indicates that, at level 1% significance, there is a cointegration relationship. From the estimated coefficient, we can see that a 1% increase in FDI increases CO_2

emission by 0.22% and increases CO_2 emission per capita by 0.20%. A 1% increase in domestic investment increases CO_2 emission and CO_2 emission per capita by 0.42% and 0.32% respectively. This result shows fast expansion of FDI and domestic investment will both increase the CO_2 emissions in China and deteriorate the air quality. However, the coefficient of foreign enterprises is far less than that of domestic enterprises. The impact of domestic investment on CO_2 emission and CO_2 emission per capita is 2 times and 1.5 times as much as that of FDI.

Table 3: Panel data model estimation results

Variables and Statistics	LNTC		LNPC	
	Fixed Effect(1)	Random Effect (2)	Fixed Effect(3)	Random Effect (4)
C	2.708538***	2.598522***	-0.376885***	-0.706135***
	[22.36436]	[20.85447]	[-3.095614]	[-5.763028]
LNFD	0.220923***	0.330009***	0.202741***	0.298246***
	[8.493671]	[11.37568]	[7.726952]	[10.45480]
LNDI	0.415989***	0.341386***	0.319689***	0.313717***
	[12.28428]	[9.652043]	[9.498721]	[9.019893]
LNIND	0.509165***	0.308828***	0.685956***	0.506565***
	[4.439769]	[2.571204]	[6.016134]	[4.288897]
LNURBA	0.397616***	0.365897***	0.445900***	0.326987***
	[7.760718]	[6.875344]	[8.770961]	[6.248215]
R-squares	0.971395	0.821371	0.948281	0.787980
Ad. R-squares	0.968744	0.819515	0.943487	0.785778
F-statistic	366.3487***	442.5750***	197.7981***	357.7176***
Hausman Test		80.869743***		110.881309***
Kao Test Statistics	-5.321292***		-4.992263***	
Whether Co-integration Exists	Yes		Yes	

Note: Numbers in [ ] is t statistics, Numbers in ( ) is P value, ***represents 1% level of significance, **represents 5% level of significance, *represents 10% level of significance.

Besides, the industrial structure has a positive impact on CO_2 emissions. Every 1% increase in the proportion of the secondary industry increases CO_2 emission and CO_2 emission per capita by 0.51% and 0.69% respectively. In other words, the greater the proportion of the second industry, the more CO_2 is emitted. This result confirms China's comparative advantage in resource-intensive and labor-intensive manufacturing and underlines that the tertiary industry still lags behind.

As to the impact of urbanization, the panel data analysis also supports the existence of a cointegration relationship. A 1% increase of urbanization increases CO_2 emission by 0.40% and CO_2 emission per capita by 0.45%. Since the urbanization level of China is still very low (about half of the population is still living in rural areas), this results imply that over the next few decades, urbanization will put heavy pressure on energy consumption and CO_2 emissions in China.

5. Conclusion

The impact of FDI inflows into China on the country's CO_2 emissions has been intensively discussed in the academic circle. However, the empirical evidences and the conclusions so far are still controversial. Based on provincial panel data of China from 1997 to 2000, this chapter examines the relationship of CO_2 emissions and FDI, domestic investment, industrial structure and urbanization level, with a special focus on a comparison of the impact of foreign investment and that of domestic investment.

The empirical analysis shows that investments from foreign and domestic enterprises both increase China's CO_2 emissions significantly. However, domestic firms' investment has a far greater environmental impact than that of its foreign counterparties. Its emissions are twice as much as that of foreign-invested enterprises. This can be explained by the technological gaps between foreign and indigenous enterprises. Foreign-invested enterprises have more advanced technology, management know-how and solid financial strength, which allow them to produce more cleanly and energy-efficiently. Moreover, foreign-invested companies generally have much better corporate social responsibility and environment awareness. They are more likely to abide by the environmental standard of host countries.

Besides, the panel data analysis of this chapter also shows both the increase in the proportion of the secondary industry in GDP and the rise of the urbanization level have had a significant impact on China's CO_2 emissions. China's manufacture-dominated economic structure and fast expansion of urbanization will be the next big challenges for emission reduction targeting.

China is facing great pressures in the international climate negotiation. A binding emission reduction target is unavoidable in next 10-15 years. From the findings of this chapter, foreign-invested enterprises emitted far less CO_2 emission than domestic enterprises. Therefore, China should keep attracting more foreign direct investment and give more incentives to technology-transfers and spillovers. At the same time, the Chinese government needs to raise the awareness for environmental issues and corporate social responsibilities among indigenous enterprises to push them to switch to energy- and emission-efficient technologies.

The chinese government also should foster the upgrading of the industrial structure, with a special focus on increasing the proportion of the service sector and thus lowering the dependence on the manufacturing industry. Finally, the government should pay attention to the process of urbanization, make sure the urbanization does not destroy the environment and jeopardize the global efforts on climate change.

References

Acharyya, J. (2009): FDI, growth and the environment: evidence from India on CO_2 emission during the last two decades, *Journal of Economic Development*, 34(1), 43-58.

Choi, In (2001): Unit root tests for panel data, *Journal of International Money and Finance*, 20(2), 249-272.

Grossman, G.M.; Krueger, A.B. (1995): Economic growth and the environment, *The Quarterly Journal of Economics,* 110(2), 353-377.

Guo, Pei; Zhang, Shuxiao (2012): The Interaction Mechanism between FDI and Carbon Emission in China: An Empirical Study Based on the Data from 1994 to 2009, *International Economics and Trade Research*, 28(5), 59-68.

Im, Kyung So; Pesaran, M. Hashem; Shin, Yongcheol (2003): Testing for unit roots in heterogeneous panels, *Journal of Econometrics*, 115(1), 53-74.

Javorcik, B.S.; Wei, Shangjin (2004): Pollution havens and foreign direct investment: dirty secret or popular myth?, *Contributions in Economic Analysis & Policy*, 3(2), Article 8.

Jorgenson, A.K. (2007): Does foreign investment harm the air we breathe and the water we drink? A cross-national study of carbon dioxide emissions and organic water pollution in less-developed countries, 1975 to 2000, *Organization & Environment*, 20(2), 137-156.

Levin, A.; Lin, Chien-Fu; Chu, Chia-Shang James (2002): Unit root tests in panel data: asymptotic and finite-sample properties, *Journal of Econometrics*, 108(1), 1-24.

Li, Zihao; Dai, Di'er (2011): FDI and China's CO$_2$ emissions: A Provincial Panel Data Analysis, *Inquiry into Economic Issues*, 9, 131-137.

Lin, Boqiang; Liu, Xiyin (2010): China's Carbon Dioxide Emissions under the Urbanization Process: Influence Factors and Abatement Policies, *Economic Research Journal*, 8, 66-78.

Merican, Y.; Yusop, Z.; Noor, Z.M.; Law, S.-H. (2007): Foreign Direct Investment and the Pollution in Five ASEAN Nations, *International Journal of Economics and Management*, 1(2), 245-261.

Niu, Haixia; Hu, Jiayu (2011): Empirical Research on Relationship between FDI and CO$_2$ Emissions in China, *Journal of International Trade*, 5, 100-109.

Phillips, P.C.B.; Perron, P. (1988): Testing for a unit root in time series regression, *Biometrika*, 75(2), 335-346.

Shen, Kunrong; Wang, Dongxin (2011): The Environmental Effect of FDI in China: An Empirical Analysis Based on the Data of Thirty Provinces in China, *Journal of Audit & Economy Research*, 26(2), 89-95.

Smarzynska, B.K.; Wei, Shang-Jin (2001): Pollution Havens and Foreign Direct Investment: Dirty Secret or Popular Myth?, NBER Working Papers 8465, National Bureau of Economic Research, Inc.

Song, Deyong; Yi, Yanchun (2011): FDI and China's Carbon Emissions, *China Population, Resources and Environment*, 21(1), 49-52.

Wang, Daozhen; Ren, Rongming (2011): Research On the Relationship between FDI, Economic Scale and CO2 Emission, *On Economic Problems*, 10, 50-53.

Xie, Wenwu; Xiao, Wen; Wang, Ying (2011): The Impact of Open Economy and Carbon Emission: Evidence from China's Provincial and Industrial Panel Data, *Journal of Zhejiang University (Humanities and Social Science)*, 9, 163-174.

Xiong, Li; Xu, Ke; Wang, Yu (2012): Has FDI Resulted in Low Carbon in China?, *Macroeconomic Study*, 5, 68-75.

York, R.; Rosa, E.A.; Dietz, T. (2003): STIRPAT, IPAT and ImPACT: analytic tools for unpacking the driving forces of environmental impacts, *Ecological Economics*, 46(3), 351-365.

Anhang

Appendix

Lebenslauf Jan Priewe[1]

1949

geboren in Itzehoe/Holstein

1969-74

Studium der Volkswirtschaftslehre und Soziologie in Konstanz und Marburg

1975-78

Wissenschaftlicher Mitarbeiter in einer Consulting-Firma im Ruhrgebiet

1978-79

Wissenschaftlicher Mitarbeiter am Hamburgischen Weltwirtschaftsarchiv – Institut für Wirtschaftsforschung (HWWA)

1979-82

Assistent an der Universität Bielefeld, Fakultät für Soziologie (Bereich Wirtschaft und Gesellschaft)

1982

Promotion zum Dr. rer. pol. an der Universität Bremen („summa cum laude")

1982-93

Professor für Volkswirtschaftslehre an der Fachhochschule Darmstadt, Fachbereich Sozial- und Kulturwissenschaften

1993-2014

Professor für Volkswirtschaftslehre an der FHTW Berlin, Fachbereich Wirtschaftswissenschaften I

seit 1996

Mitglied der Koordinierungsgruppe des Forschungsnetzwerks Makroökonomie und Makropolitik (FMM)

1999-2009

Projektleitung „Macroeconomic Policy Studies" (MPS) zusammen mit FHW Berlin (heute HWR Berlin) und InWEnt (heute GIZ), in Kooperation mit der Zentralbank der Volksrepublik China

---

[1] Quelle: http://people.f3.htw-berlin.de/Professoren/Priewe/, 18.3.2014.

2003

Aufbau und Start des Master-Studienganges „International and Development Economics" (MIDE)

seit 2009

Mitgliedschaft im „Virtual Institute" von UNCTAD, Genf

2009-2013

Kooperation mit 11 Hochschulen in Entwicklungsländern im Netzwerk „DAAD Partnership on Economic Development Studies", gefördert durch den DAAD

Mitglied des Kuratoriums der Hans-Böckler-Stiftung

Mitglied des Editorial Board „European Journal of Economics and Economic Policies: Intervention"

Jan Priewe's CV

1949

Born in Itzehoe/Holstein, Germany

1969-74

Studies of Economics and Sociology in Konstanz and Marburg

1975-78

Researcher in a consulting firm in the Ruhr area

1978-79

Researcher at the Hamburgisches Weltwirtschaftsarchiv – Institute for International Economic Research (HWWA)

1979-82

Junior Lecturer at the University of Bielefeld, Faculty of Sociology (working area economy and society)

1982

Promotion to Dr. rer. pol. at the University of Bremen (‚summa cum laude')

1982-93

Professor of Economics at the Darmstadt University of Applied Sciences, Faculty of Social and Cultural Studies

1993-2014

Professor of Economics at the University of Applied Sciences – HTW Berlin, Faculty of Business and Economics

since 1996

Member of the Coordination Committee of the Research Network Macro-economics and Macroeconomic Policies (FMM)

1999-2009

Co-Director of ‚Macroeconomic Policy Studies' (MPS) in collaboration with the Berlin School of Economics (today the BSEL) and InWEnt (today GIZ), and in Cooperation with the People's Bank of China (PBC)

2003

Organisation and launching of the Master programme ‚International and Development Economics' (MIDE)

since 2009

Member of the ‚Virtual Institute' of UNCTAD, Geneva

2009-2013

Cooperation with 11 universities from developing countries in the network of the ‚German Academic Exchange Service (DAAD) Partnership on Economic Development Studies', financed by the DAAD

Member of the Board of Trustees of the Hans Böckler Foundation

Member of the Editorial Board of the European Journal of Economics and Economic Policies: Intervention

Publikationen von | Publications by Jan Priewe

Bücher | Books

with S. Dullien, D.J. Kotte and A. Marquez (eds.), *The Financial and Economic Crisis of 2008-2009 and Developing Countries*, New York and Geneva: UNCTAD/ United Nations (2010).

with E. Hein and A. Truger (eds.), *European Integration in Crisis*, Marburg: Metropolis (2007).

with H. Herr, *The Macroeconomics of Development and Poverty Reduction – Strategies Beyond the „Washington Consensus"*, Baden-Baden: NOMOS (2005), and Chengdu, China: Southwestern University of Finance & Economics Press (2006).

with K. Haiduk, H. Herr, T. Lintovskaya and R. Tsiku, *The Belarusian Economy at a Crossroads*, Moskau: International Labour Office – ILO (2004) [also Russian translation].

mit C. Scheuplein und K. Schuldt: *Ostdeutschland 2010 – Perspektiven der Investitionstätigkeit*, Düsseldorf: Edition der Hans-Böckler-Stiftung (2002).

Die Öko-Steuer-Diskussion – Positionen und Kontroversen – eine Bilanz, Berlin: Edition Sigma (1998).

mit R. Hickel, *Nach dem Fehlstart. Ökonomische Perspektiven des vereinten Deutschland*, Frankfurt/M.: S. Fischer Verlag (1994).

mit R. Hickel, *Der Preis der Einheit. Bilanz und Perspektiven der deutschen Einheit*, Frankfurt/M.: S. Fischer Verlag (1991) [1993 published in Korean translation in Seoul].

mit R. Hickel und E. Stratmann-Mertens (Hrsg.), *Wachstum – Abschied von einem Dogma. Die Kontroverse über eine ökologisch-soziale Wirtschaftspolitik*, Frankfurt/M.: S. Fischer Verlag (1991).

mit R. Hickel, *Finanzpolitik für Arbeit und Umwelt. Zur Kritik der Angebotslehre und Globalsteuerung*, Köln: Bund Verlag (1989).

Die Wirtschaftlichkeit angepasster Technologien in Entwicklungsländern. Methoden der sozio-ökonomischen Evaluation, Gutachten im Auftrag der Gesellschaft für Technische Zusammenarbeit GTZ, Braunschweig, Wiesbaden: Vieweg Verlag (1989).

Krisenzyklen und Stagnationstendenzen in der Bundesrepublik Deutschland – die krisentheoretische Debatte, Köln: Pahl-Rugenstein-Verlag (1988).

Zur Kritik konkurrierender Arbeitsmarkt- und Beschäftigungstheorien und ihrer beschäftigungspolitischen Implikationen – Ansatzpunkte für eine Neuorientierung einer Theorie der Arbeitslosigkeit, Bern, Frankfurt, New York, Nancy: Peter Lang Verlag (1984) [Dissertation].

Forschungsberichte | Research reports

Die Weltwirtschaft im Ungleichgewicht: Ursachen, Gefahren, Korrekturen, Expertise im Auftrag der Abteilung Wirtschafts- und Sozialpolitik der Friedrich-Ebert-Stiftung, Bonn (2011).

Deutschlands nachlassende Investitionsdynamik 1991-2010: Ansatzpunkte für ein neues Wachstumsmodell, Expertise im Auftrag der Abteilung Wirtschafts- und Sozialpolitik der Friedrich-Ebert-Stiftung, Bonn (2010).

with H. Herr, Macroeconomic aspects of poverty reduction and financial sector development, a four-country-analysis, Commissioned by GTZ/BMZ, February (2004).

with H. Herr (eds.), Current issues of China's economic policies and related international experiences. The Wuhan Conference 2002, FHW Working Paper, No. 16, February (2003).

with H. Herr, The macroeconomic framework of poverty reduction – an assessment of the IMF/World Bank strategy, Gutachten im Auftrag von GTZ/BMZ, FHW Business Institute Working Paper, Nr. 17, Frühjahr (2003).

Integrative Makropolitik für mehr Beschäftigung in Europa, Gutachten für die Enquête-Kommission „Globalisierung der Weltwirtschaft" des Deutschen Bundestages, Dezember (2001) [veröffentlicht in: A. Heise (Hrsg.), *Neues Geld – alte Geldpolitik? EZB im makroökonomischen Interaktionsraum*, Marburg: Metropolis (2002)].

Nach der Einheit und zu Beginn der Europäischen Währungsunion – die Leistungsfähigkeit der deutschen Volkswirtschaft am Ende der 90er Jahren, Expertise für das Japanische Generalkonsulat Berlin, Berlin (1999) [unveröffentlicht].

Die Zusammenhänge von Beschäftigung, Produktivität, Wachstum und Ressourceneffizienz, Gutachten für das Deutsche Institut für Wirtschaftsforschung (DIW) im Rahmen des Verbundprojektes „Arbeit und Ökologie", 78, Berlin (1999) [unveröffentlicht].

unter Mitarbeit von F. Havighorst, Auf dem Weg zur Teilhabergesellschaft? Investivlöhne, Gewinn- und Kapitalbeteiligungen der Arbeitnehmer in Westeuropa und den USA – eine vergleichende Bestandsaufnahme, Gutachten im Auftrag der Friedrich-Ebert-Stiftung, Wirtschaftspolitische Diskurse, Nr. 123, Bonn (1999).

Die technologische Wettbewerbsfähigkeit der deutschen Wirtschaft – Stärken, Schwächen, Innovationsdefizite, Wissenschaftszentrum Berlin, Discussion Paper, FS II, Berlin (1997), S. 97-203.

Economic analysis of the prospects of a nationwide dissemination of biogas technology for energy generation and wastewater disposal in Thailand, Gutachten im Auftrag der Gesellschaft für Technische Zusammenarbeit (GTZ), Frankfurt/M. (1994).

mit H. Herr, Entwicklungsstrategie für Kirgistan – ein Diskussionsbeitrag, Diskussionspapier der Deutschen Stiftung für Internationale Entwicklung (DSE), Berlin (1994) [deutsch und russisch].

mit C. Strassen-Kossmann, Die Wirtschaftlichkeit der Biogastechnologie in der Abfall- und Abwasserentsorgung – erste Überlegungen anhand von Fallbeispielen aus Thailand, Gutachten im Auftrag der Gesellschaft für Technische Zusammenarbeit (GTZ), Darmstadt (1992).

mit F. Havemann, H. Heseler und F. Richter, Wirtschaftliche Entwicklung in der Hansestadt Rostock in 1990-2000, Gutachten im Auftrag der Stadtwerke Bremen und der Europäischen Gemeinschaft, Bremen (1992).

Gutachten für eine Alternative zum Treuhandgesetz, im Auftrag der Bundestagsgruppe Bündnis '90/Die Grünen, Darmstadt-Bonn (1991) [leicht modifiziert als Bundestags-Drucksache erschienen].

mit R. Hickel, Ein Gegenentwurf zum Stabilitätsgesetz – Gesetzentwurf für ein „Gesetz zur Förderung der umwelt- und sozialverträglichen Entwicklung", Gutachten im Auftrag der Bundestagsfraktion Bündnis '90/Die Grünen, PIW-Studie, Nr. 5, Bremen (1990).

mit R. Hickel, Ineffiziente Instrumente oder unzureichende Anwendung? Die Finanzpolitik von 1974-1984 auf dem Prüfstand: Argumente für ein Beschäftigungsprogramm, PIW-Studie, Nr. 3, Bremen (1985).

mit J. Eisbach und Ch. Jahnke, Regionale Arbeitspolitik – Möglichkeiten und Probleme, Universität Bielefeld, Gutachten im Auftrag des DGB-Bundesvorstandes, Bielefeld (1984).

mit B. Pollmayer, und B. Vetter, Strukturwandel in der Region Bielefeld – Überlegungen zu einer vorausschauenden Strukturpolitik, Universität Bielefeld, Zentrum für Wissenschaft und berufliche Praxis, Heft 13, Bielefeld (1981).

Aufsätze in Büchern und Zeitschriften | Papers in books and journals

An welcher Schwelle stehen die „Schwellenländer"?, in: M. Knaut (Hrsg.), *Zukunft Wirtschaft, Beiträge und Positionen 2013*, Schriften der Hochschule für Technik und Wirtschaft Berlin, Berlin: BWV Berliner Wissenschafts-Verlag (2013).

Transatlantic trade partnership versus transatlantic currency cooperation, in: T. Palley and G. Horn (eds.), *Restoring Shared Prosperity: A Policy Agenda from Leading Keynesian Economists*, CreateSpace Independent Publishing Platform (2013).

Anmerkungen zu „Irrungen und Wirrungen mit der Leistungsbilanzstatistik" von Georg Erber, *Wirtschaftsdienst*, 93(1), 52-59 (2013).

Wage deflation, in: J.E. King (ed.), *The Elgar Companion to Post Keynesian Economics*, Cheltenham/Northampton: Edward Elgar (2012).

Globale und europäische Ungleichgewichte in den Leistungsbilanzsalden, in: J. Kromphardt (Hrsg.), *Zur aktuellen Finanz-, Wirtschafts- und Schuldenkrise*, Marburg: Metropolis (2012).

European imbalances and the crisis of the European Monetary Union, in: H. Herr, T. Niechoj, C. Thomasberger, A. Truger and T. van Treeck (eds.), *From Crisis to Growth? The Challenges of Debt and Imbalances*, Marburg: Metropolis (2012).

with Y. Yan and L. Yang, The impact of China-EU trade on climate change, *Geopolitics, History, and International Relations*, 3(2), 122-138 (2011).

with H. Herr, Vietnam – high growth, Asian style, with risks, in: A. Heise (ed.), *Market Constellation Research*, Frankfurt/M.: Peter Lang (2011).

with H. Herr, Belarus during its first decade of transition: reform laggard, repressed growth, high dollarization, in: A. Heise (ed.), *Market Constellation Research*, Frankfurt/M.: Peter Lang (2011).

with H. Herr, Macroeconomic regimes for growth and stagnation in developing countries, in: A. Heise (ed.), *Market Constellation Research*, Frankfurt/M.: Peter Lang (2011).

Leistungsbilanzdefizit der USA, *Bundeszentrale für politische Bildung – Aus Politik und Zeitgeschichte*, 7, 21-26 (2008).

What went wrong? Alternative interpretations of the global financial crisis, in: S. Dullien, E. Hein, A. Truger and T. van Treeck (eds.), *The World Economy in Crisis – The Return of Keynesianism?*, Marburg: Metropolis (2010).

Von der Subprimekrise zur Weltwirtschaftskrise: unterschiedliche Erklärungsmuster, *Wirtschaftsdienst*, 90(2), 92-100 (2010).

with E. Hein, The Research Network Macroeconomics and Macroeconomic Policies (FMM): past, present and future, *European Journal of Economics and Economic Policies: Intervention*, 6(2), 166-173 (2009).

Rückkehr zur Einkommenspolitik – warum die Europäische Währungsunion Lohnkoordination braucht, in: H. Hagemann, G. Horn und H. Krupp (Hrsg.), *Aus gesamtwirtschaftlicher Sicht*, Marburg: Metropolis (2008).

Capital account management or laissez-faire of capital flows in developing countries, in: P. Arestis and L.F. de Paula (eds.), *Financial Liberalization and Economic Performance in Emerging Countries*, Basingstoke, Hampshire et al.: Palgrave Macmillan (2008).

Was tun bei Inflations- und Rezessionsängsten?, *WSI-Mitteilungen*, 61(9), 470 (2008).

Leistungsbilanzdefizit der USA, *Bundeszentrale für politische Bildung – Aus Politik und Zeitgeschichte*, 7, 21-26 (2008).

Reconsidering the theories of optimum currency area – a critique, in: E. Hein, J. Priewe and A. Truger (eds.), *European Integration in Crisis*, Marburg: Metropolis (2007).

Economic divergence in the Euro area – why we should be concerned, in: E. Hein, J. Priewe and A. Truger (eds.), *European Integration in Crisis*, Marburg: Metropolis (2007).

Makroökonomische Politik in Europa – Schwächen und Reformoptionen, in: G. Chaloupek, E. Hein und A. Truger (Hrsg.), *Ende der Stagnation? Wirtschaftspolitische Perspektiven für mehr Wachstum und Beschäftigung in Europa*, Wirtschaftswissenschaftliche Tagungen der AK Wien, Bd. 12 (2007).

Vom Arbeitnehmer zum Mitunternehmer? Überschätzte Wirkungen von Kapital- und Gewinnbeteiligungen, *WSI-Mitteilungen*, 60(12), 678-684 (2007).

mit T. Evans u.a., Tarifpolitische Chancen nutzen – Rückkehr zur produktivitätsorientierten Lohnpolitik geboten, *WSI-Mitteilungen*, 60(3), 158-160 (2007).

Globalisierung – von der Nationalökonomie zum globalen Kapitalismus?, in: J. Kessler (Hrsg.), *Herausforderung Globalisierung, Festschrift für Prof. Dr. Ekkehard Sachse*, FHTW-Transfer, 49 (2007).

Exploring the future borders of the European Union, in: E. Hein, A. Heise and A. Truger (eds.), *European Economic Policies*, Marburg: Metropolis (2006).

Kein Ende in Sicht? – Wirtschaftswachstum in China, *WeltTrends*, 54, 73-86 (2006).

Sammelrezension Snowdon/Vane, Modern Macroeconomics, Snowdon/Vane, Encyclopedia of Macroeconomics, King, The Elgar Companion to Post Keynesian Economics, *Intervention*, 3(1), 177-180 (2006).

with H. Herr, The Washington Consensus and (non-)development, in: L.R. Wray and M. Forstater (eds.), *Money, Financial Instability and Stabilization Policy*, Cheltenham/Northampton: Edward Elgar (2006).

John Kenneth Galbraith und sein Vermächtnis: Die Popularität eines Häretikers, *Informationsbrief Weltwirtschaft und Entwicklung*, 5, 4 (2006).

Koordination von Geld-, Finanz- und Lohnpolitik in Europa, *Informationen zur Wirtschafts- und Strukturpolitik*, 3, 27-41 (2005).

Chinas rätselhaftes Wachstum, *Intervention*, 2(2), 21-33 (2005).

with H. Herr, Beyond the Washington Consensus. Macroeconomic policies for development, *Internationale Politik und Gesellschaft*, 2, 72-98 (2005).

Verhängnisvolle Einigkeit, *Entwicklung und Zusammenarbeit*, 1, 22-25 (2005).

Fatal Consensus, *Development and Cooperation*, 1, 22-25 (2005).

Ungenutzte Chancen europäischer Beschäftigungspolitik, in: E. Sachse (Hrsg.), *Probleme der Globalisierung aus deutscher und japanischer Sicht*, FHTW-Transfer, 39 (2004).

Ökologische Wachstumsgrenzen in Marktwirtschaften, *Zeitschrift für sozialistische Politik und Wirtschaft*, 140(6), 21-25 (2004).

with H. Herr, Macroeconomic aspects of pro-poor growth, in: M. Krakowski (ed.), *Attacking Poverty: What makes growth pro-poor?*, HWWA Studien, Bd. 75, Baden-Baden: Nomos-Verlag (2004).

Der unaufhaltsame Anstieg der Arbeitslosigkeit in Deutschland, in: U. Steinvorth und G. Brudermüller (Hrsg.), *Arbeitslosigkeit und die Möglichkeiten ihrer Überwindung*, Wiesbaden: Königshausen & Neumann (2004).

with H. Herr, Why China should not liberalise the capital account, in: H. Herr and J. Priewe, (eds.), *Current Issues of China's Economic Policies and related International Experiences – The Wuhan Conference 2002*, FHW Working Paper No. 16, Berlin (2003) [Chines translations in several journal in China].

Fiscal policies in the European Union in the 90s, in: H. Herr and J. Priewe (eds.), *Current Issues of China's Economic Policies and Related International Experiences – The Wuhan Conference 2002*, FHW Working Paper No. 1, Berlin (2003).

Dr. Hartz's Wundermittel gegen Arbeitslosigkeit, in: „FREITAG" und „Wechselwirkung" (2002).

Zwischen Abkoppelung und Aufholen – das schwache ostdeutsche Wachstumspotential, *WSI-Mitteilungen*, 12, 706-713 (2002).

Kooperative makroökonomische Politik für stabile Preise und mehr Beschäftigung in Europa, in: A. Heise (Hrsg.), *Neues Geld – alte Geldpolitik? Die EZB im makroökonomischen Interaktionsraum*, Marburg: Metropolis (2002).

Fiskalpolitik in der Europäischen Währungsunion – im Dilemma zwischen Konsolidierung und Stabilisierung, *WSI-Mitteilungen*, 5, 273-281 (2002).

Konsolidierung oder Stabilisierung – die deutsche Fiskalpolitik im Dilemma, in: D. von Larcher (Hrsg.), *Jenseits des Sparzwangs. Perspektiven für eine gerechte Finanz- und Steuerpolitik*, Iserlohn (2002).

Fiskalpolitik in einem makroökonomischen Wachstums- und Beschäftigungskonzept, in: A. Truger und R. Welzmüller (Hrsg.), *Chancen der Währungsunion nutzen – koordinierte Politik für Beschäftigung und moderne Infrastruktur*, Düsseldorf: Hans-Böckler-Stiftung (2002).

Unternehmensreformen in der VR China – vor der Massenprivatisierung?, in: H. Herr, A. Sommer und H. Zerong (Hrsg.), *Nachholende Entwicklung in China: Geldpolitik und Restrukturierung*, Berlin: Edition Sigma (2002) [auch in chinesischer Übersetzung erschienen].

Fünf Keynesianismen. Zur Kritik des Bastard-Keynesianismus, in: H. Heseler, J. Huffschmid, N. Reuter und A. Troost (Hrsg.), *Gegen die Marktorthodoxie, Perspektiven einer demokratischen und solidarischen Wirtschaft, Festschrift zum 60. Geburtstag von Rudolf Hickel*, Hamburg: VSA (2002).

Begrenzt ökologische Nachhaltigkeit das Wirtschaftswachstum?, *Zeitschrift für Umweltpolitik und Umweltrecht*, 2, 153-172 (2002).

Ökologische Nachhaltigkeit: mehr Arbeit und weniger Ressourcenverbrauch? Substitutionsbeziehungen zwischen Arbeit, Kapital und Naturressourcen, *Zeitschrift für Angewandte Umweltforschung*, 14(1-4), 166-183 (2001).

Vom Defizit zum Überschuss – US-Fiskalpolitik in den 90er Jahren, in: A. Heise (Hrsg.), *USA – Modellfall der New Economy?*, Marburg: Metropolis (2001).

Ostdeutschland 1990-2010 – Bilanz und Perspektive, in: K. Nolle (Hrsg.), *Ostdeutschland – eine abgehängte Region? Perspektiven und Alternativen*, Dresden: Junius Verlag (2001).

Vom Lohnarbeiter zum Shareholder?, *Prokla,* 122, S.103-122 (2001).

La politique européenne de l'emploi: des chances qui n'ont pas été saisies, Faut-il une politique européenne commune pour l'emploi?, in: B. Zielinski und M. Kaufmann (eds.), *France – Allemagne: Les Défis de l'Euro,* Paris: PIA (2001) [In japanischer Übersetzung in einem Sammelband in 2003 erschienen, herausgegeben von K. Asahi (Hrsg.), Globalisierung in deutscher und japanischer Sicht, Kyoto (2003)].

Ungenutzte Chancen europäischer Beschäftigungspolitik, Beitrag zum Kolloquium „Wirtschaftspolitik zwischen nationaler Tradition und europäischer Integration", Unveröffentlichtes Manuskript in deutscher Sprache, Paris (2000).

Dopo l'unità: sviluppo debole e disoccupazione. L'economia tedesca negli anni Novanta, in: E. Bosco (ed.), *La nuova Germania. Società, istituzioni, cultura politica dopo la riunificazione,* Milano: Franco Angeli (2001).

Mitarbeiterbeteiligung: wohin führt der Weg? Optionen und Grenzen für die Zukunft, in: ISA-Consult (Hrsg.), *Mitarbeiterbeteiligung als Instrument der Vermögenspolitik und Alterssicherung – Bilanz und Perspektiven,* Hannover (2000).

Privatisierung und Transformation – Lehren aus Russland, *Osteuropa-Wirtschaft,* 1, 40-67 (2000) [In chinesischer Sprache erschienen in: Contemporary Finance and Economics, Nr. 11/1999, 4-10].

Grüne Finanzpolitik: Austerität und weniger Staat = Nachhaltigkeit, Replik auf Otto Singer, *Kommune, Forum für Politik, Ökonomie und Kultur,* 11, 55-59 (1999).

mit T. Sauer, Grüne Wirtschaftspolitik ohne Reformprojekt, *Prokla,* 116, 395-410 (1999).

with H. Herr, High growth in China – transition without a transition crisis?, *Intereconomics,* 6, 303-316 (1999).

Von Rom nach Wuppertal? Auf der Suche nach den ökologischen Grenzen des Wachstums. Ökologische Leitplanken für nachhaltige Entwicklung, in: F. Helmedag und N. Reuter (Hrsg.), *Der Wohlstand der Personen, Festschrift zum 60. Geburtstag von Karl Georg Zinn,* Marburg: Metropolis (1999).

Arbeitslosigkeit bekämpfen oder Standort verwalten. Rot-grüne Beschäftigungspolitik am Scheideweg, *Kommune, Forum für Politik, Ökonomie und Kultur,* 9, 48-57 (1999).

Makroökonomische Politik für mehr Beschäftigung, Eine Skizze für eine europäische Alternative, *WSI-Mitteilungen,* 3, 145-155 (1999) [Wieder abgedruckt in: E. Hein, A. Truger (Hrsg.), Moderne Wirtschaftspolitik = Koordinierte Makropolitik. Argumente aus den WSI-Mitteilungen, Marburg: Metropolis, 331-358 (2002)].

Klassische und keynesianische Arbeitslosigkeit – eine Kritik hybrider Typologien, in: W. Filc und C. Köhler (Hrsg.), *Macroeconomic Causes of Unemployment: Diagnosis and Policy Recommendations*, Berlin: Duncker & Humblot (1999).

Wirtschaftswachstum, Ressourcenverbrauch und nachhaltige Entwicklung – Zusammenhänge und Wechselwirkungen, in: Deutsches Institut für Wirtschaftsforschung (Hrsg.), *Zwischenbericht des DIW zum Forschungsprojekt Arbeit und Ökologie*, Berlin (1998).

Die Beschäftigungswirkungen von Ökosteuern, in: G. Bosch (Hrsg.), *Zukunft der Erwerbsarbeit, Zukunft der Erwerbsarbeit, Strategien für Arbeit und Umwelt*, Berlin: Campus (1998).

Massenarbeitslosigkeit – ein Streifzug durch das Labyrinth der Diagnose- und Therapievorschläge, in: G. Köhler und U. Jahnke (Hrsg.), *Grenzenlose Wissenschaft?: Dokumentation der 17. GEW-Sommerschule*, Frankfurt/M.: Gewerkschaft Erziehung und Wissenschaft (1998).

Persistente Arbeitslosigkeit in Deutschland – neoklassische versus keynesianische Erklärungen und Politikoptionen, in: K. Eicker-Wolf, R. Käpernick, T. Niechoj, S. Reiner und J. Weiß (Hrsg.), *Die arbeitslose Gesellschaft und ihr Sozialstaat*, Marburg: Metropolis (1998).

mit A. Heise und J. Kromphardt, Alternative Konzeptionen der makroökonomischen Politik im Spannungsfeld von Arbeitslosigkeit, Globalisierung und hoher Staatsverschuldung, in: K. Eicker-Wolf, R. Käpernick, T. Niechoj, S. Reiner und J. Weiß (Hrsg.), *Die arbeitslose Gesellschaft und ihr Sozialstaat*, Marburg: Metropolis (1998).

Beschäftigungsprobleme in einer stationären Volkswirtschaft, in: J. Blazejczak (Hrsg.), *Zukunftsgestaltung ohne Wirtschaftswachstum?: Ergebnisse eines Workshops des DIW im Auftrag von Greenpeace Deutschland*, Berlin (1998) [Wieder abgedruckt in: Greenpeace/Deutsches Institut für Wirtschaftsforschung (Hrsg.), *Wirtschaft ohne Wachstum? Denkanstöße, Handlungskonzepte, Strategien*, Wiesbaden (1999)].

Die ökonomische Leistungsfähigkeit der deutschen Volkswirtschaft in den 90er Jahren, in: B. Cattero (Hrsg.), *Modell Deutschland, Modell Europa, Probleme, Perspektiven*, Opladen: Leske + Budrich (1998).

Leitplanken statt Schranken, Wirtschaftswachstum und nachhaltige Entwicklung müssen sich nicht ausschließen, *Politische Ökologie*, 11, 30-37 (1998).

Staatliche Verschuldungspolitik und die Möglichkeiten expansiver Fiskalpolitik, *Kommune Forum für Politik, Ökonomie und Kultur*, 4, 45-54 (1998).

Direktinvestitionen im Transformationsprozeß – Hoffnungsträger oder Mythos? Zum Stellenwert von Direktinvestitionen in GUS-Ländern, *Wirtschaft und Gesellschaft*, 2, 233-255 (1997) [In russischer Sprache außerdem in einem Sammelband der Deutschen Stiftung für Internationale Entwicklung (DSE) zur regionalen Integration Zentralasiens, Berlin (1997)].

Verschuldungsregeln in der Europäischen Währungsunion, Kritische Analyse des geplanten europäischen „Stabilitäts- und Wachstumspakts", *WSI-Mitteilungen*, 6, 365-373 (1997).

Investivlöhne – kein Königsweg, aber hilfreich, *Wirtschaftsdienst*, 9, 530-533 (1997).

Wege aus dem ostdeutschen Lohndilemma – Investivlöhne und Vermögenspolitik, *Wirtschaftsdienst*, 6, 332-339 (1997).

Stellungnahme zur Anhörung des Ausschusses für Wirtschaft des Deutschen Bundestags zum Thema „Fünf Jahre deutsche Einheit – Zwischenbilanz und Perspektiven der wirtschaftlichen Entwicklung in den neuen Bundesländern", Berlin (1996) [abgedruckt in einer Protokoll-Broschüre des Bundestagsausschusses].

Gefangen in der Schuldenfalle? Überlegungen zum fiskalpolitischen Handlungsspielraum in der Bundesrepublik Deutschland, *WSI-Mitteilungen*, 5, 307-315 (1996).

Economic problems of on-site environmental protection in small- and medium-size enterprises in Thailand – based on the example of intensive animal husbandry, in: GTZ Division 402 (Hrsg.), *Environmental Protection in Small and Medium-scale Enterprises in Developing Countries. Proceedings of the GTZ-Workshop April 25-26*, Niedernhausen, Eschborn: GTZ (1995).

Die Suche nach den Ursachen der Krise, *Blätter für deutsche und internationale Politik*, 4, 427-436 (1996).

Ökologie, Beschäftigung, Wirtschaftswachstum – ein magisches Dreieck?, in: W. Fricke (Hrsg.), *Jahrbuch Arbeit und Technik 1996*, Bonn: Dietz Verlag (1996).

Möglichkeiten und Grenzen keynesianischer Geld- und Fiskalpolitik – Überlegungen zur Rehabilitierung einer Steuerungskonzeption, in: K. Eicker-Wolf, R. Köpernick, T. Niechoj, S. Reiner und J. Weiss (Hrsg.), *Wirtschaftspolitik im theoretischen Vakuum?: Zur Pathologie der Politischen Ökonomie*, Marburg: Metropolis (1996).

Überlegungen zur Außenwirtschaftspolitik Kirgistans, in: H. Dieter (Hrsg.), *Regionale Integration in Zentralasien*, Marburg: Metropolis (1996) [ebenfalls in russischer Sprache erschienen].

mit H. Herr, Entwicklungsstrategie für Kirgistan – ein Diskussionsbeitrag, Diskussionspapier für die deutsche Stiftung für Internationale Entwicklung (DSE), Berlin (1994) [in German and Russian, the Russian version is published also in the scientific journal of the University of St. Petersburg].

Was bleibt von Marx' Akkumulations- und Krisentheorie?, *spw – Zeitschrift für sozialistische Politik und Wirtschaft*, 2, 16-21 (1995).

mit H. Herr, Transformationsstrategien am Beispiel der Republik Kirgistan, *Osteuropa-Wirtschaft*, 1, 1-21 (1995).

Langfristprognosen für Ostdeutschland, *Beschäftigungsobservatorium Ostdeutschland*, 13, 7-10 (1994).

Neue Wege der Arbeitszeitverkürzung, in: KOBRA (Hrsg.), *Familienfreundliche Arbeitszeiten – (k)eine Utopie?*, Berlin: KOBRA (1994).

Die Folgen der schnellen Privatisierung, *Aus Politik und Zeitgeschichte, Beilage zur Wochenzeitung 'Das Parlament'*, 43-44, 21-30 (1994) [Wieder abgedruckt in: Duitsland Instituut (Hrsg.), *Van Bonn naar Berlijn, Deel 2: Economische vraagstukken voor het herenigde Duitsland*, Amsterdam (1997)].

Der Preis der schnellen Privatisierung – eine vorläufige Schlußbilanz der Treuhandanstalt, *Beschäftigungsobservatorium Ostdeutschland*, 11, 3-7 (1994).

mit R. Bispinck, Tarifpolitik in Ostdeutschland: schnelle Lohnanpassung, Lohnzurückhaltung oder Lohnkostensubventionen?, in: D. Nolte und H. Tofaute (Hrsg.), *Kahlschlag verhindern – industrielle Kerne erhalten, WSI-Materialien Nr. 36*, Düsseldorf: Thomas-Verlag (1993).

Die Treuhand und die Bonner Politik, in: R. Liedtke (Hrsg.), *Die Treuhand und die zweite Enteignung der Ostdeutschen*, München: Edition Spangenberg (1993).

Von der Deindustrialisierung zum wirtschaftlichen Wiederaufbau Ostdeutschlands – alternative wirtschaftspolitische Überlegungen, in: R. Neubäumer (Hrsg.), *Arbeitsmarktpolitik Kontrovers*, Darmstadt: Wissenschaftliche Buchgesellschaft (1993).

Privatisation of the industrial sector – function and activities of the German „Treuhandanstalt", *Cambridge Journal of Economics*, 17, 333-348 (1993).

Ist die Deindustrialisierung vermeidbar? Kritik der Treuhandanstalt und mögliche Alternativen, in: R. Hickel, E.-U. Huster und H. Kohl (Hrsg.), *Umverteilen, Schritte zur sozialen und wirtschaftlichen Einheit Deutschlands*, Köln: Bund-Verlag (1993).

Auftrag, Funktion, Handlungsoptionen und -grenzen der Treuhandanstalt als wichtigem Akteur im Transformationsprozeß, in: W. Peters (Hrsg.), *Zur Arbeitsmarktentwicklung und zum Einsatz arbeitsmarktpolitischer Instrumente in den neuen Bundesländern*, Arbeitspapiere des Arbeitskreises Sozialwissenschaftliche Arbeitsmarktforschung (SAMF) 1992, 2, Gelsenkirchen (1992).

Entschlossen sanieren! Erste Versuche sind noch kein Kurswechsel, *Memo-Forum*, 19, 26-43 (1992).

Probleme der schnellen Privatisierung einer (ehemaligen Volkswirtschaft), kritische Überlegungen zur Treuhandanstalt, in: D. Ipsen und E. Nickel (Hrsg.), *Probleme der Einheit – Ökonomische und rechtliche Konsequenzen der deutschen Vereinigung*, Marburg: Metropolis (1992).

Treuhandreform – von der Kritik der Treuhandanstalt zu industriepolitischen Alternativen, in: W. Schulz und L. Volmer (Hrsg.), *Entwickeln statt abwickeln, Wirtschaftspolitische und ökologische Umbau-Konzepte für die fünf neuen Länder*, Berlin: Links Verlag (1992) [Abdruck auch in: Frankfurter Rundschau vom 20.8.1992].

Ökologische Wachstumskritik, in: E. Stratmann, R. Hickel und J. Priewe (Hrsg.), *Wachstum – Abschied von einem Dogma. Die Kontroverse über eine ökologisch-soziale Wirtschaftspolitik*, Frankfurt/M.: S. Fischer (1991).

Ökologie als integraler Bestandteil künftiger Wirtschaftspolitik, in: Bund demokratischer Wissenschaftlerinnen und Wissenschaftler (Hrsg.), *Forum Wissenschaft*, Studienheft 14 (1991).

mit R. Hickel, Aufstieg und Fall des Stabilitätsgesetzes – Notwendigkeit einer Alternative, in: E. Stratmann, R. Hickel und J. Priewe (Hrsg.), *Wachstum – Abschied von einem Dogma. Die Kontroverse über eine ökologisch-soziale Wirtschaftspolitik*, Frankfurt/M.: Fischer Verlag (1991).

Wirksamkeit und Akzeptanz von Internalisierungsmaßnahmen, in: J.D. Becker (Hrsg.), *Externe Effekte der Energieversorgung: Versuch einer Identifizierung. Beiträge zu einem interdisziplinären Seminar der Prognos AG*, Baden-Baden: Nomos Verlag (1991).

Die Treuhandanstalt braucht einen neuen gesetzlichen Auftrag, in: G. Grözinger (Hrsg.), *Nur Blut, Schweiß und Tränen?*, Marburg: Metropolis (1991) [Leicht gekürzter und aktualisierter Abdruck auch in: *Kritische Justiz*, 4, 425-436 (1991)].

Wirtschaftswunder – Deindustrialisierung – Rückschlag für Ostdeutschland? Zur politischen Ökonomie der westdeutschen Vereinigung, in: B. Muszynski (Hrsg.), *Deutsche Vereinigung. Probleme der Integration und Identifikation*, Leverkusen: Leske und Budrich (1991).

Sanieren, dezentralisieren, demokratisieren. Plädoyer für ein neues Treuhandgesetz, *Blätter deutsche und internationale Politik*, 7, 843-850 (1991).

Logik des Kahlschlags. Die Aufgaben der Treuhandanstalt sind unlösbar, *Blätter für deutsche und internationale Politik*, 2, 208-250 (1991).

Die Treuhandanstalt, in: G. Bosch und H. Neumann (Hrsg.), *Beschäftigungspläne – Beschäftigungsgesellschaft Neue Instrumente der Arbeitsmarkt- und Strukturpolitik*, Köln: Bund-Verlag (1991).

mit R. Hickel, Ökologisch-soziale Alternativen zum „Stabilitätsgesetz", *WSI-Mitteilungen*, 6, 346ff. (1991).

mit R. Hickel, Das Stabilitäts- und Wachstumsgesetz – Plädoyer für ein „Gesetz zur Sicherung einer umwelt- und sozialverträglichen Wirtschafts- und Beschäftigungsentwicklung", *Zeitschrift für angewandte Umweltforschung*, 1, 37ff. (1991).

Von der Mitbestimmung zur Wirtschaftsdemokratie – Überlegungen zur Mitbestimmungsdebatte anlässlich eines Gesetzentwurfes der „Grünen", *Memo-Forum*, 17, 24ff. (1991).

Kritische Anmerkungen zur Diskussion um Öko-Steuern, *Kurswechsel – Zeitschrift für gesellschafts-, wirtschafts- und umweltpolitische Alternativen*, 2, 20-31 (1990).

Ko-Autor des „Sonder-Memorandums" der Arbeitsgruppe Alternative Wirtschaftspolitik, Sozial-ökologisches Sofortprogramm: Risiken der deutsch-deutschen Währungsunion auffangen, *Memo-Forum*, 16, 2-68 (1990).

Von der Wachstumspolitik zum ökologisch-sozialen Umbau der Volkswirtschaft. Ein Gegenentwurf zum Stabilitäts- und Wachstumsgesetz, *Sozialökonomische Beiträge*, 1, 64-82 (1990) [im Auftrag der Gesellschaft der Freunde und Förderer der Hochschule für Wirtschaft und Politik, Hamburg].

Was kann expansive Finanzpolitik beschäftigungspolitisch leisten? – Replik zu den kritischen Anmerkungen von J. Eisbach, *Memo-Forum*, 15, 81-87 (1990).

Stellungnahme zur Anhörung des Wirtschaftsausschusses des Deutschen Bundestages zu den „Sozialen und ökologischen Folgekosten des Wirtschaftens" im Mai 1989, *Zeitschrift für angewandte Umweltforschung*, 1, 173ff. (1991) [abgedruckt auch in: Deutscher Bundestag, Ökologie und Wachstum. Öffentliche Anhörung des Ausschusses für Wirtschaft des Deutschen Bundestages am 10. Mai 1989 (Reihe zur Sache 11/90), 229ff.].

High-Tech: Beschäftigungsprogramm oder Wachstumsbremse? – die Kontroverse über „technologische Arbeitslosigkeit", in: H. Bullens (Hrsg.), *Zukunft der Arbeit*, Heidelberg: Asanger (1990).

Beschäftigungspolitik als Alternative zur Modernisierung für den Weltmarkt, *Memo-Forum*, 1, 117-126 (1990).

Massenarbeitslosigkeit – Ausstieg bis 1993, *Der Gewerkschafter*, 7, 28-29 (1988).

Die drei großen Krisen des deutschen Kapitalismus: ein wirtschaftsgeschichtlicher und -theoretischer Vergleich, in: J. Goldberg (Hrsg.), *Große Krisen des Kapitalismus – Lange Wellen der Konjunktur?*, 1. und 2. Auflage, Frankfurt: IMSF (1988).

Vor einer neuen Wirtschaftskrise? Hintergründe und Konsequenzen des Aktien- und Dollarkursverfalls, *Blätter für deutsche und internationale Politik*, 12, 1537-1540 (1987).

Plädoyer für umweltorientierte Beschäftigungsprogramme – eine Kritik der Kritik, *Gewerkschaftliche Monatshefte*, 6, 362-371 (1987).

Handlungsspielräume für eine regionale Wirtschaft, in: Gustav-Heinemann-Initiative (Hrsg.), *Zukunft Niedersachsens – Alternative Wirtschafts- und Regionalpolitik*, Hannover (1987).

mit R. Hickel, Die Finanzpolitik seit 1974 auf dem Prüfstand, *Bundeszentrale für politische Bildung – Aus Politik und Zeitgeschichte*, 36, 3-15 (1986).

Arbeitsgesellschaft ohne Arbeit – der Stellenwert der Alternativökonomie und der Alternativen der Wirtschaftspolitik, in: J. Berger, V. Domeyer und M. Funder (Hrsg.), *Selbstverwaltete Betriebe in der Marktwirtschaft*, Bielefeld: AJZ (1986).

Regionalpolitik in der Krise, in: Hochschule für Wirtschaft und Politik Hamburg (Hrsg.), *Jahrbuch für Sozialökonomie und Gesellschaftstheorie: Staatliche Wirtschaftsregulierung in der Krise*, Opladen: Westdeutscher Verlag (1986).

Profitratenentwicklung und Krisenzyklus, in: Prokla, SPW, Sozialismus, Memorandum und IMSF (Hrsg.), *Kontroversen zur Krisentheorie*, Hamburg: VSA Verlag (1986).

Der US-Kapitalismus in der Krise, *Marxistische Studien, Jahrbuch des IMSF*, 11, 100-123 (1986).

Technologischer Fortschritt als Wachstumsbremse?, *Memo-Forum*, 5, 58-68 (1985).

Auf der Suche nach den Ursachen der Krise, *Blätter für deutsche und internationale Politik*, 8, 981-997 (1985).

mit W. Elsner, B. Kaddatz, A. Katterle, Wirtschaftsstrukturen, neue Technologien und Arbeitsmarkt in der Region als Gegenstand kooperativer Forschung, in: W. Elsner und S. Katterle (Hrsg.), *Wirtschaftsstrukturen, neue Technologien und Arbeitsmarkt*, Köln: Bund (1984).

Strukturwandel in der Region und Überlegungen zu einer vorausschauenden Strukturpolitik – am Beispiel der Region Bielefeld, in: W. Elsner und S. Katterle (Hrsg.), *Wirtschaftsstrukturen, neue Technologien und Arbeitsmarkt*, Köln: Bund-Verlag (1984).

Konkurrierende Arbeitsmarkttheorien und Typologie der Arbeitslosigkeit, *Wirtschaftsdienst*, 7, 353-360 (1984).

Dualwirtschaft oder qualitatives Wachstum?, in: M. Ernst-Pörksen (Hrsg.), *Alternativen der Ökonomie – Ökonomie der Alternativen*, Argument-Sonderband 104, Köln: Bund-Verlag (1984).

mit G. Bosch, Perspektiven und Handlungsspielräume der Arbeitsmarktpolitik, *WSI-Mitteilungen*, 2, 57-68 (1982).

Öffentliche Arbeitsmarktpolitik und betriebliche Beschäftigungspolitik, *Mehrwert*, 23, 77-89 (1982).

Strategien gegen Arbeitslosigkeit, *Blätter für deutsche und internationale Politik*, 12, 1473-1488 (1980).

Sektoraler Strukturwandel und Produktivitätsentwicklung, *Wirtschaftsdienst*, 2, 82-89 (1979).

Beschäftigungspolitik durch Arbeitszeitverkürzungen?, in: Hochschule für Wirtschaft und Politik Hamburg (Hrsg.), *Jahrbuch für Sozialökonomie und Gesellschaftstheorie, Arbeitsmarktpolitik*, Opladen: Westdeutscher Verlag (1978).

Zur Kritik neoklassischer Arbeitsmarkttheorien, in: Hochschule für Wirtschaft und Politik Hamburg (Hrsg.), *Jahrbuch für Sozialökonomie und Gesellschaftstheorie, Arbeitsmarktpolitik*, Opladen: Westdeutscher Verlag (1978).

Neoklassische und keynesianische Theorien der Beschäftigung, in: H. Markmann und D.B. Simmert (Hrsg.), *Krise der Wirtschaftspolitik*, Köln: Bund-Verlag (1978).

Alternativen der Beschäftigungspolitik. Zur Diskussion über Möglichkeiten des Abbaus der Arbeitslosigkeit, *Blätter für deutsche und internationale Politik*, 1, 52-67 (1977).

Betriebsverlagerungen als Instrument der Wirtschaftsförderung, *Industriemagazin*, 12 (1977).

Die beschäftigungstheoretische und -politische Konzeption des Sachverständigenrates in seinem Jahresgutachten 1975/76, *WSI-Mitteilungen*, 9, 511ff. (1976) [Wieder abgedruckt in: H. Seifert, D.B. Simmert (Hrsg.), *Arbeitsmarktpolitik in der Krise*, Köln (1976)].

mit J. Glaubitz, Effizienzanalyse der Gemeinschaftsaufgabe „Verbesserung der regionalen Wirtschaftsstruktur", *WSI-Mitteilungen*, 12, 732-743 (1976).

Industrie- und Gewerbeparks als Instrument der Industrieansiedelung, *Industriemagazin*, 12 (1976).

mit B. Güther, Zur wirtschafts- und energiepolitischen Lage in der BRD, *Blätter für deutsche und internationale Politik*, 3, 237-253 (1974).

Theorie und Praxis der Einkommenspolitik, *Blätter für deutsche und internationale Politik*, 9, 958-971 (1973).

Autoren | Authors

Christina Anselmann, Studium der Wirtschaftswissenschaften an der Hochschule Karlsruhe – Technik und Wirtschaft. Seit 2012 wissenschaftliche Mitarbeiterin an der Fakultät für Wirtschaftswissenschaften der Hochschule Karlsruhe. Ihre Forschungsinteressen umfassen unter anderem die Themengebiete Staatsverschuldung, Wachstum und Einkommensverteilung.

Philip Arestis is Honorary Senior Departmental Fellow, and Director of Research, Cambridge Centre for Economics and Public Policy, Department of Land Economy, University of Cambridge, UK. He has published a number of books, contributed to edited books, produced research reports for research institutes, and contributed widely to academic journals.

Luiz Carlos Bresser-Pereira is Emeritus Professor of Getulio Vargas Foundation, Sao Paulo, Brazil. He was finance minister (1987) and minister of federal administration (1995-98) of Brazil. He is author of *The Theory of Inertial Inflation* (Lynne Rienner 1987), *Democracy and Public Management Reform* (Oxford University Press 2004) and *Globalization and Competition* (Cambridge University Press 2010).

Sebastian Dullien ist Professor für VWL, insbesondere International Economics, an der Hochschule für Technik und Wirtschaft (HTW) Berlin und Senior Policy Fellow beim European Council on Foreign Relations. Seine Forschungsinteressen sind internationale Makroökonomie und internationaler Handel, Europäische Integration und Wirtschaftspolitik.

Kai Eicker-Wolf is head of division in the field of economic and financial policy at the German Trade Union Federation, district Hessen and Thuringia, in Frankfurt, Germany. Besides this he works as an economic advisor and publicist. Previously, he was a lecturer and researcher at the Faculty of Social Sciences and Philosophy (Department of Political Science) at the University of Marburg, Germany.

Barbara Fritz is Professor for Economics at the Institute for Latin American Studies of the Freie Universität Berlin. Her fields of expertise are monetary and economic policy and theory of developing countries and emerging markets with particular focus on Latin America. She has widely published on the issues of international monetary and financial issues.

Florentin Glötzl hat an der Wirtschaftsuniversität Wien Socio-Ecological Economics and Policy (SEEP) studiert und ist in der Studienvertretung für die Masterprogramme Volkswirtschaft, Sozioökonomie und SEEP aktiv. Er engagiert sich in der Gesellschaft für Plurale Ökonomik Wien, die sich für eine Neuerung der Lehrpläne in volkswirtschaftlichen Studien einsetzt.

Jochen Hartwig ist Privatdozent für Angewandte Makroökonomik und Wirtschaftspolitik und Lehrbeauftragter an der ETH Zürich. Daneben leitet er die Sektion Internationale Konjunktur an der Konjunkturforschungsstelle (KOF) der ETH. Sein Forschungsinteresse gilt zum einen der Theorie von J.M. Keynes und zum anderen verschiedenen Aspekten der angewandten Makroökonomik, z.B. Wachstum, Konjunktur, Beschäftigung, Strukturwandel und Einkommensverteilung.

Eckhard Hein is Professor of Economics at the Berlin School of Economics and Law, member of the coordination committee of the Research Network Macroeconomics and Macroeconomic Policies (FMM), and managing co-editor of the *European Journal of Economics and Economic Policies: Intervention*. His latest books are *The Macroeconomics of Finance-dominated Capitalism – and its Crisis* (Edward Elgar 2012) and *Distribution and Growth after Keynes: A Post-Keynesian Guide* (Edward Elgar 2014).

Michael Heine ist Professor für Volkswirtschaftslehre an der Hochschule für Technik und Wirtschaft in Berlin. Seine Lehr- und Forschungsschwerpunkte sind Geldpolitik, Postkeynesianismus und Regionalökonomie. Seit 2006 ist er Präsident der Hochschule für Technik und Wirtschaft.

Hansjörg Herr ist seit 1994 Professor für Supranationale Integration an der Hochschule für Wirtschaft und Recht Berlin. Seine Lehr- und Forschungsschwerpunkte betreffen monetäre Makroökonomie, europäische Integration und Entwicklungsökonomie. Er ist einer der Begründer der Global Labour Universität. Er hat Forschungs- und Beratungstätigkeiten, teilweise zusammen mit Jan Priewe, für verschiedene Stiftungen, Ministerien und andere Institutionen durchgeführt.

Heike Joebges ist Professorin für VWL, insbesondere International Economics, an der Hochschule für Technik und Wirtschaft (HTW) Berlin. Ihre Forschungsinteressen sind Finanz- und Währungskrisen, mit einem besonderen Fokus auf der Eurokrise, Handelsungleichgewichten und der Exportorientierung Deutschlands.

Detlef J. Kotte ist Berater der United Nations Conference on Trade and Development (UNCTAD) und Lehrbeauftragter an der Universität Genf und der Hochschule für Technik und Wirtschaft in Berlin. Bis 2011 war er in leitender Position im UNCTAD Sekretariat tätig, u.a. verantwortlich für den jährlichen *Trade and Development Report*.

Hagen Krämer, Studium der Wirtschaftswissenschaften an der Universität Bremen und der Graduate Faculty der New School University (New York), Promotion zum Dr. rer. pol. (Universität Bremen). Seit 1999 Professor für Volkswirtschaftslehre an der Fakultät für Wirtschaftswissenschaften der Hochschule Karlsruhe. Seine Forschungsgebiete sind Theorie und Empirie der Einkommensverteilung, Dienstleistungsökonomik und ökonomische Theoriegeschichte.

Jürgen Kromphardt ist Professor (emeritus) für Volkswirtschaftslehre an der Technischen Universität Berlin. Von 1968-1980 lehrte er an der Universität Gießen. Seine Lehr- und Forschungsschwerpunkte betreffen Konjunktur, Wachstum und Beschäftigung, Keynesianismus sowie Methoden und Geschichte der Volkswirtschaftslehre. 1999-2004 Mitglied des Sachverständigenrats zur Begutachtung der gesamtwirtschaftlichen Entwicklung. 2003-2013 Vorsitzender der Keynes-Gesellschaft.

Lin Ji is a junior lecturer in Zhejiang University of Economics and a PhD candidate in East China Normal University. His research focus on carbon finance and foreign direct investment.

Camille Logeay ist seit 2010 Professorin für Volkswirtschaftslehre an der Hochschule für Technik und Wirtschaft in Berlin (HTW). Von 2000 bis 2005 war sie wissenschaftliche Mitarbeiterin im Deutschen Institut für Wirtschaftsforschung (DIW Berlin) und von 2005 bis 2010 Referatsleiterin für Arbeitsmarktfragen am Institut für Makroökonomie und Konjunkturforschung (IMK) in der Hans-Böckler-Stiftung. Ihre Lehr- und Forschungsschwerpunkte betreffen Arbeitsmarktökonomie und Ökonometrie.

Markus Marterbauer ist Leiter der Abteilung Wirtschaftswissenschaft und Statistik der Arbeiterkammer Wien. Bis 2011 war er Konjunkturreferent am Österreichischen Institut für Wirtschaftsorschung (WIFO) in Wien. Seine Forschungsinteressen umfassen Budgetentwicklung und Fiskalpolitik, Verteilung und Makroökonomie.

Jörg Mayer ist Senior Economist im Sekretariat der UN Handels- und Entwicklungskonferenz (UNCTAD) in Genf. Zuvor arbeitete er für die Deutsche Bundesbank. Seine Arbeitsschwerpunkte betreffen Entwicklungsstrategien und die Zusammenhänge zwischen makroökonomischer Politik, Handel, Investitionen und Wachstum. Zahlreiche Veröffentlichungen in diesen Forschungsbereichen.

Torsten Niechoj is Professor of Economics and Political Science at Rhine-Waal University of Applied Sciences (Kamp-Lintfort, Germany), managing co-editor of the *European Journal of Economics and Economic Policies: Intervention* (EJEEP), and member of the coordination committee of the Research Network Macroeconomics and Macroeconomic Policies (FMM).

Özlem Onaran is Professor of Workforce and Economic Development Policy at the University of Greenwich. She has articles in books and journals such as *Cambridge Journal of Economics, World Development, Environment and Planning, Public Choice, Economic Inquiry, European Journal of Industrial Relations, International Review of Applied Economics, Structural Change and Economic Dynamics, Eastern European Economics,* and *Review of Political Economy.*

Thomas Palley is Senior Economic Policy Adviser, AFL-CIO, USA. His most recent books are: *Financialization: The Economics of Finance Capital Domination* (Palgrave/Macmillan, 2013); *The Economic Crisis: Notes from the Underground* (Createspace, 2013); and *From Financial Crisis to Stagnation: The Destruction of Shared Prosperity and the Role of Economics* (Cambridge University Press, 2012).

Daniela Magalhães Prates is Associate Professor at the Institute of Economics of the State University of Campinas (Unicamp), and Researcher of the Brazilian National Council for Scientific and Technological Development (CNPq). She has published a number of articles in academic journals (such as the *Journal of Post Keynesian Economics – JPKE, ECLAC Review and Monthly Review*) and book chapters on International Economics and Open Macroeconomics with a focus on emerging and developing economies.

Qian Zhiquan is a lecturer at Zhejiang School of Transportation and a PhD candidate at East China Normal University. His research focuses on East Asian economic integration and climate change.

Miriam Rehm studierte Volkswirtschaftslehre an der Wirtschaftsuniversität Wien und promovierte an der New School University (New York). Sie ist Referentin in der Abteilung Wirtschaftswissenschaft und Statistik der Arbeiterkammer Wien mit den Forschungsgebieten Makroökonomie und Verteilung.

Armon Rezai arbeitet als Universitätsassistent am Institut für Regional- und Umweltwirtschaft der Wirtschaftsuniversität Wien sowie als Gastforscher am International Institute for Applied Systems Analysis (IIASA) in Laxenburg bei Wien. Seine Arbeit konzentriert sich auf makroökonomische Themen wie Wachstum und Verteilung sowie deren Anwendung auf ökologische Probleme. Er war Fulbright Fellow an der New School for Social Research in New York sowie Marshallplanstipendiat an der University of California in Berkeley.

Katja Rietzler leitet das Referat „Steuer- und Finanzpolitik" im Institut für Makroökonomie und Konjunkturforschung (IMK) in der Hans-Böckler-Stiftung. Zuvor war die promovierte Volkswirtin unter anderem als Forscherin in ihrer eigenen Firma „Rietzler Economics" (2008-2012), als Referatsleiterin „Management und Akquise" im IMK (2005-2007) und als wissenschaftliche Mitarbeiterin in der Konjunkturabteilung des Deutschen Instituts für Wirtschaftsforschung (1996-2005) tätig.

Malcolm Sawyer is Emeritus Professor of Economics, University of Leeds, UK. He is the lead co-ordinator for the EU funded five year project on Financialisation, Economy, Society and Sustainable Development (FESSUD), and he is managing editor of *International Review of Applied Economics*. Author of 12 books, he has also published over 100 papers in refereed journals and contributed over 100 chapters on a wide range of topics.

Stephan Schulmeister studierte Rechts- und Wirtschaftswissenschaften, er ist Universitätslektor und selbständiger Wirtschaftsforscher und war von 1972 bis 2012 Mitarbeiter am Österreichischen Institut für Wirtschaftsforschung. Forschungsschwerpunkte: Spekulation auf den Finanzmärkten und ihre real-wirtschaftlichen Konsequenzen, Finanztransaktionssteuer, Einfluss des Zins-niveaus auf Wirtschaftswachstum, Beschäftigung und Staatsverschuldung, Analyse der längerfristigen Entwicklung der Weltwirtschaft.

Engelbert Stockhammer is Professor of Economics at Kingston University, London. His research areas include macroeconomics, financialisation and income distribution. He published numerous journal articles and has recently co-edited *A Modern Guide to Keynesian Macroeconomics and Economic Policies* (Edward Elgar 2011) and *Wage-led Growth* (Palgrave Macmillan 2013).

Claus Thomasberger, Diplomsoziologe und -volkswirt, Promotion an der Universität Bremen, Habilitation an der FU Berlin, ist Professor für Volks-wirtschaftslehre und Außenwirtschaftspolitik an der Hochschule für Technik und Wirtschaft Berlin. Er lehrte als Gast- und Vertretungsprofessor an der Knoxville University, der Universität Osnabrück und der Wirtschaftsuniver-sität Wien. Autor und Mitherausgeber zahlreicher Bücher, darunter: *Der neo-liberale Marktdiskurs* (2009), *From Crisis to Growth* (2012) und *Das neolibe-rale Credo* (2012). Forschungsschwerpunkte: Internationale Währungsbezie-hungen, europäische Integration, politische Philosophie.

Till van Treeck ist Professor für Sozialökonomie an der Universität Duis-burg-Essen. Er ist Mitglied der Koordinierungsgruppe des Forschungsnetz-werks Makroökonomie und Makropolitik (FMM) und der Redaktion des European Journal of Economics and Economic Policies (EJEEP). Seine For-schungsinteressen sind Einkommensverteilung, makroökonomische Theorie und Wirtschaftspolitik.

Achim Truger is Professor of Economics, in particular Macroeconomics and Economic Policy at the Berlin School of Economics and Law. Previously he was head of the division of tax and fiscal policies at the Macroeconomic Policy Institute (IMK) at Hans Boeckler Foundation in Düsseldorf, Germany. He is a member of the coordination committee of the Research Network Macroeconomics and Macroeconomic Policies (FMM), and managing co-editor of the *European Journal of Economics and Economic Policies: Inter-vention*.

Dieter Vesper war von 1973 bis 2010 im Deutschen Institut für Wirtschaftsforschung (DIW) für Grundsatzfragen der Finanzpolitik zuständig. Neben der Analyse und Prognose öffentlicher Einnahmen und Ausgaben beschäftigte er sich insbesondere mit Fragen zur Konjunkturpolitik, Steuerpolitik, Staatsverschuldung, zum Länderfinanzausgleich und zum kommunalen Finanzausgleich. Er war Mitglied im „Arbeitskreis Steuerschätzungen" sowie Mitglied verschiedener Enquêtekommissionen. Viele Jahre war er Lehrbeauftragter an der Fachhochschule für Wirtschaft in Berlin.

Yang Laike is full-time Professor at East China Normal University in Shanghai and currently the Dean of the department of international trade. He holds a PhD in economics from Xiamen University and did his post-doctoral fellow in Chinese Academy of Social Science (CASS). His research interests include trade and environment, Asian economic integration, Sino-US trade relationships.

Zhang Liqing is Professor of International Economics, Dean of the School of Finance and Director of Center for International Finance Studies at the Central University of Finance and Economics (CUFE) in Beijing, China. Author, coauthor and editor of numerous publications on international economics and finance, particularly in the areas of capital flows, exchange rates, financial development and economic globalization. He was senior visiting fellow at the World Bank (1995), Tilburg University (1996), Petersons Institute for International Economics (2004), and Columbia University sponsored by the Fulbright Foundation (2005), and Australia National University (2009). He is the vice president of the China Society of World Economy. He has advised many governmental departments in China, including People's Bank of China and State Administration of Foreign Exchange over the past decades, and served as the member of Approval Committee of Listed Companies with China Securities Regulation Commission.

Rudolf Zwiener ist am Institut für Makroökonomie und Konjunkturforschung in der Hans-Böckler-Stiftung in Düsseldorf zuständig für makroökonometrische Modellsimulationen und wirtschaftspolitische Beratung. Von 1979 bis 2005 wissenschaftlicher Mitarbeiter am Deutschen Institut für Wirtschaftsforschung Berlin. Regierungsberatung im Bereich Wirtschaftsanalyse und -szenarien für die giz und die Europäische Kommission in vielen Ländern.